आर॰ गुप्ता® कृत

पॉपुलर मास्टर गाइड

DSSSB

Delhi Subordinate Services Selection Board

मल्टी टॉस्किंग स्टॉफ (MTS)

भर्ती परीक्षा

RPH संपादक मंडल

द्वारा संपादित

2027

EDITION

रमेश पब्लिशिंग हाउस, नई दिल्ली

प्रकाशक

ओ॰पी॰ गुप्ता, **रमेश पब्लिशिंग हाउस**

प्रशासनिक कार्यालय

12-H, न्यू दरियागंज रोड, ऑफिसर्स मेस के सामने,
नई दिल्ली-110002 ✆ 23275224, 23245124

E-mail: info@rameshpublishinghouse.com
For Online Shopping: www.rameshpublishinghouse.com

विक्रय केन्द्र

- बालाजी मार्किट, नई सड़क, दिल्ली-6 ✆ 23253720, 23282525
- 4457, नई सड़क, दिल्ली-6, ✆ 23918938

Book Code: R-2636

ISBN: 978-93-5477-792-9

मूल्यः ₹ 290

मुद्रकः दीपक ऑफसेट, दिल्ली

अनुक्रमणिका

Examination Scheme

DSSSB will conduct One Tier Examination for the posts of **Multi Tasking Staff (MTS)**.

TIER-I

S.No.	Subjects	Total Questions	Total Marks	Exam Duration
1.	General Awareness	40	40	2 hours
2.	General Intelligence & Reasoning Ability	40	40	
3.	Arithmetic & Numerical Ability	40	40	
4.	Test of Hindi Language & Comprehension	40	40	
5.	Test of English Language & Comprehension	40	40	
	Total	**200**	**200**	

- The questions in the examination will be bilingual (Hindi & English) except for the Language papers which will be in the language concerned only.
- Negative Marking will be applicable and deduction of 0.25 marks will be made for each wrong Multiple Choice Question (MCQ) answer.

सैम्पल पेपर (हल सहित)

DSSSB–मल्टी टॉस्किंग स्टॉफ (MTS)

भर्ती परीक्षा

सामान्य सचेतता (40 अंक)

1. भारत में 'मिसाइल मैन' के नाम से प्रसिद्ध हैं:

A. डा. ए.पी.जे. अब्दुल कलाम

B. जगदीश बसु

C. हरगोविन्द खुराना

D. प्रफुल्ल चन्द

2. चाय और कॉफी .... मिट्टी में उगाई जाती हैं?

A. लैटेराइट B. जलोढ़

C. शुष्क D. काली

3. किस खेल से लियोनेल मेस्सी संबंधित हैं?

A. हॉकी B. फुटबॉल

C. क्रिकेट D. बास्केटबॉल

4. निम्नलिखित में से किस प्रकार का बाजार कीमतों को नियंत्रित करने में असमर्थ रहता है?

A. अल्पाधिकार

B. एकाधिपत्य

C. एकाधिकार प्रतियोगिता

D. पूर्ण स्पर्धा

5. कालिदास रचित नाटक 'अभिज्ञान शाकुंतलम' शकुंतला और राजा .... की प्रेम कथा है।

A. धृतराष्ट्र B. दुशासन

C. दुष्यंत D. दशरथ

6. पहले एशियाई खेल का आयोजन किस देश में किया गया था?

A. इंडोनेशिया B. चीन

C. भारत D. श्रीलंका

7. औरंगजेब ने .... में एक लंबी लड़ाई लड़ते हुए अपने साम्राज्य के सैन्य और वित्तीय संसाधनों को अधिकांशतः खर्च कर दिया था।

A. दक्कन

B. हैदराबाद

C. अवध

D. बंगाल

8. विश्व पर्यावरण दिवस किस दिन मनाया जाता है?

A. 22 अप्रैल B. 8 मई

C. 5 जून D. 11 जून

9. हजारद्वारी महल .... में स्थित है।

A. मुर्शिदाबाद B. जोधपुर

C. मैसूर D. बीकानेर

10. विश्व का सबसे बड़ा रेगिस्तान कौन-सा है?

A. गोबी B. थार

C. कालाहारी D. सहारा

11. शांतिस्वरूप भटनागर पुरस्कार निम्नलिखित में से किन कार्यों हेतु प्रदान किया जाता है?

A. विश्व में मानवाधिकारों के संरक्षण हेतु

B. विज्ञान की विभिन्न शाखाओं में उल्लेखनीय योगदान हेतु

C. वरिष्ठ नागरिकों को सेवाएं प्रदान करने हेतु

D. मराठी भाषा की फिल्मों में श्रेष्ठ योगदान हेतु

1. A	2. A	3. B	4. D	5. C	6. C	7. A	8. C	9. A	10. D	11. B

12. भारत में हिम तेंदुआ (Snow Leopard) परियोजना की शुरुआत .... में की गई थी।
A. 2009 B. 2012
C. 2006 D. 2014

13. खिलजी और तुगलक शासकों ने सैन्य कमांडरों को क्षेत्रों का गवर्नर नियुक्त किया था। इन क्षेत्रों को किस नाम से जाना जाता था?
A. भुक्ति B. इक्ता
C. इक्तदार D. सामंत

14. निम्नलिखित में से कौन-सा राज्य यमुना नदी के जलग्रहण क्षेत्र के अंतर्गत नहीं आता है?
A. राजस्थान B. हिमाचल प्रदेश
C. उत्तराखंड D. पंजाब

15. दृश्य निर्यात और दृश्य आयात के मूल्य में अंतर को क्या कहते हैं?
A. वस्तु शेष B. लेखा शेष
C. व्यापार शेष D. भुगतान संतुलन

16. निम्नलिखित में से किस क्षेत्र में प्रतिष्ठित उपलब्धियों के लिए पुलित्जर पुरस्कार दिया जाता है?
A. औषधि B. खेल
C. कृषि D. पत्रकारिता

17. भारत के राष्ट्रीय ध्वज के सफेद भाग के केंद्र में एक गहरे नीले रंग का अशोक चक्र सुसज्जित है। इस चक्र में कितनी तीलियाँ हैं?
A. 22 B. 20
C. 30 D. 24

18. कृष्णदेवराय, जिन्होंने 1509 से 1529 तक विजयनगर पर शासन किया, किस राजवंश से संबंधित थे?
A. तुलुव राजवंश B. अराविदु राजवंश
C. सलुव राजवंश D. संगम राजवंश

19. भारतीय संविधान का अनुच्छेद 368 इनमें से किससे संबंधित है?
A. संवैधानिक संशोधन B. कृषि प्रक्रियाएँ
C. केंद्र-राज्य संबंध D. संसद

20. भारतीय संविधान के किस अनुच्छेद में मौलिक कर्तव्यों से संबंधित प्रावधान दिए गए हैं?
A. अनुच्छेद 21A B. अनुच्छेद 51A
C. अनुच्छेद 18 D. अनुच्छेद 81

21. निम्नलिखित में से कौन-सा मोती का प्राथमिक घटक है?
A. मैग्नीशियम परॉक्साइड
B. सोडियम बाईकार्बोनेट
C. कैल्शियम कार्बोनेट
D. कैल्शियम सल्फेट

22. पुस्तक 'द थर्ड पिलर : हाउ मार्केट्स एंड द स्टेट लीव द कम्युनिटी बिहाइंड' के लेखक निम्नलिखित में से कौन हैं?
A. रुचिर शर्मा B. रघुराम राजन
C. जयराम रमेश D. पी. चिदंबरम

23. कौन-सा जलडमरूमध्य यूरोप और अफ्रीका को अलग करता है?
A. पाक जलडमरूमध्य
B. डेविस जलडमरूमध्य
C. जिब्राल्टर जलडमरूमध्य
D. उपर्युक्त में से कोई नहीं

24. निम्नलिखित में से कौन-सा समाचार-पत्र राजा राममोहन राय द्वारा शुरू किया गया था?
A. संवाद कौमुदी B. आनंद बाजार पत्रिका
C. अमृत बाजार पत्रिका D. कर्मयोगी

25. केन्द्रीय चावल अनुसंधान केन्द्र कहाँ स्थित है?
A. चेन्नई B. कटक
C. नई दिल्ली D. भोपाल

26. कम्प्यूटर का आविष्कार किसने किया?
A. चार्ल्स बेबेज B. ग्रेंविले
C. फारेनहाइट D. आइन्सटीन

27. ईस्ट इंडिया कंपनी की स्थापना किस वर्ष में हुई थी?
A. 1600 B. 1602
C. 1598 D. 1605

12. A	**13.** B	**14.** D	**15.** C	**16.** D	**17.** D	**18.** A	**19.** A
20. B	**21.** C	**22.** B	**23.** C	**24.** A	**25.** B	**26.** A	**27.** A

28. भारत की प्रथम बुलेट ट्रेन .... को जोड़ेगी?
A. दिल्ली व मुम्बई B. दिल्ली व अहमदाबाद
C. अहमदाबाद व आगरा D. अहमदाबाद व मुम्बई

29. भारत का राष्ट्रीय संग्रहालय कहाँ पर स्थित है?
A. चेन्नई B. बेंगलुरू
C. पटना D. दिल्ली

30. सार्क के सदस्य कितने देश हैं?
A. 6 B. 3
C. 8 D. 5

31. ''एक जनता, एक राष्ट्र, एक नेता'' की नीति किसकी थी?
A. लेनिन B. स्टालिन
C. हिटलर D. मुसोलिनी

32. ''कालाहारी'' मरुस्थल किस देश में स्थित है?
A. दक्षिण अफ्रीका B. चिली
C. भारत D. सऊदी अरब

33. निम्न में से छत्तीसगढ़ की राजधानी कौन-सी है?
A. बिलासपुर B. बेंगलुरु
C. हैदराबाद D. रायपुर

34. भारत का सबसे अधिक जनसंख्या वाला राज्य कौन-सा है?
A. मध्य प्रदेश B. उत्तर प्रदेश
C. महाराष्ट्र D. राजस्थान

35. उपराष्ट्रपति का कार्यकाल कितने वर्षों का होता है?
A. 2 वर्ष B. 6 वर्ष
C. 3 वर्ष D. 5 वर्ष

36. अक्षरधाम मंदिर निम्न में से किस राज्य में स्थित है?
A. आंध्र प्रदेश B. गुजरात
C. तमिलनाडु D. हरियाणा

37. भारत की सबसे बड़ी कृषि नहर का नाम बताओ?
A. सिरहंद नहर
B. यमुना नहर
C. अप्पर भारि दोआब नहर
D. इंदिरा गांधी नहर

38. 'मोहन बगान' किस खेल की टीम है?
A. क्रिकेट B. बास्केटबॉल
C. फुटबॉल D. हॉकी

39. विश्व का सबसे गहरा महासागर .... है।
A. आर्कटिक महासागर B. हिंद महासागर
C. प्रशांत महासागर D. अटलांटिक महासागर

40. ''रूसी क्रांति'' का जनक किसे कहा जाता है?
A. जार्ज वाशिंगटन B. मैक्स मुलर
C. लेनिन D. एडोल्फ हिटलर

सामान्य बुद्धिमत्ता एवं तार्किक योग्यता (40 अंक)

41. दर्पण को दिए गए अक्षर-समूह के दाईं ओर रखने पर, दर्पण में निर्मित सही प्रतिबिंब का चयन करें।
Q T f G b m a y

42. उस आकृति का चयन करें, जो निम्न आकृति श्रेणी में अगले स्थान पर आएगी।

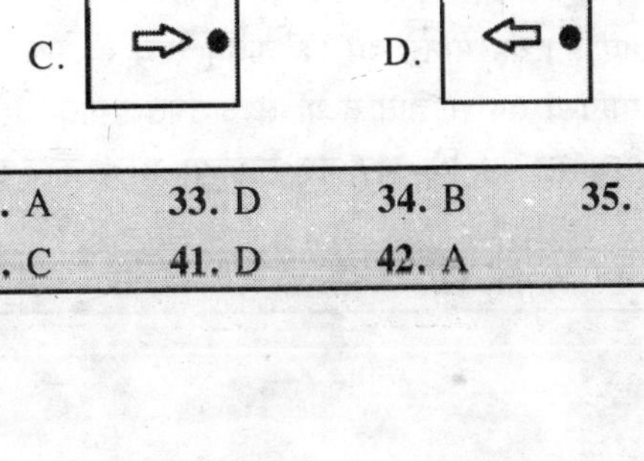

28. D	29. D	30. C	31. C	32. A	33. D	34. B	35. D
36. B	37. D	38. C	39. C	40. C	41. D	42. A	

43. यदि 'A' 'जोड़' को निरूपित करता है, 'B' 'गुणन' को, 'C' 'घटाव' को और 'D' 'भाग' को निरूपित करता है, तो निम्न व्यंजक का मान ज्ञात करें।

27 A (15 C 3) B 4 A 16 D 4 = ?

A. 77 B. 73
C. 79 D. 86

44. किसी निश्चित कूट भाषा में, यदि INDICATOR को JOEJBCVQT लिखा जाता है, तो उसी भाषा में EMOTIONAL को किस प्रकार लिखा जाएगा?

A. FNAUJQPCN B. GNPUHTRCM
C. FNPDKQPCN D. FNPUHQPCN

45. वह विकल्प चुनें जो दिए गए शब्दों का वह क्रम दर्शाता है, जिस क्रम में वे अंग्रेजी शब्दकोश में होते हैं।

1. Bark 2. Bulge
3. Barren 4. Barter
5. Bulk

A. 3, 1, 4, 2, 5 B. 1, 3, 2, 4, 5
C. 1, 3, 4, 5, 2 D. 1, 3, 4, 2, 5

46. 'A + B' का अर्थ है कि 'A, B की माँ है'।
'A > B' का अर्थ है कि 'A, B की बहन है'।
'A = B' का अर्थ है कि 'A, B का भाई है'।
यदि C = K = M > T + Q है, तो C का Q से क्या संबंध है?

A. चाचा B. मामा
C. बेटा D. पिता

47. अर्पिता की ओर इशारा करते हुए, गर्विता ने कहा, "वह मेरे भाई की पत्नी की सास की बेटी है।" अर्पिता का गर्विता से क्या संबंध है?

A. माँ B. बेटी
C. मामी D. बहन

48. दो कथन और उनके बाद दो निष्कर्ष I और II दिए गए हैं। यह मानते हुए कि कथन सत्य हैं, भले ही ये सामान्य रूप से ज्ञात तथ्यों से असंगत प्रतीत होते हों, निर्धारित करें कि दिए गए निष्कर्षों में से कौन-सा/से कथनों का तार्किक रूप से अनुसरण करता है/करते हैं।

कथनः

कुछ चम्मच, प्लेट हैं।
कुछ प्लेट, कटोरे हैं।

निष्कर्षः

I. कुछ कटोरे, चम्मच हैं।
II. कुछ कटोरे, प्लेट हैं।

A. निष्कर्ष I और II दोनों अनुसरण करते हैं।
B. केवल निष्कर्ष I अनुसरण करता है।
C. या तो निष्कर्ष I या फिर II अनुसरण करता है।
D. केवल निष्कर्ष II अनुसरण करता है।

49. उस अक्षर-समूह का चयन करें, जिससे अक्षर श्रृंखला में रिक्त स्थानों पर क्रमिक रूप से भरे जाने पर अक्षर श्रृंखला पूरी हो जाएगी।

U _ M _ O T U H _ C _ T _ H M _ O T

A. HCOOUK B. TCCOUC
C. HTMOTC D. HCMOUC

50. किसी निश्चित कूट भाषा में, यदि HOSTEL को 19-15-8-12-5-20 लिखा जाता है, तो उसी भाषा में NATURE को किस प्रकार लिखा जाएगा?

A. 20-1-13-4-17-5 B. 19-1-14-20-1-7-5
C. 20-1-14-5-18-21 D. 14-1-20-22-19-5

51. किसी खास कूट भाषा में DISTANCE को IDTUNADF और DOCUMENT को ODDVEMOU लिखा जाता है। उस भाषा में THURSDAY को क्या लिखा जाएगा?

A. HTVSYTEB B. DTVSETZB
C. HTVSDSBZ D. DTTQYRBE

52. एक व्यक्ति की ओर इशारा करके आशीष कहता है, "उसका इकलौता भाई मेरी बेटी के पिता का पिता है।" उस व्यक्ति का आशीष से क्या रिश्ता है?

A. पिता B. जीजा/साला
C. भाई D. चाचा

43. C **44.** D **45.** D **46.** B **47.** D **48.** D **49.** D **50.** C **51.** C **52.** D

53. 39 विद्यार्थियों की एक कक्षा में रमेश, खान से 7 रैंक आगे है। यदि खान की रैंक आखिर से सत्रहवीं है, तो रमेश की रैंक आरंभ से कितनी है?

A. 11वीं B. 13वीं
C. 16वीं D. 18वीं

54. कुछ लड़के एक पंक्ति में बैठे हैं। बाएं से चौदहवें स्थान पर P है और Q दायें से सातवाँ है। यदि P और Q के बीच चार लड़के हैं तो पंक्ति में कुल कितने लड़के बैठे होंगे?

A. 25 B. 23
C. 15 D. 19

55. मंजू ने प्लेटफॉर्म पर एक महिला को इंगित करते हुए बताया, "वह मेरी माँ के लड़के के पिता की बहन है।" वह महिला मंजू की कौन है?

A. माँ B. बहन
C. बुआ D. भतीजी

56. छः लड़के एक वृत्त में इसके केंद्र की ओर मुख करके खड़े हैं। आलोक प्रभात के बाँयीं ओर है। अशोक और विकास के मध्य सुनील है। आलोक और अशोक के मध्य हरि है। विकास के बाँयी ओर कौन है?

A. प्रभात B. हरि
C. अशोक D. सुनील

57. पिछले कल से पहले शनिवार था तो अगले कल कौन-सा वार होगा?

A. शुक्रवार
B. सोमवार
C. मंगलवार
D. बुधवार

58. यदि A भाई है B के पुत्र के पुत्र का तो A का B से क्या संबंध है?

A. पुत्र
B. भाई
C. चचेरा भाई
D. पोता

59. यदि घड़ी में समय 2 बजकर 45 मिनट है और मिनट की सूई उत्तर-पूर्व दिशा की ओर है तो घंटे की सूई किस दिशा में होगी?

A. दक्षिण-पश्चिम
B. दक्षिण-पूर्व
C. उत्तर-पश्चिम
D. उत्तर-पूर्व

निर्देश (प्र. सं. 60 एवं 61) : *उस आकृति को छाँटिए जो समूह से भिन्न है।*

60. 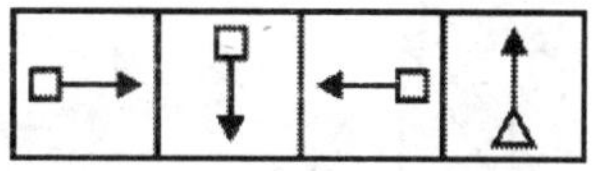

A B C D

61. 

A B C D

निर्देश (प्र. सं. 62 से 64 तक) : *संकेतों के क्रम को ध्यानपूर्वक देखते हुए पैटर्न को पहचानिए।*

62. प्रश्न आकृतियाँ:

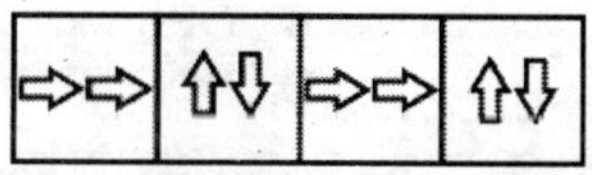

उत्तर आकृतियाँ:

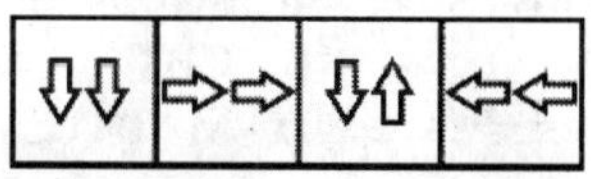

A B C D

63. प्रश्न आकृतियाँ:

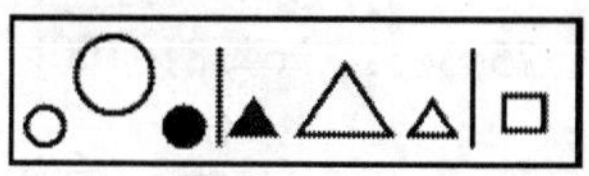

उत्तर आकृतियाँ:

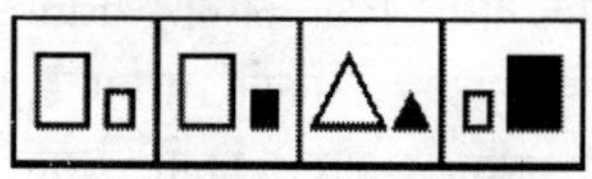

A B C D

53. C	54. A	55. C	56. A	57. C	58. D	59. A	60. D	61. B	62. B	63. B

64. **प्रश्न आकृतियाँः**

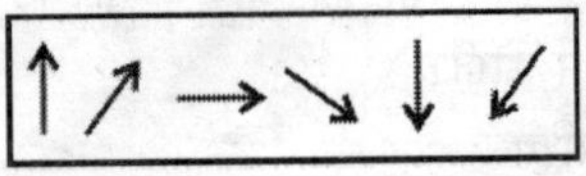

उत्त्र आकृतियाँः

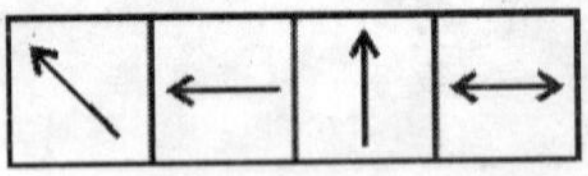

A B C D

65. नीचे दी गई आकृति में कुल कितने त्रिभुज हैं?

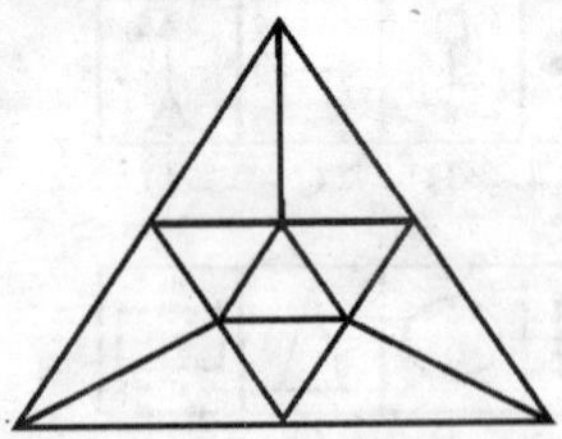

A. 16 B. 15
C. 14 D. 13

66. दिये गये विकल्पों में से क्रम में अगला पद ज्ञात करें:

ABC, EFG, IJK, MNO, ?

A. TUV B. QRS
C. PQR D. WXYZ

67. किसी सांकेतिक भाषा में 'AYS' को 'BAT' लिखा जाता है, तो 'BYS' को क्या लिखा जाएगा?

A. CAT B. CBT
C. AAT D. MAT

68. दिये गये विकल्पों में से दी गई श्रेणी का रिक्त अंक ज्ञात करो:

[1, 4, 9, 16, 25, 36, ..., 64, 81, 100]

A. 50 B. 07
C. 49 D. 70

69. विजय 5 किमी. दक्षिण दिशा की ओर चलता है, इसके बाद वह दाहिने मुड़कर 3 किमी. चलता है, वह पुनः अपने दाहिने मुड़ता है और 5 किमी. चलता है। वह अब अपने प्रारम्भिक स्थल से कितनी दूर है?

A. 6 किमी. B. 5 किमी.
C. 3 किमी. D. 8 किमी.

70. यदि सांकेतिक भाषा में 15789 को XTZAL लिखा जाये और 2346 को NPSU लिखा जाये तब उसी सांकेतिक भाषा में 23549 को क्या लिखा जायेगा?

A. NBTSL
B. NPTUL
C. PNTSL
D. NPTSL

71. एक कूट भाषा में, 'MANAGER' को 'REGANAM' लिखा जाता है, तो उसी कूट भाषा में 'MOTION' को किस प्रकार लिखा जाएगा?

A. NOITMO
B. NOIMOT
C. NOIOMT
D. NOITOM

72. मीना उत्तर की ओर जा रही है। वह तीन बार दायीं ओर मुड़ती है और फिर बायीं ओर मुड़ जाती है। अब वह किस दिशा की ओर जा रही है?

A. उत्तर B. पश्चिम
C. पूरब D. दक्षिण

73. कुछ समीकरण एक विशेष प्रणाली के आधार पर हल किए गए हैं। उसी आधार पर अनुत्तरित समीकरण का सही उत्तर ज्ञात कीजिए।

$5 \times 8 \times 6 = 6854$, $2 \times 3 \times 9 = 9321$
$8 \times 5 \times 6 = ?$

A. 5421
B. 6956
C. 6587
D. 2400

74. दिए गए विकल्पों में से लुप्त अंक ज्ञात कीजिए।

2	2	4
4	8	16
6	?	36

A. 48 B. 18
C. 32 D. 15

64. B **65.** B **66.** B **67.** A **68.** C **69.** B **70.** D **71.** D **72.** D **73.** C **74.** B

75. निम्नलिखित समीकरण को संतुलित करने और * चिन्हों के स्थान पर प्रतिस्थापित करने के लिए गणितीय चिन्हों का सही क्रम समूह चुनिए।

24 * 2 * 4 * 8

A. ÷ = – B. ÷ – =
C. – ÷ = D. = ÷ –

76. एक व्यक्ति की ओर इशारा करते हुए एक आदमी ने एक औरत से कहा, "तुम्हारे पिता की इकलौती पुत्री इसकी माता है।" वह औरत उस व्यक्ति से किस प्रकार संबंधित है?

A. पुत्री B. बहिन
C. माता D. बुआ

77. पाँच व्यक्ति एक पंक्ति में खड़े हैं। 'J' 'N' के पीछे है किन्तु 'P' के आगे है। 'L' और 'M' दोनों 'N' के आगे हैं। बीच में कौन खड़ा है?

A. J B. K
C. M D. N

78. नीचे दो वक्तव्य दिये गये हैं, जिनके आगे दो निष्कर्ष I और II निकाले गये हैं। आपको विचार करना है कि वक्तव्य सत्य हैं चाहे वह सामान्यतः ज्ञात तथ्यों से भिन्न प्रतीत होते हों। आपको निर्णय करना है कि दिए गए वक्तव्य में से कौन-सा निश्चित रूप से सही निष्कर्ष निकाला जा सकता है। अपने उत्तर को निर्दिष्ट कीजिए।

कथनः सभी झाड़न चॉक हैं।
सभी श्यामपट चॉक हैं।

निष्कर्षः I. कुछ झाड़न श्यामपट हैं।
II. कुछ चॉक झाड़न हैं।

A. केवल निष्कर्ष I निकलता है।
B. केवल निष्कर्ष II निकलता है।
C. निष्कर्ष I और II दोनों निकलते हैं।
D. निष्कर्ष I या II में से कोई नहीं निकलता।

79. निम्नलिखित विकल्पों में से वह शब्द चुनिए जो दिए गए शब्द के अक्षरों का प्रयोग करके **नहीं** बनाया जा सकता?

FRIENDSHIP

A. SPEND B. PRIDE
C. FRIEND D. FREE

80. नीचे प्रश्न आकृतियों में दिखाए अनुसार कागज को मोड़कर काटने तथा खोलने के बाद वह किस उत्तर आकृति जैसा दिखाई देगा?

प्रश्न आकृतियाँ

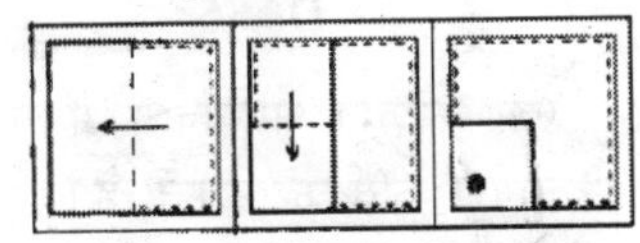

उत्तर आकृतियाँ

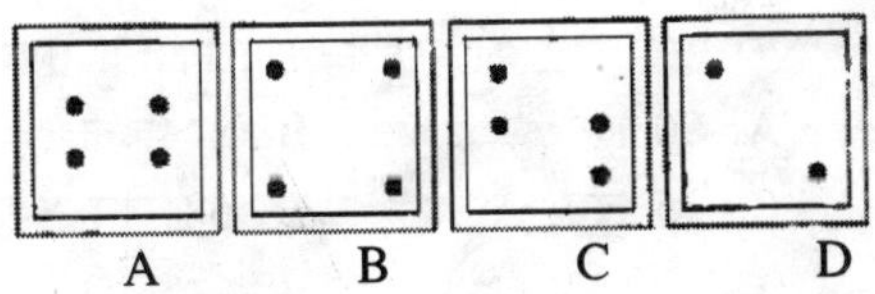

अंकगणित एवं संख्यात्मक योग्यता (40 अंक)

81. साधारण ब्याज पर दी गई एक धनराशि 2 वर्षों में ₹7920 और उसके बाद 5 और वर्षों के पश्चात ₹11220 हो जाती है। वार्षिक ब्याज की दर ज्ञात कीजिए।

A. 17.5% B. 12%
C. 9.85% D. 10%

82. दो संख्याओं के लघुत्तम समापवर्त्य (LCM) और महत्तम समापवर्तक (HCF) क्रमशः 1920 और 4 हैं। उनमें से एक संख्या 60 है, तो दूसरी संख्या ज्ञात करें।

A. 128 B. 88
C. 124 D. 120

83. यदि किसी उधार दी गई धनराशि पर 9 महीने का साधारण ब्याज उधार दी गई धनराशि का 0.12 गुना है, तो वार्षिक ब्याज दर कितने प्रतिशत है?

A. 16% B. 15%
C. 18% D. 12%

75. B **76.** C **77.** D **78.** B **79.** D **80.** B **81.** D **82.** A **83.** A

84. उस छोटी से छोटी संख्या के अंकों का योग कितना है जिसे 12, 16 और 20 से विभाजित करने पर प्रत्येक मामले में 6 शेषफल बचता है और वह संख्या 9 से पूर्ण रूप से विभाज्य है?

A. 12 B. 16
C. 18 D. 14

85. तीन संख्याओं A, B और C का अनुपात 2 : 3 : 5 है, और इन संख्याओं के वर्गों का योग 3,800 है। C का मान ज्ञात करें।

A. 30 B. 50
C. 40 D. 20

86. एक वस्तु को ₹3,750 में बेचने पर दुकानदार को 25% का लाभ प्राप्त होता है। यदि वस्तु को ₹300 अधिक में बेचा गया होता, तो दुकानदार का प्रतिशत लाभ कितना होता?

A. 35 B. 37.5
C. 32 D. 36

87. एक मशीन, एक निश्चित समयावधि में एक पुरुष की तुलना में दोगुना कार्य कर सकती है। 10 मशीनों और 5 पुरुषों को किसी कार्य को पूर्ण करने में 60 दिन का समय लगता है। 10 पुरुषों और 5 मशीनों को उसी कार्य को पूर्ण करने में कितना समय लगेगा?

A. 90 दिन B. 84 दिन
C. 75 दिन D. 68 दिन

88. एक क्रिकेट टेस्ट मैच में, अनुज ने 15 छक्कों और 18 चौकों की सहायता से अपना दोहरा शतक पूरा किया। उसने दोहरा शतक पूरा करने के लिए विकेटों के बीच दौड़कर कितने प्रतिशत रन बनाए?

A. 19% B. 24.5%
C. 22% D. 16.5%

89. $5 \times [6 \times 2\{3 \times 7 \times (5 \times 3)\}]$ का मान ज्ञात करें।

A. 126 B. 104
C. 92 D. 84

90. 21 वस्तुओं का क्रय मूल्य, 15 वस्तुओं के विक्रय मूल्य के बराबर है। लाभ या हानि का प्रतिशत ज्ञात करें।

A. $22\frac{1}{7}\%$ लाभ B. 23% हानि
C. 15% हानि D. 40% लाभ

91. किसी 10 सदस्यीय परिवार के सदस्यों की औसत आयु 29 वर्ष है। यदि सबसे कम आयु वाले सदस्य जुड़वाँ हैं और उनमें से प्रत्येक की आयु 5 वर्ष है, तो जुड़वाँ बच्चों के जन्म के समय परिवार के सदस्यों की औसत आयु (वर्षों में) कितनी थी?

A. 32 B. 28
C. 31 D. 30

92. व्यंजक $\frac{5\frac{5}{8}}{6\frac{3}{7}}$ of $\frac{6\frac{7}{11}}{9\frac{1}{8}} \div \frac{8}{9}\left(2\frac{3}{11}+\frac{13}{22}\right)$ of $\frac{9}{5}$ का मान ज्ञात करें।

A. $\frac{11}{36}$ B. $\frac{5}{36}$
C. $\frac{1}{36}$ D. $\frac{25}{36}$

93. 250 मी. लंबी ट्रेन एकसमान चाल से चलते हुए 200 मी. लंबे रेलवे प्लेटफॉर्म को 45 सेकंड में पार कर जाती है। उस ट्रेन को उस साइकिल सवार को पार करने में कितना समय (सेकंड में) लगेगा जो ट्रेन की दिशा में 6 किमी./घं. की चाल से साइकिल चला रहा है?

A. 21 B. 54
C. 62.5 D. 30

94. एक ठोस लंबवृत्तीय बेलन के आधार की त्रिज्या 10.5 सेमी. है और इसका आयतन 5197.5 सेमी.^{3} है। बेलन का कुल पृष्ठीय क्षेत्रफल (सेमी.^{2} में) ज्ञात कीजिए।

$\left(\pi = \frac{22}{7} \text{ लीजिए}\right)$

A. 1605 B. 1749
C. 1584 D. 1683

84. C	**85.** B	**86.** A	**87.** C	**88.** A	**89.** D	**90.** D	**91.** D	**92.** B	**93.** D	**94.** D

95. जब 22, 39, 56 और 107 में से प्रत्येक संख्या से 'x' घटाया जाता है, तो प्राप्त परिणामी संख्याएं, इसी क्रम में समानुपात में होती हैं। $(x + 3)$ और $(3x - 7)$ के बीच का मध्यानुपाती (Mean Proportional) ज्ञात कीजिए।

A. 12 B. 8
C. 10 D. 14

96. एक दुकानदार अपने माल पर क्रय मूल्य से 40% अधिक मूल्य अंकित करता है। उसने 60% माल अंकित मूल्य पर और शेष को अंकित मूल्य पर 65% छूट पर बेचा। पूरे संव्यवहार में उसका लाभ/हानि ज्ञात कीजिए।

A. हानि, 9.6% B. लाभ, 3.6%
C. हानि, 3.6% D. लाभ, 9.6%

97. एक दुकानदार ने एक वस्तु ₹4,500 में खरीदी, और इसे 5% की हानि पर बेच दिया। इस पैसे से उसने एक अन्य वस्तु खरीदी और उसे 10% के लाभ पर बेच दिया, उसका कुल लाभ ज्ञात करें।

A. ₹220 B. ₹202.50
C. ₹280.50 D. ₹210

98. यदि एक घन का विकर्ण $\sqrt{108}$ सेमी. है, तो घन का आयतन (सेमी.^{3} में) क्या होगा?

A. 216 B. 228
C. 226 D. 214

99. किसी कक्षा में छात्रों का औसत वजन 56 किग्रा. है। यदि 58 किग्रा. औसत वजन वाले पांच और छात्र कक्षा में शामिल हो जाते हैं, तो छात्रों का औसत वजन 0.5 किग्रा. बढ़ जाता है। कक्षा में छात्रों की मूल संख्या कितनी थी?

A. 25 B. 20
C. 15 D. 18

100. ₹9,500 को तीन मित्रों A, B और C के बीच इस तरह विभाजित किया जाता है, कि B को मिलने वाली धनराशि A को मिली धनराशि का 75% है और A एवं C को मिली धनराशि का अनुपात 8 : 5 है। B को मिलने वाली राशि (₹ में) कितनी है?

A. 6,000 B. 3,000
C. 2,500 D. 4,000

101. एक विक्रेता (डीलर) अपने ग्राहकों को 20% की छूट देता है और फिर भी 20% लाभ अर्जित करता है। यदि किसी सामान का क्रय मूल्य ₹960 है, तो उसका अंकित मूल्य (₹ में) कितना है?

A. 1,440 B. 1,600
C. 1,152 D. 1,280

102. एक निश्चित वार्षिक ब्याज दर पर ₹10,000 की राशि 2 वर्षों में ₹13,225 हो जाती है, जबकि ब्याज की गणना वार्षिक चक्रवृद्धि आधार पर की जाती है। यदि ब्याज की गणना 8-मासिक चक्रवृद्धि आधार पर की जाए, तो समान राशि पर समान ब्याज दर पर समान समय में प्राप्त होने वाला ब्याज (₹ में) कितना होगा?

A. 3,350 B. 3,290
C. 3,360 D. 3,310

103. यदि दो संख्याएं, तीसरी संख्या के 12% और 48% के बराबर हैं, तो पहली संख्या दूसरी संख्या के कितने प्रतिशत के बराबर है?

A. 20% B. 25%
C. 30% D. 15%

104. एक ट्रेन की औसत चाल, एक कार की औसत चाल की 180% है। कार 990 किमी. की दूरी 15 घंटे में तय करती है। 891 किमी. की दूरी तय करने के लिए ट्रेन द्वारा लिया गया समय (घंटों में) ज्ञात करें।

A. $9\frac{1}{2}$ B. $6\frac{1}{2}$
C. $7\frac{1}{2}$ D. $5\frac{1}{2}$

105. 4 पुरुष और 4 महिलाएं किसी कार्य को 5 दिनों में पूरा कर सकते हैं, जबकि 2 पुरुष और 5 महिलाएं उसी कार्य को 6 दिनों में पूरा कर सकते हैं। 1 महिला अकेले और 1 पुरुष अकेले उस कार्य को पूरा करने में क्रमशः कितने-कितने दिन का समय लेंगे?

A. 36 और 45 B. 36 और 20
C. 45 और 36 D. 20 और 36

95. B	96. B	97. B	98. A	99. C	100. B	101. A	102. D	103. B	104. C	105. C

106. एक व्यक्ति का वेतन ₹20,000 है। यदि वेतन में 14% की वृद्धि होती है, तो नया वेतन क्या होगा?

A. 24800 B. 25600
C. 22800 D. 21600

107. यदि 20 आदमी एक कार्य को 20 दिन में करते हैं तो बताओ उसी कार्य को 40 आदमी कितने दिनों में करेंगे?

A. 40 B. 10
C. 30 D. 25

108. दो संख्याओं का महत्तम समापवर्तक 11 और उनका लघुत्तम समापवर्तक 693 है। यदि उनमें से एक संख्या 77 है, तो दूसरी संख्या ज्ञात करो?

A. 92 B. 94
C. 89 D. 99

109. एक 120 मी. और 160 मी. के आयताकार मैदान से 40 मी. और 60 मी. के कितने मैदान बन सकते हैं?

A. 3 B. 4
C. 8 D. 9

110. यदि एक समकोण त्रिभुज का लम्ब 6 सेमी. और उसका क्षेत्रफल 20 वर्ग सेमी. हो, तो आधार की लम्बाई क्या होगी?

A. 08 सेमी. B. 05 सेमी.
C. 40 सेमी. D. 20 सेमी.

111. एक चेन 30% के लाभ पर ₹ 286 में बेची गई। चेन की लागत कीमत कितनी है?

A. ₹ 200 B. ₹ 220
C. ₹ 260 D. ₹ 271.80

112. यदि किसी विद्यालय के 75% विद्यार्थी लड़के हैं और लड़कियों की संख्या 420 है तो लड़कों की संख्या कितनी है?

A. 1,176 B. 1,350
C. 1,260 D. 1,125

113. एक पिता और उसके पुत्र की वर्तमान आयु का अनुपात 7 : 2 है। 5 वर्ष बाद पुत्र की आयु उसके पिता की आयु का 37% होगी। पिता की वर्तमान आयु क्या है?

A. 28 वर्ष B. 35 वर्ष
C. 42 वर्ष D. 49 वर्ष

114. 28 से.मी. व्यास वाले एक वृत्त की परिधि एक वर्ग के परिमाप के बराबर है। यदि $\pi = \frac{22}{7}$, है तो वर्ग का क्षेत्रफल (सेमी.^{2}) कितना है?

A. 1210 B. 484
C. 121 D. 4840

115. किसी धन राशि पर $3\frac{3}{4}\%$ प्रतिवर्ष की दर $2\frac{1}{3}$ वर्षों का ब्याज ₹ 210 है। वह राशि कितनी है?

A. ₹ 1580 B. ₹ 2400
C. ₹ 2800 D. ₹ 1600

116. ₹ 1.25, ₹ 10 का कितना प्रतिशत है?

A. 66% B. 23%
C. $12\frac{1}{2}\%$ D. 33%

117. एक वर्ग के क्षेत्रफल का उस वर्ग के क्षेत्रफल से अनुपात हमेशा कितना होगा जो उसके विकर्ण खींचा गया हो?

A. 2 : 3 B. 1 : 2
C. 3 : 4 D. 4 : 5

118. ₹ 3,600 के कुल लाभ को A, B, C के बीच इस प्रकार बाँटा जाना है कि A : B = 15 : 8 और B : C = 7 : 8 हो। A का अंश कितना है?

A. ₹ 1500 B. ₹ 1600
C. ₹ 1650 D. ₹ 1680

119. एक विक्रेता ने एक घोड़ा उसकी मूल कीमत पर 20% छूट पर खरीदा। उसने उसे मूल कीमत से 40% अधिक कीमत पर बेचा। उसे कितने प्रतिशत लाभ मिला?

A. 75% B. 43%
C. 65% D. 70%

120. एक धनराशि चक्रवृद्धि ब्याज पर 3 वर्ष में ₹ 9,990 और 6 वर्ष में ₹ 14,985 हो जाती है। वह राशि कितनी है?

A. ₹ 6,660 B. ₹ 19,990
C. ₹ 3,330 D. ₹ 4,995

106. C	**107.** B	**108.** D	**109.** C	**110.** B	**111.** B	**112.** C	**113.** B
114. B	**115.** B	**116.** C	**117.** B	**118.** D	**119.** A	**120.** A	

हिन्दी भाषा एवं बोध (40 अंक)

121. 'आठ बार नौ त्यौहार' लोकोक्ति का अर्थ है:

A. कठिनाई का अनुभव करना

B. मौजमस्ती का जीवन

C. निरन्तर कार्य करना

D. मेल से न रहना

122. निम्नलिखित शब्दों में विशेषण है :

A. लालच B. मौनी

C. मर्यादा D. रोग

123. निम्नलिखित में से कौन-सा शब्द 'देशज' है?

A. अग्नि B. लोटा

C. प्रार्थना D. खेत

124. निम्नलिखित में से विसर्ग संधि का उदाहरण है?

A. सत् + जन = सज्जन

B. यदि + अपि = यद्यपि

C. मनः + ताप = मनस्ताप

D. उपर्युक्त में से कोई नहीं

125. 'मैं खाना खाकर सो गया। इस वाक्य में 'खाकर' किस प्रकार की क्रिया है?

A. नामबोधक क्रिया B. पूर्वकालिक क्रिया

C. सहायक क्रिया D. संयुक्त क्रिया

126. 'अनायारा' शब्द में प्रयुक्त उपसर्ग है :

A. अ B. अना

C. अन D. अन्

127. 'मैं जानती हूँ कि राम बहुत सुन्दर लड़का है' यह किस प्रकार का वाक्य है?

A. सर्वनाम उपवाक्य

B. विशेषण उपवाक्य

C. क्रिया-विशेषण उपवाक्य

D. संज्ञा उपवाक्य

128. निम्नलिखित में मिश्र वाक्य है :

A. मोहन मुझे अपना बड़ा भाई मानता है।

B. उसने बहुत परिश्रम किया परंतु अनुत्तीर्ण हो गई।

C. शीला ने मीरा को पुस्तक दी।

D. मैंने एक घड़ी खरीदी जो बैटरी से चलती है।

129. निम्नलिखित में शुद्ध वाक्य है :

A. उसने पुरस्कार का तिरस्कार कर दिया।

B. उसने पुरस्कार का अवमान कर दिया।

C. उसने पुरस्कार का अनादर कर दिया।

D. उसने पुरस्कार का अपमान कर दिया।

130. 'पर्णकुटी' का विलोम होगा :

A. तुष्टि B. तटस्थ

C. प्रसाद D. प्रासाद

131. निम्नलिखित शब्दों में से तत्सम शब्द को पहचानिए।

A. दूध B. दाँत

C. दीवाली D. पुत्रवधू

132. निम्नलिखित शब्दों में से तद्भव शब्द क्या होगा?

A. शर्करा B. शृंखला

C. राजपूत D. अंगुलि

133. निम्नलिखित वाक्य में रेखांकित शब्द का सटीक विलोम क्या होगा?

वक्तृत्व स्पर्धा में मुझे प्रथम <u>पुरस्कार</u> मिला।

A. उपहार B. दंड

C. तोहफा D. भेंट

134. निम्नलिखित शब्दों में कौन-सा शब्द रेखांकित शब्द का पर्यायवाची **नहीं** है?

सोहन मेरा <u>मित्र</u> है।

A. मीत B. सहचर

C. केसरी D. दोस्त

135. नीचे दिए गए शब्दों के लिए एक शब्द क्या है?

जो स्त्री मीठी बात करती हो।

A. वाचाल B. प्रियंवदा

C. बातूनी D. कर्कशा

121. B	122. B	123. B	124. C	125. B	126. C	127. D	128. D
129. A	130. D	131. D	132. C	133. B	134. C	135. B	

136. जहाँ वर्णो की पुनरावृत्ति होती है वहाँ कौन-सा अलंकार होगा?

A. यमक B. अनुप्रास
C. उपमा D. उत्प्रेक्षा

137. 'जीवन + अनुकूल' का संधिरूप क्या होगा?

A. जीवनानुकूल B. जिवनानुकुल
C. जीवनअनुकुल D. जीवनाकुल

138. निम्नलिखित शब्दों में से कौन-सा शब्द अनेकार्थी **नहीं** है?

A. कनक B. जलज
C. वर्जित D. पयोधर

139. निम्नलिखित वाक्य में रेखांकित शब्द का समास क्या होगा?

मुंबई में <u>गगनचुंबी</u> इमारतें बहुत-सी हैं।

A. तत्पुरुष समास B. द्विगु समास
C. कर्मधारय समास D. बहुब्रीहि समास

140. नीचे दिया गया वाक्य चार भागों में बँटा है, जिनमें से एक भाग व्याकरण की दृष्टि से अशुद्ध है। अशुद्ध भाग का चयन कीजिए।

कविता संग्रह का अवलोकन किया तो उस में बहूत-सि गलतियाँ प्राप्त हुई।

A. कविता संग्रह का
B. अवलोकन किया
C. तो उस में
D. बहूत-सि गलतियाँ प्राप्त हुई

निर्देश (प्र.सं. 141-145): *नीचे दिये गए गद्यांश को पढ़कर पूछे गये प्रश्नों के उत्तर दीजिए।*

विज्ञान ने वरदान के रूप में मानवजाति की अपार सेवा की है। वैज्ञानिक आविष्कारों ने आज असंभव को भी संभव बना दिया है। तेज गति से उड़ने वाले वायुयानों ने विश्व को एक परिधि में समेट कर छोटी इकाई बना दिया है। मनुष्य विज्ञान के कारण ही आकाश में गरुड़ की तरह द्रुत गति से विचरण कर सकता है, समुद्र की छाती को चीर कर उसे लांघ सकता है, अंधेरे में प्रकाश का आलोक बिखेर सकता है। कंप्यूटर, रॉकेट, दूरदर्शन, चलचित्र, दूरभाष, मोबाइल और ऐसे ही न जाने कितने आश्चर्यजनक अद्भुत उपकरणों तथा यंत्रों से मनुष्य ने सर्वत्र अपना साम्राज्य स्थापित कर लिया है। चिकित्सा के क्षेत्र में भी विज्ञान वरदान सिद्ध हुआ है। शिक्षा, कृषि, यातायात, उद्योग, मनोरंजन आदि समस्त क्षेत्रों में विज्ञान ने अपना लोहा मनवाया है। मानवता को नष्ट-विनष्ट करने वाले अणु-अस्त्र अब मानव जाति के लिए बड़ा संकट बन रहे हैं। 'संपूर्ण विनाश' की दस्तक भी विज्ञान ही दे रहा है।

141. गद्यांश का मूल संदेश क्या है?

A. विज्ञान को नए भारत की वास्तविक शक्ति सिद्ध करना
B. विज्ञान के खतरों से अवगत कराना
C. विज्ञान की उपलब्धियों पर अर्थ करना
D. विज्ञान के वरदायी और अभिशप्त बनाने वाले रूपों को उजागर करना

142. गद्यांश का सटीक एवं उपयुक्त शीर्षक क्या होना चाहिए?

A. विज्ञान एक विलक्षण उपलब्धि
B. विज्ञान के चमत्कार
C. विज्ञान : वरदान भी, अभिशाप भी
D. विज्ञान के उपकार

143. विज्ञान से मनुष्य और मनुष्यता को क्या खतरे हैं?

A. मनुष्य के बेरोजगार हो जाने का खतरा
B. मानवता से नैतिकता और आस्था के अंत का खतरा
C. मानवता के विनाशक अणु-अस्त्रों के निर्माण का खतरा
D. मनुष्य को हताश, निराश और अकर्मण्य बना देने का खतरा

144. विज्ञान क्यों वरदान सिद्ध हुआ है?

A. क्योंकि वैज्ञानिक आविष्कारों ने असंभव को भी संभव बना दिया है।
B. क्योंकि उसने मनुष्य को ईश्वर से ऊपर सिद्ध कर दिया है।
C. क्योंकि उसने प्रकृति पर विजय प्राप्त कर ली है।
D. क्योंकि विज्ञान ने आस्था के सभी स्तंभ गिरा दिए हैं।

145. नए उपकरणों और यंत्रों के आविष्कार से मनुष्य ने क्या कर दिया है?

A. विज्ञान को कुछ भी कर सकने वाला अनुशासन बना दिया है।
B. दुनिया को अपनी शक्ति का गुलाम बना लिया है।
C. मृत्यु पर विजय हासिल कर ली है।
D. मनुष्य ने सर्वत्र अपना साम्राज्य स्थापित कर दिया है।

136. B **137.** A **138.** C **139.** A **140.** D **141.** D **142.** C **143.** C **144.** A **145.** D

146. निम्न में से कौन-सा शब्द तद्भव है?
A. ज्ञान B. जीभ
C. जंघा D. जटा

147. 'वाचाल' का विलोम शब्द होगा:
A. मुखर B. मृदुल
C. चंचल D. मूक

148. 'वार्तालाप' का संधि-विच्छेद होगा:
A. वार्त + आलाप B. वार्ता + आलाप
C. वार्त + अलाप D. वार्ता + अलाप

149. 'बिना पलक गिराये' वाक्यांश के लिए एक शब्द है:
A. मेष B. निर्निमेष
C. निमेष D. पलक

150. 'पेट में चूहे दौड़ना' मुहावरे का अर्थ है:
A. भूख न लगना B. भूख लगना
C. पेट खराब होना D. बात न पचना

151. निम्नलिखित में से कौन-सा एक युग्म समानार्थी है?
A. रात्रि-दिवस B. लघु-गुरू
C. व्यक्ति-समाज D. पत्थर-पाषाण

152. संबंध कारक का चिन्ह है:
A. रा, री, रे B. से
C. के, लिए D. में, पर

153. तिरंगा शब्द में समास है।
A. द्वन्द्व समास B. कर्मधारय समास
C. अव्ययीभाव समास D. द्विगु समास

154. 'मूक' का विलोम शब्द है:
A. भोगी B. आदर्श
C. जीवंत D. वाचाल

155. निम्नलिखित में से किस शब्द का अर्थ 'प्रेम' है?
A. आकर B. सुखद
C. अनुराग D. अलौकिक

156. निम्नलिखित में से 'पत्नी' का पर्यायवाची नहीं है?
A. सहधर्मिणी B. तारिणी
C. गृहिणी D. भार्या

157. निम्नलिखित में से किस शब्द का प्रयोग सदैव एकवचन में होता है?
A. दर्शन B. प्राण
C. जनता D. आँसू

158. निम्नलिखित में से 'कबड्डी' किस वर्ग का शब्द है?
A. तत्सम B. विदेशी
C. देशज D. तद्भव

159. इनमें से कौन-सा शब्द 'कनक' का पर्यायवाची नहीं है?
A. कंचन B. धतूरा
C. स्वर्ण D. प्रसून

160. 'बाड़वाग्नि' का क्या अर्थ है:
A. समुद्र की आग B. पेट की आग
C. महल की आग D. जंगल की आग

English Language & Comprehension (40 Marks)

Directions (Qs. Nos. 161 to 164): *Read the following passage and answer the questions.*

Ambitious parents nowadays want to send their kids to schools which use cutting-edge tools to educate and inform. You'd think leading lights of the tech world would want the same, but you'd be wrong. The kids of Silicon Valley honchos from Google, Yahoo, Apple and eBay go to a school that has a strict "no PC" policy. There isn't a computer in sight, and the kids don't rush to Google search. Instead, teachers employ old-fashioned tools like paper, pens and even mud.

The logic, though perhaps a bit twisted, isn't hard to understand. Small children have a lot of

146. B	147. D	148. B	149. B	150. B	151. D	152. A	153. D
154. D	155. C	156. B	157. C	158. C	159. D	160. A	

time ahead before using modern tech gadgets. Childhood should be a period of learning and curiosity. The Internet is wonderful and there is an application today for just everything, but nothing beats the real thing. We don't want to raise a generation of youngsters who live in the matrix, having known only what the digital world spews out. Instead, let them get their hands dirty, literally and figuratively. Some Silicon Valley parents even refuse to have a PC at home. Let the child gaze at wonderment at the blue sky and the green grass rather than seeing them only on a computer screen. In our mad race towards a wired future, where technology will "solve" all problems, we may be losing touch with the real world.

161. Children of tech honchos go to schools where teachers:
A. Teach children how to use the computer
B. Want children to learn to play with mud
C. Are unaware of the Internet and high tech gadgets
D. Employ traditional methods of teaching

162. Some tech giants have no PCs at home because:
A. They don't want their children to be caught in the matrix
B. PCs are bad for health
C. They are themselves tired of the wired world
D. They want their children to develop curiosity about natural things

163. 'spews out' in paragraph 2 means:
A. discharges B. generates
C. creates D. ejects

164. Which logic does the writer say is twisted?
A. Children being stopped from using the Google search
B. Children of tech giants being taught in high tech schools
C. Children of tech giants being taught in traditional schools
D. High tech giants supporting a 'no PC' policy

Directions (Qs. Nos. 165 and 166): *The sentence below has three parts. One of the parts may have an error. Identify the part. If there is no error, select (D).*

165. The teacher (A)/gave each of the student (B)/ a different assignment. (C)/ No error (D).
A. A B. D
C. B D. C

166. Unfortunately there is (A)/ a loss of communication (B)/ between me and my parents. (C)/ No error (D).
A. A B. D
C. C D. B

167. Choose the word that best illustrates the meaning given below.
A person who pretends to be someone else in order to deceive or cheat others.
A. fake B. impostor
C. thief D. fraud

168. Choose the right antonym for the below word.
stimulate
A. disappoint B. dishearten
C. discourage D. stifle

169. Choose the right answer to complete the sentence.
Who spilled tea on my ____ carpet?
A. Turkish blue floral
B. Blue floral Turkish
C. Turkish floral blue
D. Floral blue Turkish

170. Choose the right synonym for the underlined word.
It is a <u>perilous</u> journey through the mountains.
A. safe B. tiring
C. dangerous D. enjoyable

Directions (Qs. Nos. 171 and 172): *Choose the right answer to complete the sentence.*

171. There's ______ hair in my tea.
A. the B. No article
C. an D. a

161. D	162. D	163. D	164. D	165. C	166. D	167. B	168. D	169. B	170. C	171. D

172. If Mark had gotten the job instead of Joe, he _____ to Shanghai next month.
A. would have moved
B. would be moving
C. would move
D. would have moving

173. Choose the word with the wrong spelling.
A. prankster B. trickster
C. youngster D. ganster

174. Choose the right answer to complete the sentence.

Consumers are anxious _____ the rise in prices of cereals.
A. about B. of
C. on D. for

175. Choose the right antonym for the below word.

timid
A. bold B. strong
C. powerful D. secure

176. Choose the word that best captures the meaning provided.

comfort someone at the time of grief or disappointment
A. encourage B. sympathise
C. reassure D. console

177. Choose the right answer to complete the sentence.

Don't panic. The film _____ by the time we get there.
A. will not have been started
B. will not be starting
C. will not start
D. will not have started

178. Choose the correct conjunction to complete the sentence.

The team members managed the work _____ the manager not being there.
A. although B. despite
C. though D. inspite

179. Choose the right synonym for the underlined word.

The politician claimed that the newspaper report <u>maligned</u> his family.
A. destroyed B. defamed
C. degraded D. disturbed

180. Choose the right answer to complete the sentence.

The teacher seemed a little disappointed that only _____ of us had done the work.
A. little B. a few
C. some D. many

181. Choose the correct synonym of the given word from the options given below.
THICKHEADED
A. Heavy B. Having a headache
C. Stupid D. Confused

182. Choose from the four options, the word that best substitutes the given phrase.

The study of the origin and history of words.
A. Linguistics B. Etymology
C. Verbose D. Anthology

183. In the following questions, each sentence has four portions marked P, Q, R and S. Rearrange it in the proper sequence in order to make a meaningful sentence.

Making it altogether (P)/the book is well - printed (Q) / an attractive volume (R) / and attractively bound (S)
A. QPRS B. PRSQ
C. QSPR D. RSPQ

184. Use the appropriate article for the sentence given below.

He has gone to .... hospital to visit a sick friend.
A. A B. An
C. The D. No article

172. A	173. D	174. A	175. A	176. D	177. D	178. B
179. B	180. B	181. C	182. B	183. C	184. C	

185. Choose the alternative which best expresses the meaning of the idiom/phrase given below. To the core.

A. Completely B. Till the centre
C. Excessively D. Hidden

186. Rearrange the following sentences in their correct order to form a meaningful paragraph.

(*a*) We have hunted them, snagged them, hit them with ships, and choked them with plastic bags.
(*b*) The risks facing the seventh, Australia's flat back, are less clear.
(*c*) And yet, somehow, these creatures survived ice ages and the extinction event that wiped out the dinosaurs.
(*d*) As the world struggles with diversity loss, six of world's seven species of sea turtles are considered threatened or endangered.

A. *abcd* B. *dbca*
C. *adbc* D. *acbd*

187. Select the antonym of the given word.

Imprison

A. Occupy B. Compensate
C. Enslave D. Release

188. Select the wrongly spelt word.

A. Summarize B. Rediculous
C. Receptionist D. Inhuman

189. Select the word which means the same as the group of words given.

An independent person or body officially appointed to settle a dispute.

A. Curator B. Referee
C. Arbitrator D. Amateur

190. Select the meaning of the given idiom.

A square deal

A. Improper Conduct
B. A false arrangement
C. A fair and honest transaction
D. A reasonable argument

191. Select the most appropriate synonym of the given word.

EXASPERATE

A. Infuriate
B. Appreciate
C. Imitate
D. Desperate

192. Select the most appropriate option to fill in the blank.

This is the reason ________ I don't attend parties.

A. why B. since
C. because D. so

193. Select the most appropriate meaning of the given idiom.

To read between the lines

A. to understand the implied meaning
B. to completely misunderstand the meaning
C. to read with great difficulty
D. to critically analyse a piece of writing

194. Select the most appropriate antonym of the given word.

REPRIMAND

A. Reproof B. Reward
C. Redeem D. Rebuke

195. Select the most appropriate option to substitute the underlined segment. If no substitution is required select 'No substitution'.

Employees refrain to indulge in undesirable activities if they are monitored.

A. refrain for indulgence
B. refrain from indulging
C. refrain against indulging
D. No substitution

185. A **186.** C **187.** D **188.** B **189.** C **190.** C **191.** A **192.** A **193.** A **194.** B **195.** B

196. Select the most appropriate meaning of the given idiom.

To blaze a trail

A. to initiate something new
B. to act impulsively
C. to set fire to something
D. to complete a project

197. Select the most appropriate option to substitute the underlined segment. If no substitution is required select 'No substitution'

Some people in the audience were asleep <u>while the chief guest was speaking</u>.

A. whenever the chief guest spoke
B. when the chief guest has spoken
C. while a chief guest is speaking
D. No substitution

198. Select the most appropriate option to substitute the underlined segment. If no substitution is required select 'No substitution'

The colour of her cheeks <u>is like a rose</u>.

A. are like a rose
B. are just as a rose
C. is like that of a rose
D. No substitution

199. Select the correctly spelt word.

A. Credible B. Credibel
C. Creddible D. Credibal

200. Select the option which is the most appropriate one word substitution for the given group of words.

One who is sixty years old

A. Sexagenarian B. Octogenarian
C. Septuagenarian D. Nonagenarian

EXPLANATORY ANSWERS

41. (D) **42. (A)** **43. (C)**
44. (D) **45. (D)** **46. (B)**
47. (D) **48. (D)** **49. (D)**
50. (C)

51. (C): किसी कूट भाषा में

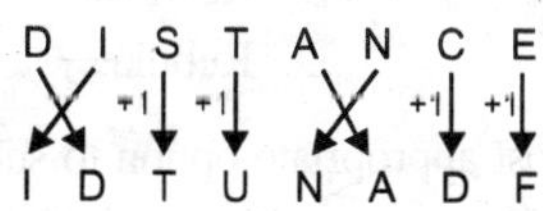

लिखा जाता है

तथा

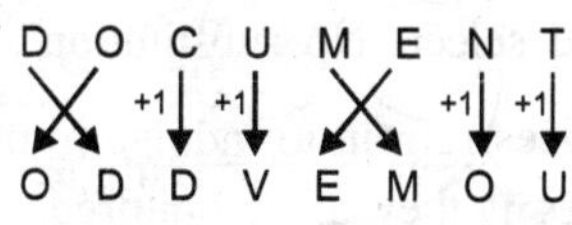

को

इसी प्रकार,

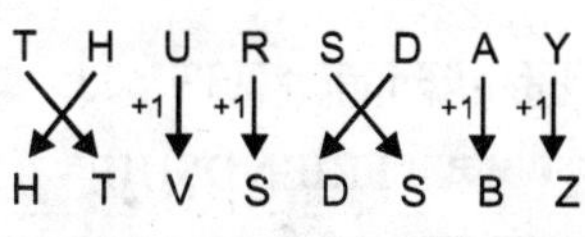

लिखा जाएगा।

52. (D) **53. (C)** **54. (A)**
55. (C) **56. (A)** **57. (C)**
58. (D) **59. (A)** **60. (D)**
61. (B) **62. (B)** **63. (B)**
64. (B)

65. (B):

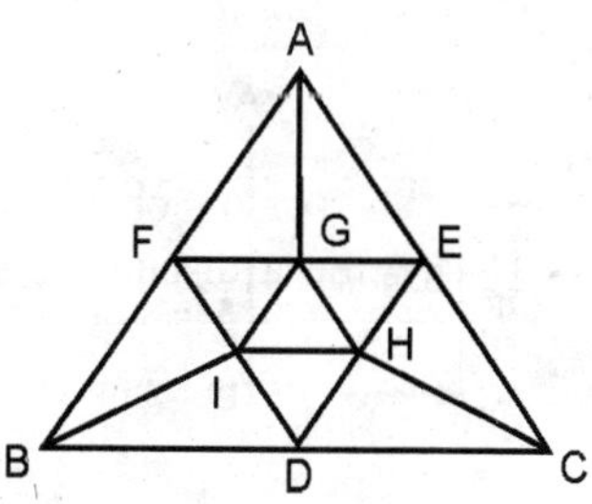

सबसे अंदर का त्रिभुज = ΔGHI

कक्षा 2 के त्रिभुज = ΔFGI, ΔEGH, ΔHID, ΔDEF

कक्षा 3 के त्रिभुज

196. A	197. D	198. C	199. A	200. A

= ΔAFG, ΔAEG, ΔCEH, ΔCDH, ΔBID, ΔBIF, ΔAEF, ΔCDE, ΔBDF

बाह्य त्रिभुज= ΔABC

त्रिभुजों की कुल संख्या = 1 + 4 + 9 + 1 = 15.

66. (B):

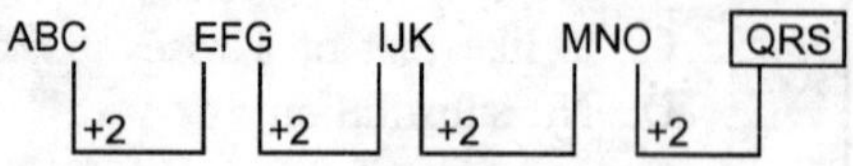

यहाँ, अगला पद = QRS होगा।

67. (A): दिया है,

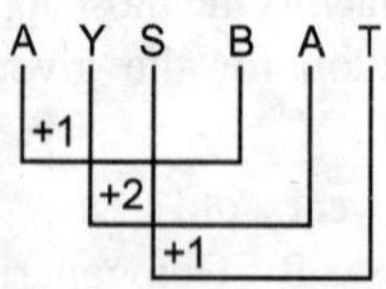

इसी प्रकार,

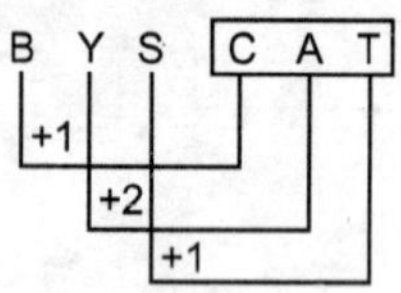

68. (C): दिया है,

1, 4, 9, 16, 25, 36, ..., 64, 81, 100

$\Rightarrow 1^2, 2^2, 3^2, 4^2, 5^2, 6^2, ..., 8^2, 9^2, 10^2$

यहाँ, लुप्त संख्या = $(6 + 1)^2$

$= (7)^2 = 49.$

69. (B):

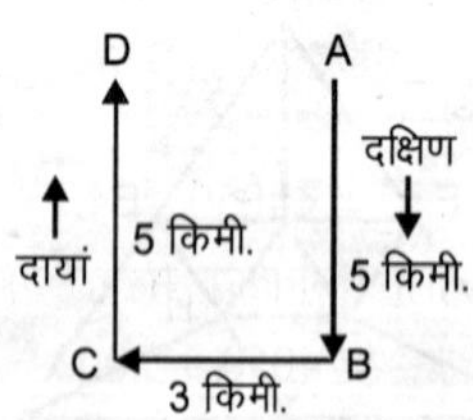

यहाँ, प्रारंभिक बिन्दु = A

AB = CD = 5 किमी.

इसलिए, DA = 3 किमी.

अतः वह (D) अब प्रारंभिक बिन्दु से 5 किमी. दूर है।

70. (D): दिया है,

1	5	7	8	9
↓	↓	↓	↓	↓
X	T	Z	A	L

और

2	3	4	6
↓	↓	↓	↓
N	P	S	U

इसी प्रकार,

2	3	5	4	9
↓	↓	↓	↓	↓
N	P	T	S	L

अतः 23549 को सांकेतिक भाषा में NPTSL लिखा जाएगा।

71. (D): MANAGER $\xrightarrow{\text{विपरीत क्रम}}$ REGANAM

इसी प्रकार,

MOTION $\xrightarrow{\text{विपरीत क्रम}}$ NOITOM

72. (D)

73. (C)

74. (B)

75. (B): 24 ÷ 2 – 4 ⇒ 12 – 4 = 8

76. (C)

77. (D): इनका क्रम:

L, M, N, J, P or M, L, N, J, P

(दोनों में N ↑ मध्य)

78. (B):

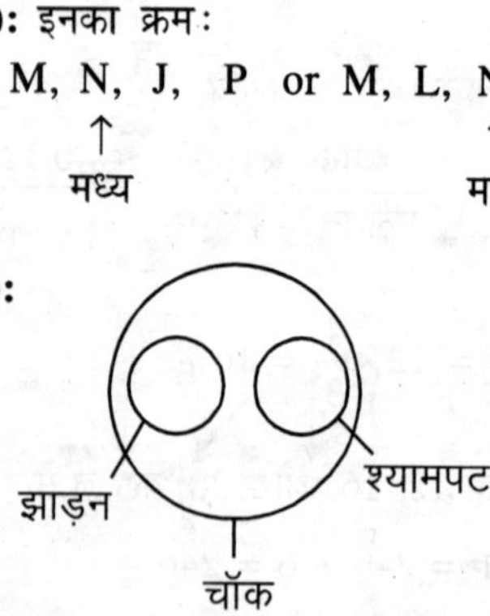

अतः कुछ चॉक झाड़न या श्यामपट हैं।

79. (D): दिये गये शब्द "FRIENDSHIP" में वर्ण 'E' का प्रयोग केवल एक बार किया गया है। अतः शब्द "FREE" नहीं बन सकता।

80. (B)

81. (D): दिया है, साधारण ब्याज पर एक धनराशि 2 वर्षों में ₹7920 और 7 वर्षों में ₹11220 हो जाती है।

$\therefore$ (7 – 2) वर्ष का ब्याज = ₹(11220 – 7920)

$\Rightarrow$ 5 वर्ष का ब्याज = ₹3300

$\Rightarrow$ 2 वर्ष का ब्याज = ₹ $3300 \times \frac{2}{5}$ = ₹1320

$\therefore$ मूलधन = ₹(7920 – 1320) = ₹ 6600

अब, दर = $\frac{\text{ब्याज} \times 100}{\text{मूलधन} \times \text{समय}}$

$= \frac{1320 \times 100}{6600 \times 2}$

$= \frac{132000}{13200} = 10\%.$

82. (A): ल.स. × म.स. = दो संख्याओं का गुणनफल

$\Rightarrow$ 1920 × 4 = 60 × दूसरी संख्या

$\Rightarrow$ दूसरी संख्या = $\frac{1920 \times 4}{60} = 32 \times 4 = 128$

अतः दूसरी संख्या = 128.

83. (A): माना उधार दी गई धनराशि = ₹P

तब, साधारण ब्याज = ₹0.12 P

समय = 9 महीने = $\frac{9}{12}$ वर्ष = $\frac{3}{4}$ वर्ष

$\therefore$ दर = $\frac{\text{ब्याज} \times 100}{\text{मूलधन} \times \text{समय}} = \frac{0.12P \times 100}{P \times \frac{3}{4}}$

$= 12 \times \frac{4}{3} = 16\%.$

84. (C): यहाँ, 12, 16 और 20 का ल.स. = 240

$\therefore$ संख्या = 240 + 6 = 246

$\because$ अंकों का योग 2 + 4 + 6 = 12, 9 से पूर्ण विभाज्य नहीं है।

अतः छोटी से छोटी संख्या = 2 × 240 + 6
= 480 + 6 = 486

जिसका अंकों का योग 4 + 8 + 6 = 18, 9 से पूर्ण विभाज्य है।

अतः उस छोटी से छोटी संख्या के अंकों का योग = 18.

85. (B): दिया है, A : B : C = 2 : 3 : 5

माना A = 2x, B = 3x

और C = 5x

तब, A + B + C = 3800

$\therefore (2x)^2 + (3x)^2 + (5x)^2 = 3800$

$4x^2 + 9x^2 + 25x^2 = 3800$

$\Rightarrow 38x^2 = 3800$

$\Rightarrow x^2 = 100 = (10)^2$

$\Rightarrow x = 10$

अतः C का मान = 5x = 5 × 10 = 50.

86. (A): यहाँ,

विक्रय मूल्य = ₹3750,

लाभ = 25%

$\therefore$ क्रय मूल्य = ₹$3750 \times \frac{100}{100 + 25}$

= ₹$3750 \times \frac{100}{125}$

= ₹$3750 \times \frac{4}{5}$

= 750 × 4

= ₹3000

अब, वस्तु को ₹300 अधिक में बेचने पर

विक्रय मूल्य = ₹3750 + 300
= ₹4050

$\therefore$ लाभ = विक्रय मूल्य – क्रय मूल्य
= 4050 – 3000 = 1050

$\therefore$ प्रतिशत लाभ = $\frac{\text{लाभ} \times 100}{\text{क्रय मूल्य}}$

$= \frac{1050 \times 100}{3000}$

$= \frac{105}{3} = 35\%.$

87. (C): दिया है, 1 मशीन = 2 पुरुष

10 मशीन + 5 पुरुष = 10 × 2 पुरुष + 5 पुरुष

= 25 पुरुष

और 10 पुरुष + 5 मशीन = 10 पुरुष + 5 × 2 पुरुष

= 10 + 10 = 20 पुरुष

$\because$ कम पुरुष, अधिक दिन $\longrightarrow$ विलोमानुपात

$\therefore$ पुरुष   दिन

$25 : 20 :: x : 60$

$\therefore \quad 20 \times x = 25 \times 60$

$$\Rightarrow \quad x = \frac{25 \times 60}{20}$$

$= 25 \times 3$

= 75 दिन

अतः अभीष्ट समय = 75 दिन।

88. (A): $\because$ अनुज का 15 छक्कों और 18 चौकों में रनों की संख्या

$= 15 \times 6 + 18 \times 4$

$= 90 + 72 = 162$

$\therefore$ विकेटों के बीच दौड़कर बनाए गए रनों की संख्या

= दोहरा शतक − 162

= 200 − 162 = 38

अतः अभीष्ट प्रतिशत रन $= \frac{38}{200} \times 100 = 19\%$.

89. (D): 5   [6   2{3 × 7 ÷ (5 × 3)}]

$= 5 \times [6 \times 2\{3 \times 7 \div 15\}]$

$$= 5 \times \left[6 \times 2\left\{3 \times 7 \times \frac{1}{15}\right\}\right]$$

$$= 5 \times \left[6 \times 2\left\{\frac{7}{5}\right\}\right]$$

$$= 5 \times \left[6 \times 2 \times \frac{7}{5}\right] = 6 \times 2 \times 7 = 84.$$

90. (D): माना 1 वस्तु का क्रय मूल्य = ₹x

तब 15 वस्तुओं का क्रय मूल्य = ₹$15x$

तथा 15 वस्तुओं का विक्रय मूल्य

= 21 वस्तुओं का क्रय मूल्य = ₹$21x$

$\therefore$ लाभ = 15 वस्तुओं का विक्रय मूल्य

− 15 वस्तुओं का क्रय मूल्य

$= 21x - 15x =$ ₹$6x$

$$\therefore \text{ लाभ प्रतिशत} = \frac{\text{लाभ} \times 100}{\text{क्रय मूल्य}}$$

$$= \frac{6x \times 100}{15x}$$

$$= \frac{2 \times 100}{5} = 40\%.$$

91. (D): $\because$ परिवार के 10 सदस्यों की कुल आयु

= 10 × 29 = 290 वर्ष

तथा जुड़वाँ सदस्यों की आयु = 2 × 5 = 10 वर्ष

$\therefore$ जुड़वाँ सदस्यों के जन्म के समय परिवार के सदस्यों की कुल आयु

$= 290 - 10 - 8 \times 5$

$= 290 - 10 - 40$

$= 290 - 50 = 240$

$\therefore$ अभीष्ट औसत आयु $= \frac{240}{8} = 30$ वर्ष।

92. (B): व्यंजक $\dfrac{5\frac{5}{8}}{6\frac{3}{7}} \text{ of } \dfrac{6\frac{7}{11}}{9\frac{1}{8}} \div \dfrac{8}{9}\left(2\dfrac{3}{11} + \dfrac{13}{22}\right) \text{ of } \dfrac{9}{5}$

$$= \frac{\frac{45}{8}}{\frac{45}{7}} \text{ of } \frac{\frac{73}{11}}{\frac{73}{8}} \div \frac{8}{9}\left(\frac{25}{11} + \frac{13}{22}\right) \text{ of } \frac{9}{5}$$

$$= \frac{73}{11} \times \frac{8}{73} \times \frac{45}{8} \times \frac{7}{45} \div \frac{8}{9}\left(\frac{50+13}{22}\right) \text{ of } \frac{9}{5}$$

$$= \frac{8}{11} \times \frac{7}{8} \div \frac{8}{9}\left(\frac{63}{22}\right) \text{ of } \frac{9}{5}$$

$$= \frac{7}{11} \div \left(\frac{9}{5} \times \frac{8}{9} \times \frac{63}{22}\right)$$

$= \frac{7}{11} \div \left(\frac{8}{5} \times \frac{63}{22}\right)$

$= \frac{7}{11} \times \frac{5 \times 22}{8 \times 63}$

$= \frac{5 \times 2}{8 \times 9}$

$= \frac{5}{4 \times 9}$

$= \frac{5}{36}$.

93. (D): ट्रेन की चाल $= \frac{250 \text{ m} + 200 \text{ m}}{45 \text{ s}}$

$= \frac{450}{45} = 10$ m/s

ट्रेन की दिशा में साइकिल की चाल = 6 km/h

$= 6 \times \frac{5}{18}$ m/s

$= \frac{5}{3}$ m/s

अतः उस ट्रेन को साइकिल सवार को पार करने में लगा समय

$= \frac{250}{10 - \frac{5}{3}} = \frac{250}{\frac{30-5}{3}}$

$= \frac{250}{25} \times 3$

= 10 × 3 = 30 सेकंड।

94. (D): बेलन का आयतन $= \pi r^2 h$

$5197.5 = \frac{22}{7} \times (10.5)^2 \times h$

$\Rightarrow \quad h = \frac{5197.5 \times 7}{22 \times 10.5 \times 10.5}$

$= \frac{495 \times 7}{22 \times 10.5}$

$= \frac{495 \times 7}{231}$

$= \frac{495}{33} = 15$ सेमी.

अतः बेलन का कुल पृष्ठीय क्षेत्रफल

$= 2\pi rh + 2\pi rh^2$

$= 2 \times \frac{22}{7} \times 10.5 \times 15 + 2 \times \frac{22}{7} \times 10.5 \times 10.5$

= 990 + 693 = 1683 सेमी.^{2}

95. (B): प्रश्नानुसार,

$(22 - x) : (39 - x) :: (56 - x) : (107 - x)$

$\Rightarrow (22 - x)(107 - x) = (39 - x)(56 - x)$

$\Rightarrow 2354 - 22x - 107x + x^2$

$= 2184 - 39x - 56x + x^2$

$\Rightarrow 2354 - 2184 = -95x + 129x$

$\Rightarrow 170 = 34x$

$\Rightarrow x = 5$

अतः $(x + 3)$ और $(3x - 7)$ के बीच का मध्यानुपाती

$= \sqrt{(x+3)(3x-7)}$

$= \sqrt{(5+3)(3 \times 5 - 7)}$

$= \sqrt{8 \times (15 - 7)}$

$= \sqrt{8 \times 8}$

$= \sqrt{(8)^2} = 8$.

96. (B)

97. (B): ∵ वस्तु का क्रय मूल्य = ₹4500,

हानि = 5%

∴ विक्रय मूल्य = ₹$4500 \times \frac{100-5}{100}$

= ₹45 × 95 = ₹4275

पुनः अन्य वस्तु का क्रय मूल्य = ₹4275

∴ 10% के लाभ पर वस्तु का विक्रय मूल्य

= ₹$4275 \times \frac{110}{100}$

$= ₹4275 \times \frac{11}{10}$

$= ₹4275 \times 1.1$

$= ₹4702.50$

अतः कुल लाभ $= ₹4702.50 - ₹4500 = ₹202.50.$

98. (A) **99. (C)**

100. (B): दिया है, A : C = 8 : 5

माना $A = 8x$ और $C = 5x$

तब, $B = 8x \times \frac{25}{100} = 8x \times \frac{3}{4} = 6x$

प्रश्नानुसार,

$A + B + C = ₹9500$

$\Rightarrow 8x + 6x + 5x = ₹9500$

$\Rightarrow 19x = ₹9500$

$\Rightarrow x = ₹500$

अतः B को मिलने वाली राशि $= 6x$

$= 6 \times 500 = ₹3000.$

101. (A): $\because$ सामान का क्रय मूल्य $= ₹960$

माना अंकित मूल्य $= ₹(960 + x)$

तब, विक्रय मूल्य

$$(960 + x) \times \frac{100-20}{100} = 960 \times \frac{120}{100}$$

$$\Rightarrow (960 + x) \times \frac{80}{100} = 960 \times \frac{120}{100}$$

$$\Rightarrow (960 + x) \times 4 = 960 \times 6$$

$$\Rightarrow (960 + x) = 240 \times 6$$

$$\Rightarrow (960 + x) = 1440$$

अतः उसका अंकित मूल्य $= ₹1440.$

102. (D)

103. (B)

104. (C)

105. (C)

106. (C): यहाँ, वेतन $= ₹20,000$ और वृद्धि $= 14\%$

$\therefore$ नया वेतन $= 20000 \times \frac{114}{100}$

$= 200 \times 114$

$= ₹22800.$

107. (B): माना अभीष्ट दिनों की संख्या $= x$

$\because$ अधिक आदमी, कम दिन – विलोमानुपात

$\therefore$ आदमी दिन

$20 : 40 :: x : 20$

$\Rightarrow 20 \times 20 = 40 \times x$

$$\Rightarrow x = \frac{20 \times 20}{40}$$

$= 10$ दिन।

108. (D)

109. (C): छोटे आयताकार मैदान का क्षेत्रफल

$= 40$ मी. $\times 60$ मी.

$= 2400$ मी.^{2}

और छोटे आयताकार मैदान का क्षेत्रफल

$= 120$ मी. $\times 160$ मी.

$= 19200$ मी.^{2}

$\therefore$ छोटे आयताकार मैदान की संख्या

$$= \frac{19200}{2400} = 8.$$

110. (B): दिया है, एक समकोण त्रिभुज

लम्ब = 8 सेमी.,

क्षेत्रफल = 20 वर्ग सेमी.

$\because$ समकोण त्रिभुज का क्षेत्रफल

$= \frac{1}{2} \times$ आधार $\times$ लम्ब

$$\therefore 20 = \frac{1}{2}bp$$

$$\Rightarrow \frac{1}{2}b \times 8 = 20$$

$$\Rightarrow 4b = 20$$

$\Rightarrow b = 5$ सेमी.

अतः आधार की लंबाई $= b = 5$ सेमी.

111. (B): 100 + 30 = ₹ 130

जब विक्रय मूल्य ₹ 130 है तब क्रय मूल्य ₹ 100 है

जब विक्रय मूल्य ₹ 286 है तब क्रय मूल्य

$$= \frac{100}{130} \times 286$$

$$= ₹\ 10 \times 22 = ₹\ 220.$$

112. (C): माना कि कुल विद्यार्थियों की संख्या x है।

प्रश्नानुसार,

$$x \text{ का } 25\% = 420$$

$$\Rightarrow \quad x \times \frac{25}{100} = 420$$

$$\Rightarrow \quad x \times \frac{1}{4} = 420$$

$$\Rightarrow \quad x = 4 \times 420$$

$$= 1680$$

∴ अतः लड़कों की संख्या = 1680 – 420 = 1260.

113. (B)

114. (B):

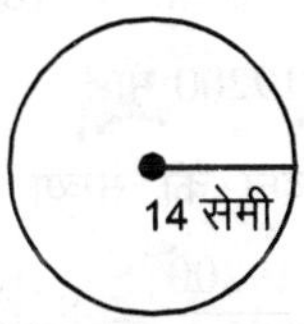

$$\text{वृत्त की परिधि} = 2\pi r = 2 \times \frac{22}{7} \times 14$$

$$= 88 \text{ सेमी.}$$

प्रश्नानुसार,

$$88 = \text{वर्ग का परिमाप}$$

$$\Rightarrow \quad 88 = 4 \times \text{भुजा}$$

$$\therefore \quad \text{वर्ग की भुजा} = \frac{88}{4}$$

$$= 22 \text{ सेमी.}$$

वर्ग का क्षेत्रफल = 22 × 22 = 484 वर्ग सेमी.

115. (B): $\text{मूलधन} = \frac{\text{साधारण ब्याज} \times 100}{\text{दर} \times \text{समय}}$

$$= \frac{210 \times 100}{\frac{15}{4} \times \frac{7}{3}}$$

$$\Rightarrow \quad \text{मूलधन} = \frac{210 \times 100 \times 4 \times 3}{15 \times 7}$$

$$= ₹\ 2400.$$

116. (C): माना कि ₹ 10 का $x\%$ = ₹ 1.25

$$\Rightarrow \quad 10 \times \frac{x}{100} = \frac{125}{100}$$

$$\Rightarrow \quad 10x = 125$$

$$\Rightarrow \quad x = \frac{125}{10} = \frac{25}{2} = 12\frac{1}{2}\%.$$

117. (B):

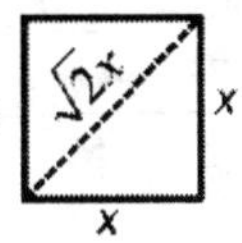

वर्ग का क्षेत्रफल = $(x)^2$

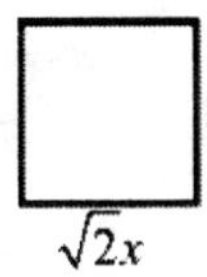

$\sqrt{2}x$ वर्ग का क्षेत्रफल

$$= \left(\sqrt{2}x\right)^2 = 2x^2$$

$$\therefore \text{ अभीष्ट अनुपात} = x^2 : 2x^2 = 1 : 2.$$

118. (D): $\frac{A}{B} = \frac{15}{8} \Rightarrow A = \frac{15}{8}B$

$$\frac{B}{C} = \frac{7}{8} \Rightarrow C = \frac{8B}{7}$$

$$A + B + C = 3600$$

$$\frac{15}{8}B + B + \frac{8B}{7} = 3600$$

$$\Rightarrow \quad \frac{105B + 56B + 64B}{56} = 3600$$

$$225B = 3600 \times 56$$

$$\therefore \quad B = \frac{3600 \times 56}{225}$$

$$56 \times 15 = 896$$

$$B \text{ का हिस्सा} = ₹\ 896$$

$$\Rightarrow \quad \text{अतः A का हिस्सा} = \frac{15}{8}B = \frac{15}{8} \times 896$$

$$= ₹\ 15 \times 112$$

$$= ₹\ 1680.$$

119. (A): माना कि मूल कीमत = ₹ x

$$\text{छूट} = ₹\, x \times \frac{20}{100} = ₹\, \frac{x}{5}$$

$$\text{क्रयमूल्य} = x - \frac{x}{5} = ₹\, \frac{4x}{5}$$

$$\text{वृद्धि} = \frac{40}{100} \times x = ₹\, \frac{2x}{5}$$

$$\therefore \quad \text{विक्रय मूल्य} = x + \frac{2x}{5} = ₹\, \frac{7x}{5}$$

लाभ = विक्रय मूल्य − क्रय मूल्य

$$= \frac{7x}{5} - \frac{4x}{5} = ₹\, \frac{3x}{5}$$

$$\text{प्रतिशत लाभ} = \frac{\text{लाभ}}{\text{क्रय मूल्य}} \times 100$$

$$= \frac{\frac{3x}{5}}{\frac{4x}{5}} \times 100$$

$$= \frac{3x}{5} \times \frac{5}{4x} \times 100$$

$$= 75\%.$$

120. (A)

अंकगणितीय योग्यता

1 संख्या पद्धति

अंक : 0, 1, 2, 3, 4, 5, 6, 7, 8, 9, अंक कहे जाते हैं, इन अंकों से ही संख्याओं का निर्माण होता है।

प्राकृत संख्या : गिनती की संख्या को प्राकृत संख्या कहते हैं। जैसे–1, 2, 3, 4, 5, ... इत्यादि।

सम संख्या : जो संख्या 2 का गुणज होती है या 2 से पूर्णतः विभाजित होती है उसे सम संख्या कहते हैं। जैसे–2, 4, 6, 8, 10, 12 इत्यादि सम संख्याएं हैं।

विषम संख्या : जो संख्या 2 का गुणज नहीं होती है या 2 से पूर्णतः विभाजित नहीं होती है उसे विषम संख्याएं कहते हैं। जैसे–1, 3, 5, 7, 9, 11, ...इत्यादि।

अभाज्य संख्याएँ : जिस संख्या के केवल दो गुणनखण्ड (1 और स्वयं) होते हैं वह अभाज्य संख्या कहलाती हैं। जैसे–2, 3, 5, 7, 11, 13, 17 ..... इत्यादि

संयुक्त संख्या : जिस संख्या के दो से अधिक गुणनखण्ड होते हैं (1, स्वयं तथा अन्य) तो उसे संयुक्त या भाज्य संख्या कहते हैं। जैसे–4, 6, 8, 9, 12, 14, 15 इत्यादि।

असहभाज्य : जिन दो संख्याओं का सार्व गुणनखण्ड केवल 1 होता है वे असहभाज्य कहलाती हैं। प्रत्येक दो संख्याओं का सार्व गुणनखण्ड 1 होता है।

अभाज्य गुणनखण्डन : वह गुणनखण्डन जिसमें संख्या का प्रत्येक गुणनखण्ड अभाज्य होता है उसे संख्या का अभाज्य गुणनखण्डन कहते हैं।

☛ कुछ जानने योग्य महत्वपूर्ण तथ्य

- एक अंक की सबसे छोटी संख्या **1** है।
- दो अंकों की सबसे छोटी-संख्या **10** है।
- पाँच अंकों की सबसे छोटी संख्या **10000** है।
- एक अंक की सबसे बड़ी संख्या **9** है।
- दो अंकों की सबसे बड़ी संख्या **99** है।
- पाँच अंकों की सबसे बड़ी संख्या **99999** है।
- कोई भी संख्या स्वयं की गुणज होती है।
- प्रत्येक संख्या 1 की गुणज होती है।
- गुणनफल गुणा की गई प्रत्येक संख्या का गुणज होता है।
- यदि भाग देने पर शेषफल 0 हो तो एक संख्या दूसरी संख्या से विभाज्य है।
- किसी संख्या और 1 का गुणनफल स्वयं वह संख्या होती है।
- किसी संख्या और 0 का गुणनफल हमेशा 0 (शून्य) होता है।
- वे भिन्न जिनके हर समान नहीं होते हैं असमान-भिन्न कहलाते हैं।
- ऐसे भिन्न जिनके हर समान होते हैं समान-भिन्न कहलाते हैं।
- यदि भिन्न जिनके हर व अंश को एक से गुणा किया जाए तब प्राप्त भिन्न दी हुई भिन्न के तुल्य भिन्न होती है।
- भिन्न $\frac{P}{Q}$ में P को अंश तथा Q को हर कहते हैं।
- भिन्नों को समान हर वाली भिन्नों में बदलने के बाद जिसका अंश बड़ा होता है वही भिन्न बड़ी होती हैं।
  किसी संख्या का स्थानीय मान लिखने के लिएः
  इकाई के स्थान पर लिखे अंक को 1 से गुणा करते हैं।
  दहाई के स्थान पर लिखे अंक को 10 से गुणा करते हैं।
  सैकड़े के स्थान पर लिखें अंक को 100 से गुणा करते हैं।
- यदि अंश और हर का एक मात्र सार्व गुणनखण्ड 1 हो तो भिन्न अपने सरलतम रूप में होती है।
- जिस भिन्न में अंश हर से छोटा-होता है, वह **लध्वांश** भिन्न कहलाती है।
- जिस भिन्न में अंश हर से बड़ा अथवा दोनों बराबर हो वह महांश भिन्न अथवा विषम भिन्न कहलाती है।
- जब कोई महांश भिन्न, पूर्ण-संख्या और लघ्वांश भिन्न को मिलाकर लिखी जाती हैं, तब वह मिश्र संख्यांक कहलाती है।

अभ्यास प्रश्न 1

1. 3552 + 4037 + 658 = ?
A. 8227 B. 8237
C. 8247 D. 8257

2. 2134 + 135 + 2470 = ?
A. 4739 B. 4729
C. 4719 D. 4709

3. 1432 + 809 + 189 = ?
A. 2430 B. 2530
C. 2630 D. 2730

4. 1253 + 3407 + 347 = ?
A. 5007 B. 5017
C. 4007 D. 4207

5. 5798243 + 1810852 = ?
A. 7509094 B. 7509095
C. 7609095 D. 7709095

6. 4335176 + 6910028 + 35875 = ?
A. 11281079 B. 1128069
C. 11280179 D. 11281059

7. 88 + 888 + 8888 + 88888 + 888888 = ?
A. 987540 B. 987440
C. 987340 D. 987640

8. 1 + 11 + 111 + 1111 + 11111 + 111111 = ?
A. 123456 B. 132456
C. 134256 D. 124356

9. 1 + 10 + 100 + 1000 + 10000 + 100000 = ?
A. 111111 B. 101111
C. 100111 D. 100011

10. 1 + 22 + 33 + 44 + 444 + 4444 = ?
A. 4788 B. 4888
C. 4988 D. 4898

11. 9868 – 2347 = ?
A. 7421 B. 7321
C. 7521 D. 7621

12. 8849 – 3657 = ?
A. 5192 B. 5092
C. 4992 D. 4892

13. 8903 – 2543 = ?
A. 6160 B. 6260
C. 6360 D. 6460

14. 7000 – 3753 = ?
A. 3247 B. 3147
C. 3047 D. 3447

15. यदि 32 + 24 = 56 है, तो 320 + 240 = ?
A. 660 B. 560
C. 460 D. 360

16. यदि 13 – 7 = 6 है, तो 130 – 70 = ?
A. 66 B. 60
C. 36 D. 46

17. 5421765 – 2314678 = ?
A. 3007089 B. 3107087
C. 3207087 D. 3307087

18. 4934721 – 698765 = ?
A. 4235946 B. 4235966
C. 4235956 D. 4235957

19. 8010101 – 4323456 = ?
A. 3685645 B. 3686545
C. 3586645 D. 3686645

20. 3506050 – 678137 = ?
A. 2828913 B. 2827913
C. 2727913 D. 2627913

21. 654327 में क्या जोड़ने पर 1600000 प्राप्त होगा?
A. 945673 B. 935673
C. 925673 D. 915673

22. 2745760 की अपेक्षा 40,00,000 कितना अधिक हैं?
A. 1274240 B. 1264240
C. 1154240 D. 1254240

23. 27854 × 250 = ?
A. 6963500 B. 7863500
C. 7763500 D. 7463500

24. 301482 × 26 = ?
A. 7738532 B. 7838532
C. 7983532 D. 7838352

25. 4514 × 1025 = ?
A. 4426850 B. 4526850
C. 4626850 D. 4726850

26. 685 × 10,000 = ?
A. 6850000 B. 6700000
C. 6800000 D. 6950000

27. $1705 \times 1000 = ?$
A. 1700500 B. 1700050
C. 1705000 D. 17050000

28. $6784 + 7226 + 932 + 78 = ?$
A. 15020 B. 14020
C. 13020 D. 12020

29. $6427 + 15573 + 19 + 481 = ?$
A. 22500 B. 14501
C. 16501 D. 17501

30. $305 \times 209 = ?$
A. 63755 B. 63745
C. 62745 D. 64745

31. $431 \times 111 = ?$
A. 47841 B. 37841
C. 57841 D. 67841

32. $422 \times 217 = ?$
A. 93574 B. 92574
C. 91574 D. 90574

33. $439 \times 120 = ?$
A. 52680 B. 51680
C. 50180 D. 53680

34. $13907 \times 0 = ?$
A. 0 B. 13907
C. 139070 D. 13970

35. $13907 \div 1 = ?$
A. 1 B. 13907
C. 0 D. $\frac{1}{13907}$

36. $8040 \div 6 = ?$
A. 1340 B. 1240
C. 1140 D. 1040

37. $1375 \div 5 = ?$
A. 375 B. 175
C. 345 D. 275

38. $8323 \div 41 = ?$
A. 303 B. 103
C. 203 D. 403

39. $5130 \div 30 = ?$
A. 170 B. 171
C. 172 D. 173

40. $5157 \div 27 = ?$
A. 191 B. 192
C. 193 D. 194

41. यदि $18952 \div 23 = 824$, तो $18952 \div 824 = ?$
A. 21 B. 20
C. 22 D. 23

42. यदि $250 \times 15 = 3750$, तो $250 \times 14 = ?$
A. 3750 B. 3650
C. 3500 D. 3550

43. यदि $124 \times 2 = 248$ और $124 \times 3 = 372$ है, तो $124 \times 20 + 124 \times 30 = ?$
A. 6200 B. 6100
C. 6000 D. 5800

44. $9 - 6 \div 3 \times 2 + 1 = ?$
A. 6 B. 3
C. 4 D. 5

45. $12 \times 4 + 6 \div 2 = ?$
A. 56 B. 55
C. 52 D. 51

46. $12 - 8 \div 4 + 3 \times 2 = ?$
A. 16 B. 14
C. 12 D. 10

47. $2 \times 10 - 3 + 15 \div 3 = ?$
A. 21 B. 22
C. 23 D. 24

48. $1\frac{1}{2} + \frac{5}{8} \div \frac{3}{4} - \frac{1}{4} - 1\frac{1}{2} = ?$
A. $\frac{7}{12}$ B. $\frac{5}{12}$
C. $\frac{11}{12}$ D. $\frac{2}{3}$

49. $128 \div 4 + 12 \times 5 - 4 = ?$
A. 88 B. 86
C. 85 D. 84

50. $\frac{1}{2} + \frac{3}{10} \div \frac{3}{5} - \frac{1}{3} \times \frac{5}{2} = ?$
A. $\frac{1}{3}$ B. $\frac{1}{4}$
C. $\frac{1}{5}$ D. $\frac{1}{6}$

उत्तरमाला

1	2	3	4	5	6	7	8	9	10
C	A	A	A	C	A	D	A	A	C
11	**12**	**13**	**14**	**15**	**16**	**17**	**18**	**19**	**20**
C	A	C	A	B	B	B	C	D	B
21	**22**	**23**	**24**	**25**	**26**	**27**	**28**	**29**	**30**
A	D	A	B	C	A	C	A	A	B
31	**32**	**33**	**34**	**35**	**36**	**37**	**38**	**39**	**40**
A	C	A	A	B	A	D	C	B	A
41	**42**	**43**	**44**	**45**	**46**	**47**	**48**	**49**	**50**
D	C	A	A	D	A	B	A	A	D

कठिन प्रश्नों की व्याख्या

1. 3552 + 4037 + 658 = 8247

2. 2134 + 135 + 2470 = 4739

3. 1432 + 809 + 189 = 2430

8. 1 + 11 + 111 + 1111 + 11111 + 111111 = 123456

10. 1 + 22 + 33 + 44 + 444 + 4444 = 4988

15. 32 + 24 = 56, 320 + 240 = 560

20. 3506050 − 678137 = 2827913

25. 4514 × 1025 = 4626850

30. 305 × 209 = 63745

35. 13907 ÷ 1 = 13907

40. 5157 ÷ 27 = 191

45. 12 × 4 + 6 ÷ 2
48 + 3 = 51

50- $\frac{1}{2}+\frac{3}{10}\times\frac{5}{3}-\frac{1}{3}\times\frac{5}{2} = \frac{1}{2}+\frac{1}{2}-\frac{5}{6}$

$= 1-\frac{5}{6} = \frac{1}{6}$

अभ्यास प्रश्न 2

1. सबसे बड़ी अभाज्य संख्या ज्ञात करो जो 90 से कम हैं–

A. 79 B. 88
C. 89 D. इनमें से कोई नहीं

2. सबसे छोटी अभाज्य संख्या ज्ञात करो जो 21 से बड़ी है–

A. 22 B. 23
C. 25 D. 29

3. सबसे छोटी अभाज्य संख्या है–

A. 1 B. 2
C. 3 D. 7

4. निम्नलिखित में कौन-सी संख्या अभाज्य नहीं है?

A. 2 B. 7
C. 27 D. 43

5. 2 अंकों की वह सबसे छोटी संख्या जिसके 2, 3 और 5 गुणनखण्ड हैं–

A. 27 B. 28
C. 30 D. 40

6. 3 अंकों की वह सबसे छोटी संख्या जिसके 2, 3 तथा 5 गुणनखण्ड हैं–

A. 102 B. 105
C. 110 D. 120

7. 8 और 12 का लघुतम सार्वगुणज है–

A. 8 B. 12
C. 24 D. 96

8. संख्या युग्म 7 और 8 का सार्व गुणनखण्ड है :

A. 1 B. 2
C. 7 D. 8

9. असहभाज्य संख्या का युग्म है–

A. 16 और 18　B. 17 और 19
C. 21 और 24　D. 25 और 35

10. वह कौन-सी संख्या है जो किन्हीं दो संख्याओं का सार्व गुणनखण्ड है?

A. 0　B. 1
C. 10　D. 100

11. वह कौन-सी संख्या है जो 100 से कम है तथा जिसके गुणनखण्ड 2, 3 तथा 5 हैं और उसके अंकों का योग 9 है?

A. 60　B. 80
C. 90　D. 99

12. 5 अंकों की सबसे बड़ी संख्या है–

A. 10000　B. 70000
C. 90000　D. 99999

13. 1, 3, 7 तथा 9 के अंकों से सम्भव सबसे बड़ी संख्या है–

A. 9371　B. 9173
C. 9731　D. 9713

14. 5 अंकों की सबसे छोटी संख्या से 1 कम कौन-सी संख्या है?

A. 9000　B. 9990
C. 9998　D. 9999

15. 4 अंकों की सबसे बड़ी संख्या में 1 जोड़ने से प्राप्त संख्या है–

A. 9000　B. 1000
C. 10001　D. 10000

16. 5 अंकों की सबसे छोटी संख्या तथा 4 अंकों की सबसे बड़ी संख्या का अन्तर है–

A. 1　B. 10
C. 100　D. 1000

17. 30276 में 2 का स्थानीय मान है–

A. 2　B. 276
C. 206　D. 200

18. 24176 में 1 का स्थानीय मान है–

A. 1　B. 176
C. 107　D. 100

19. 39054 में 9 का स्थानीय मान है–

A. 9　B. 90
C. 900　D. 9000

20. 41239 में 3 का स्थानीय मान है–

A. 3　B. 39
C. 30　D. 300

21. 49325 में 5 का स्थानीय मान है–

A. 5　B. 50
C. 500　D. 5000

22. $(7 \times 10000) + (7 \times 1000) + (0 \times 100) + (0 \times 10) + (7 \times 1)$ का मानक रूप है–

A. 77000　B. 70707
C. 77707　D. 77007

23. $(2 \times 10000) + (7 \times 1000) + (3 \times 100) + (6 \times 10) + (5 \times 1)$ का मानक रूप है–

A. 27365　B. 27000
C. 27065　D. 27305

24. निम्नलिखित में कौन-सी संख्या पैंतालीस हजार पाँच सौ इक्यावन है?

A. 4550051　B. 450551
C. 45551　D. 405551

25. निम्नलिखित में कौन-सी संख्या साठ-हजार तीस है?

A. 630　B. 6030
C. 60030　D. 66030

26. कौनसी संख्या दस हजार से एक कम है?

A. 10009　B. 9099
C. 9999　D. 9909

27. कौन-सी संख्या एक लाख से एक कम है?

A. 90000　B. 99900
C. 99990　D. 99999

28. 8 अंकों की सबसे बड़ी संख्या जिसमें दस हजार के स्थान पर 6 और सैकड़े के स्थान पर 0 है–

A. 99996900　B. 99969099
C. 99999999　D. 99999109

29. 53526 में पहले 5 का मान दूसरे 5 के मान से कितना गुना है?

A. 50　B. 60
C. 100　D. 1000

30. 829825 में पहले 8 का मान तथा दूसरे 8 के मान में अन्तर है–

A. 829800　B. 829025
C. 799200　D. 799800

31. भारत के चार राज्यों की जनसंख्या किसी वर्ष में निम्न प्रकार थी–
पश्चिमी बंगाल : 54580647
उत्तर प्रदेश : 110862013
महाराष्ट्र : 62784171
तमिलनाडु : 48408077
किस राज्य की जनसंख्या सबसे अधिक थी?
A. उत्तर प्रदेश B. महाराष्ट्र
C. तमिलनाडु D. पश्चिम-बंगाल

32. रुचिका का जन्म 1972 में हुआ था, 2004 में उसकी आयु कितनी थी?
A. 22 वर्ष B. 30 वर्ष
C. 32 वर्ष D. 42 वर्ष

33. एक गाँव में स्त्रियों की संख्या 14397 है पुरुषों की संख्या स्त्रियों की संख्या से 278 अधिक है, पुरुषों dh कितनी संख्या है?
A. 14000 B. 14200
C. 14600 D. 14675

34. एक प्राथमिक चिकित्सा केंद्र को पहले वर्ष ₹ 18575 दूसरे वर्ष में पहले वर्ष से ₹ 4500 अधिक दिए गए तथा तीसरे वर्ष में दूसरे वर्ष की अपेक्षा ₹ 3500 अधिक दिए गए तो केंद्र को तीन वर्षों में कुल कितनी राशि दी गई?
A. 60225 B. 67225
C. 68225 D. 70225

35. एक चुनाव में एक विशेष सीट के लिए 4 उम्मीदवार थे। उनको निम्न प्रकार वोट मिले :
पहला उम्मीदवार : 31,347
दूसरा उम्मीदवार : 22,347
तीसरा उम्मीदवार : 7,347
चौथा उम्मीदवार : 3,841
यदि 347 वोट रद्द कर दिए गए, तो कुल कितने वोट डाले गए थे?
A. 60229 B. 62229
C. 64229 D. 65229

36. 5 अंकों की सबसे बड़ी संख्या तथा 6 अंकों की सबसे छोटी संख्या का अंतर है :
A. 1 B. 10
C. 100 D. 1000

37. 27345 प्राप्त करने के लिए 13901 में क्या जोड़ा जाए?
A. 13000 B. 13044
C. 13004 D. 13444

38. 99999 में कौन-सी संख्या जोड़ी जाए जिससे 100000 प्राप्त हो?
A. 1000 B. 100
C. 10 D. 1

39. एक परीक्षा में 90360 परीक्षार्थी बैठे, 76379 परीक्षार्थी पास हुए तो कितने परीक्षार्थी फेल हुए?
A. 13900 B. 13980
C. 13981 D. 13998

40. दो संख्याओं का योगफल 60250 है। उनमें से एक संख्या 22769 है तो दूसरी संख्या है :
A. 37480 B. 37481
C. 37482 D. 37483

41. एक व्यक्ति के पास ₹ 97865 थे। उसने ₹ 18000 अपने पुत्र को ₹ 21000 अपनी पुत्री को और बाकी अपनी पत्नी को दिए तो उसने अपनी पत्नी को कितने रुपए दिए?
A. ₹ 58865 B. ₹ 58870
C. ₹ 58875 D. ₹ 58880

42. एक कस्बे की जनसंख्या 98,692 है यदि कस्बे में 29,642 पुरुष और 29,167 महिलाएँ हैं तो कस्बे में बच्चों की संख्या है :
A. 39800 B. 39880
C. 39882 D. 39883

43. दो संख्याओं का अंतर 4937 है, यदि बड़ी संख्या 30451 है, तो छोटी संख्या है :
A. 25514 B. 25510
C. 25505 D. 25500

44. 99999 प्राप्त करने के लिए 90503 में कौन-सी संख्या जोड़ी जाएगी?
A. 19496 B. 19490
C. 19489 D. 9496

45. सोनिया के बैंक खाते में ₹ 20,000 हैं उसने उसमें से ₹ 7500 निकाल लिए तो अब उसके खाते में कितना धन है?
A. ₹ 11500 B. ₹ 12500
C. ₹ 13500 D. ₹ 14500

46. सोहन प्रत्येक माह ₹ 260 की बचत करते हैं तो 5 वर्ष में वह कितनी बचत करेंगे?
A. ₹ 16600 B. ₹ 15600
C. ₹ 14600 D. ₹ 13600

47. एक व्यक्ति के पास पचास रुपए वाले 615 नोट हैं, तो उसके पास कुल कितना धन है?
A. ₹ 30750 B. ₹ 30760
C. ₹ 30770 D. ₹ 30780

48. जनवरी माह में कितने मिनट होते हैं?
A. 44640 मिनट B. 44650 मिनट
C. 44660 मिनट D. 44670 मिनट

49. एक सवारी डिब्बे में 85 व्यक्ति जा सकते हैं तो 369 डिब्बों में कितने व्यक्ति जा सकेंगे?
A. 30365 व्यक्ति B. 31365 व्यक्ति
C. 32365 व्यक्ति D. 33365 व्यक्ति

50. एक साइकिल का मूल्य ₹ 575 है तो 156 साइकिलों का मूल्य है :
A. ₹ 89700 B. ₹ 89800
C. ₹ 89850 D. ₹ 89900

51. 17 यात्रियों का रेल भाड़ा ₹ 6494 है तो एक यात्री का रेलभाड़ा है :
A. ₹ 380 B. ₹ 381
C. ₹ 382 D. ₹ 383

52. एक पुस्तक में 434 पृष्ठ हैं यदि दिनकर एक दिन में 7 पृष्ठ पढ़ता है, तो उसे कितने दिनों में पढ़ सकेगा?
A. 62 B. 61
C. 60 D. 59

53. दो संख्याओं का गुणनफल 1425 है, यदि उनमें से एक संख्या 25 है, तो दूसरी संख्या क्या है?
A. 52 B. 53
C. 54 D. 57

उत्तरमाला

1	2	3	4	5	6	7	8	9	10
C	B	B	C	C	D	C	A	B	B
11	**12**	**13**	**14**	**15**	**16**	**17**	**18**	**19**	**20**
C	D	C	D	D	A	D	D	D	C
21	**22**	**23**	**24**	**25**	**26**	**27**	**28**	**29**	**30**
A	D	A	C	C	C	D	B	C	C
31	**32**	**33**	**34**	**35**	**36**	**37**	**38**	**39**	**40**
A	C	D	C	D	A	D	D	C	B
41	**42**	**43**	**44**	**45**	**46**	**47**	**48**	**49**	**50**
A	D	A	D	B	B	A	A	B	A
51	**52**	**53**							
C	A	D							

कठिन प्रश्नों की व्याख्या

1. 90 से कम सबसे बड़ी अभाज्य संख्या 89 हैं क्योंकि इसका गुणनखण्ड 1 और 89 हैं।

5. 2, 3 और 5 का ल.स. = 30 ल.स. सार्वगुणनखण्ड होते हैं।

10. 1 किसी भी संख्या का सार्व-गुणनखण्ड होता है।

15. 4 अंकों की सबसे बड़ी संख्या = 9999 अभीष्ट संख्या = 9999 + 1 = 10,000

20. 41239 में 3 का स्थानीय मान = 30 है।

25. साठ हजार तीस–60030

30. 800000 – 800 = 799200

35. कुल वोट
= 31347 + 22347 + 7347 + 3841 + 347 = 65229

40. दूसरी संख्या = 60250 – 22769 = 37481

45. शेष राशि = 20,000 – 7,500 = 12,500

50. 156 साइकिलों का मूल्य
= 156 × 575 = ₹ 89700.

●●●

2 दशमलव प्रणाली

$\frac{3}{100} = 0.03;\ \frac{43}{100} = 0.43;\ \frac{143}{100} = 1.43;$

$\frac{1143}{100} = 11.43;\ \frac{3}{1000} = 0.003;\ \frac{43}{1000} = 0.043$

इत्यादि को दशमलव कहते हैं। दशमलव के प्रायः दो भाग होते हैः पूर्ण संख्या वाला भाग व दशमलव संख्या वाला भाग। दोनों संख्याओं को एक डॉट (.) अलग करता है, जिसको दशमलव बिन्दु कहते हैं। जैसे : 11:43 में 11 पूर्ण संख्या वाला भाग है। और 43 दशमलव संख्या 1 दशमलव संख्या को दशमलव भिन्न भी कहते हैं।

उदाहरण 1. दशमलव में लिखो

A. $\frac{3}{100}$ B. $7\frac{15}{100}$

C. $43\frac{36}{100}$ D. $75\frac{86}{100}$

हल : A. $\frac{3}{100} = 0.03$ B. $7\frac{15}{100} = 7.15$

C. $43\frac{36}{100} = 43.36$ D. $75\frac{86}{100} = 75.86$

उदाहरण 2. $1000 + 300 + 50 + 7 + \frac{3}{10} + \frac{2}{100} + \frac{4}{1000}$ का मान ज्ञात करें।

हल : $1000 + 300 + 50 + 7 + \frac{3}{10} + \frac{2}{100} + \frac{4}{1000}$

$= 1357 + 0.3 + 0.02 + 0.004$

$= 1357.324$

उदाहरण 3. $0.2 \times 0.02 \times 0.002$ का मान निकालो।

हल : $0.2 \times 0.02 \times 0.002$

$= 0.000008$ संख्या को गुणा करके दाहिनी ओर से 6 स्थान के बाद दशमलव लगायें।

उदाहरण 4. सरल करो–

$$\frac{0.0064 \times 0.008}{0.0128 \times 0.004} = \frac{64 \times 8}{128 \times 4} = 1.$$

उदाहरण 5. सरल करो–

$(2 - 0.0002) \times 0.03$

$= 1.9998 \times 0.03 = 0.059994$

उदाहरण 6. $0.3 \times 0.3 \times 0.3 - 0.03 \times 0.03 \times 0.03$ का मान निकालो।

हल : $0.3 \times 0.3 \times 0.3 - 0.03 \times 0.03 \times 0.03$

$= 0.027 - 0.000027 = 0.026973.$

अभ्यास प्रश्न

1. $900 + 70 + 5 + \frac{2}{10} + \frac{8}{100} + \frac{4}{1000}$ का मान है–

A. 975.284 B. 975.0284
C. 975.2084 D. 975.00284

2. $100 + 80 + 6 + \frac{4}{100} + \frac{3}{1000} + \frac{5}{10,000}$ का मान है–

A. 186.435 B. 186.0435
C. 186.00435 D. 186.4035

3. $\frac{1}{10} + \frac{2}{100} + \frac{3}{1000}$ का मान है–

A. 123 B. 0.123
C. 0.1023 D. 0.1203

4. $\frac{4107}{100}$ का मान है–

A. 4.107 B. 41.07
C. 410.7 D. 0.4107

5. 0.02 का समान दशमलव है–

A. 2.00 B. 3.041
C. 2.11 D. 3.10

6. निम्न में कौन समान दशमलव का जोड़ा है?

A. 123.264, 24.020 B. 100.70, 5.070
C. 3.003, 3.30 D. 9.13, 6.91

7. निम्न में कौन असमान दशमलव का जोड़ा नहीं है?

A. 0.7, 0.70 B. 14.4, 14.40
C. 7.07, 7.7 D. 170.07, 70.07

8. निम्न दशमलवों में कौन-सा दशमलव बड़ा है?

A. 0.3 B. 0.29
C. 0.07 D. 0.09

9. निम्न दशमलवों में कौन-सा दशमलव छोटा है?

A. 2.1 B. 2.05
C. 2.008 D. 2.002

10. निम्न दशमलव समूहों में कौन-सा दशमलव बढ़ते क्रम है?

A. 5.6, 5.3, 7.1, 9.6
B. 18.1, 9.25, 17.105, 12.144
C. 25.005, 25.25;25.505
D. 64.2, 74.24, 64.015

11. 16.6 + 8.7 + 24.4 का मान है–

A. 49.07 B. 49.73
C. 49.7 D. 49.75

12. 26.847 + 10.025 + 14.809 का मान है–

A. 51.081 B. 51.581
C. 51.481 D. 51.681

13. 34.005 + 5.067 + 17.109 का मान है–

A. 56.181 B. 56.081
C. 56.182 D. 56.171

14. $\frac{0.5 \times 0.2}{0.05 \times 0.02}$ का मान है–

A. 1 B. 10
C. 100 D. 0.1

15. संख्यायें 0.02, 0.01, 0.03, 0.10, 0.07, का घटते हुए क्रम है–

A. 0.01, 0.1, 0.02, 0.03, .07
B. 0.10, 0.07, 0.03, 0.02, 0.01
C. 0.03, 0.07, 0.02, 0.01, 0.10
D. 0.02, 0.03, 0.1, 0.01, 0.07

16. 2.5 × 2.5 + 2.5 × 7.5 का मान है–

A. 2.5 B. 250
C. 25 D. 20

17. 3.402 + 4.302 – 6.704 का मान है–

A. 0 B. 1
C. 1.204 D. 2.104

18. 25 × 14.06 + 75 × 14.06 का मान है–

A. 1410 B. 1406
C. 1405 D. 1450

19. $5+\frac{6}{10}+\frac{6}{100}+\frac{6}{1000}$ का मान है–

A. 5.0606 B. 5.666
C. 5.606 D. 5.006

20. 4.02 + 3.003 + 5.1 का मान है–

A. 12.102 B. 12.203
C. 12.324 D. 12.123

21. निम्नलिखित में से कौन 8 के बराबर है?

A. 8 × 0.20 B. 16 × 0.05
C. 16 × 0.5 D. 16 × 0.25

22. निम्नलिखित में से कौन-सी संख्यायें अवरोही क्रम में लिखी हुई है?

A. 15.075, 15.705, 15.750
B. 15.750, 15.705, 15.075
C. 12.750, 12.075, 12.705
D. 12.07, 12.750, 12.705

23. निम्नलिखित में से कौन 9 के बराबर है?

A. 15 × 0.06 B. $15\times\frac{3}{5}$
C. 15 × 0.05 D. 15 × 0.65

24. 0.1 × 0.1 – 0.01 का मान है–

A. 0.01 B. 0.001
C. 0.101 D. 0

25. $\frac{3}{100}+\frac{5}{1000}+\frac{8}{10000}$ का मान है–

A. 0.3580 B. 0.03508
C. 0.3550 D. 0.0358

26. 60.0007 × 0.7 का मान है–

A. 42.00049 B. 42.0049
C. 42.0490 D. 42.04900

27. $\frac{0.0025 \times 0.001}{0.5}$ का मान है–

A. 2.5×10^{-3} B. 2.5×10^{-4}
C. 5×10^{-6} D. 2.5×10^{-6}

28. $2 \times 0.2 \times 0.02 \times 0.0002$ का मान है–

A. 1.6×10^{-6} B. 1.6×10^{-5}
C. 1.6×10^{-4} D. 1.6×10^{-3}

29. 1.09×5.908 का निकटतम मान है–

A. 5 B. 6
C. 7 D. 8

30. निम्न में किसका मान 1 के बराबर है?

A. $\frac{0.505}{505 \times .1}$ B. $\frac{.606}{6.06 \times 0.1}$
C. $\frac{0.707 \times 100}{707}$ D. $\frac{.404 \times 10}{404}$

31. निम्नलिखित में कौन अवरोही क्रम में है–

A. 8.008, 8.0008, 8.08, 8.8, 8
B. 8.8, 8.0008, 8.008, 8.08, 8
C. 8, 8.8, 8.08, 8.008, 8.0008
D. 8.8, 8.08, 8.008, 8.0008, 8

32. 8% के तुल्य कौन-सा दशमलव है?

A. 0.8 B. 0.008
C. 0.8×10 D. 0.08

33. $0.4 \times 0.04 \times 0.0004$ का मान है–

A. 6.4×10^{-6} B. 6.4×10^{-5}
C. 6.4×10^{-4} D. 6.4×10^{-3}

34. $(3-0.03) \times 0.03$ का मान है–

A. 0.0791 B. 0.0691
C. 0.0891 D. 0.0991

35. $0.7 \times 0.7 \times 0.7 - 0.07 \times 0.07 \times 0.07$ का मान है–

A. 0.342657 B. 0.332657
C. .322657 D. 0.312657

36. $4.525 \times ? = 0.4525$ में ? के स्थान पर कौन-सी संख्या आयेगी?

A. 10 B. 100
C. 1000 D. $\frac{1}{10}$

37. 7.9 का निकटतम पूर्ण संख्या में निकटतम मान है–

A. 7 B. 9
C. 6 D. 8

38. 32.4 का निकटतम पूर्ण संख्या में निकटतम मान है–

A. 33 B. 31
C. 30 D. 32

39. 3.5 का निकटतम पूर्ण संख्या में निकटतम मान है–

A. 3 B. 35
C. 4 D. 2

40. निम्नलिखित में कौन-सा बड़ा है?

A. 0.09 B. 0.013
C. 0.089 D. 0.101

41. यदि $6237 \times 4 = 24948$ है, तो 0.6237×4 का मान है–

A. 249.48 B. 2494.8
C. 24.948 D. 2.4948

42. यदि $1125 \div 15 = 75$, तो $1.125 \div 15$ का मान है–

A. 75 B. 0.075
C. 0.75 D. 0.0075

43. $25.14 \div 3000$ का मान है?

A. 0.0838 B. 0.00838
C. 0.000838 D. 0.838

44. यदि $286 \times 11 = 3146$ तथा $286 \div 11 = 26$, तो $286 \times 0.11 + 28.6 \div 0.0011$ का मान है–

A. 26031.46 B. 25031.46
C. 24031.46 D. 25.3146

45. निम्नलिखित किसमें भागफल 36 प्राप्त होगा?

A. $0.216 \div 0.6$ B. $0.216 \div 0.06$
C. $0.216 \div 0.006$ D. $216 \div 0.6$

46. $.8 + 8.8 + 8.88 + 88.888$ का मान है?

A. 106.368 B. 105.368
C. 108.368 D. 107.368

47. $7.3 + 25.65 + 9.008$ का मान है–

A. 41.958 B. 42.958
C. 44.958 D. 43.958

48. $2.5 \times 2.5 + 2.5 \times 2.5$ का मान है–

A. 12.05 B. 11.05
C. 12.50 D. 13.50

49. $3.408 + 34.08 - 32.08$ का मान है–

A. 4.408 B. 5.408
C. 6.508 D. 5.608

50. संख्यायें 0.02, 0.03, 0.04, 0.01, 0.001, .07 का निम्न में कौन सा अनुक्रम घटते हुए क्रम में है?
A. 0.02, 0.01, 0.001, 0.07, 0.03, 0.04
B. 0.07, 0.03, 0.04, 0.02, 0.01, 0.001
C. 0.07, 0.04, 0.02, 0.03, 0.01, 0.001
D. 0.07, 0.04, 0.03, 0.02, 0.01, 0.001

51 617 + 6.017 + 0.617 + 6.0017 का मान है–
A. 629.06357 B. 62.96357
C. 629.6357 D. 6296.357

52. 0.7683 + 0.369 + 0.05 + 0.8 का मान है–
A. 0.8065 B. 1.9873
C. 0.8110 D. 81.10

53. 0.666666 ÷ 0.11 का मान है?
A. 60.606 B. 66.006
C. 0.60606 D. 6.0606

54. 0.0009 ÷ 0.03 का मान है–
A. 0.3 B. 0.03
C. 0.003 D. 0.0003

55. 0.000006723 का वैज्ञानिक अंकन है–
A. 6723×10^{-5} B. 67.23×10^{-7}
C. 6.723×10^{-6} D. 672.3×10^{-8}

56. $50 + 3 + \frac{2}{10} + \frac{7}{1000}$ का मान है–
A. 53.207 B. 53.101
C. 53.401 D. 53.301

57. $2 + \frac{3}{100} + \frac{4}{1000} + \frac{5}{10000}$ का मान है–
A. 2.3045 B. 2.0345
C. 2.0245 D. 20.345

58. $10 + 6 + \frac{1}{10} + \frac{2}{100} + \frac{3}{1000} + \frac{4}{10000}$ का मान है–
A. 16.1234 B. 15.1234
C. 17.1334 D. 18.1234

59. $10 + 2 + 3 + \frac{4}{1000} + \frac{5}{10000} + \frac{6}{100000}$ का मान है–
A. 15.000456 B. 15.00456
C. 15.04560 D. 15.00446

60. 10.50 + 5.25 + 5.75 – 3.015 का मान है–
A. 18.485 B. 17.485
C. 16.485 D. 15.485

उत्तरमाला

1	2	3	4	5	6	7	8	9	10
A	B	B	B	C	D	C	A	D	C
11	**12**	**13**	**14**	**15**	**16**	**17**	**18**	**19**	**20**
C	D	A	C	B	C	B	B	B	D
21	**22**	**23**	**24**	**25**	**26**	**27**	**28**	**29**	**30**
C	B	B	D	D	A	C	A	B	A
31	**32**	**33**	**34**	**35**	**36**	**37**	**38**	**39**	**40**
D	D	A	C	A	D	D	D	C	D
41	**42**	**43**	**44**	**45**	**46**	**47**	**48**	**49**	**50**
D	B	B	A	C	D	A	C	B	D
51	**52**	**53**	**54**	**55**	**56**	**57**	**58**	**59**	**60**
C	B	D	B	C	A	B	A	B	A

कठिन प्रश्नों की व्याख्या

1. 900 + 70 + 5 + 0.2 + 0.08 + 0.004
= 975.284

2. 100 + 80 + 6 + 0.04 + 0.001 + 0.0001
= 186.0435

11. 16.6 + 8.7 + 24.4 = 49.7

12. 26.847 + 10.025 + 14.809 = 51.681

14. $\frac{.50 \times .20}{.05 \times .02} = \frac{1000}{10} = 100$

16. $2.5 \times 2.5 + 2.5 \times 7.5$
$= 6.25 + 18.75$
$= 25$

17. $3.402 + 4.302 - 6.704 = 7.704 - 6.704 = 1$

18. $25 \times 14.06 + 75 \times 14.06$
$14.06\ (25 + 75)$
$= 14.06 \times 100$
$= 1406$

20. $4.02 + 3.003 + 5.1 = 12.123.$

23. $15 \times \frac{3}{5} = 9$

26. $60.0007 \times 0.7 = 42.00049$

27. $\frac{0.0025 \times 0.001 \times 10000000}{0.5 \times 10000000} = \frac{25}{5 \times 1000000}$

$= 5.5 \times 10^{-6}$

28. $2 \times 0.2 \times 0.02 \times 0.0002 = 1.6 \times 10^{-6}$

33. $0.4 \times 0.04 \times 0.004 = 6.4 \times 10^{-6}$

34. $(3 - 0.03) \times 0.03$
$= 2.97 \times 0.03 = 0.0891$

35. $0.7 \times 0.7 \times 0.7 - 0.07 \times 0.07 \times .07$
$0.343 - 0.000343$
$= 0.342657$

36. $4.525 \times ? = 0.4525$

$? = \frac{0.4525}{4.5250} = \frac{1}{10}$

41. $6237 \times 4 = 24948$
$0.6237 \times 4 = 2.4948$

42. $1125 \div 25 = 75$

$\frac{1.125}{15} = \frac{75}{1000} = 0.075$

43. $25.14 \div 3000 = \frac{25.14}{3000 \times 100}$

$= \frac{8.38}{1000} = 0.00838$

44. $286 \times 11 = 3146$
$286 \div 11 = 26$
$286 \times 0.11 + 28.6 \div 0.0011$
$31.46 + 26000$
$= 26031.46$

46. $0.8 + 8.8 + 8.88 + 88.888 = 107.368$

47. $7.3 + 25.65 + 9.008 = 41.958$

48. $2.5 \times 2.5 + 2.5 \times 2.5$
$6.25 + 6.25$
$= 12.50$

49. $3.408 + 34.08 - 32.08$
$37.488 - 32.08$
$= 5.408$

51. $617 + 6.017 + 0.617 + 6.0017 = 629.6357$

52. $0.7683 + 0.369 + 0.05 + 0.8 = 1.9873$

53. $\frac{.666666}{11 \times 10000} = 6.0606$

56. $50 + 3 + \frac{2}{10} + \frac{7}{1000}$
$53 + .2 + 0.007$
$= 53.207$

57. $2 + \frac{3}{100} + \frac{4}{1000} + \frac{5}{10000}$
$2 + 0.03 + 0.004 + 0.0005$
$= 2.0345$

58. $10 + 6 + \frac{1}{10} + \frac{2}{100} + \frac{3}{1000} + \frac{4}{10000}$
$16 + 0.1 + 0.02 + 0.003 + 0.0004$
$= 16.1234$

59. $10 + 2 + 3 + \frac{4}{1000} + \frac{5}{10000} + \frac{6}{100000}$
$15 + 0.004 + 0.0005 + 0.00006$
$= 15.00456$

60. $10.50 + 5.25 + 5.75 - 3.015$
$21.50 - 3.015 = 18.485$

●●●

3 लघुत्तम समापवर्त्य एवं महत्तम समापवर्तक

लघुत्तम समापवर्त्य

दो या से अधिक संख्याओं का लघुतम समापवर्त्य वह सबसे छोटी संख्या होती है जो उन सभी संख्याओं से विभाज्य होती है। जैसे–8 और 12 दो संख्याएँ लीजिए। 24 वह छोटी से छोटी संख्या है जिसमें 8 और 12 से पूरा-पूरा भाग लग जाता है। इसलिए 8 और 12 का लघुत्तम समापवर्त्य 24 होगा। लघुत्तम समापवर्त्य को संक्षेप में ल.स. (L.C.M) भी कहते हैं।

- प्रत्येक दो संख्याओं का सार्व गुणनखण्ड 1 होता है।
- जिन दो संख्याओं का सार्व गुणनखण्ड केवल 1 होता है वे असहभाज्य कहलाती हैं। जैसे 2 और 3 असहभाज्य-संख्याएं हैं?
- यदि एक संख्या दूसरी संख्या की गुणज है, तो बड़ी-संख्या उन दोनों संख्याओं का लघुत्तम समापवर्त्य होती है। जैसे–7 और 21 का लघुत्तम समापवर्त्य 21 है।
- यदि दो संख्याएं असहभाज्य है तो उनका गुणनफल उनका लघुत्तम समापवर्त्य होता है। जैसे– 5 और 7 का लघुत्तम समापवर्त्य 35 होगा।

उदाहरण 1. 9, 12, 15, 18, 24, का ल.स. ज्ञात करें।

2	9, 12, 15, 18, 24
2	9, 6, 15, 9, 12
3	9, 3, 15, 9 6
3	3, 1, 5, 3, 2
5	1, 1, 5, 1, 2
	2

ल.स. = 2 × 2× 3 × 3 × 5 × 2 = 360

उदाहरण 2. तीन अंकों की वह बड़ी संख्या जो 3, 4, 6, 8, 10 से पूर्णतः विभाजित हो जाए।

हल :

2	3, 4, 6, 8, 10
2	3, 2, 3, 4, 5
3	3, 3, 2, 5
	2, 5

ल.स. = 2 × 2 × 3 × 2 × 5 = 120

अभीष्ट संख्या = 120

उदाहरण 3. चार अंकों की वह छोटी से छोटी संख्या जो 5,10,15,20,25 से पूर्णतः विभाजित हो जाए।

हल :

2	5, 10, 15, 20 25
5	5, 5, 15, 10, 25
	3, 2, 5

ल.स. = 2 × 5 × 3 × 2 × 5 = 300

चार अंकों की संख्या 300 का अपवर्त्य होगी।

300 × 1 = 300,

300 × 3 = 900

300 × 2 = 600,

300 × 4 = 1200

अभीष्ट संख्या = 1200

उदाहरण 4. वह छोटी से छोटी संख्या जिसमें 8, 12, 15, 16 से भाग देने पर प्रत्येक दशा में शेष 5 बचे।

हल :

2	8, 12, 15, 16
2	4, 6, 15, 8
2	2, 3, 15, 4
3	3, 15, 2
	5, 2

ल.स. = 2 × 2 × 2 × 3 × 5 × 2 = 240

अभीष्ट संख्या = 240 + 5 = 245

उदाहरण 5. वह छोटी से छोटी संख्या जिसमें 7 जोड़ने पर 7, 9, 11, 13, 15, 18 से पूर्णतः विभाजित हो जाए।

हल :

3	7, 9, 11, 13, 15, 18
3	7, 3, 11, 13, 5, 6
	7, 11, 13, 5, 2

ल.स. = 3 × 3 × 7 × 11 × 13 × 5 × 2

= 90090

अभीष्ट संख्या = 90090 – 7 = 90083

उदाहरण 6. वह छोटी से छोटी संख्या जो 4,5,6,8,9,12 से पूर्णतः विभाजित हो तथा पूर्ण वर्ग भी हो।

हल :

2	4, 5, 6, 8, 9, 12
2	2, 5, 3, 4, 9, 6
3	5, 3, 2, 3, 3
	5, 2

ल.स. = 2 × 2 × 3 × 5 × 2 = 120

अभीष्ट संख्या = 120 × 3 × 5 × 2

= 3600

उदाहरण 7. पांच घण्टे क्रमशः 3, 4, 5, 6, 7 सेकण्ड के अन्तराल पर बजते हैं तो वे कब एक साथ बजेंगे।

हल :

2	3, 4, 5, 6, 7
3	3, 2, 5, 3, 7
	2, 5, 7

ल.स. = 2 × 3 × 2 × 5 × 7 = 420 सेकेण्ड

अतः वे 420 सेकेण्ड के बाद एक साथ बजेंगे।

महत्तम समापवर्त्तक

महत्तम समापवर्त्तक दो या दो से अधिक संख्याओं का महत्तम समापवर्त्तक वह बड़ी से बड़ी संख्या होती है जिसका भाग पूर्णतः इन संख्याओं में लग जाता है। जैसे– 14 और 18 का महत्तम समापवर्त्तक 2 होगा।

उदाहरण 1. 28 और 48 का म.स. ज्ञात करें।

हल : भाग विधि, म.स. = 4

28)48(1
28
20)28(1
20
8)20(2
16
4)8(2
8
×

गुणनखण्ड विधि :

28 = 2 × 2 × 7

48 = 2 × 2 × 2 × 3 × 2

म.स. = 2 × 2 = 4.

उदाहरण 2. 32, 28, 54 का म.स. ज्ञात करें

हल : 28)32(1
28
4)28(7
28
××

4)54(13
4
14
12
2)4(2
4
×

म.स. = 2

अन्य विधि : 32 = 2 × 2 × 2 × 2 × 2

28 = 2 × 2 × 7

54 = 2 × 3 × 3 × 3

म.स. = 2

उदाहरण 3. 125, 256, 325 का म.स. ज्ञात करें

हल : 125)256(2
250
××6)125(20
12
××5)6(1
5
1)5(5
5
×

1)325(325
325
×××

म.स. = 1

उदाहरण 4. वह सबसे बड़ी लम्बाई ज्ञात करो जो 48, 90, 110 मीटर को पूरा-पूरा नाप सके।

हल : बड़ी से बड़ी लम्बाई 48, 90 तथा 110 का म.स. होगी।

48)90(1
48
42)48(1
42
6)42(7
42
××

6)110(18
6
50
48
2)6(3
6
×

अतः सबसे बड़ी लम्बाई 2 मीटर होगी।

उदाहरण 5. वह बड़ी संख्या ज्ञात करो जिससे 39 तथा 84 में भाग देने पर शेष 3 बचे।

हल : 39 – 3 = 36, 84 – 3 = 81

बड़ी से बड़ी संख्या 36 तथा 81 का म.स. होगी।

36)81(2
72
9)36(4
36
××

म.स. = 9, अतः बड़ी से बड़ी संख्या = 9

उदाहरण 6. वह बड़ी से बड़ी संख्या जिससे 284 तथा 698 को विभाजित करने पर शेष प्रत्येक दशा में 8 बचें।

हल : 284 – 8 = 276,

698 – 8 = 690

बड़ी से बड़ी संख्या 276 तथा 690 का म.स. होगी।

```
276)690(2          138)690(5
    552                690
    ---------          ---
    138)276(2          ×××
        276
        ×××
```

म.स. = 138

अतः बड़ी से बड़ी संख्या 138 है।

* दो संख्याओं का गुणनफल = संख्याओं का ल.स. × संख्याओं का म.स.

उदाहरण 7. यदि एक संख्या 24 तथा दूसरी संख्या 54 है यदि इन दोनों संख्याओं का म.स. 6 है तो ल.स. ज्ञात करो।

$$\text{ल.स.} = \frac{\text{पहली संख्या} \times \text{दूसरी संख्या}}{\text{म.स.}} = \frac{24 \times 54}{6}$$

= 216.

अभ्यास प्रश्न

1. 5, 10 और 20 का लघुत्तम समापवर्त्य है :

A. 10 B. 15

C. 20 D. 30

2. 25, 30, और 35 का लघुत्तम समापवर्त्य है :

A. 90 B. 120

C. 150 D. 1050

3. 14, 18, 21 तथा 35 का लघुत्तम समापवर्त्य है :

A. 630 B. 530

C. 430 D. 330

4. 48, 72, और 90 का महत्तम समापवर्त्तक है :

A. 520 B. 620

C. 720 D. 820

5. 150, 225, और 375 का महत्तम समापवर्त्तक है :

A. 2250 B. 1750

C. 1550 D. 1250

6. 2 × 3 × 4 × 5 तथा 4 × 5 × 6 × 7 का लघुत्तम समापवर्त्य है :

A. 640 B. 740

C. 840 D. 940

7. 8 × 9 × 10 × 12 तथा 12 × 13 × 14 का महत्तम समापवर्त्तक हैं :

A. 24 B. 36

C. 42 D. 72

8. यदि दो संख्याओं का महत्तम समापवर्त्तक 25 है, तो निम्नलिखित में से कौन सी संख्या उनका लघुत्तम समापवर्त्य हो सकती है?

A. 40 B. 50

C. 45 D. 120

9. किसी विद्यालय के सभी छात्रों को पंक्तियों में इस प्रकार खड़े किए जा सकते हैं कि प्रत्येक पंक्ति में 6, 7, 10 या 12 विद्यार्थी हों, विद्यालय में न्यूनतम विद्यार्थियों की संख्या क्या होगी?

A. 220 B. 320

C. 420 D. 520

10. 8, 12, 16, 48, 54 का महत्तम समापवर्त्तक क्या है?

A. 2 B. 3

C. 4 D. 5

11. वह न्यूनतम संख्या जिसमें यदि 6 घटा दिया जाए तो वह संख्या 21, 28, 36 तथा 48 से पूर्णतः विभाजित हो जाए :

A. 914 B. 1014

C. 1114 D. 1214

12. 15, 20 तथा 30 का ल.स. क्या है?

A. 75 B. 80

C. 60 D. 105

13. तीन अंकों की वह सबसे छोटी संख्या जिसमें 9, 12, 18 तथा 24 से पूर्णतः विभाजित हो जाए :

A. 100 B. 112

C. 140 D. 144

14. दो संख्याओं का म.स. तथा ल.स. क्रमशः 3 तथा 84 है। यदि एक संख्या 21 है तो दूसरी संख्या क्या है?

A. 8 B. 10

C. 12 D. 16

15. दो संख्याओं का ल.स. तथा म.स. क्रमशः 270 तथा 9 है। यदि एक संख्या 45 है तो दूसरी संख्या क्या है?

A. 27 B. 36

C. 54 D. 72

16. रमेश के पास कांच की गोलियां हैं जिसको वह 15, 25, तथा 30 के समूह में रख सकता है। रमेश के पास कम-से-कम कितनी गोलियां हैं?

A. 150 B. 160
C. 175 D. 200

17. वह सबसे छोटी संख्या जिसमें 8, 10 तथा 12 से विभाजित करने पर प्रत्येक दशा में 5 शेष बचे।
A. 115 B. 120
C. 125 D. 130

18. वह सबसे बड़ी संख्या जिसमें 12, 15 तथा 21 से भाग देने पर प्रत्येक दशा में 3 शेष बचे।
A. 423 B. 523
C. 623 D. 723

19. दो संख्याओं का गुणनफल 130 है। यदि म.स. 1 है, तो संख्याओं का ल.स. क्या है?
A. 65 B. 100
C. 130 D. 230

20. दो संख्याओं का गुणनफल 242 है। यदि ल.स. 22 है, तो संख्याओं का म.स. क्या है?
A. 10 B. 11
C. 12 D. 14

21. दो संख्याओं का ल.स. 48 तथा म.स. 24 है। यदि एक संख्या 24 है, तो दूसरी संख्या क्या है?
A. 12 B. 16
C. 32 D. 48

22. राम 94 पेंसिल तथा 124 कापियां बच्चों में बाँटना चाहता है तो बच्चों की सबसे बड़ी संख्या जो इन चीजों को समान रूप से प्राप्त करेगी क्या है?
A. 1 B. 2
C. 24 D. 94

23. गोपी के पास कुछ बकरियां हैं। यदि वह उनको 10, 12, 15 तथा 25 के समूह में बाँट देता है तो उसके पास कोई बकरी नहीं बचती है तो गोपी के पास कम से कम कितनी बकरियां हैं?
A. 60 B. 120
C. 200 D. 300

24. दो क्रमागत प्राकृत संख्याओं का ल.स. क्या होता है?
A. 1
B. 0
C. दोनों संख्याओं का योगफल
D. दोनों संख्याओं का गुणनफल

25. यदि दो संख्याओं का म.स. तथा ल.स.क्रमशः 11 तथा 693 है तथा यदि एक संख्या 77 है तो दूसरी संख्या क्या है?
A. 11 B. 22
C. 88 D. 99

26. वह सबसे छोटी संख्या जिसमें 5, 6, 7, 8 तथा 9 से भाग देने पर प्रत्येक दशा में शेष 1 बचे।
A. 2520 B. 2521
C. 2522 D. 2523

27. $\frac{1}{3}, \frac{5}{9}, \frac{7}{12}$ का ल.स. क्या है?
A. $\frac{5}{3}$ B. $\frac{7}{9}$
C. $\frac{5}{12}$ D. $\frac{35}{3}$

28. $\frac{2}{5}, \frac{6}{7}, \frac{8}{14}$ का म.स. क्या है?
A. $\frac{2}{14}$ B. $\frac{6}{7}$
C. $\frac{6}{5}$ D. $\frac{2}{70}$

29. दो संख्याओं का गुणनफल 1320 है यदि उन संख्याओं का म.स. 10 है तो ल.स. क्या है?
A. 1320 B. 130
C. 132 D. 142

30. वह सबसे छोटी संख्या जिसमें 3 घटाने पर क्रमशः 2, 3, 4, 5, 6 से पूर्णतः विभाजित हो जाती है :
A. 60 B. 61
C. 62 D. 63

उत्तरमाला

1	2	3	4	5	6	7	8	9	10
C	D	A	C	A	C	A	B	C	A
11	**12**	**13**	**14**	**15**	**16**	**17**	**18**	**19**	**20**
B	C	D	C	C	A	C	A	C	B
21	**22**	**23**	**24**	**25**	**26**	**27**	**28**	**29**	**30**
D	B	D	D	D	B	D	D	C	D

कठिन प्रश्नों की व्याख्या

1.

5	5, 10, 20
2	1, 2, 4
2	1, 1, 2
	1

L.C.M. = 5 × 2 × 2 = 20

2.

5	25, 30, 35
5	5, 6, 7
6	6, 7,
7	7
	1

L.C.M. = 5 × 5 × 6 × 7 = 1050

3.

2	14, 18, 21, 35
3	7, 9, 21, 35
7	7, 3, 7, 35
3	3, 5
5	5
	1

L.C.M. = 2 × 3 × 7 × 3 × 5 = 630

4.

2	48, 72, 90
3	24, 36, 45
3	8, 12, 15
2	8, 4, 5
2	4, 2, 5
2	2, 5
5	5
	1

L.C.M. = 2 × 3 × 3 × 2 × 2 × 2 × 5 = 720

5.

5	150, 225, 375
5	30, 45, 75
3	6, 9, 15,
5	2, 3, 5
2	2, 3
3	3
	1

L.C.M. = 5 × 5 × 3 × 5 × 2 × 3 = 2250

6. 2 × 3 × 4 × 5 तथा 4 × 5 × 3 × 2 × 7

L.C.M = 4 × 5 × 3 × 2 × 7 = 840

7. I. 2 × 2 × 2 × 9 × 10 × 12

II. 12 × 7 × 2 × 13 ∴ H.C.F = 12 × 2 = 24

8. महत्तम समापवर्तक, लघुतम समापवर्त्य का गुणक होता है। यदि म.स. 25 है तो उसका L.C.M, गुणक 50 हो सकता है।

9.

2	6, 7, 10, 12
3	3, 7, 5, 6
7	1, 7, 5, 2
5	5, 2
2	2
	1

L.C.M = 2 × 3 × 7 × 5 × 2 = 420

∴ विद्यार्थियों की न्यूनतम संख्या = 420

10- 8 = 2 × 2 × 2

12 = 2 × 2 × 3

16 = 2 × 2 × 2 × 2

48 = 2 × 2 × 2 × 2 × 3

54 = 2 × 3 × 3 × 3

H.C. F. = 2

11.

2	21, 28, 36, 48
3	21, 14, 18, 24
7	7, 14, 6, 8
2	1, 2, 6, 8
3	3, 4
4	4
	1

L.C.M. = 2 × 3 × 7 × 2 × 3 × 4 = 1008

अभीष्ट संख्या = 1008 + 6 = 1014

12.

2	15, 20, 30
3	15, 10, 15
5	5, 10, 5
2	1, 2, 1
	1, 1, 1

∴ अभीष्ट लघुत्तम समापवर्त्य = 2 × 3 × 5 × 2 = 60.

13.

3	9, 12, 18, 24
3	3, 4, 6, 8
2	4, 2, 8
2	2, 4
2	2
	1

L.C.M = 3 × 3 × 2 × 2 × 2 = 72

तीन अंकों की अभीष्ट संख्या

$\Rightarrow$ 72 × 1 = 72

72 × 2 = 144

14. दूसरी संख्या = $\frac{\text{ल. स.} \times \text{म. स.}}{\text{पहली संख्या}}$

$= \frac{3 \times 84}{21} = 12$

15. दूसरी संख्या = $\frac{270 \times 9}{45} = 54$

16. अभीष्ट संख्या 15, 25, तथा 30 का ल.स. है

5	15, 25, 30
3	3, 5, 6
5,	5, 2
2	2
	1

ल.स. = 5 × 3 × 5 × 2 = 150

17.

2	8, 10, 12
2	4, 5, 6
3	2, 5, 3
2	2, 5
5	5
	1

ल. स. = 2 × 2 × 3 × 2 × 5 = 120

अभीष्ट संख्या = 120 + 5 = 125

18.

3	12, 15, 21
4	4, 5, 7
5	5, 7
7	7
	1

ल. स. = 3 × 4 × 5 × 7 = 420

अभीष्ट संख्या = 420 + 3 = 423

19. ल.स. = $\frac{130}{1} = 130$

20. म.स. = $\frac{242}{22} = 11$

21. दूसरी संख्या = $\frac{48 \times 24}{24} = 48$

22. 124 तथा 94 का म.स.

```
94)124(1
   94
   30)94(3
      90
       4)30(7
         28
          2)4(2
            4
            ×
```

अभीष्ट संख्या = 2.

23.

5	10, 12, 15, 25
3	2, 12, 3, 5
2	2, 4, 1, 5
2	2, 5
5	5
	1

ल.स. = 5 × 3 × 2 × 2 × 5 = 300

25. दूसरी संख्या = $\frac{11 \times 693}{77} = 99$

26.

2	5, 6, 7, 8, 9
3	5, 3, 7, 4, 9
5	5, 7, 4, 3
7	7, 4, 3
4	4, 3
3	3
	1

ल.स. = 2 × 3 × 5 × 7 × 4 × 3 = 2520

अभीष्ट संख्या = 2520 + 1 = 2521

27. $\frac{1}{3}, \frac{5}{9}, \frac{7}{12}$ का ल.स. = $\frac{\text{1, 5, 7 का ल. स.}}{\text{3, 9, 12 का म. स.}} = \frac{35}{3}$.

28. $\frac{2}{5}, \frac{6}{7}, \frac{8}{14}$ का म.स. = $\frac{\text{2, 6, 8 का म. स.}}{\text{5, 7, 14 का ल. स.}} = \frac{2}{70}$

29. ल.स. = $\frac{1320}{10} = 132$

30. 2, 3, 4, 5, 6, का ल.स.

2	2, 3, 4, 5, 6
3	1, 3, 2, 5, 3
2	2, 5
5	5
	1

ल.स. = 2 × 3 × 2 × 5 = 60

अभीष्ट संख्या = 60 + 3 = 63

•••

4 ऐकिक नियम

वस्तुओं का मूल्य ज्ञात करने के लिए पहले एक वस्तु का मूल्य ज्ञात करते हैं, उसके बाद एक वस्तु के मूल्य में वांछित वस्तुओं की संख्या से गुणा करके वस्तुओं का मूल्य ज्ञात करने की विधि को ऐकिक नियम कहते हैं।

उदाहरण 1. 5 गेंदों का मूल्य ₹ 15 है, 3 गेंदों का मूल्य क्या होगा?

हल : 5 गेंदों का मूल्य= ₹ 15

1 गेंद का मूल्य = ₹ $\frac{15}{5} = 3$

3 गेंदों का मूल्य= $3 \times 3 =$ ₹ 9

उदाहरण 2. गन्ने के 5 बण्डलों का मूल्य ₹ 80 है तो 3 बण्डलों का मूल्य क्या होगा?

हल : गन्ने के 5 बण्डलों का मूल्य = ₹ 80

गन्ने के 1 बण्डल का मूल्य = ₹ $\frac{80}{5}$

गन्ने के 3 बण्डलों का मूल्य = ₹ $\frac{80}{5} \times 3$ = ₹ 48

उदाहरण 3. एक व्यक्ति 9 दिनों में 279 खिलौने बनाता है। 6 दिनों में वह कितने खिलौने बनाएगा?

हल : 9 दिनों में एक व्यक्ति 279 खिलौने बनाता है।

1 दिन में वह व्यक्ति $= \frac{279}{9}$ खिलौने

6 दिन में वह व्यक्ति $= \frac{279 \times 6}{9} = 186$ खिलौने

उदाहरण 4. 1 क्विंटल गेहूँ का मूल्य ₹ 300 है, 40 किग्रा गेहूँ का मूल्य कितना होगा?

हल : 1 क्विंटल = 100 किग्रा

100 किग्रा गेहूँ का मूल्य = ₹ 300

1 किग्रा गेहूँ का मूल्य = $\frac{300}{100}$

40 किग्रा गेहूँ का मूल्य $= \frac{300 \times 40}{100}$ = ₹ 120.

उदाहरण 5. 10 आदमी एक काम को 10 दिन में पूरा करते हैं। 5 आदमी उस काम को कितने दिन में पूरा करेंगे?

हल : 10 आदमी एक काम को 10 दिन में करते हैं।

1 आदमी एक काम को करता है = 10×10 दिन

5 आदमी एक काम को करते हैं = $\frac{10 \times 10}{5} = 20$ दिन

उदाहरण 6. एक किला में 100 आदमियों के लिए 50 दिन का भोजन है। 50 आदमियों के लिए वही भोजन कितने दिन चलेगा?

हल : 100 आदमियों के लिए 50 दिन का भोजन है

1 आदमी के लिए 100×50 दिन का भोजन है

50 आदमियों के लिए = $\frac{100 \times 50}{50} = 100$ दिन

उदाहरण 7. एक सैनिक शिविर में 1500 आदमियों के लिए 30 दिन का भोजन सामग्री है। 300 आदमी और आ जाने से सामग्री कितने दिन चलेगी?

हल : कुल आदमी = 1500 + 300 = 1800

1500 आदमी के लिए 30 दिन का भोजन सामग्री है

एक आदमी के लिए 1500×30 दिन

1800 आदमी के लिए $\frac{1500 \times 30}{1800} = 25$ दिन।

उदाहरण 8. एक किले में 2000 आदमियों के लिए 40 दिन की भोजन सामग्री है। 10 दिन बाद 500 आदमी और आ जाने पर यह रसद कितने दिन चलेगी?

हल : 40 – 10 = 30 दिन

2000 + 500 = 2500 आदमी

2000 आदमी के लिए 30 दिन की भोजन सामग्री है

1 आदमी के लिए = 30×2000 दिन

2500 आदमी के लिए $= \frac{30 \times 2000}{2500} = 24$ दिन

उदाहरण 9. 9 पुरुष या 12 महिलाएँ एक खेत को 15 दिन में काट सकते हैं। उसी खेत को 3 पुरुष और 5 महिलाएँ कितने दिनों में काटेंगी?

हल : 12 महिलाएँ 15 दिन में खेत काटती हैं

1 महिला = 12 × 15 दिन

9 महिलाएँ $= \frac{12 \times 15}{9} = 20$ दिन

9 पुरुष = 12 महिला

1 पुरुष $= \frac{12}{9}$, 3 पुरुष $= \frac{12}{9} \times 3 = 4$ महिलाएँ

4 + 5 = 9 महिलाएँ

उदाहरण 10. दो नल एक टंकी को क्रमशः 12 घण्टे तथा 15 घण्टे में पूरा भर सकता है। यदि दोनों नल को एक साथ खोल दिया जाय तो टंकी कितने समय में भर जायेगी?

हल : पहला नल 12 घण्टे में टंकी को भरता है

पहला नल 1 घण्टे में $\frac{1}{12}$ भाग भरता है

दूसरा नल 15 घण्टे में टंकी को भरता है

दूसरा नल 1 घंटे में $\frac{1}{15}$ भाग को भरता है

दोनों मिलकर 1 घंटे में

$= \frac{1}{12} + \frac{1}{15} = \frac{5+4}{60} = \frac{9}{60}$ भाग

पूरा भाग भरने में $= \frac{1}{\frac{3}{20}}$ घंटे $= \frac{20}{3} = 6\frac{2}{3}$ घंटे

अभ्यास प्रश्न

1. यदि 10 लड़के एक काम को 20 दिन में कर सकते हैं, तो उसी काम को 5 लड़के कितने दिन में करेंगे?

A. 15 दिन B. 25 दिन
C. 30 दिन D. 40 दिन

2. यदि 2 पेनों या 5 पेंसिलों का मूल्य ₹ 10 है, तो 4 पेनों और 4 पेंसिलों का मूल्य क्या होगा?

A. ₹ 10 B. ₹ 15
C. ₹ 28 D. ₹ 30

3. यदि 10 व्यक्ति एक काम को 25 दिन में करते हैं तो 12 व्यक्ति उसी कार्य को कितने दिन में करेंगे?

A. 15 दिन B. 18 दिन
C. $20\frac{5}{6}$ दिन D. 30 दिन

4. राम को 10 दिन की मजदूरी ₹ 30 मिलती है तो रोहन को 5 दिन की मजदूरी कितनी मिलेगी?

A. ₹ 5 B. ₹ 10
C. ₹ 12 D. ₹ 15

5. 24 आदमी किसी काम को 12 दिन में कर सकते हैं तो उसी काम को 6 दिन में पूरा करने के लिए कितने आदमी लगेंगे?

A. 30 आदमी B. 32 आदमी
C. 40 आदमी D. 48 आदमी

6. A तथा B किसी काम को 12 दिन में कर सकते हैं यदि A अकेले उसे 20 दिन में करता है तो B अकेले उसे कितने दिन में पूरा करेगा?

A. 25 दिन B. 27 दिन
C. 30 दिन D. 32 दिन

7. एक धन का $\frac{1}{8}$ भाग ₹ 500 है। धन के $\frac{1}{5}$ भाग का मान होगा।

A. ₹ 600 B. ₹ 700
C. ₹ 800 D. ₹ 900

8. एक व्यक्ति एक काम का $\frac{1}{6}$ भाग 10 दिन में पूरा करता है। तो वह उस काम के $\frac{1}{3}$ भाग को कितने दिनों में पूरा करेगा?

A. 15 दिन B. 18 दिन
C. 20 दिन D. 14 दिन

9. यदि 50 सेबों का मूल्य ₹ 100 है, तो 35 सेबों का मूल्य कितना होगा?

A. ₹ 50 B. ₹ 60
C. ₹ 70 D. ₹ 80

10. ₹ 8.20 प्रति कापी के दर से 20 कापियों का मूल्य कितना होगा?

A. ₹ 164 B. ₹ 160
C. ₹ 150 D. ₹ 140

11. ₹ 108 प्रति दर्जन की दर से 25 कापियों का मूल्य कितना होगा?

A. ₹ 170 B. ₹ 225
C. ₹ 200 D. ₹ 250

12. एक नौकर को ₹ 60 प्रतिदिन की मजदूरी पर रखा गया है। मई 2005 में उसे कितने ₹ मिलेंगे?

A. ₹ 1760 B. ₹ 1860

C. ₹ 1960 D. ₹ 2060

13. 10 पेनों का मूल्य ₹ 30 है तो 12 पेनों का मूल्य कितना होगा?

A. ₹ 25 B. ₹ 30

C. ₹ 32 D. ₹ 36

14. यदि 4 कुर्सियों का मूल्य 2 मेजों के बराबर हो तथा एक कुर्सी का मूल्य ₹ 100 हो तो एक मेज का मूल्य कितना होगा?

A. ₹ 75 B. ₹ 150

C. ₹ 200 D. ₹ 250

15. एक मशीन 1 मिनट में 7 खिलौने बनाती है। 15 मिनट में कितने खिलौने बनायेगी?

A. 105 B. 100

C. 90 D. 75

16. 5 किग्रा नमक में से 50-50 ग्राम के कितने पैकिट बनेंगे?

A. 90 B. 100

C. 105 D. 120

17. 5 व्यक्ति एक काम को 12 दिन में करते हैं, तो 12 व्यक्ति उसी काम को कितने दिन में पूरा करेंगे?

A. 4 दिन B. 5 दिन

C. 6 दिन D. 8 दिन

18. एक गाय और एक बकरी का मूल्य ₹ 3900 है, यदि बकरी का मूल्य ₹ 750.50 है तो गाय का मूल्य है।

A. ₹ 3149.50 B. ₹ 3049.50

C. ₹ 2949.50 D. ₹ 2849.50

19. ₹ 55 का एक कलम तथा ₹ 390 की एक शर्ट खरीदने के बाद यदि मेरे पास ₹ 105 बच गये तो मैं कितने रुपये लेकर बाजार गया था?

A. ₹ 445 B. ₹ 550

C. ₹ 645 D. ₹ 745

20. 10 किग्रा चावल तथा 10 किग्रा दाल का मूल्य ₹ 600 है। यदि एक किग्रा चावल का मूल्य ₹ 20 हो तो एक किग्रा दाल का मूल्य होगा।

A. ₹ 30 B. ₹ 35

C. ₹ 40 D. ₹ 45

21. 5 दर्जन केले का मूल्य ₹ 60 तथा 3 दर्जन सन्तरों का मूल्य ₹ 36 है। एक दर्जन केला तथा एक दर्जन सन्तरे का मूल्य कितना होगा?

A. ₹ 20 B. ₹ 24

C. ₹ 30 D. ₹ 36

22. एक सैनिक शिविर में 1200 सैनिकों के लिए 120 दिन की भोजन सामग्री है। 300 सैनिकों के और आ जाने पर सामग्री कितने दिन चलेगी?

A. 90 दिन B. 96 दिन

C. 108 दिन D. 110 दिन

23. ₹ 150 की एक पैंट तथा ₹ 75.50 की कलम खरीदने के बाद मेरे पास यदि ₹ 15 बचे हैं तो मैं कितने रुपये लेकर बाजार गया था?

A. ₹ 230.50 B. ₹ 235.50

C. ₹ 240.50 D. ₹ 250

24. ₹ 72 प्रति दर्जन की दर से 7 कॉपियों का मूल्य कितना होगा?

A. ₹ 42 B. ₹ 40

C. ₹ 38 D. ₹ 36

25. सुरेश का वेतन ₹ 10,000 प्रतिमाह है। वह अपने वेतन का $\frac{1}{5}$ भाग मकान किराया पर, $\frac{1}{2}$ भाग भोजन, वस्त्र आदि पर और ₹ 1000 प्रतिमाह बच्चों की पढ़ाई पर खर्च करता है तो वह कितना धन प्रतिमाह बचाता है?

A. ₹ 1000 B. ₹ 1500

C. ₹ 2000 D. ₹ 2500

26. एक नौकरानी प्रतिदिन ₹ 75 की मजदूरी पर रखी गयी। उसे एक सप्ताह में कितना धन मिलेगा?

A. ₹ 525 B. ₹ 520

C. ₹ 510 D. ₹ 500

27. मोहन एक काम को 8 दिन में और सोहन उसी काम को 10 दिन में पूरा कर सकता है। दोनों मिलकर उस काम को कितने दिनों में पूरा करेंगे?

A. $4\frac{4}{9}$ दिन B. $5\frac{4}{9}$ दिन

C. $6\frac{4}{9}$ दिन D. $7\frac{4}{9}$ दिन

28. 5 आदमी एक काम को 25 दिन में पूरा करते हैं। 1 आदमी उस काम को कितने दिन में पूरा करेगा?

A. 100 दिन B. 120 दिन
C. 125 दिन D. 130 दिन

29. एक सैनिक शिविर में 1500 सैनिकों के लिए 90 दिन की भोजन सामग्री है। 500 सैनिकों का अवकाश पर चले जाने पर शेष बचे हुए सैनिकों के भोजन सामग्री कितने दिन चलेगी?

A. 130 दिन B. 135 दिन
C. 140 दिन D. 145 दिन

30. एक टीवी तथा एक वी.सी.आर. का मूल्य ₹ 20,000 है। 2 टीवी का मूल्य ₹ 24,000 है तो एक वी.सी. आर. का मूल्य कितना होगा?

A. ₹ 8000 B. ₹ 9000
C. ₹ 10,000 D. ₹ 12,000

31. गीता के जन्मदिन पर आमंत्रित मित्रों पर ₹ 1,000 खर्च हुए। यदि प्रति मित्र पर ₹ 20 खर्च किये तो कुल कितने मित्र आमंत्रित किये गये थे?

A. 45 B. 50
C. 55 D. 60

32. ₹ 20 प्रति किग्रा की दर से 6 किग्रा चीनी और ₹ 12 प्रति किग्रा की दर से 8 किग्रा चावल खरीदने में कुल कितना धन खर्च होगा?

A. ₹ 210 B. ₹ 216
C. ₹ 218 D. ₹ 220

33. रमेश ने दिल्ली से मुम्बई जाने के लिए ₹ 1200 का टिकट खरीदा। मुम्बई से गोवा जाने के लिए ₹ 500 का टिकट खरीदा। रमेश ने दिल्ली से गोवा जाने के लिए कुल कितना किराया दिया?

A. ₹ 1500 B. ₹ 1600
C. ₹ 1700 D. ₹ 1800

34. एक शॉल का मूल्य ₹ 150.50 है तो 7 शाल का मूल्य कितना होगा?

A. ₹ 1053.50 B. ₹ 1050.50
C. ₹ 1040.50 D. ₹ 1000

35. एक साइकिल तथा एक मोटरसाइकिल की कीमत ₹ 52000 है तथा एक मोटर साइकिल की कीमत ₹ 50,521 है तो एक साइकिल की कीमत कितनी होगी?

A. ₹ 1479 B. ₹ 1379
C. ₹ 1279 D. ₹ 1579

36. 15 किग्रा तेल का मूल्य ₹ 315 है, 14 किग्रा तेल का मूल्य कितना होगा?

A. ₹ 80 B. ₹ 82
C. ₹ 89 D. ₹ 294

37. एक मकान का एक वर्ष का किराया ₹ 2400 है। 3 माह का किराया कितना होगा?

A. ₹ 600 B. ₹ 800
C. ₹ 900 D. ₹ 1000

38. 24 अंडों वाली एक ट्रे का मूल्य ₹ 12 है। 10 अंडों का मूल्य कितना होगा?

A. ₹ 4 B. ₹ 5
C. ₹ 6 D. ₹ 7

39. 20 ट्रकों में 5000 सीमेंट के बोरे जा सकते हैं। 5 ट्रकों में कितने सीमेंट के बोरे ले जाए जा सकते हैं?

A. 1250 B. 1150
C. 1050 D. 950

40. 15 मीटर टेप का मूल्य ₹ 30 है। 3 मीटर टेप का मूल्य कितना होगा?

A. ₹ 5 B. ₹ 6
C. ₹ 7 D. ₹ 8

41. कोलकाता से नई दिल्ली का 3 व्यक्तियों का रेल भाड़ा ₹ 1461 है। 2 व्यक्तियों का किराया कितना होगा?

A. ₹ 974 B. ₹ 774
C. ₹ 674 D. ₹ 574

42. एक छापाखाना 3 दिन में 12000 फॉर्म छापता है। तो 5 दिन में वह कितने फॉर्म छापेगा?

A. 10,000 B. 15,000
C. 20,000 D. 25,000

43. एक एक्सप्रेस गाड़ी एक घंटे में 60 किमी जाती है। 90 किमी जाने में वह कितना समय लेगी?

A. $1\frac{1}{2}$ घंटे B. $2\frac{1}{2}$ घंटे
C. $\frac{3}{4}$ घंटे D. 2 घंटे

44. एक कार 15 लीटर पेट्रोल में 285 किमी चलती है। 10 लीटर पेट्रोल में वह कितने किमी चलेगी?

A. 180 किमी B. 190 किमी
C. 100 किमी D. 210 किमी

45. 4 दर्पणों का मूल्य ₹ 16 है। ₹ 64 कितने दर्पणों का मूल्य होगा?

A. 15 B. 16
C. 17 D. 18

46. 4 क्रेटों में 80 बोतलें हैं। 12 क्रेटों में कितनी बोतलें होगी?

A. 220 B. 230
C. 240 D. 250

47. 3 वायुयान 1155 यात्रियों को ले जाते हैं? 6 वायुयान में कितने यात्री जायेंगे?

A. 2210 B. 2110
C. 2310 D. 2430

48. 3 पैकिटों में 400 बैण्ड हैं। 15 पैकिटों में कितने बैण्ड होंगे?

A. 2000 B. 1500
C. 1200 D. 1000

49. एक फैक्टरी में 3 दिन में 3750 पेंच तैयार होते हैं। 21 दिन में कितने पेंच तैयार होंगे?

A. 26250 B. 25250
C. 24250 D. 20250

50. A एक काम को 10 दिन तथा B उसी काम को 5 दिन में कर सकते हैं, तो दोनों मिलकर उस काम को कितने दिन में पूरा करेंगे?

A. $1\frac{1}{3}$ दिन B. $2\frac{1}{3}$ दिन
C. $3\frac{1}{3}$ दिन D. $4\frac{1}{3}$ दिन

उत्तरमाला

1	2	3	4	5	6	7	8	9	10
D	C	C	D	D	C	C	C	C	A
11	**12**	**13**	**14**	**15**	**16**	**17**	**18**	**19**	**20**
B	B	D	C	A	B	B	A	B	C
21	**22**	**23**	**24**	**25**	**26**	**27**	**28**	**29**	**30**
B	B	C	A	C	A	A	C	B	A
31	**32**	**33**	**34**	**35**	**36**	**37**	**38**	**39**	**40**
B	B	C	A	A	D	A	B	A	B
41	**42**	**43**	**44**	**45**	**46**	**47**	**48**	**49**	**50**
A	C	A	B	B	C	C	A	A	C

कठिन प्रश्नों की व्याख्या

1. 10 लड़के एक काम को 20 दिन में करते हैं

1 लड़का एक काम को 10×20

5 लड़के उस काम को $= \frac{10 \times 20}{5} = 40$ दिन

6. A तथा B का 1 दिन का काम $= \frac{1}{12}$

A का 1 दिन का काम $= \frac{1}{20}$

B का 1 दिन का काम

$= \frac{1}{12} - \frac{1}{20} = \frac{5-3}{60} = \frac{2}{60} = \frac{1}{30}$

B पूरा काम = 30 दिन

7. माना धन = ₹ x

$x \times \frac{1}{8} = 500$

$x = 500 \times 8 = 4000$

$\frac{1}{5}x = \frac{1}{5} \times 4000 =$ ₹ 800

8. पूरा भाग काम $= 10 \times 6 =$ 60 दिन

काम का $\frac{1}{3}$ भाग $= \frac{1}{3} \times 60 = 20$ दिन

9. 1 सेब का मूल्य $= \frac{100}{50} =$ ₹ 2

35 सेब का मूल्य $= 2 \times 35 =$ ₹ 70.

11. 12 कापियों का मूल्य = ₹ 100

25 कॉपियों का मूल्य = $\frac{108}{12} \times 25$ = ₹ 225.

12. मई = 31 दिन, मजदूरी = 31 × 60 = ₹ 1860.

13. 12 पेनों का मूल्य = $\frac{30}{10} \times 12$ = ₹ 36.

16. $\frac{5 \times 1000}{50}$ = 100 पैकेट।

17. अभीष्ट दिन = $\frac{5 \times 12}{12}$ = 5 दिन

18. गाय का मूल्य = 3900 − 750.50 = ₹ 3149.50.

19. कुल रुपये = 55 + 390 + 105 = ₹ 550.

22. 1200 सैनिकों के लिए भोजन सामग्री 120 दिन का है

1 दिन सैनिकों के लिए भोजन सामग्री = 1200 × 120

1500 दिन सैनिकों के लिए भोजन सामग्री

= $\frac{1200 \times 120}{1500}$ = 96 दिन

23. कुल रुपये = 150+ 75.50 + 15 = ₹ 240.50.

25. वेतन = ₹ 10,000 प्रतिमाह

मकान किराया = $10{,}000 \times \frac{1}{5}$ = ₹ 2000

भोजन व वस्त्र = $10{,}000 \times \frac{1}{2}$ = ₹ 5,000

बच्चों की पढ़ाई = ₹ 1000

कुल खर्च = 2000 + 5000 + 1000 = ₹ 8,000

बचत = 10,000 − 8,000 = ₹ 2000

27. दोनों का 1 दिन का काम = $\frac{1}{8} + \frac{1}{10} = \frac{5+4}{40} = \frac{9}{40}$

पूरा काम = $\frac{40}{9} = 4\frac{4}{9}$ दिन

34. 7 शाल का मूल्य = 7 × 150.50 = ₹ 1053.50.

35. साइकिल की कीमत = 52000 − 50521 = ₹ 1479.

36. 14 किग्रा तेल का मूल्य

= $\frac{315 \times 14}{15}$ = 21 × 14 = ₹ 294.

37. 3 माह का किराया = $\frac{2400}{12} \times 3$ = ₹ 600.

39. 20 ट्रकों में 5000 सीमेंट के बोरे जा सकते हैं

5 ट्रकों में = $\frac{5000 \times 5}{20}$ = 250 × 5 = 1250.

40. 1 मी. टेप का मूल्य = $\frac{30}{15}$ = ₹ 2

3 मीटर टेप का मूल्य = 3 × 2 = ₹ 6.

41. 2 व्यक्तियों का किराया = $\frac{1461 \times 2}{3}$ = ₹ 974.

42. फार्म की संख्या

= $\frac{12000}{3} \times 5 = 4000 \times 5 = 20{,}000$

43. 60 किमी 1 घंटे में

1 किमी $\frac{1}{60}$ घंटे

90 किमी $\frac{90}{60} = \frac{3}{2} = 1\frac{1}{2}$ घंटे में

44. 15 ली. पेट्रोल 285 किमी

1 ली. पेट्रोल में $\frac{285}{15}$

10 ली. पेट्रोल में $\frac{285}{15} \times 10$ = 190 किमी

45. ₹ 16 में 4 दर्पण

₹ 1 में $\frac{4}{16}$, ₹ 64 में $\frac{4 \times 64}{16}$ = 16 दर्पण।

46. 4 क्रेटों में 80 बोतलें

1 क्रेट में $\frac{80}{4}$

12 क्रेट में $\frac{80 \times 12}{4}$ = 240 बोतलें

47. 1155 × 2 = 2310 यात्री

48. 3 पैकेट में 400 रबड़ बैण्ड

1 पैकेट में = $\frac{400}{3}$

15 पैकेट में = $\frac{400 \times 15}{3}$ = 2000

49. पेचों की संख्या = $\frac{3750}{3} \times 21$ = 26250

50. दोनों का दिन का काम = $\frac{1}{10} + \frac{1}{5} = \frac{1+2}{10} = \frac{3}{10}$

पूरा काम = $\frac{10}{3}$ दिन = $3\frac{1}{3}$ दिन

•••

5 औसत

औसत वह माप है जो संख्याओं के किसी समूह की विशेषता एक संख्या द्वारा बताता है।

संख्याओं के किसी समूह का औसत ज्ञात करने के लिए हम

1. समूह में सम्मिलित संख्याओं का योगफल ज्ञात करते हैं।
2. प्राप्त योगफल को योज्यों की संख्या से भाग करते हैं।

$$\text{राशियों का औसत} = \frac{\text{राशियों का योगफल}}{\text{राशियों की संख्या}}$$

उदाहरण 1. एक क्रिकेट खिलाड़ी विभिन्न मैचों में 20, 10, 5, 12, 0, 25, 50, 10 तथा 8 रन बनाता है। उसके रनों का औसत मान कितना है?

हलः औसत $= \frac{20+10+5+12+0+25+50+10+8}{9}$

$= \frac{140}{9} = 15\frac{5}{9}$

उदाहरण 2. संख्याएँ 8, 7, 9, 10 और 11 का औसत मान कितना है?

हलः $\frac{8+7+9+10+11}{5} = \frac{45}{5} = 9$

उदाहरण 3. रिबन के चार टुकड़ों का माप 38 सेमी, 36 सेमी, 34 सेमी और 40 सेमी है। रिबन के टुकड़े की औसत लम्बाई कितनी हैं?

हलः औसत लम्बाई $= \frac{38+36+34+40}{4} = \frac{148}{4}$

= 37 सेमी

उदाहरण 4. एक सहकारी भण्डार की 6 दिन की कुल बिक्री ₹ 7380 है। उन 6 दिनों की भण्डार की औसत दैनिक बिक्री क्या हैं?

हल : औसत दैनिक बिक्री $= \frac{7380}{6}$ = ₹ 1230.

उदाहरण 5. एक कक्षा के 12 विद्यार्थियों के एक परीक्षा के अंक निम्न हैं।

35, 30, 25, 15, 20, 47, 30, 40, 45, 50, 40, 43.

(*i*) समूह के एक विद्यार्थी के औसत अंक क्या है?

(*ii*) कितने विद्यार्थियों ने औसत अंकों से अधिक अंक प्राप्त किए?

(*iii*) कितने विद्यार्थियों ने औसत अंकों से कम अंक प्राप्त किए?

(*iv*) कितने विद्यार्थियों ने औसत अंकों के बराबर अंक प्राप्त किए?

हलः 12 विद्यार्थियों द्वारा प्राप्त अंकों का योगफल :
35 + 30 + 25 + 15 + 20 + 47 + 30 + 40 + 45 + 50 + 40 + 43 = 420

विद्यार्थियों की संख्या = 12

(*i*) समूह के एक विद्यार्थी द्वारा प्राप्त औसत अंक

$= \frac{420}{12} = 35$

(*ii*) 6 विद्यार्थियों ने औसत अंकों से अधिक अंक प्राप्त किए।

(*iii*) 5 विद्यार्थियों ने औसत अंकों से कम अंक प्राप्त किए।

(*iv*) 1 विद्यार्थी ने औसत अंकों के बराबर अंक प्राप्त किए।

उदाहरण 6: एक कार्यालय में, 20 कर्मचारी ₹ 2250 प्रति व्यक्ति के हिसाब से वेतन प्राप्त करते हैं और 10 अन्य कर्मचारी ₹ 3000 प्रति व्यक्ति के हिसाब से वेतन प्राप्त करते हैं। कार्यालय के एक कर्मचारी का औसत वेतन क्या हैं?

हल : 20 कर्मचारियों का कुल वेतन

= 2250 × 20 = ₹ 45000

10 कर्मचारियों का कुल वेतन

= 3000 × 10 = ₹ 30000

30 कर्मचारियों का कुल वेतन

= 45000 + 30000 = ₹ 75000

कर्मचारियों की कुल संख्या = 30

कार्यालय के एक कर्मचारी का औसत वेतन

$= \frac{75000}{30}$ = ₹ 2500.

अभ्यास प्रश्न

1. 4, 5 तथा 9 का औसत क्या है?
A. 4 B. 5
C. 9 D. 6

2. 1, 2, 3, 14 और 10 का औसत ज्ञात करने के लिए, हम 30 को किससे भाग करते है?
A. 2 B. 3
C. 14 D. 5

3. 10, 20, 40, और 80 का औसत करने के लिए हम किसे 4 से भाग करते हैं?
A. 80 B. 40
C. 60 D. 150

4. 3, 6, 9 और 12 का औसत ज्ञात करने के लिए हम 30 को किससे भाग करते हैं?
A. 3 B. 6
C. 4 D. 12

5. 10, 20 और 30 का औसत क्या है?
A. 10 B. 30
C. 20 D. 25

6. 1, 2, 3, 4 और 5 का औसत क्या है?
A. 5 B. 4
C. 3 D. 2

7. गिनती की पहली 10 संख्याओं का औसत क्या है?
A. 10 B. 5.5
C. 7.5 D. 12.5

8. 10 के पहले पांच गुणजों का औसत क्या है?
A. 30 B. 40
C. 50 D. 60

9. एक कक्षा में विद्यार्थियों की एक सप्ताह के 6 दिनों की उपस्थिति निम्न है :

सोमवार – 39
मंगलवार – 39
बुधवार – 43
गुरूवार – 40
शुक्रवार – 42
शनिवार – 37

6 दिनों के लिए कक्षा की दैनिक औसत उपस्थिति क्या है?
A. 39 B. 40
C. 42 D. 43

10. एक शहर में 5 माह में 2.8 सेमी, 5.5 सेमी, 5.8 सेमी, 12.5 सेमी और 4.4 सेमी वर्षा रिकार्ड की गई। 5 माह में प्रतिमाह औसत वर्षा कितनी हुई?
A. 5.20 सेमी B. 6.20 सेमी
C. 7.20 सेमी D. 8.20 सेमी

11. एक ट्रेन 65 किमी प्रति घंटा की गति से 3 घंटे चलती है और अगले 2 घंटे 70 किमी प्रति घंटा की गति से चलती है। 5 घंटे की यात्रा में ट्रेन की औसत गति क्या होगा?
A. 60 किमी/घंटा B. 65 किमी/घंटा
C. 67 किमी/घंटा D. 70 किमी/घंटा

12. सीता, सुनिता और रश्मि की आयु क्रमशः 14 वर्ष 3 मास, 13 वर्ष 10 मास और 14 वर्ष 2 मास है। समूह की एक लड़की की औसत आयु क्या है?
A. 14 वर्ष 1 मास B. 13 वर्ष 1 मास
C. 15 वर्ष 1 मास D. 12 वर्ष 1 मास

निर्देश (प्रश्न संख्या 13 से 16 तक): *निम्नलिखित जानकारी का अध्ययन करें तथा प्रश्नों का उत्तर दें।*

6 क्रिकेट मैचों की एक शृंखला में, एक टीम ने निम्नानुसार रन बनाए:

पहला मैच – 102 दूसरा मैच – 212
तीसरा मैच – 360 चौथा मैच – 170
पांचवा मैच – 210 छठवां मैच – 398

13. 6 मैचों की औसत रन संख्या कितनी थी?
A. 242 B. 240
C. 210 D. 190

14. कितने मैचों में रन संख्या औसत रन संख्या से अधिक थी?
A. 1 B. 2
C. 3 D. 4

15. कितने मैचों में रन संख्या औसत रन संख्या से कम थी?
A. 2 B. 3
C. 4 D. 5

16. कितने मैचों में रन संख्या उतनी ही थी जितनी औसत रन संख्या?
A. 1 B. 2
C. 3 D. किसी में भी नहीं

17. किन्हीं दो परिवारों में किसी मास के 4 सप्ताहों में चीनी की खपत निम्न थी।

	परिवार (क)	परिवार (ख)
पहला सप्ताह :	3 किग्रा	2.5 किग्रा
दूसरा सप्ताह :	3.5 किग्रा	3.2 किग्रा
तीसरा सप्ताह :	3.1 किग्रा	2.3 किग्रा
चौथा सप्ताह :	3.2 किग्रा	3.2 किग्रा

किस परिवार में चीनी की साप्ताहिक खपत अधिक थी?

A. क B. ख
C. दोनों में समान D. किसी भी में नही

निर्देशः *प्रश्न संख्या (18 से 21) तक के लिए–*

समूह 'क' में छः विद्यार्थियों के परीक्षा प्राप्तांक 75, 100, 80, 75, 70, और 80 हैं। समूह 'ख' में पांच विद्यार्थियों के परीक्षा प्राप्तांक 60, 90, 70, 90, और 100 हैं। निम्न प्रश्नों का उत्तर दें:

18. समूह 'क' के एक विद्यार्थी का औसत प्राप्तांक क्या है?
A. 70 B. 75
C. 80 D. 100

19. समूह 'ख' के एक विद्यार्थी का औसत प्राप्तांक क्या है?
A. 70 B. 80
C. 82 D. 90

20. किस समूह के विद्यार्थियों ने परीक्षा में अच्छा कार्य प्रदर्शित किया?
A. क B. ख
C. कोई भी नहीं D. ज्ञात नहीं कर सकते

21. दोनों समूह के औसत प्राप्तांक में अन्तर कितना है?
A. 1 B. 2
C. 0 D. 5

22. एक क्रिकेट मैच में टीम 'क' के 11 सदस्यों ने 330 रन बनाए और टीम 'ख' के 6 सदस्यों ने 195 रन बनाए। दोनों टीम के औसत रनों में अन्तर कितना था?
A. 1 B. 2
C. 2.5 D. 5

निर्देशः *प्रश्न संख्या (23 से 26) तक के लिए–*
कम्पनी 'क' में 10 अधिकारी काम पर हैं और कम्पनी 'ख' में 12 अधिकारी। दोनों कम्पनियों के अधिकारियों के वेतन निम्न हैं:

कम्पनी 'क'	**कम्पनी 'ख'**
₹ 13200	₹ 13000
₹ 14000	₹ 16000
₹ 15100	₹ 13200
₹ 13600	₹ 13400
₹ 13800	₹ 13600
₹ 14000	₹ 16700
₹ 13500	₹ 15300
₹ 13100	₹ 13000
₹ 14500	₹ 13100
₹ 15000	₹ 13200
	₹ 13300
	₹ 13600

23. कम्पनी 'क' के एक अधिकारी का औसत वेतन मान कितना है?
A. ₹ 13200 B. ₹ 13450
C. ₹ 13980 D. ₹ 14000

24. कम्पनी 'ख' के एक अधिकारी का औसत वेतन मान कितना है?
A. ₹ 13950 B. ₹ 13960
C. ₹ 13970 D. ₹ 13990

25. दोनों कम्पनियों के औसत वेतन मान में कितना अन्तर है?
A. ₹ 10 B. ₹ 20
C. ₹ 30 D. ₹ 40

26. कौन-सी कम्पनी अपने अधिकारियों को अधिक औसत वेतन देती है?
A. क B. ख
C. दोनों ही D. कोई भी नहीं

निर्देशः *प्रश्न संख्या (27 से 35) तक के लिए*

एक स्कूल ने गणित में पारितोषिक प्रदान करने के लिए तीन परीक्षाओं का आयोजन किया। इन परीक्षाओं में पांच विद्यार्थियों ने भाग लिया। तीनों परीक्षाओं में उनके द्वारा प्राप्त अंक नीचे दिए गए हैं:

	परीक्षा-I	परीक्षा-II	परीक्षा-III
रंजना	82	80	80
गीता	93	92	94
रमेश	68	80	99
इस्लाम	85	85	81
अख्तर	90	80	70

अब निम्न प्रश्नों के उत्तर दें:

27. रंजना का औसत प्राप्तांक कितना है?
A. 80 B. 81
C. 82 D. 80.66

28. गीता का औसत प्राप्तांक कितना है?
A. 90 B. 92
C. 93 D. 94

29. रमेश का औसत प्राप्तांक कितना है?
A. 70 B. 75
C. 80 D. 82.33

30. इस्लाम का औसत प्राप्तांक कितना है?
A. 83 B. 83.66
C. 84 D. 85

31. अख्तर का औसत प्राप्तांक कितना है?
A. 70 B. 75
C. 80 D. 82

32. कौन-सा विद्यार्थी पारितोषिक के योग्य था?
A. गीता B. रंजना
C. इस्लाम D. अख्तर

33. किसका प्रदर्शन सबसे निम्न स्तर का रहा?
A. रमेश B. इस्लाम
C. अख्तर D. रंजना

34. किसका औसत प्राप्तांक 80.66 था?
A. अख्तर B. रमेश
C. गीता D. रंजना

35. उच्च स्तर तथा निम्नस्तर के प्रदर्शन के औसत प्राप्तांक का अन्तर कितना था?
A. 5 B. 7
C. 10 D. 13

निर्देशः *प्रश्न संख्या (36 से 38) तक के लिए*

शीतकाल के किसी एक सप्ताह में दो शहरों 'क' तथा 'ख' का तापमान (0 सेल्सियस) नीचे दिया गया है:

	शहर 'क'	**शहर 'ख'**
सोमवार	7	4
मंगलवार	9	8
बुधवार	8	7
गुरुवार	11	10
शुक्रवार	6	11
शनिवार	9	13

36. शहर 'क' का औसत दैनिक तापमान (°C) में कितना है?
A. 7 B. 8.33
C. 8.66 D. 9

37. शहर 'ख' का औसत दैनिक तापमान (°C) में कितना है?
A. 8.83 B. 8.53
C. 8.10 D. 8.08

38. दोनों शहरों के औसत दैनिक तापमान में कितना अन्तर है?
A. 1°C B. 2°C
C. 0.5°C D. 0.30°C

39. 5 आदमियों की आयु क्रमशः 40 वर्ष, 35 वर्ष, 50 वर्ष, 53 वर्ष, और 52 वर्ष है। समूह के एक व्यक्ति की औसत आयु कितनी है?
A. 40 वर्ष B. 46 वर्ष
C. 45 वर्ष D. 50 वर्ष

40. तीन मेजों की कीमत ₹ 1320, ₹ 2700 और ₹ 1800 है। एक मेज की औसत कीमत कितनी होगी?
A. ₹ 1910 B. ₹ 1920
C. ₹ 1930 D. ₹ 1940

41. तार के तीन टुकड़ों की लम्बाई 7 मी 8 सेमी, 17 मी, 28 सेमी और 12 मी 63 सेमी है। तार के एक टुकड़े की औसत लम्बाई कितनी है?
A. 12 मी 36.3 सेमी B. 13 मी 36.5 सेमी
C. 12 मी 33 सेमी D. 15 मी 36.3 सेमी

42. कक्षा 1 से 5 तक कक्षाओं वाले एक स्कूल में, कक्षा 1 से 5 तक विद्यार्थियों की संख्या क्रमशः 36, 34, 28, 33 और 39 है। एक कक्षा में विद्यार्थियों की औसत संख्या कितनी है?
A. 30 B. 31
C. 34 D. 33

43. एक सप्ताह में एक शहर का तापमान (°C) में क्रमशः 43, 40, 39, 40, 36, 43 और 39 था। उस सप्ताह में उस शहर का दैनिक औसत तापमान क्या था?
A. 39°C B. 40°C
C. 41°C D. 42°C

44. नीरू ने एक ऊँची कूद की प्रतियोगिता में भाग लिया। उसने तीन प्रयासों में 160 सेमी, 162 सेमी और 164 सेमी ऊँची कूद लगाई। नीरू द्वारा लगाई गई तीन कूदों की औसत ऊँचाई कितनी थी?
A. 160 सेमी B. 162 सेमी
C. 163 सेमी D. 164 सेमी

निर्देशः *प्रश्न संख्या (45 तथा 46) के लिए*

एक कक्षा के पांच विद्यार्थियों की डॉक्टरी परीक्षा के बाद डॉक्टर ने निम्न तथ्य रिकार्ड किए:

	नाम	आयु	ऊँचाई
1.	सुमन	16 वर्ष 2 मास	150 सेमी
2.	रमेश	15 वर्ष 10 मास	149 सेमी
3.	अशोक	15 वर्ष 6 मास	152 सेमी
4.	दीपक	16 वर्ष 6 मास	145 सेमी
5.	नरेश	16 वर्ष 10 मास	147 सेमी

45. समूह के एक विद्यार्थी की औसत आयु कितनी है?
A. 15 वर्ष 11.6 मास B. 14 वर्ष 11.6 मास
C. 15 वर्ष D. 16 वर्ष 2.0 मास

46. समूह के एक विद्यार्थी की औसत ऊँचाई कितनी है?
A. 148 सेमी B. 148.6 सेमी
C. 149 सेमी D. 150 सेमी

47. तीन संख्याओं का औसत 9 है। यदि पहली दो संख्याओं का औसत 12 हो, तो तीसरी संख्या का कितना मान है?
A. 1 B. 2
C. 3 D. 7

48. तीन संख्याओं का औसत 16 है। यदि पहली दो संख्याएँ 18 तथा 14 हैं तो तीसरी संख्या क्या है?
A. 15 B. 16
C. 18 D. 20

49. तीन संख्याओं का औसत 7 है। यदि पहली तथा दूसरी संख्या क्रमशः 9 तथा 7 है तो तीसरी संख्या क्या होगी?
A. 5 B. 6
C. 7 D. 8

50. सलमा व नरगिस की उम्र क्रमशः 12 वर्ष एवं 16 वर्ष है तो उनकी औसत उम्र क्या है?
A. 12 वर्ष B. 13 वर्ष
C. 14 वर्ष D. 15 वर्ष

उत्तरमाला

1	**2**	**3**	**4**	**5**	**6**	**7**	**8**	**9**	**10**
D	D	D	C	C	C	B	A	B	B
11	**12**	**13**	**14**	**15**	**16**	**17**	**18**	**19**	**20**
C	A	A	B	C	D	A	C	C	B
21	**22**	**23**	**24**	**25**	**26**	**27**	**28**	**29**	**30**
B	C	C	A	C	A	D	C	D	B
31	**32**	**33**	**34**	**35**	**36**	**37**	**38**	**39**	**40**
C	A	C	D	D	B	A	C	B	D
41	**42**	**43**	**44**	**45**	**46**	**47**	**48**	**49**	**50**
C	C	B	B	D	B	C	B	A	C

कठिन प्रश्नों की व्याख्या

1. औसत मान $= \dfrac{\text{अवलोकनों का योग}}{\text{अवलोकनों की संख्या}}$

$$= \frac{4+5+9}{3} = \frac{18}{3} = 6$$

5. औसत मान $= \dfrac{10+20+30}{3} = \dfrac{60}{3} = 20$

6. $\dfrac{1+2+3+4+5}{5} = \dfrac{15}{5} = 3$

7. $\dfrac{1+2+3+4+5+6+7+8+9+10}{10} = \dfrac{55}{10} = 5.5.$

8. $\dfrac{10+20+30+40+50}{5} = \dfrac{150}{5} = 30$

9. दैनिक औसत उपस्थिति

$$= \frac{39+39+43+40+42+37}{6} = \frac{240}{6} = 40$$

10. औसत वर्षा

$$= \frac{2.8+5.5+5.8+12.5+4.4}{5} = \frac{31}{5}$$

= 6.20 सेमी

11. औसत चाल $= \dfrac{65\times 3+70\times 2}{5}$

$$= \frac{195+140}{5} = \frac{335}{5} = 67$$

= 67 किमी/घंटा

12. औसत आयु $= \dfrac{14 \text{ वर्ष } 3 \text{ माह} + 13 \text{ वर्ष } 10 \text{ माह} + 14 \text{ वर्ष } 2 \text{ माह}}{3}$

$= \dfrac{42 \text{ वर्ष } 3 \text{ माह}}{3} = 14 \text{ वर्ष } 1 \text{ माह}$

13. औसत रन

$= \dfrac{102+212+360+170+210+398}{6} = \dfrac{1452}{6}$

$= 242$

17. परिवार (क) की कुल खपत

$= 3 + 3.5 + 3.1 + 3.2 = 12.8$ किग्रा

परिवार (ख) की कुल खपत

$= 2.5 + 3.2 + 2.3 + 3.2 = 11.2$ किग्रा

परिवार (क) की कुल खपत परिवार (ख) से अधिक है।

18. समूह (क) का औसत प्राप्तांक

$= \dfrac{75+100+80+70+75+80}{6} = \dfrac{480}{6} = 80$

19. समूह '(ख)' का औसत प्राप्तांक

$= \dfrac{60+90+70+90+100}{5} = \dfrac{410}{5} = 82$

23. कम्पनी (क) का औसत वेतन मान

$= \dfrac{13200+14000+15100+13600+13800+14000+13500+13100+14500+15000}{10}$

$= \dfrac{139800}{10} = 13980$ रु.

24. कम्पनी (ख) का औसत वेतन मान

$= \dfrac{13000+16000+13200+13400+13600+16700+15300+13000+13100+13200+13300+13600}{12}$

$= \dfrac{167400}{12} = ₹\ 13950.$

27. रंजना का औसत प्राप्तांक

$= \dfrac{82+80+80}{3} = \dfrac{242}{3} = 80.66$

28. गीता का औसत प्राप्तांक

$= \dfrac{93+92+94}{3} = \dfrac{279}{3} = 93$

29. रमेश का औसत प्राप्तांक

$= \dfrac{68+80+99}{3} = \dfrac{247}{3} = 82.33$

30. इस्लाम का औसत प्राप्तांक

$= \dfrac{85+85+81}{3} = \dfrac{251}{3} = 83.66$

31. अख्तर का औसत प्राप्तांक

$= \dfrac{90+70+80}{3} = \dfrac{240}{3} = 80$

36. शहर 'क' का औसत दैनिक तापमान

$= \dfrac{7+9+8+11+6+9}{6} = \dfrac{50}{6} = 8.33°C.$

37. शहर 'ख' का औसत दैनिक तापमान

$= \dfrac{4+8+7+10+11+13}{6} = \dfrac{53}{6} = 8.83°C.$

39. औसत आयु

$= \dfrac{40+35+50+53+52}{5} = \dfrac{230}{5} = 46$ वर्ष

40. एक मेज की औसत कीमत

$= \dfrac{1320+2700+1800}{3} = \dfrac{5820}{3} = ₹\ 1940.$

41. तार के टुकड़ों का औसत लम्बाई

$= \dfrac{7 \text{ मी. } 8 \text{ सेमी} + 17 \text{ मी. } 28 \text{ सेमी} + 12 \text{ मी. } 63 \text{ सेमी}}{3}$

$= \dfrac{36 \text{ मी. } 99 \text{ सेमी}}{3} = 12$ मी. 33 सेमी.

42. कक्षा में विद्यार्थियों की औसत संख्या

$= \dfrac{36+34+28+33+39}{5} = \dfrac{164}{5} = \dfrac{170}{5} = 34$

45. समूह के एक विद्यार्थी की औसत आयु

$= \dfrac{16 \text{ वर्ष } 2 \text{ मास} + 15 \text{ वर्ष } 10 \text{ मास} + 15 \text{ वर्ष } 6 \text{ मास} + 16 \text{ वर्ष } 6 \text{ मास} + 16 \text{ वर्ष } 10 \text{ मास}}{5}$

$= \dfrac{80 \text{ वर्ष } 10 \text{ मास}}{5} = 16$ वर्ष 2 मास

46. औसत ऊँचाई

$= \dfrac{150+149+152+145+147}{5} = \dfrac{743}{5} = 148.6$ सेमी.

48. तीसरी संख्या $= 16 \times 3 - (18 + 14) = 48 - 32 = 16$

49. तीसरी संख्या $= 7 \times 3 - (9 + 7) = 21 - 16 = 5$

50. औसत उम्र $= \dfrac{12+16}{2} = \dfrac{28}{2} = 14$ वर्ष

•••

6 प्रतिशत

☛ कुछ जानने योग्य महत्त्वपूर्ण तथ्य

- प्रतिशत दो शब्दों से "प्रति + शत" से मिलकर बना है। 100 में जितना हो उसे प्रतिशत कहते हैं। प्रतिशत के लिए "%" चिह्न का प्रयोग करते हैं तथा प्रतिशत, भिन्न (Fraction) का ही एक रूप है, जिसमें हर (Denominator) 100 रखा जाता है।
- प्रतिशत में दी गई किसी भी संख्या को भिन्न में व्यक्त करने के लिए $\frac{1}{100}$ से गुणा करके सरलतम रूप में लिखते हैं तथा % का चिह्न हटा देते है।
- किसी भी भिन्न को प्रतिशत में बदलने के लिए 100 से गुणा करते हैं तथा % का चिह्न लगा देते हैं।

उदाहरण 1. निम्न को प्रतिशत रूप में लिखें :

(*i*) $\frac{3}{25}$ (*ii*) $\frac{9}{40}$ (*iii*) $3\frac{2}{5}$

(*iv*) $2\frac{7}{8}$ (*v*) $33\frac{1}{3}$ (*vi*) $8\frac{2}{3}$

हल :

(*i*) $\frac{3}{25}\times 100 = 12\,\%$ (*ii*) $\frac{9}{40}\times 100 = 22.5\,\%$

(*iii*) $\frac{17}{5}\times 100 = 340\,\%$ (*iv*) $\frac{23}{8}\times 100 = 287.5\,\%$

(*v*) $\frac{100}{3}\times 100 = 3333\frac{1}{3}\,\%$ (*vi*) $\frac{26}{3}\times 100 = 866\frac{2}{3}\,\%$

उदाहरण 2. निम्न प्रतिशत राशि को भिन्न में लिखें :

(*i*) 25% (*ii*) 30% (*iii*) 75%

(*iv*) 120% (*v*) 240%

हल :

(*i*) $25\% = \frac{25}{100} = \frac{1}{4}$ (*ii*) $30\% = \frac{30}{100} = \frac{3}{10}$

(*iii*) $75\% = \frac{75}{100} = \frac{3}{4}$ (*iv*) $120\% = \frac{120}{100} = \frac{6}{5}$

(*v*) $240\% = \frac{240}{100} = \frac{12}{5}$

उदाहरण 3. निम्न दशमलव राशि को प्रतिशत रूप में लिखें :

(*i*) 0.35 (*ii*) 0.07 (*iii*) 3.04

(*iv*) 11.2 (*v*) 25.4

हल : (*i*) $0.35 = .35\times 100 = \frac{35}{100}\times 100 = 35\%$

(*ii*) $0.07 = 0.07 \times 100 = 7\%$

(*iii*) $3.04 = 3.04 \times 100 = 304\%$

(*iv*) $11.2 = 11.2 \times 100 = 1120\%$

(*v*) $25.4 = 25.4 \times 100 = 2540\%$

उदाहरण 4. निम्न प्रतिशत राशि को दशमलव रूप में लिखें :

(*i*) 16.5% (*ii*) 28% (*iii*) 220.5%

(*iv*) 0.05% (*v*) 15.04%

हल :

(*i*) $16.5\% = \frac{16.5}{100} = 0.165$

(*ii*) $28\% = \frac{28}{100} = 0.28$

(*iii*) $220.5\% = \frac{220.5}{100} = 2.205$

(*iv*) $0.05\% = \frac{0.05}{100} = 0.0005$

(*v*) $15.04\% = \frac{15.04}{100} = 0.1504$

उदाहरण 5. 400 का 75% का मान कितना है?

हल : 400 का 75% = $400\times\frac{75}{100} = 300$

उदाहरण 6. 24 का 6 कितना प्रतिशत है?

हल : 24 का $x\% = 6$

$$24\times\frac{x}{100} = 6$$

$$x = \frac{6\times 100}{24} = 25\%$$ उत्तर

उदाहरण 7. एक शहर की जनसंख्या में 55 प्रतिशत पुरुष हैं। यदि शहर की जनसंख्या 64,100 हो, तो वहाँ महिलाओं की संख्या क्या है?

हल : शहर की जनसंख्या = 64100, पुरुषों की संख्या = 55%

शहर में पुरुषों की संख्या = 64100 × 55%

$$= 64100 \times \frac{55}{100} = 35255$$

शहर में महिलाओं की संख्या = 64100 – 35255 = 28845

उदाहरण 8. विलियम ने गणित में 84 प्रतिशत अंक प्राप्त किए। यदि कुल अंक 150 हों, तो उसने गणित में कितने अंक प्राप्त किए?

हल : कुल अंक = 150

गणित में प्राप्तांक % = 84%

गणित में प्राप्तांक = 150 का 84%

$$= 150 \times \frac{84}{100} = 126$$

अभ्यास प्रश्न

1. ₹ 180 का 20 प्रतिशत कितना है?

A. ₹ 100 B. ₹ 80
C. ₹ 40 D. ₹ 36

2. किसी गाँव की कुल आबादी 2000 है। इसमें 35% स्त्रियां हैं तथा शेष पुरुष व बच्चे हैं। स्त्रियों की संख्या कितनी है?

A. 500 B. 600
C. 700 D. 1000

3. नूतन ने अपनी कक्षा में कुल अंकों के 75% अंक प्राप्त किए। यदि कुल अंक 800 हैं, तो नूतन ने कितने अंक प्राप्त किए?

A. 400 B. 500
C. 550 D. 600

4. रमा की मासिक आय ₹ 6000 थी। उसकी आय में 10 प्रतिशत की वृद्धि हुई। वृद्धि के बाद उसकी आय कितनी हो गई?

A. ₹ 6100 B. ₹ 6200
C. ₹ 6500 D. ₹ 6600

5. गणेश ने 500 किमी. दूरी तय की। इस दूरी में उसने 95 प्रतिशत दूरी बस द्वारा तथा शेष दूरी तांगे द्वारा तय की। उसने तांगे द्वारा कितनी दूरी तय की?

A. 15 किमी B. 20 किमी
C. 25 किमी D. 30 किमी

6. 400 का 75% का मान कितना है?

A. 200 B. 250
C. 300 D. 350

7. 125 मीटर का 16% का मान कितना है?

A. 20 मी B. 25 मी
C. 30 मी D. 35 मी

8. 20 किग्रा का 80% का मान कितना है?

A. 10 किग्रा B. 12 किग्रा
C. 15 किग्रा D. 16 किग्रा

9. ₹ 1800 का 4.5% का मान कितना है?

A. ₹ 81 B. ₹ 90
C. ₹ 95 D. ₹ 100

10. 350 ग्राम का 50% का मान कितना है?

A. 150 ग्राम B. 170 ग्राम
C. 175 ग्राम D. 190 ग्राम

11. 1 क्विन्टल का 10% का मान कितना है?

A. 5 किग्रा B. 10 किग्रा
C. 15 किग्रा D. 20 किग्रा

12. 24 का 6 कितना प्रतिशत है?

A. 20% B. 25%
C. 30% D. 35%

13. 750 मी का 125 मी कितना प्रतिशत है?

A. $16\frac{2}{3}\%$ B. $15\frac{2}{3}\%$
C. $12\frac{2}{3}\%$ D. $10\frac{2}{3}\%$

14. ₹ 75 का ₹ 60 कितना प्रतिशत है?

A. 70% B. 75%
C. 80% D. 90%

15. 50 लीटर का 20 लीटर कितना प्रतिशत है?
A. 30% B. 35%
C. 40% D. 50%

16. 50 किग्रा का 75 किग्रा कितना प्रतिशत है?
A. 100% B. 125%
C. 130% D. 150%

17. एक बाग में $16\frac{2}{3}\%$ पेड़ सेब के हैं। यदि बाग में पेड़ों की कुल संख्या 2400 हो, तो शेष पेड़ों की संख्या है:
A. 2000 B. 1800
C. 1500 D. 1200

18. एक विद्यालय के 1200 विद्यार्थियों में 28 प्रतिशत छात्राएं हैं। विद्यालय में छात्रों की संख्या कितनी है?
A. 800 B. 850
C. 864 D. 900

19. एक शहर की जनसंख्या में 55 प्रतिशत पुरुष हैं। यदि शहर की जनसंख्या 64100 हो, तो वहाँ महिलाओं की संख्या कितनी है?
A. 29845 B. 28845
C. 27845 D. 26845

20. यदि रमेश ने गणित में 84 प्रतिशत अंक प्राप्त किए। यदि कुल अंक 150 हों, तो उसने गणित में कितने अंक प्राप्त किए?
A. 126 B. 125
C. 120 D. 95

21. भारत की जनसंख्या लगभग 100 करोड़ है। यदि जनसंख्या प्रतिवर्ष 2 प्रतिशत बढ़ती हो, तो बताओ एक वर्ष पश्चात् जनसंख्या कितनी हो जायेगी?
A. 100 करोड़ B. 101 करोड़
C. 102 करोड़ D. 105 करोड़

22. गीता ने कुल 10 किमी दूरी का 70 प्रतिशत भाग बस से तथा शेष पैदल चलकर पूरा किया। उसने पैदल चलकर कितनी दूरी तय की?
A. 1 किमी B. 2 किमी
C. 3 किमी D. 4 किमी

23. एक विद्यालय में एक वर्ष में 18 प्रतिशत छात्रों की वृद्धि हुई। यदि वर्ष के आरम्भ में छात्रों की संख्या 1600 थी तो उस वर्ष छात्रों की संख्या में कितनी वृद्धि हुई?
A. 280 B. 285
C. 288 D. 388

24. एक परिवार का भोजन पर मासिक व्यय ₹ 700 है। यदि भोजन की कीमत 12 प्रतिशत बढ़ जाए तो उस परिवार का भोजन पर मासिक व्यय कितना होगा?
A. ₹ 784 B. ₹ 785
C. ₹ 790 D. ₹ 800

25. एक कम्पनी अपने मासिक व्यय में 15 प्रतिशत की कटौती करती है। यदि मासिक व्यय ₹ 2 लाख है तो कटौती के बाद व्यय कितना होगा?
A. ₹ 1,70,000 B. ₹ 1,80,000
C. ₹ 1,85,000 D. ₹ 1,90,000

26. एक कक्षा में 40 विद्यार्थी हैं। उनमें से 90% क्षेत्र भ्रमण पर गए। कितने विद्यार्थी क्षेत्र भ्रमण पर नहीं गए?
A. 2 B. 3
C. 4 D. 5

27. एक टीम ने 10 खेलों में भाग लिया और उनमें से 80% ने विजय पाई। उसने कितने खेलों में विजय पाई?
A. 4 B. 5
C. 6 D. 8

28. सार्वजनिक परीक्षा में प्रथम स्थान प्राप्त परीक्षार्थी ने 1000 में से 950 अंक प्राप्त किए। उसने कितना प्रतिशत अंक प्राप्त किए?
A. 90% B. 92%
C. 95% D. 98%

29. अनिल ने 96% अंक प्राप्त किए। परीक्षा के लिए उच्चतम अंक 1100 थे। अनिल ने कितने अंक प्राप्त किए?
A. 1000 B. 1025
C. 1035 D. 1056

30. अनिता ने एक विज्ञान की परीक्षा में जिसमें 20 प्रश्न थे और सभी प्रश्नों के लिए बराबर अंक निर्धारित थे, 80% अंक प्राप्त किए। उसने कितने प्रश्न के उत्तर सही दिए?
A. 15 B. 16
C. 17 D. 18

31. एक स्कूल ने बाढ़ पीड़ितों की सहायता के लिए ₹ 3000 का चन्दा दिया। रकम के 10% का अंशदान अकेले सुधीर ने किया। उसने कितने ₹ चन्दे में दिए?

A. ₹ 100 B. ₹ 200
C. ₹ 300 D. ₹ 400

32. सोहनलाल अपने वेतन का 30%, भोजन और कपड़ों पर व्यय करता है। यदि उसका वार्षिक वेतन ₹ 36,000 है, तो वह भोजन और कपड़ों पर कितना व्यय करता है?

A. ₹ 10,000 B. ₹ 10,200
C. ₹ 10,600 D. ₹ 10,800

33. दिल्ली से कोलकता की हवाई यात्रा का भाड़ा ₹ 1150 और उस पर 10% टैक्स है। जाने और वापस आने का कुल हवाई भाड़ा कितना है?

A. ₹ 2430 B. ₹ 2530
C. ₹ 2630 D. ₹ 2730

34. निम्न में से कौन 0.245 के समतुल्य है?

A. 245% B. 24-5%
C. 2-45% D. 0-245%

35. एक व्यक्ति ने 500 अंडे बिक्री करने के लिए खरीदे। उसे उनमें 10% टूटे हुए मिले। कितने अंडे ठीक पाये गए?

A. 400 B. 425
C. 440 D. 450

36. ₹ 700 का 20% कितना है?

A. ₹ 100 B. ₹ 120
C. ₹ 140 D. ₹ 150

37. 20 का 150% कितना है?

A. 25 B. 27
C. 29 D. 30

38. दीपक ने 600 अंकों में से 390 अंक प्राप्त किए। उसके द्वारा प्राप्त अंकों का प्रतिशत कितना है?

A. 55% B. 60%
C. 65% D. 70%

39. राधा को 25 लीटर दूध से 3.5 लीटर शुद्ध घी प्राप्त हुआ। यह दूध का कितना प्रतिशत है?

A. 10% B. 12%
C. 13% D. 14%

40. ₹ 10, ₹ 20 का कितना प्रतिशत है?

A. 30% B. 40%
C. 50% D. 100%

41. 80 सेब, 1200 सेब का कितना प्रतिशत है?

A. $6\frac{2}{3}\%$ B. $7\frac{2}{3}\%$
C. $8\frac{2}{3}\%$ D. $9\frac{2}{3}\%$

42. एक विद्यालय में 700 विद्यार्थियों में से 385 छात्र हैं। छात्राओं का कितना प्रतिशत है?

A. 55% B. 50%
C. 45% D. 40%

43. गणित की परीक्षा में मनोज ने 90 में से 60 अंक प्राप्त किए। उसके प्राप्तांकों का प्रतिशत कितना है?

A. $66\frac{2}{3}\%$ B. $56\frac{2}{3}\%$
C. $46\frac{2}{3}\%$ D. $33\frac{2}{3}\%$

44. किसी वस्तु पर उत्पादन शुल्क 870 रुपये से घटकर ₹ 580 रह गया। वस्तु के उत्पादन शुल्क में कितने प्रतिशत कमी आ गई?

A. $33\frac{1}{3}\%$ B. $35\frac{1}{3}\%$
C. $40\frac{1}{3}\%$ D. $42\frac{1}{3}\%$

45. रागिनी ने अपनी ₹ 12000 की आय में से ₹ 10,800 खर्च कर दिये। उसने अपनी आय का कितना प्रतिशत बचाया?

A. 8% B. 10%
C. 12% D. 15%

46. एक विद्यालय में कुल 1000 विद्यार्थी हैं, जिनमें से 450 ने गणित तथा 200 ने भूगोल विषय को चुना तथा शेष ने इतिहास। कितने प्रतिशत छात्रों ने इतिहास चुना?

A. 25% B. 30%
C. 35% D. 40%

47. एक विद्यालय के 1200 छात्राओं में से केवल 720 ने N.C.C. को चुना है। कितने प्रतिशत छात्राओं ने N.C.C. को नहीं चुना?

A. 25% B. 30%
C. 35% D. 40%

48. कोयले की खान के कुल 40500 टन उत्पादन में से 2025 टन कोयला नष्ट हो गया। कुल उत्पादन का कितना प्रतिशत कोयला नष्ट हुआ?

A. 2% B. 3%
C. 4% D. 5%

49. एक ड्रम में 300 लीटर मिट्टी का तेल था। 12 लीटर तेल एक छेद से बह गया। ड्रम में कितना प्रतिशत तेल बचा?

A. 90% B. 92%
C. 94% D. 96%

50. 75,000 मतदाताओं में से 50,000 ने मत डाले। कितना प्रतिशत मतदान हुआ?

A. $66\frac{2}{3}\%$ B. $65\frac{2}{3}\%$

C. $60\frac{2}{3}\%$ D. $50\frac{2}{3}\%$

51. किसी कपड़े में सूती और सिन्थैटिक धागे का अनुपात 2 : 3 है। उसमें सूती धागा कितना प्रतिशत है?

A. 30% B. 40%
C. 45% D. 55%

52. हरजीत ने एक परीक्षा में 72% अंक प्राप्त किए। यदि अधिकतम अंक 650 है, तो हरजीत ने कितने अंक प्राप्त किए?

A. 450 B. 455
C. 460 D. 468

53. एक विद्यालय में वर्ष के आरम्भ में 1500 विद्यार्थी थे। यदि विद्यार्थियों की संख्या में 15% वृद्धि हुई हो, तो विद्यालय में विद्यार्थियों की संख्या में कितनी वृद्धि हुई?

A. 150 B. 200
C. 225 D. 250

54. रोहित की मासिक आय ₹ 9,500 थी। एक वर्ष के अन्त में उसकी आय में 10% की वृद्धि हुई। वृद्धि के बाद उसकी आय कितनी हो गई?

A. ₹ 10,450 B. ₹ 10,250
C. ₹ 10,150 D. ₹ 10,100

55. किसी नगर की कुल आबादी 2,00,000 है। इसमें 35% स्त्रियां है तथा शेष पुरुष व बच्चे हैं। स्त्रियों की संख्या कितनी है?

A. 90,000 B. 80,000
C. 75,000 D. 70,000

56. रत्नाकर ने 500 किमी की दूरी का 95% एक बस द्वारा शेष एक टैक्सी द्वारा तय किया। उसने कितनी दूरी टैक्सी द्वारा तय की ?

A. 20 किमी B. 25 किमी
C. 30 किमी D. 35 किमी

57. रजनी ने 600 में से 390 अंक प्राप्त किए। उसके द्वारा प्राप्त अंकों का प्रतिशत कितना था?

A. 55% B. 62%
C. 65% D. 67%

58. सरला का मासिक वेतन ₹ 15,000 है। वह इसमें से ₹ 10,200 व्यय कर देती है। वह अपनी आय का कितने प्रतिशत बचाती है?

A. 25% B. 27%
C. 32% D. 35%

59. एक टोकरी में 400 अण्डों में से 16 अंडे टूटे पाए गए। टोकरी में ठीक बचे अंडों का प्रतिशत कितना था?

A. 96% B. 94%
C. 93% D. 92%

60. एक विद्यालय में 800 विद्यार्थी हैं। यदि इनमें 560 लड़कियाँ है, तो लड़कों की संख्या का प्रतिशत कितना है?

A. 20% B. 25%
C. 30% D. 40%

उत्तरमाला

1	2	3	4	5	6	7	8	9	10
D	C	D	D	C	C	A	D	A	C
11	**12**	**13**	**14**	**15**	**16**	**17**	**18**	**19**	**20**
B	B	A	C	C	D	A	C	B	A
21	**22**	**23**	**24**	**25**	**26**	**27**	**28**	**29**	**30**
C	C	C	A	A	C	D	C	D	B

31	32	33	34	35	36	37	38	39	40
C	D	B	B	D	C	D	C	D	C
41	**42**	**43**	**44**	**45**	**46**	**47**	**48**	**49**	**50**
A	C	A	A	B	C	D	D	D	A
51	**52**	**53**	**54**	**55**	**56**	**57**	**58**	**59**	**60**
B	D	C	A	D	B	C	C	A	C

कठिन प्रश्नों की व्याख्या

1. ₹ 180 का 20% = $180 \times \frac{20}{100}$ = ₹ 36.

4. 6000 का 10% = $6000 \times \frac{10}{100}$ = ₹ 600.

वृद्धि के बाद आय = 6000 + 600 = ₹ 6600.

5. 500 किमी का 5% = $500 \times \frac{5}{100} = 25$ किमी

6. 400 का 75% = $400 \times \frac{75}{100} = 300$

7. 125 मी. का 16% = 125 मी. $\times \frac{10}{100}$ = 20 मी.

8. 20 किग्रा का 80% = $20 \times \frac{80}{100}$ = 16 किग्रा.

9. 1800 रुपये का 4.5% = $1800 \times \frac{4.5}{100}$ = ₹ 81.

10. 350 ग्राम का 50% = $350 \times \frac{50}{100}$ = 175 ग्राम

11. 100 किग्रा का 10% = $100 \times \frac{10}{100}$ = 10 किग्रा

12. 24 का $x\%$ = 6

$$24 \times \frac{x}{100} = 6 \Rightarrow x = \frac{6 \times 100}{24} = 25\%$$

13. 750 का $x\%$ = 125

$$750 \times \frac{x}{100} = 125$$

$$x = \frac{125 \times 100}{750} = \frac{50}{3} = 16\frac{2}{3}\%$$

14. ₹ 75 का $x\%$ = 60

$$75 \times \frac{x}{100} = 60 \Rightarrow x = \frac{60 \times 100}{75} = 80\%$$

15. 50 ली. का $x\%$ = 20

$$50 \times \frac{x}{100} = 20 \Rightarrow x = \frac{20 \times 100}{50} = 40\%$$

16. 50 किग्रा का $x\%$ = 75 किग्रा

$$50 \times \frac{x}{100} = 75 \Rightarrow x = \frac{75 \times 100}{50} = 150\%$$

17. सेव के पेड़ों की संख्या = $2400 \times \frac{50}{3 \times 100} = 400$

शेष पेड़ों की संख्या = 2400 − 400 = 2000

18. छात्राओं की संख्या = 1200 × 28%

$= 1200 \times \frac{28}{100} = 12 \times 28 = 336$

छात्रों की संख्या = 1200 − 336 = 864

19. पुरुषों की संख्या = 64100 × 55%

$= 64100 \times \frac{55}{100} = 641 \times 55 = 35255$

महिलाओं की संख्या = 64100−35255 = 28845

20. गणित में प्राप्तांक = 150 × 84%

$= 150 \times \frac{84}{100} = 126$

22. 10 किमी का 70% = $10 \times \frac{70}{100}$ = 7 किमी.

पैदल द्वारा = 10 − 7 = 3 किमी.

23. छात्रों की संख्या में वृद्धि = 1600 × 18%

$= 1600 \times \frac{18}{100} = 16 \times 18 = 288$

26. 40 का 10% = $40 \times \frac{10}{100} = 4$

27. 10 का 80% = 8

28. 1000 का $x\%$ = 950

$$1000 \times \frac{x}{100} = 950 \Rightarrow x = \frac{950}{10} = 95\%$$

29. प्राप्तांक = 1100 × 96%

$= 1100 \times \frac{96}{100} = 11 \times 96 = 1056$

30. 20 का 80% $= 20 \times \frac{80}{100} = 16$

32. भोजन व कपड़ों पर खर्च

$= 36000 \times 30\% = 36000 \times \frac{30}{100}$ = ₹ 10800

33. कुल किराया = 2300 + 2300 × 10%

= 2300 + 230 = ₹ 2530.

35. ठीक अंडों की संख्या = 500 – 500 × 10%

= 500 – 50 = 450

36. ₹ 700 का 20% = ₹ 700 का $\frac{20}{100}$ = ₹ 140.

37. 20 का 150% = 20 का $\frac{150}{100} = 30$

38. 600 का $x\%$ = 390

$= 600 \times \frac{x}{100} = 390 \Rightarrow x = \frac{390}{6} = 65\%$

39. 25 ली॰ का $x\%$ = 3.5

$= 25 \times \frac{x}{100} = \frac{3.5}{10} \Rightarrow x = \frac{35 \times 2}{5} = 14\%.$

40. ₹ 20 का $x\%$ = 10

$= 20 \times \frac{x}{100} = 10 \Rightarrow x = \frac{10 \times 100}{20} = 50\%.$

41. 1200 का $x\%$ = 80

$1200 \times \frac{x}{100} = 80 \Rightarrow x = \frac{80}{12} = 6\frac{2}{3}\%$

42. छात्राओं की संख्या = 700 – 385 = 315

700 का $x\%$ = 315

$700 \times \frac{x}{100} = 315 \Rightarrow x = \frac{315}{7} = 45\%$

43. 90 का $x\%$ = 60

$90 \times \frac{x}{100} = 60$

$x = \frac{60 \times 100}{90} = \frac{200}{3} = 66\frac{2}{3}\%$

44. कमी = 870 – 580 = 290

कमी % $= \frac{290 \times 100}{870} = \frac{100}{3} = 33\frac{1}{3}\%$

45. बचत = 12000 – 10800 = ₹ 1200

बचत % $= \frac{1200 \times 100}{12000} = 10\%$

46. इतिहास में विद्यार्थियों की संख्या

= 1000 – 650 = 350

इतिहास में विद्यार्थियों का % $= \frac{350 \times 100}{1000} = 35\%$

48. 40500 का $x\%$ = 2025

$40500 \times \frac{x}{100} = 2025 \Rightarrow x = \frac{2025}{405} = 5\%$

49. 300 का $x\%$ = 12

300 का $\frac{x}{100} = 12 \Rightarrow x = \frac{12}{3} = 4\%$

ड्रम में शेष तेल का प्रतिशत = 100 – 4 = 96%

50. 75000 का $x\%$ = 50000

$75000 \times \frac{x}{100} = 50000$

$x = \frac{50000 \times 100}{75000} = \frac{200}{3} = 66\frac{2}{3}\%$

52. 650 का 72% $\Rightarrow 650 \times \frac{72}{100} = 6.5 \times 72 = 468$

54. वृद्धि = 9500 × 10% $= 9500 \times \frac{10}{100}$ = ₹ 950

वृद्धि बाद आय = 9500 + 950 = ₹ 10450.

56. टैक्सी द्वारा तय दूरी = 500 × 5%

$= 500 \times \frac{5}{100}$ = 25 किमी

57. 600 का $x\%$ = 390

$600 \times \frac{x}{100} = 390 \Rightarrow x = \frac{390}{6} = 65\%$

58. बचत = 15000 – 10200 = ₹ 4800

बचत % $= \frac{4800 \times 100}{15000} = 32\%.$

59. ठीक अंडों की संख्या = 400 – 16 = 384

ठीक अंडों की % $= \frac{384 \times 100}{400} = 96\%$

60. लड़कों की संख्या = 800 – 560 = 240

लड़कों का % $= \frac{240 \times 100}{800} = 30\%$

•••

7 लाभ-हानि

वह धन जिसे देकर कोई वस्तु खरीदी जाती है, वह वस्तु का **क्रय मूल्य** कहलाता है।

वह धन जो किसी वस्तु को बेचकर प्राप्त होता है वह उस वस्तु का **विक्रय मूल्य** कहलाता है।

लाभ तब होता है जब विक्रयमूल्य क्रय मूल्य से अधिक होता है।

लाभ = विक्रय मूल्य – क्रय मूल्य

हानि तब होती है जब क्रय मूल्य विक्रय मूल्य से अधिक होता है।

हानि = क्रय मूल्य – विक्रय मूल्य

उदाहरण 1 : रामू ने एक घड़ी ₹ 500 में खरीद कर ₹ 550 में बेची। उसका लाभ या हानि ज्ञात कीजिए।

हलः क्रय मूल्य = ₹ 500

विक्रय मूल्य = ₹ 550

विक्रय मूल्य > क्रय मूल्य

लाभ = विक्रय मूल्य – क्रय मूल्य

= 550 – 500 = ₹ 50.

उदाहरण 2: एक दुकानदार ने एक कुर्सी ₹ 410 में खरीद कर ₹ 390 में बेची। उसका लाभ या हानि ज्ञात कीजिए।

हल : क्रय मूल्य = ₹ 410

विक्रय मूल्य = ₹ 390

क्रय मूल्य > विक्रय मूल्य

हानि = 410 – 390 = ₹ 20.

उदाहरण 3 : एक दुकानदार ने 12 कालीन ₹ 2000 प्रति कालीन की दर से खरीदे तथा सभी कालीनों को ₹ 23000 में बेच दिया तो उसका लाभ या हानि ज्ञात कीजिए?

हल : 12 कालीन का क्रय मूल्य

= 2000 × 12 = ₹ 24000

12 कालीन का विक्रय मूल्य = ₹ 23000

क्रय मूल्य > विक्रय मूल्य

हानि = क्रय मूल्य – विक्रय मूल्य

= 24000 – 23000 = ₹ 1000

$$\text{लाभ प्रतिशत} = \frac{\text{लाभ} \times 100}{\text{क्रय मूल्य}}$$

$$\text{हानि प्रतिशत} = \frac{\text{हानि} \times 100}{\text{क्रय मूल्य}}$$

उदाहरण 4 : हरीश ने एक मोपेड ₹ 12000 में खरीदी और उसको एक वर्ष बाद ₹ 9000 में बेच दिया। हरीश को कितने प्रतिशत लाभ या हानि हुई?

हल : क्रय मूल्य = ₹ 12000

विक्रय मूल्य = ₹ 9000

हानि = क्रय मूल्य – विक्रय मूल्य

= 12000 – 9000 = ₹ 3000

$$\text{हानि प्रतिशत} = \frac{\text{हानि} \times 100}{\text{क्रय मूल्य}} = \frac{3000 \times 100}{12000}$$

= 25%

उदाहरण 5 : अकरम को एक वस्तु ₹ 450 में बेचने पर ₹ 50 की हानि होती है। उसकी हानि प्रतिशत कितना है?

हलः विक्रय मूल्य = ₹ 450

हानि = ₹ 50

क्रय मूल्य = 450 + 50 = ₹ 500.

$$\text{हानि प्रतिशत} = \frac{\text{हानि} \times 100}{\text{क्रय मूल्य}} = \frac{50 \times 100}{500} = 10\%$$

उदाहरण 6 : मधुमिता ने एक मेज ₹ 3000 की खरीदी। 15% लाभ पाने के लिए वह उस मेज को किस मूल्य पर बेचेगी?

हल : क्रय मूल्य = ₹ 3000

लाभ = 15%

$$\text{लाभ} = 3000 \times \frac{15}{100} = ₹\ 450$$

विक्रय मूल्य = क्रय मूल्य + लाभ

= 3000 + 450 = ₹ 3450.

अभ्यास प्रश्न

1. एक व्यक्ति ने ₹ 650 की साइकिल खरीदी। वह साइकिल कितने ₹ में बेचे कि उसे 10% लाभ हो?
   A. ₹ 700 B. ₹ 705
   C. ₹ 710 D. ₹ 715

2. एक घड़ी को ₹ 550 में बेचने पर 10% लाभ होता है। घड़ी का क्रय मूल्य कितना है?
   A. ₹ 500 B. ₹ 510
   C. ₹ 520 D. ₹ 530

3. एक कार को ₹ 75000 में बेचने पर 20% की हानि होती है। कार का क्रय मूल्य कितना है?
   A. ₹ 90750 B. ₹ 92750
   C. ₹ 93750 D. ₹ 94750

4. एक कमीज को ₹ 400 में बेचने पर 20% की हानि होती है। कमीज का क्रय मूल्य कितना है?
   A. ₹ 425 B. ₹ 450
   C. ₹ 500 D. ₹ 525

5. एक रंगीन टेलीविजन को ₹ 12100 में बेचने पर 10% लाभ होता है तो टेलीविजन का क्रय मूल्य कितना है?
   A. ₹ 12000 B. ₹ 11500
   C. ₹ 11000 D. ₹ 10000

6. यदि एक घड़ी 10% लाभ लेकर ₹ 440 में बेची गई तो उसका क्रय मूल्य कितना है?
   A. ₹ 350 B. ₹ 400
   C. ₹ 410 D. ₹ 420

7. एक व्यक्ति ने एक साइकिल ₹ 500 में खरीदी। वह उसे किस मूल्य पर बेचे कि उसे 20% लाभ हो?
   A. ₹ 550 B. ₹ 570
   C. ₹ 590 D. ₹ 600

8. एक फल विक्रेता ने 60 सन्तरे ₹ 10 के 12 के भाव से खरीदे। उसने उन्हें ₹ 12 के 10 के भाव से बेचा। विक्रेता को कितना लाभ या हानि हुआ?
   A. ₹ 22 लाभ B. ₹ 20 लाभ
   C. ₹ 22 हानि D. ₹ 20 हानि

9. एक मेज ₹ 20 की हानि पर ₹ 180 में बेची गई। इस मेज का क्रय मूल्य क्या था?
   A. ₹ 200 B. ₹ 190
   C. ₹ 188 D. ₹ 180

10. एक पेन ₹ 20 में खरीदा गया। 20% लाभ प्राप्त करने के लिए उसे कितने मूल्य पर बेचा जाना चाहिए?
    A. ₹ 21 B. ₹ 22
    C. ₹ 23 D. ₹ 24

11. एक बकरी ₹ 320 में खरीदी गई। अब वह कितने ₹ में बेची जाए कि $\frac{25}{2}$% का लाभ हो?
    A. ₹ 330 B. ₹ 340
    C. ₹ 350 D. ₹ 360

12. एक घड़ी ₹ 800 में खरीदी गई। 10% हानि पर बेच दी गई। घड़ी का विक्रय मूल्य क्या होगा?
    A. ₹ 710 B. ₹ 720
    C. ₹ 730 D. ₹ 740

13. एक वस्तु को ₹ 500 में बेचने पर ₹ 50 लाभ होता है। वस्तु का क्रय मूल्य मूल्य क्या है?
    A. ₹ 400 B. ₹ 420
    C. ₹ 440 D. ₹ 450

14. एक वस्तु को ₹ 900 में बेचने पर ₹ 90 लाभ होता है। वस्तु का क्रय मूल्य क्या है?
    A. ₹ 800 B. ₹ 810
    C. ₹ 820 D. ₹ 830

15. एक वस्तु का क्रय मूल्य ₹ 300 और विक्रय मूल्य ₹ 600 है। प्रतिशत लाभ कितना है?
    A. 80% B. 90%
    C. 100% D. 110%

16. एक वस्तु ₹ 500 में खरीदी गई। वस्तु को 10% लाभ पर बेच दिया। वस्तु का विक्रय मूल्य क्या होगा?
    A. ₹ 500 B. ₹ 450
    C. ₹ 525 D. ₹ 550

17. एक कार ₹ 75,000 में ₹ 5,000 लाभ पर बेची गई। वस्तु का क्रय मूल्य क्या था?

A. ₹ 85,000 B. ₹ 75,000
C. ₹ 70,000 D. ₹ 65,000

18. एक घड़ी को ₹ 660 में बेचने पर 10% लाभ होता है। घड़ी का क्रय मूल्य कितना है?

A. ₹ 550 B. ₹ 600
C. ₹ 625 D. ₹ 630

19. मोहन एक साइकिल ₹ 1000 में खरीदी और ₹ 1500 में बेची। उसे कितने प्रतिशत लाभ हुआ है?

A. 25% B. 50%
C. 60% D. 75%

20. एक कार को ₹ 3,00,000 में बेचने पर 20% हानि होती है। कार का क्रय मूल्य कितना था?

A. ₹ 3,25,000 B. ₹ 3,50,000
C. ₹ 3,75,000 D. ₹ 3,80,000

21. एक वस्तु को ₹ 180 में बेचने पर 25% हानि होती है। वस्तु का क्रय मूल्य कितना था?

A. ₹ 200 B. ₹ 225
C. ₹ 240 D. ₹ 280

22. एक वस्तु को ₹ 620 में बेचने पर 25% लाभ होता है। वस्तु का क्रय मूल्य कितना है?

A. ₹ 496 B. ₹ 498
C. ₹ 500 D. ₹ 520

23. एक व्यक्ति ने 20% लाभ लेकर एक वस्तु को ₹ 750 में बेचा। वस्तु का क्रय मूल्य कितना है?

A. ₹ 550 B. ₹ 625
C. ₹ 610 D. ₹ 650

24. एक वस्तु को 10% लाभ पर ₹ 440 में बेचा गया। वस्तु को ₹ 400 में बेचने पर कितना लाभ या हानि होगी?

A. न लाभ न हानि B. ₹ 5 लाभ
C. ₹ 5 हानि D. ₹ 10 हानि

25. एक वस्तु को 25% लाभ लेकर ₹ 500 में बेचा जाता है। यदि वस्तु को ₹ 450 में बेचा जाए तो उसे कितना लाभ या हानि होगी?

A. ₹ 20 लाभ B. ₹ 20 हानि
C. न लाभ न हानि D. ₹ 50 लाभ

26. विनायक ने एक प्लाट ₹ 90,000 में खरीदा और ₹ 1,20,000 में बेच दिया। उसको लाभ या हानि कितना होगा?

A. ₹ 30,000 B. ₹ 25,000
C. ₹ 21,000 D. ₹ 20,000

27. एक फल विक्रेता ने 12 दर्जन संतरे ₹ 20 प्रति दर्जन के भाव से खरीदे तथा उनको ₹ 22 प्रति दर्जन की दर से बेच दिया। उसका लाभ या हानि प्रतिशत कितना है?

A. 10% लाभ B. 10% हानि
C. 12% लाभ D. 12% हानि

28. एक व्यापारी ने 100 किलोग्राम गेहूँ ₹ 12 प्रति किलो की दर से खरीद कर ₹ 13.50 प्रति किलो की दर से बेच दिया। उसका लाभ या हानि प्रतिशत कितना है?

A. $12\frac{1}{2}$% लाभ B. $12\frac{1}{2}$% हानि
C. 10% हानि D. 10% लाभ

29. नीरज ने एक मोटर साइकिल ₹ 20,000 में खरीदी तथा 10% हानि पर बेची। उसका विक्रय मूल्य कितना था?

A. ₹ 16,000 B. ₹ 17,000
C. ₹ 18,000 D. ₹ 19,000

30. एक दुकानदार ने एक टेलीविजन ₹ 10,000 में खरीदा तथा 15% हानि पर बेच दिया। उसका विक्रय मूल्य कितना था?

A. ₹ 7500 B. ₹ 8500
C. ₹ 9000 D. ₹ 9500

31. वीरू ने 50 दर्जन संतरे ₹ 25 प्रति दर्जन के भाव से खरीदे। इसमें 20 संतरे खराब हो गए। शेष संतरों को ₹ 2.50 प्रति संतरे के दर से बेचा। उसका लाभ या हानि प्रतिशत कितना है?

A. 12% लाभ B. 15% हानि
C. 16% लाभ D. 18% हानि

32. रहमान ने एक साइकिल ₹ 1500 में खरीदकर ₹ 1800 में बेची। उसका लाभ या हानि कितना है?

A. ₹ 300 लाभ B. ₹ 200 लाभ
C. ₹ 100 लाभ D. ₹ 50 लाभ

33. रामू को एक वस्तु ₹ 450 में बेचने पर ₹ 50 की हानि होती है। उसका हानि प्रतिशत कितना है?

A. 5% B. 8%
C. 10% D. 12%

34. आसु ने एक मेज ₹ 3000 में खरीदी। 15% लाभ पाने के लिए वह उस मेज को किस मूल्य पर बेचेगा?

A. ₹ 3450 B. ₹ 3500
C. ₹ 3600 D. ₹ 4000

35. एक गाय ₹ 7000 में खरीदी गई और ₹ 7500 में बेचा जाता है, लाभ या हानि प्रतिशत ज्ञात कीजिए।

A. $7\frac{1}{7}\%$ B. $6\frac{1}{7}\%$
C. $5\frac{1}{7}\%$ D. $8\frac{1}{7}\%$

उत्तरमाला

1	2	3	4	5	6	7	8	9	10
D	A	C	C	C	B	D	A	A	D
11	**12**	**13**	**14**	**15**	**16**	**17**	**18**	**19**	**20**
D	B	D	B	C	D	C	B	B	C
21	**22**	**23**	**24**	**25**	**26**	**27**	**28**	**29**	**30**
C	A	B	A	D	A	A	A	C	B
31	**32**	**33**	**34**	**35**					
C	A	C	A	A					

कठिन प्रश्नों की व्याख्या

1. लाभ = 650 का 10% = $650 \times \frac{10}{100} = 65$ रु.

विक्रय मूल्य = क्रय मूल्य + लाभ

= 650 + 65 = ₹ 715.

2. माना क्रय मूल्य = x

$x + x \times 10\% = 550$

$x + \frac{10x}{100} = 550$

$\frac{110x}{100} = 550$

$x = \frac{550 \times 100}{110} =$ ₹ 500.

3. x का 80% = 75000

$x \times \frac{80}{100} = 75000$

$x = \frac{75000 \times 100}{80}$

= 18750 × 5

= ₹ 93750.

4. x का 80% = 400

$x \times \frac{80}{100} = 400$

$x = \frac{400 \times 100}{80} =$ ₹ 500.

5. x का 110% = 12100

$x \times \frac{110}{100} = 12100$

$x = \frac{12100 \times 100}{110} =$ ₹ 11000.

6. $x \times 110\% = 440$

$x = \frac{440 \times 100}{110} =$ ₹ 400.

7. क्रय मूल्य = 180 + 20 = ₹ 200.

11. लाभ = $320 \times \frac{25}{2}\%$

$= 320 \times \frac{25}{2 \times 100} =$ ₹ 40.

विक्रय मूल्य = 320 + 40 = ₹ 360

12. हानि $= 800 \times 10\% = 800 \times \frac{10}{100} =$ ₹ 80.

विक्रय मूल्य $= 800 - 80 =$ ₹ 720.

15. लाभ $= 600 - 300 =$ ₹ 300

लाभ% $= \frac{300 \times 100}{300}$

$= 100\%$.

16. लाभ $= 500 \times 10\%$

$= 500 \times \frac{10}{100} =$ ₹ 50

विक्रय मूल्य $= 500 + 50 =$ ₹ 550.

18. x का 110% = 660

$x \times \frac{110}{100} = 660$

$x = \frac{660 \times 100}{110} =$ ₹ 600.

19. लाभ $= 1500 - 1000 = 500$

लाभ% $= \frac{500 \times 100}{1000} = 50\%$.

20. x का 80% = 300000

$x \times \frac{80}{100} = 300000$

$x = \frac{300000 \times 100}{80}$

$= 375000$.

21. x का 75% = 180

$x \times \frac{75}{100} = 180$

$x = \frac{180 \times 100}{75}$

= ₹ 240.

22. x का 125% = 620

$x \times \frac{125}{100} = 620$

$x = \frac{620 \times 100}{125} =$ ₹ 496

24. x का 110% = 440

$x = \frac{440 \times 100}{110}$

वस्तु का क्रय मूल्य = ₹ 400

अब विक्रय मूल्य = ₹ 400

अब उसे न लाभ न हानि प्राप्त होगा।

25. x का 125% = 500

x का $\frac{125}{100} = 500$

$x = \frac{500 \times 100}{125} = 400$

अब विक्रय मूल्य = ₹ 450

लाभ $= 450 - 400 =$ ₹ 50.

27. 12 दर्जन संतरे का क्रय मूल्य

$= 20 \times 12 =$ ₹ 240

12 दर्जन संतरे का विक्रय मूल्य

$= 22 \times 12 =$ ₹ 264

लाभ $= 264 - 240 =$ ₹ 24

लाभ% $= \frac{24 \times 100}{240} = 10\%$

29. हानि $= 20,000 \times 10\%$

$= 20,000 \times \frac{10}{100} = 2000$

विक्रय मूल्य $= 20000 - 2000 =$ ₹ 18000.

31. 50 दर्जन संतरे का क्रय मूल्य $= 50 \times 25 =$ ₹ 1250

50 दर्जन $= 50 \times 12 = 600$

शेष संतरा $= 600 - 20 = 580$

580 संतरे का वि.मू. $= 580 \times 2.50 =$ ₹ 1450

लाभ $= 1450 - 1250 =$ ₹ 200

लाभ% $= \frac{200 \times 100}{1250} = 16\%$

33. क्रय मूल्य $= 450 + 50 =$ ₹ 500

हानि% $= \frac{50 \times 100}{500} = 10\%$

34. लाभ $= 3000 \times \frac{15}{100} = 450$

विक्रय मूल्य $= 3000 + 450 =$ ₹ 3450.

•••

8 साधारण ब्याज

जितना पैसा उधार लिया जाता है उसे **"मूलधन"** कहते हैं। जितना पैसा वापस किया जाता है उसे **"मिश्रधन"** कहते हैं।

मिश्रधन – मूलधन = ब्याज

$$\text{ब्याज} = \frac{\text{मूलधन} \times \text{दर} \times \text{समय}}{100}$$

मिश्रधन = मूलधन + ब्याज

ब्याज निम्न तीन घटकों पर निर्भर करता है, (*i*) मूलधन पर (*ii*) ब्याज की दर पर (*iii*) समय-अवधि पर।

उदाहरण 1 : श्याम ने अपने मित्र रमेश से ₹ 500 1 वर्ष के लिए 12% प्रति वर्ष ब्याज पर उधार लिए। उसे 1 वर्ष बाद कितना ब्याज देना पड़ेगा?

हलः मूलधन = ₹ 500, समय = 1 वर्ष, दर = 12%

ब्याज = ?

$$\text{ब्याज} = \frac{\text{मूलधन} \times \text{समय} \times \text{दर}}{100} = \frac{500 \times 1 \times 12}{100}$$

= ₹ 60.

उदाहरण 2 : श्रीमती पाण्डेय ₹ 16,000 का ऋण एक ऐसे बैंक से लिया जो 10% प्रति वर्ष की ब्याज वसूल करता है। यदि वह उस राशि को दो वर्ष बाद लौटाती है तो उसे कितना ब्याज देना होगा?

हलः मूलधन= ₹ 16,000, दर = 10%, समय = 2 वर्ष

ब्याज = ?

$$\text{ब्याज} = \frac{\text{मूलधन} \times \text{समय} \times \text{दर}}{100} = \frac{16000 \times 2 \times 10}{100}$$

= ₹ 3200.

उदाहरण 3 : ₹ 1800 पर $3\frac{1}{2}$% प्रति वर्ष से $2\frac{1}{2}$ वर्ष के लिए साधारण ब्याज ज्ञात कीजिए।

हलः मूलधन = ₹ 1800, दर = $\frac{7}{2}$%, वर्ष = $\frac{5}{2}$%

साधारण ब्याज

$$= \frac{\text{मूलधन} \times \text{समय} \times \text{दर}}{100} = \frac{1800 \times 5 \times 7}{100 \times 2 \times 2}$$

= 4.5 × 5 ×7 = ₹ 157.50.

उदाहरण 4 : नसीर ने अपने मित्र से ₹ 1200 8% प्रतिवर्ष ब्याज पर ऋण में लिए। 8 मास बाद राशि लौटा दी। उसका मिश्रधन ज्ञात कीजिए।

हलः मूलधन = ₹ 1200, दर = 8%

$$\text{समय} = 8 \text{ मास} = \frac{8}{12} = \frac{2}{3} \text{ वर्ष}$$

$$\text{साधारण ब्याज} = \frac{\text{मूलधन} \times \text{समय} \times \text{दर}}{100}$$

$$= \frac{1200 \times 2 \times 8}{100 \times 3} = ₹\ 64.$$

मिश्रधन = मूलधन + ब्याज

= 1200 + 64 = ₹ 1264.

उदाहरण 5 : 10% वार्षिक दर से ₹ 800 पर 3 वर्ष का ब्याज ज्ञात कीजिए।

हलः मूलधन = ₹ 800, दर = 10%, समय = 3 वर्ष

साधारण ब्याज

$$= \frac{\text{मूलधन} \times \text{समय} \times \text{दर}}{100} = \frac{800 \times 3 \times 10}{100} = ₹\ 240.$$

उदाहरण 6 : ₹ 5000 पर 4 वर्ष का 6% वार्षिक दर से ब्याज तथा मिश्रधन ज्ञात कीजिए।

हलः मूलधन = ₹ 5000, समय = 4 वर्ष, दर = 6%

$$\text{साधारण ब्याज} = \frac{\text{मूलधन} \times \text{समय} \times \text{दर}}{100}$$

$$= \frac{5000 \times 4 \times 6}{100} = ₹\ 1200$$

मिश्रधन = मूलधन + ब्याज

= 5000 + 1200 = ₹ 6200

अभ्यास प्रश्न

1. ₹ 1000 पर 2 वर्ष के लिए 7% प्रति वर्ष की दर से साधारण ब्याज है।
   A. ₹ 140 B. ₹ 150
   C. ₹ 160 D. ₹ 170

2. ₹ 3500 पर 3 वर्ष के लिए 9% प्रति वर्ष की दर से साधारण ब्याज है :
   A. ₹ 745 B. ₹ 845
   C. ₹ 945 D. ₹ 1045

3. ₹ 500 पर 5 वर्ष के लिए $7\frac{1}{2}$% प्रति वर्ष की दर से साधारण ब्याज है :
   A. ₹ 187.5 B. ₹ 197.5
   C. ₹ 207.5 D. ₹ 217.5

4. ₹ 1400 पर $2\frac{1}{2}$ वर्ष के लिए $4\frac{1}{2}$% प्रति वर्ष की दर से साधारण ब्याज है :
   A. ₹ 137.5 B. ₹ 147.5
   C. ₹ 157.5 D. ₹ 167.5

5. ₹ 2200 पर 6 मास के लिए 3% प्रति वर्ष की दर से साधारण ब्याज है :
   A. ₹ 22 B. ₹ 33
   C. ₹ 44 D. ₹ 55

6. एक व्यक्ति अपने मित्र से ₹ 400 ऋण में लेता है। वह उसे 1 वर्ष में 5% प्रतिवर्ष ब्याज के साथ वापस करने के लिए सहमत होता है। वह कितना मिश्रधन देगा?
   A. ₹ 410 B. ₹ 420
   C. ₹ 430 D. ₹ 450

7. रमेश ने ₹ 3000 6% प्रति वर्ष ब्याज की दर पर उधार दिए। 2 वर्ष के अन्त में उसे कुल कितनी रकम प्राप्त होगी?
   A. ₹ 3360 B. ₹ 3460
   C. ₹ 3560 D. ₹ 3660

8. एक व्यक्ति ने ₹ 500 6% प्रति वर्ष ब्याज की दर पर उधार लिए। $3\frac{1}{2}$ वर्ष के अन्त में, उसने ₹ 350 की रकम वापस की और शेष रकम के बदले में अपना रेडियो दिया। रेडियो का मूल्य है :
   A. ₹ 255 B. ₹ 275
   C. ₹ 280 D. ₹ 290

9. महेश ने अपने मित्र रमेश से ₹ 5000 2 वर्ष की अवधि के लिए उधार लिए। यदि ब्याज की दर 10% प्रतिवर्ष हो तो रमेश को 2 वर्ष बाद कितनी राशि देनी होगी?
   A. ₹ 600 B. ₹ 4000
   C. ₹ 5000 D. ₹ 6000

10. एक व्यक्ति ने किसी बैंक में ₹ 4000 दो वर्षों के लिए साधारण ब्याज पर 8% प्रतिवर्ष की दर पर जमा किए। निश्चित अवधि के बाद उसे कितनी धनराशि प्राप्त होगी?
    A. ₹ 4540 B. ₹ 4640
    C. ₹ 4740 D. ₹ 4840

11. किसी राशि पर 4 वर्ष के लिए किसी निश्चित दर पर साधारण ब्याज ₹ 160 है। इससे दोगुनी राशि पर 2 वर्ष का उसी दर पर साधारण ब्याज क्या होगा?
    A. ₹ 100 B. ₹ 120
    C. ₹ 140 D. ₹ 160

12. कोई धनराशि साधारण ब्याज पर उधार दिए जाने पर 10 वर्ष में स्वयं की दुगुनी हो जाती है। वार्षिक ब्याज की दर है :
    A. 5% B. 8%
    C. 10% D. 15%

13. यदि ₹ 1000 पर किसी ब्याज की दर से 2 वर्ष का साधारण ब्याज ₹ 100 है, तो उसी राशि का उसी ब्याज की दर से 5 वर्ष का ब्याज क्या है?
    A. ₹ 150 B. ₹ 200
    C. ₹ 250 D. ₹ 300

14. रमेश ने एक रेडियो ₹ 350 में खरीदा। उसने 100 रु. नकद दे दिए तथा शेष धन किश्तों में दिया। यदि प्रत्येक किश्त ₹ 12.50 की हो तो उसने कितने किश्ते दी?
    A. 10 B. 15
    C. 20 D. 25

15. ₹ 500 का 25 पैसे रुपया छमाही दर से $1\frac{1}{2}$ वर्ष का ब्याज है :
    A. ₹ 275 B. ₹ 300
    C. ₹ 325 D. ₹ 375

16. ₹ 300 6% वार्षिक दर से 2 वर्ष का साधारण ब्याज है :
    A. ₹ 26 B. ₹ 30
    C. ₹ 36 D. ₹ 40

17. 10% वार्षिक ब्याज की दर से ₹ 500 का 5 वर्ष का मिश्रधन है :

A. ₹ 700 B. ₹ 750
C. ₹ 800 D. ₹ 850

18. ₹ 850 का $3\frac{1}{2}$% वार्षिक ब्याज की दर से $2\frac{1}{2}$ वर्ष का साधारण ब्याज है :

A. ₹ 74.38 B. ₹ 75.38
C. ₹ 76.38 D. ₹ 77.38

19. 7% वार्षिक ब्याज की दर से ₹ 30,000 का छः मास का ब्याज है :

A. ₹ 950 B. ₹ 1050
C. ₹ 1150 D. ₹ 1250

20. $7\frac{1}{2}$% वार्षिक ब्याज की दर से ₹ 20,000 का $3\frac{1}{2}$ वर्ष का मिश्रधन है :

A. ₹ 25250 B. ₹ 26250
C. ₹ 27250 D. ₹ 28250

21. कितने समय में ₹ 2700 का मिश्रधन 10% वार्षिक ब्याज की दर से ₹ 3000 हो जाएगा?

A. $1\frac{1}{9}$ वर्ष B. $1\frac{1}{6}$ वर्ष
C. $1\frac{1}{3}$ वर्ष D. $1\frac{1}{4}$ वर्ष

22. कितने प्रतिशत ब्याज की दर से ₹ 750 का 4 वर्ष का मिश्रधन ₹ 1000 हो जायेगा?

A. $8\frac{1}{3}$% B. $5\frac{1}{4}$%
C. $4\frac{1}{4}$% D. $3\frac{1}{4}$%

23. कितने प्रतिशत ब्याज की दर से 10 वर्षों में ₹ 500 का मिश्रधन ₹ 1000 हो जायेगा?

A. 20% B. 15%
C. 10% D. 5%

24. कितने समय में ₹ 1500 का 5% वार्षिक ब्याज की दर से मिश्रधन ₹ 2250 हो जायेगा?

A. 5 वर्ष B. 6 वर्ष
C. 8 वर्ष D. 10 वर्ष

25. ₹ 3000 का 2 वर्ष 6 माह का 5% वार्षिक ब्याज की दर से साधारण ब्याज है :

A. ₹ 275 B. ₹ 375
C. ₹ 475 D. ₹ 575

26. कितने समय में 15% वार्षिक ब्याज की दर से ₹ 5000 का मिश्रधन ₹ 6250 हो जायेगा?

A. $1\frac{2}{3}$ वर्ष B. $1\frac{1}{3}$ वर्ष
C. $1\frac{1}{2}$ वर्ष D. $1\frac{1}{4}$ वर्ष

27. ₹ 5000 का 5% वार्षिक ब्याज की दर से 1 वर्ष 6 माह का ब्याज है :

A. ₹ 375 B. ₹ 350
C. ₹ 325 D. ₹ 300

28. कितने समय में कोई धन 12% वार्षिक ब्याज की दर से तीन गुना हो जायेगा?

A. $16\frac{2}{3}$ वर्ष B. $16\frac{1}{3}$ वर्ष
C. $16\frac{1}{2}$ वर्ष D. $16\frac{1}{4}$ वर्ष

29. कितने समय में किसी मूलधन का ब्याज 5% वार्षिक ब्याज की दर से उस धन का $\frac{3}{5}$ हो जायेगा?

A. 8 वर्ष B. 10 वर्ष
C. 12 वर्ष D. 15 वर्ष

30. किस धन का 9% वार्षिक ब्याज की दर से 3 वर्ष का साधारण ब्याज ₹ 81 होगा?

A. ₹ 200 B. ₹ 300
C. ₹ 350 D. ₹ 400

उत्तरमाला

1	2	3	4	5	6	7	8	9	10
A	C	A	C	B	B	A	A	D	B
11	**12**	**13**	**14**	**15**	**16**	**17**	**18**	**19**	**20**
D	C	C	C	D	C	B	A	B	A
21	**22**	**23**	**24**	**25**	**26**	**27**	**28**	**29**	**30**
A	A	C	D	B	A	A	A	C	B

कठिन प्रश्नों की व्याख्या

1. साधारण ब्याज $= \frac{\text{मूलधन} \times \text{समय} \times \text{दर}}{100}$

$= \frac{1000 \times 2 \times 7}{100} = ₹\, 140.$

2. सा. ब्याज $= \frac{3500 \times 3 \times 9}{100} = ₹\, 945.$

3. सा. ब्याज $= \frac{500 \times 5 \times 15}{100 \times 2} = \frac{375}{2} = ₹\, 187.5.$

4. सा. ब्याज $= \frac{1400 \times 5 \times 9}{100 \times 2 \times 2} = \frac{630}{4} = ₹\, 157.50.$

5. समय = 6 मास $= \frac{1}{2}$ वर्ष

सा. ब्याज $= \frac{2200 \times 1 \times 3}{100 \times 2} = ₹\, 33.$

6. सा. ब्याज $= \frac{400 \times 1 \times 5}{100} = ₹\, 20.$

मिश्रधन = मूलधन + ब्याज = 400 + 20 = ₹ 420.

7. सा. ब्याज $= \frac{3000 \times 6 \times 2}{100} = ₹\, 360.$

मिश्रधन = 3000 + 360 = ₹ 3360.

8. सा. ब्याज $= \frac{500 \times 6 \times 7}{100 \times 2} = ₹\, 105.$

मिश्रधन = 500 + 105 = ₹ 605.

रेडियो की कीमत = 605 − 350 = ₹ 255.

9. सा. ब्याज $= \frac{5000 \times 2 \times 10}{100} = 1000$

मिश्रधन = 5000 + 1000 = ₹ 6000.

10. सा. ब्याज $= \frac{4000 \times 2 \times 8}{100} = ₹\, 640$

मिश्रधन = 4000 + 640 = ₹ 4640.

12. दर $= \frac{\text{ब्याज} \times 100}{\text{मूलधन} \times \text{समय}} = \frac{100 \times 100}{100 \times 10}$

= 10% (माना मूलधन = ₹ 100)

13. दर $= \frac{100 \times 100}{1000 \times 2} = 5\%$

सा. ब्याज $= \frac{1000 \times 5 \times 5}{100} = ₹\, 250.$

15. दर = 50%, सा. ब्याज $= \frac{500 \times 3 \times 50}{100 \times 2} = ₹\, 375.$

16. सा. ब्याज $= \frac{300 \times 6 \times 2}{100} = ₹\, 36.$

17. सा. ब्याज $= \frac{500 \times 10 \times 5}{100} = ₹\, 250$

मिश्रधन = 500 + 250 = ₹ 750.

18. सा. ब्याज $= \frac{850 \times 7 \times 5}{100 \times 2 \times 2} = \frac{595}{8} = ₹\, 74.38.$

20. सा. ब्याज $= \frac{20000 \times 7 \times 15}{100 \times 2 \times 2} = 350 \times 15 = ₹\, 5250$

मिश्रधन = 20000+5250 = ₹ 25250.

21. ब्याज = 3000 − 2700 = ₹ 300

समय $= \frac{300 \times 100}{2700 \times 10} = 1\frac{1}{9}$ वर्ष

22. ब्याज = 1000 − 750 = 250

दर $= \frac{250 \times 100}{750 \times 4} = 8\frac{1}{3}\%$

23. ब्याज = 1000 − 500 = 500

दर $= \frac{500 \times 100}{500 \times 10} = 10\%$

24. ब्याज = 2250 − 1500 = ₹ 750, दर = 5%

समय $= \frac{750 \times 100}{1500 \times 5} = 10$ वर्ष

29. माना मूलधन = ₹ 100; ब्याज $= 100 \times \frac{3}{5} = ₹\, 60$

समय $= \frac{60 \times 100}{100 \times 5} = 12$ वर्ष

30. मूलधन $= \frac{81 \times 100}{9 \times 3} = ₹\, 300.$

●●●

9 गति, दूरी व समय

चाल (Speed) : इकाई समय में तय की गई दूरी को चाल कहते हैं।

$$\text{चाल (Speed)} = \frac{\text{दूरी}}{\text{समय}}, \text{समय} = \frac{\text{दूरी}}{\text{चाल}}$$

$$\text{दूरी} = \text{समय} \times \text{चाल}$$

$$1 \text{ किमी. प्रति घंटा} = \frac{5}{18} \text{ मीटर प्रति सेकेण्ड}$$

$$1 \text{ मी. प्रति सेकेण्ड} = \frac{18}{5} \text{ किमी प्रति घण्टा}$$

उदाहरण 1. समान गति से चलती हुई एक रेलगाड़ी 500 किमी की दूरी 10 घण्टे में तय करती है। रेलगाड़ी की चाल प्रतिघण्टा क्या है?

हलः समय = 10 घण्टे, दूरी = 500 किमी

$$\text{चाल} = \frac{\text{दूरी}}{\text{समय}} = \frac{500}{10} = 50 \text{ किमी. प्रति घण्टा}$$

उदाहरण 2. 50 किमी प्रति घण्टा की चाल से चलती हुई एक रेलगाड़ी $3\frac{1}{2}$ घण्टे में कितनी दूरी तय करेगी?

हलः $\text{दूरी} = \text{समय} \times \text{चाल} = 50 \times \frac{7}{2} = 25 \times 7 = 175$ किमी

उदाहरण 3. 60 किमी प्रति घण्टा की गति को मीटर प्रति सेकेण्ड में क्या मान है?

हलः गति = 60 किमी. प्रति घण्टा

$$= \frac{60 \times 1000}{60 \times 60} \text{ मी./से.} = \frac{50}{3} \text{ मी./से.} = 16\frac{2}{3} \text{ मी./से.}$$

उदाहरण 4. 80 किमी प्रति घण्टे की चाल से चलती हुई एक रेलगाड़ी 8 किमी लम्बे एक प्लेटफार्म को कितने मिनट में पार करेगी?

हलः $\text{समय} = \frac{\text{दूरी}}{\text{चाल}} = \frac{8}{80} \text{ घण्टा} = \frac{1}{10} \times 60 \text{ मिनट}$

$= 6$ मिनट

अभ्यास प्रश्न

1. 60 किमी प्रति घण्टे की चाल से चलती हुई एक रेलगाड़ी 60 मिनट में कितनी दूरी तय करेगी?

A. 30 किमी B. 50 किमी
C. 60 किमी D. 90 किमी

2. 90 किमी प्रतिघण्टे की चाल से चलती हुई एक रेलगाड़ी 3 किमी लम्बे पुल को कितने समय में पार करेगी?

A. 1 मिनट B. 2 मिनट
C. 3 मिनट D. 1½ मिनट

3. रात्रि को 8.30 बजे ग्वालियर से प्रस्थान करने वाली एक रेलगाड़ी भोपाल 6 घण्टे 30 मिनट बाद पहुँचती है तब रेलगाड़ी भोपाल कब पहुँचती है?

A. 3 बजे प्रातः B. 4 बजे प्रातः
C. 4.15 बजे प्रातः D. 5 बजे प्रातः

4. 4.30 बजे संध्या को दिल्ली से प्रस्थान करने वाली एक रेलगाड़ी 12 घण्टे 30 मिनट बाद इलाहाबाद पहुँचती है, तब गाड़ी इलाहाबाद कब पहुँचती है?

A. 4 बजे प्रातः B. 4.30 बजे प्रातः
C. 5 बजे प्रातः D. 5.30 बजे प्रातः

5. 50 किमी प्रति घण्टे की चाल से चलती हुई एक रेलगाड़ी 90 मिनट में कितनी दूरी तय करेगी?

A. 60 किमी B. 70 किमी
C. 75 किमी D. 80 किमी

6. एक रेलगाड़ी 550 किमी की यात्रा 10 घण्टे में तय करती है, रेलगाड़ी की चाल किमी प्रति घण्टा में है :

A. 55 किमी प्रति घण्टा B. 50 किमी प्रति घण्टा
C. 60 किमी प्रति घण्टा D. इनमें से कोई नहीं

7. एक मोटरगाड़ी 500 किमी दूरी 10 घण्टे में तय करती है, मोटरगाड़ी की चाल प्रतिघण्टा में है :

A. 40 किमी प्रति घण्टा B. 45 किमी प्रति घण्टा
C. 50 किमी प्रति घण्टा D. 55 किमी प्रति घण्टा

8. एक वायुयान दिल्ली से प्रातः 8 बजे जापान की ओर रवाना हुआ, वह 8 घण्टे 15 मिनट में जापान पहुँचता है, वायुयान जापान कब पहुँचता है?

A. 4.15 बजे संध्या B. 4.30 बजे संध्या
C. 4.45 बजे संध्या D. 5 बजे संध्या

9. रमेश 30 किमी प्रति घण्टे की चाल से साइकिल चलाता है, वह 30 मिनट में कितनी दूरी तय कर लेगा?

A. 60 किमी B. 40 किमी
C. 20 किमी D. 15 किमी

10. रामू प्रातःकाल 7.30 बजे घर से चलता है और वह 8.15 बजे स्कूल पहुँचता है, उसने घर से स्कूल पहुँचने में कितना समय लिया?

A. 30 मिनट B. 40 मिनट
C. 45 मिनट D. 50 मिनट

11. मोहन 12.30 बजे दोपहर में स्कूल से घर 1.05 बजे घर पहुँचता है, तब उसे स्कूल से घर आने में कितना समय लगा?

A. 25 मिनट B. 30 मिनट
C. 35 मिनट D. 40 मिनट

12. सोहन 58 किलोमीटर प्रति घण्टे की चाल से स्कूटर चलाता है, वह 30 मिनट में कितनी दूरी तय कर लेगा?

A. 25 किमी B. 26 किमी
C. 27 किमी D. 29 किमी

13. 70 किमी प्रति घण्टे की चाल से एक रेलगाड़ी $5\frac{1}{2}$ घण्टे में कितनी दूरी तय कर लेगी?

A. 300 किमी B. 350 किमी
C. 380 किमी D. 385 किमी

14. 200 मी लम्बी रेलगाड़ी 60 किमी प्रति घण्टे की चाल से 300 मी लम्बे प्लेटफार्म को कितने समय में पार करेगी?

A. 1 मिनट B. 2 मिनट
C. $\frac{1}{2}$ मिनट D. $\frac{1}{5}$ मिनट

15. एक रेलगाड़ी 10 मिनट में 15 किमी. दूरी तय करती है, वह 5 घण्टे में कितनी दूरी तय करेगी?

A. 300 किमी B. 350 किमी
C. 400 किमी D. 450 किमी

16. यदि गोपी 3 घण्टे में 15 किलोमीटर की दूरी तय करता है, तब उसे 25 किलोमीटर की दूरी तय करने में कितना समय लगेगा?

A. 3 घण्टे B. 4 घण्टे
C. 5 घण्टे D. 6 घण्टे

17. एक मुख्य सड़क मार्ग पर E, F, G, H तथा I पाँच गाँव हैं, यदि EF के बीच की दूरी 75 किमी है, तो GH के बीच की दूरी क्या है?

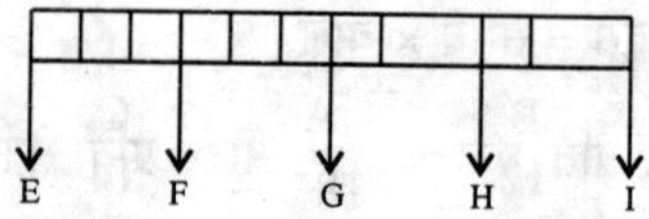

A. 40 किमी B. 50 किमी
C. 60 किमी D. 70 किमी

18. एक रेलगाड़ी हैदराबाद से रविवार 18.20 बजे चलती है तथा अगले दिन 17.20 बजे मुम्बई पहुँचती है, इस यात्रा में रेलगाड़ी द्वारा कितना समय लिया गया?

A. 20 घण्टे B. 21 घण्टे
C. 22 घण्टे D. 23 घण्टे

19. एक व्यक्ति साइकिल से 5 घण्टे में 50 किलोमीटर दूरी तय करता है, तब उसकी चाल किमी प्रति घण्टा में है :

A. 5 किमी प्रति घण्टा B. 6 किमी प्रति घण्टा
C. 8 किमी प्रति घण्टा D. 10 किमी प्रति घण्टा

20. एक मोटर गाड़ी 10 घण्टे में 530 किमी दूरी तय करती है, तब उस मोटर गाड़ी की चाल किमी प्रति घण्टा में है :

A. 50 किमी प्रति घण्टा B. 60 किमी प्रति घण्टा
C. 52 किमी प्रति घण्टा D. 53 किमी प्रति घण्टा

21. बिन्दु A, B, C, D, E एक सरल रेखा पर स्थित हैं, यदि B तथा C के बीच की दूरी 10 सेमी है, तब A से D के बीच दूरी है :

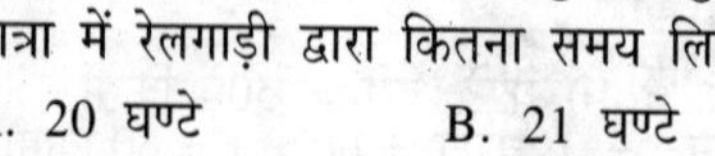

A. 5 सेमी B. 15 सेमी
C. 30 सेमी D. 40 सेमी

22. एक रेलगाड़ी 8 घण्टे में 640 किमी दूरी तय करती है, तब 3 घण्टे में कितनी दूरी तय करेगी?

A. 160 किमी B. 180 किमी
C. 250 किमी D. 240 किमी

23. एक बालक 9.30 बजे रात्रि में सोने के लिए गया और सुबह 5.30 पर जग गया। बालक कितनी देर तक सोया?
A. 7 घण्टे 30 मिनट B. 8 घण्टे
C. 8 घण्टे 30 मिनट D. 8 घण्टे 45 मिनट

24. एक मोटर कार 240 किमी 6 घण्टे में तय करती है, उस मोटर कार की चाल कितनी बढ़ाई जाए कि वह उसी दूरी को 5 घण्टे में तय कर ले :
A. 10 किमी प्रति घण्टा B. 8 किमी प्रति घण्टा
C. 5 किमी प्रति घण्टा D. 3 किमी प्रति घण्टा

25. एक वायुयान 2500 किमी की दूरी 10 घण्टे में तय करता है, उस वायुयान की चाल कितनी बढ़ाई जाए कि वह उसी दूरी को 5 घण्टे में तय कर सके:
A. 200 किमी./घण्टा B. 240 किमी./घण्टा
C. 250 किमी./घण्टा D. 300 किमी./घण्टा

उत्तरमाला

1	2	3	4	5	6	7	8	9	10
C	B	A	C	C	A	C	A	D	C
11	**12**	**13**	**14**	**15**	**16**	**17**	**18**	**19**	**20**
C	D	D	C	D	C	B	D	D	D
21	**22**	**23**	**24**	**25**					
C	D	B	B	C					

कठिन प्रश्नों की व्याख्या

1. दूरी = गति × समय
60 मिनट = 1 घण्टा = 60 × 1 = 60 किमी

2. समय = $\frac{\text{दूरी}}{\text{चाल}} = \frac{3}{90}$ घण्टा $= \frac{1}{30} \times 60$ मिनट
= 2 मिनट

5. 90 मिनट = $\frac{3}{2}$ घण्टे, दूरी = $50 \times \frac{3}{2} = 75$ किमी

6. चाल = $\frac{\text{दूरी}}{\text{समय}} = \frac{550}{10} = 55$ किमी/घण्टा

8. 8 बजे + 8 घण्टे 15 मिनट
= 16 बजे 15 मिनट = 4.15 बजे सांध्या

10. 8.15 − 7.30 = 45 मिनट

11. 12.30 − 1.05 = 35 मिनट

12. दूरी = $58 \times \frac{1}{2} = 29$ किमी

14. दूरी = 200 + 300 = 500 मी
$= \frac{500}{1000} = \frac{1}{2}$ किमी
समय = $\frac{\text{दूरी}}{\text{चाल}} = \frac{1/2}{60} = \frac{1}{2 \times 60} \times 60 = \frac{1}{2}$ मिनट

15. 5 घण्टे = 5 × 60 = 300 मिनट
10 मिनट = 15 किमी, 1 मिनट = $\frac{15}{10}$ किमी
300 मिनट = $\frac{15 \times 300}{10} = 450$ किमी

16. 15 किमी 3 घण्टे में
1 किमी $\frac{3}{15}$, 25 किमी $\frac{3 \times 25}{15} = 5$ घण्टे

18. कुल समय = 5 घण्टे 40 मिनट + 17 घण्टे 20 मिनट
= 23 घण्टे

19. चाल = $\frac{50}{5}$ = 10 किमी/घण्टा

23. कुल समय = 2 घण्टे 30 मिनट + 5 घण्टे 30 मिनट
= 8 घण्टे

24. प्रथम चाल = $\frac{240}{6} = 40$ किमी/घण्टा
दूसरी चाल = $\frac{240}{5} = 48$ किमी/घण्टा
चाल में वृद्धि = 48 − 40 = 8 किमी/घण्टा

25. प्रथम चाल = $\frac{2500}{10} = 250$ किमी/घण्टा
दूसरी चाल = $\frac{2500}{5} = 500$ किमी/घण्टा
चाल में वृद्धि = 500 − 250 = 250 किमी/घण्टा

●●●

10 समय, कैलेण्डर व घड़ी

☛ घड़ी

- घड़ी में तीन सूई होती है, घंटे की सूई, मिनट की सूई तथा सेकेण्ड की सूई। सेकेण्ड की सूई सबसे तेज चलती है।
- मिनट की सूई 60 मिनट में पूरा चक्कर लगा लेती है।
- घण्टे की सूई 12 घंटे में पूरा चक्कर लगा लेती है।

  1 घंटा = 60 मिनट

  1 मिनट = 60 सेकेण्ड

☛ कैलेण्डर

- एक वर्ष में 12 माह होते हैं–
- जिसमें जनवरी, मार्च, मई, जुलाई, अगस्त, अक्टूबर तथा दिसम्बर कुल सात माह, प्रत्येक में 31 दिन होते हैं।
- अप्रैल, जून, सितम्बर, नवम्बर कुल चार माह, जिसमें प्रत्येक माह में 30 दिन होते हैं।
- फरवरी माह में 28 या 29 दिन होते हैं।
- वर्ष दो प्रकार के होते हैं।

  (1) साधारण वर्ष में कुल 365 दिन होते हैं।

  (2) लीप वर्ष में कुल 366 दिन होते हैं। एक वर्ष में 52 सप्ताह होते हैं।
- एक सप्ताह में सात दिन–रविवार, सोमवार, मंगलवार, बुधवार, बृहस्पतिवार, शुक्रवार, शनिवार।

उदाहरण 1 : 3 घंटे में कितने मिनट होंगे?

हल : एक घंटा = 60 मिनट

3 घंटा = 3 × 60 = 180 मिनट

उदाहरण 2 : 5 घंटे में कितने सेकेण्ड होंगे?

हल : एक घंटा = 60 मिनट

1 मिनट = 60 सेकेण्ड

1 घण्टा = 60 × 60 सेकेण्ड

5 घण्टे = 5 × 60 × 60 सेकेण्ड = 18000 सेकेण्ड

उदाहरण 3 : एक वर्ष में कितने सोमवार होते हैं?

हल : 1 वर्ष में 52 सोमवार होते हैं।

उदाहरण 4 : एक लीप वर्ष में कितने दिन होते हैं?

हल : एक लीप वर्ष में 366 दिन होते हैं। प्रत्येक चार वर्ष बाद लीप वर्ष होता है।

अभ्यास प्रश्न

1. रामू की बस 11.45 बजे आती है। रामू की घड़ी में 9.30 बज रहा है, गाड़ी कितने मिनट बाद आएगी?

A. 2 घण्टे 15 मिनट B. 2 घण्टे 10 मिनट
C. 2 घण्टे 30 मिनट D. 2 घण्टे 45 मिनट

2. मीना की घड़ी में समय 7 बजकर 15 मिनट है। उसे 7.45 बजे तक स्कूल पहुँचना है, उसके पास कितने मिनट बाकी हैं?

A. 20 मिनट B. 22 मिनट
C. 25 मिनट D. 30 मिनट

3. गोपी को दूध बेचने में ढाई घण्टे लगते हैं, वह सुबह 7 बजे दूध बेचना शुरू कर देता है, वह कितने बजे तक दूध बेचता है?

A. 9.10 बजे B. 9.15 बजे
C. 9.25 बजे D. 9.30 बजे

4. रमेश ने आठ बजे खाना बनाना शुरू किया और साढ़े नौ बजे तक पूरा खाना बना लिया। उसे खाना बनाने में कितना समय लगा?

A. 1 घण्टा 30 मिनट B. 1 घण्टा 25 मिनट
C. 1 घण्टा 20 मिनट D. 1 घण्टा 15 मिनट

5. रोहन 8 बजे सुबह स्कूल गया और 1 बजे लौटा। उसने घर से बाहर कितना समय बिताया?

A. 4 घण्टे 30 मिनट B. 5 घण्टे
C. 5 घण्टे 30 मिनट D. 6 घण्टे

6. साधारण वर्ष के जनवरी-फरवरी तथा मार्च में कुल कितने दिन होते हैं?
A. 89 दिन B. 90 दिन
C. 92 दिन D. 93 दिन

7. जून, सितम्बर, तथा नवम्बर माह में कुल कितने दिन होते हैं?
A. 90 दिन B. 91 दिन
C. 92 दिन D. 93 दिन

8. होली की छुट्टियाँ 10 मार्च से शुरू होती हैं। यदि आज 29 जनवरी है, तो छुट्टियाँ शुरू होने में कितने दिन बाकी हैं?
A. 38 दिन B. 39 दिन
C. 40 दिन D. 42 दिन

9. बड़े दिन की छुट्टियाँ 25 दिसम्बर से शुरू होती हैं, मान लो आज 25 सितम्बर है, छुट्टियाँ शुरू होने में कितने दिन बाकी हैं?
A. 59 दिन B. 90 दिन
C. 61 दिन D. 62 दिन

10. आज यदि 5 जून है, तब एक जनवरी से आज तक कितने दिन बीत चुके हैं, यदि साधारण वर्ष है :
A. 125 दिन B. 124 दिन
C. 156 दिन D. 122 दिन

11. यदि दीपावली की छुट्टियाँ 15 नवम्बर से शुरू होती हैं, आज 15 अगस्त है, छुट्टियाँ शुरू होने में कितने दिन बाकी हैं?
A. 91 दिन B. 92 दिन
C. 93 दिन D. 94 दिन

12. आज यदि 26 फरवरी है, तो 26 जनवरी बीते हुए कितने दिन हो चुके हैं?
A. 30 दिन B. 31 दिन
C. 32 दिन D. 33 दिन

13. राजू अपने घर से 7.35 बजे प्रातः स्कूल जाता है और वह 1.15 बजे घर वापस आता है, उसने घर से बाहर कितना समय बिताया?
A. 3 घण्टे 40 मिनट B. 4 घण्टे 40 मिनट
C. 5 घण्टे 40 मिनट D. 6 घण्टे 40 मिनट

14. एक वर्ष में कितने मंगलवार होते हैं?
A. 49 B. 50
C. 51 D. 52

15. लीप वर्ष तथा साधारण वर्ष में कितने दिन का अन्तर होता है?
A. 1 दिन B. 2 दिन
C. 5 दिन D. 10 दिन

16. बस अड्डे से एक बस 5.30 बजे प्रातः पानीपत के लिए जाती है। यदि उसको पानीपत पहुँचने में 3 घण्टे 15 मिनट का समय लगता है, तब बस पानीपत कितने बजे पहुँचेगी?
A. 8.45 बजे B. 7.45 बजे
C. 9.45 बजे D. 10.45 बजे

17. आपको रेल द्वारा कानपुर जाना है। रेल 11 बजकर 15 मिनट पर स्टेशन से छूटती है। यदि आप स्टेशन 9 बजकर 35 मिनट पर पहुँच गए तब रेल को चलने में कितना समय बाकी है?
A. 1 घण्टा 20 मिनट B. 1 घण्टा 30 मिनट
C. 1 घण्टा 40 मिनट D. 1 घण्टा 50 मिनट

18. आप 8.50 मिनट पर बस में बैठ गए। यह बस 9.45 बजे अक्षरधाम मंदिर पहुँच गई। बस कितने समय में अक्षरधाम मंदिर पहुँची?
A. 1 घण्टा B. 45 मिनट
C. 50 मिनट D. 55 मिनट

19. प्रातः नौ बजे घड़ी की सूईयों के बीच समकोण बनता है, तब घड़ी की सूईयाँ कितने बजे पुनः समकोण बनाएँगी?
A. 2 बजे B. 3 बजे
C. 5 बजे D. 6 बजे

20. यदि 9 बजे घड़ी की सूईयाँ समकोण बनाती हैं, तब 7 बजे उनके बीच किस प्रकार का कोण बनेगा?
A. न्यून कोण B. अधिक कोण
C. समकोण D. इनमें से कोई नहीं

21. मार्च माह में कितने दिन होते हैं?
A. 30 दिन B. 31 दिन
C. 27 दिन D. 29 दिन

22. नवम्बर माह में कितने दिन होते हैं?
A. 30 दिन B. 31 दिन
C. 29 दिन D. 28 दिन

23. लीप वर्ष में फरवरी में कितने दिन होते हैं?
A. 30 दिन B. 27 दिन
C. 28 दिन D. 29 दिन

24. सामान्य वर्ष में फरवरी में कितने दिन होते हैं?
A. 28 दिन B. 29 दिन
C. 27 दिन D. 30 दिन

25. निम्नलिखित किस सन् को आप लीप वर्ष कहेंगे?
A. 2001 B. 2002
C. 2003 D. 2004

26. निम्न सन् में कौन-सा वर्ष लीप वर्ष नहीं है?
A. 1964 B. 1998
C. 2000 D. 2004

27. 15-12-2006 को वर्ष के कितने शेष दिन बचेंगे?
A. 15 दिन B. 16 दिन
C. 17 दिन D. 18 दिन

28. आज 15-5-2006 है। दीपावली 11-11-2006 की है, दीपावली के कितने दिन शेष हैं?
A. 179 दिन B. 180 दिन
C. 181 दिन D. 182 दिन

29. आज सोमवार है, चार दिन बाद कौन-सा दिन होगा?
A. शनिवार B. शुक्रवार
C. रविवार D. मंगलवार

30. यदि 25-12-2006 को बड़ा दिन है तथा 11-11-2006 की दीपावली है, तब दीपावली के कितने दिन बाद बड़ा दिन आएगा?
A. 41 दिन B. 42 दिन
C. 43 दिन D. 44 दिन

उत्तरमाला

1	2	3	4	5	6	7	8	9	10
A	D	D	A	B	B	A	B	B	C
11	**12**	**13**	**14**	**15**	**16**	**17**	**18**	**19**	**20**
B	B	C	D	A	A	C	D	B	B
21	**22**	**23**	**24**	**25**	**26**	**27**	**28**	**29**	**30**
B	A	D	A	D	B	B	B	B	D

कठिन प्रश्नों की व्याख्या

1. गाड़ी आने में समय = 11.45 − 9.30 = 2.15
= 2 घण्टे 15 मिनट

6. जनवरी–31 दिन फरवरी–28 दिन
मार्च–31 दिन कुल दिन–90 दिन

7. जून–30 दिन सितम्बर–30 दिन
नवम्बर–30 दिन कुल–90 दिन

8. जनवरी–2 फरवरी–28
मार्च–09 शेष दिन–39 दिन

9. सितम्बर–5 दिन अक्टूबर–31 दिन
नवम्बर–30 दिन दिसम्बर–24 दिन
कुल दिन–90 दिन

10. जनवरी–31 दिन फरवरी–28 दिन
मार्च–31 दिन अप्रैल–30 दिन
मई–31 दिन जून–5 दिन
कुल दिन–156 दिन

11. अगस्त–16 दिन सितम्बर–30 दिन
अक्टूबर–31 दिन नवम्बर–15 दिन
कुल दिन–92 दिन

13. 13.15 − 7.35 = 5.40 घण्टे
= 5 घण्टे 40 मिनट।

16. 5.30 am + 3 घण्टे + 5 मिनट = 8.45 am

17. 11.15 − 9.35 = 1.40 = 1 घण्टा 40 मिनट

18. 9.45–8.50 = 55 मिनट

28. मई–16 दिन जून–30 दिन
जुलाई–31 दिन अगस्त–31 दिन
सितम्बर–30 दिन अक्टूबर–31 दिन
नवम्बर–11 दिन कुल दिन–180 दिन

30. नवम्बर = 19 दिन दिसम्बर = 25 दिन
कुल दिन = 44 दिन।

●●●

11 अनुपात और समानुपात

अनुपात : एक ही प्रकार की दो राशियों की तुलना भाग विधि से करना अनुपात कहलाता है। तुलना हमेशा एक समान वस्तुओं या राशियों के बीच ही की जाती है। यदि दो राशियां a तथा b हों तब इसे $a : b$ या $\frac{a}{b}$ से व्यक्त करते हैं।

- दो राशियों के अनुपात को प्रायः उनके सरलतम रूप में व्यक्त किया जाता है।
- अनुपात का अपना कोई मात्रक नहीं होता है।
- दो अनुपात समान हों तो उन्हें समानुपाती कहते हैं।
- जब चार राशियाँ समानुपात में हों, तब सिरे के पदों का गुणनफल = मध्यपदों का गुणनफल $a : b : : c : d$.
  $ad = bc$.

उदाहरण 1. निम्न को अनुपात के रूप में लिखिए

(*i*) एक नगर की मतदाता सूची में पुरुषों की संख्या महिलाओं की संख्या से छः गुना है।

(*ii*) पृथ्वी 1 भाग थल और 3 भाग जल से बनी है

(*iii*) गणित में पास होने वाले छात्रों की संख्या उस परीक्षा में बैठे कुल छात्रों की संख्या का दो-तिहाई है।

हल : (*i*) $\frac{\text{पुरुषों की संख्या}}{\text{महिलाओं की संख्या}} = \frac{6}{1} = 6 : 1$

(*ii*) $\frac{\text{थल भाग}}{\text{जल भाग}} = \frac{1}{3} = 1 : 3$

(*iii*) $\frac{\text{पास होने वाले छात्रों की संख्या}}{\text{परीक्षा में बैठे कुल छात्रों की संख्या}} = \frac{\frac{2}{3}}{1} = \frac{2}{3}$

$= 2 : 3$.

उदाहरण 2. दिए गए प्रत्येक अनुपात को सरलतम रूप में लिखिए :

(*i*) 150 : 500 (*ii*) 25 : 175

(*iii*) 19 : 114 (*iv*) 300 : 90

हल : (*i*) $150 : 500 = \frac{150}{500} = \frac{3}{10} = 3 : 10$

(*ii*) $\frac{25}{175} = \frac{1}{7} = 1 : 7$

(*iii*) $\frac{19}{114} = \frac{1}{6} = 1 : 6$

(*iv*) $\frac{300}{90} = \frac{10}{3} = 10 : 3$.

उदाहरण 3. निम्न राशियों के अनुपात सरलतम रूप में लिखिए :

(*i*) 35 मिनट तथा 45 सेकेण्ड

(*ii*) 70 पैसे तथा ₹ 7

(*iii*) 8 किग्रा तथा 500 ग्राम

(*iv*) 1 घंटा तथा 5 सेकेण्ड

(*v*) 20 मिनट तथा 45 सेकेण्ड

हल : (*i*) 35 मिनट तथा 45 सेकेण्ड

$= \frac{35 \times 60}{45}$ [1 मिनट = 60 सेकेण्ड]

$= \frac{140}{3} = 140 : 3$

(*ii*) $\frac{70}{7 \times 100} = \frac{1}{10}$ [₹ 1 = 100 पैसे]

$= 1 : 10$.

(*iii*) $\frac{8 \times 1000}{500}$ [1 किलोग्राम = 1000 ग्राम]

$= \frac{16}{1} = 16 : 1$

(*iv*) $\frac{1 \times 60 \times 60}{5}$ (1 घण्टा = 60 × 60 सेकेण्ड)

$= \frac{720}{1} = 720 : 1$

(*v*) $\frac{20 \times 60}{45} = \frac{80}{3} = 80 : 3$

उदाहरण 4. निम्न का अनुपात ज्ञात कीजिए :

(*i*) 3.2 मी तथा 56 सेमी का

(*ii*) 10 मी. तथा 45 सेमी. का

(*iii*) 75 पैसे तथा ₹ 90 का

(*iv*) 270 तथा 540 का

(*v*) 15 लीटर तथा 0.45 लीटर का

(*vi*) 12.5 किग्रा. तथा 75 ग्राम का

हल : (*i*) $\frac{32 \times 100}{56 \times 10}$ [1 मी. = 100 सेमी.]

$= \frac{40}{7} = 40 : 7$

(*ii*) $\frac{10 \times 100}{45} = \frac{200}{9} = 200 : 9$

(*iii*) $\frac{75}{90 \times 100} = \frac{1}{120} = 1 : 120$

(*iv*) $\frac{270}{540} = \frac{1}{2} = 1 : 2$

(*v*) $\frac{15}{45} \times 100 = \frac{100}{3} = 100 : 3$

(*vi*) $\frac{12.5 \times 1000}{75 \times 10} = \frac{500}{3}$

$= 500 : 3$

अभ्यास प्रश्न

1. ₹ 10 तथा 75 पैसे का अनुपात है :
A. 40 : 3 B. 3 : 40
C. 20 : 3 D. 3 : 20

2. 25 मिनट और 1 घण्टा 30 मिनट का अनुपात है :
A. 5 : 21 B. 6 : 13
C. 5 : 17 D. 5 : 18

3. 8 घण्टे और 1 दिन का अनुपात है :
A. 1 : 2 B. 1 : 4
C. 1 : 3 D. 1 : 5

4. 150 ग्राम और 1 किलोग्राम 250 ग्राम का अनुपात है :
A. 1 : 25 B. 2 : 25
C. 3 : 25 D. 4 : 25

5. 10 मीटर तथा 150 सेमी. का अनुपात है :
A. 20 : 1 B. 20 : 2
C. 20 : 3 D. 20 : 4

6. 55 मिनट तथा 240 सेकेण्ड का अनुपात है :
A. 55 : 1 B. 55 : 2
C. 55 : 3 D. 55 : 4

7. 10 लीटर तथा 250 मिली. का अनुपात है :
A. 4 : 3 B. 40 : 1
C. 4 : 5 D. 4 : 7

8. 350 किग्रा. तथा 1 क्विंटल का अनुपात है :
A. 7 : 2 B. 7 : 3
C. 7 : 4 D. 7 : 5

9. 50 लीटर मिश्रण में दूध और पानी का अनुपात 3 : 2 है, मिश्रण में कितने लीटर दूध है?
A. 10 ली. B. 20 ली.
C. 30 ली. D. 40 ली.

10. 60 लीटर मिश्रण में दूध और पानी का अनुपात 5 : 7 है, मिश्रण में कितने लीटर पानी है?
A. 25 ली. B. 30 ली.
C. 35 ली. D. 40 ली.

11. 90 लीटर मिश्रण में 60 लीटर अल्कोहल तथा शेष पानी है, मिश्रण में अल्कोहल तथा पानी का अनुपात है :
A. 2 : 1 B. 1 : 2
C. 1 : 3 D. 3 : 1

12. यदि दो संख्याओं का अनुपात 3 : 4 है, यदि संख्याओं का योग 140 है, तो बड़ी संख्या है :
A. 60 B. 70
C. 80 D. 100

13. एक मिश्रण में 75 लीटर दूध तथा 30 लीटर पानी है। मिश्रण में दूध और पानी का अनुपात है :
A. 5 : 2 B. 2 : 5
C. 3 : 2 D. 2 : 3

14. दो संख्याओं का अनुपात 11 : 12 है, यदि संख्याओं का योग 460 है, तो बड़ी संख्या है :
A. 220 B. 230
C. 240 D. 250

15. दो संख्याओं का योग 175 है, यदि बड़ी संख्या 125 है, तो बड़ी संख्या और छोटी संख्या का अनुपात है :
A. 5 : 2 B. 2 : 5
C. 3 : 2 D. 2 : 3

16. 110 लीटर मिश्रण में दूध तथा पानी का अनुपात 6 : 5 है, मिश्रण में कितने लीटर पानी है?
A. 40 ली. B. 50 ली.
C. 60 ली. D. 70 ली.

17. मुकेश एक डॉक्टर है और उसका मासिक वेतन ₹ 30,000 है। उसकी पत्नी जो एक अध्यापिका है, वह ₹ 15,000 मासिक वेतन लेती है, मुकेश की आय तथा उन दोनों की कुल आय का अनुपात है :
A. 2 : 3 B. 3 : 2
C. 1 : 3 D. 1 : 2

18. चमेली एक अस्पताल में डॉक्टर है तथा ₹ 19000 मासिक वेतन लेती है। यदि वह अपनी आय में से ₹ 4000 प्रतिमास बचत करती है, उसकी बचत तथा उसके व्यय का अनुपात है :
A. 4 : 15 B. 3: 14
C. 2 : 15 D. 4 : 19

19. यदि एक कार्यालय में 120 कर्मचारियों में 90 पुरुष तथा शेष महिलाएं हैं, तो पुरुष तथा महिला कर्मचारियों का अनुपात है :
A. 3 : 1 B. 1 : 3
C. 2 : 1 D. 1 : 2

20. एक साइकिल द्वारा 4 घंटे में 40 किमी. की दूरी तय की जाती है तथा मोटरसाइकिल द्वारा 3 घंटे में 120 किमी. की दूरी तय की जाती है, उनकी चालों का अनुपात है :
A. 1 : 4 B. 4 : 1
C. 1 : 3 D. 1 : 2

21. एक खेत का परिमाप 4000 मी. है तथा चौड़ाई 600 मी. है, तो खेत की लंबाई तथा चौड़ाई का अनुपात है :
A. 3 : 7 B. 7 : 3
C. 5 : 3 D. 6 : 1

22. एक विद्यालय में विद्यार्थियों की संख्या 2500 है। यदि इनमें 1600 छात्र हैं तथा शेष छात्राएं हैं, तो छात्रों तथा छात्राओं की संख्या का अनुपात है :
A. 11 : 16 B. 11 : 15
C. 16 : 9 D. 11 : 13

23. एक कार 2 घंटे में 140 किमी. दूरी तय करती है तथा एक स्कूटर 3 घंटे में 135 किमी. दूरी तय करता है, उनकी चालों का अनुपात है :
A. 14 : 5 B. 14 : 9
C. 14 : 11 D. 14 : 13

24. रिचा अपनी आय का $\frac{1}{3}$ भाग बचाती है तथा शेष व्यय करती है, उसके व्यय तथा बचत का अनुपात है :
A. 1 : 2 B. 2 : 1
C. 1 : 3 D. 3 : 1

25. रोहन और मोहन की आय का अनुपात 1 : 2 है। यदि रोहन ₹ 2500 कमाता है, तो मोहन कितने ₹ कमाता है?
A. ₹ 4000 B. ₹ 5000
C. ₹ 6000 D. ₹ 8000

26. सोहन और मोहन ने ₹ 600 का रंग खरीदा। सोहन ने ₹ 350 दिए, तो दोनों द्वारा दिए गए पैसों के बीच अनुपात है?
A. 7 : 5 B. 7 : 4
C. 7 : 3 D. 7 : 2

27. 1 किग्रा. का 300 ग्राम से अनुपात है :
A. 3 : 10 B. 10 : 3
C. 1 : 3 D. 1 : 2

28. 140 सेमी. का 1 मी. से अनुपात है :
A. 7 : 5 B. 7 : 4
C. 7 : 2 D. 7 : 1

29. निम्न में कौन-सा कथन असत्य है?
A. 16 : 24 = 20 : 30 B. 21 : 6 = 35 : 10
C. 12 : 18 = 28 : 12 D. 20 : 100 = 10 : 50

30. निम्न में से कौन-सी संख्याएं समानुपाती हैं?
A. 12, 16, 6 तथा 8 B. 3, 4, 2 तथा 6
C. 4, 6, 8 तथा 10 D. 15, 45, 75 तथा 125

31. रिक्त स्थान में संख्या भरिए जिससे चारों संख्याएं समानुपाती हो जाएं :
12, 21, 8, ...?
A. 10 B. 12
C. 13 D. 14

32. रिक्त स्थान में संख्या भरिए जिससे चारों संख्याएं समानुपाती हो जाएं :
? 12, 96, 36
A. 30 B. 32
C. 34 D. 36

33. रिक्त स्थान में संख्या भरिए जिससे चारों संख्याएं समानुपाती हो जाएं :

8, 11, ?, 77

A. 55 B. 56
C. 57 D. 58

34. एक परिवार की मासिक आय और व्यय का अनुपात 5 : 3 है, यदि आय ₹ 9000 हो तो व्यय है :

A. ₹ 5000 B. ₹ 4500
C. ₹ 5400 D. ₹ 3600

35. एक परिवार की आमदनी और खर्चे का अनुपात 6 : 5 है। मासिक आय ₹ 6000 है, तो उनकी मासिक बचत कितनी है?

A. ₹ 1000 B. ₹ 1200
C. ₹ 1500 D. ₹ 1800

उत्तरमाला

1	2	3	4	5	6	7	8	9	10
A	D	C	C	C	D	B	A	C	C
11	**12**	**13**	**14**	**15**	**16**	**17**	**18**	**19**	**20**
A	C	A	C	A	B	A	A	A	A
21	**22**	**23**	**24**	**25**	**26**	**27**	**28**	**29**	**30**
B	C	B	B	B	A	B	A	C	A
31	**32**	**33**	**34**	**35**					
D	B	B	C	A					

कठिन प्रश्नों की व्याख्या

1. $\frac{10 \times 100}{75} = \frac{40}{3} = 40 : 3$ (∵ ₹ 1 = 100 पैसे)

2. $\frac{25}{90} = 5 : 18$ (∵ 1 घंटा = 60 मिनट)

3. $\frac{8}{1 \times 24} = \frac{1}{3} = 1 : 3$

4. $\frac{150}{1000 + 250}$ (∵ 1 किग्रा. = 1000 ग्राम)

$= \frac{150}{125} = \frac{3}{25} = 3 : 25$

5. $\frac{10 \times 100}{150}$ (∵ 1 मीटर = 100 सेंटीमीटर)

$= \frac{20}{3} = 20 : 3$

6. $\frac{55 \times 60}{240}$ (∵ 1 मिनट = 60 सेकेण्ड)

$= \frac{55}{4} = 55 : 4$

7. $\frac{10 \times 1000}{250}$ (∵ 1 लीटर = 1000 मि.लीटर)

$= \frac{40}{1} = 40 : 1$

8. $\frac{350}{100} = \frac{7}{2}$ (∵ 1 क्विंटल = 100 किग्रा.)

$= 7 : 2$

9. मिश्रण = 50 लीटर

अनुपात का योग = 3 + 2 = 5

दूध = $\frac{3}{5} \times 50 = 30$ लीटर

10. मिश्रण = 60 लीटर

अनुपात का योग = 5 + 7 = 12

पानी = $\frac{7}{12} \times 60 = 35$ लीटर

11. $\frac{60}{90 - 60} = \frac{\text{अल्कोहल}}{\text{पानी}}$

$\frac{\text{अल्कोहल}}{\text{पानी}} = \frac{60}{30} = \frac{2}{1} = 2 : 1.$

12. संख्याओं का योग = 140

अनुपात का योग = 3 + 4 = 7

बड़ी संख्या = $\frac{4}{7} \times 140 = 80$

13. दूध = 75 लीटर, पानी = 30 लीटर

$\frac{\text{दूध}}{\text{पानी}} = \frac{75}{30} = \frac{5}{2} = 5:2$

14. अनुपात का योग = 11 + 12 = 23

बड़ी संख्या = $\frac{12}{23} \times 460 = 240$

15. बड़ी संख्या = 125, छोटी संख्या = 175–125 = 50

$\frac{\text{बड़ी संख्या}}{\text{छोटी संख्या}} = \frac{125}{50} = \frac{5}{2} = 5:2$

16. अनुपात का योग = 6 + 5 = 11

पानी = $\frac{5}{11} \times 110 = 50$ लीटर

17. $\frac{\text{मुकेश की आया}}{\text{दोनों के आय का योग}} = \frac{30000}{30000+15000}$

$= \frac{30000}{45000} = 2:3$

18. $\frac{\text{बचत}}{\text{खर्च}} = \frac{4000}{19000-4000} = \frac{4000}{15000} = 4:15$

19. $\frac{\text{पुरुषों की संख्या}}{\text{महिलाओं की संख्या}} = \frac{90}{120-90} = \frac{90}{30} = 3:1$

20. $\frac{\text{साइकिल की चाल}}{\text{मोटरसाइकिल की चाल}} = \frac{\frac{40}{4}}{\frac{120}{3}} = \frac{10}{40} = \frac{1}{4} = 1:4$

21. $\frac{\text{लंबाई}}{\text{चौड़ाई}} = \frac{1400}{600} = 7:3$

22. छात्राओं की संख्या = 2500 – 1600 = 900

$\frac{\text{छात्रों की संख्या}}{\text{छात्राओं की संख्या}} = \frac{1600}{900} = \frac{16}{9} = 16:9$

23. $\frac{\text{कार की चाल}}{\text{स्कूटर की चाल}} = \frac{\frac{140}{2}}{\frac{135}{3}} = \frac{70}{45} = 14:9$

24. बचत = $\frac{1}{3}$, खर्च = $\frac{2}{3}$

$= \frac{\text{खर्च}}{\text{बचत}} = \frac{\frac{2}{3}}{\frac{1}{3}} = \frac{2}{3} \times \frac{3}{1} = 2:1$

25. अनुपात का योग = 1 + 2 = 3

माना दोनों की आय का योग = x

$\frac{1}{3}x = 2500$, $x =$ ₹ 7500

मोहन की आय = 7500–2500 = ₹ 5000.

26. $\frac{\text{सोहन}}{\text{मोहन}} = \frac{350}{250} = \frac{7}{5} = 7:5$

27. $\frac{1000}{300} = \frac{10}{3} = 10:3$

28. $\frac{140}{100} = \frac{7}{5} = 7:5$

30. $\frac{12}{16} = \frac{6}{8} = \frac{3}{4} = \frac{3}{4}$ समानुपाती है

33. $8:11 = x:77$

$\frac{8}{11} = \frac{x}{77}, x = \frac{8 \times 77}{11} = 56$

34. अनुपात का योग = 5 + 3 = 8

$x \times \frac{5}{8} = 9000$

$x = \frac{9000 \times 8}{5} = 14400$

व्यय = 14400 – 9000 = 5400

35. अनुपात का योग = 6 + 5 = 11

$\frac{6}{11}x = 6000$

$x = \frac{6000 \times 11}{6} =$ ₹ 11000

खर्च = 11000 – 6000 = ₹ 5000

बचत = 6000 – 5000 = ₹ 1000.

●●●

12 ज्यामिति

ज्यामिति संकल्पनाएं

- **समतल (Plame) :** एक सीधी और सपाट सतह होती है।
- सपाट सतह को फलक (Face) कहते हैं।
- बिन्दु (Point) की कोई लम्बाई, चौड़ाई, मोटाई नहीं होती है।
- एक सरल रेखा की लम्बाई अनन्त होती है।
- किसी रेखा के एक भाग को रेखाखण्ड कहते हैं।
- एक निश्चित बिन्दु से प्रारंभ कर एक ही दिशा में खींची गई रेखा को किरण (Ray) कहते हैं।
- एक ही रेखा पर स्थित तीन या अधिक बिन्दुओं को संरेखी-बिन्दु (Collinear points) कहते हैं।
- तल में स्थित किसी बिंदु से असंख्य रेखाएं खींची जा सकती हैं।
- दो बिन्दुओं से गुजरती हुई **एक और केवल एक ही** रेखा खींची जा सकती है।
- एक ही तल में खींची गई दो रेखाएं, जिनमें कोई बिन्दु उभयनिष्ठ न हो, अथवा एक-दूसरे को प्रतिच्छेद न करती हों, समान्तर रेखाएं कहलाती हैं।
- कोण बनाने वाली दो किरणों को कोण की भुजाएं कहते हैं।
- कोण बनाने वाली भुजाएं जिस बिन्दु पर मिलती है उसे कोण का शीर्ष (Vertex) कहते हैं।
- एक समकोण (Right angle) का माप 90° होता है।
- एक **सरल कोण** (Straight angle) का माप 180° होता है।
- एक सम्पूर्ण कोण (Complete angle) का माप 360° होता है।
- जिन कोणों की माप 0° से 90° के बीच में होती है, उन्हें न्यून कोण (Acute angle) कहते हैं।
- 180° से 360° के बीच की माप वाले कोण को प्रतिवर्ती कोण (Reflex angle) कहते हैं।
- शीर्षाभिमुख कोणों (Vertically opposite angles) के माप समान होते हैं।
- जिन दो कोणों के मापों का योग 90° हो, उन्हें अनुपूरक अथवा पूरक (Complementary angle) कहते हैं।
- जिन दो कोणों का योग 180° होता है, उन्हें सम्पूरक कोण (Supplementary angle) कहते हैं।
- यदि दो आसन्न कोणों का योग 180° हो, तो उन्हें रेखीय युग्म का कोण कहते हैं।
- एक त्रिभुज में छः अवयव होते हैं–तीन भुजाएं और तीन कोण।
- त्रिभुज के तीनों अन्तःकोणों का योग 180° होता है।
- त्रिभुज का कोई भी बाह्य कोण अपने दूरस्थ अन्तःकोणों के योग के बराबर होता है।
- जिस त्रिभुज के सभी कोण न्यून कोण हों, तो उसे **न्यून कोण त्रिभुज** कहते हैं।
- जिस त्रिभुज का एक कोण समकोण हो, उसे **समकोण त्रिभुज** कहते हैं।
- जिस त्रिभुज का एक कोण अधिक कोण हो, उसे **अधिक कोण** त्रिभुज कहते हैं।
- जिस त्रिभुज की सभी भुजाएं समान हों, उसे **समबाहु त्रिभुज** कहते हैं।
- जिस त्रिभुज की दो भुजाएं समान हों, उसे **समद्विबाहु त्रिभुज** कहते हैं।
- जिस त्रिभुज की सभी भुजाएं असमान हों, उसे **विषमबाहु त्रिभुज** कहते हैं।
- एक त्रिभुज की किन्हीं दो भुजाओं का योग तीसरी भुजा से अधिक होता है।
- आयत में चार भुजाएं होती हैं, इसका प्रत्येक कोण 90° का होता है। इसकी सामने की भुजाएं बराबर होती हैं।
- वर्ग में चार भुजाएं होती है। इसका प्रत्येक कोण समकोण है। इसकी सभी भुजाएं बराबर होती हैं।
- **परिमित अथवा परिमाप :** किसी आकृति की परिमाप उसकी सभी भुजाओं का योग होती है।

  आयत का परिमाप = 2 (लम्बाई + चौड़ाई)

  वर्ग का परिमाप = 4 × लंबाई

  वृत का परिधि $= 2\pi r \left[\begin{matrix} \pi = \dfrac{22}{7} \\ r = \end{matrix} \right]$

- **क्षेत्रफल :** किसी आकृति का क्षेत्रफल उस आकृति की भुजाओं द्वारा घिरा हुआ स्थान होता है।

आयत का क्षेत्रफल = लंबाई × चौड़ाई

वर्ग का क्षेत्रफल = भुजा × भुजा

समकोण त्रिभुज का क्षेत्रफल = $\frac{1}{2}$× आधार × ऊंचाई

समबाहु त्रिभुज का क्षेत्रफल = $\frac{\sqrt{3}}{4}$ (भुजा)^2

कमरे के चारों दीवारों का क्षेत्रफल
= 2 (लंबाई + चौड़ाई) ऊंचाई

वृत्त का क्षेत्रफल = πr^2 $\left[\begin{array}{c}\pi = \frac{22}{7} \\ r = \text{त्रिज्या}\end{array}\right]$

उदाहरण 1 : कोणों के नाम और प्रकार लिखिए :

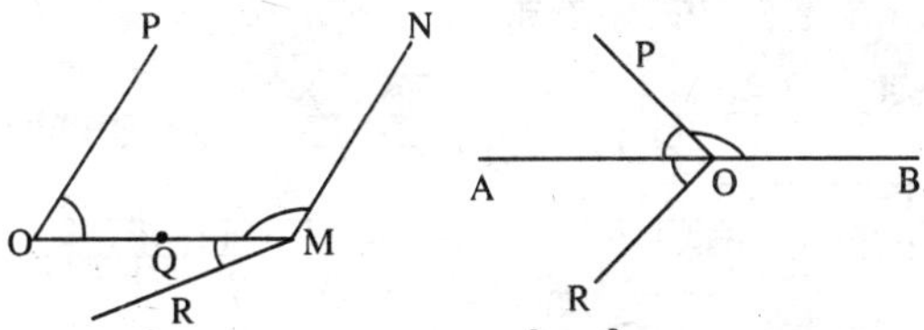

हल : (*i*) ∠POQ एक न्यून कोण है।

(*ii*) ∠QMR एक न्यून कोण है।

(*iii*) ∠NMO एक अधिक कोण है।

(*iv*) ∠RMN एक अधिक कोण है।

(*v*) ∠AOP एक न्यून कोण है।

(*vi*) ∠POB एक अधिक कोण है।

(*vii*) ∠AOR एक न्यून कोण है।

(*viii*) ∠AOB एक सरल कोण है।

उदाहरण 2 : दो रेखाएं p और q एक-दूसरे को बिन्दु O पर काटती है, बताइए, ये किस प्रकार का कोण है?

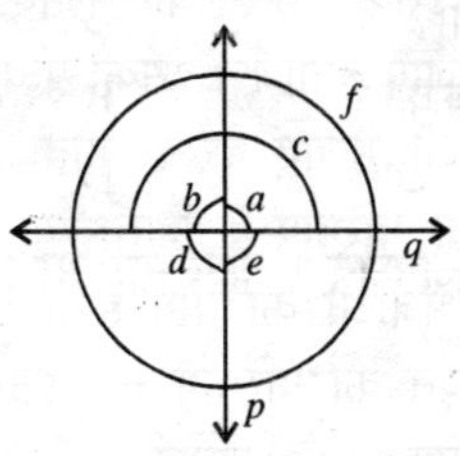

हल : (*i*) ∠ *a*, एक समकोण है।

(*ii*) ∠ *b*, एक समकोण है।

(*iii*) ∠ *c*, एक सरल कोण है।

(*iv*) ∠ *d*, एक समकोण है।

(*v*) ∠ *e*, एक समकोण है।

(*vi*) ∠ *f*, एक सम्पूर्ण कोण है।

उदाहरण 3 : घड़ी की सूईयों के बीच 6 बजे तथा 12 बजे किस प्रकार का कोण होगा?

हल : 6 बजे दोनों सूईयां एक-दूसरे के विपरीत सरल रेखा में होती हैं। इस अवस्था में बना कोण = 180° अथवा सरल कोण होगा

12 बजे दोनों सूईयां एक ही दिशा में संपाती होती हैं। इस अवस्था में बना कोण = 0°

उदाहरण 4 : दी गई आकृति में AOB एक सरल रेखा है, x का मान ज्ञात कीजिए।

हल : AOB एक सरलरेखा है

अतः O पर AB के एक ही ओर बने सभी कोणों का योग 180° है।

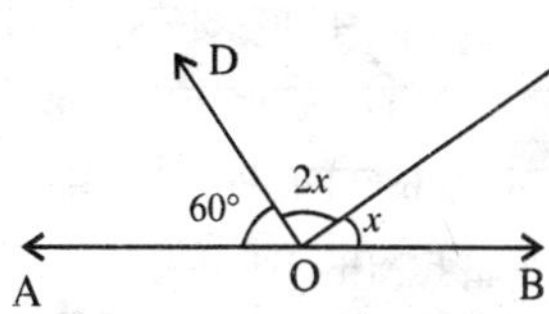

$\therefore$ ∠ AOD + ∠ DOC + ∠ COB = 180°

$60° + 2x° + x° = 180°$

$3x° = 180° - 60° = 120°$

$x = \frac{120}{3} = 40° \Rightarrow x = 40°$

उदाहरण 5 : दिए गए कोणों के पूरक तथा संपूरक कोण ज्ञात कीजिए।

(*i*) 72° (*ii*) 15° (*iii*) 80°

हल : दो पूरक कोणों का योग 90° होता है। तथा संपूरक कोणों का योग 180° होता है :

(*i*) 72° का पूरक कोण = 90° – 72° = 18°

तथा 72° का संपूरक कोण = 180 – 72 = 108°

(*ii*) 15° का पूरक कोण = 90 – 15 = 75°

15° का संपूरक कोण = 180 – 15 = 165°

(*iii*) 80° का पूरक कोण = 90 – 80 = 10°

80° का संपूरक कोण = 180 – 80 = 100°.

उदाहरण 6. प्रत्येक त्रिभुज किस प्रकार का है, ज्ञात कीजिए :

(*i*)

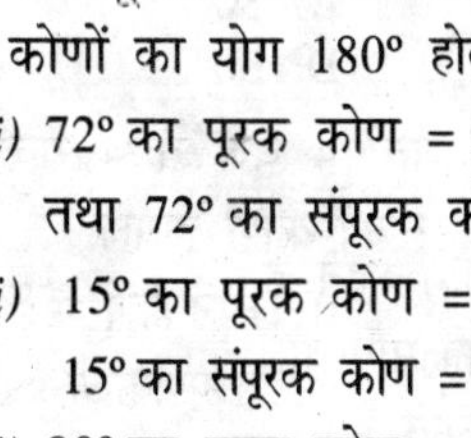

(*ii*)

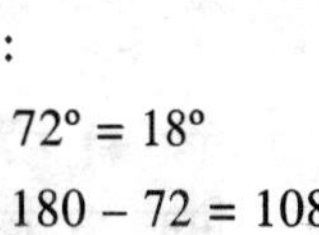

(*iii*)
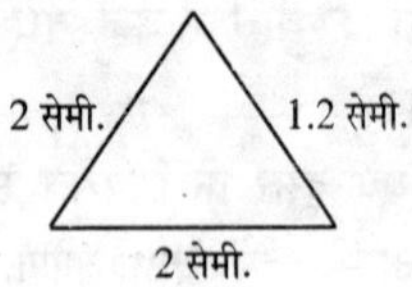

(*iv*)
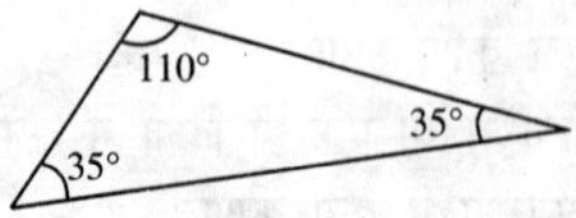

(*v*)
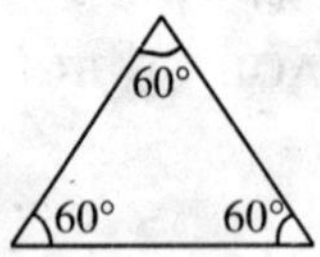

(*vi*)
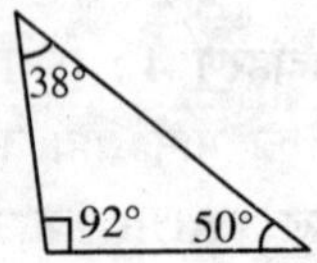

हल :

(*i*) 1.3 सेमी. $\neq$ 1.8 सेमी. $\neq$ 2.5 सेमी.
त्रिभुज की सभी भुजाएँ असमान हैं।
अतः यह एक विषमबाहु त्रिभुज हैं

(*ii*) त्रिभुज का एक कोण 90° का है।
अतः यह एक समकोण त्रिभुज है।

(*iii*) 2 सेमी. = 2 सेमी. $\neq$ 1.2 सेमी.
त्रिभुज की दो भुजाएँ समान हैं।
अतः यह एक समद्विबाहु त्रिभुज है।

(*iv*) त्रिभुज का एक कोण = 110° > 90° है
अतः यह त्रिभुज एक अधिक कोण त्रिभुज है।

(*v*) 60° = 60° = 60° त्रिभुज के तीनों कोण समान तथा न्यून कोण है। अतः यह एक समबाहु त्रिभुज है।

(*vi*) त्रिभुज का एक कोण = 92° > 90°
अतः यह त्रिभुज एक अधिक कोण त्रिभुज है।

उदाहरण 7. उस आयत का परिमाप निकालो जिसकी लम्बाई 15 सेंमी. तथा चौड़ाई 10 सेमी. है।

हल : आयत का परिमाप = 2 (लंबाई + चौड़ाई)
= 2 (15 + 10) = 2 × 25 = 50 सेंमी.

उदाहरण 8. उस आयत का क्षेत्रफल ज्ञात करो जिसकी लंबाई 8.5 सेमी. तथा चौड़ाई 6 सेमी. है।

हल : आयत का क्षेत्रफल = लंबाई × चौड़ाई
= 8.5 × 6 = 51.0 वर्ग सेमी.

उदाहरण 9. उस वर्गाकार खेत का परिमाप और क्षेत्रफल ज्ञात करो जिसकी एक भुजा 12 मी. है।

हल : वर्गाकार खेत का परिमाप = 4 × भुजा = 4 × 12
= 48 मीटर
वर्गाकार खेत का क्षेत्रफल = 12 × 12 = 144 वर्गमीटर

अभ्यास प्रश्न

1. घड़ी की सुईयों के बीच 4 बजे से 4 बजकर 10 मिनट तक मिनट सुई कितना अंश का कोण बनेगा?
A. 45° B. 50°
C. 55° D. 60°

2. घड़ी की सुईयों के बीच 4 बजे से 4 बजकर 15 मिनट पर किस प्रकार का कोण होगा?
A. समकोण B. न्यूनकोण
C. अधिककोण D. सम्पूर्णकोण

3. घड़ी की सुईयों के बीच 4 बजे से 4 बजकर 20 मिनट तक मिनट सूई कितना अंश का कोण बनेगा?
A. 90° B. 100°
C. 110° D. 120°

4. घड़ी की सुईयों के बीच 4 बजे से 4 बजकर 30 मिनट तक मिनट सुई द्वारा कितना अंश का कोण बनेगा?
A. 120° B. 130°
C. 145° D. 180°

5. घड़ी में मिनट की सुई द्वारा पूरे 6 बजे से प्रारंभ कर 6 बजकर 15 मिनट तक घूमे गए कोण किस प्रकार का होगा?
A. पूरककोण B. सम्पूरककोण
C. न्यूनकोण D. समकोण

6. दी गई आकृति में कौन-सा अधिक कोण को प्रदर्शित करता है?

A.
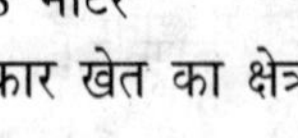

B.
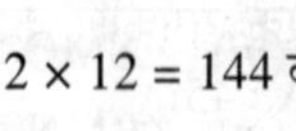

C.
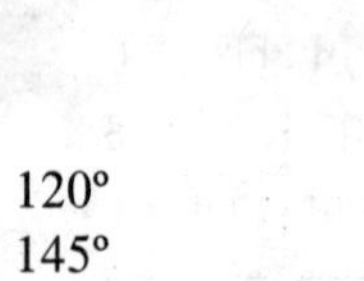

D.
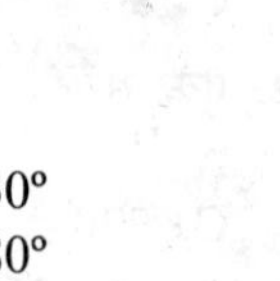

7. निम्न में कौन-सी आकृति सरल कोण को प्रदर्शित करती है?

A. 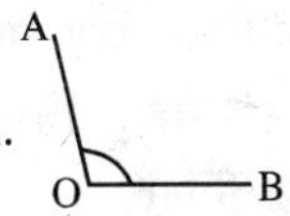

B. 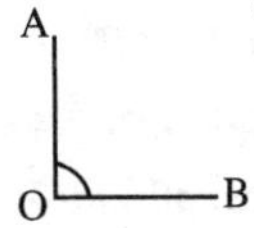

C. 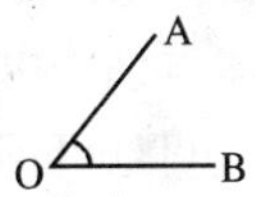

D. 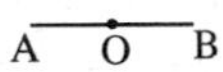

8. जब दो किरणें एक बिन्दु पर मिलती हैं, तो बनता है :

A. कोण B. त्रिभुज
C. एक सरल रेखा D. वृत्त

9. जिस बिन्दु पर कोण भुजाएँ मिलती हैं उसे कोण का क्या कहते हैं?

A. केन्द्र बिन्दु B. शीर्ष
C. समकोण D. न्यूनकोण

10. एक सम्पूर्ण कोण का माप अंश में होता है :

A. 90° B. 120°
C. 180° D. 360°

11. एक समकोण का माप अंश में होता है :

A. 45° B. 60°
C. 90° D. 180°

12. एक सरलकोण का माप अंश में होता है :

A. 90° B. 180°
C. 270° D. 360°

13. दी गई आकृति में यदि $\angle AOC = 52°$ हैं तब $\angle BOD$ का मान है :

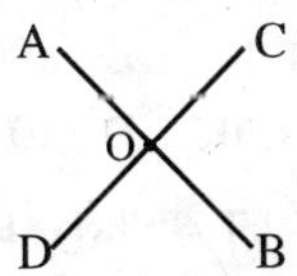

A. 52° B. 38°
C. 138° D. 90°

14. वह कोण जिसका पूरक स्वयं के बराबर है?

A. 30° B. 45°
C. 60° D. 90°

15. सम्पूरक कोणों में दूसरा कोण किस प्रकार का होगा यदि एक कोण अधिक कोण है :

A. न्यूनकोण B. समकोण
C. अधिक कोण D. सम्पूर्ण कोण

16. दी गई आकृति में x का मान है यदि AOB एक सरल रेखा है :

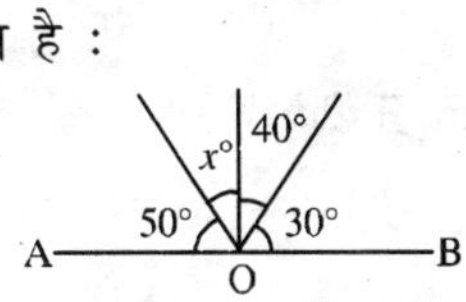

A. 60° B. 45°
C. 40° D. 30°

17. दी गई आकृति में x का मान है यदि AOB एक सरल रेखा है :

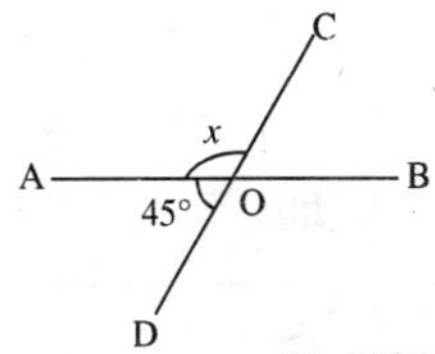

A. 120° B. 130°
C. 135° D. 140°

18. यदि एक कोण का माप 35° है, इसका पूरक कोण का माप अंश में है :

A. 45° B. 50°
C. 55° D. 60°

19. यदि एक कोण का माप 150° है, सम्पूरक कोण का माप अंश में है :

A. 25° B. 30°
C. 35° D. 40°

20. 105° के सम्पूरक कोण का माप होता है :

A. 45° B. 60°
C. 70° D. 75°

21. 25° के सम्पूरक कोण का माप होता है :

A. 130° B. 145°
C. 150° D. 155°

22. जब 5 बज रहे हों, तब मिनट और घंटे की सुईयों के बीच बने कोण का माप अंश में है :

A. 120° B. 130°
C. 140° D. 150°

23. जब 2 बज रहे हों, तब मिनट और घंटे की सुईयों के बीच बने कोण का माप अंश में है :

A. 40° B. 45°
C. 50° D. 60°

24. वह कोण ज्ञात कीजिए जो अपने संपूरक कोण के समान होता है?

A. 45°　　B. 60°
C. 75°　　D. 90°

25. दी गई आकृति में $a \| b$ है तथा $\angle 1 = 50°$ है, $\angle 3$ का माप है :

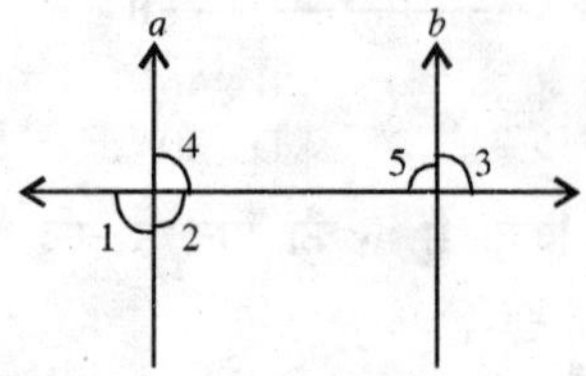

A. 40°　　B. 50°
C. 130°　　D. 120°

26. दी गई आकृति में $l \| m$ है, x का मान है:

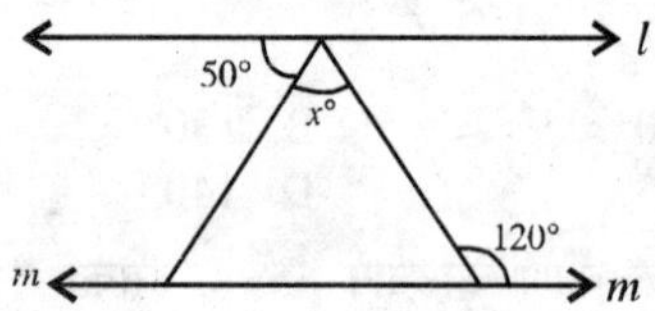

A. 120°　　B. 50°
C. 70°　　D. 120°

27. त्रिभुज की दी गई मापों के आधार पर बताइए कि त्रिभुज किस प्रकार की है?
भुजाएँ : 3 सेमी., 4 सेमी., 5 सेमी.
A. समबाहु त्रिभुज　　B. समकोण त्रिभुज
C. समद्विबाहु त्रिभुज　　D. विषमबाहु त्रिभुज

28. एक त्रिभुज की भुजाएँ क्रमशः 6 सेमी, 6 सेमी. तथा 6 सेमी. हैं, बताइए कि त्रिभुज किस प्रकार की है?
A. समबाहु त्रिभुज　　B. समद्विबाहु त्रिभुज
C. विषमबाहु त्रिभुज　　D. न्यूनकोण त्रिभुज

29. त्रिभुज के तीनों कोणों का माप क्रमशः 115°, 20° तथा 45° है, बताइए कि त्रिभुज किस प्रकार की है?
A. समकोण त्रिभुज　　B. अधिककोण त्रिभुज
C. न्यूनकोण त्रिभुज　　D. विषमबाहु त्रिभुज

30. एक समबाहु त्रिभुज का प्रत्येक कोण का माप होता है :
A. 50°　　B. 45°
C. 60°　　D. 75°

31. निम्न में से कौन-सा कोणों का युग्म किसी भी त्रिभुज का माप नहीं हो सकते हैं:
A. 60°, 20°, 90°　　B. 70°, 50°, 60°
C. 110°, 40°, 30°　　D. 90°, 40°, 50°

32. यदि किसी त्रिभुज के दो कोण क्रमशः 40° तथा 100° हैं तब तीसरे कोण का माप है :
A. 20°　　B. 30°
C. 40°　　D. 50°

33. दी गई आकृति में $\angle$ ACB का मान है :

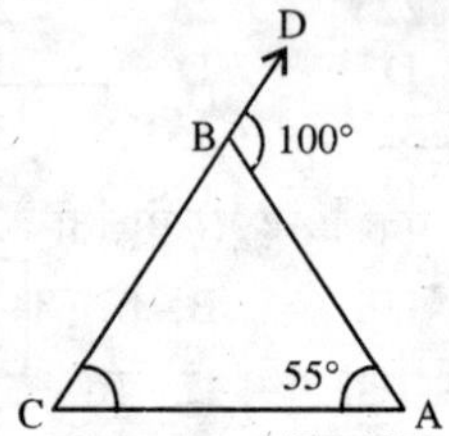

A. 80°　　B. 75°
C. 45°　　D. 60°

34. एक आयताकार पार्क की लम्बाई 300 मीटर और चौड़ाई 150 मीटर है, तब पार्क का परिमाप है :
A. 450 मी.　　B. 550 मी.
C. 850 मी.　　D. 900 मी.

35. एक वर्गाकार खेत की भुजा 100 मी. है, खेत का क्षेत्रफल है :
A. 10000 वर्ग मी.　　B. 1000 वर्ग मी.
C. 100 वर्ग मी.　　D. 10 वर्ग मी.

36. एक आयताकार खेत का क्षेत्रफल है जिसकी लंबाई 35 मीटर और चौड़ाई 10 मीटर है :
A. 175 वर्ग मी　　B. 200 वर्ग मी
C. 300 वर्ग मी　　D. 350 वर्ग मी

37. एक वर्गमीटर में कितने वर्ग सेन्टीमीटर होते हैं?
A. 1000 वर्ग सेमी　　B. 100 वर्ग सेमी
C. 10000 वर्ग सेमी　　D. 10 वर्ग सेमी

38. एक वर्गाकार खेत का क्षेत्रफल 81 वर्ग मीटर है, खेत का परिमाप है :
A. 9 मी　　B. 18 मी
C. 27 मी　　D. 36 मी

39. 25 मीटर भुजा के वर्ग का क्षेत्रफल है :
A. 50 वर्ग मी　　B. 100 वर्ग मी
C. 600 वर्ग मी　　D. 625 वर्ग मी

40. सेन्टीमीटरों में किसको नहीं मापा जाता है?
A. लम्बाई　　B. परिमाप
C. दूरी　　D. आयतन

उत्तरमाला

1	2	3	4	5	6	7	8	9	10
D	A	D	D	D	C	D	A	B	D
11	**12**	**13**	**14**	**15**	**16**	**17**	**18**	**19**	**20**
C	B	A	B	A	A	C	C	B	D
21	**22**	**23**	**24**	**25**	**26**	**27**	**28**	**29**	**30**
D	D	D	D	B	C	B	A	B	C
31	**32**	**33**	**34**	**35**	**36**	**37**	**38**	**39**	**40**
A	C	C	D	A	D	C	D	D	D

कठिन प्रश्नों की व्याख्या

1. मिनट सुई 1 मिनट में $6°$ कोण बनाती है
10 मिनट में मिनट सुई $= 10 \times 6 = 60°$

2. 15 मिनट में मिनट सुई $= 15 \times 6 = 90°$

3. 20 मिनट में मिनट सुई $= 20 \times 6 = 120°$

4. 30 मिनट में मिनट सुई $= 30 \times 6 = 180°$

5. 15 मिनट में मिनट सुई द्वारा बना कोण
$= 15 \times 6 = 90° =$ समकोण

7. सरल कोण $180°$ का होता है।

13. $\angle AOC = \angle BOD$ (शीर्षाभिमुख कोण)
$\therefore \angle BOD = 52°$

16. $30° + 40° + x° + 50° = 180°$ (सरल रेखा का कोण)
$120° + x = 180°$
$x = 180 - 120 = 60°$

17. $x + 45° = 180°$ (सरल रेखा का कोण)
$x = 180° - 45° = 135°$

18. पूरक कोण $= 90° - 35° = 55°$

19. सम्पूरक कोण $= 180° - 150° = 30°$

20. सम्पूरक कोण $= 180° - 105° = 75°$

21. सम्पूरक कोण $= 180° - 25° = 155°$

22. मिनट सुई 1 मिनट में $6°$ का कोण बनाता है।

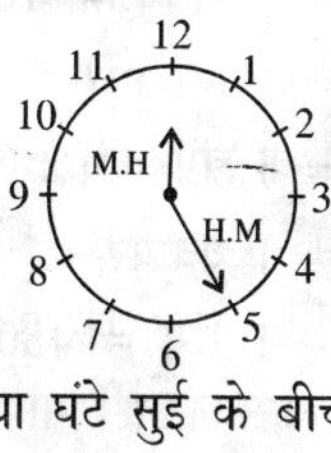

मिनट सुई तथा घंटे सुई के बीच का कोण $= 25 \times 6 = 150°$

23. मिनट सुई तथा घंटे सुई के बीच का कोण $= 10 \times 6 = 60°$

25. $\angle 1 = \angle 4$ (एकान्तर कोण)
$\angle 4 = \angle 3$ (संगत कोण)
$\therefore \angle 1 = \angle 3 = 50°$

26. $x° + 50° = 120°$
$x = 120° - 50° = 70°$

32. त्रिभुज के तीन कोणों का योग $= 180°$
तीसरा कोण $= 180 - (40 + 100)$
$= 180 - 140 = 40°$

33. $\angle ACB + \angle CAB = \angle ABD$
$\angle ACB + 55° = 100$
$\angle ACB - 100° - 55° = 45°$

34. आयताकार पार्क का परिमाप = 2 (लं. + चौ.)
$= 2\,(300 + 150)$
$= 2 \times 450 = 900$ मीटर

35. वर्गाकार खेत का क्षेत्रफल $=$ (भुजा)^2
$= (100)^2$
$= 10000$ वर्ग मी

36. आयताकार खेत का क्षेत्रफल
= लंबाई × चौड़ाई
$= 35 \times 10 = 350$ वर्ग मी

37. 1 वर्ग मीटर $= 100 \times 100 = 10000$ वर्ग सेमी.

38. वर्ग की एक भुजा $= \sqrt{81} = 9$ मी.
वर्ग का परिमाप $= 4 \times 9 = 36$ मी.

39. वर्ग का क्षेत्रफल $(25)^2 = 625$ वर्ग मी.

●●●

13 मापन प्रणाली

☛ लम्बाई

10 मिलीमीटर = 1 सेन्टीमीटर
10 सेन्टीमीटर = 1 डेसीमीटर
10 डेसीमीटर = 1 मीटर
= 100 सेन्टीमीटर
10 मीटर = 1 डेकामीटर
10 डेकामीटर = 1 हेक्टोमीटर
10 हेक्टोमीटर = 1 किलो मीटर
= 1000 मीटर

☛ भार

10 मिलीग्राम = 1 सेन्टीग्राम
10 सेन्टीग्राम = 1 डेसीग्राम
10 डेसीग्राम = 1 ग्राम
= 1000 मिलीग्राम
10 ग्राम = 1 डेकाग्राम
10 डेकाग्राम = 1 हेक्टोग्राम
10 हेक्टोग्राम = 1 किलोग्राम
= 1000 ग्राम
1 टन = 1000 किलोग्राम

☛ आयतन

10 मिलीलीटर = 1 सेन्टीलीटर
10 सेन्टीलीटर = 1 डेसीलीटर
10 डेसीलीटर = 1 लीटर
= 1000 मिलीलीटर
10 लीटर = 1 डेकालीटर
10 डेकालीटर = 1 हेक्टोलीटर
10 हेक्टोलीटर = 1 किलोलीटर
= 1000 लीटर

☛ क्षेत्रफल

1 वर्गमीटर = 10,000 वर्गसेमी
100 वर्गमीटर = 1 एअर
100 एअर = 1 हेक्टेयर
1 हेक्टेयर = 10,000 वर्गमीटर
1 वर्गकिलोमीटर = 100 हेक्टेयर
1 वर्ग प्वाज = 9 वर्ग फीट
1 एअर (Acre) = 4840 वर्ग गज

☛ क्षमता (Capacity)

1 घन डेसीलीटर = 1000 घन सेन्टीलीटर
1 लीटर = 1 घन डेसीलीटर
= 1000 घन सेन्टीलीटर
1 घन लीटर = 1000 लीटर
1 गैलन = 4.5461 लीटर

☛ अन्य इकाइयाँ

1 किलोमीटर = 1000 मीटर
= 0.62137 मील
1 मीटर = 1000 मिलीमीटर
= 1.0936 गज
1 मिलीमीटर = 0.0394 इंच
1 इंच = 2.54 सेन्टीमीटर
1 गज = 36 इंच
= 0.9144 मीटर
1 मील = 1760 गज
= 1.6093 मी
24 शीट = 1 क्वायर, 20 क्वायर
= 1 रिम = 480 शीट

•••

1812

सामान्य बुद्धिमत्ता एवं तर्कशक्ति
(General Intelligence and Reasoning)

भाषिक

शृंखला (SERIES)

भाग-I अक्षर शृंखला (Letter Series)

अक्षर शृंखला में निहित अक्षरों का एक निश्चित क्रम होता है। दी गई अक्षर शृंखला में अक्षर वर्णमाला के सीधे क्रम में भी हो सकते हैं और वर्णमाला के विपरीत क्रम में भी। यही नहीं, एक ही शृंखला में अक्षर वर्णमाला के सीधे क्रम में और वर्णमाला के विपरीत या उल्टे क्रम में अर्थात् दोनों ही अनुक्रमों में भी हो सकते हैं। शृंखला में दिए गए क्रम में कुछ अक्षर छोड़े भी गए हो सकते हैं या ऐसा भी हो सकता है कि शृंखला में कुछ अक्षरों को एकाधिक बार प्रयुक्त किया गया हो या फिर वे क्रमागत हों। शृंखला एकल भी हो सकती है और एक ही शृंखला में एकांतर क्रम में दो अलग-अलग शृंखलाएं भी निहित हो सकती हैं। अक्षर शृंखला पर आधारित प्रश्नों को हल करते समय शृंखला के पैटर्न पर ध्यान दिया जाना आवश्यक होता है।

वर्णमाला के सीधे क्रम में अक्षरों की शृंखला है :

A B C D E F G H I J K L M N O P Q R S T U V W X Y Z

A ↓ पहला, E ↓ 5वाँ, J ↓ 10वाँ, O ↓ 15वाँ, T ↓ 20वाँ, Y ↓ 25वाँ

वर्णमाला के विपरीत या उल्टे क्रम में अक्षरों की शृंखला है :

Z Y X W V U T S R Q P O N M L K J I H G F E D C B A

Z ↓ पहला, V ↓ 5वाँ, Q ↓ 10वाँ, L ↓ 15वाँ, G ↓ 20वाँ, B ↓ 25वाँ

टिप्पणी : Z पर पहुंच कर शृंखला A से पुनः शुरू होती है और A पर पहुंच कर शृंखला Z से पुनः शुरू होती है।

हल किए गए उदाहरण

निर्देश: *नीचे दी गई शृंखला में प्रश्न चिह्न को प्रतिस्थापित करने के लिए दिए गए विकल्पों में से सही अक्षर का चयन करें :*

1. B D F H J ?

(*a*) L (*b*) O (*c*) M (*d*) K

उत्तर (*a*) : शृंखला में प्रत्येक दो अक्षरों के बीच वर्णमाला के सीधे क्रम में एक अक्षर छूट गया है।

B →(+2) D →(+2) F →(+2) H →(+2) J →(+2) L

2. A Z B Y C ?

(*a*) D (*b*) X (*c*) U (*d*) E

उत्तर (*b*) : इस शृंखला में बारी-बारी से दो शृंखलाएं अंतर्निहित हैं :

शृंखला *I* : A B C (प्राकृतिक क्रम अर्थात् वर्णमाला के सीधे क्रम में क्रमागत अक्षर)

शृंखला *II* : Z Y X (वर्णमाला के विपरीत क्रम में क्रमागत अक्षर)

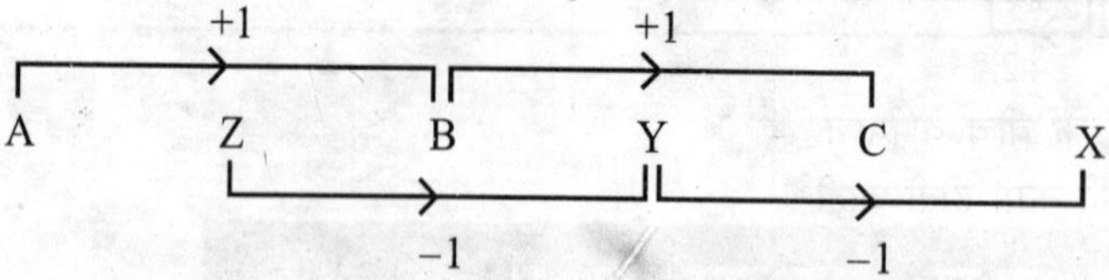

अभ्यास

निर्देश (प्र.सं. 1–10): *नीचे दी गई प्रत्येक शृंखला में अक्षरों का क्रम निर्धारित करें। तत्पश्चात् दिए गए विकल्पों में से उस विकल्प का चयन करें जिससे दी गई शृंखला में प्रश्न चिह्न प्रतिस्थापित होता हो।*

1. B Y C X D W E ?

(*a*) S (*b*) T

(*c*) U (*d*) V

2. A D C G E ?

(*a*) G (*b*) J

(*c*) I (*d*) L

3. L N P R T ?

(*a*) U (*b*) V

(*c*) W (*d*) Y

4. X O I F ?

(*a*) D (*b*) F

(*c*) B (*d*) E

5. B A F E J I P O ? U

(*a*) V (*b*) T

(*c*) S (*d*) Q

6. Z A A Y B B X C ?

(*a*) W (*b*) C

(*c*) V (*d*) D

7. A Z Y B X W C V U D T S E ?

(*a*) R S (*b*) S T

(*c*) R Q (*d*) Q R

8. C A B F D E I G H ?

(*a*) J L K (*b*) J K L

(*c*) L K J (*d*) L J K

9. B F K Q ?

(*a*) U (*b*) T

(*c*) X (*d*) Y

10. R K F ? B

(*a*) D (*b*) C

(*c*) E (*d*) B

व्याख्यात्मक उत्तर

1. (*d*) : दी गई शृंखला में बारी-बारी से दो अक्षर शृंखलाएं अंतर्निहित हैं।

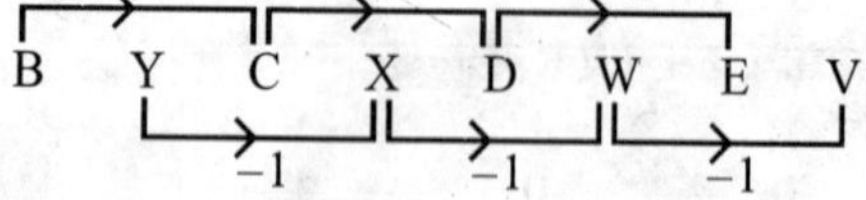

शृंखला I : BCDE (वर्णमला के सीधे क्रम में)

शृंखला II : YXWV (वर्णमाला के विपरीत क्रम में)

2. (*b*) : दी गई शृंखला में बारी-बारी से दो अक्षर शृंखलाएं अंतर्निहित हैं।

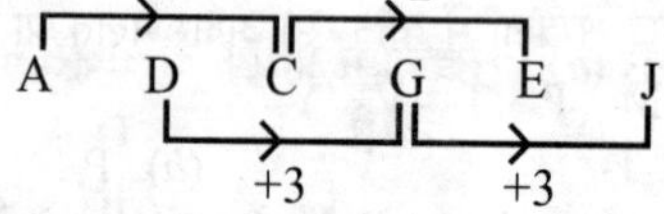

शृंखला I : ACE (शृंखला +2 पैटर्न का अनुपालन करती है)

शृंखला II : DGJ (शृंखला +3 पैटर्न का अनुपालन करती है)

3. (*b*) : शृंखला +2 पैटर्न का अनुपालन करती है, अर्थात्

L N P R T V

+2 +2 +2 +2 +2

4. (*b*) : शृंखला में दो सन्निकट अक्षरों के बीच वर्णमाला के विपरीत क्रम में क्रमशः 3 की कमी होती जाती है, अर्थात्

X O I F F

−9 −6 −3 −0

5. (*a*) : शृंखला में अंग्रेजी वर्णमाला के पांच स्वर (vowel) हैं अर्थात् (AEIOU) जिनमें से प्रत्येक के पहले वर्णमाला के सीधे क्रम में उसके ठीक बाद का क्रमागत अक्षर लिखा गया है।

B A F E J I P O V U

6. (*b*) : शृंखला में बारी-बारी से तीन शृंखलाएं अंतर्निहित हैं जिनमें से दूसरी और तीसरी शृंखलाएं एक जैसी हैं, अर्थात्

−1 −1

Z AA Y BB X CC

+1 +1

शृंखला I : ZYX (वर्णमाला के विपरीत क्रम में)

शृंखला II और III : ABC (वर्णमाला के सीधे क्रम में) अक्षर 'C' शृंखला II और III में उभयनिष्ठ है।

7. (*c*) : शृंखला में बारी-बारी से दो शृंखलाएं अंतर्निहित हैं।

+1 +1 +1 +1

A Z Y B X W C V U D T S E R Q

−1 −1 −1 −1 −1 −1 −1 −1 −1

शृंखला I : ABCDE (वर्णमाला के सीधे क्रम में)

शृंखला II : ZY XW VU TS RQ (वर्णमाला के विपरीत क्रम में एक साथ दो अक्षर)

8. (*d*) : वर्णमाला के सीधे क्रम में 3 अक्षरों के समूह से एक खंड निर्मित होता है। प्रत्येक खंड में 3 अक्षरों के समूह में पहला अक्षर बीच में है जिसकी दाहिनी ओर उसका क्रमागत अक्षर है तथा तीसरा क्रमागत अक्षर बीच के अक्षर की बायीं ओर अवस्थित है।

CAB FDE IGH LJK

9. (*c*) : शृंखला में दो सन्निकट अक्षरों के बीच अंतर में प्रत्येक चरण में एक की वृद्धि होती जाती है।

B F K Q X

+4 +5 +6 +7

10. (*b*) : शृंखला में दो क्रमागत अक्षरों के बीच वर्णमाला के विपरीत क्रम में अंतर में क्रमशः 2 की कमी होती जाती है।

R K F C B

−7 −5 −3 −1

भाग-II गलत या बेमेल अक्षर-शृंखला (Wrong Letter Series)

इस प्रकार के प्रश्नों में दी गई शृंखला में अभ्यर्थियों को ऐसे अक्षर या अक्षर-समूह ज्ञात करने की आवश्यकता नहीं होती जिनसे दी गई शृंखला पूर्ण होती है बल्कि उन्हें ऐसे अक्षर का पता लगाना होता है जो शृंखला में गलत या बेमेल हो।

हल किए गए उदाहरण

दी गई शृंखला में कौन-सा अक्षर गलत या बेमेल है?

J M P T V Y

(*a*) J (*b*) P (*c*) T (*d*) Y

उत्तर (*c*) : शृंखला में दो सन्निकट अक्षरों के बीच वर्णमाला के क्रम में +3 का अंतर है।

J M P S V Y

+3 +3 +3 +3 +3

अतः अक्षर T के स्थान पर S होना चाहिए।

अभ्यास

निर्देश (प्र.सं. 1–10): *नीचे के प्रत्येक प्रश्न में दी गई अक्षर-शृंखला में कौन-सा अक्षर या अक्षर-समूह गलत या बेमेल है?*

1. A E H O U
(*a*) U (*b*) O
(*c*) H (*d*) E

2. C H M S W B
(*a*) C (*b*) S
(*c*) B (*d*) W

3. X S N I C Y
(*a*) Y (*b*) C
(*c*) S (*d*) I

4. Z A W B X C
(*a*) D (*b*) C
(*c*) X (*d*) W

5. M L O N Q P R
(*a*) R (*b*) O
(*c*) Q (*d*) L

6. D K R Y F L
(*a*) L (*b*) D
(*c*) R (*d*) Y

7. L N Q T W Z C F
(*a*) C (*b*) Q
(*c*) L (*d*) F

8. XW, DC, CB, NM, PQ
(*a*) NM (*b*) CB
(*c*) PQ (*d*) XW

9. B E I N S A I
(*a*) A (*b*) E
(*c*) S (*d*) I

10. Z T P K H F
(*a*) Z (*b*) P
(*c*) T (*d*) F

व्याख्यात्मक उत्तर

1. (*c*) : शृंखला अंग्रेजी वर्णमाला के केवल स्वरों AEIOU से निर्मित है। अतः H के स्थान पर I होना चाहिए।

2. (*b*) : शृंखला में दो सन्निकट अक्षरों के बीच वर्णमाला के सीधे क्रम में +5 का अंतर है।

C H M R W B
+5 +5 +5 +5 +5

अतः शृंखला में S के स्थान पर R होना चाहिए।
(शृंखला Z पर पहुंचने के बाद A से पुनः शुरू होती है।)

3. (*b*) : शृंखला में दो सन्निकट अक्षरों के बीच वर्णमाला के उल्टे क्रम में –5 का अंतर है।

X S N I D Y
–5 –5 –5 –5 –5

अतः C के स्थान पर D होना चाहिए।

4. (*d*) : दी गई शृंखला में दो शृंखलाएं अंतर्निहित हैं :

+1 +1
Z A Y B X C
–1 –1

शृंखला I : ZYX (वर्णमाला के विपरीत क्रम में)
शृंखला II : ABC (वर्णमाला के सीधे क्रम में)
अतः शृंखला में W के स्थान पर Y होना चाहिए।

5. (*a*) : शृंखला में दो क्रमागत अक्षर विपरीत क्रम में लिखे गए हैं।

ML ON QP SR

अतः शृंखला में R के स्थान पर S होना चाहिए।

6. (*a*) : शृंखला में दो सन्निकट अक्षरों के बीच +7 का अंतर है।

D K R Y F M
+7 +7 +7 +7 +7

अतः शृंखला में L के स्थान पर M होना चाहिए।

7. (*c*) : शृंखला में दो सन्निकट अक्षरों के बीच +3 का अंतर है।

K N Q T W Z C F
+3 +3 +3 +3 +3 +3 +3

अतः L के स्थान पर K होना चाहिए।

8. (*c*) : शृंखला कोई भी दो क्रमागत अक्षरों को वर्णमाला के विपरीत क्रम में शामिल करके निर्मित की गई है।

XW DC CB NM QP
← ← ← ← ←

अतः शृंखला में P से पहले Q आना चाहिए।

9. (*c*) : शृंखला में प्रत्येक चरण में दो सन्निकट अक्षरों के बीच अंतर में एक की वृद्धि होती जाती है।

B E I N T A I

+3 +4 +5 +6 +7 +8

अत: शृंखला में S के स्थान पर T होना चाहिए।

10. (*b*) : वर्णमाला के विपरीत क्रम में लिखी गई इस शृंखला में प्रत्येक चरण में दो सन्निकट अक्षरों के बीच अंतर में एक की कमी होती जाती है।

Z T O K H F

−6 −5 −4 −3 −2

अत: P के स्थान पर O होना चाहिए।

भाग-III संख्या-शृंखला (Number Series)

इस प्रकार की शृंखला में दी गई संख्याओं के समुच्चय एक दूसरे से एक विशेष पैटर्न या रुप में संबंधित होते हैं। संख्याओं के बीच संबंध *(i)* क्रमागत विषम/सम संख्याओं; *(ii)* क्रमागत अविभाज्य संख्याओं; *(iii)* किसी संख्या (या संख्याओं) का वर्गफल/घनफल जिसमें किसी संख्या को जोड़ने या घटाने पर परिवर्तन होता है/नहीं होता; *(iv)* पूर्ववर्ती संख्याओं का योग/गुणनफल/अंतर; *(v)* किसी संख्या से योग/घटाव/गुणा/भाग; और *(vi)* उपर्युक्त संबंधों के अनेक और भी संयोजनों पर आधारित होता है।

हल किए गए उदाहरण

1. नीचे दी गई संख्या-शृंखला को पूरा करने के लिए कौन-सा विकल्प उपयुक्त है?

4, 8, 12, 16, ?

(*a*) 18 (*b*) 20 (*c*) 22 (*d*) 24

उत्तर (*b*): शृंखला में अंतर्निहित संख्याएं 4 की गुणज (multiples) हैं। शृंखला में अंतर्निहित अवयवों की एक अन्य व्याख्या यह है कि शृंखला की दो आनुक्रमिक संख्याओं के बीच 4 का अंतर है।

4 8 12 16 20

×2 ×3 ×4 ×5

या

4 8 12 16 20

+4 +4 +4 +4

2. दी गई शृंखला में प्रश्न चिह्न के स्थान पर क्या होगा?

2, 14, 98, 686, ?

(*a*) 1976 (*b*) 2548 (*c*) 980 (*d*) 4802

उत्तर (*d*) : शृंखला में अंतर्निहित संख्याएं 7 की गुणज हैं।

2 14 98 686 4802

×7 ×7 ×7 ×7

(किसी दी गई संख्या-शृंखला में बारी-बारी से एकाधिक शृंखलाएं भी अंतर्निहित हो सकती हैं।)

अभ्यास

निर्देश (प्र.सं. 1–10): *शृंखलाओं को पूरा करने के लिए दिए गए विकल्पों में से लुप्त पद/संख्या ज्ञात करें।*

1. 3, 9, 27, 81, 243, ?
(*a*) 486 (*b*) 729
(*c*) 972 (*d*) 359

2. 1, 6, 12, 19, 27, ?
(*a*) 38 (*b*) 35
(*c*) 36 (*d*) 54

3. 8, 48, 16, 96, 32, ?
(*a*) 192 (*b*) 150
(*c*) 64 (*d*) 288

4. 2, 3, 6, 18, 108, ?
(*a*) 1944 (*b*) 1658
(*c*) 648 (*d*) 1008

5. 1, 2, 3, 2, 3, 5, 4, 5, ?
(*a*) 9 (*b*) 6
(*c*) 10 (*d*) 7

6. 3, 8, 13, 24, 41, ?
(*a*) 65 (*b*) 75
(*c*) 70 (*d*) 80

7. 0, 8, 24, 48, 80, ?
(*a*) 110 (*b*) 96
(*c*) 120 (*d*) 140

8. 0, 5, 22, 57, ?, 205
(*a*) 198 (*b*) 116
(*c*) 172 (*d*) 92

9. 6, 9, 18, 45, 126, 369, ?
(*a*) 1059 (*b*) 1095
(*c*) 1098 (*d*) 1089

10. 1, 2, 5, 12, 27, 58, 121, ?
(*a*) 246 (*b*) 247
(*c*) 248 (*d*) 249

व्याख्यात्मक उत्तर

1. (*b*) : शृंखला में निहित संख्याओं को अगली संख्या प्राप्त करने के लिए 3 से गुणा किया गया है।

2. (*c*) : शृंखला के आरंभिक पदों अर्थात् 1 और 6 के बीच 5 का अंतर है और तत्पश्चात शृंखला की आनुक्रमिक संख्याओं के बीच अंतर में क्रमश: 1 की वृद्धि होती जाती है।

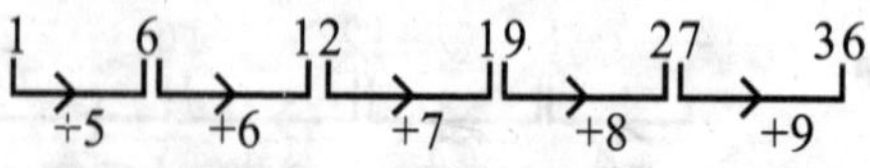

3. (*a*) : *व्याख्या I* : शृंखला में पहले 6 से गुणा करने और तत्पश्चात् 3 से भाग करने का पैटर्न अपनाया गया है जिसकी पुनरावृत्ति होती है।

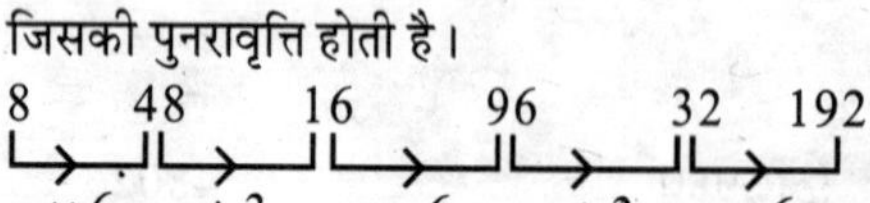

व्याख्या II : शृंखला में बारी-बारी से दो शृंखलाएं अंतर्निहित हैं और प्रत्येक शृंखला में पहले की संख्या को 2 से गुणा करने पर आनुक्रमिक संख्या प्राप्त होती है।

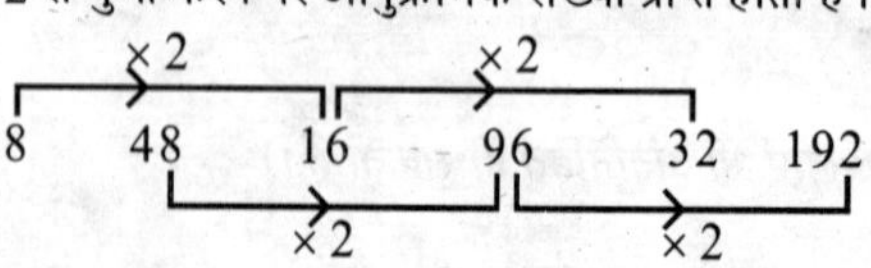

शृंखला I : 8, 16, 32

शृंखला II : 48, 96, 192

4. (*a*) : शृंखला में हर तीसरी संख्या पूर्ववर्ती दो संख्याओं का गुणनफल है।

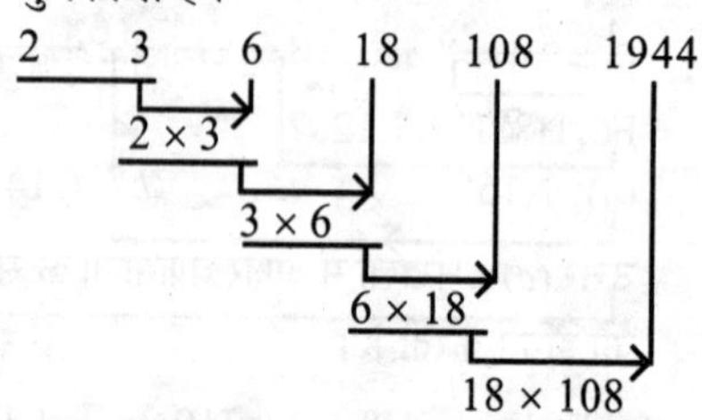

5. (*a*) : इस शृंखला में तीन संख्याओं से एक समुच्चय निर्मित होता है जिनमें से प्रत्येक समुच्चय में पहली दो संख्याएं सीधे क्रम में हैं तथा तीसरी संख्या पहली और दूसरी संख्याओं का योग है। अगले समुच्चय की पहली संख्या पूर्ववर्ती समुच्चय की पहली संख्या की दोगुनी है।

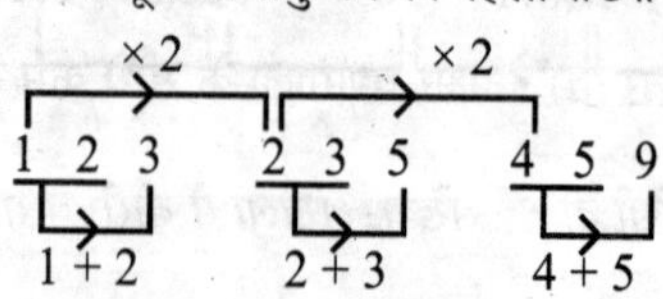

6. *(c)* **:** शृंखला में निम्नलिखित पैटर्न का अनुपालन किया जाता है :
(दी गई संख्या + अगली संख्या) +2 से आरंभ करके प्रत्येक चरण में 1 की वृद्धि करते हुए क्रमागत प्राकृतिक संख्या का योग :

3 8 13 24 41 70

(3+8) + 2
(8 + 13) + 3
(13 + 24) + 4
(24 + 41) + 5

7. *(c)* **:** शृंखला की संख्याएं प्राकृतिक क्रम में दो सम संख्याओं का गुणनफल हैं, अर्थात्

0	8	24	48	80	120
↓	↓	↓	↓	↓	↓
(0 × 2)	(2 × 4)	(4 × 6)	(6 × 8)	(8 × 10)	(10 × 12)

8. *(b)* **:** शृंखला निम्नलिखित पैटर्न का अनुपालन करती है : 1 से आरंभ करके प्राकृतिक संख्याओं का घनफल घटा 1 से आरंभ करके एकांतर विषम संख्याएं

0	5	22	57	116	205
↓	↓	↓	↓	↓	↓
1^3-1	2^3-3	3^3-5	4^3-7	5^3-9	6^3-11

9. *(c)* **:** शृंखला की आनुक्रमिक संख्याओं के बीच अंतर 3 की घात में वृद्धि के साथ बढ़ता है।

6 9 18 45 126 369 1098

$+3$ $+9 = 3^2$ $+27 = 3^3$ $+81 = 3^4$ $+243 = 3^5$ $+729 = 3^6$

10. *(c)* **:** शृंखला में निहित संख्या को 2 से गुणा करके 0 से आरंभ करके प्राकृतिक क्रम में संख्याओं को जोड़ने पर अगली संख्या प्राप्त होती है।

1 2 5 12 27 58 121 248

(1 × 2)+0 (2 × 2)+1 (5 × 2)+2 (12 × 2)+3 (27 × 2)+4 (58 × 2)+5 (121 × 2)+6

भाग-IV मिश्रित-शृंखला (Mixed Series)

मिश्रित-शृंखला में अक्षरों और संख्याओं का संयोजन होता है। इस प्रकार की शृंखला में अक्षरों और संख्याओं का एक सर्वनिष्ठ पैटर्न या अलग-अलग अनुक्रम पैटर्न हो सकता है।

हल किए गए उदाहरण

1. निम्नलिखित अक्षर-संख्या संयोजन शृंखला में प्रश्न चिह्न के स्थान पर क्या आएगा?
F6, H8, J10, L12, ?
(a) N15 *(b)* O14 *(c)* N14 *(d)* O13

उत्तर *(c)* **:** शृंखला में अक्षर वर्णमाला के सीधे क्रम में दो स्थान आगे की ओर बढ़ते हैं तथा संख्या वर्णमाला में अक्षरों के स्थान को इंगित करती है।

F6 H8 J10 L12 N14

+2 +2 +2 +2

2. दिए गए विकल्पों में से कौन-सा विकल्प निम्नलिखित शृंखला को पूरा करता है?
R(2)S, T(4)U, V(6)W, ?
(a) X(8)Y *(b)* Y(10)Z *(c)* Z(8)A *(d)* Y(6)Z

उत्तर *(a)* **:** अक्षर वर्णमाला के सीधे क्रम में हैं जबकि संख्याएं 2 की आनुक्रमिक गुणज हैं।

अभ्यास

निर्देश (प्र.सं. 1–3): *नीचे की प्रत्येक शृंखला में प्रश्न चिह्न के स्थान पर क्या आएगा ?*

1. 2B, 4C, 8E, 14H, ?
(*a*) 20L (*b*) 22L
(*c*) 21I (*d*) 16K

2. W(1)A, X(4)Z, Y(9)Y, ?, A(25)W
(*a*) X(11)Z (*b*) Z(21)A
(*c*) Z(16)X (*d*) Z(14)X

3. D2, I3, N6, S18, ?
(*a*) V72 (*b*) W36
(*c*) Y90 (*d*) X108

निर्देश (प्र.सं. 4 और 5): *नीचे की प्रत्येक अक्षर-संख्या शृंखला में कौन-सा पद बेमेल/शृंखला में उपयुक्त नहीं है ?*

4. G4T, J10R, M20P, P43N, S90L
(*a*) J10R (*b*) S90L
(*c*) M20P (*d*) G4T

5. B0R, G3U, E3P, J7S, H9N
(*a*) E3P (*b*) J7S
(*c*) H9N (*d*) G3U

व्याख्यात्मक उत्तर

1. (*b*) : शृंखला में संख्याओं का अनुक्रम +2, +4, +6 +8 का तथा अक्षरों का अनुक्रम +1, +2, +3, +4 का है।

2. (*c*) : शृंखला में दिए गए समूहों में बायीं ओर के अक्षर वर्णमाला के विपरीत क्रम में हैं और दाहिनी ओर के अक्षर वर्णमाला के सीधे क्रम में हैं तथा संख्याएं 1 से आरंभ करके प्राकृतिक क्रम में क्रमागत संख्याओं के वर्ग हैं।

3. (*d*) : अक्षर +5 पैटर्न का अनुपालन करते हैं और हर तीसरी संख्या अपनी पूर्ववर्ती दो संख्याओं का गुणनफल है।

4. (*a*) : शृंखला में दिए गए समूहों में बायीं ओर के अक्षर +3 पैटर्न का, दायीं ओर के अक्षर –2 पैटर्न का अनुपालन करते हैं तथा संख्याओं द्वारा (4 × 2) +1, (9 × 2)+2, (20 × 2) +3, (43 × 2) + 4 पैटर्न का अनुपालन किया जाता है। अत: J10R के स्थान पर शृंखला में J9R होना चाहिए।

5. (*b*) : शृंखला के दिए गए समूहों में बायीं ओर के अक्षर +5, –2 (5 चरण आगे, 2 चरण पीछे) पैटर्न का अनुपालन करते हैं जिसकी आगे भी पुनरावृत्ति होती है। समूहों में दायीं ओर +3, –5 (3 चरण आगे, 5 चरण पीछे) पैटर्न का अनुपालन किया जाता है जिसकी पुनरावृत्ति होती है। शृंखला की संख्याएं शृंखला में अपने पूर्ववर्ती दो संख्याओं के योग के बराबर हैं। अत: J7S के स्थान पर J6S होना चाहिए।

सादृश्य या संबंध

(ANALOGIES OR RELATIONSHIPS)

भाग-I शब्द सादृश्य (Word Analogy)

संबंध या सादृश्य परीक्षा में दिए गए दो शब्दों के बीच संबंध स्थापित किया जाता है और उसी संबंध को दिए गए अन्य शब्दों पर अनुप्रयुक्त किया जाता है। दिए गए दो शब्दों के बीच विभिन्न प्रकार के संबंध हो सकते हैं, अत: इस प्रकार के प्रश्नों को हल करते समय सर्वप्रथम यह ज्ञात करना होता है कि दिए गए दो शब्दों के बीच किस प्रकार का संबंध है। शब्दों के बीच विभिन्न संबंधों पर नीचे चर्चा की गई है :

हल किए गए उदाहरण

1. **क्रिया-साधन संबंध (Action Object Relationship)**

उदाहरण : जैसे गोली चलाना और 'बंदूक' का संबंध है उसी प्रकार 'खाने' से किसका संबंध है?

(*a*) भूख (*b*) प्यास (*c*) रात्रि-भोज (*d*) फल

उत्तर (*d*) : दिए गए शब्दों के बीच संबंध यह है कि गोली चलाना एक क्रिया है और 'बंदूक' उस क्रिया को करने का एक विशिष्ट साधन या उपकरण है। इसी प्रकार 'खाना' एक क्रिया है और 'फल' इस क्रिया को करने अर्थात् खाने का साधन या उपकरण है।

2. **साहचर्य संबंध (Association Relationship)**

उदाहरण : जो संबंध 'ग्लैमर' और 'प्रसिद्धि' में है, ठीक वैसा ही संबंध 'रंग' का किससे है?

(*a*) इंद्रधनुष (*b*) छाया (*c*) कला (*d*) चित्रकारी

उत्तर (*d*) : जिस प्रकार ग्लैमर से प्रसिद्धि प्राप्त होती है उसी प्रकार 'रंग' से चित्रकारी की जाती है।

3. **विपर्याय (विलोम) संबंध (Antonym Relationship)**

उदाहरण : अंतर्मुखी : बहिर्मुखी

(*a*) कोण : स्पर्श रेखा (*b*) चरम : अंतरिम (*c*) प्रतिकूल : अनुकूल (*d*) क्रिया : नियम

उत्तर (*c*) : संबंधित शब्द विपरीतार्थक हैं।

4. **कार्य-कारण संबंध (Cause and Effect Relationship)**

उदाहरण : चोट : दर्द

(*a*) कोटि : योग्यता (*b*) बादल गरजना : बिजली चमकना

(*c*) घूमाना : बिलोना (*d*) धन : परिश्रम

उत्तर (*b*) : जिस प्रकार चोट के कारण दर्द होता है उसी प्रकार बादल गरजने के कारण बिजली चमकती है।

5. कोटि या अंश संबंध (Degree Relationship)

उदाहरण : गुनगुना का जो संबंध 'गरम' से वही संबंध बिलखना या विलाप करने का किससे है?

(*a*) सिसकना (*b*) चिल्लाना (*c*) मुस्कराना (*d*) शांत रहना

उत्तर (*a*) : 'गुनगुना' का अर्थ है 'थोड़ा गरम'। इसी प्रकार बिलखने या विलाप करने की निम्न कोटि है 'सिसकना'।

अभ्यास

निर्देश (प्र.सं. 1–5): *पूछे गए प्रत्येक प्रश्न में पहले दिए गए दो शब्दों के बीच संबंध स्थापित करें। तत्पश्चात् दिए गए विकल्पों में से उस विकल्प का चयन करें जिसके शब्द और प्रश्न में दिए गए तीसरे शब्द के बीच ठीक वैसा ही संबंध या सादृश्य हो जैसा कि पहले के दो शब्दों के बीच है।*

1. जो संबंध 'उन्माद' और 'सनक' में है वही संबंध 'भय' और निम्नलिखित में से किसमें है?

(*a*) इच्छा (*b*) शौक
(*c*) आवश्यकता (*d*) डर

2. 'हकलाना' जिस प्रकार 'वाणी' से संबंधित है उसी प्रकार 'बहरापन' का संबंध निम्नलिखित में से किससे है?

(*a*) कान (*b*) सुनना
(*c*) शोर (*d*) चुप्पी

3. जिस प्रकार 'नेता', 'अनुयायी' से संबंधित है, उसी प्रकार .... संबंधित है सिपाही से।

(*a*) कैप्टन (*b*) यूनिट
(*c*) सेना (*d*) बैरक

4. जिस प्रकार 'चिल्लाहट', 'फुसफुसाहट' से संबंधित है, उसी प्रकार 'मारना' निम्नलिखित में से किससे संबंधित है?

(*a*) थप्पड़ मारने (*b*) छूना
(*c*) क्रोध (*d*) शोरगुल

5. जिस प्रकार 'पंजा', 'बिल्ली' से संबंधित है उसी प्रकार 'खुर' निम्नलिखित में से किससे संबंधित है?

(*a*) घोड़ा (*b*) मेमना
(*c*) हाथी (*d*) शेर

निर्देश (प्र.सं. 6–10): *नीचे दिए गए प्रत्येक प्रश्न में :: चिह्न की बाईं ओर दो शब्द दिए गए हैं। इन दोनों शब्दों में कुछ संबंध है। वैसा ही संबंध :: चिह्न की दाईं ओर के दो शब्दों में है जिनमें से एक शब्द के स्थान पर प्रश्नवाचक चिह्न (?) है। प्रश्नवाचक चिह्न (?) के स्थान पर दिए गए विकल्पों में से एक उपयुक्त विकल्प का चयन करें।*

6. शिकारी : बंदूक :: लेखक : ?

(*a*) पुस्तक (*b*) कलम
(*c*) कविता (*d*) पृष्ठ

7. भोजन : आमाशय :: ईंधन : ?

(*a*) इंजन (*b*) ऑटोमोबाइल
(*c*) रेल (*d*) वायुयान

8. जल : रेत :: महासागर : ?

(*a*) द्वीप (*b*) नदी
(*c*) मरुभूमि (*d*) तरंगें

9. वयस्क : बच्चा :: फूल : ?

(*a*) बीज (*b*) कली
(*c*) फल (*d*) तितली

10. मोती : कंठहार :: फूल : ?

(*a*) पौधा (*b*) बगीचा
(*c*) पँखुड़ी (*d*) गुलदस्ता

व्याख्यात्मक उत्तर

1. (*d*) : संबंधित शब्द पर्यायवाची हैं।

2. (*b*) : 'वाणी' के दोष से 'हकलाने' की समस्या उत्पन्न होती है जबकि 'सुनने' में कठिनाई से 'बहरापन' उत्पन्न होता है।

3. (*a*) : जिस प्रकार 'अनुयायी' अपने 'नेता' से मार्गदर्शन प्राप्त करते हैं उसी प्रकार 'सिपाही' को अपने 'कैप्टन' से मार्गदर्शन प्राप्त होता है।

4. (b) : 'चिल्लाहट' की तीव्रता में अत्यधिक कमी कर दी जाए तो वह 'फुसफुसाहट' का रूप ले लेती है और यदि 'मारने' की तीव्रता कम कर दी जाए तो वैसी क्रिया 'छूना' मात्र रह जाएगी।

5. (a) : 'बिल्ली' के 'पैर में' 'पंजा' होता है जबकि 'घोड़ा' के पैर में 'खुर' होता है।

6. (b) : 'शिकारी' का हथियार 'बंदूक' है और 'लेखक' का हथियार 'कलम' है।

7. (a) : 'भोजन', 'आमाशय' में पचता है और 'ईंधन' की खपत 'इंजन' में होती है।

8. (c) : संबंधित शब्द एक दूसरे के लगभग विपरीतार्थक शब्द हैं।

9. (b) : 'बच्चा' विकसित होकर 'वयस्क' बनता है और 'कली' खिलकर 'फूल' बनती है।

10. (d) : बहुत से मोतियों को मिला कर 'कंठहार' और बहुत से फूलों को मिलाकर 'गुलदस्ता' बनाया जाता है।

भाग-II अक्षर सादृश्य (Letter Analogy)

इस प्रकार के सादृश्य में अक्षरों के दो दिए गए समुच्चयों के बीच संबंध स्थापित किया जाता है और तत्पश्चात् अक्षरों के दिए गए तीसरे समुच्चय पर पहले दो अक्षर समुच्चयों के बीच के संबंध को अनुप्रयुक्त करके अक्षरों के चौथे अपेक्षित समुच्चय को ज्ञात किया जाता है। दिए गए दो अक्षर समुच्चयों में से पहले समुच्चय के अक्षरों को कुछ चरण आगे या पीछे करके, संपूर्ण समुच्चय के अक्षरों को या समुच्चय के कुछ अक्षरों को उलटे क्रम में लिखकर दूसरे समुच्चय के अक्षरों को प्राप्त किया जा सकता है।

हल किए गए उदाहरण

निर्देश: *दिए गए विकल्पों में से कौन-सा अक्षर-समूह प्रश्नचिह्न (?) के स्थान पर आएगा?*

1. JILK : KLIJ : : MNPQ : ?

(a) QNPM (b) MPQN (c) QPNM (d) PNMQ

उत्तर (c) : :: की बायीं ओर के अक्षर-समूहों में से पहले अक्षर-समूह के अक्षरों को विपरीत क्रम में लिखकर दूसरा अक्षर-समूह प्राप्त किया गया है। यही संबंध :: की दाहिनी ओर के दिए गए अक्षर समूह के अक्षरों पर अनुप्रयुक्त करने पर अपेक्षित अक्षर-समूह प्राप्त होता है।

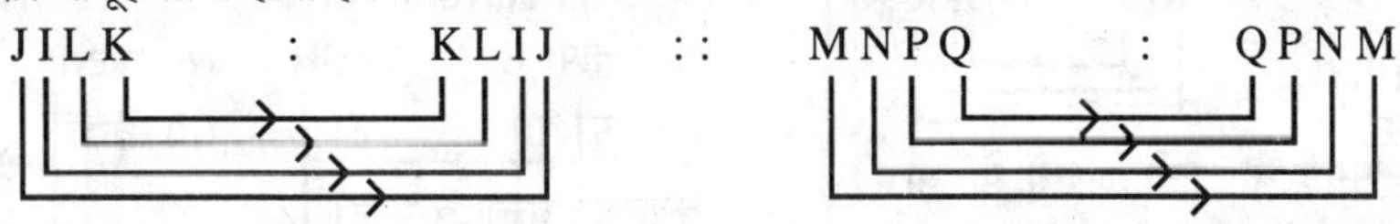

2. FLO : DOL : : RDP : ?

(a) PGM (b) MGP (c) GMP (d) MPG

उत्तर (a) : पहले और तीसरे अक्षरों को क्रमश: −2 और −3 चरण पीछे खिसका कर और दूसरे अक्षर को +3 चरण आगे बढ़ा कर :: चिह्न की बायीं ओर का दूसरा अक्षर समुच्चय प्राप्त होता है। यही संबंध :: चिह्न की दायीं ओर के पहले अक्षर समुच्चय पर लगाने पर प्रश्न चिह्न के स्थान पर अक्षर समुच्चय प्राप्त होता है।

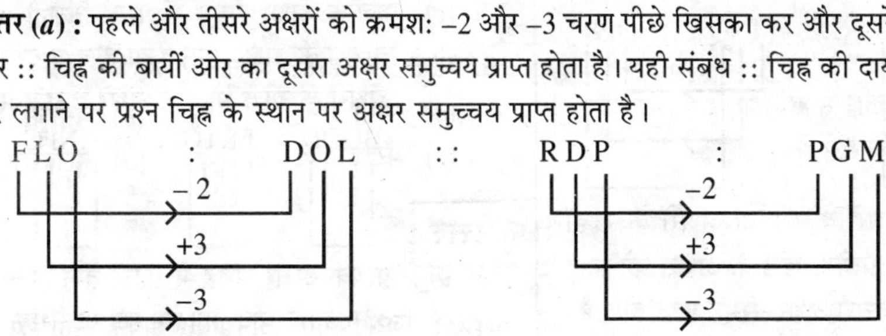

3. DumB : BonD : : RusT : ?

(a) MOst (b) TeNt (c) PaTH (d) WorK

उत्तर (d) : प्रत्येक समूह में सिरों पर स्थित दो अक्षर अंग्रेजी वर्णमाला के बड़े अक्षर हैं।

अभ्यास

निर्देश (प्र.सं. 1–10): *नीचे के प्रत्येक प्रश्न में एक लुप्त पद है। प्रश्न में :: चिह्न की बायीं ओर के दो अक्षर-समूहों में जो समानता या सादृश्य है वैसी ही समानता या सादृश्य :: चिह्न की दायीं ओर के दो अक्षर समूहों में है जिनमें से एक अक्षर समूह के स्थान पर प्रश्नवाचक चिह्न (?) लगा है। प्रश्नवाचक चिह्न (?) के स्थान पर लुप्त पद ज्ञात करें।*

1. GFC : CFG : : RPJ : ?
(*a*) JRP (*b*) JPR
(*c*) PJR (*d*) RJP

2. BCF : DEG : : MNQ : ?
(*a*) OPR (*b*) PQS
(*c*) OPP (*d*) QRT

3. NATION : ANITNO : : HUNGRY : ?
(*a*) HNUGRY (*b*) UNHGYR
(*c*) YRNGUH (*d*) UHGNYR

4. ACE : FGH : : LNP : ?
(*a*) QRS (*b*) PQR
(*c*) QST (*d*) MOQ

5. BOQD : ERTG : : ANPC : ?
(*a*) DQSF (*b*) FSHU
(*c*) SHFU (*d*) DSQF

6. BCDA : STUR : : KLMJ : ?
(*a*) VWXU (*b*) EFHG
(*c*) SRTU (*d*) QSRP

7. RUX : TRP : : BEH : ?
(*a*) SQN (*b*) QON
(*c*) QOM (*d*) QNL

8. BCDE : WVUT : : QRST : ?
(*a*) EFHG (*b*) JIHG
(*c*) POML (*d*) GEDC

9. AKU : AJS : : CRD : ?
(*a*) BQE (*b*) CQB
(*c*) DSB (*d*) APC

10. ODL : LOD : : PWN : ?
(*a*) WNP (*b*) NWP
(*c*) NPW (*d*) NMP

व्याख्यात्मक उत्तर

1. (*b*) : पहले समूह के अक्षरों को उलटे क्रम में लिखने पर दूसरा अक्षर-समूह प्राप्त होता है।

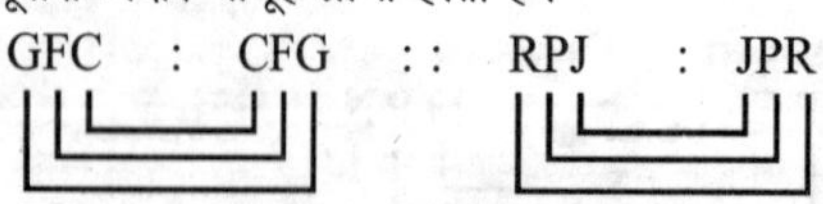

2. (*a*) : पहले और दूसरे समूह के तीनों अक्षरों के बीच वर्णमाला के सीधे क्रम में क्रमशः +2, +2 और +1 चरणों का अंतर है।

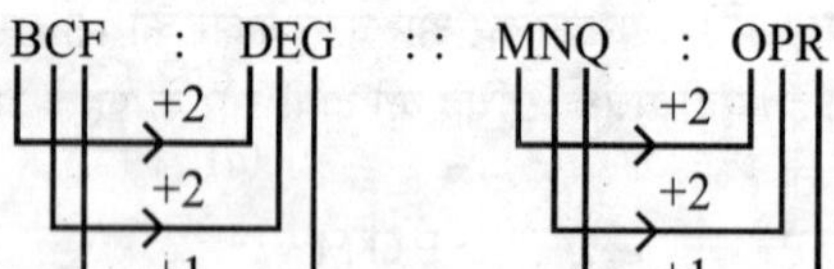

3. (*d*) : पहले समूह के अक्षरों को दो-दो अक्षरों के खंडों में विभाजित करके प्रत्येक खंड के अक्षरों को उल्टे क्रम में लिखने पर दूसरा अक्षर-समूह प्राप्त होता है।

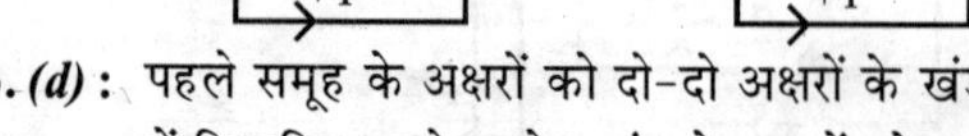

4. (*a*) : पहले और दूसरे समूह के तीनों अक्षरों के बीच वर्णमाला के सीधे क्रम में क्रमशः +5, +4, +3 चरणों का अंतर है।

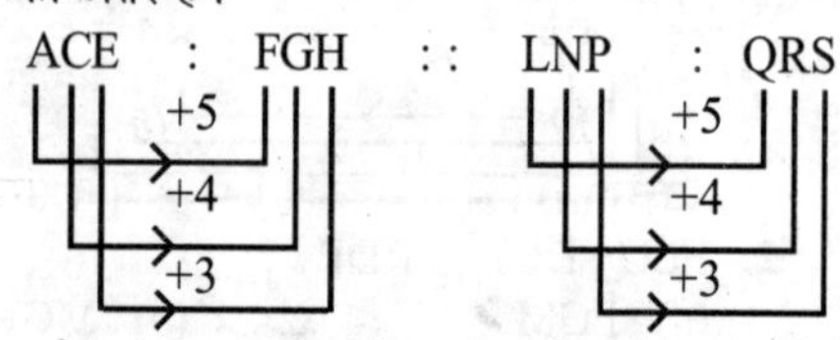

5. (*a*) : प्रत्येक अक्षर समूह में पहले और चौथे अक्षरों के बीच एक अक्षर छूटा हुआ है तथा दूसरे और तीसरे अक्षरों के बीच भी एक अक्षर छूटा हुआ है।

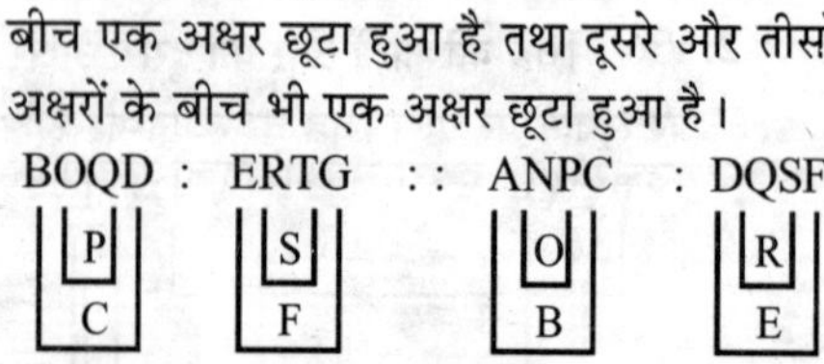

6. (*a*) : प्रत्येक अक्षर समूह में पहले तीन अक्षर क्रमागत हैं और उनके बाद अनुक्रम का आरंभिक चौथा अक्षर लिखा गया है।

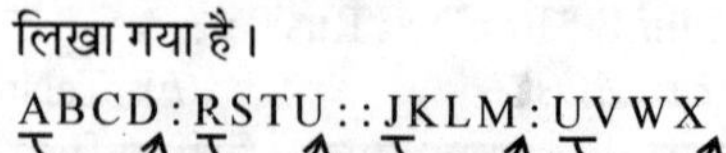

7. (c) : पहले समूह के अक्षरों में +3 का और दूसरे समूह के अक्षरों में –2 का अंतर है।

RUX : TRP :: BEH : QOM

+3 +3   –2 –2   +3+3   –2 –2

8. (b) : पहले अक्षर-समूह के आनुक्रमिक अक्षर वर्णमाला के सीधे क्रम में हैं और दूसरे अक्षर समूह के आनुक्रमिक अक्षर वर्णमाला के उलटे क्रम में हैं।

BCDE : WVUT :: QRST : JIHG

⟶   ⟵   ⟶   ⟵

9. (b) : पहले अक्षर समूह के तीन अक्षरों में से पहले अक्षर के स्थान को परिवर्तित किए बिना अन्य दो अक्षरों को वर्णमाला के विपरीत क्रम में क्रमश: –1 और –2 चरण पीछे खिसकाने पर दूसरा अक्षर-समूह प्राप्त होता है।

AKU : AJS :: CRD : CQB

–1   –2   –1   –2

10. (c) : पहले अक्षर-समूह के पहले और दूसरे अक्षरों को तीसरे अक्षर के बाद रखने पर दूसरा अक्षर समूह प्राप्त होता है।

ODL : LOD :: PWN : NPW

भाग-III संख्या सादृश्य (Number Analogy)

संख्या सादृश्य में भी पहले दो दी गई संख्याओं के बीच संबंध स्थापित किया जाता है और तत्पश्चात् इस ज्ञात संबंध को संख्याओं के दूसरे जोड़े पर प्रयुक्त करके उसके लुप्त पद को ज्ञात किया जाता है। संख्याओं के बीच संबंध किसी भी एक पैटर्न पर आधारित हो सकता है, जैसे कि : *(i)* संख्याएं विषम/सम/अभाज्य संख्याएं हो सकती हैं; *(ii)* संख्याएं किसी एक संख्या का गुणज हो सकती हैं; *(iii)* संख्याएं भिन्न-भिन्न संख्याओं का वर्गफल/घनफल हो सकती हैं; *(iv)* दूसरी संख्या प्राप्त करने के लिए पहली संख्या में किसी संख्या को जोड़ा/घटाया/गुणा/ भाग किया जा सकता है; *(v)* दूसरी संख्या पहली संख्या के अंकों का योगफल/गुणनफल/अंतरफल हो सकती है, और *(vi)* दो दी गई संख्याओं के बीच संबंध उपर्युक्त किसी भी गणितीय परिकलनों के संयोजन द्वारा भी ज्ञात किया जा सकता है।

हल किए गए उदाहरण

निर्देश : *निम्नलिखित प्रश्नों में प्रश्न चिह्न (?) के स्थान पर लुप्त पद ज्ञात करें।*

1. 25 : 81 : : 36 : ?

(*a*) 121   (*b*) 93   (*c*) 65   (*d*) 103

उत्तर (*a*) : सभी संख्याएं भिन्न-भिन्न संख्याओं के वर्गफल को सूचित करती हैं।

25 : 81 :: 36 : 121

↓   ↓   ↓   ↓

5^2 9^2 6^2 11^2

2. 36 : 18 : : 72 : ?

(*a*) 164   (*b*) 134   (*c*) 94   (*d*) 14

उत्तर (*d*) : दूसरी संख्या पहली संख्या के अंकों का गुणनफल है।

36 : 18 :: 72 : 14

3×6 7×2

अभ्यास

निर्देश* (प्र.सं. 1–10): *नीचे के प्रत्येक प्रश्न में चिह्न ': :' के पहले दो संख्याएं दी गई हैं जिनमें आपस में एक संबंध है तथा ': :' चिह्न के बाद में एक तीसरी संख्या दी गई है। दिए गए विकल्पों में से उस संख्या का चयन करें जिसका तीसरी संख्या के साथ वैसा ही संबंध हो जैसा संबंध संख्याओं के पहले जोड़े के बीच है।

1. 1 : 11 : : 2 : ?
(*a*) 20 (*b*) 22
(*c*) 24 (*d*) 44

2. 18 : 27 : : 22 : ?
(*a*) 42 (*b*) 39
(*c*) 33 (*d*) 54

3. 14 : 20 : : 16 : ?
(*a*) 23 (*b*) 10
(*c*) 48 (*d*) 32

4. 0.16 : 0.0016 : : 1.02 : ?
(*a*) 10.20 (*b*) 0.102
(c) 0.0102 (*d*) 1.020

5. 5 : 24 : : 8 : ?
(*a*) 65 (*b*) 63
(*c*) 62 (*d*) 64

6. 65 : 30 : : 44 : ?
(*a*) 79 (*b*) 62
(*c*) 28 (*d*) 16

7. 30 : 42 : : 56 : ?
(*a*) 92 (*b*) 21
(*c*) 38 (*d*) 72

8. 190 : 10 : : 102 : ?
(*a*) 4 (*b*) 7
(*c*) 3 (*d*) 5

9. 6 : 18 : : 4 : ?
(*a*) 2 (*b*) 6
(*c*) 8 (*d*) 16

10. 2 : 11 : : ?
(*a*) 6 : 17 (*b*) 8 : 43
(*c*) 5 : 41 (*d*) 7 : 35

व्याख्यात्मक उत्तर

1. (*b*) : पहली संख्या के अंक को दो बार लिखने पर दूसरी संख्या प्राप्त होती है।

2. (*c*) : पहले जोड़े की संख्याएं 9 का गुणज हैं और दूसरे जोड़े की संख्याएं 11 का गुणज हैं :

18 : 27 : : 22 : 33
↓ ↓ ↓ ↓
9×2 9×3 11×2 11×3

3. (*a*) : संख्याओं के बीच संबंध निम्नवत् है :

14 : 20 : : 16 : 23
↓ ↓ ↓ ↓
7×2 $(7 \times 3) - 1$ 8×2 $(8 \times 3) - 1$

4. (*c*) : पहली दशमलव संख्या को 100 से भाग करने पर दूसरी दशमलव संख्या प्राप्त होती है :

0.16 : 0.0016 : : 1.02 : 0.0102
$\div 100$ $\div 100$

5. (*b*) : पहली संख्या के वर्ग से 1 घटाने पर दूसरी संख्या प्राप्त होती है :

5 : 24 : : 8 : 63
$(5^2) - 1$ $(8^2) - 1$

6. (*d*) : दूसरी संख्या पहली संख्या के अंकों का गुणनफल है :

$$\frac{65 : 30}{(6 \times 5)} \; : : \; \frac{44 : 16}{(4 \times 4)}$$

7. (*d*) : संख्याएं विभिन्न संख्याओं के वर्ग में उन्हीं संख्याओं को जोड़ने पर प्राप्त होती हैं :

30 : 42 : : 56 : 72
↓ ↓ ↓ ↓
$5^2 + 5$ $6^2 + 6$ $7^2 + 7$ $8^2 + 8$

8. (*c*) : दूसरी संख्या पहली संख्या के अंकों का योगफल है :

$$\frac{190 : 10}{(1 + 9 + 0)} \; : : \; \frac{102 : 3}{(1 + 0 + 2)}$$

9. (*c*) : पहली संख्या के वर्ग को 2 से भाग करने पर दूसरी संख्या प्राप्त होती है :

6 : 18 : : 4 : 8
$6^2 \div 2$ $4^2 \div 2$

10. (*c*) : पहली संख्या दूसरी संख्या के अंकों का योगफल है :

2 : 11 : : 5 : 41
$(1 + 1)$ $(4 + 1)$

वर्गीकरण या विजातीय छांटना
(CLASSIFICATION OR ODD ONE OUT)

भाग-I विजातीय छांटना – शब्दों पर आधारित समस्याएं

इस प्रकार के वर्गीकरण में चार शब्द दिए जाते हैं जिनमें से तीन शब्द तथ्य या अर्थ की दृष्टि से या अन्य किसी न किसी रूप में आपस में संबंधित होते हुए एक समूह बनाते हैं जबकि शेष केवल एक शब्द अन्य तीनों से भिन्न होता है। परीक्षार्थी को यह पता लगाना होता है कि वह एक कौन-सा शब्द है जो समूह से संबंधित नहीं है और इस कारण विजातीय है।

हल किए गए उदाहरण

निर्देश: *निम्नलिखित चार शब्दों में से उस एक शब्द का चयन करें जो अन्य तीन से भिन्न है :*

1. (*a*) पिता (*b*) माता (*c*) मित्र (*d*) भाई

उत्तर (*c*) : अन्य सभी के बीच रक्त-संबंध है।

2. (*a*) जल (*b*) जेली (*c*) नींबू शरबत (*d*) कॉफी

उत्तर (*b*) : अन्य सभी द्रव पदार्थ हैं।

अभ्यास

निर्देश (प्र.सं. 1–10): *यहां दिए गए प्रत्येक प्रश्न में तीन शब्द किसी न किसी प्रकार से समान हैं और इस कारण वे एक समूह बनाते हैं जबकि एक शब्द अन्य तीनों से भिन्न है। इस भिन्न या विजातीय शब्द को ज्ञात करें।*

1. (*a*) हरा (*b*) लाल
(*c*) रंग (*d*) नारंगी

2. (*a*) अस्तबल (*b*) बिल
(*c*) डोंगी (*d*) सुअर-बाड़ा

3. (*a*) बुध (*b*) चंद्रमा
(*c*) बृहस्पति (*d*) मंगल

4. (*a*) खुश (*b*) उदास
(*c*) प्रसन्नचित्त (*d*) प्रसन्न

5. (*a*) शंकु (*b*) वृत्त
(*c*) त्रिभुज (*d*) आयत

6. (*a*) सीसा (*b*) पारद
(*c*) तांबा (*d*) लोहा

7. (*a*) पतंग (*b*) चिड़िया
(*c*) रेडार (*d*) जेट

8. (*a*) अतिवृष्टि (*b*) अनावृष्टि
(*c*) भूस्खलन (*d*) युद्ध

9. (*a*) सिंहशावक (*b*) चूजा
(*c*) सूअर (*d*) पिल्ला

10. (*a*) खरगोश (*b*) मगरमच्छ
(*c*) केंचुआ (*d*) घोंघा

व्याख्यात्मक उत्तर

1. (c) : अन्य सभी विभिन्न प्रकार के रंग हैं।
2. (c) : डोंगी एक छोटी नाव होती है। अन्य सभी पशु-पक्षियों के निवासस्थलों के नाम हैं।
3. (b) : अन्य सभी ग्रहों के नाम हैं।
4. (b) : अन्य सभी आनन्द की अनुभूति को अभिव्यक्त करते हैं।
5. (a) : अन्य सभी आकृतियाँ द्विविमीय आकृतियाँ हैं।
6. (b) : अन्य सभी ठोस धातुएं हैं।
7. (c) : अन्य सभी हवा में उड़ने वाली वस्तुएं हैं। रेडार हवा में गमन करने वाली वस्तुओं की पहचान करता है।
8. (d) : अन्य सभी प्राकृतिक आपदाएं हैं। केवल युद्ध ही मानव द्वारा मानव समाज के समक्ष प्रस्तुत की जाने वाली एक कृत्रिम आपदा है।
9. (c) : अन्य सभी शब्द विभिन्न जंतुओं के शिशुओं के नाम हैं।
10. (a) : अन्य सभी रेंगने वाले जंतु हैं।

भाग-II विजातीय छांटना – अक्षरों पर आधारित समस्याएं

इस कोटि के अंतर्गत विकल्प के रूप में चार अक्षर-समूह या अक्षरों की एक शृंखला दी जाती है। परीक्षार्थी को इनमें से ऐसे विकल्प का चयन करना होता है जो अन्यों से भिन्न अर्थात् विजातीय हो।

हल किए गए उदाहरण

निर्देश: *निम्नलिखित अक्षर समूहों में से कौन-सा अक्षर समूह भिन्न या विजातीय स्वरूप का है ?*

1. (*a*) NOP (*b*) RTU (*c*) JKL (*d*) EFG

उत्तर (*b*) : प्रत्येक समूह में अक्षर क्रमागत हैं, जबकि विकल्प (*b*) के अक्षर-समूह में पहले दो अक्षरों के बीच एक अक्षर 'S' छूटा हुआ है।

2. (*a*) RUX (*b*) CFI (*c*) BDG (*d*) FIL

उत्तर (*c*) : प्रत्येक समूह में अक्षरों के बीच समान संख्या में अक्षर छूटे हुए हैं जबकि विकल्प (*c*) में पहले दो अक्षरों B और D के बीच एक अक्षर और अंतिम दो अक्षरों D और G के बीच दो अक्षर छूटे हुए हैं।

अभ्यास

निर्देश (प्र.सं. 1–10): *नीचे के प्रत्येक प्रश्न में अक्षर समूहों के रूप में चार विकल्प दिए गए हैं जिनमें से तीन में किसी न किसी प्रकार की समानता है और इस कारण वे एक समूह बनाते हैं। उस अक्षर समूह का चयन करें जो समूह से संबंधित नहीं है।*

1. (*a*) ACE (*b*) LOR (*c*) GIK (*d*) VXZ

2. (*a*) TSR (*b*) LKJ (*c*) PQO (*d*) HGF

3. (*a*) EF LM (*b*) KJ SR (*c*) XW HG (*d*) ED YX

4. (*a*) JOPK (*b*) BOPC (*c*) QOPR (*d*) TOPS

5. (*a*) JKkL (*b*) OPpQ (*c*) DEEf (*d*) VWwX

6. (*a*) BdfH (*b*) FHJL (*c*) RTvX (*d*) uVwX

7. (*a*) DFHEG (*b*) TWXUV (*c*) OQSPR (*d*) JLNKM

8. (*a*) MKGA (*b*) PNID (*c*) RPLF (*d*) VTPJ

9. (*a*) ABJNM (*b*) QRTUZ (*c*) IXYOQ (*d*) WGFPO

10. (*a*) EFGH (*b*) IRST (*c*) ULMN (*d*) JKLO

व्याख्यात्मक उत्तर

1. (*b*) : शेष सभी अक्षर समूहों में अगला अक्षर अपने पूर्ववर्ती अक्षर से वर्णमाला के सीधे क्रम में 2 अक्षर आगे का है जबकि विकल्प (*b*) के अक्षर समूह में +3 अनुक्रम का पालन होता है।

A B C D E (+2 +2) LMNOPQR (+3 +3)

G H I J K (+2 +2) VWXYZ (+2 +2)

2. (*c*) : प्रत्येक समूह में अक्षर वर्णमाला के उलटे क्रम में हैं। केवल विकल्प (*c*) में अक्षरों का अनुक्रम बाधित हो रहा है।

3. (*a*) : शेष सभी समूहों में क्रमागत अक्षर वर्णमाला के उलटे क्रम में हैं।

KJ SR; XW HG; ED YX
–1 –1 –1 –1 –1 –1

केवल विकल्प (*a*) में ही क्रमागत अक्षर वर्णमाला के सीधे क्रम में है।

E F (+1) L M (+1)

4. (*d*) : यहां दिए गए सभी अक्षर समूहों में बीच में 'OP' अक्षर हैं। विकल्प (*d*) में दोनों किनारों पर स्थित अक्षर वर्णमाला के उलटे क्रम में हैं, अर्थात्

TOPS (–1)

जबकि शेष सभी अक्षर समूहों में दोनों किनारों पर स्थित अक्षर वर्णमाला के सीधे क्रम में हैं।

JOPK (+1) ; BOPC (+1) ; QOPR (+1)

5. (*c*) : शेष समूहों में तीसरे अक्षर के रूप में दूसरे अक्षर की पुनरावृत्ति की गई है और उसे अंग्रेजी वर्णमाला के छोटे अक्षर के रूप में लिखा गया है जबकि विकल्प (*c*) के तीसरे अक्षर के रूप में दूसरे अक्षर की पुनरावृत्ति तो की जाती है किंतु उसे अंग्रेजी वर्णमाला के बड़े अक्षर के रूप में लिखा जाता है।

6. (*d*) : शेष समूहों में अंग्रेजी वर्णमाला के अक्षर चाहे छोटे हों या बड़े, किंतु दूसरे, तीसरे और चौथे स्थान पर स्थित अक्षर अपने पूर्ववर्ती अक्षरों से वर्णमाला के सीधे क्रम में 2 अक्षर आगे के हैं, अर्थात्

B D f H ; F H J L ; R T v X
+2 +2 +2 ; +2 +2 +2 ; +2 +2 +2

केवल विकल्प (*d*) में अक्षर वर्णमाला के सहज क्रम (+1) में हैं, अर्थात्

u V w X
+1 +1 +1

7. (*b*) : शेष समूहों में पहले, चौथे, दूसरे, पांचवें और तीसरे स्थानों पर स्थित अक्षरों से वर्णमाला का सीधा अनुक्रम बनता है। विकल्प (*b*), में पहले, चौथे, पांचवें, दूसरे और तीसरे स्थानों पर स्थित अक्षरों के मेल से वर्णमाला का सीधा अनुक्रम बनता है।

8. (*b*) : शेष समूहों में अक्षरों का अनुक्रम –2, –4, –6 के पैटर्न का पालन करता है, अर्थात्

M K G A (–2 –4 –6) ; R P L F (–2 –4 –6)

V T P J (–2 –4 –6)

विकल्प (*b*) में अनुक्रम का निम्नलिखित पैटर्न है:

P N I D (–2 –5 –5)

अत: सही पैटर्न होना चाहिए → P N J D (–2 –4 –6)

9. (*c*) : शेष समूहों में कम से कम दो जोड़े अक्षर वर्णमाला के क्रम में हैं, अर्थात्

ABJNM; QRTUZ; WGFPO

विकल्प (*c*) में केवल एक जोड़ा अक्षर-ही वर्णमाला के क्रम में है।

IXYOQ

10. (*d*) : शेष समूहों में पहला अक्षर 'स्वर' है जिसके बाद तीन क्रमागत अक्षर लिखे गए हैं।

भाग-III विजातीय छांटना – संख्याओं पर आधारित समस्याएं

इस प्रकार के वर्गीकरण में विकल्पों के रूप में विभिन्न संख्याएं दी जाती हैं। इन संख्याओं में से एक को छोड़कर जो अन्य से भिन्न होती है, शेष किसी न किसी रूप में आपस में संबंधित होती हैं और इस प्रकार एक समूह बनाती हैं। परीक्षार्थी को दी गई संख्याओं में यह समानता ज्ञात करनी होती है और तत्पश्चात् समूह से भिन्न संख्या का चयन करना होता है। विकल्पों के रूप में दी गई संख्याएं विषम/सम/क्रमागत संख्याएं, अभाज्य संख्याएं, किसी संख्या का गुणज, एक अंकीय, विभिन्न संख्याओं का वर्ग या घन, किसी अन्य संख्या का जोड़/घटा या किसी भी गणितीय परिकलन का संयोजन हो सकती है।

हल किए गए उदाहरण

निर्देश: *दिए गए विकल्पों में विषम संख्या ज्ञात करें।*

1. (*a*) 62 (*b*) 121 (*c*) 36 (*d*) 256

उत्तर (*a*) : अन्य संख्याएं क्रमश: 11, 6 और 16 के वर्ग द्वारा सूचित होती हैं।

2. (*a*) 27 (*b*) 132 (*c*) 93 (*d*) 154

उत्तर (*d*) : शेष संख्याएं 3 से विभाज्य हैं।

अभ्यास

निर्देश (प्र.सं. 1–10): *यहां प्रत्येक प्रश्न में चार विकल्प दिए गए हैं जिनमें से तीन किसी न किसी रूप में आपस में संबंधित होते हुए एक समूह बनाते हैं, जबकि शेष एक संख्या अन्य से भिन्न है। उस भिन्न संख्या का चयन करें जो समूह से संबंधित नहीं है।*

1. (*a*) 1948 (*b*) 2401 (*c*) 966 (*d*) 1449

2. (*a*) 182 (*b*) 169 (*c*) 130 (*d*) 158

3. (*a*) 3215 (*b*) 9309 (*c*) 4721 (*d*) 2850

4. (*a*) 1776 (*b*) 2364 (*c*) 1976 (*d*) 3776

5. (*a*) 7658 (*b*) 1234 (*c*) 9876 (*d*) 6543

6. (*a*) 18 (*b*) 12 (*c*) 30 (*d*) 20

7. (*a*) 9875432 (*b*) 98765 (*c*) 98756 (*d*) 9876543

8. (*a*) 5243 (*b*) 9251 (*c*) 4256 (*d*) 3257

9. (*a*) 2553 (*b*) 1224 (*c*) 7992 (*d*) 3885

10. (*a*) 3223 (*b*) 4554 (*c*) 6116 (*d*) 9887

व्याख्यात्मक उत्तर

1. (*a*) : शेष संख्याएं 7 से विभाज्य हैं।

2. (*d*) : शेष संख्याएं 13 का गुणज हैं।

3. (*b*) : शेष संख्याओं में किसी भी अंक का दो बार प्रयोग नहीं किया गया है।

4. (*b*) : शेष संख्याओं में आखिरी दो अंक एक से हैं।

5. (*a*) : शेष संख्याओं में उनके अंक गिनती के सीधे या उलटे क्रम में क्रमागत (निरंतर) हैं।

6. (*a*) : शेष सभी संख्याएं $3^2 + 3 = 12$, $5^2 + 5 = 30$, $4^2 + 4 = 20$ हैं।

7. (*c*) : शेष सभी संख्याओं में 987 के बाद अंक अवरोही या घटते हुए क्रम (decreasing order) में हैं।

8. (*a*) : शेष सभी संख्याओं में 25 बीच में है और सिरे के दो अंकों का योग 10 के बराबर है।

9. (*b*) : शेष सभी संख्याओं में दो सिरों पर स्थित अंकों का योग बीच में स्थित अंक के बराबर है जिसे दो बार लिखा गया है।

10. (*d*) : शेष सभी संख्याओं में अंतिम दो अंक पहले दो अंकों को उलटे क्रम में लिखने पर प्राप्त होते हैं।

भाग-IV विजातीय छांटना – शब्द समूहों से संबंधित समस्याएं

शब्दों, अक्षरों या संख्याओं के समूह का वर्गीकरण एकल शब्द, अक्षर या संख्या के वर्गीकरण से अधिक भिन्न नहीं होता। इसमें परीक्षार्थी को दो परस्पर संबंधित शब्दों के बीच संबंध की विशिष्टता या प्रकृति ज्ञात करनी होती है और तत्पश्चात् दिए गए विकल्पों में से उस शब्द युग्म का पता लगाना होता है, जो अन्य शब्द-युग्मों के संबंध पैटर्न का अनुपालन नहीं करता हो। संबंधित शब्द विपरीत या सदृश अर्थ या स्वरूप के हो सकते हैं अथवा उनकी अर्थ छटा और अर्थ निरुपण में भिन्नता हो सकती है या फिर उनमें एक विशेष तुकबंदी हो सकती है।

हल किए गए उदाहरण

निर्देश: *निम्नलिखित में से कौन-सा शब्द-युग्म अन्यों से भिन्न है?*

1. (*a*) अच्छा-बेहतर (*b*) गुनगुना-गरम (*c*) नफा-लाभ (*d*) फुसफुसाना-चिल्लाना

उत्तर (*c*) : अन्य शब्द-युग्मों में युग्म के शब्द सदृश अर्थ वाले हैं किंतु उनमें सादृश्यता या साम्यता की अवस्था या कोटि भिन्न-भिन्न है।

2. (*a*) कैंची-कपड़ा (*b*) चाकू-सब्जी (*c*) कुल्हाड़ी-लकड़ी (*d*) हथौड़ा-कील

उत्तर (*d*) : हालांकि शब्दों के बीच संबंध ठीक है किंतु कील को काटने के लिए हथौड़े का प्रयोग नहीं किया जाता है। शेष तीन युग्मों में बायीं ओर उपकरण का नाम दिया गया है जिसकी सहायता से दायीं ओर लिखी गई वस्तु को काट सकते हैं।

अभ्यास

निर्देश (प्र.सं. 1–20): *नीचे के प्रत्येक प्रश्न में शब्दों के उस जोड़े का चयन करें जो शेष तीन जोड़ों से भिन्न हो।*

1. (*a*) कुर्सी-फर्नीचर (*b*) शर्ट-वस्त्र
(*c*) कंठहार-आभूषण (*d*) बोगी-इंजन

2. (*a*) चित्रांकनी-कागज (*b*) पेंसिल-लेड
(*c*) कलम-स्याही (*d*) बुरुश-रंग

3. (*a*) युद्ध शांति (*b*) वास्तविक सहज
(*c*) अग्रगण्य-प्रथम (*d*) क्रोध-गुस्सा

4. (*a*) अंगूली-अंगूठी (*b*) सिर-टोपी
(*c*) कमर-मुकुट (*d*) पांव-जूता

5. (*a*) दिन-रात (*b*) चालाक-मूर्ख
(*c*) स्पष्ट-धुंधला (*d*) पहुंचना-आना

6. (*a*) क्विंटल-गैलन (*b*) गुलदस्ता-फूल
(*c*) पुस्तक-पृष्ठ (*d*) संसद-सांसद

7. (*a*) चिड़िया-चहचहाना (*b*) घोड़ा-भिनभिनाना
(*c*) शेर-गरजना (*d*) सांप-फुफकारना

8. (*a*) भतीजी-भतीजा (*b*) भाई-बहन
(*c*) पति-पत्नी (*d*) पिता-माता

9. (*a*) पेट्रोल-कार (*b*) तेल-लैम्प
(*c*) डीजल-लकड़ी (*d*) मोम-मोमबत्ती

10. (*a*) गंगा-नर्मदा (*b*) थार-गोबी
(*c*) आमाशय-हाथ (*d*) एवरेस्ट-पर्वत

11. (*a*) औषधि-चिकित्सक (*b*) फूल-कलाकार
(*c*) जूता-मोची (*d*) त्वचा-त्वचारोग विशेषज्ञ

12. (*a*) प्राधिकार-मंजूरी
(*b*) प्रतिकर्षण-आकर्षण
(*c*) तुनकमिजाज-दुस्तोषणीय
(*d*) श्वास-अस्तित्व

13. (*a*) पोलो-बर्फ का मैदान (रिंक)
(*b*) गोल्फ-लॉन
(*c*) टेनिस-कोर्ट
(*d*) शतरंज-बोर्ड

14. (*a*) उमंग-तरंग (*b*) नीड़-पीड़
(*c*) अपराध-रोकथाम (*d*) आन-बान

15. (*a*) सेना-सेनापति (*b*) कॉलेज-प्रिंसिपल
(*c*) जहाज-कैप्टन (*d*) नौसेना-लेफ्टिनेंट

16. (*a*) रेलगाड़ी-पटरी
(*b*) पक्षी-उड़ना
(*c*) हवाई जहाज-आकाश
(*d*) पनडुब्बी-समुद्र

17. (*a*) जेली-सौम्य (*b*) पत्थर-कठोर
(*c*) रोवां-मुलायम (*d*) कांच-चिकना

18. (*a*) शाखा-पेड़ (*b*) मिनट-घंटा
(*c*) वाक्य-पैराग्राफ (*d*) विद्यार्थी-शिक्षक

19. (*a*) कुल-जोड़ (*b*) अभी-वर्तमान
(*c*) बड़ी-धारणा (*d*) हां-सहमत

20. (*a*) चार-चौगुना (*b*) तीन-तेरह
(*c*) दो-दोगुना (*d*) छह-छहगुना

व्याख्यात्मक उत्तर

1. (*d*) : बोगी रेलगाड़ी का एक हिस्सा होता है जो परिवहन का एक साधन है। कुर्सी, शर्ट और कंठहार क्रमशः फर्नीचर, वस्त्र और आभूषण हैं।

2. (*a*) : पेंसिल, कलम और ब्रुश से लिखने का माध्यम क्रमशः लेड, स्याही और रंग है। चित्रांकनी (क्रेयॉन) से लिखने या चित्र बनाने का माध्यम मोम होता है।

3. (*a*) : शेष सभी शब्द-युग्म समानार्थक शब्दों के युग्म हैं जबकि विकल्प (*a*) में दिया गया शब्द-युग्म विपरीतार्थक शब्दों का युग्म है।

4. (*c*) : मुकुट सिर पर पहना जाता है।

5. (*d*) : शेष शब्द-युग्म एक दूसरे के विपरीतार्थक हैं।

6. (*a*) : शेष सभी शब्द युग्मों में पहला दूसरे का समेकित रूप हैं।

7. (*b*) : शेष सभी में दूसरी पहले की बोली है। घोड़े हिनहिनाते हैं।

8. (*a*) : संबंधित शब्द-युग्मों में पहला पुल्लिंग और दूसरा स्त्रीलिंग है। विकल्प (*a*) में पहले स्त्रीलिंग और तत्पश्चात् पुल्लिंग दिया गया है।

9. (*c*) : पेट्रोल का उपयोग कार चलाने में, तेल का उपयोग लैम्प जलाने में और मोम का उपयोग मोमबत्ती जलाने में किया जाता है। डीजल और लकड़ी का आपस में ऐसा कोई संबंध नहीं है।

10. (*d*) : संबंधित शब्दों की पहचान एक जैसी है। (*a*) नदियों को, (*b*) मरुभूमि को और, (*c*) शरीर के अंगों को सूचित करते हैं जबकि विकल्प (*d*) में एवरेस्ट एक पर्वत शृंखला का नाम है।

11. (*b*) : चिकित्सक का औषधि, मोची का जूता और त्वचारोग विशेषज्ञ का संबंध त्वचारोग से है। फूलों की देख-रेख करने वाले व्यक्ति को माली कहते हैं।

12. (*b*) : शेष शब्द युग्म समानार्थक हैं जबकि प्रतिकर्षण और आकर्षण शब्द एक दूसरे के विपरीत अर्थ वाले हैं।

13. (*a*) : शब्द युग्मों में खेलों और उन्हें खेले जाने वाले स्थानों के बीच संबंध दर्शाया गया है। पोलो मैदान में खेला जाता है।

14. (*c*) : शेष शब्द-युग्मों में शब्दों के बीच एक विशेष लय है।

15. (*d*) : नौसेना का प्रमुख कमांडर होता है।

16. (*b*) : रेलगाड़ी पटरी पर, हवाई जहाज आकाश में और पनडुब्बी समुद्र के जल में चलती है। इसी प्रकार पक्षी हवा में उड़ते हैं और साथ ही ये सजीव प्राणी भी हैं।

17. (*a*) : शब्द युग्मों का दूसरा शब्द पहले शब्द की विशेषता बताता है। जेली मुलायम या अस्थिर होती है।

18. (*d*) : शेष समूहों में पहला शब्द दूसरे का हिस्सा है।

19. (*c*) : शेष समूहों के शब्द परस्पर समानार्थक हैं।

20. (*b*) : तीन से तिगुना

सांकेतिक भाषा परीक्षण

(CODING AND DECODING)

भाग-I

कूटलेखन या 'कोडिंग' संवाद–संप्रेषण की एक प्रक्रिया है जिसमें एक गुप्त भाषा का प्रयोग वास्तविक तथ्यों शब्दों/मूल्यों की अभिव्यक्ति या प्रस्तुतिकरण को एक ऐसी भाषा में परिवर्तित करने के लिए किया जाता है जिसे संवाद के प्रेषक और प्राप्तकर्ता के अतिरिक्त कोई तीसरा व्यक्ति समझ न सके। कूटभाषा में लिखने के लिए *(i)* शब्दों के अक्षरों के स्थान पर वर्णमाला के सीधे उलटे क्रम में एक या एकाधिक स्थान आगे या पीछे के अक्षरों को लिखा जाता है; *(ii)* अक्षरों के स्थान पर संख्याओं को या संख्याओं के स्थान पर अक्षरों को लिखा जाता है; *(iii)* दिए गए शब्द के कुछ या सभी अक्षरों को उलटे क्रम में लिखा जाता है; और *(iv)* शब्द के अक्षरों के स्थान पर वर्णमाला के उलटे क्रम में समस्थानिक अक्षरों को लिखा जाता है।

वर्णमाला को सीधे क्रम में लिखने पर प्राप्त शृंखला :

A B C D E F G H I J K L M N O P Q R S T U V W X Y Z

A ↓ प्रथम अक्षर; E ↓ पांचवां अक्षर; J ↓ दसवां अक्षर; O ↓ पंद्रहवां अक्षर; T ↓ बीसवां अक्षर; Y ↓ पच्चीसवां अक्षर

वर्णमाला को उलटे क्रम में लिखने पर प्राप्त शृंखला :

Z Y X W V U T S R Q P O N M L K J I H G F E D C B A

Z ↓ प्रथम अक्षर; V ↓ पांचवां अक्षर; Q ↓ दसवां अक्षर; L ↓ पंद्रहवां अक्षर; G ↓ बीसवां अक्षर; B ↓ पच्चीसवां अक्षर

टिप्पणी: Z पर पहुंचने के पश्चात् शृंखला A से पुनः शुरू होती है और A पर पहुंचने के पश्चात् शृंखला Z से पुनः शुरू होती है।

हल किए गए उदाहरण

1. यदि एक विशेष प्रकार की कूट भाषा में शब्द FACE को GBDF की तरह लिखा जाता हो तो इसी कूट भाषा में BADE को कैसे लिखा जाएगा?

(a) CBEF *(b)* CEBF *(c)* CFBE *(d)* CBFE

उत्तर *(a)* : शब्द के अक्षरों को वर्णमाला के सीधे क्रम में एक चरण आगे का अक्षर लिखकर कूटबद्ध किया गया है।

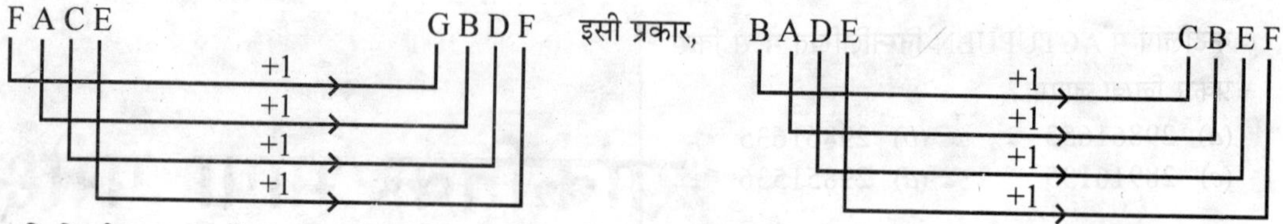

2. यदि किसी कूटभाषा में RESULT को 798206 लिखा गया हो तो उसी कूटभाषा में LET किस प्रकार लिखा जाएगा?

(*a*) 680 (*b*) 092 (*c*) 096 (*d*) 086

उत्तर (*c*) : अक्षरों को संख्याओं द्वारा कूटबद्ध किया गया है। दिए गए शब्द को कूटबद्ध करने के लिए संबंधित कूट संख्याएं ज्ञात करें।

R	E	S	U	L	T	→	अक्षर
7	9	8	2	0	6	→	कूट

अत: LET के लिए कूट संख्याएं निम्नवत् होगी :

L	E	T	→	अक्षर
0	9	6	→	कूट

अभ्यास

निर्देश (प्र.सं. 1–10): *निम्नलिखित प्रश्नों में दिए गए शब्दों या अक्षरों के लिए इंगित कूटभाषा के शब्द या अक्षर ज्ञात करें।*

1. यदि किसी कूट भाषा में CHAIR को FKDLU के रूप में लिखा जाए तो उसी कूटभाषा में RAID शब्द को किस प्रकार लिखा जाएगा?

(*a*) ULGD (*b*) ULKG
(*c*) ULDG (*d*) UDLG

2. यदि किसी कूटभाषा में CONDEMN को CNODMEN लिखा जाता है तो उसी कूटभाषा में TEACHER को कैसे लिखा जाएगा?

(*a*) TEACHER (*b*) TAEECHR
(*c*) TCAEEHR (*d*) TAECEHR

3. किसी कूटभाषा में COME को XLNV और ABLE को ZYOV लिखा जाता है। इसी कूटभाषा में MOLLY किस प्रकार लिखा जाएगा?

(*a*) NLOBO (*b*) NLBOO
(*c*) LNOOB (*d*) NLOOB

4. यदि किसी कूटभाषा में ACTION को ZXGRLM लिखा जाता हो तो उसी कूटभाषा में HEALTH को कैसे लिखा जाएगा?

(*a*) SVZOGS (*b*) TVZOGT
(*c*) RUZPGR (*d*) QVGOZQ

5. यदि किसी विशेष कूटभाषा में EARTHQUAKE को MOGPENJOSM के रूप में लिखा जाता हो तो उसी कूटभाषा में EQUATE निम्नलिखित में से किस प्रकार लिखा जाएगा?

(*a*) MENOPM (*b*) MENOMP
(*c*) MJOGPM (*d*) MNJOPM

6. किसी विशेष सांकेतिक भाषा में COUNTRY शब्द को EMWLVPA के रूप में कूटबद्ध किया जाता है। इसी विशेष भाषा में ELECTORATE किस रूप में लिखा जाएगा?

(*a*) CJCEVQPYWC (*b*) GJGERQTYVG
(*c*) CNCERQPCRG (*d*) GJGAVMTYVC

7. यदि PHILOSOPHY को HPLISOPOYH लिखा जाता हो तो ORNAMENTAL कैसे लिखा जाएगा?

(*a*) ROANEMNTLA
(*b*) ONRAMNEALT
(*c*) ROANEMTNLA
(*d*) ROANEMNATL

8. यदि किसी कूटभाषा में लिखे गए शब्द OPFGBCST का अर्थवाचन NEAR के रूप में किया जाता हो तो उसी कूटभाषा में कूटबद्ध IJVWHI का अर्थ निम्नलिखित में से क्या होगा?

(*a*) HAG (*b*) HUG
(*c*) HUT (*d*) KEG

9. किसी विशेष कूटलिपि में PUNCTUAL को 16598623 के रूप में कूटबद्ध किया जाता है। इसी

कूटलिपि में ACTUPULN निम्नलिखित में से किस प्रकार लिखा जाएगा?

(*a*) 29861653 (*b*) 29861635
(*c*) 28916135 (*d*) 29851536

10. यदि OUT को 152120 के रूप में कूटबद्ध किया जाता हो तो इसी नियम का प्रयोग करके IN को निम्नलिखित में से कैसे लिखा जाएगा?

(*a*) 1015 (*b*) 819
(*c*) 1813 (*d*) 914

व्याख्यात्मक उत्तर

1. (*d*) : शब्द को कूटबद्ध करने के लिए उसके अक्षरों से वर्ण-माला के क्रम में +3 चरण आगे के अक्षर लिए गए हैं।

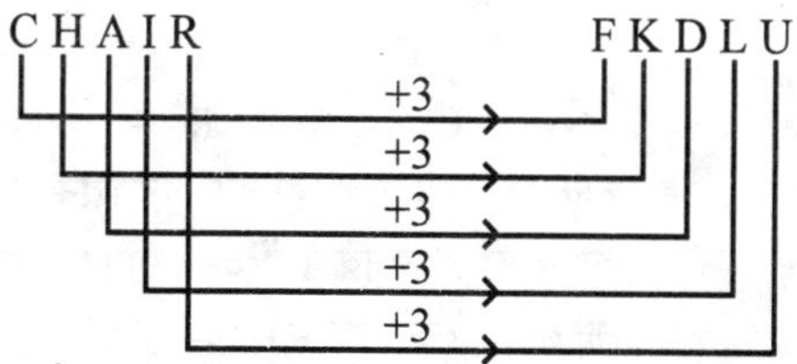

इसी प्रकार,

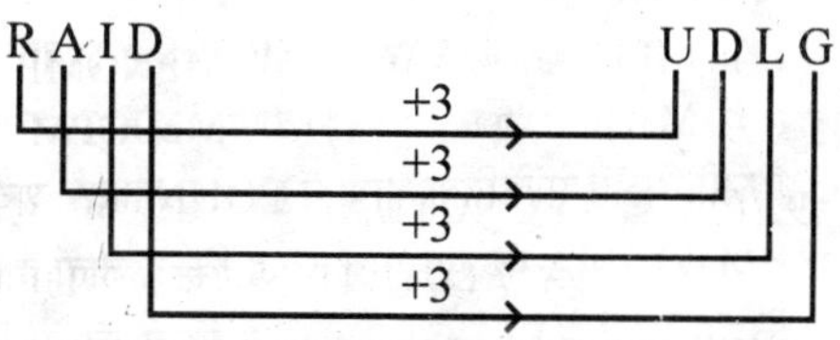

2. (*d*) : इस शब्द में दूसरे और तीसरे अक्षर एक दूसरे के स्थान पर आ जाते हैं और पांचवे और छठे अक्षरों द्वारा भी इसी नियम का पालन किया जाता है। शेष अक्षरों का स्थान अपरिवर्तित रहता है।

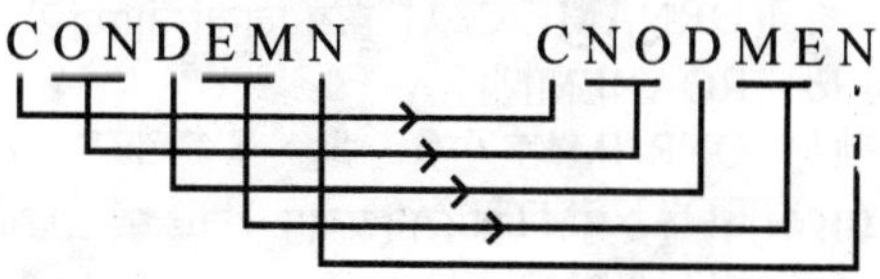

इसी प्रकार,

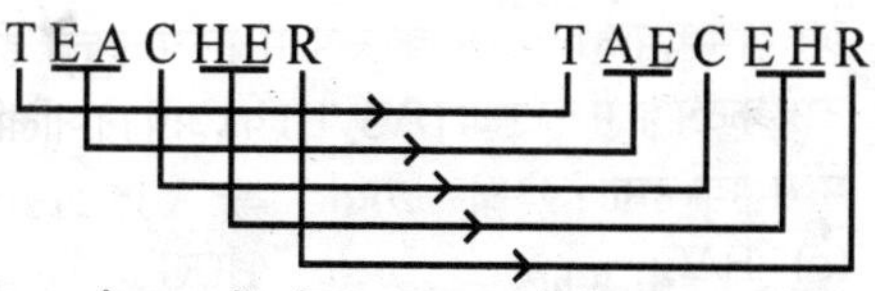

3. (*d*) : शब्द के अक्षरों को कूटबद्ध करने के लिए वर्णमाला के उलटे क्रम में समान स्थान वाले अक्षरों को लिया गया है।

C O M E → वर्णमाला के सीधे क्रम में अक्षर
X L N V → वर्णमाला के उलटे क्रम में समान स्थान वाले अक्षर
↓ ↓ ↓ ↓
3रा 15वां 13वां 5वां → वर्णमाला में अक्षरों का स्थान

A B L E → वर्णमाला के सीधे क्रम में अक्षर
Z Y O V → वर्णमाला के उलटे क्रम में समान स्थान वाले अक्षर
↓ ↓ ↓ ↓
1ला 2रा 12वां 5वां → वर्णमाला के अक्षरों का स्थान

इसी प्रकार,

M O L L Y → वर्णमाला के सीधे क्रम में अक्षर
N L O O B → वर्णमाला के उलटे क्रम में समान स्थान वाले अक्षर
↓ ↓ ↓ ↓ ↓
13वां 15वां 12वां 12वां 25वां → वर्णमाला में अक्षरों का स्थान

4. (*a*) : शब्द के अक्षरों को कूटबद्ध करने के लिए वर्णमाला के उलटे क्रम में समान स्थान वाले अक्षरों को लिया गया है।

A C T I O N → वर्णमाला के सीधे क्रम में अक्षर
Z X G R L M → वर्णमाला के उलटे क्रम में समान स्थान वाले अक्षर
↓ ↓ ↓ ↓ ↓ ↓
1ला 3रा 20वां 9वां 15वां 14वां वर्णमाला में अक्षरों का स्थान

इसी प्रकार,

H E A L T H → वर्णमाला के क्रम में अक्षर

S V Z O G S → वर्णमाला के उलटे क्रम में समान स्थान वाले अक्षर

↓ ↓ ↓ ↓ ↓ ↓

8वां 5वां 1ला 12वां 20वां 8वां → वर्णमाला में अक्षरों का स्थान

5. (d) : EQUATE शब्द के अक्षर EARTHQUAKE शब्द से लिए गए हैं।

उत्तर कूट प्राप्त करने के लिए कूटबद्ध शब्द से अक्षरों का मिलान करें।

E A R T H Q U A K E → अक्षर

M O G P E N J O S M → कूट

E QUA T E→ कूटबद्ध किए जाने वाले अक्षर

M N J O PM→ उत्तर कूट

6. (d) : शब्द को कूटबद्ध करने के लिए शब्द के अक्षरों से वर्णमाला के क्रम में क्रमश: 2 चरण आगे और दो चरण पीछे के अक्षर लिए गए हैं।

C O U N T R Y E M W L V P A

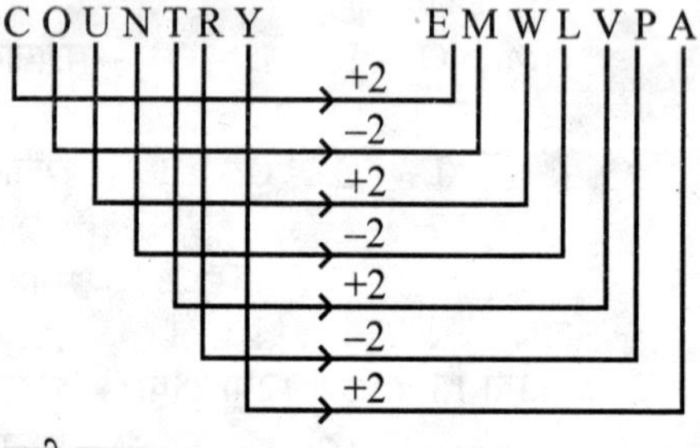

इसी प्रकार,

ELECTORATE GJGAVMTYVC

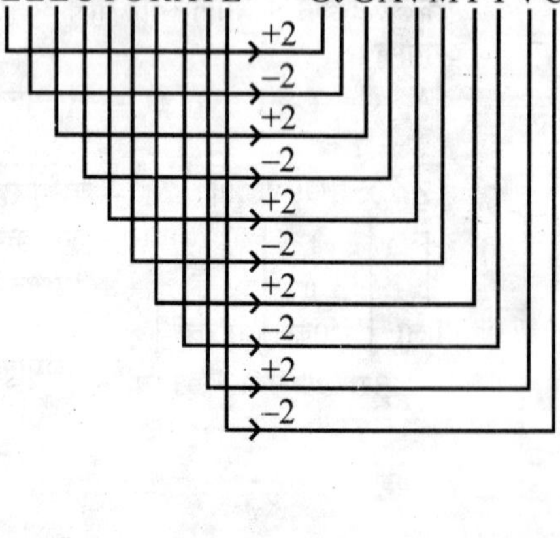

7. (c) : शब्द को कूटबद्ध करने के लिए उसके दो क्रमागत अक्षरों को एक दूसरे के स्थान पर लिखा जाता है।

PH IL OS OP HY HP LI SO PO YH

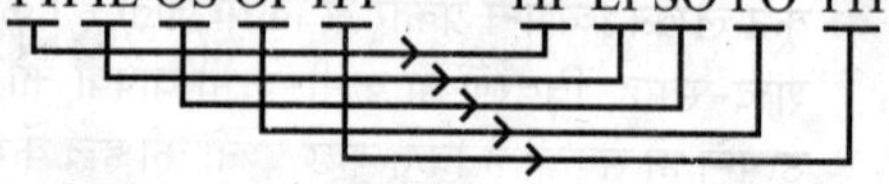

इसी प्रकार,

OR NA ME NT AL RO AN EM TN LA

8. (b) : कूटबद्ध शब्द का अर्थ-निर्वचन निम्नलिखित रूप में किया गया है :

↓ OP ↓ FG ↓ BC ↓ ST → कूट

N E A R → दिया गया शब्द

अत: कूटबद्ध शब्द का अर्थ-निर्वचन करने के लिए वर्णमाला के अनुक्रम में दो क्रमागत अक्षरों से पहले के अक्षर लिए जाते हैं।

इसी प्रकार,

↓ IJ ↓ VW ↓ HI → दिया गया शब्द

H U G → उत्तर शब्द

9. (b) : शब्द PUNCTUAL के अक्षरों को यादृच्छिक क्रम में लेकर ACTUPULN शब्द लिखा गया है।

इसी प्रकार संख्या कूट भी लिखा जाएगा

P U N C T U A L → दिया गया शब्द

1 6 5 9 8 6 2 3 → कूट

इसी प्रकार,

A C T U P U L N → कूटबद्ध किया जाने वाला शब्द

2 9 8 6 1 6 3 5→ उत्तर कोड

10. (d) : कूट लेखन के लिए प्रयोग में लाई गई संख्याएं वर्णमाला के सीधे क्रम (ABCD...) में अक्षरों के स्थान को सूचित करती है।

O U T → OUT

↓ ↓ ↓

15वां 21वां 20वां → 152120

इसी प्रकार,

I N → IN

↓ ↓

9वां 14वां → 914

भाग-II

कूट लेखन विभिन्न प्रकार से किया जाता है। कूटभाषा का प्रयोग न केवल शब्दों और संख्याओं के लिए किया जाता है बल्कि किसी शब्द-समूह, विवरण या कभी-कभी वाक्यों को भी कूटभाषा द्वारा संप्रेषित किया जाता है। इस प्रकार की कूटभाषा से भ्रम की स्थिति उत्पन्न हो सकती है किंतु कुछ प्रश्नों को हल कर लेने के बाद ऐसी कूटभाषा को समझना और हल करना अत्यंत सरल हो जाता है। इस प्रकार की कूटभाषा पर आधारित प्रश्नों को हल करने के लिए अक्षरों को गिनने या छोड़ने अथवा गणितीय परिकलनों की श्रमसाध्य प्रक्रिया को अपनाने की आवश्यकता नहीं होती बल्कि इनके लिए तेजी से मिलान करने या सादृश्यता स्थापित करने की क्षमता ही अपेक्षित होती है। कूट के रूप में अक्षरों या संख्याओं का प्रयोग किया जा सकता है।

हल किए गए उदाहरण

1. यदि किसी कूटभाषा में 'ra mei ket' का अर्थ है 'he is rich'; 'rui pha jeu' का अर्थ है 'run for money'; और 'pha rui ket' का अर्थ है 'money for rich' उस कूटभाषा में 'rich' के लिए निम्नलिखित में से किस कूट का प्रयोग किया गया है?

(*a*) ra (*b*) pha (*c*) ket (*d*) jeu

उत्तर (*c*) : दी गई जानकारी है :

कूट	**वाक्य**
1. ra mei *ket*	he is *rich*
2. rui pha jeu	run for money
3. pha rui *ket*	money for *rich*

कूटों और वाक्यों की तुलना करने पर यह स्पष्ट होता है कि वाक्य 1 और 3 दोनों में 'rich' शब्द है और दोनों ही वाक्यों में इसके लिए 'ket' शब्द का प्रयोग किया गया है।

2. यदि किसी कूटभाषा में 'ni ra ge' का अर्थ है 'who are you'; 'boi wo dur' का अर्थ है 'going far away'; और 'wo ge chi' का अर्थ है 'you went away' तो उस कूटभाषा में 'went' के लिए निम्नलिखित में से किस कूट का प्रयोग किया गया है?

(*a*) ra (*b*) chi (*c*) wo (*d*) boi

उत्तर (*b*) : दी गई सूचना है :

कूट	**वाक्य**
1. ni ra *ge*	who are *you*
2. boi *wo* dur	going far *away*
3. *wo ge* **chi**	*you* **went** *away*

'went' शब्द केवल तीसरे वाक्य में है। 'you' शब्द पहले और तीसरे दोनों वाक्यों में है जिसके लिए इन वाक्यों में 'ge' कूट का प्रयोग किया गया है। शब्द 'away' दूसरे और तीसरे दोनों वाक्यों में है जिसके लिए 'wo' कूट का प्रयोग किया गया है। एकमात्र 'chi' कूट ही ऐसा बचता है जिसका अर्थ 'went' है।

अभ्यास

निर्देश (प्र.सं. 1–10): *नीचे के प्रत्येक प्रश्न में कूटलेखन के पैटर्न को ध्यान से देखें और दिए गए विकल्पों में से सही उत्तर का चयन करें।*

1. यदि किसी कूटभाषा में (a) 'go ju mi' का अर्थ है 'plenty of money'; (b) pao ju go nei vu' का अर्थ है 'money creates lots of problems'; (c) 'kol vu nei' का अर्थ है 'problems create tension'; और (d) 'sol tun ju haw' का अर्थ है 'still money is needed' तो उस कूट भाषा में निम्नलिखित में से किसका अर्थ 'money' है?

(*a*) nei (*b*) ju
(*c*) haw (*d*) go

2. किसी कूटभाषा में (a) 'FOR' का अर्थ है 'old is gold'; (b) 'ROT' का अर्थ है 'gold is pure'; (c) 'ROM' का अर्थ है 'gold is costly'। इसी कूटभाषा में 'pure old gold is costly' कैसे लिखा जाएगा?

(*a*) TFROM (*b*) FOTRM
(*c*) FTORM (*d*) TOMRF

3. यदि किसी कूटभाषा में '415' का अर्थ है 'milk is hot'; '18' का अर्थ है 'hot soup'; और '895' का अर्थ है 'soup is tasty' तो उसी कूटभाषा में 'tasty' शब्द किस संख्या द्वारा निरूपित होगा?

(*a*) 9 (*b*) 8
(*c*) 5 (*d*) 4

4. यदि किसी कूटभाषा में '643' का अर्थ है 'she is beautiful', '593' का अर्थ है 'he is handsome', और '567' का अर्थ है 'handsome meets beautiful' तो उसी कूटभाषा में 'meets' शब्द निम्नलिखित में से किस संख्या द्वारा सूचित होगा?

(*a*) 5 (*b*) 3
(*c*) 7 (*d*) 6

5. किसी कूटभाषा में (a) 'dugo hui mul zo' का अर्थ है 'work is very hard'; (b) 'hui dugo ba ki' का अर्थ है 'Bingo is very smart'; (c) 'nano mul dugo' का अर्थ है 'cake is hard', और (d) 'mul ki qu' का अर्थ है 'smart and hard' इस कूट भाषा में 'Bingo' के लिए किस कूटशब्द का प्रयोग किया गया है?

(*a*) jalu (*b*) dugo
(*c*) ki (*d*) ba

6. किसी कूटभाषा में (a) 'pic vic nic' का अर्थ है 'winter is cold'; (b) 'to nic re' का अर्थ है 'summer is hot'; (c) 're pic boo' का अर्थ है 'winter and summer' और (d) 'vic tho pa' का अर्थ है 'nights are cold' इस कूटभाषा में 'summer' के लिए किस कूटशब्द का प्रयोग किया जाता है?

(*a*) nic (*b*) boo
(*c*) to (*d*) re

7. किसी कूटभाषा में (a) 'mx das sci' का अर्थ है 'good little frock'; (b) 'jm coz sci' का अर्थ है 'girl behaves good'; (c) 'ngv drs coz' का अर्थ है 'girl makes mischief'; और (d) 'das gp coz' का अर्थ है 'little girl fell' इस कूटभाषा में 'frock' के लिए किस कूट शब्द का प्रयोग किया गया है?

(*a*) mx (*b*) das
(*c*) sci (*d*) gp

8. किसी कूटभाषा में 'mu mit es' का अर्थ है 'who is she' और 'elb mu es' का अर्थ है 'where is she' इस कूटभाषा में 'where' के लिए किस कूटशब्द का प्रयोग किया जाता है?

(*a*) es (*b*) elb
(*c*) mu (*d*) mit

9. किसी कूटभाषा में '069' का अर्थ है 'grapes are sweet', '476' का अर्थ है 'very sweet fruit' और '509' का अर्थ है 'grapes are ripe'। इस कूटभाषा में निम्नलिखित में से किस अंक से 'ripe' शब्द सूचित होता है?

(*a*) 0 (*b*) 5
(*c*) 9 (*d*) 7

10. किसी कूटभाषा में 'roi ja kyo twa' का अर्थ है 'Moody is writing letters', 'pok ju ja twa' का अर्थ है 'Woody is writing cards', 'trn kyo pos un' का अर्थ है 'they are writing letters', और 'koi rus pok' का अर्थ है 'gifts and cards'। इसी कूटभाषा में 'Moody' के लिए किस कूटशब्द का प्रयोग किया गया है?

(*a*) ja (*b*) twa
(*c*) roi (*d*) kyo

व्याख्यात्मक उत्तर

1. (*b*):

	कूट	वाक्य
1.	go *ju* mi	plenty of *money*
2.	pao *ju* go nei vu	*money* creates lots of problems
3.	kol vu nei	problems create tension
4.	sol tun *ju* haw	still *money* is needed

ऊपर के पहले, दूसरे और चौथे कूटों और संबंधित वाक्यों में 'ju' शब्द और उसके लिए 'money' शब्द लिखा गया है।

2. (*a*) :

कूट	वाक्य
1. FOR	old is gold

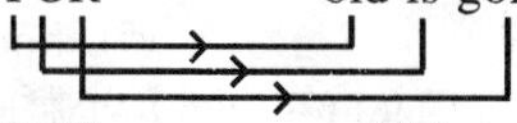

कूट	वाक्य
2. ROT	gold is pure

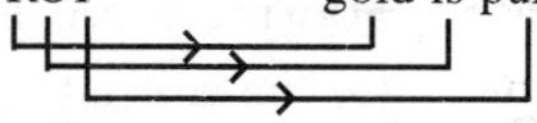

कूट	वाक्य
3. ROM	gold is costly

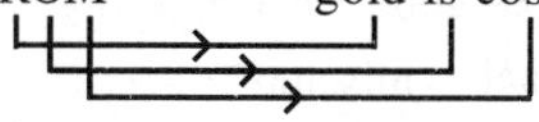

अतः,

F का अर्थ है old

O का अर्थ है is

R का अर्थ है gold

T का अर्थ है pure

M का अर्थ है costly

अतः 'pure old gold is costly' को 'TFROM' द्वारा व्यक्त किया जाएगा।

3. (*a*) :

कूट	वाक्य
1. 415	milk is hot
2. 18	hot soup
3. 895	soup is *tasty*

तीसरे कूट और उससे संबंधित वाक्य में दी गई न तो संख्या '9' और न ही शब्द 'tasty' को किसी अन्य कूट और वाक्य में दोहराया गया है।

4. (*c*) :

कूट	वाक्य
1. 643	she is beautiful
2. 593	he is handsome
3. 567	handsome *meets* beautiful

तीसरे कूट और उससे संबंधित वाक्य में दी गई न तो संख्या '7' और न ही शब्द 'meets' को किसी अन्य कूट और वाक्य में दोहराया गया है।

5. (*d*) :

कूट	वाक्य
1. *dugo hui* mul zo	work *is very* hard
2. *hui dugo* **ba** *ki*	**Bingo** *is very smart*
3. nano mul *dugo*	cake is *hard*
4. mul *ki* qu	*smart* and hard

दूसरे कूट और संबंधित वाक्य में निहित न तो 'ba' और न ही अर्थ शब्द 'Bingo' की पुनरावृत्ति होती है। (जिन शब्दों की पुनरावृत्ति होती है उन्हें तिरछे अक्षरों में लिखा गया है)

6. (*d*) :

कूट	वाक्य
1. pic vic nic	winter is cold
2. to nic *re*	*summer* is hot
3. *re* pic boo	winter and *summer*
4. vic tho pa	nights are cold

शब्द 'summer' और कूट 're' की दूसरे और तीसरे वाक्यों में पुनरावृत्ति होती है।

7. (*a*) :

कूट	वाक्य
1. **mx** *das sci*	*good little* **frock**
2. jm coz *sci*	girl behaves *good*
3. ngv drs coz	girl makes mischief
4. *das* gp coz	*little* girl fell

शब्द 'frock' केवल पहले वाक्य में है। कूट शब्द 'das' को चौथे वाक्य में और 'sci' को दूसरे वाक्य में दोहराया गया है। अतः स्पष्ट है कि 'frock' के लिए कूट शब्द 'mx' का प्रयोग किया गया है।

8. (*b*) :

कूट	वाक्य
1. *mu* mit *es*	who *is she*
2. **elb** *mu* es	**where** *is she*

कूट शब्दों 'mu' और 'es' को दोनों वाक्यों में दोहराया गया है। केवल कूट शब्द 'elb' ही बचता है जिसका अर्थ 'where' है।

9. (*b*) :

कूट	वाक्य
1. 069	*grapes are* sweet
2. 476	very sweet fruit
3. **509**	*grapes are* **ripe**

पहले और तीसरे वाक्यों में कूट संख्याओं '0' और '9' की पुनरावृत्ति होती है। अतः स्पष्ट है कि शेष कूट संख्या '5' का ही 'ripe' के लिए प्रयोग किया गया है।

10. (*c*) :

कूट	वाक्य
1. **roi** *ja kyo twa*	**Moody** *is writing letters*
2. pok ju *ja twa*	Woody *is writing* cards
3. trn *kyo* pos un	they are writing *letters*
4. koi rus pok	gifts and cards

'Moody' शब्द केवल पहले वाक्य में है। पहले वाक्य के कूट शब्दों 'ja' और 'twa' की दूसरे वाक्य में पुनरावृत्ति होती है और 'kyo' की तीसरे वाक्य में पुनरावृत्ति होती है। केवल कूट शब्द 'roi' ही बचता है जिसका अर्थ 'Moody' है।

भाग-III

एक अन्य प्रकार के कूट लेखन में किसी शब्द को कूट नाम दिए जाते हैं जिन्हें आगे भी कूटबद्ध किया जाता है। इस पैटर्न पर आधारित प्रश्न अर्थहीन प्रतीत हो सकते हैं किंतु कूट यथार्थता की बुनियादी बातों से हट कर नहीं होने चाहिए।

हल किए गए उदाहरण

1. यदि किसी कूट भाषा में 'केला' को 'जेली' कहा जाए, 'जेली' को 'हरा' कहा जाए, 'हरा' को 'सेब' कहा जाए, 'सेब' को 'आम' कहा जाए तो उसी कूटभाषा में पत्ते के रंग को क्या कहेंगे?

(*a*) हरा (*b*) आम (*c*) सेब (*d*) केला

उत्तर (*c*) : पत्ता हरे रंग का होता है और प्रश्न में उल्लिखित कूटों के अनुसार 'हरा' को 'सेब' कहा जाता है।

2. यदि 'धूसर' को 'भूरा', 'सफेद' को 'गुलाबी', 'लाल' को 'धूसर', 'काला' को 'लाल' और 'भूरा' को 'सफेद' कहा जाए तो 'कोयला' किस रंग का है?

(*a*) भूरा (*b*) सफेद (*c*) काला (*d*) लाल

उत्तर (*d*) : 'कोयला' काले रंग का होता है और प्रश्न में दिए गए कूटों के अनुसार 'काला' को 'लाल' कहा जाता है।

अभ्यास

निर्देश (प्र.सं. 1–10): *प्रत्येक प्रश्न में दी गई कूटबद्ध सूचना को अच्छी तरह समझें और दिए गए विकल्पों में से सही उत्तर का चयन करें।*

1. यदि किसी कूटभाषा में 'पानी' को 'नीला', 'नीला' को 'लाल', 'लाल' को 'सफेद', 'सफेद' को 'आकाश', 'आकाश' को 'वर्षा', 'वर्षा' को 'हरा', 'हरा' को 'हवा' और 'हवा' को 'मेज' कहा जाए, तो इस कूटभाषा में दूध के रंग को क्या कहेंगे?

(*a*) सफेद (*b*) वर्षा
(*c*) आकाश (*d*) हरा

2. यदि किसी कूटभाषा में 'प्रकाश' को 'अंधकार', 'अंधकार' को 'हरा', 'हरा' को 'नीला', 'नीला' को 'लाल', 'लाल' को 'सफेद' और 'सफेद' को 'पीला' कहा जाता हो तो इस कूटभाषा में रक्त का रंग क्या कहलाएगा?

(*a*) लाल (*b*) अंधकार
(*c*) सफेद (*d*) पीला

3. यदि किसी कूटभाषा में 'आकाश' को 'समुद्र', 'समुद्र' को 'पानी', 'पानी' को 'हवा', 'हवा' को 'बादल' और 'बादल' को 'नदी' कहा जाता हो तो प्यास लगने पर इस कूटभाषा में पीने के लिए किस चीज की मांग करेंगे?

(*a*) आकाश (*b*) हवा
(*c*) पानी (*d*) समुद्र

4. यदि किसी कूटभाषा में 'पीला' का अर्थ 'लाल', 'सफेद' का अर्थ 'हरा', 'लाल' का अर्थ 'नारंगी', 'नीला' का अर्थ 'सफेद' और 'हरा' का अर्थ 'नीला' हो तो उस कूटभाषा में आकाश का रंग क्या है?

(*a*) सफेद (*b*) हरा
(*c*) नीला (*d*) पीला

5. यदि किसी कूटभाषा में 'घर' को 'झोपड़ी', 'झोपड़ी' को 'नहर', 'नहर' को 'स्कूल', 'स्कूल' को 'मैदान', 'मैदान' को 'सुराही' और 'सुराही' को 'तार' कहा जाए तो इस कूटभाषा में छात्रों के पढ़ने की जगह को क्या कहेंगे?

(*a*) मैदान (*b*) सुराही
(*c*) झोपड़ी (*d*) स्कूल

6. यदि किसी कूटभाषा में 'बिल्ली' को 'घोड़ा', 'घोड़ा' को 'चूहा', 'कुत्ता' को 'खरगोश', 'खरगोश' को 'बिल्ली', 'चूहा' को 'कुत्ता' और 'शेर' को 'चींटी' कहा जाए तो इस कूटभाषा मे प्रयुक्त कूटों के आधार पर भौंकने वाले पशु को क्या कहेंगे?

(*a*) कुत्ता (*b*) बिल्ली
(*c*) शेर (*d*) खरगोश

7. यदि 'भूमि' को 'झील', 'झील' को 'पत्थर', 'पत्थर' को 'भारी', 'भारी' को 'स्टेडियम', 'स्टेडियम' को 'महासागर', 'महासागर' को 'वर्षा' और 'वर्षा' को 'आग' कहा जाए तो क्रिकेट के टेस्ट मैच खेले जाने वाले स्थान क्या कहलाते हैं ?
(*a*) भारी (*b*) महासागर
(*c*) पत्थर (*d*) भूमि

8. यदि किसी कूटभाषा में 'चिड़िया' को 'राजा', 'राजा' को 'फूल', 'फूल' को 'घन', 'घन' को 'मेज', 'मेज' को 'मनुष्य' और 'मनुष्य' को 'चिड़िया' कहा जाए तो इस कूटभाषा में 'गुलाब' क्या है ?
(*a*) मेज (*b*) फूल
(*c*) घन (*d*) मनुष्य

9. यदि किसी कूटभाषा में 'पानी' को 'पत्थर', 'पत्थर' को 'तेल', 'तेल' को 'हवा', 'हवा' को 'लकड़ी', 'लकड़ी' को 'गैस' और 'गैस' को 'द्रव' कहा जाए तो इस कूटभाषा में फर्नीचर किस चीज से बनता है ?
(*a*) गैस (*b*) हवा
(*c*) तेल (*d*) द्रव

10. यदि किसी कूटभाषा में 'पिंजड़ा' को 'रॉकेट', 'रॉकेट' को 'फंदा', 'फंदा' को 'ग्रह', 'ग्रह' को 'हवाई जहाज', 'हवाई जहाज' को 'साइकिल' और 'साइकिल' को 'कार' कहा जाए तो इस कूटभाषा में पृथ्वी को क्या कहेंगे ?
(*a*) साइकिल (*b*) रॉकेट
(*c*) ग्रह (*d*) हवाई जहाज

व्याख्यात्मक उत्तर

1. (*c*) : दूध का रंग 'सफेद' होता है और इस कूटभाषा में 'सफेद' को 'आकाश' कहते हैं।

2. (*c*) : रक्त का रंग 'लाल' होता है और इस कूटभाषा में 'लाल' को 'सफेद' कहते हैं।

3. (*b*) : प्यास लगने पर हम 'पानी' पीते हैं और इस कूटभाषा में 'पानी' को 'हवा' कहते हैं।

4. (*a*) : आकाश का रंग 'नीला' होता है और नीला का अर्थ 'सफेद' है।

5. (*a*) : छात्र 'स्कूल' में पढ़ते हैं और 'स्कूल' को इस कूटभाषा में 'मैदान' कहा जाता है।

6. (*d*) : भौंकने वाला पशु 'कुत्ता' है और 'कुत्ता' को इस कूटभाषा में 'खरगोश' कहते हैं।

7. (*b*) : टैस्ट मैच 'स्टेडियम' में खेले जाते हैं और 'स्टेडियम' को इस कूटभाषा में 'महासागर' कहा जाता है।

8. (*c*) : गुलाब एक 'फूल' है और 'फूल' को इस कूटभाषा में 'घन' कहा जाता है।

9. (*a*) : फर्नीचर 'लकड़ी' से बनता है और 'लकड़ी' को इस कूटभाषा में गैस कहते हैं।

10. (*d*) : पृथ्वी एक 'ग्रह' है 'ग्रह' को इस कूटभाषा में हवाई जहाज कहते हैं।

कथन विश्लेषण
(STATEMENT ANALYSIS)

तर्कबुद्धि परीक्षण से संबंधित इस प्रकार के प्रश्नों में कुछ कथन दिए जाते हैं। इन कथनों में कतिपय तथ्यों को अलग-अलग रूपों में तोड़-मरोड़ कर प्रस्तुत किया जाता है। ऐसे प्रश्नों को हल करने के लिए अभ्यर्थियों से यह अपेक्षा की जाती है कि वे दिए गए कथनों का विश्लेषण करें, दिए गए तथ्यों को सुव्यवस्थित और वर्गीकृत करें तथा तत्पश्चात् दिए गए कथनों से संबंधित प्रश्नों के उत्तर दें।

हल किए गए उदाहरण

1. आइसक्रीम बर्फ के समान ठंडा होता है। बर्फ ओले जितनी ठंडी नहीं होती। हिमकण बर्फ जितने ठंडे नहीं होते किंतु ये आइसक्रीम से अधिक ठंडे होते हैं। इनमें से सर्वाधिक ठंडा क्या है?

(*a*) ओला (*b*) आइसक्रीम (*c*) हिमकण (*d*) हिम

उत्तर (*a*) : ठंडक में वृद्धि को दर्शाने वाला क्रम है—आइसक्रीम, बर्फ, हिमकण, हिम, ओला।

2. नीचे दिए गए कथन को सावधानीपूर्वक पढ़ें और पूछे गए प्रश्नों (*i*) और (*ii*) के उत्तर दें :

पांच आदमी जिनमें से एक वजनी, दूसरा मोटा, तीसरा दुबला-पतला, चौथा नाटा और पांचवां लंबा है, एक दूसरे के पीछे दौड़ रहे हैं। वजनी और लंबे आदमियों में से एक तो कलाकार है और दूसरा बातुनी। दुबला-पतला आदमी जो बुद्धिमान भी है, बीच में दौड़ रहा है। नाटा आदमी काला नहीं है और गोरे रंग का आदमी दुबले-पतले आदमी से आगे दौड़ रहा है। वजनी आदमी जो कलाकार नहीं है, मोटे आदमी के सामने दौड़ रहा है।

(*i*) गोरा कौन है?

(*a*) लंबा आदमी (*b*) मोटा आदमी (*c*) नाटा आदमी (*d*) वजनी आदमी

उत्तर : (*b*)

(*ii*) लंबा आदमी क्या है?

(*a*) बुद्धिमान (*b*) बातुनी (*c*) कलाकार (*d*) काला

उत्तर : (*c*)

पांचों आदमियों के गुणों का चार्ट इस प्रकार है :

वजनी आदमी बातुनी है।

मोटा आदमी गोरा है।

दुबला-पतला आदमी बुद्धिमान है।

नाटा आदमी काला नहीं है।

लंबा आदमी कलाकार है।

अभ्यास

1. A, B, C, D और E पांच मित्र हैं जिनमें से A का वजन B से अधिक है, C का वजन D से कम है, B का वजन D से कम है किंतु E से अधिक है। इनमें से किसका वजन सबसे अधिक है?

(*a*) B (*b*) C
(*c*) A (*d*) कहा नहीं जा सकता

2. झांसी की तुलना में पुणे एक बड़ा शहर है, तथा चित्तौड़ की तुलना में सीतापुर एक बड़ा शहर है। रायगढ़ झांसी जितना बड़ा शहर नहीं है किंतु यह सीतापुर की तुलना में बड़ा शहर है। चित्तौड़ सीतापुर जितना बड़ा शहर नहीं है। इनमें से सबसे छोटा शहर कौन है?

(*a*) झांसी (*b*) पुणे
(*c*) चित्तौड़ (*d*) सीतापुर

3. राम के मुकाबले अजय अधिक काम करता है। आलोक और राजू दोनों एक जितना काम करते हैं। पंकज आलोक के मुकाबले कम काम करता है। राम आलोक के मुकाबले अधिक काम करता है। इनमें से सबसे अधिक काम कौन करता है?

(*a*) अजय (*b*) राम
(*c*) आलोक (*d*) राजू

4. विपुल, हंस से लंबा है। हंस, आनंद से लंबा है। आलोक, अशोक से लंबा है। अशोक, हंस से लंबा है। इन पांचों मित्रों से कौन सबसे अधिक लंबा है?

(*a*) विपुल (*b*) आलोक
(*c*) अशोक (*d*) कहा नहीं जा सकता

5. प्रमोद, गोपाल से लंबा है। गोपाल, मधु से कम लंबा है। यह जानने के लिए कि इनमें सबसे अधिक लंबा कौन है, निम्नलिखित में से कौन-सी अतिरिक्त जानकारी आवश्यक है?

(*a*) मधु, गोपाल से लंबी है
(*b*) मधु, प्रमोद के भाई से कम लंबी है
(*c*) प्रमोद, मधु से लंबा है
(*d*) प्रमोद, मधु के भाई से लंबा है

6. A की आयु B से अधिक है जबकि C और D की आयु E से अधिक है तथा E की आयु A और B की आयुओं के बीच है। यदि C की आयु B की तुलना में अधिक हो तो बताएं कि निम्नलिखित में से कौन-सा कथन अनिवार्यत: सत्य है?

(*a*) E की आयु B से अधिक है
(*b*) A की आयु C से अधिक है
(*c*) C की आयु D से अधिक है
(*d*) D की आयु C से अधिक है

7. विक्रम की लंबाई राजन से अधिक किंतु ऐनी से कम है। जमाल, ऐनी से अधिक लंबा है। सीता, विक्रम से अधिक लंबी है। राजन, सीता से कम लंबा है। इस समूह में सबसे कम लंबाई किसकी है?

(*a*) सीता (*b*) राजन
(*c*) विक्रम (*d*) कहा नहीं जा सकता

8. सुरेश की आयु कमल से उतनी ही अधिक है जितनी कि उसकी आयु प्रबोध से कम है। नवीन और कमल की आयु एक जैसी है। निम्नलिखित में से कौन-सा कथन असत्य है?

(*a*) सुरेश की आयु नवीन से अधिक है
(*b*) कमल की आयु सुरेश से कम है
(*c*) प्रबोध सबसे अधिक आयु का नहीं है
(*d*) नवीन की आयु प्रबोध से कम है

9. प्रमोद आयु में जयेश और सुधीर से बड़ा है। विकास, अनिल से छोटा है। इनमें किसकी आयु सब से अधिक है, यह जानने के लिए निम्नलिखित में से कौन-सी अतिरिक्त जानकारी अपेक्षित है?

(*a*) सुधीर, जयेश से बड़ा है
(*b*) अनिल, जयेश से बड़ा है
(*c*) विकास, प्रमोद से बड़ा है
(*d*) विकास, प्रमोद से छोटा है

10. पांच लड़कों में बसंत, मनोहर से लंबा है किंतु वह राजू जितना लंबा नहीं है। जयंत, दत्ता से लंबा है किंतु मनोहर से उसकी लंबाई कम है। इनमें सबसे अधिक लंबा लड़का कौन है?

(*a*) राजू (*b*) मनोहर
(*c*) बसंत (*d*) कहा नहीं जा सकता

11. A और D एक ही कक्षा में पढ़ते हैं। K और L एक ही कक्षा में पढ़ते हैं। D किस कक्षा में पढ़ता है? इस प्रश्न का उत्तर ज्ञात करने के लिए निम्नलिखित A और B कथनों में से किसमें दी गई सूचना आवश्यक है?

A. D, L से एक कक्षा कम में पढ़ता है
B. A का बड़ा भाई K के साथ पढ़ता है

(*a*) उपर्युक्त A और B दोनों में दी गई सूचनाएं पर्याप्त नहीं हैं
(*b*) उपर्युक्त A और B दोनों में दी गई सूचनाएं अपेक्षित हैं

(*c*) केवल A में दी गई सूचना पर्याप्त है

(*d*) केवल B में दी गई सूचना आवश्यक है

निर्देश (प्र.सं. 12 और 13): (A) गोपाल की लंबाई अशोक से कम किंतु केशव से अधिक है; (B) नवीन की लंबाई केशव से कम है; (C) जयेश की लंबाई नवीन से अधिक है; (D) अशोक की लंबाई जयेश से अधिक है।

12. इनमें सबसे अधिक लंबा कौन है ?

(*a*) गोपाल (*b*) अशोक

(*c*) जयेश (*d*) नवीन

13. उपर्युक्त प्रश्न का उत्तर देने के लिए निम्नलिखित में से कौन-सी सूचना आवश्यक नहीं है ?

(*a*) A (*b*) B

(*c*) C (*d*) D

निर्देश (प्र.सं. 14–16): *नीचे दिए गए कथन को ध्यानपूर्वक पढ़ें और इसमें दी गई सूचना के आधार पर पूछे गए प्रश्नों के उत्तर दें:*

रवि, हरी, मनु और जतिन चार मित्र हैं। इनमें से एक कानपुर में रहता है और उसे लिखने-पढ़ने का शौक है। हरी और जतिन लखनऊ में रहते हैं। हरी को डाक टिकटें एकत्रित करने का शौक है। लखनऊ में रहने वाले दोनों मित्रों में से प्रत्येक को सिक्के एकत्रित करने का शौक है। रवि इलाहाबाद में रहता है। लखनऊ में रहने वाला एक लड़का संगीत सुनना भी पंसद करता है। इलाहाबाद में रहने वाले लड़के को यात्रा करने और कॉमिक्स पढ़ने का शौक है। यदि सभी लड़कों में से प्रत्येक को दो शौक हों तो निम्नलिखित प्रश्नों के उत्तर दें :

14. कानपुर में कौन रहता है ?

(*a*) जतिन (*b*) मनु

(*c*) रवि (*d*) हरी

15. सिक्के एकत्रित करने और संगीत सुनने का शौक निम्नलिखित में से किसे है ?

(*a*) मनु (*b*) रवि

(*c*) हरी (*d*) जतिन

16. निम्नलिखित में से कौन-सा शौक रवि को नहीं है ?

(*a*) कॉमिक्स पढ़ना (*b*) पढ़ना

(*c*) यात्रा करना (*d*) कहा नहीं जा सकता

व्याख्यात्मक उत्तर

1. *(d)* : वजन के घटते क्रम में इन मित्रों को निम्नवत् श्रेणीबद्ध किया जा सकता है : A/D, B/C, E या A/D, B, C/E अत: इन मित्रों में से A या D का वजन सबसे अधिक है।

2. *(c)* : आकार के घटते क्रम में शहरों के नाम हैं: पुणे, झांसी, रायगढ़, सीतापुर, चित्तौड़।

3. *(a)* : इन व्यक्तियों के नामों का इनके द्वारा किए जाने वाले काम की मात्रा के घटते क्रम में निम्नलिखित अनुक्रम होगा :

अजय, राम, आलोक/राजू, पंकज।

4. *(d)* : लंबाई के घटते क्रम में इन व्यक्तियों के नाम हैं : विपुल/आलोक, अशोक, हंस, आनंद। अत: विपुल या आलोक में से कोई एक सबसे अधिक लंबा है।

5. *(c)* : दी गई सूचना के अनुसार प्रमोद और मधु दोनों ही गोपाल से अधिक लंबे हैं। विकल्प *(c)* में दी गई जानकारी से ही यह पता चलता है कि सबसे अधिक लंबा कौन है।

6. *(a)* : आयु के घटते क्रम में इन व्यक्तियों को निम्नवत् विन्यस्त किया जा सकता है :

A/C/D, E, B.

7. *(b)* : लंबाई के घटते क्रम में इन व्यक्तियों को निम्नवत् विन्यस्त किया जा सकता है:

जमाल/सीमा, ऐनी, विक्रम, राजन

या

जमाल, सीता/ऐनी, विक्रम, राजन

8. *(c)* : आयु के घटते क्रम में इन व्यक्तियों को निम्नवत् विन्यस्त किया जा सकता है :

प्रबोध, सुरेश, कमल/नवीन

9. *(c)* : आयु के घटते क्रम में इन व्यक्तियों को निम्नवत् विन्यस्त किया जा सकता है:

1. प्रमोद, जयेश/सुधीर और 2. अनिल, विकास

विकल्प (c) इन दोनों कथनों के बीच संबंध स्थापित करता है।

10. *(a)* : लंबाई के घटते क्रम में इन लड़कों को निम्नवत् विन्यस्त किया जा सकता है:

राजू, बसंत, मनोहर, जयंत, दत्ता

11. *(a)* : दोनों में से किसी भी कथन में उपयोगी सूचना नहीं दी गई है।

12. *(b)* : लंबाई के घटते क्रम में इन व्यक्तियों को निम्नवत् विन्यस्त किया जा सकता है:

अशोक, गोपाल/जयेश, केशव, नवीन

या

अशोक, गोपाल, केशव/जयेश, नवीन

13. *(c)* **14. *(b)*** **15. *(d)*** **16. *(b)***

स्थान व्यवस्थीकरण
(PLACE ARRANGEMENT)

स्थान व्यवस्थीकरण का सामान्य अर्थ है दी गई सूचनाओं के आधार पर व्यक्तियों या वस्तुओं का स्थान-क्रम निर्धारित करना। इसके लिए आवश्यक है कि स्थान-क्रम को अच्छी तरह समझा जाए और तत्पश्चात् दिए गए प्रश्नों को उपलब्ध कराई गई सूचना के आधार पर हल करने का प्रयास किया जाए।

हल किए गए उदाहरण

1. पांच लड़के एक सीढ़ी पर चढ़ रहे हैं। सीढ़ी पर डेविड लड़कों के बीच में है। कार्तिक सबसे पीछे है। अनमोल नीतिन से आगे है जो अनमोल और डैनी दोनों के पीछे है। सीढ़ी पर सबसे आगे कौन है?

(*a*) डैनी (*b*) अनमोल

(*c*) डैनी या अनमोल (*d*) कहा नहीं जा सकता

उत्तर (*c*) : लड़कों के सीढ़ी पर चढ़ने का निम्नलिखित क्रम है :

डैनी		अनमोल
अनगोल		डैनी
डेविड	या	डेविड
नीतिन		नीतिन
कार्तिक		कार्तिक

अत: इस बात की पूर्ण संभावना है कि सीढ़ी पर सबसे आगे डैनी या अनमोल है।

2. पांच व्यक्ति किसी पंक्ति में एक दूसरे के पीछे चल रहे हैं। पंक्ति में सबसे आगे और सबसे पीछे चल रहे व्यक्तियों में एक व्यक्ति बुद्धिमान और दूसरा मूर्ख है। एक नाटे व्यक्ति के पीछे एक मजबूत कद काठी का व्यक्ति चल रहा है। मूर्ख व्यक्ति के सामने एक दुबला व्यक्ति चल रहा है। नाटा व्यक्ति बुद्धिमान व्यक्ति और मजबूत कद काठी के व्यक्ति के बीच में है। पंक्ति में बीचों-बीच कौन चल रहा है?

(*a*) नाटा व्यक्ति (*b*) मजबूत कद-काठी का व्यक्ति

(*c*) दुबला व्यक्ति (*d*) बुद्धिमान व्यक्ति

उत्तर (*b*) : पांचों व्यक्तियों का पंक्ति में स्थान-क्रम निम्नवत् है :

मूर्ख, दुबला व्यक्ति, मजबूत कद-काठी का व्यक्ति, नाटा व्यक्ति, बुद्धिमान व्यक्ति।

अभ्यास

निर्देश (प्र.सं. 1–10): *निम्नलिखित प्रश्नों में व्यवस्थीकरण के पैटर्न को समझें और तत्पश्चात् दिए गए विकल्पों में से सही उत्तर का चयन करें:*

1. पांच लड़के एक पंक्ति में बैठे हैं। रघु, श्याम या अमित की बगल में नहीं बैठा है। अजय, श्याम की बगल में नहीं बैठा है। रघु, मयंक की बगल में बैठा है। यदि मयंक पंक्ति में बीच में बैठा हो तो अजय निम्नलिखित में से किसकी बगल में बैठा है?

(*a*) अमित (*b*) रघु
(*c*) मयंक (*d*) श्याम

2. मिनी, रजनी के दाएं और अनंता के बाएं बैठी है। सत्या, मिनी के दाएं बैठी है किंतु वह जया के बाएं है। यदि सभी लड़कियां उत्तर दिशा की ओर मुंह किए बैठी हों तो इनमें से सबसे बाएं छोर पर कौन बैठी है?

(*a*) जया (*b*) मिनी
(*c*) रजनी (*d*) सत्या

3. किट्टू, मोहन और सोहन के बीच बैठा है। राजू, सोहन की बायीं ओर और श्याम, मोहन की दाहिनी ओर बैठा है। यदि ये सभी मित्र दक्षिण दिशा की ओर मुंह करके बैठे हों, तो सबसे दाहिने छोर पर कौन बैठा है?

(*a*) मोहन (*b*) सोहन
(*c*) किट्टू (*d*) श्याम

4. A, B, C, D और E एक दूसरे के पीछे दौड़ रहे हैं। C, E के निकट नहीं है और A, D के निकट नहीं है। B, A के पीछे है और E, D के निकट नहीं है। इनके बीच में कौन व्यक्ति है?

(*a*) B (*b*) E
(*c*) A (*d*) कहा नहीं जा सकता

5. O, P, Q, R, S और T एक बेंच पर अपनी लंबाई के घटते क्रम में खड़े हैं। P, O से अधिक लंबा है किंतु S से उसकी लंबाई कम है। केवल S ही T से अधिक लंबा है। R, P से कम लंबा है किंतु वह Q से अधिक लंबा है। इनमें किसकी लंबाई सबसे कम है?

(*a*) O (*b*) Q
(*c*) P (*d*) कहा नहीं जा सकता

6. छह मित्र एक गोल घेरे में बैठ कर ताश खेल रहे हैं। केनी, डैनी की बायीं ओर बैठा है। माइकल, बॉब और जॉन के बीच बैठा है। रॉजर, केनी और बॉब के बीच बैठा है। माइकल की दाहिनी ओर कौन बैठा है?

(*a*) डैनी (*b*) जॉन
(*c*) केनी (*d*) बॉब

7. चार लड़कियां A, B, C और D एक गोल घेरे में बैठी हैं। B और C का मुंह एक दूसरे की ओर है। निम्नलिखित कथनों में से कौन-सा निश्चित रूप से सत्य है?

(*a*) A, C की बायीं ओर बैठी है
(*b*) D, C की बायीं ओर बैठी है
(*c*) A और D एक दूसरे के आमने-सामने बैठी हैं
(*d*) A, B और C के बीच नहीं बैठी है

8. 10 पुस्तकों के एक ढेर में 3 पुस्तकें इतिहास की, 3 हिंदी की, 2 गणित की और 2 अंग्रेजी की पुस्तकें हैं। यदि ऊपर से देखा जाए तो इतिहास और गणित की एक-एक पुस्तकों के बीच अंग्रेजी की एक पुस्तक है, गणित और अंग्रेजी की एक-एक पुस्तकों के बीच इतिहास की एक पुस्तक है, अंग्रेजी और गणित की एक-एक पुस्तकों के बीच एक हिंदी की पुस्तक है, हिंदी की दो पुस्तकों के बीच गणित की एक पुस्तक है तथा गणित और इतिहास की एक-एक पुस्तकों के बीच हिंदी की दो पुस्तकें हैं। इस ढेर में किस विषय की पुस्तक ऊपर से छठे स्थान पर है?

(*a*) अंग्रेजी (*b*) हिंदी
(*c*) इतिहास (*d*) गणित

9. पांच व्यक्ति A, B, C, D और E एक पंक्ति में आपकी ओर मुंह करके इस प्रकार बैठे हैं कि D, C की बायीं ओर बैठा है और B, E की दाहिनी ओर बैठा है। A, C की दाहिनी ओर बैठा है और B, D की बायीं ओर बैठा है। यदि E कोने में बैठा हो तो बीच में कौन बैठा है?

(*a*) A (*b*) B
(*c*) C (*d*) D

10. छह मित्र A, B, C, D, E और F एक गोल घेरे में खड़े हैं। B, F और C के बीच में है, A, E और D के बीच में है, F, D की बायीं ओर है। A और F के बीच कौन है?

(*a*) C (*b*) B
(*c*) D (*d*) E

निर्देश (प्र.सं. 11–13): *नीचे दिए गए कथन को ध्यानपूर्वक पढ़ें और पूछे गए प्रश्नों के उत्तर दें :*

A, B, C, D और E एक पंक्ति में खड़े हैं। पंक्ति के एक छोर पर D और दूसरे छोर पर C है। B, E की दाहिनी ओर खड़ा है। A, C की बायीं ओर खड़ा है तथा E, D और B के बीच खड़ा है।

11. पंक्ति के बीच में कौन खड़ा है ?
(*a*) E (*b*) D
(*c*) B (*d*) A

12. A निम्नलिखित में से किसके बीच खड़ा है ?
(*a*) B और D (*b*) E और B
(*c*) C और E (*d*) B और C

13. B की दाहिनी ओर कौन खड़ा है ?
(*a*) C (*b*) E
(*c*) A (*d*) D

निर्देश (प्र.सं. 14 और 15): *निम्नलिखित कथनों को सावधानी पूर्वक पढ़ें और पूछे गए प्रश्नों के उत्तर दें :*

एक शेल्फ में पांच कमीजें एक ढेर में एक के ऊपर एक रखी हुई हैं। इस ढेर में लाल कमीज नीली कमीज के ऊपर रखी गई है और हरे रंग की कमीज नारंगी रंग की कमीज के नीचे रखी गई है। नीली कमीज नारंगी रंग की कमीज के ऊपर तथा सफेद कमीज हरी कमीज के नीचे रखी गई है।

14. लाल और नारंगी रंग की कमीजों के बीच रखी कमीज किस रंग की है ?
(*a*) सफेद रंग की (*b*) हरे रंग की
(*c*) नीले रंग की (*d*) आंकड़े अपर्याप्त हैं

15. सबसे नीचे किस रंग की कमीज है ?
(*a*) लाल (*b*) सफेद
(*c*) नारंगी (*d*) कहा नहीं जा सकता

निर्देश (प्र.सं. 16–18): *निम्नलिखित प्रश्नों को ध्यानपूर्वक पढ़ें और पूछे गए प्रश्नों के उत्तर दें :*

(*i*) A, B, C, D और E एक पांच मंजिली इमारत में रहते हैं।
(*ii*) B और E भूतल पर नहीं रहते।
(*iii*) D, A से एक मंजिल ऊपर और C से एक मंजिल नीचे के तल पर रहता है
(*iv*) E सबसे ऊपर वाली मंजिल पर नहीं रहता।

16. D किस मंजिल पर रहता है ?
(*a*) दूसरी (*b*) चौथी
(*c*) पांचवीं (*d*) पहली

17. इनमें से कितने व्यक्ति C से ऊपर वाली मंजिल पर रहते हैं ?
(*a*) 3 (*b*) 2
(*c*) 4 (*d*) 1

18. उपर्युक्त दोनों प्रश्नों का उत्तर ज्ञात करने के लिए दिए गए चार कथनों में से किसे छोड़ा जा सकता है ?
(*a*) केवल (*iv*) (*b*) केवल (*ii*) और (*iii*)
(*c*) कोई नहीं (*d*) केवल (*i*)

निर्देश (प्र.सं. 19 और 20): *निम्नलिखित सूचना को ध्यान से पढ़ें और नीचे पूछे गए प्रश्नों के उत्तर दें :*

(*i*) एक मेज पर एक के ऊपर एक मनोविज्ञान, हिंदी, अंग्रेजी, समाज विज्ञान, अर्थशास्त्र, शिक्षाशास्त्र और लेखाशास्त्र विषयों की सात पुस्तकें रखी हैं।
(*ii*) इनमें समाज विज्ञान की पुस्तक सभी पुस्तकों के ऊपर है।
(*iii*) लेखाशास्त्र की पुस्तक शिक्षाशास्त्र की पुस्तक के ठीक नीचे है जो समाज विज्ञान की पुस्तक के ठीक नीचे रखी गई है।
(*iv*) अर्थशास्त्र की पुस्तक मनोविज्ञान की पुस्तक के ठीक ऊपर किंतु सभी पुस्तकों के बीच में नहीं रखी गई है।
(*v*) हिंदी की पुस्तक मनोविज्ञान की पुस्तक के ठीक नीचे रखी गई है।

19. लेखाशास्त्र और हिंदी की पुस्तकों के बीच किन विषयों की तीन पुस्तकें रखी गई हैं ?
(*a*) अर्थशास्त्र, मनोविज्ञान और हिंदी
(*b*) अर्थशास्त्र, मनोविज्ञान और शिक्षाशास्त्र
(*c*) अंग्रेजी, अर्थशास्त्र और मनोविज्ञान
(*d*) कहा नहीं जा सकता

20. अर्थशास्त्र की पुस्तक निम्नलिखित में से किन पुस्तकों के बीच रखी गई है ?
(*a*) लेखाशास्त्र और शिक्षाशास्त्र
(*b*) मनोविज्ञान और हिंदी
(*c*) अंग्रेजी और मनोविज्ञान
(*d*) कहा नहीं जा सकता

व्याख्यात्मक उत्तर

1. (*b*) : पांचों लड़कों के पंक्ति में बैठने का निम्नलिखित क्रम है:
अमित, श्याम, मयंक, अजय, रघु
या
अजय, रघु, मयंक, अमित, श्याम

2. (*c*) : इन सभी लड़कियों के बैठने का निम्नलिखित क्रम है:
रजनी, मिनी, अनंता, सत्या, जया
या
सत्या, जया, अनंता
या
सत्या, अनंता, जया

3. (*d*) : दक्षिण दिशा की ओर मुंह करके बैठने पर इन मित्रों के बैठने का निम्नलिखित क्रम होगा:
श्याम, मोहन, किट्टू, सोहन, राजू

4. *(a)* : दौड़ते समय ये व्यक्ति निम्नलिखित क्रम में एक दूसरे के पीछे होंगे:

E		E
A		A
B	या	B
C		D
D		C

5. *(d)* : लंबाई के घटते क्रम में ये व्यक्ति बेंच पर निम्नलिखित विन्यास में खड़े होंगे:

S		S
T		T
P	या	P
R		R
O		Q
Q		O

इनमें या तो O या फिर Q सबसे छोटा है। दी गई सूचना उत्तर ज्ञात करने के लिए पर्याप्त नहीं है।

6. *(d)* : इन छह मित्रों के बैठने का निम्नलिखित क्रम है:

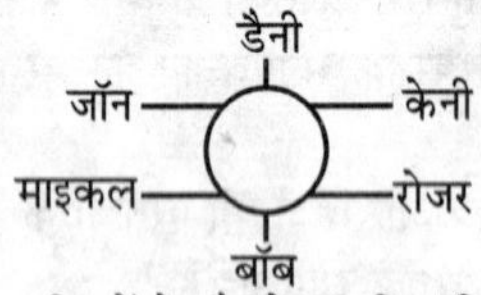

7. *(c)* : इन लड़कियों के बैठने का निम्नलिखित क्रम होगा:

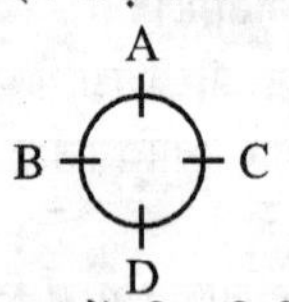

या

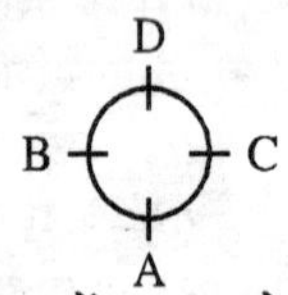

8. *(b)* : पुस्तकें निम्नलिखित विषय-क्रम में एक दूसरे के ऊपर रखी गई हैं:

पहला — इतिहास
अंग्रेजी
गणित
इतिहास
अंग्रेजी
छठा — हिंदी
गणित
हिंदी
हिंदी
दसवां — इतिहास

9. *(d)* : हमारी ओर मुंह किए बैठे इन व्यक्तियों का निम्नलिखित क्रम होगा:
A, C, D, B, E

10. *(c)* : ये मित्र निम्नलिखित क्रम में एक दूसरे की बगल में खड़े हैं

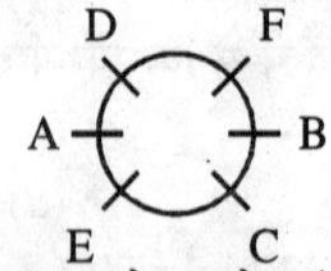

11. *(c)* : प्रश्न संख्या 16 से 18 के संदर्भ में बताए गए पांच व्यक्ति पंक्ति में निम्नलिखित क्रम में खड़े हैं:
D, E, B, A, C.

12. *(d)* **13. *(c)***

14. *(c)* : प्रश्न संख्या 14 और 15 के संदर्भ में शेल्फ में कमीजों को निम्नलिखित क्रम में रखा गया है:

लाल कमीज
नीली कमीज
नारंगी रंग की कमीज
हरे रंग की कमीज
सफेद कमीज

15. *(b)*

प्रश्न संख्या 16 से 18 के संदर्भ में दी गई सूचना के अनुसार पांच मंजिली इमारत में A, B, C, D और E निम्नलिखित क्रम में रहते हैं:

B
E
C
D
A – भूतल

16. *(d)* **17. *(b)*** **18. *(c)***

19. *(c)* : पुस्तकें निम्नलिखित क्रम में एक दूसरे के ऊपर रखी गई हैं:

समाज विज्ञान
शिक्षाशास्त्र
लेखाशास्त्र
अंग्रेजी
अर्थशास्त्र
मनोविज्ञान
हिंदी

20. *(c)*

प्रश्न संख्या 21 से 25 के संदर्भ में दिए गए कथनों के अनुसार आवंटित किए गए फ्लैटों की अवस्थिति निम्नवत् है:

Q	T	S	↑N	इनका मुख्य दरवाजा उत्तर दिशा में खुलता है
U	R	P	↓S	इनका मुख्य दरवाजा दक्षिण दिशा में खुलता है

दिशा ज्ञान परीक्षण
(DIRECTION SENSE)

इस प्रकार के प्रश्न अभ्यर्थियों की सही दिशा-निर्देशों को समझने की योग्यता की जांच करने हेतु पूछे जाते हैं। ऐसे प्रश्न दिशा-चार्ट पर आधारित होते हैं:

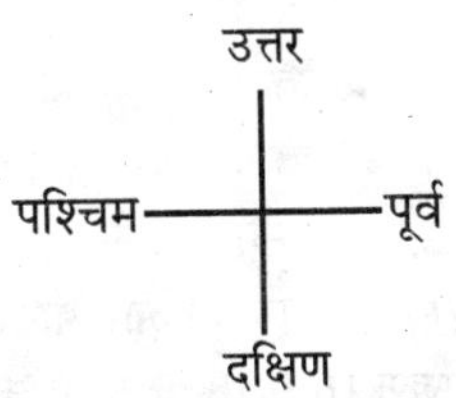

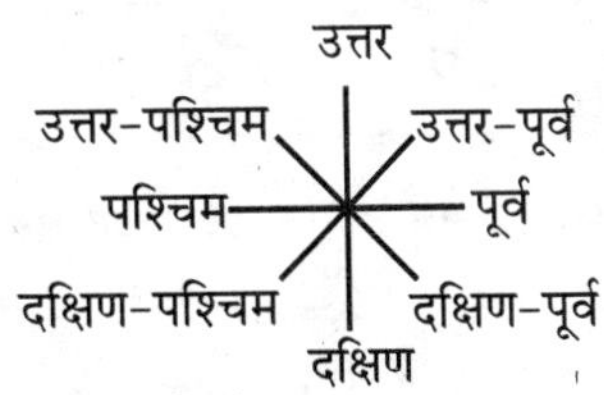

विभिन्न दिशाओं का बोध बाएं या दाएं मोड़ या कोणीय मोड़ों द्वारा निर्देशित होता है।

हल किए गए उदाहरण

1. एक व्यक्ति उत्तर दिशा में चल रहा है। वह दो बार दाहिने मुड़ता है और फिर चलने लगता है अब वह किस दिशा में चल रहा है?

(*a*) उत्तर (*b*) दक्षिण (*c*) पूर्व (*d*) पश्चिम

उत्तर (*b*) :

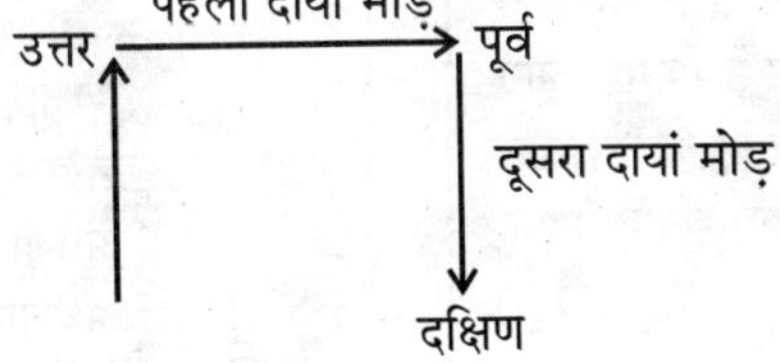

दिशा चार्ट का अनुसरण करने पर यह स्पष्ट होता है कि वह व्यक्ति अब दक्षिण दिशा में चल रहा है।

2. एक व्यक्ति पूर्व दिशा में चल रहा है। वह पहले 45° बाएं और तब 90° दाएं मुड़ता है। अब वह किस दिशा में चल रहा है?

(*a*) उत्तर (*b*) उत्तर-पश्चिम (*c*) दक्षिण-पूर्व (*d*) पश्चिम

उत्तर *(c)* : 45° मोड़ का अर्थ है, सीधी दिशा न होकर दो दिशाओं के बीच में जाना। 90° मोड़ में भी दो दिशाएं शामिल हैं और व्यक्ति उत्तर-पूर्व में न जाकर दक्षिण-पूर्व दिशा में जाने लगता है।

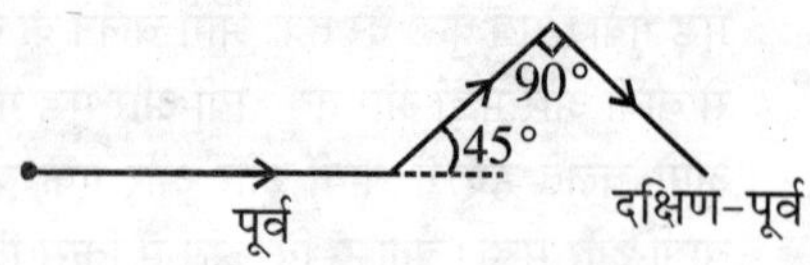

एक दिशा को छोड़कर दूसरी दिशा में जाने पर व्यक्ति किस दिशा में गति कर रहा है, इसे जानने के लिए सही दिशा-निर्देशों को समझने की आवश्यकता है। साथ ही अभ्यर्थियों को कागज पर दिशा की जानकारी होना भी आवश्यक है। दिशा चार्ट की सहायता से दूरियों को भी सरलतापूर्वक मापा जा सकता है।

अभ्यास

निर्देश (प्र.सं. 1–12): *नीचे के प्रत्येक प्रश्न में सही दिशा/दूरी दर्शाने के लिए दिए गए विकल्पों से सही उत्तर का चयन करें।*

1. किट्टू पहले पूर्व दिशा में चलता है और तब दक्षिण दिशा में चलता है। दक्षिण दिशा में कुछ दूरी तय करने के बाद वह पश्चिम दिशा में मुड़ जाता है और तब अपने बाएं मुड़ जाता है। अब वह किस दिशा में चल रहा है?

(a) उत्तर *(b)* दक्षिण

(c) पूर्व *(d)* पश्चिम

2. एक व्यक्ति पश्चिम दिशा में अपनी गाड़ी चला रहा है। वह दक्षिण दिशा में चले इसके लिए उसे निम्नलिखित में से कौन से मोड़ मुड़ने चाहिए?

(a) बायीं ओर, दायीं ओर, दायीं ओर

(b) दायीं ओर, दायीं ओर, बायीं ओर

(c) बायीं ओर, बायीं ओर, बायीं ओर

(d) दायीं ओर, दायीं ओर, दायीं ओर

3. ऋचा अपनी गाड़ी से दक्षिण दिशा में 8 किमी आगे चलकर बायीं ओर मुड़ जाती है और 5 किमी. आगे चलती है। वहां वह एक बार फिर से बायीं ओर मुड़कर 8 किमी. आगे चलती है। अब वह अपने शुरु के स्थान से कितनी दूरी पर है?

(a) 3 किमी.

(b) 5 किमी.

(c) 8 किमी.

(d) 13 किमी.

4. डिंगी अपनी गाड़ी से उत्तर की ओर 40 किमी. की दूरी तय करती है, वहां वह दायीं ओर मुड़कर 50 किमी आगे जाती है जहां वह एक बार फिर से दायीं ओर मुड़कर 30 किमी. आगे जाती है, और तब फिर से दायीं ओर मुड़कर 50 किमी. और आगे जाती है। यहां वह अपने आरंभिक बिंदु से कितनी दूरी पर है?

(a) 90 किमी.

(b) 50 किमी.

(c) 10 किमी.

(d) 5 किमी.

5. देबू पहले पूर्व की ओर और तब उत्तर की ओर चलता है तथा वहां वह 45° दायें मुड़कर कुछ देर आगे चलता है और अंततः बायीं ओर मुड़ जाता है। अब वह किस दिशा में चल रहा है?

(a) उत्तर

(b) पूर्व

(c) दक्षिण-पूर्व

(d) उत्तर-पश्चिम

6. यदि उत्तर का उत्तर-पश्चिम, उत्तर-पश्चिम का पश्चिम, पश्चिम का दक्षिण-पश्चिम और इसी प्रकार अन्य दिशाओं का भी नामकरण किया जाए तो दक्षिण पूर्व को क्या कहा जाएगा?

(a) पूर्व *(b)* पश्चिम

(c) उत्तर-पूर्व *(d)* दक्षिण-पूर्व

7. मैं अपने घर से उत्तर दिशा में 15 मीटर चला, तब पश्चिम दिशा में मुड़कर 10 मीटर और आगे चला, यहां दक्षिण दिशा में मुड़कर मैंने 5 मीटर की एक अन्य दूरी तय की और तब पूर्व की ओर मुड़कर 10 मीटर की दूरी तय की। बताइए कि मैं अपने आरंभिक स्थान से किस दिशा में हूँ?

(a) पूर्व *(b)* पश्चिम

(c) उत्तर *(d)* दक्षिण

8. मैं अपने घर से उत्तर दिशा में चला और तब बायीं ओर मुड़ गया। अब कुछ देर तक आगे चलने के बाद मैं फिर से बायीं ओर मुड़ा और तब दायीं ओर मुड़ गया। बाद में आगे चलते हुए मैं बायीं ओर और एक बार फिर से बायीं ओर मुड़ा। बताइए कि अब मैं किस दिशा में चल रहा हूँ?

(*a*) उत्तर (*b*) दक्षिण
(*c*) पूर्व (*d*) पश्चिम

9. राज पश्चिम दिशा में चल रहा है। वह आगे चलते हुए अपने दाएं, फिर दाएं और तब बाएं, हर बार 135° के कोण पर मुड़ा। बताइए कि अब वह किस दिशा में चल रहा है?

(*a*) उत्तर-पूर्व (*b*) दक्षिण-पूर्व
(*c*) पूर्व (*d*) पश्चिम

10. जतिन अपने घर से उत्तर दिशा में 12 किमी. चलता है। तब वह अपनी दायीं ओर मुड़कर 12 किमी. की एक अन्य दूरी तय करता है। वह एक बार फिर से दायीं ओर मुड़ता है और 12 किमी. की एक अन्य दूरी तय करके बायीं ओर मुड़ता है ओर तब 5 किमी. आगे चलता है। बताइए कि इस समय वह अपने घर से कितनी दूरी पर है और किस दिशा में है?

(*a*) 7 किमी., पूर्व दिशा
(*b*) 10 किमी., पूर्व दिशा
(*c*) 17 किमी., पूर्व दिशा
(*d*) 24 किमी., पूर्व दिशा

11. एक महिला उत्तर दिशा में 12 किमी. चलती है, तब वह दक्षिण दिशा में 6 किमी. चलती है और तत्पश्चात् पूर्व दिशा में 8 किमी चलती है। इस समय वह अपने आरंभिक बिंदु से कितनी दूरी पर है और किस दिशा में चल रही है?

(*a*) 5 किमी., उत्तर-पूर्व (*b*) 5 किमी., पूर्व
(*c*) 10 किमी., उत्तर-पूर्व (*d*) 10 किमी., पश्चिम

12. दिव्या पूर्व दिशा में 10 किमी. की यात्रा करती है, और तब दक्षिण-पश्चिम दिशा में 10 किमी. की यात्रा करती है। वह एक बार फिर से मुड़कर उत्तर-पश्चिम दिशा में 10 किमी. चलती है। बताइए कि अब वह अपने आरंभिक बिंदु से किस दिशा में चल रही है?

(*a*) दक्षिण (*b*) उत्तर
(*c*) पश्चिम (*d*) पूर्व

व्याख्यात्मक उत्तर

1. (*b*)

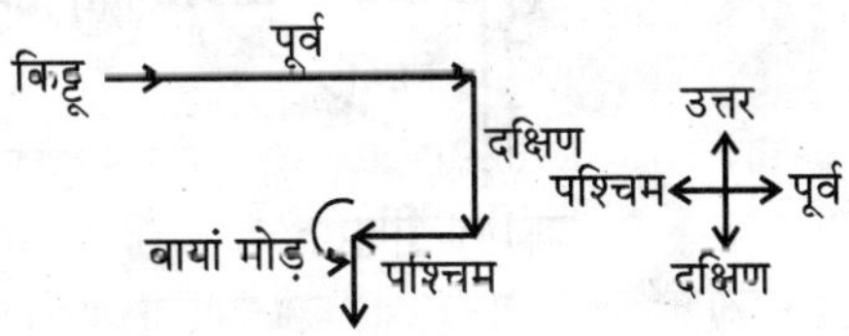

2. (*d*) :

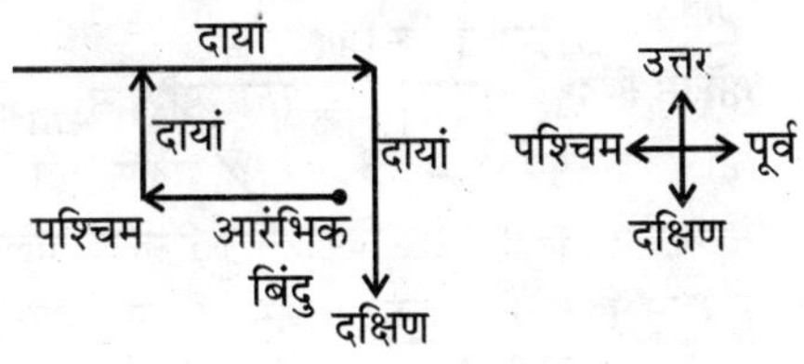

3. (*b*) :

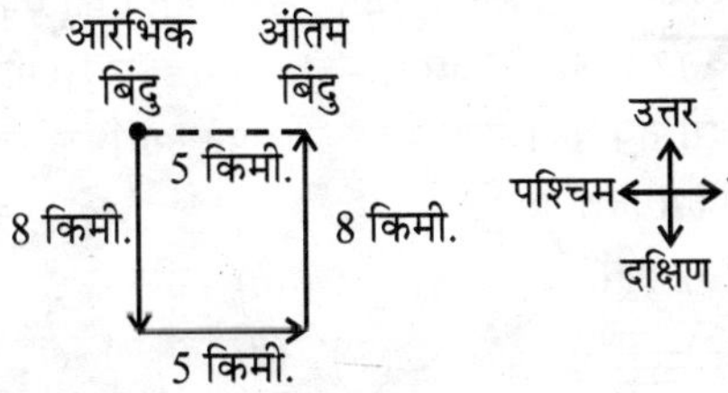

4. (*c*) :

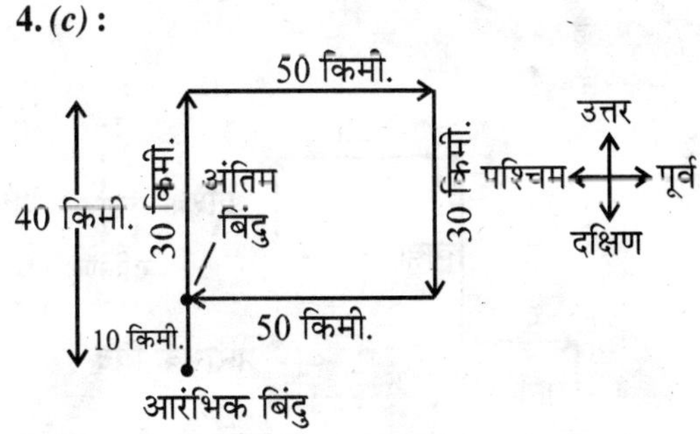

5. (*d*) :

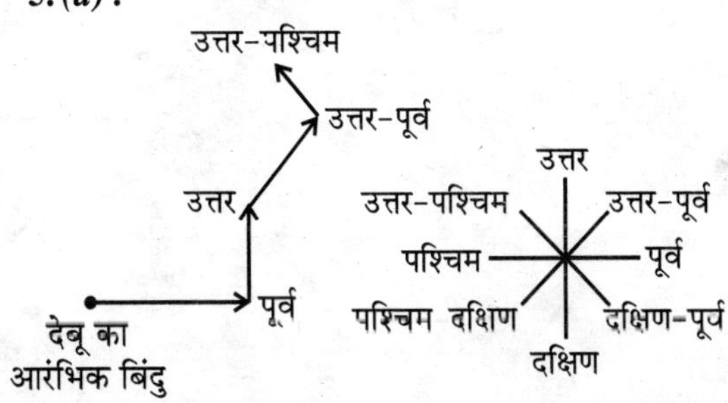

6. *(a)* : **मूल दिशाएं**

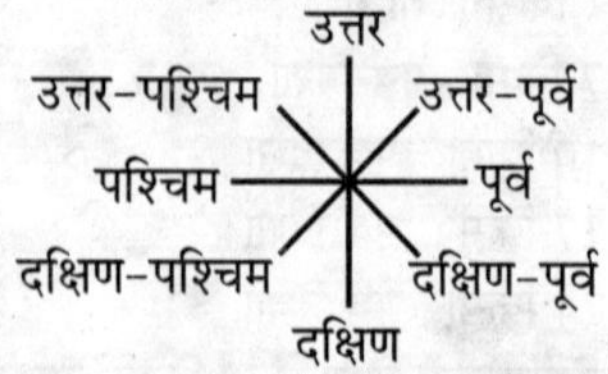

बदली हुई दिशाएं

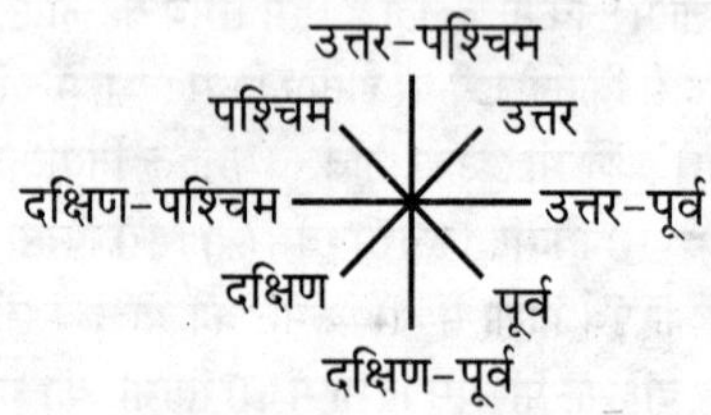

7. *(c)* :

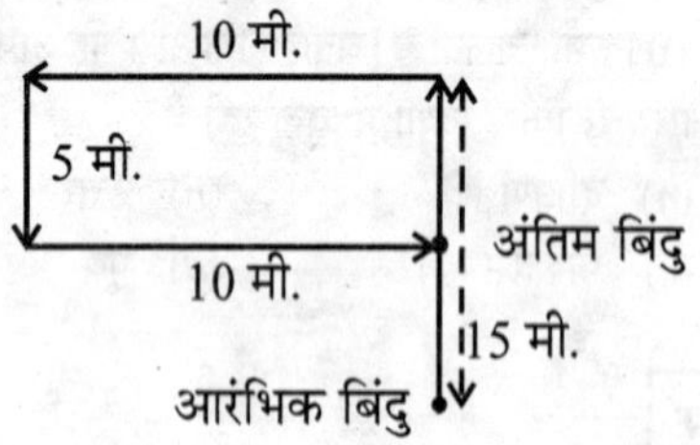

अंतिम बिंदु आरंभिक बिंदु से 10 मीटर उत्तर की ओर है।

8. *(c)* :

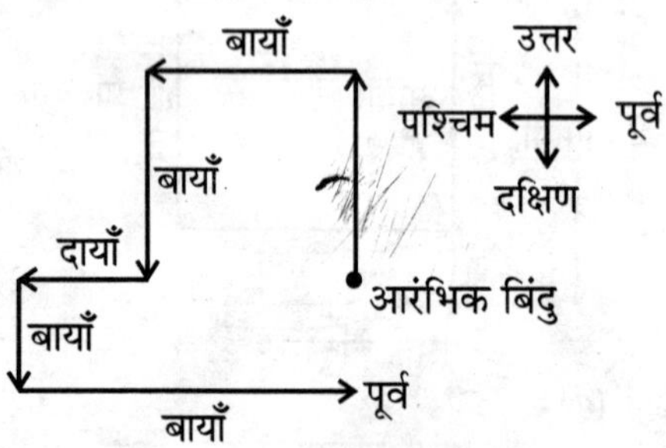

9. *(a)* :

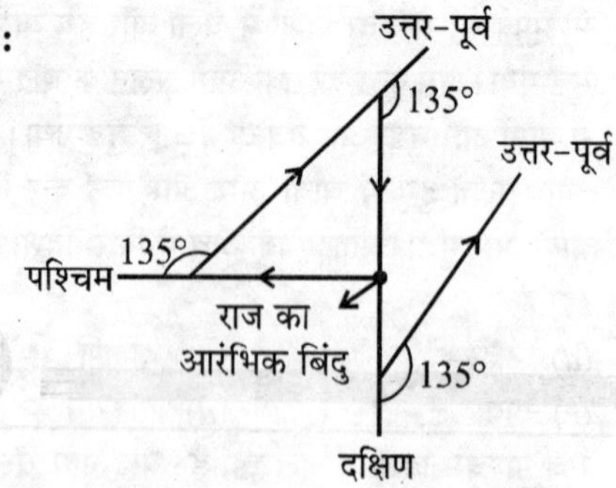

10. *(c)* : (12 किमी. + 5 किमी. = 17 किमी.)

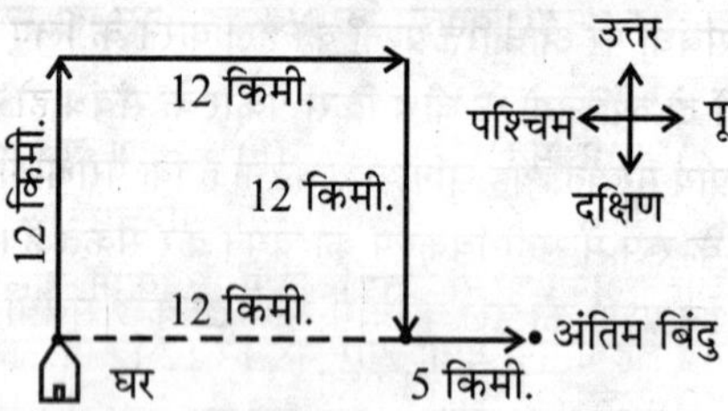

11. *(c)* : $ab = \sqrt{ac^2 + bc^2}$

$ab = \sqrt{8^2 + 6^2} = \sqrt{64 + 36} = \sqrt{100} = 10$

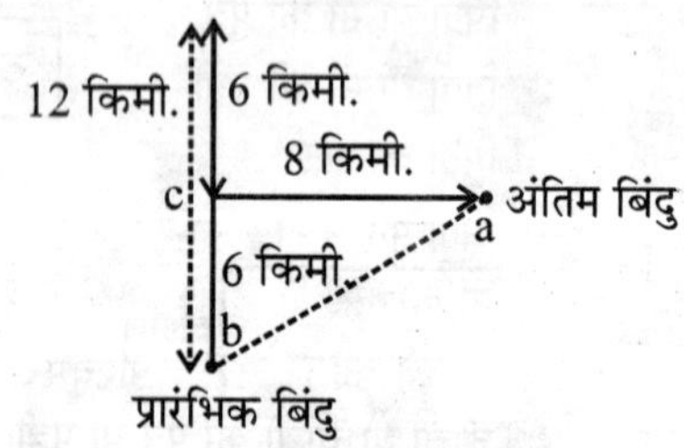

12. *(c)* :

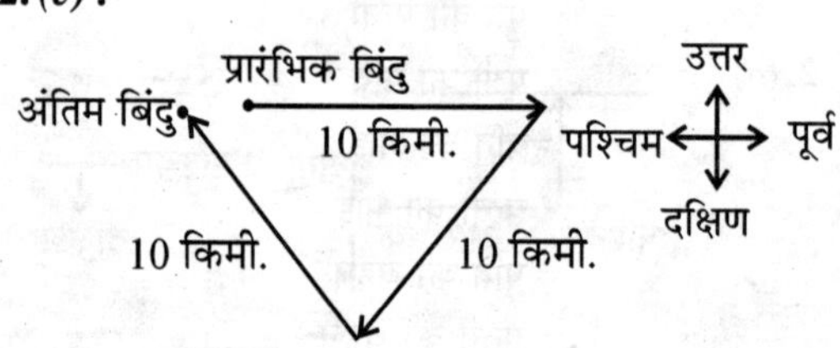

रक्त संबंधी परीक्षण
(BLOOD RELATIONSHIPS)

रक्त संबंधों पर आधारित प्रश्नों को हल करने के लिए यह आवश्यक है कि परीक्षार्थी रिश्तों की जटिलता को तत्काल समझ सकें और किन्हीं दो व्यक्तियों के बीच किस प्रकार के संबंध हो सकते हैं, इस बारे में उन्हें स्पष्ट जानकारी हो। इस प्रकार के प्रश्नों को पूछने का अभिप्राय मुख्यत: यह सुनिश्चित करना है कि परीक्षार्थी कतिपय जटिल भाषा में व्यक्त रिश्तों को कितनी तत्परता से समझ सकते हैं और उत्तर के रूप में सही विकल्प का चयन कर सकते हैं।

इन प्रश्नों को हल करने में सहायक कुछ संबंधों के पैटर्न नीचे दर्शाए गए हैं :

पिता का पिता	—	दादा
मां का पिता	—	नाना
पिता की मां	—	दादी
मां की मां	—	नानी
पिता या मां का पुत्र	—	भाई
पिता या मां की पुत्री	—	बहन
पिता का भाई	—	चाचा
पिता की बहन	—	बुआ
मां का भाई	—	मामा
मां की बहन	—	मौसी
चाचा या चाची का पुत्र या पुत्री	—	चचेरा भाई, चचेरी बहन
पुत्र की पत्नी	—	पुत्रवधु
पुत्री का पति	—	दामाद
पति का भाई	—	देवर
पत्नी का भाई	—	साला
पति की बहन	—	ननद
पत्नी की बहन	—	साली
भाई की पत्नी	—	भाभी
बहन का पति	—	बहनोई
भाई का पुत्र	—	भतीजा
भाई की पुत्री	—	भतीजी

हल किए गए उदाहरण

1. एक फोटो की ओर संकेत करते हुए एक महिला ने कहा ''इस व्यक्ति के पुत्र की बहन मेरी सास है''। उस महिला के पति का उस व्यक्ति से क्या संबंध है जिसका वह फोटो है ?

(*a*) पुत्र (*b*) नाती (*c*) भतीजा (*d*) दामाद

उत्तर (*b*) : दिए गए प्रश्न के अनुसार संबंध चार्ट निम्नवत् दर्शाया जा सकता है :

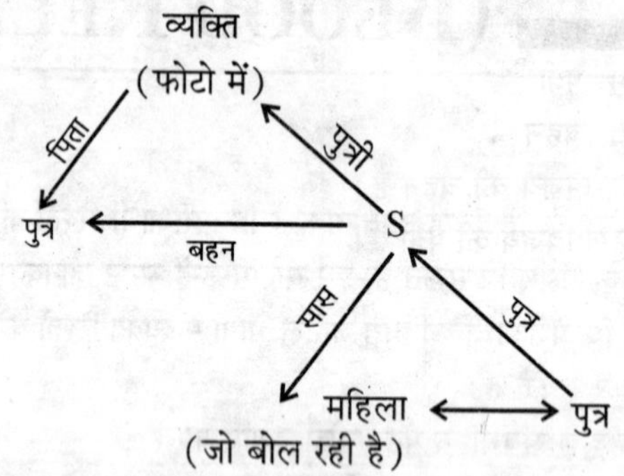

उस व्यक्ति के पुत्र की बहन (मान लें S) उस व्यक्ति की पुत्री है। यदि यह महिला 'S' उस महिला (जो बोल रही है) की सास है तो उसका विवाह 'S' के पुत्र से हुआ है। उस महिला के पति की मां S है और S फोटो वाले व्यक्ति की पुत्री है। अत: उस बोल रही महिला का पति फोटो वाले व्यक्ति का नाती है।

2. 'X', 'Y' की पत्नी है और 'Y', 'Z' का भाई है। 'Z', 'P' का पुत्र है। 'P' का 'X' से क्या संबंध है ?

(*a*) बहन (*b*) चाची (*c*) भाई (*d*) श्वसुर

उत्तर (*d*) : दिए गए प्रश्न के अनुसार संबंध चार्ट निम्नवत् दर्शाया जा सकता है :

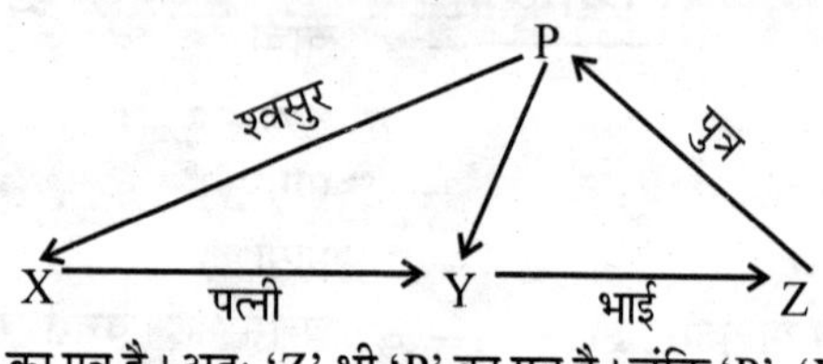

'Y', 'Z' का भाई है जो 'P' का पुत्र है। अत: 'Z' भी 'P' का पुत्र है। चूंकि 'P', 'Y' का पिता है और 'X', 'Y' की पत्नी है अत: 'P', 'X' का श्वसुर है।

अभ्यास

निर्देश (प्र.सं. 1–10): *नीचे के प्रत्येक प्रश्न में व्यक्तियों के बीच उल्लिखित संबंधों को सावधानीपूर्वक समझें और तब दिए गए विकल्पों में से सही उत्तर का चयन करें :*

1. A, B और C का पिता है। B, A का पुत्र है किंतु C, A का पुत्र नहीं है। C का A से क्या संबंध है ?

(*a*) पुत्री (*b*) पुत्र
(*c*) भतीजी (*d*) भतीजा

2. एक महिला ने कहा, ''वहां खड़ी लड़की मेरे दादा जी के एकमात्र पुत्र की पुत्री है''। उस महिला का उस लड़की से क्या संबंध है ?

(*a*) बहन (*b*) मां
(*c*) चाची (*d*) भतीजा

3. रवि अमित के पुत्र के पुत्र का भाई है। अमित, रवि का क्या है ?

(*a*) चचेरा भाई (*b*) पिता
(*c*) दादा (*d*) पुत्र

4. मयंक ने कहा, ''मेरी मां रजत के भाई की बहन है''। रजत का मयंक से क्या संबंध है ?

(*a*) चचेरा भाई (*b*) मामा
(*c*) चाचा (*d*) साला

5. लिली से परिचय कराते हुए राघव ने कहा, ''इसके पिता मेरी मां के एकमात्र पुत्र हैं''। लिली का राघव से क्या संबंध है ?

(*a*) चाची (*b*) पुत्री
(*c*) मां (*d*) बहन

6. अजय, विजय का भाई है। शुभा, अजय की बहन है। संजय, राहुल का भाई है और मेहुल विजय की पुत्री है। संजय का चाचा कौन है ?

(*a*) राहुल
(*b*) अजय
(*c*) मेहुल
(*d*) दी गई सूचना अपर्याप्त है

7. आदित्य, रवि का भाई है। भरत, जयंत के पिता हैं। ईला, रवि की मां है। आदित्य और जयंत आपस में भाई हैं। ईला का भरत से क्या संबंध है ?

(*a*) बहन (*b*) मां
(*c*) पुत्री (*d*) पत्नी

8. एक व्यक्ति ने अपने साथ आ रहे लड़के का परिचय देते हुए कहा, ''यह मेरी पत्नी की पुत्री के पिता का पुत्र है।'' वह लड़का उस व्यक्ति का क्या है ?

(*a*) दामाद (*b*) पुत्र
(*c*) भाई (*d*) पिता

9. A और B दो भाई हैं। C, B की बहन है। D, E की बहन है। E, A का पुत्र है। D का चाचा कौन है ?

(*a*) D (*b*) E
(*c*) B (*d*) C

10. वरुण ने अरुण की ओर संकेत करते हुए कहा, ''वह मेरी बहन के एकमात्र भाई का पुत्र है।'' अरुण का वरूण से क्या संबंध है ?

(*a*) पुत्र
(*b*) भाई
(*c*) भतीजा
(*d*) दी गई सूचना अपर्याप्त है

व्याख्यात्मक उत्तर

1. (*a*) :

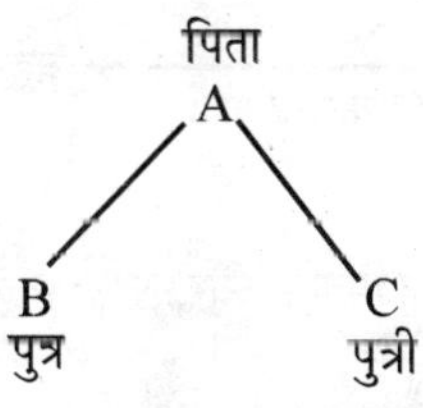

C, A का पुत्र नहीं है किंतु A, C का पिता है। अतः C, A की पुत्री है।

2. (*a*) :

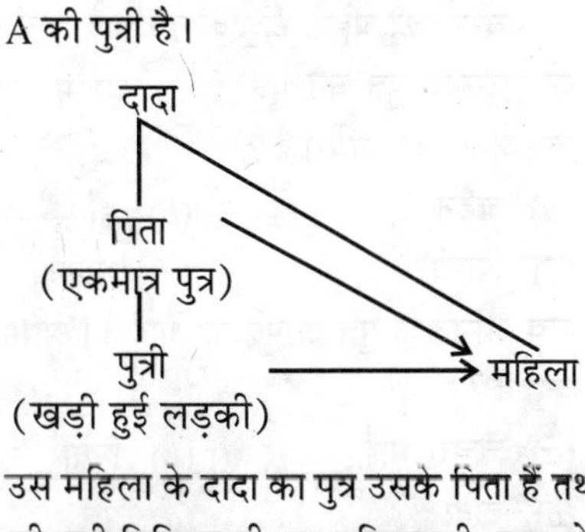

उस महिला के दादा का पुत्र उसके पिता हैं तथा पिता की पुत्री निश्चित ही उस महिला की बहन होगी।

3. (*c*) :

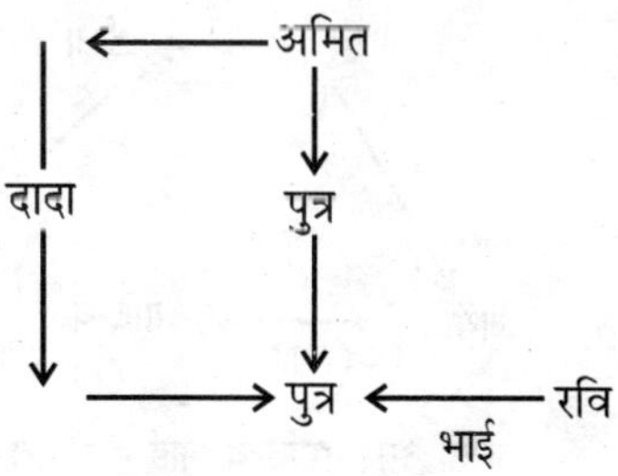

अमित के पुत्र का पुत्र अमित का पोता होगा। रवि अमित के पुत्र के पुत्र का भाई है, अतः अमित रवि के भी दादाजी हैं।

4. (*b*) :

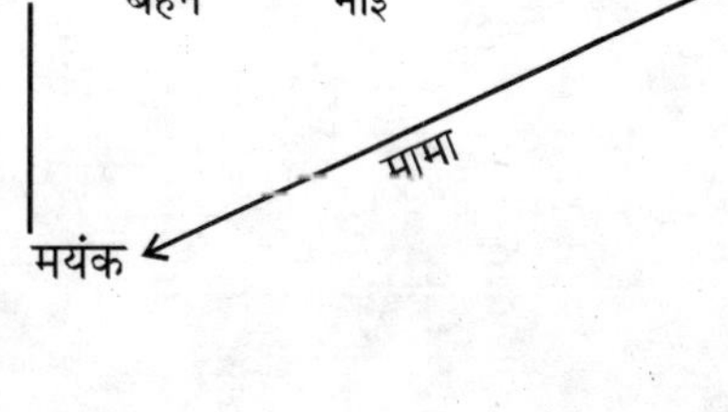

मयंक की मां रजत के भाई की बहन है। अत: रजत भी मयंक की मां का भाई है। इस प्रकार रजत, मयंक का मामा हुआ।

5. (*b*) : संबंध चार्ट निम्नवत् है : माँ

↑ पुत्र

राघव

↓ पिता

लिली (पुत्री)

राघव जब कहता है, ''मेरी मां का एकमात्र पुत्र'' तो वह स्वयं अपने बारे में ही कह रहा होता है। इसके पिता का आशय है, 'लिली के पिता' अर्थात् स्वयं राघव। अत: लिली, राघव की पुत्री है।

6. (*d*) : 1. शुभा → अजय → विजय ↓ मेहुल (पुत्री)

2. संजय → राहुल (भाई)

यहां दो संबंध-समुच्चयों का उल्लेख किया गया है। दी गई सूचना अपर्याप्त है और इन दो भिन्न संबंध-समुच्चयों के बीच कोई संबंध स्थापित नहीं किया जा सकता।

7. (*d*) : प्रश्न पर आधारित संबंध चार्ट है :

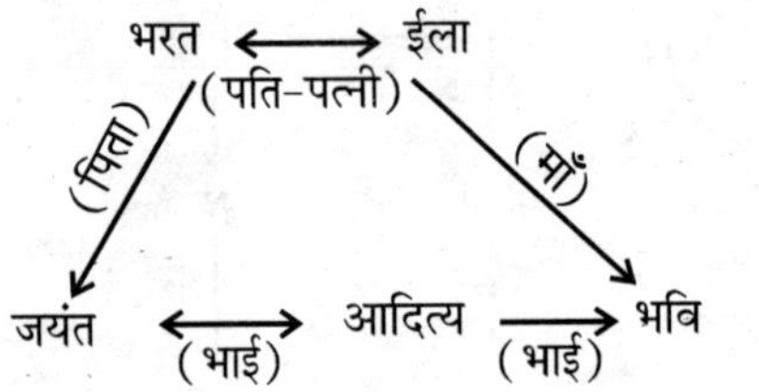

जयंत और आदित्य भाई हैं। यदि आदित्य, रवि का भाई है तो जयंत भी रवि का भाई है। यदि भरत, जयंत का पिता है तो वह आदित्य और रवि का भी पिता है। यदि ईला, रवि की मां है तो वह आदित्य और जयंत की भी मां है। इसका अर्थ है कि भरत और ईला पति-पत्नी हैं और तीनों बच्चों के माता-पिता हैं।

8. (*b*) : प्रश्न पर आधारित संबंध-चार्ट है :

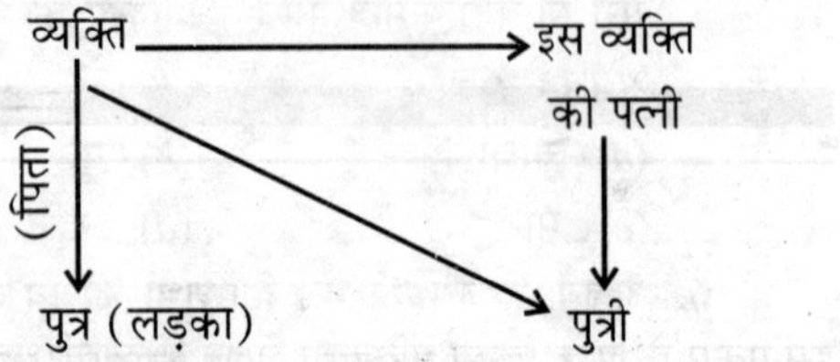

'उस व्यक्ति की पत्नी की पुत्री के पिता' का आशय है कि वह व्यक्ति स्वयं अपने बारे में बात कर रहा है, अत: वह लड़का उस व्यक्ति का पुत्र है।

9. (*c*) : प्रश्न पर आधारित संबंध-चार्ट है :

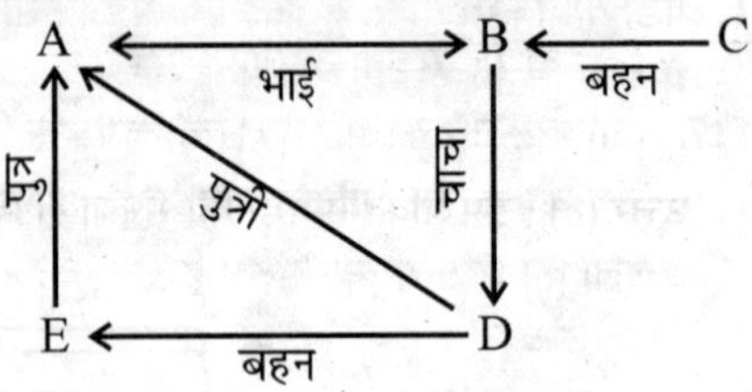

D, E की बहन है और E, A का पुत्र है। अत: D, A की पुत्री है। चूंकि A का भाई B है, अत: B, D का चाचा है।

10. (*a*) :

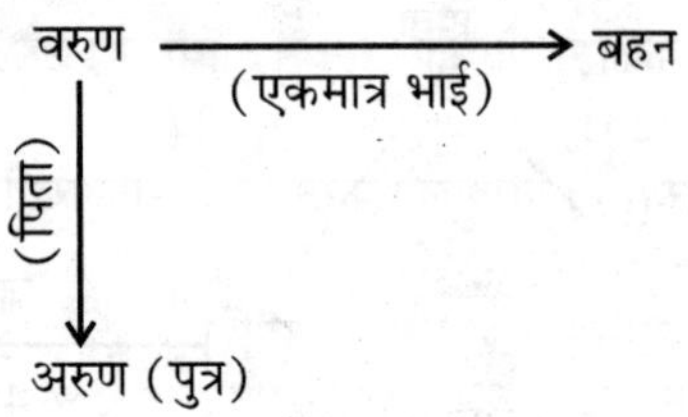

वरुण की बहन का एकमात्र भाई स्वयं वरुण है और उसका पुत्र अरुण है।

क्रम व्यवस्था और काल परीक्षण

(ROWS AND RANKS)

इस प्रकार के प्रश्न किसी पंक्ति या लाइन में व्यवस्थित वस्तुओं की संख्या या कुछ छात्रों की एक कक्षा में किसी छात्र के क्रम-स्थान (कोटि) या कक्षा में छात्रों की कुल संख्या ज्ञात करने के लिए कतिपय सरल गणितीय परिकलनों पर आधारित होते हैं।

हल किए गए उदाहरण

1. पेड़ों की किसी पंक्ति में कोई एक पेड़ किसी एक सिरे से आठवें और दूसरे सिरे से तीसरे स्थान पर है। बताइए कि इस पंक्ति में कुल कितने पेड़ हैं?

(*a*) 11 (*b*) 9 (*c*) 10 (*d*) 12

उत्तर (*c*) : इस पंक्ति में पेड़ों की संख्या

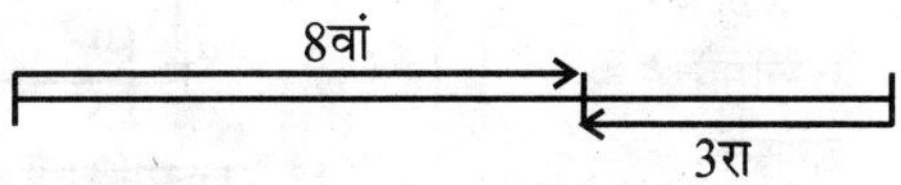

$(8 + 3) - 1 = 10$

2. यदि किसी कक्षा में योग्यता-क्रम में जानकी, पल्लवी से 12 स्थान आगे है और पल्लवी का कक्षा में 15वां स्थान है तथा जानकी का कक्षा में योग्यता-क्रम में चौथा स्थान है तो बताइए कि इस कक्षा में कुल कितने छात्र हैं?

(*a*) 23 (*b*) 27 (*c*) 31 (*d*) 33

उत्तर (*c*) : परिकलन करने पर निम्नलिखित उत्तर प्राप्त होता है :

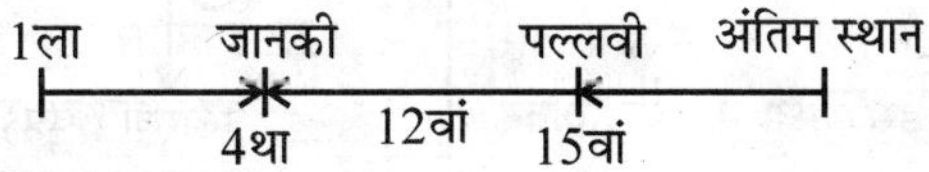

कक्षा में छात्रों की कुल संख्या $= 4 + 12 + 15 = 31$

अभ्यास

1. पेड़ों की एक पंक्ति में कोई एक पेड़ पंक्ति के दोनों छोरों से पांचवें स्थान पर है। इस पंक्ति में कुल कितने पेड़ हैं?

(*a*) 11 (*b*) 8
(*c*) 10 (*d*) 9

2. 53 छात्रों की एक कक्षा में जया का योग्यता-क्रम में 5 वां स्थान है। कक्षा में योग्यता-क्रम में नीचे से उसका क्रम-स्थान क्या है?

(*a*) 49 वां (*b*) 48 वां
(*c*) 47 वां (*d*) 50 वां

3. पैंसठ छात्रों की एक कक्षा में योग्यता-क्रम में मोहन का क्रम स्थान इक्कीसवां है। यदि योग्यता-क्रम में सबसे नीचे के छात्र का क्रम-स्थान 1 माना जाए तो योग्यता-क्रम में नीचे से मोहन का क्रम-स्थान क्या होगा?

(*a*) 44 वां

(*b*) 45 वां

(*c*) 46 वां

(*d*) दी गई सूचना अपर्याप्त है

4. लड़कों की एक पंक्ति में राहुल दाहिने से 12 वें स्थान पर और बाएं से चौथे स्थान पर खड़ा है। इस पंक्ति में और कितने लड़कों को शामिल करने पर पंक्ति में लड़कों की कुल संख्या 28 हो जाएगी?

(*a*) 12 (*b*) 14

(*c*) 20 (*d*) 13

5. लड़कों की एक पंक्ति में राजन दाहिने से दसवें स्थान पर है और सूरज बाएं से दसवें स्थान पर है। यदि राजन और सूरज आपस में अपना स्थान बदल लें तो सूरज बाएं से सताइसवें स्थान पर आ जाएगा। राजन अब पंक्ति में दाहिने से कितने स्थान पर खड़ा है?

(*a*) दसवें (*b*) छब्बीसवें

(*c*) उन्तीसवें (*d*) सताइसवें

6. 41 छात्रों की एक कक्षा में महेश और सुरेश योग्यता-क्रम में ऊपर से क्रमश: 11 वें और 12 वें स्थान पर हैं। योग्यता-क्रम में नीचे से इनका क्रम-स्थान क्या है?

(*a*) 32 वां और 33 वां (*b*) 29 वां और 30 वां

(*c*) 30 वां और 31 वां (*d*) 31 वां और 30 वां

7. किसी कक्षा में उमा योग्यता-क्रम में ऊपर से 8 वें और नीचे से 37 वें स्थान पर है। इस कक्षा में कुल कितने छात्र हैं?

(*a*) 47 (*b*) 46

(*c*) 45 (*d*) 44

8. एक पंक्ति में सादिक सामने से 14 वें स्थान पर और जोसफ अंत से 17 वें स्थान पर खड़ा है जबकि जेन, सादिक और जोसफ के बीच खड़ा है। यदि सादिक, जोसफ से आगे खड़ा है और पंक्ति में कुल 48 व्यक्ति खड़ें हो, तो सादिक और जेन के बीच पंक्ति में कितने व्यक्ति खड़े हैं?

(*a*) 5 (*b*) 6

(*c*) 7 (*d*) 8

9. किसी कक्षा में वार्षिक परीक्षा में उत्तीर्ण हुए छात्रों में योग्यता-क्रम में रोहन नीचे से सताइसवें स्थान पर और ऊपर से ग्यारहवें स्थान पर आया। यदि वार्षिक परीक्षा में इस कक्षा के 12 छात्र अनुत्तीर्ण घोषित किए गए हों तो परीक्षा में इस कक्षा के कितने छात्र शामिल हुए थे?

(*a*) 48 (*b*) 49

(*c*) 50 (*d*) कहा नहीं जा सकता

10. कुछ लड़के एक पंक्ति में बैठे हैं। P पंक्ति में बाएं से चौदहवें स्थान पर और Q दाहिने से सातवें स्थान पर बैठा है। यदि P और Q के बीच चार लड़के बैठे हों, तो इस पंक्ति में कुल कितने लड़के हैं?

(*a*) 19 (*b*) 21

(*c*) 25 (*d*) 23

11. एक पंक्ति में A, B, C, D और E कुल पांच मकान बने हैं। A, B की दाहिनी ओर, E, C की बायीं ओर और A की दाहिनी ओर अवस्थित है तथा B, D की दाहिनी ओर अवस्थित है। इनमें से कौन-सा मकान बीच में है?

(*a*) B (*b*) A

(*c*) D (*d*) E

12. इकतीस छात्रों की एक कक्षा में योग्यता-क्रम में माधव का स्थान सतरहवां है। योग्यता-क्रम में नीचे से उसका स्थान कितना है?

(*a*) 13 (*b*) 14

(*c*) 15 (*d*) 16

व्याख्यात्मक उत्तर

1. (*d*): 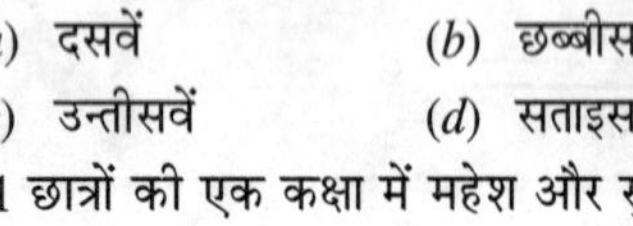

पंक्ति में पेड़ों की कुल संख्या
$= (5 + 5) - 1 = 9$

2. (*a*) : 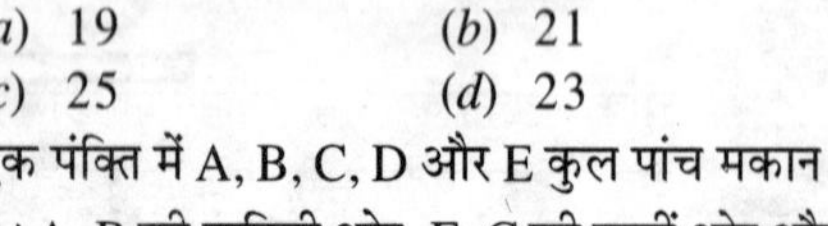

योग्यता-क्रम में नीचे से जया का स्थान
$= (53 - 5) + 1 = 49$ वां

3. (*b*) :

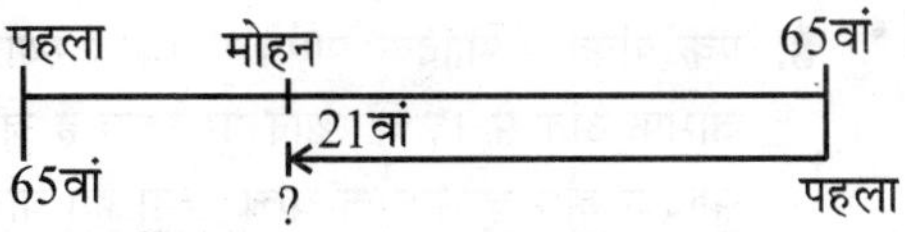

टिप्पणी : प्रश्न पूछने का अभिप्राय है कक्षा में योग्यता-क्रम में नीचे से मोहन का स्थान जानना।

मोहन का स्थान है = (65 – 21) +1 = 45 वां

4. (*d*) :

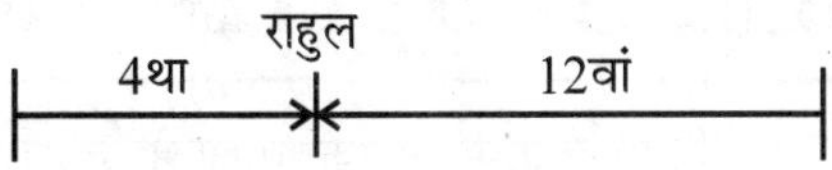

पंक्ति में लड़कों की कुल संख्या :

(4 + 12) – 1 = 15

पंक्ति में लड़कों की कुल संख्या 28 करने के लिए इसमें (28 –15) अर्थात् 13 लड़कों को शामिल करने की आवश्यकता है।

5. (*d*) :

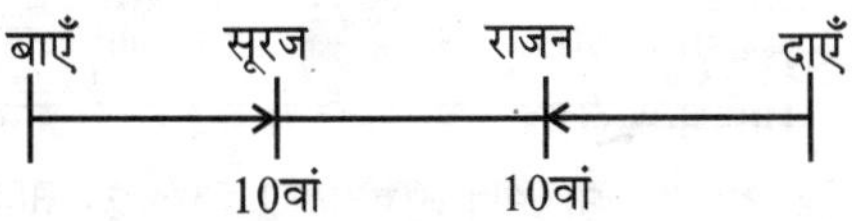

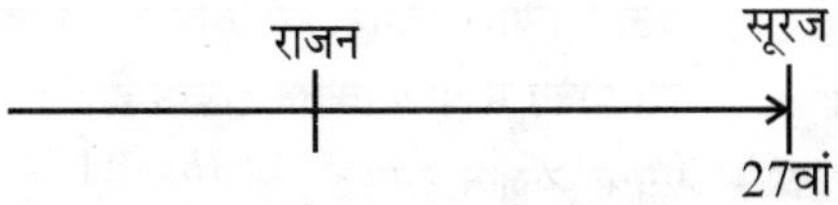

चूंकि लड़कों का क्रम-स्थान दोनों छोरों से समान है, अत: स्थान बदलने के बाद राजन का क्रम स्थान दाहिने से 27 वां होगा।

6. (*d*) :

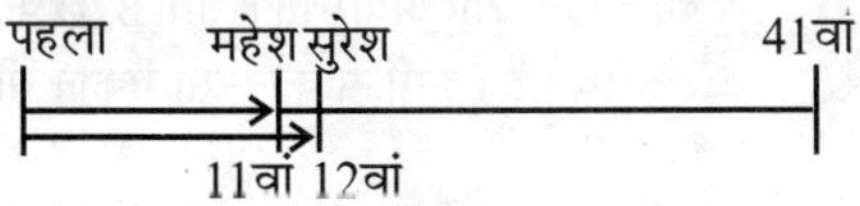

योग्यता-क्रम में नीचे से महेश का स्थान

= (41 – 11) + 1 – 31 वां

योग्यता-क्रम में नीचे से सुरेश का स्थान

= (41 – 12) +1 = 30 वां

7. (*d*) :

कक्षा में छात्रों की कुल संख्या

= (8 + 37) – 1 = 44

8. (*d*) :

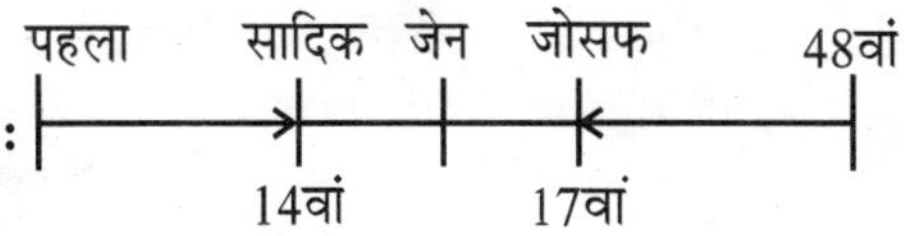

अंत से सादिक का क्रम स्थान:

(48 – 14) + 1 = 35 वां

सादिक और जोसफ के बीच व्यक्तियों की संख्या

= (35 – 17) – 1 = 17

जेन, सादिक और जोसफ के बीच में है, अर्थात् वह दोनों लड़कों से नौवें स्थान पर है।

∴ सादिक और जेन के बीच 8 व्यक्ति हैं।

टिप्पणी : (8 + 8) – 1 = 17

9. (*b*) :

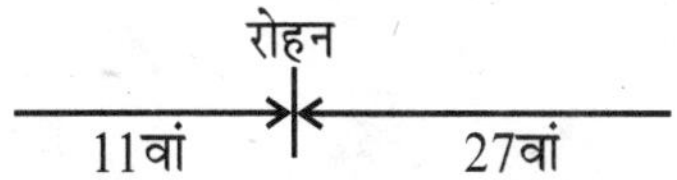

परीक्षा में उत्तीर्ण होने वाले छात्रों की संख्या

= (11+ 27) – 1 = 37

परीक्षा में अनुत्तीर्ण हुए छात्रों की संख्या = 12

परीक्षा में भाग लेने वाले छात्रों की कुल संख्या

= 37 + 12 = 49.

10. (*c*) :

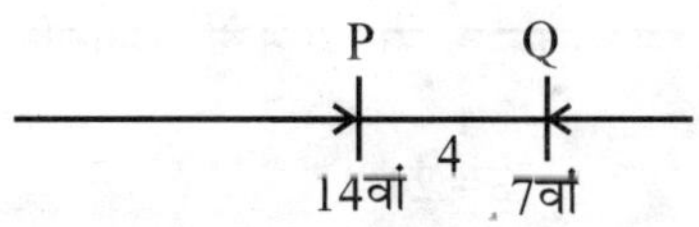

पंक्ति में लड़कों की संख्या

= (14 + 4 + 7) – 25

11. (*b*) : पंक्ति में अवस्थित मकान निम्नलिखित क्रम में हैं:
D B A E C

12. (*c*) :

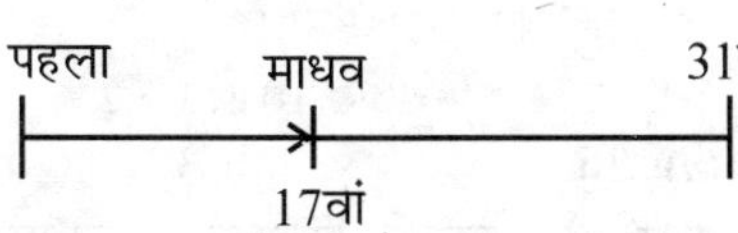

योग्यता-क्रम में नीचे से माधव का स्थान है:

(31 – 17) + 1 = 15 वां

प्रतीक (चिह्न) प्रतिस्थापन
(SYMBOL SUBSTITUTION)

इस प्रकार के प्रश्नों को हल करना अत्यधिक सरल है। ऐसे प्रश्नों को हल करने की एकमात्र अपेक्षा यह है कि उम्मीदवार दिए गए प्रतीकों या चिह्नों को प्रतिस्थापित करने और परिकलन की विद्या में पारंगत हों और अत्यधिक त्वरित गति से दिए गए प्रश्नों का हल ज्ञात कर सके। इस श्रेणी में पूछे गए कुछ सामान्य प्रकार के प्रश्न नीचे हल किए गए हैं।

हल किए गए उदाहरण

1. यदि '+' का अर्थ '×' हो, '×' का अर्थ '÷' हो, '÷' का अर्थ '–' हो और '–' का अर्थ '+' हो, तो $2 - 8 \times 2 + 6 \div 7$ का मान क्या होगा?

(*a*) 32 (*b*) 19 (*c*) 23 (*d*) 9

उत्तर (*b*) : दिए गए व्यंजक में गणितीय चिह्नों को प्रतिस्थापित करने पर नया व्यंजक होगा :

$2 + 8 \div 2 \times 6 - 7$

इस व्यंजक को हल करने के निम्नलिखित चरण होंगे :

$2 + 4 \times 6 - 7$

$2 + 24 - 7$

$26 - 7 = 19$

2. यदि '▲' का अर्थ '+' हो,

'■' का अर्थ '–' हो,

'●' का अर्थ '÷' हो,

'∗' का अर्थ '×' हो, तो

13 ▲ 5 ∗ 20 ● 10 ■ 9 = ?

(*a*) 26 (*b*) 37 (*c*) 14 (*d*) 55

उत्तर (*c*) : चिह्नों को प्रतिस्थापित करने पर प्राप्त हुआ नया व्यंजक है :

$13 + 5 \times 20 \div 10 - 9$

इस व्यंजक को हल करने के चरण होंगे :

$13 + 5 \times 2 - 9$

$13 + 10 - 9$

$23 - 9 = 14$

अभ्यास

1. यदि "+" का अर्थ "–" हो; "–" का अर्थ "×" हो; "×" का अर्थ "÷" हो और "÷" का अर्थ "+" हो, तो
$15 \times 5 \div 10 + 5 - 3 = ?$
(*a*) 9.5 (*b*) 0
(*c*) – 2 (*d*) 24

2. यदि "+" का अर्थ "–" हो; "–" का अर्थ "×" हो; "×" का अर्थ "÷" हो; और "÷" का अर्थ "+" हो, तो
$15 \times 3 \div 15 + 5 - 2 = ?$
(*a*) 0 (*b*) 10
(*c*) 20 (*d*) 6

3. यदि "+" का अर्थ "÷" हो; "×" का अर्थ "–" हो; "÷" का अर्थ "+" हो और "–" का अर्थ "×" हो, तो
$16 \div 8 \times 6 - 2 + 12 = ?$
(*a*) 22 (*b*) 24
(*c*) 23 (*d*) 20

4. यदि "+" का अर्थ "×" हो; "–" का अर्थ "÷" हो; "×" का अर्थ "–" हो और "÷" का अर्थ "+" हो, तो
$5 + 8 - 4 \times 2 \div 9 = ?$
(*a*) 15 (*b*) 13
(*c*) 17 (*d*) 11

5. यदि × का आशय जोड़ की संक्रिया से हो, ÷ का आशय घटाव की संक्रिया से हो, + का आशय गुणा की संक्रिया से हो और – का आशय भाग की संक्रिया से हो तो $(20 \times 6 \div 6 \times 4)$ निम्नलिखित में से किसके बराबर है?
(*a*) 5 (*b*) 24
(*c*) 25 (*d*) 80

6. यदि A + B > C + D, B + E = 2 C और C + D > B + E हो, तो इसका निश्चित अर्थ यह है कि :
(*a*) A > C (*b*) A + B > 2D
(*c*) A + B > 2C (*d*) A + B > 2E

7. यदि A + D > C + E, C + D = 2B और B + E > C + D हो, तो इसका निश्चित अर्थ यह है कि :
(*a*) A + D > B + E (*b*) A + D > B + C
(*c*) A + B > 2D (*d*) B + D > C + E

8. यदि "+" का अर्थ "÷" हो; "÷" का अर्थ "–" हो; "–" का अर्थ "×" हो और "×" का अर्थ "+" हो, तो
$10 \div 2 - 15 + 3 \times 5 = ?$
(*a*) 10 (*b*) 15
(*c*) 25 (*d*) 5

9. यदि "+" का अर्थ "÷" हो; "×" का अर्थ "–" हो; "÷" का अर्थ "×" हो और "–" का अर्थ "+" हो, तो निम्नलिखित व्यंजक का मान क्या होगा?
$9 + 3 \div 4 - 8 \times 2 = ?$
(*a*) $6\frac{3}{4}$ (*b*) $-1\frac{3}{4}$
(*c*) $-6\frac{1}{4}$ (*d*) 18

10. यदि 'a' का आशय '÷' हो, 'b' का आशय '×' हो, 'c' का आशय '+' है और 'd' का आशय '–', हो, तो
5 c 20 a 4 b 2 d 10 = ?
(*a*) 5 (*b*) 10
(*c*) 15 (*d*) 20

व्याख्यात्मक उत्तर

1. (*c*) : $15 \div 5 + 10 - 5 \times 3$
$3 + 10 - 15 = -2$

2. (*b*) : $15 \div 3 + 15 - 5 \times 2$
$5 + 15 - 10 = 10$

3. (*c*) : $16 + 8 - 6 \times 2 \div 12$
$16 + 8 - 1 = 23$

4. (*c*) : $5 \times 8 \div 4 - 2 + 9$
$10 - 2 + 9 = 17$

5. (*b*) : $20 + 6 - 6 + 4 = 24$

6. (*c*) : A + B > C + D > B + E or 2 C
∴ A + B > 2C

7. (*b*) : 1. A + D > C + E
2. B + E > C + D or 2 B
चूँकि 1 और 2 के बीच संबंध स्पष्ट नहीं है, तथापि यह निश्चित है कि A + D > B + C.

8. (*d*) : $10 - 2 \times 15 \div 3 + 5$
$10 - 10 + 5 = 5$

9. (*d*) : $9 \div 3 \times 4 + 8 - 2$
$12 + 8 - 2 = 18$

10. (*a*) : $5 + 20 \div 4 \times 2 - 10$
$5 + 10 - 10 = 5$

कृत्रिम मान और लुप्त संख्याएँ
(ARTIFICIAL VALUES AND MISSING NUMBERS)

इस प्रकार के प्रश्नों को हल करने के लिए संख्या संबंधी प्रश्नों को हल करने में निपुणता और गणितीय कौशल का होना अपेक्षित है। उत्तर प्राप्त करने के लिए अभ्यर्थियों के लिए यह अपेक्षित है कि वे अंकगणितीय चिह्नों या प्रतीकों के सही संयोजन का चयन करें जिसे दिए गए प्रश्नों में प्रश्न चिह्न के स्थान पर प्रतिस्थापित किया जा सके।

हल किए गए उदाहरण

1. यहाँ प्रश्न में दिए गए प्रश्न चिह्न (?) के स्थान पर प्रतिस्थापित करने के लिए सही विकल्प का चयन करें :

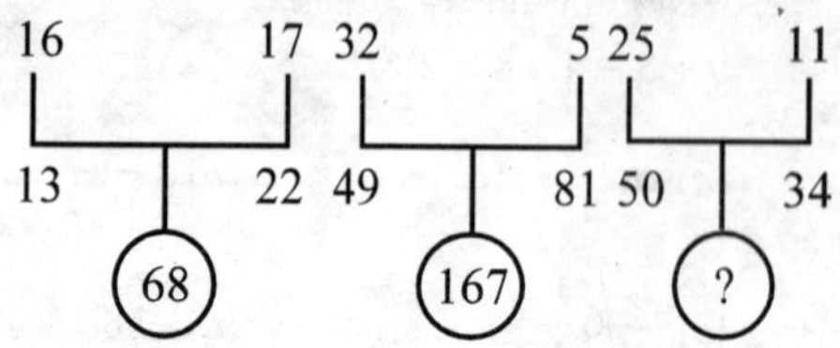

(*a*) 65 (*b*) 120 (*c*) 116 (*d*) 192

उत्तर (*b*) : गोल घेरे के भीतर दी गई संख्या शेष चार संख्याओं का योग है, अर्थात्

16 + 17 + 13 + 22 = 68

32 + 5 + 49 + 81 = 167, इसी प्रकार

25 + 11 + 50 + 34 = 120

2. यहाँ प्रश्न चिह्न के स्थान पर विकल्पों में दी गई कौन-सी संख्या आएगी ?

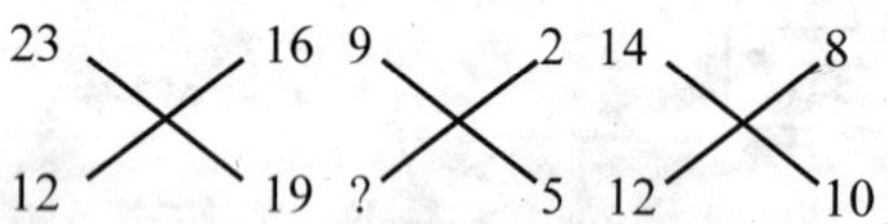

(*a*) 6 (*b*) 8 (*c*) 7 (*d*) 3

उत्तर (*a*) : दो सम्मुख संख्याओं का अंतर 4 है, अर्थात्

23 – 19 = 4 और 16 – 12 = 4

14 – 10 = 4 और 12 – 8 = 4, इसी प्रकार

9 – 5 = 4 और 6 – 2 = 4.

इस प्रकार के प्रश्नों में सही उत्तर ज्ञात करने का कोई निश्चित नियम नहीं है। सही उत्तर प्राप्त करने के विभिन्न तरीकों के बारे में जानने के लिए नीचे दिए गए अभ्यास में निहित प्रश्नों का हल ज्ञात करने का प्रयास करें।

अभ्यास

निर्देश (प्र.सं. 1–10): *नीचे दिए गए प्रत्येक प्रश्न में बताएँ कि प्रश्न चिह्न (?) के स्थान पर कौन-सी संख्या रखी जा सकती है?*

1. 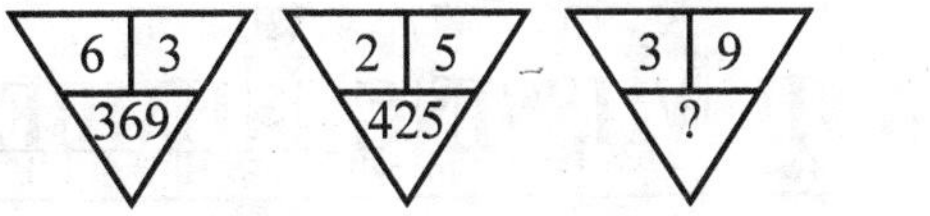

(*a*) 693 (*b*) 939
(*c*) 981 (*d*) 993

2. 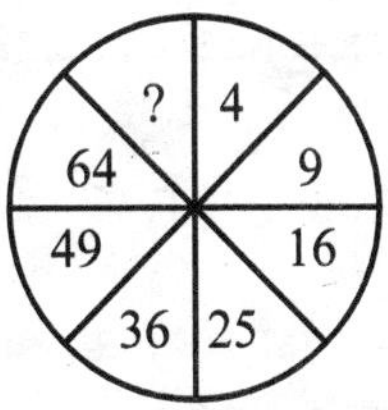

(*a*) 68 (*b*) 100
(*c*) 72 (*d*) 81

3. 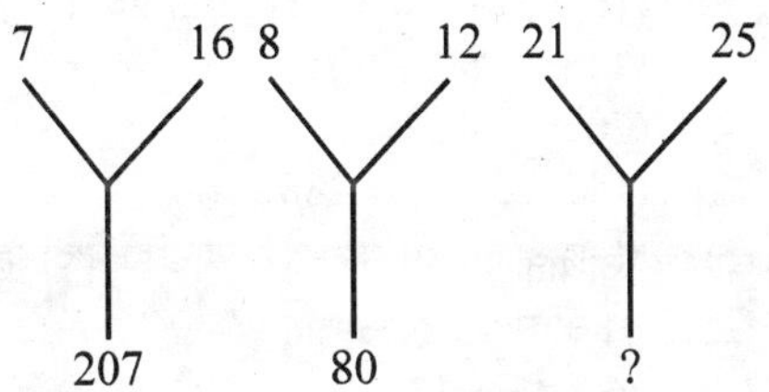

(*a*) 425 (*b*) 184
(*c*) 241 (*d*) 210

4. 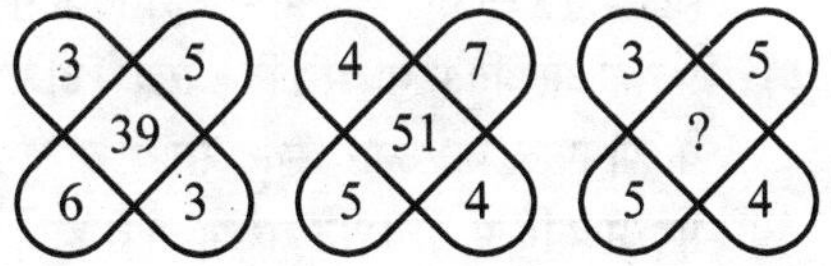

(*a*) 35 (*b*) 37
(*c*) 45 (*d*) 48

5. 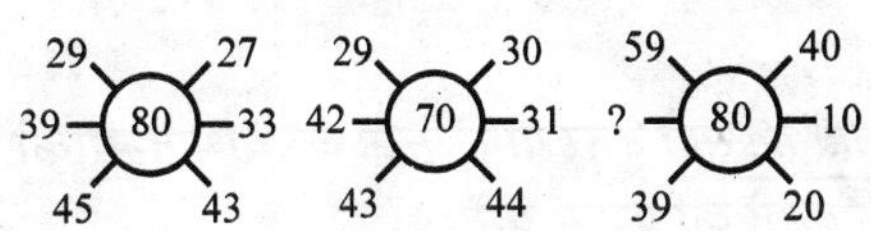

(*a*) 69 (*b*) 49
(*c*) 50 (*d*) 60

6. 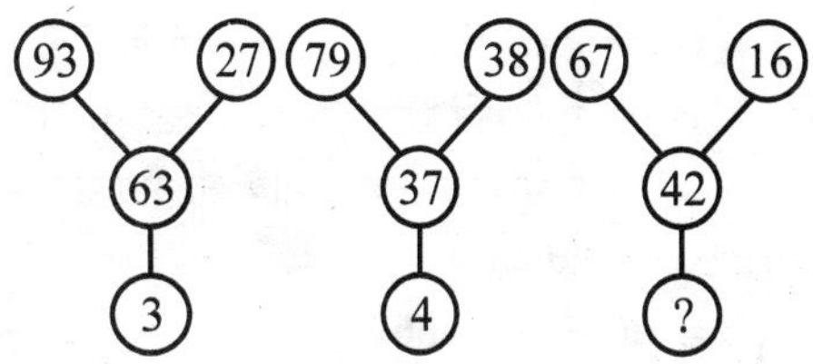

(*a*) 5 (*b*) 6
(*c*) 8 (*d*) 9

7. 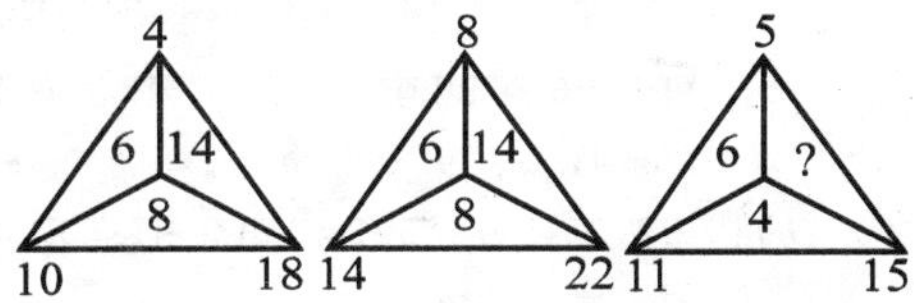

(*a*) 8 (*b*) 14
(*c*) 10 (*d*) 6

8. 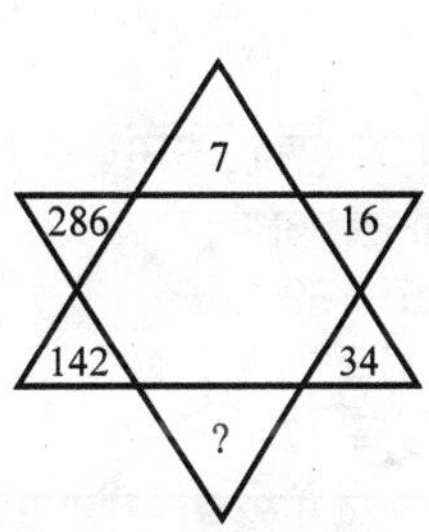

(*a*) 70 (*b*) 68
(*c*) 56 (*d*) 92

9. 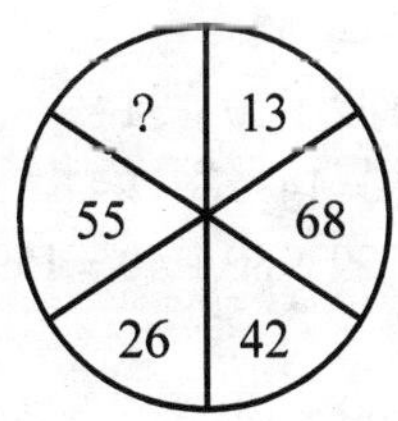

(*a*) 41 (*b*) 37
(*c*) 29 (*d*) 25

10. 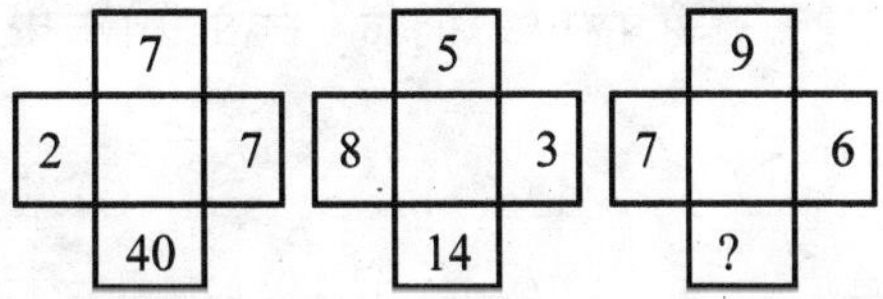

(*a*) 72 (*b*) 68
(*c*) 82 (*d*) 96

व्याख्यात्मक उत्तर

1. (*c*) : उलटे बने त्रिभुज के ऊपरी भाग के दोनों खानों में दी गई संख्याओं के वर्ग को एक दूसरे की बगल में रखने पर त्रिभुज के निचले शीर्ष की संख्या प्राप्त होती है, अर्थात्

6^2 और $3^2 = 369$

2^2 और $5^2 = 425$, इसी प्रकार

3^2 और $9^2 = 981$.

2. (*d*) : 4 से आरंभ करके प्रत्येक अनुवर्ती संख्या क्रमागत प्राकृतिक संख्या का वर्ग है। अर्थात् $2^2 = 4$, $3^2 = 9$, $4^2 = 16, \ldots 9^2 = 81$

3. (*b*) : नीचे की संख्या ऊपर की दोनों संख्याओं के वर्गों का अंतर है, अर्थात्

$16^2 - 7^2 = 256 - 49 = 207$

$12^2 - 8^2 = 144 - 64 = 80$, इसी प्रकार

$25^2 - 21^2 = 625 - 441 = 184$

4. (*b*) : बीच की संख्या विकर्णतः सम्मुख संख्याओं के गुणनफलों का योग है, अर्थात्

$(3 \times 3) + (5 \times 6) = 39$

$(4 \times 4) + (7 \times 5) = 51$, इसी प्रकार

$(3 \times 4) + (5 \times 5) = 37$

5. (*a*) : किसी भी एक आकृति में सरेखीय तीनों संख्याओं का योगफल समान है, अर्थात्

$29 + 80 + 43$ या $39 + 80 + 33$

या $45 + 80 + 27 = 152$

$29 + 70 + 44$ या $42 + 70 + 31$

या $43 + 70 + 30 = 143$, इसी प्रकार

$59 + 80 + 20$ या $39 + 80 + 40 = 159$.

अतः लुप्त संख्या है :

$$159 - (80 + 10) = 69$$

6. (*d*) : प्रत्येक आकृति में दाहिने और बीच के घेरों की संख्याओं के योगफल को बायीं ओर के घेरे की संख्या से घटाने पर आकृति में सबसे नीचे के घेरे की संख्या प्राप्त होती है, अर्थात्

$93 - (27 + 63) = 3$

$79 - (38 + 37) = 4$, इसी प्रकार

$67 - (16 + 42) = 9$

7. (*c*) : प्रत्येक त्रिभुजाकार आकृति के भीतर बने प्रत्येक त्रिभुज में आधार पर स्थित संख्याओं का अंतर त्रिभुज के भीतर स्थित संख्या के बराबर है, अर्थात्

$10 - 4 = 6$, $18 - 4 = 14$ और $18 - 10 = 8$

$14 - 8 = 6$, $22 - 8 = 14$ और $22 - 14 = 8$,

इसी प्रकार

$11 - 5 = 6$, $15 - 5 = 10$ और $15 - 11 = 4$.

8. (*a*) : दी गई आकृति में 7 की संख्या से आरंभ करके दक्षिणावर्त अगली संख्या पहली संख्या के दोगुने से 2 अधिक है, अर्थात्

$(7 \times 2) + 2 = 16$

$(16 \times 2) + 2 = 34 \ldots$, इसी प्रकार

$(34 \times 2) + 2 = 70$

$(70 \times 2) + 2 = 142$

$(142 \times 2) + 2 = 286$

9. (*c*) : दी गई आकृति में सम्मुख त्रिज्यखंडों में दी गई संख्याओं का अंतर 13 है, अर्थात्

$26 - 13 = 13$

$68 - 55 = 13$, इसी प्रकार

अतः लुप्त संख्या है : $42 - 13 = 29$

($42 + 13 = 55$ विकल्पों में नहीं दिया गया है)

10. (*b*) : प्रत्येक आकृति में मध्यस्थ ग्रिड रेखा में दी गई संख्याओं के योगफल को ऊपर स्थित संख्या के वर्ग से घटाने पर आकृति में नीचे की संख्या प्राप्त होती है, अर्थात्

$7^2 - (2 + 7) = 40$

$5^2 - (8 + 3) = 14$, इसी प्रकार

$9^2 - (7 + 6) = 68$

अक्षर–अंक व्यवस्थापक मशीन संबंधी प्रश्न

(PROBLEMS BASED ON ENGLISH ALPHABET)

अंग्रेजी वर्णमाला पर आधारित प्रश्नों को हल करना अत्यधिक सरल है। इस प्रकार के प्रश्न वर्णमाला के सीधे क्रम में और साथ ही उलटे क्रम में भी दी गई शृंखलाओं पर आधारित होते हैं।

अंग्रेजी वर्णमाला का सीधा क्रम (Natural Order)

A B C D E F G H I J K L M N O P Q R S T U V W X Y Z

अंग्रेजी वर्णमाला का उलटा क्रम (Reverse Order)

Z Y X W V U T S R Q P O N M L K J I H G F E D C B A

शृंखला Z पर पहुँचने के बाद A से पुनः आरंभ होती है और उलटे क्रम में A पर पहुँचने के बाद Z से पुनः आरंभ होती है। इस शृंखला में A E I O U स्वर और शेष अक्षर व्यंजन कहलाते हैं।

हल किए गए उदाहरण

1. यदि वर्णमाला के पहले दस अक्षरों को उलटे क्रम में लिखा जाए तो निम्नलिखित में से कौन-सा अक्षर उस शृंखला के दाहिने छोर से बारहवें अक्षर की बायीं ओर का सातवाँ अक्षर होगा?

   A B C D E F G H I J K L M N O P Q R S T U V W X Y Z

   (*a*) H (*b*) C (*c*) I (*d*) B

   उत्तर (*b*) : वर्णमाला के सीधे क्रम में दी गई शृंखला में पहले दस अक्षरों को उलटे क्रम में लिखने पर निम्नलिखित शृंखला प्राप्त होगी :

   JIHGFEDCBAKLMNOPQRSTUVWXYZ

   7th 12th

   'Z' से गिनना आरंभ करने पर दाहिने छोर से बारहवाँ अक्षर 'O' है और 'O' की बायीं ओर का 7वाँ अक्षर 'C' है।

अभ्यास

निर्देश (प्र.सं. 1–10): *निम्नलिखित प्रश्न वर्णमाला के सीधे या उलटे क्रम में लिखी गई शृंखला पर तथा दिए गए शब्द में अक्षरों के स्थान परिवर्तन पर आधारित हैं।*

1. वर्णमाला के सीधे क्रम में लिखी गई शृंखला में बाएँ छोर से छठे अक्षर के ठीक पहले कौन-सा अक्षर होता है?

   (*a*) U (*b*) E
   (*c*) F (*d*) V

2. वर्णमाला में G और S के ठीक बीच में कौन-सा अक्षर है?

   (*a*) L (*b*) N
   (*c*) M (*d*) कोई अक्षर नहीं

3. यदि अंग्रेजी वर्णमाला में प्रथम अर्द्धांश के अक्षरों को उलटे क्रम में लिखा जाए तो दायीं ओर से नौवें अक्षर की बायीं ओर का नौवाँ अक्षर कौन-सा होगा?

(*a*) I (*b*) D
(*c*) F (*d*) E

4. यदि अंग्रेजी वर्णमाला को उलटे क्रम में लिखा जाए, तो दायीं और से सातवें अक्षर की बायीं ओर का आठवाँ अक्षर कौन-सा होगा?

(*a*) O (*b*) P
(*c*) N (*d*) Q

5. वर्णमाला में दाहिने छोर से तेरहवें अक्षर की दायीं ओर का पाँचवाँ अक्षर क्या होगा?

(*a*) R (*b*) S
(*c*) I (*d*) O

6. यदि अंग्रेजी वर्णमाला को उलटे क्रम में लिखा जाए तो P के दाएँ से छठा अक्षर कौन-सा होगा?

(*a*) J (*b*) W
(*c*) K (*d*) V

7. यदि अंग्रेजी वर्णमाला को दो बराबर हिस्सों में बाँट दिया जाए जिनमें पहले अर्द्धांश में A से M तक के और दूसरे अर्द्धांश में N से Z तक के अक्षर निहित हों, तो बाद वाले अर्द्धांश का कौन-सा अक्षर पहले वाले अर्द्धांश के J अक्षर के संगत होगा?

(*a*) W (*b*) Q
(*c*) V (*d*) R

8. यदि अंग्रेजी वर्णमाला को उलटे क्रम में लिखा जाए तो प्राप्त शृंखला में आपके बाएँ से सोलहवें अक्षर की बायीं ओर का बारहवाँ अक्षर कौन-सा होगा?

(*a*) X (*b*) W
(*c*) D (*d*) V

9. अंग्रेजी वर्णमाला में बाएँ से पाँचवें अक्षर से आरंभ करके यदि बारह अक्षरों को उलटे (विपरीत) क्रम में लिखा जाए तो प्राप्त शृंखला में दाएँ से चौदहवें अक्षर की बायीं ओर का सातवाँ अक्षर कौन-सा होगा?

(*a*) N (*b*) H
(*c*) L (*d*) O

10. यदि वर्णमाला में B से आरंभ करके सभी एकांतर स्थानों पर आने वाले अक्षरों को छोटे अक्षरों में और शेष अक्षरों को बड़े अक्षरों में लिखा जाए तो प्राप्त शृंखला के अक्षरों का प्रयोग करके 'September' माह को किस प्रकार लिखा जाएगा?

(*a*) SEptEMbEr (*b*) sePTemBeR
(*c*) SEptembER (*d*) SEpteMbeR

व्याख्यात्मक उत्तर

1. (*b*) :

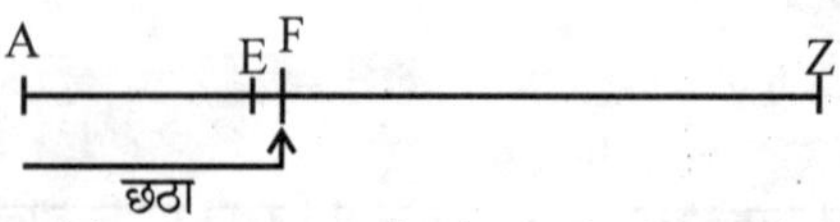

बाएँ से छठा अक्षर 'F' है और 'F' से ठीक पहले का अक्षर 'E' है।

2. (*c*) :

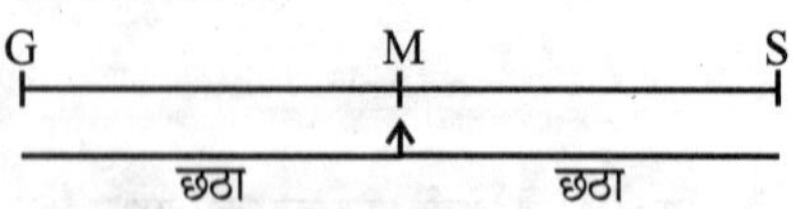

G और S के बीच का अक्षर M है।

3. (*d*) : MLKJIGHFEDCBANOPQRSTUVWXYZ

नौवाँ नौवाँ

4. (*a*) : ZYXWVUTSRQPONMLKJIHGFEDCBA

आठवाँ सातवाँ

5. (*b*) :

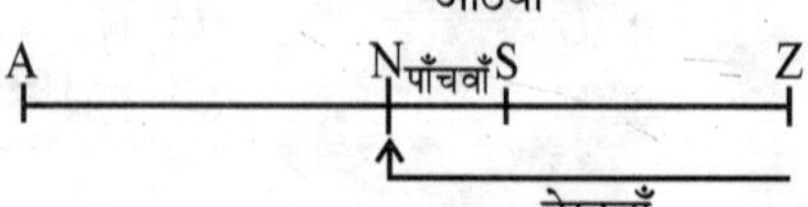

दाहिने छोर से तेरहवाँ अक्षर 'N' है और 'N' की दायीं ओर का पाँचवाँ अक्षर 'S' है।

6. (*a*) :

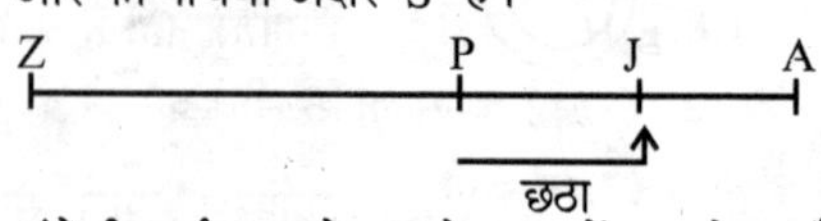

अंग्रेजी वर्णमाला के उलटे क्रम में 'P' के दाएँ से छठा अक्षर 'J' है।

7. (*a*) : A B C D E F G H I J K L M
N O P Q R S T U V W X Y Z

8. (*b*) :

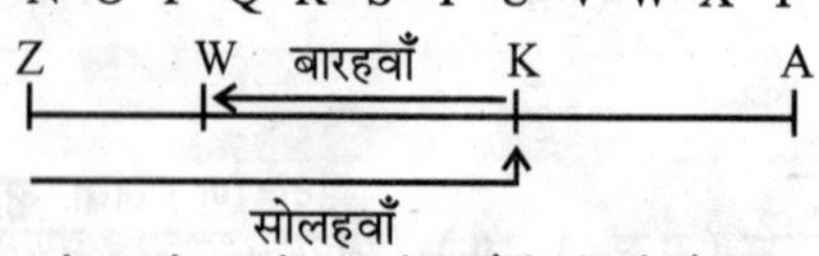

वर्णमाला के उलटे क्रम में बाएँ से सोलहवाँ अक्षर 'K' है और 'K' की बायीं ओर का बारहवाँ अक्षर 'W' है।

9. (*d*) : ABCDPONMLKJIHGFEQRSTUVWXYZ

सातवाँ चौदहवाँ

10. (*a*) : A b C d E f G h I j K l M n O p Q r S t U v W x Y z

कथन एवं वेन आरेख

(LOGICAL DIAGRAMS)

इस प्रकार के प्रश्नों में विकल्प के रूप में पाँच भिन्न-भिन्न आकृतियों का समुच्चय दिया जाता है। प्रत्येक आकृति संबंधित शब्दों के कुछ समूहों का एक तार्किक पैटर्न निरूपित करती है जिनमें प्रत्येक शब्द एक वर्ग को निरूपित करता है। अभ्यर्थी को दिए गए शब्दों के समुच्चय के लिए सर्वाधिक उपयुक्त तार्किक आकृति की पहचान करनी है। नीचे इन आरेखों द्वारा निरूपित कुछ संबंध दर्शाए गए हैं। संबंधित पैटर्नों को समझें और तत्पश्चात् दिए गए प्रश्नों के उत्तर दें।

हल किए गए उदाहरण

1. 

दिए गए वर्गों में कोई सदस्य समान (common) नहीं है।

उदाहरण : दूध, अंडे

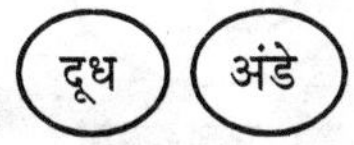

2. 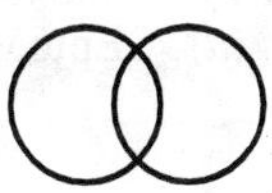

दिया गया आरेख यह दर्शाता है कि दोनों वर्गों में कुछ समान सदस्य हैं किंतु कोई भी वर्ग एक-दूसरे में पूर्णत: समाहित नहीं है।

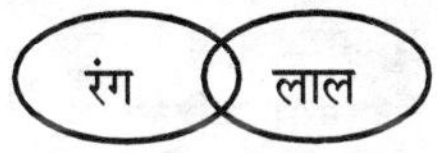

उदाहरण : रंग, लाल

3. 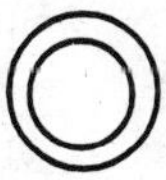

दिया गया आरेख यह दर्शाता है कि एक वर्ग दूसरे में पूर्णत: समाहित है किंतु दूसरा वर्ग पहले वर्ग में समाहित नहीं है अर्थात् ये दोनों वर्ग आपस में मिले-जुले नहीं हैं।

उदाहरण : फल, सेब

4. 

आकृति 2 के समान ही यह आकृति भी दर्शाती है कि तीनों वर्गों में कुछ समान (common) सदस्य हैं किंतु इनमें से कोई भी वर्ग एक-दूसरे में पूर्णत: समाहित नहीं है।

उदाहरण : लंबा, आदमी, शिक्षित

अभ्यास

निर्देश (प्र.सं. 1–5): *नीचे दिए गए पाँच तर्क आरेखों में से उस आरेख (आकृति) का चयन करें जो प्रश्न में दिए गए तीनों वर्गों के बीच संबंध को सर्वाधिक सुस्पष्ट रूप में प्रदर्शित करता है।*

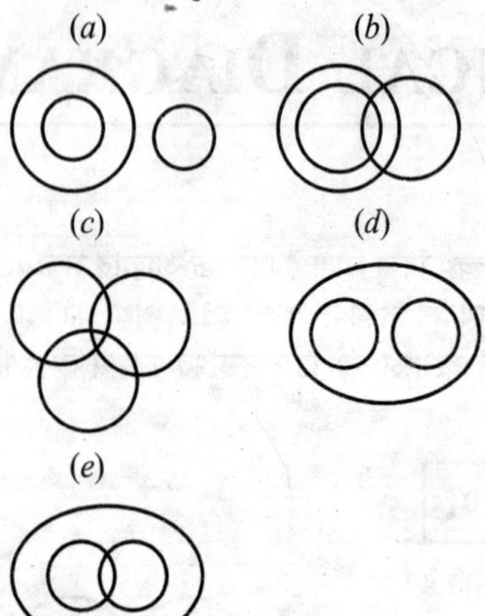

1. पक्षी, फल, आम
2. अपराधी, वकील, डकैत
3. तैराक, कुँआरा, पुरुष
4. स्मार्ट, इंजीनियर, महिला
5. सब्जियाँ, आलू, बैंगन

निर्देश (प्र.सं. **6–10**): *नीचे दिए गए पाँच तर्क आरेखों में से उस आरेख (आकृति) का चयन करें जो प्रश्न में दिए गए तीनों वर्गों के बीच संबंध को सर्वाधिक सुस्पष्ट रूप में व्यक्त करता है।*

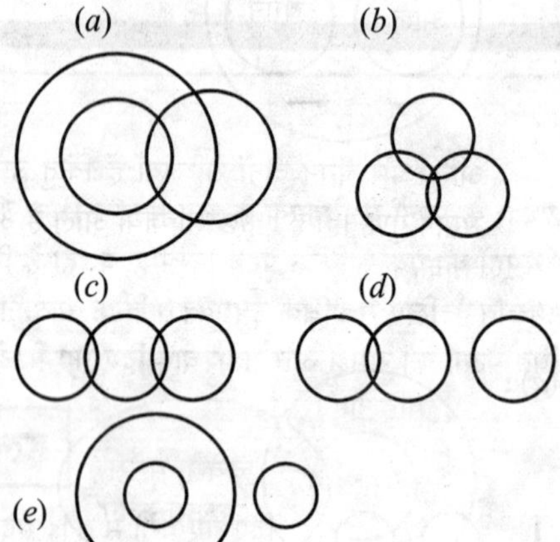

6. बहन, चचेरी-ममेरी-फुफेरी बहन, महिलाएँ
7. तारा, ग्रह, शनि
8. लोग, बुद्धिमान, धनी
9. पालतू पशु, बिल्लियाँ, कुत्ते
10. अभिनेता, मंच, फिल्म

व्याख्यात्मक उत्तर

1. (*a*) :

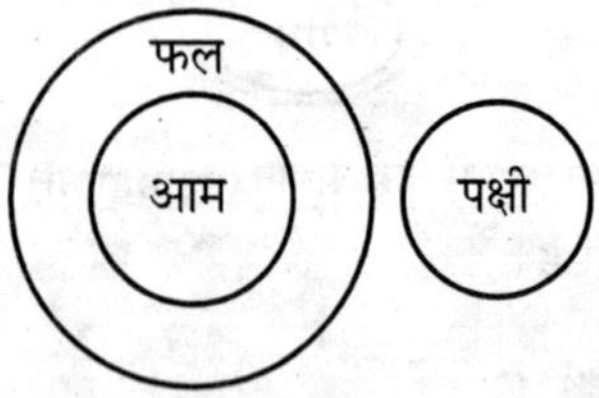

सभी आम फल हैं किंतु फल और आम में से कोई भी पक्षी नहीं है।

2. (*a*) :

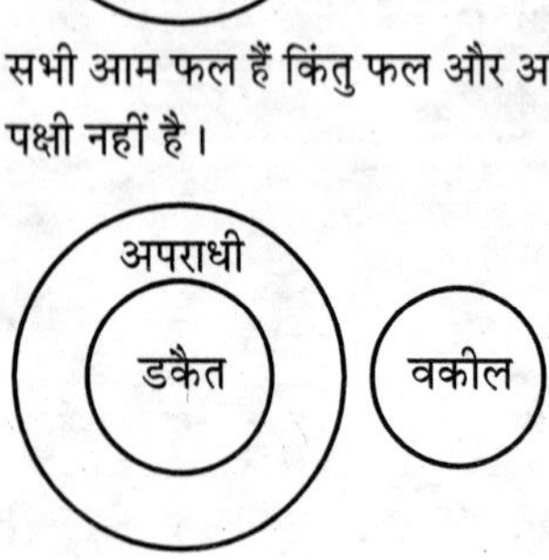

सभी डकैत अपराधी हैं किंतु अपराधी और डकैत में से कोई भी वकील नहीं हो सकता।

3. (*b*) :

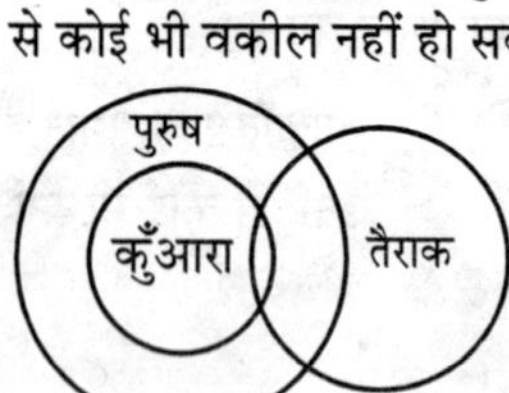

सभी कुँआरे पुरुष होते हैं तथा कुछ पुरुष और कुँआरे तैराक हो सकते हैं।

4. (*c*) :

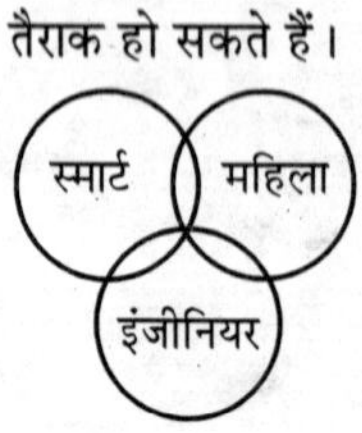

कुछ महिलाएँ स्मार्ट हो सकती हैं और कुछ महिलाएँ इंजीनियर हो सकती हैं तथा कुछ इंजीनियर स्मार्ट भी हो सकते हैं और महिला भी।

5. (*d*) :

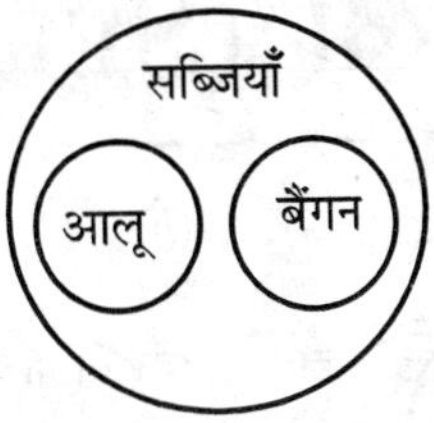

आलू और बैंगन दोनों सब्जियाँ हैं किंतु उनमें कोई समान गुण नहीं है। कुछ सब्जियाँ आलू हैं और कुछ बैंगन।

6. (*a*) :

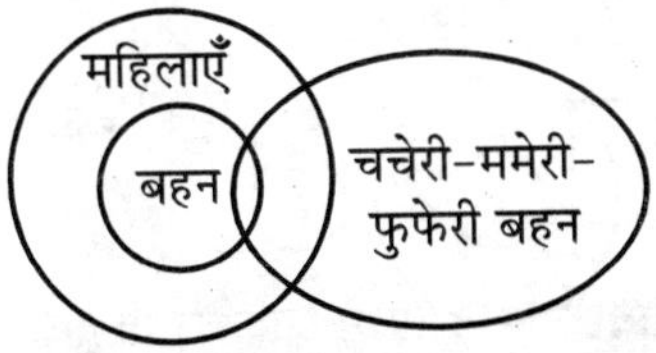

सभी बहनें महिलाएँ होती हैं। कुछ महिलाएँ जो बहनें हैं, चचेरी-ममेरी-फुफेरी बहनें हो सकती हैं या सभी चचेरी-ममेरी-फुफेरी बहनें कुछ महिलाएँ हैं।

7. (*e*) :

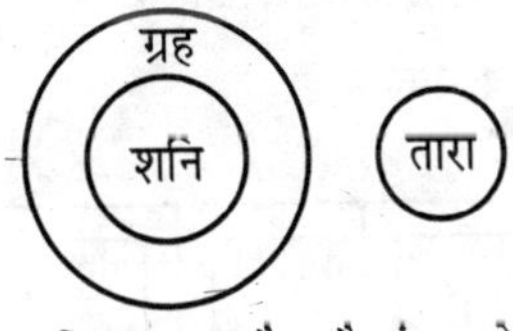

शनि एक ग्रह है। सौरमंडल के ग्रहों में एक ग्रह शनि है। तारा एक भिन्न वर्ग है।

8. (*b*) :

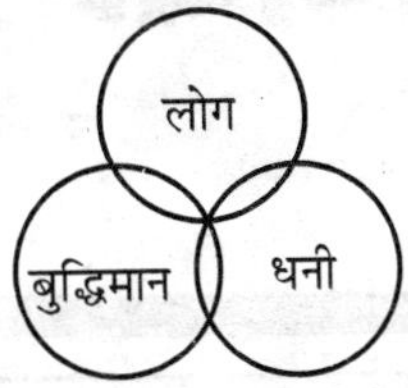

कुछ लोग बुद्धिमान हो सकते हैं और कुछ धनी हो सकते हैं तथा कुछ बुद्धिमान और धनी व्यक्ति लोगों की श्रेणी में शामिल हैं। कुछ बुद्धिमान धनी हो सकते हैं और कुछ बुद्धिमान व्यक्ति लोगों की श्रेणी में शामिल है या कुछ धनी बुद्धिमान हो सकते हैं और कुछ लोगों को बुद्धिमान कहा जा सकता है।

9. (*c*) :

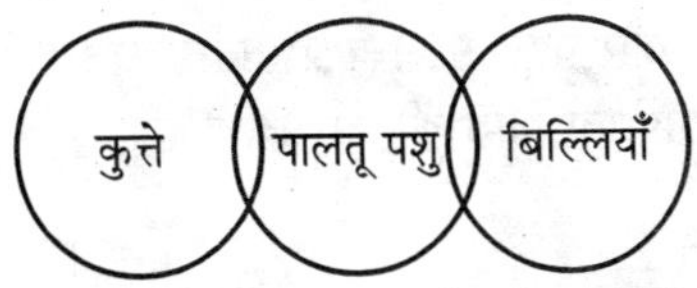

पालतू पशुओं में कुछ कुत्ते और कुछ बिल्लियाँ हो सकती हैं। कुछ कुत्ते और बिल्लियों को पालतू बनाया जा सकता है। किंतु कुत्ते और बिल्लियों का अलग-अलग वर्ग है।

10. (*b*) :

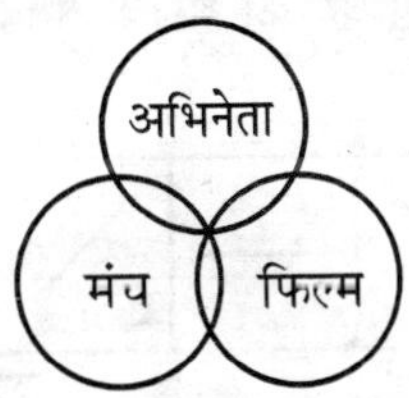

कुछ अभिनेता मंच से जुड़े होते हैं और कुछ फिल्मों से तथा मंच से जुड़े कुछ कलाकार और फिल्म से जुड़े कुछ कलाकार अभिनेता की श्रेणी में आते हैं।

अभाषिक श्रृंखला (SERIES)

इस प्रकार की अभाषिक शृंखला (Non-Verbal Series) में, जो सर्वाधिक सामान्य प्रकार की शृंखला होती है, चार या पांच आनुक्रामेक प्रश्न आकृतियां एक निश्चित अनुक्रम निर्मित करते हैं और अभ्यर्थियों को दी गई उत्तर आकृतियों के सेट से उस एक आकृति का चयन करना होता है जिससे प्रश्न आकृतियों के समुच्चय की शृंखला सतत् हो जाए।

अभ्यर्थियों को प्रश्न आकृतियों के समुच्चय की शृंखला सतत् बनाने के लिए विभिन्न क्रियाएं, परिवर्तन, विस्थापन, क्रमावर्तन, पुनरावर्तन और बहुत से अन्य परिवर्तन करने की आवश्यकता होती है। निरंतर अभ्यास द्वारा शृंखला विषयक समस्याओं को हल करने में निपुणता प्राप्त की जा सकती है।

हल किए गए उदाहरण

नीचे पूछे गए प्रत्येक प्रश्न में उत्तर आकृतियों के समुच्चय से उस एक आकृति का चयन करें जिसे प्रश्न आकृतियों के बाद में रखने पर प्रश्न आकृतियों के समुच्चय की शृंखला सतत् हो जाए।

1. प्रश्न आकृतियां

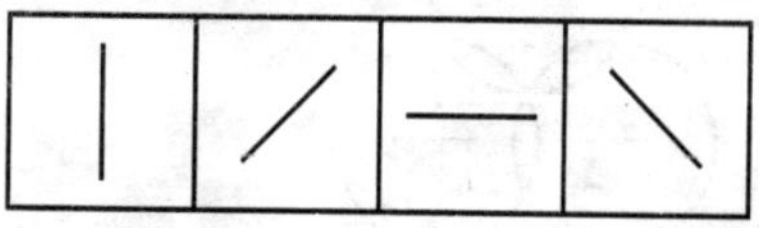

उत्तर आकृतियां

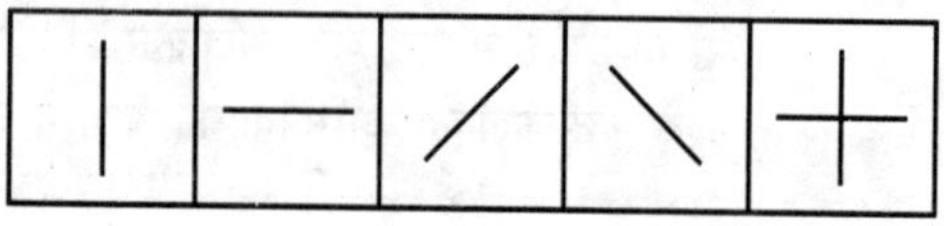

(*a*) (*b*) (*c*) (*d*) (*e*)

उत्तर (*a*): सभी आकृतियों में समान आकार की सीधी सरल रेखाएं दी गई हैं। उनकी दिशाएं और स्थिति परिवर्तित होती हैं। पहली आकृति में रेखा ऊर्ध्वाधर स्थिति में है। दूसरी आकृति में रेखा दक्षिणावर्त 45° के कोण से मुड़ जाती है और तीसरी आकृति में रेखा दक्षिणावर्त और 45° के कोण से मुड़ जाती है तथा चौथी आकृति में रेखा दक्षिणावर्त और 45° के कोण से मुड़ जाती है। अतः दो बातें स्पष्ट होती हैं: (i) रेखा दक्षिणावर्त घूमती है, और (ii) रेखा प्रत्येक चरण पर 45° के कोण से मुड़ती है।

अब चौथी आकृति (प्रश्न आकृति) भी दक्षिणावर्त 45° के कोण से मुड़नी चाहिए। अतः पांचवीं आकृति एक ऊर्ध्वाधर (उदग्र) रेखा होगी। इस प्रकार हमें ज्ञात होता है कि शृंखला को सतत् बनाने के लिए अगली आकृति एक ऊर्ध्वाधर या उदग्र सरल रेखा होगी।

2. प्रश्न आकृतियां

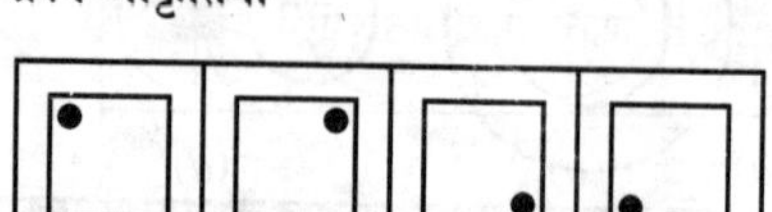

उत्तर आकृतियां

(*a*) (*b*) (*c*) (*d*) (*e*)

उत्तर (*c*): सभी चारों आकृतियां वर्ग हैं। जिनमें से प्रत्येक के भीतर एक काला बिंदु है। आकृतियों में वर्ग की अवस्थिति में परिवर्तन नहीं होता है बल्कि बिंदु की स्थिति परिवर्तित होती है। पहली आकृति में बिन्दु वर्ग के भीतर ऊपरी बाएं कोने पर अवस्थित है और दूसरी आकृति में बिन्दु वर्ग के भीतर ऊपरी दाएं

कोने पर पहुंच जाती है। तीसरी आकृति में बिन्दु निचले दाहिने कोने पर और चौथी आकृति में निचले बाएं कोने पर पहुंच जाती है। अतः दो तथ्यों का पता चलता है: (i) बिन्दु की अवस्थिति बाएं से दाएं अर्थात् दक्षिणावर्त परिवर्तित होती है, और (ii) यह प्रत्येक चरण पर वर्ग के एक कोने से दूसरे कोने पर पहुंच जाती है।

चौथी आकृति (प्रश्न आकृति) में बिन्दु निचले बाएं कोने पर अवस्थित है। अगले चरण में यह दक्षिणावर्त अगले कोने पर अर्थात् ऊपरी बाएं कोने पर पहुंच जाएगी। अतः प्रश्न आकृति में दी गई शृंखला को सतत् बनाने के लिए शृंखला की अगली अर्थात् पांचवीं आकृति में एक वर्ग होगा जिसके ऊपरी बाएं कोने पर एक बिन्दु अवस्थित होगा।

अभ्यास

निर्देश (प्र.सं. 1–30): *नीचे के प्रत्येक प्रश्न में आकृतियों के दो समुच्चय दिए गए हैं जिनमें से एक समुच्चय को* **प्रश्न आकृतियों** *का समुच्चय और दूसरे समुच्चय को* **उत्तर आकृतियों** *का समुच्चय कहा गया है। प्रश्न आकृतियों के समुच्चय से किसी न किसी प्रकार से एक शृंखला बनती है। उत्तर आकृतियों के समुच्चय से उस एक आकृति का चयन करें जिससे प्रश्न आकृतियों के समुच्चय की शृंखला संतत हो जाए।*

1. प्रश्न आकृतियां

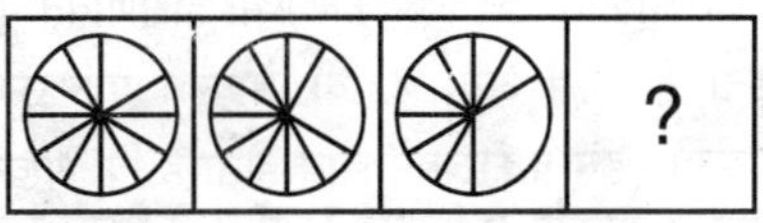

उत्तर आकृतियां

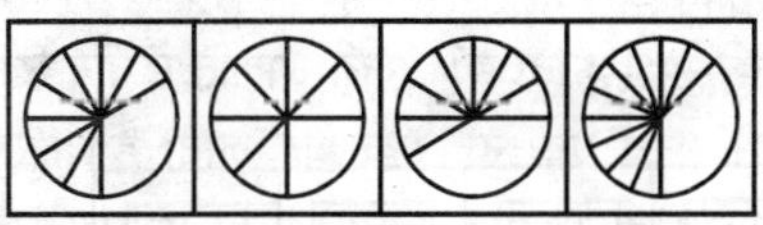

(*a*) (*b*) (*c*) (*d*)

2. प्रश्न आकृतियां

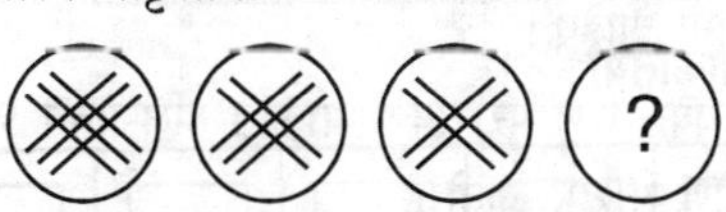

उत्तर आकृतियां

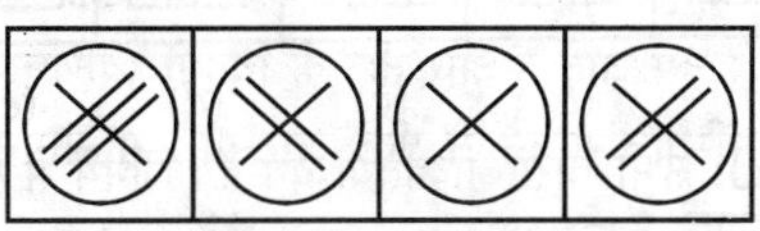

(*a*) (*b*) (*c*) (*d*)

3. प्रश्न आकृतियां

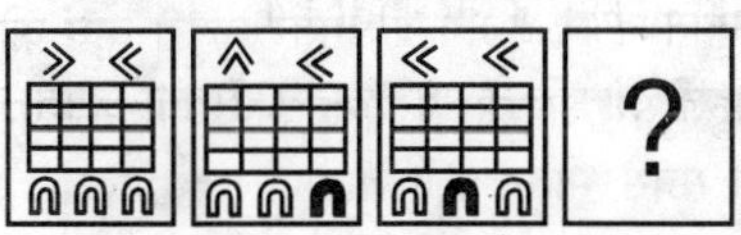

उत्तर आकृतियां

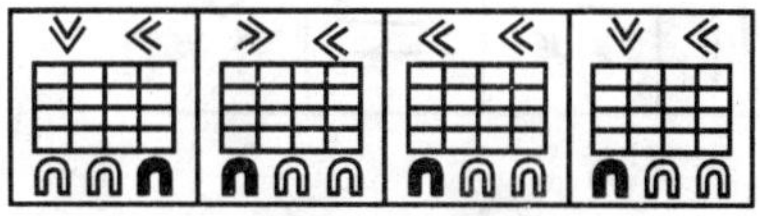

(*a*) (*b*) (*c*) (*d*)

4. प्रश्न आकृतियां

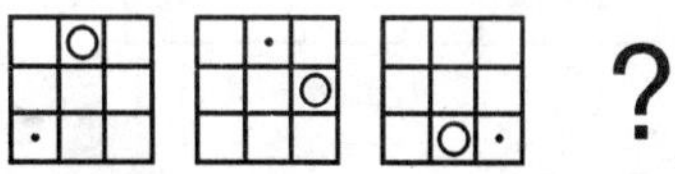

उत्तर आकृतियां

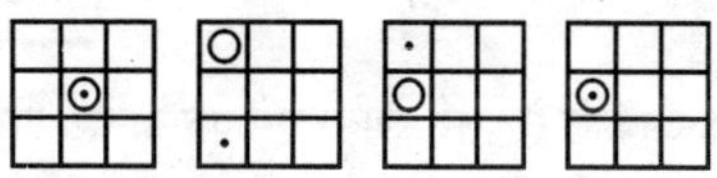

(*a*) (*b*) (*c*) (*d*)

5. प्रश्न आकृतियां

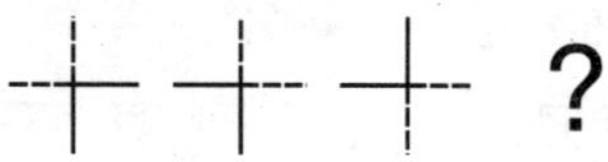

उत्तर आकृतियां

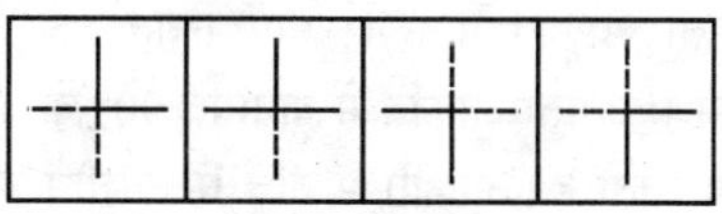

(*a*) (*b*) (*c*) (*d*)

6. प्रश्न आकृतियां

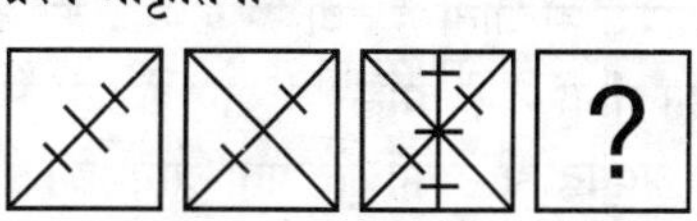

उत्तर आकृतियां

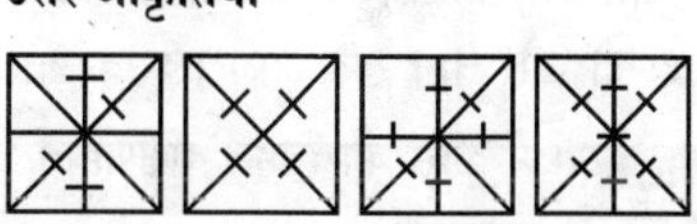

(*a*) (*b*) (*c*) (*d*)

7. प्रश्न आकृतियां

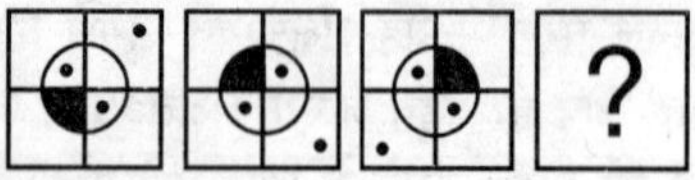

उत्तर आकृतियां

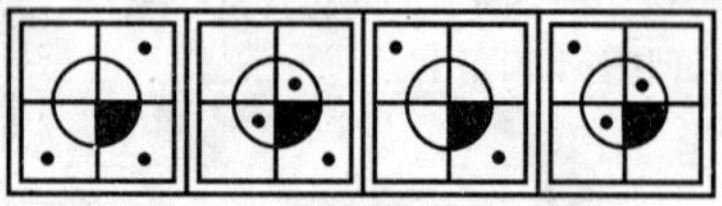

(*a*) (*b*) (*c*) (*d*)

8. प्रश्न आकृतियां

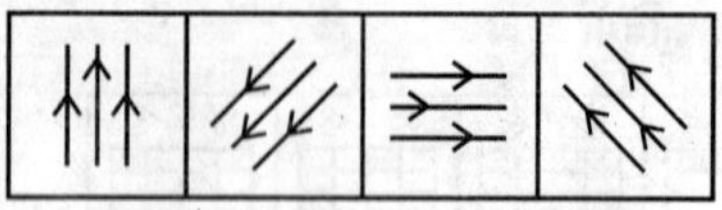

उत्तर आकृतियां

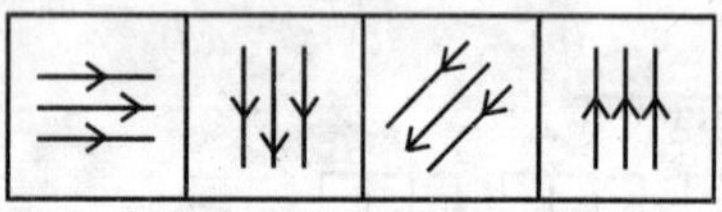

(*a*) (*b*) (*c*) (*d*)

9. प्रश्न आकृतियां

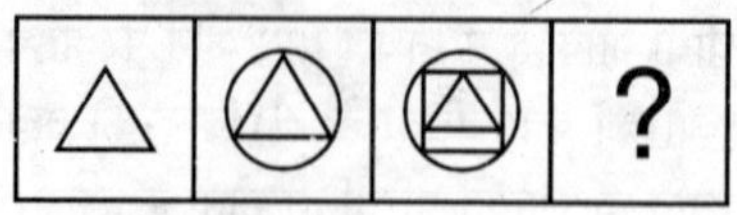

उत्तर आकृतियां

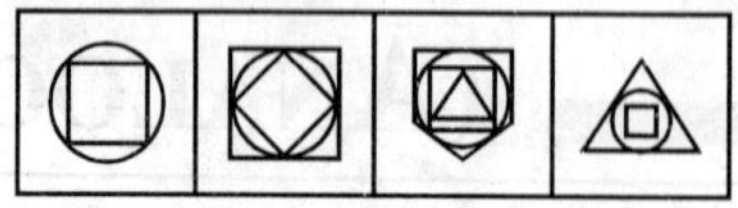

(*a*) (*b*) (*c*) (*d*)

10. प्रश्न आकृतियां

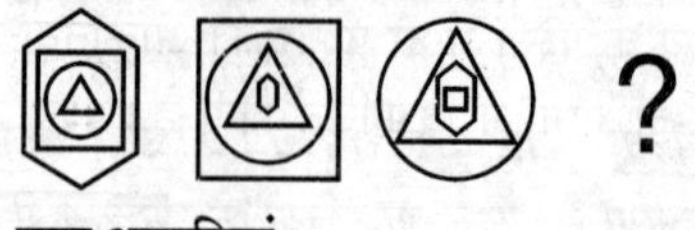

उत्तर आकृतियां

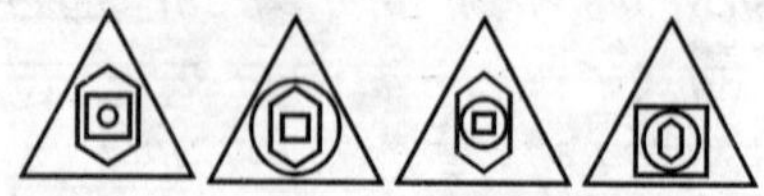

(*a*) (*b*) (*c*) (*d*)

व्याख्यात्मक उत्तर

1. (*c*) : एक आकृति से दूसरी आकृति में वृत्त क्रमशः दक्षिणावर्त 30° के कोण से घूम जाता है और प्रत्येक चरण में वृत्त के भीतर स्थित एक त्रिज्यीय रेखाखण्ड लुप्त होता जाता है।

2. (*d*) : तिरछे या विकर्णी रेखाखण्ड एक-एक करके एक निश्चित क्रम में लुप्त होते जाते हैं।

3. (*d*) : पहली आकृति में ऊपर बाएं स्थित >> अवयव क्रमशः अगली आकृति में वामावर्त 90° के कोण से घूम जाता है। आकृति में नीचे स्थित तीन अवयवों में से दाहिने ओर का एक अवयव दूसरी आकृति में छायांकित हो जाता है तथा उसके बाद की आकृति में इन तीनों में से दाहिने से बाएं के क्रम में केवल एक अवयव ही छायांकित होता जाता है।

4. (*d*) : वृत्त (गोल घेरा) और बिंदु अगली आकृति में दक्षिणावर्त क्रमशः दो और तीन खंड आगे खिसक जाते हैं।

5. (*a*) : प्रत्येक चरण में क्रॉस का चिह्न दक्षिणावर्त 90° के कोण से घूम जाता है।

6. (*a*) : पहली आकृति में विकर्ण पर बीच में स्थित रेखाखण्ड दूसरी आकृति में आगे बढ़कर वर्ग के सम्मुख कोनों को स्पर्श करता है। अगली आकृति में तीन रेखाखण्डों से युक्त एक नई रेखा जुड़ जाती है। शृंखला में निरंतरता स्थापित करने के लिए मध्यस्थ रेखाखण्ड को आगे बढ़ाकर वर्ग की भुजाओं से स्पर्श कराया जाना चाहिए।

7. (*d*) : प्रत्येक चरण पर संपूर्ण आकृति दक्षिणावर्त 90° के कोण से घूम जाती है।

8. (*b*) : एकांतर आकृतियों में तीर दक्षिणावर्त 90° के कोण से घूम जाते हैं और तीर के चिह्नों (वाणमुखों) की संस्थिति सामने से पीछे और पीछे से सामने होती जाती है।

9. (*c*) : प्रत्येक चरण पर पूर्ववर्ती आकृति-समुच्चय में एक नई आकृति जुड़ती जाती है।

10. (*a*) : पहली आकृति में सबसे बाहरी संरचना अगली आकृति में सबसे भीतर चली जाती है।

सादृश्य या संबंध
(ANALOGIES OR RELATIONSHIPS)

अभाषिक सादृश्य के प्रश्नों में दो प्रकार की आकृतियां दी जाती हैं जो (i) प्रश्न आकृतियां और (ii) उत्तर आकृतियां कहलाती हैं। प्रश्न आकृतियां दो भागों में विभाजित होती हैं। प्रश्न आकृतियों के नीचे उत्तर आकृतियां दी जाती है।

हल किए गए उदाहरण

1. प्रश्न आकृतियां

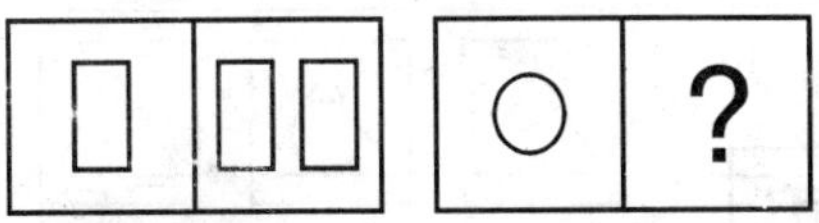

उत्तर आकृतियां

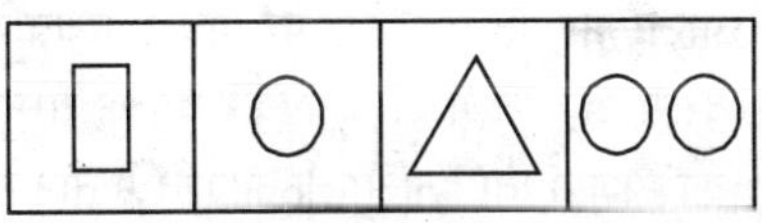

(*a*) (*b*) (*c*) (*d*)

उत्तर (*d*)**:** ऊपर दी गई प्रश्न आकृतियों के दो भाग हैं। पहले भाग में दो आकृतियां हैं जबकि दूसरे भाग में एक आकृति दी गई है जिसके बाद एक प्रश्न चिह्न (?) है। पहले भाग की आकृतियों के बीच एक विशेष संबंध है जिसके आधार पर दूसरे भाग की आकृतियों के बीच संबंध स्थापित किया जाना है।

प्रश्न आकृतियों के पहले भाग की दो आकृतियों में क्रमशः एक और दो आयत निहित हैं। पहली आकृति में एक आयत है जबकि दूसरी आकृति में दो आयत हैं। इसका अर्थ है कि उनके बीच संबंध यह है कि दूसरी आकृति में पहली आकृति में निहित आयत की संख्या की दोगुनी संख्या में आयत हैं।

दूसरे भाग की दोनों प्रश्न आकृतियों के बीच भी ठीक उसी प्रकार का संबंध होना आवश्यक है जैसा संबंध पहले भाग की दो प्रश्न आकृतियों के बीच है अर्थात् इस सादृश्य के आधार पर जबकि दूसरे भाग में पहली प्रश्न आकृति एक वृत्त है तो दूसरी प्रश्न आकृति में वृत्तों की संख्या दोगुनी अर्थात् 2 होगी।

2. प्रश्न आकृतियां

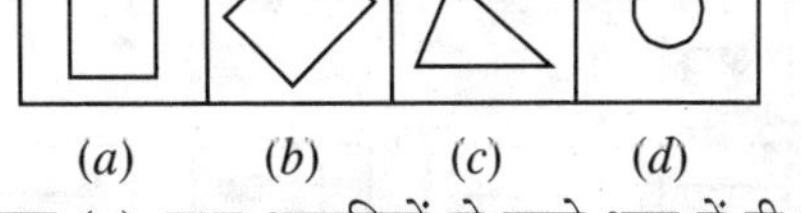

उत्तर आकृतियां

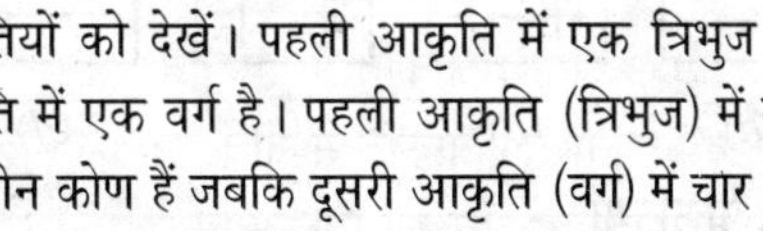

(*a*) (*b*) (*c*) (*d*)

उत्तर (*a*)**:** प्रश्न आकृतियों के पहले भाग में दी गई दोनों आकृतियों को देखें। पहली आकृति में एक त्रिभुज और दूसरी आकृति में एक वर्ग है। पहली आकृति (त्रिभुज) में तीन भुजाएं और तीन कोण हैं जबकि दूसरी आकृति (वर्ग) में चार भुजाएं और चार कोण हैं। इन दोनों आकृतियों के बीच संबंध यह है कि दूसरी आकृति में पहली आकृति की तुलना में एक भुजा और एक कोण अधिक है।

इस सादृश्य संबंध के आधार पर प्रश्न चिह्न (?) के स्थान पर रखी जाने वाली आकृति पाँच भुजाओं और पाँच कोणों वाली आकृति होनी चाहिए (जिसमें प्रश्न आकृतियों के दूसरे भाग की पहली आकृति से एक भुजा और एक कोण अधिक हो)।

अभ्यास

निर्देश (प्र.सं. 1–20): *प्रश्न आकृतियों में :: चिह्न के बाएं दी गई दो आकृतियों में से दूसरी आकृति का पहली आकृति के साथ एक विशेष संबंध है। :: चिह्न की दाईं ओर की दो आकृतियों के बीच भी ऐसा ही संबंध है। दिए गए विकल्पों से उस आकृति का चयन करें जिसे प्रश्न आकृतियों में प्रश्न चिह्न के स्थान पर रखा जा सकता है और जिसका :: चिह्न की दाईं ओर की पहली आकृति के साथ ठीक वैसा ही संबंध है जैसा कि :: चिह्न की बाईं ओर की दो आकृतियों के बीच है।*

1. प्रश्न आकृतियां

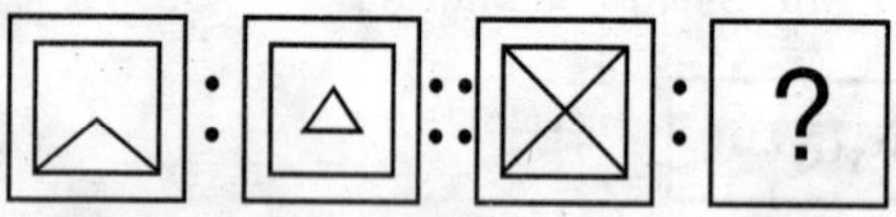

उत्तर आकृतियां

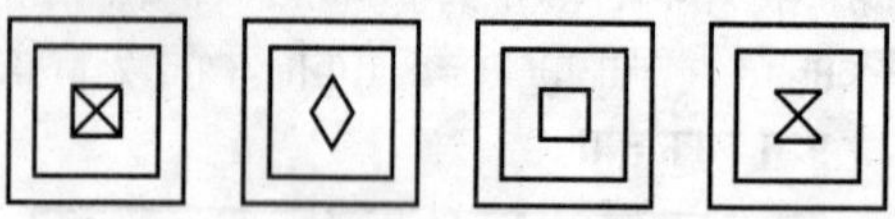

(a) (b) (c) (d)

2. प्रश्न आकृतियां

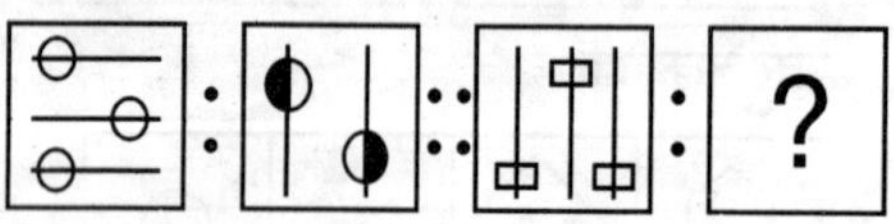

उत्तर आकृतियां

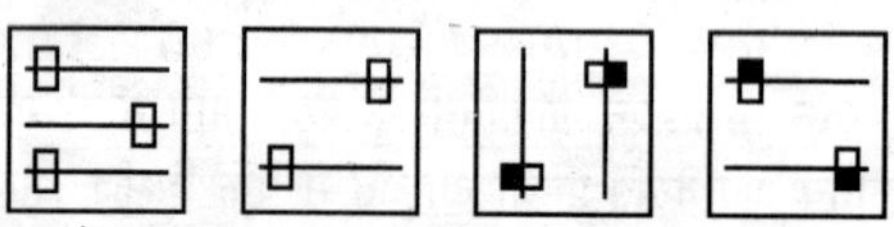

(a) (b) (c) (d)

3. प्रश्न आकृतियां

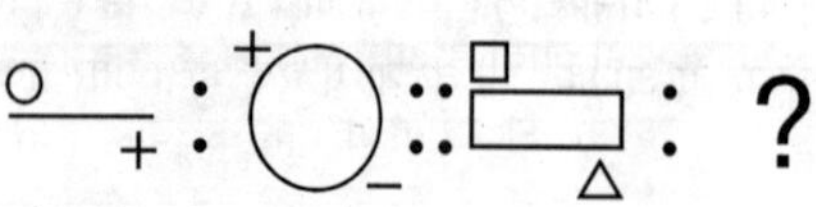

उत्तर आकृतियां

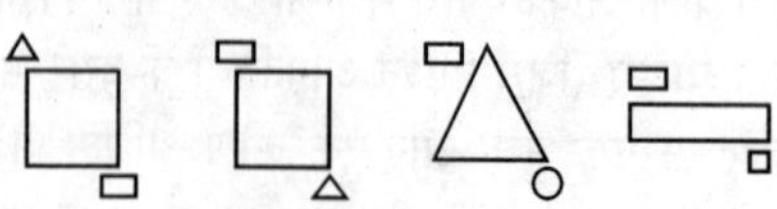

(a) (b) (c) (d)

4. प्रश्न आकृतियां

उत्तर आकृतियां

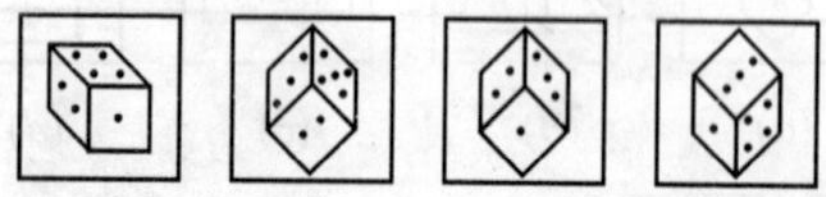

(a) (b) (c) (d)

5. प्रश्न आकृतियां

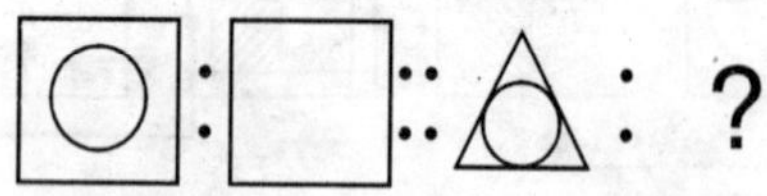

उत्तर आकृतियां

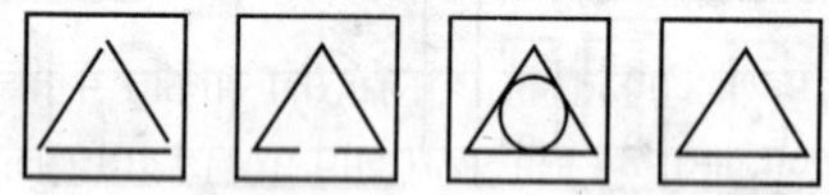

(a) (b) (c) (d)

6. प्रश्न आकृतियां

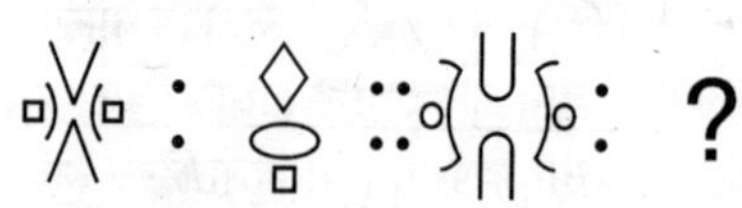

उत्तर आकृतियां

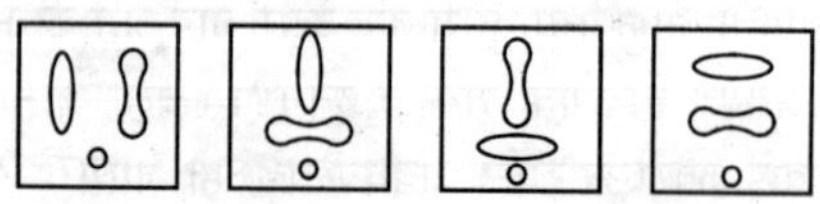

(a) (b) (c) (d)

7. प्रश्न आकृतियां

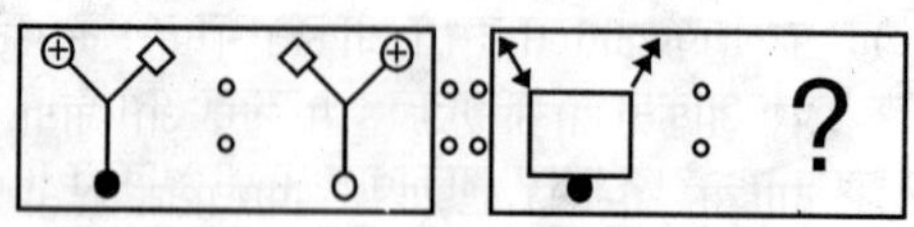

उत्तर आकृतियां

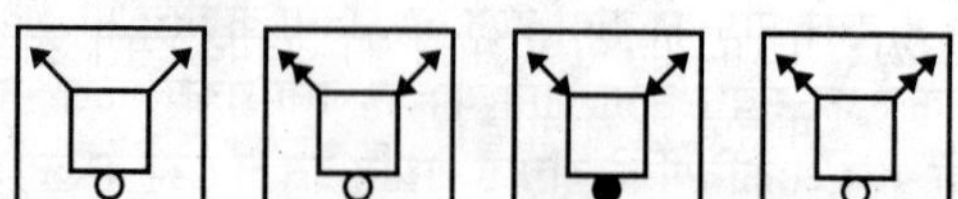

(a) (b) (c) (d)

8. प्रश्न आकृतियां

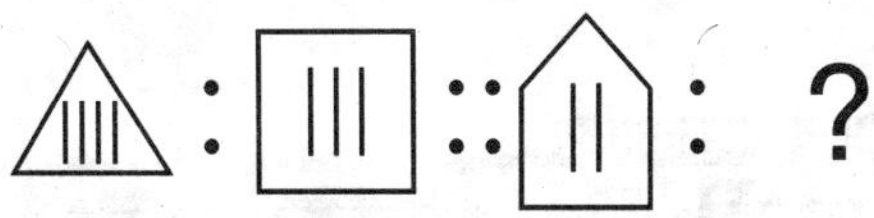

उत्तर आकृतियां

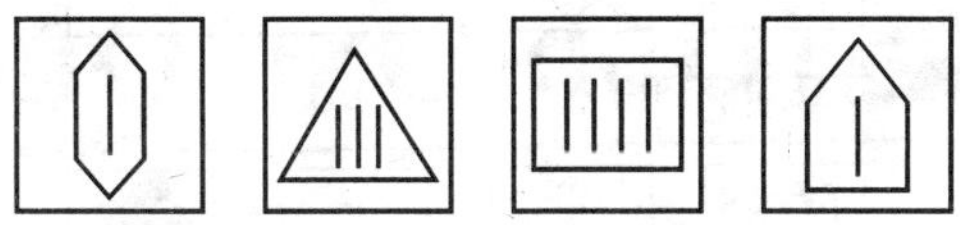

(*a*) (*b*) (*c*) (*d*)

9. प्रश्न आकृतियां

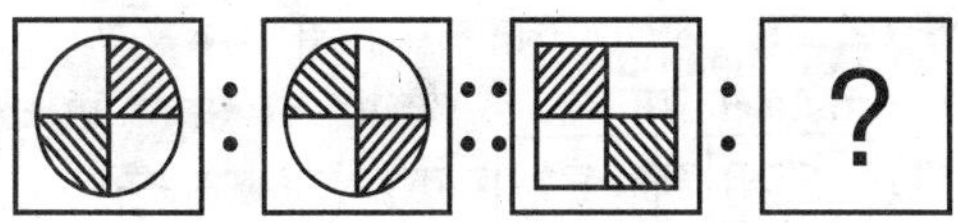

उत्तर आकृतियां

(*a*) (*b*) (*c*) (*d*)

10. प्रश्न आकृतियां

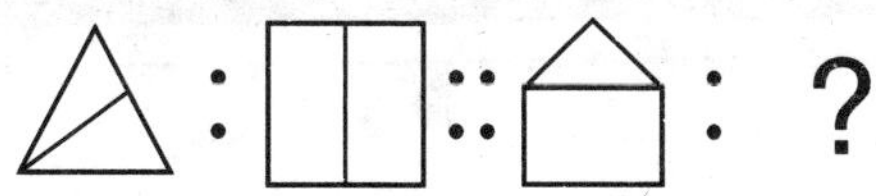

उत्तर आकृतियां

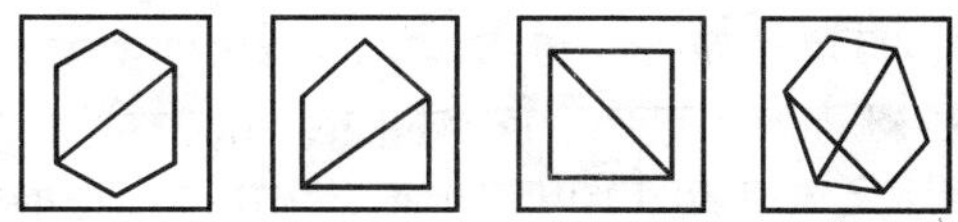

(*a*) (*b*) (*c*) (*d*)

व्याख्यात्मक उत्तर

1. (*d*) : पहली आकृति का त्रिभुज दूसरी आकृति में बीच में आ जाता है। इसी प्रकार शीर्ष पर जुड़े दो त्रिभुज भी उत्तर आकृति में बीच में आ जाते हैं।

2. (*d*) : पहली आकृति का संपूर्ण डिजाइन दूसरी आकृति में दक्षिणावर्त 90° के कोण से घूम जाता है और उसका एक अवयव लुप्त हो जाता है तथा रेखिका से जुड़े अवयव के परस्पर विपरीत दिशा वाले हिस्से छायांकित हो जाते हैं।

3. (*a*) : पहली आकृति से दूसरी आकृति में दाईं ओर नीचे का अवयव विकर्णतः सम्मुख कोने पर चला जाता है, बाईं ओर ऊपर का अवयव बड़ा हो जाता है और बीच में आ जाता है तथा बीच का अवयव छोटा होकर नीचे दाएँ कोने पर आ जाता है।

4. (*c*) : पहली आकृति से दूसरी आकृति में पाशे के फलक पर अंकित आकृति ऊपर से नीचे आ जाती है। दाहिनी ओर का डिजाइन अपरिवर्तित रहता है। जबकि बाईं ओर का डिजाइन बदल जाता है।

5. (*d*) : पहली आकृति में भीतर का अवयव दूसरी आकृति में लुप्त हो जाता है।

6. (*b*) : पहली आकृति के दो आधे अवयव दूसरी आकृति में ऊर्ध्वाधरतः पलट कर आपस में जुड जाते हैं और इस प्रकार निर्मित नया अवयव ऊपर शीर्ष पर पहुँच जाता है। पहली आकृति के दो क्षैतिजतः अवस्थित वक्र परस्पर जुड़कर एक नया अवयव निर्मित करते हैं और दूसरी आकृति में बीच में आ जाते हैं। पहली आकृति में दाएँ और बाएँ छोरों के दो सदृश अवयवों में से एक अवयव दूसरी आकृति में नीचे आ जाता है।

7. (*b*) : दूसरी आकृति में ऊपर के दो अवयव अपना स्थान बदल कर एक दूसरे के स्थान पर आ जाते हैं और वृत्त के भीतर का छायांकित भाग छायारहित हो जाता है।

8. (*a*) : पहली आकृति से दूसरी आकृति में एक ऊर्ध्वाधरतः रेखा कम हो जाती है और आकृति को निर्मित करने वाली रेखाओं की संख्या में एक की वृद्धि होती है।

9. (*a*) : पहली आकृति को वामावर्त 90° के कोण से घुमाने पर दूसरी आकृति प्राप्त होती है।

10. (*a*) : पहली आकृति से दूसरी आकृति में आकृति को निर्मित करने वाली रेखाओं की संख्या में एक की वृद्धि होती है।

विजातीय का चयन
(ODD-ONE OUT)

अभाषिक वर्गीकरण संबंधी तर्कबुद्धि परीक्षण विषयक प्रश्नों में आकृतियों का एक समूह दिया जाता है तथा अभ्यर्थियों से यह अपेक्षा की जाती है कि वे दी गई आकृतियों को उनके विशिष्ट गुणों या विशेषताओं के आधार पर अलग-अलग समूहों या वर्गों में वर्गीकृत करें। आकृतियों या मदों को उनकी बनावट, आकार, प्रतिरूप, संरचना, प्रकार, क्रम, रूप-रंग, कोटि, शैली, संघटक अवयवों और अन्य प्रकार की विशेषताओं में समानता के आधार पर समूहों या वर्गों में वर्गीकृत करना होता है और तत्पश्चात् उस समूह से भिन्न अर्थात् विजातीय आकृति की पहचान करनी होती है।

भाग–I

अभाषिक वर्गीकरण के इस प्रकार के प्रश्नों में प्रश्न आकृतियों और उत्तर आकृतियों के रूप में आकृतियों के दो समुच्चय नहीं दिए जाते बल्कि इनमें चार या पाँच आकृतियों का केवल एक ही समुच्चय दिया जाता है जिन्हें प्रश्न आकृतियाँ कहते हैं। इन प्रश्न आकृतियों में से एक आकृति शेष चार आकृतियों के समान या उनके सदृश नहीं होती। दूसरे शब्दों में तीन या चार आकृतियाँ किसी न किसी रूप में आपस में संबंधित होते हुए एक समूह बनाती हैं जबकि शेष केवल एक आकृति ही अन्यों से भिन्न अथवा विजातीय होता है जिसकी पहचान की जानी होती है।

हल किए गए उदाहरण

1. 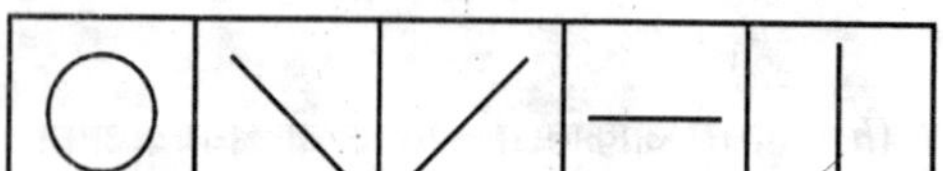

(*a*) (*b*) (*c*) (*d*) (*e*)

उत्तर (*a*)**:** दी गई आकृतियों में (*a*) एक वृत्त है जबकि (*b*), (*c*), (*d*) और (*e*) भिन्न-भिन्न दिशाओं को इंगित करने वाली सरल रेखाएं हैं। यहाँ ध्यान दें कि दी गई पाँच आकृतियों में से चार आकृतियों (*b*), (*c*), (*d*) और (*e*) में से प्रत्येक में एक सामान्य (सर्वनिष्ठ) विशेषता यह है कि ये सभी सरल रेखाएं हैं जो भिन्न-भिन्न दिशाओं को इंगित करती हैं, अतः ये चारों आकृतियां एक समूह या वर्ग निर्मित करती हैं। इन आकृतियों के विपरीत (*a*) एक वृत्त है जो अन्य आकृतियों से भिन्न अथवा विजातीय है।

अतः आकृति (*a*) समूह में शामिल न होने वाली आकृति अर्थात् एक विजातीय आकृति है।

2. 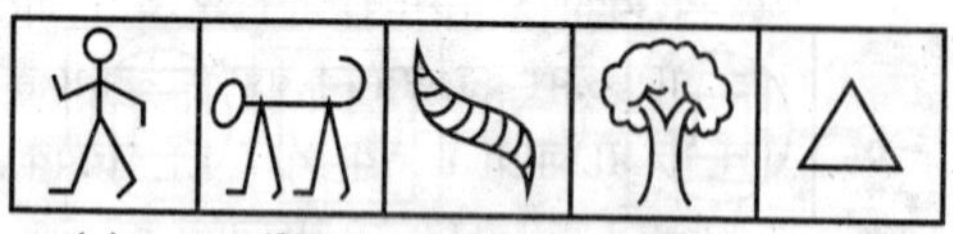

(*a*) (*b*) (*c*) (*d*) (*e*)

उत्तर (*e*)**:** आकृति (*a*) एक मानव आकृति है, (*b*) एक चौपाया पशु की आकृति है, (*c*) एक कीट, (*d*) एक पेड़ और (*e*) एक त्रिभुज है। इन पाँच अवयवों में से चार में एक सर्वनिष्ठ विशेषता है और वह यह है कि (*a*), (*b*), (*c*) और (*d*) (मानव, पशु, कीट और पेड़) सजीव जगत् से संबंधित हैं।

आकृति (*e*) एक त्रिभुज है और यह सजीव जगत् से संबंधित नहीं है। अतः आकृति (*e*) इस समूह में शामिल नहीं है।

अभ्यास

निर्देश (प्र.सं. 1–20): *नीचे के प्रत्येक प्रश्न में एक आकृति को छोड़कर अन्य सभी आकृतियाँ किसी-न-किसी रूप में आपस में संबंधित हैं और इस कारण वे एक समूह बनाती हैं। प्रत्येक प्रश्न में उस एक भिन्न आकृति का चयन करें जो अन्यों से संबंधित नहीं है अर्थात् जो भिन्न अथवा विजातीय है।*

1. 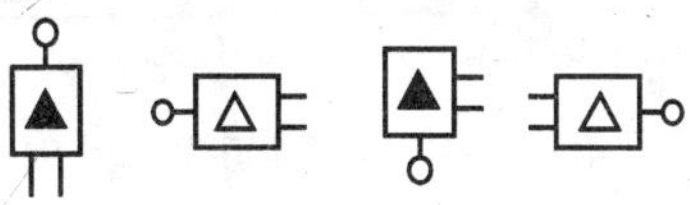
(*a*) (*b*) (*c*) (*d*)

2. 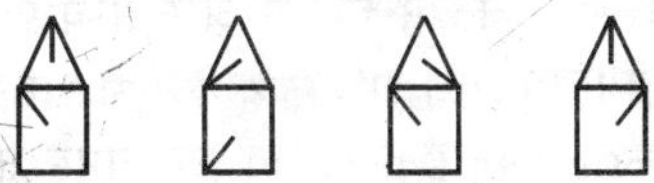
(*a*) (*b*) (*c*) (*d*)

3. 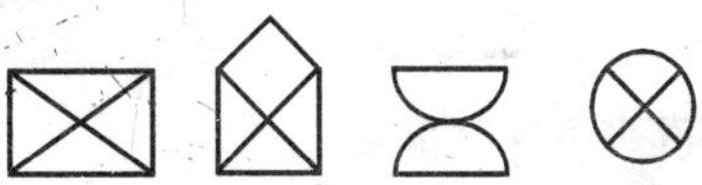
(*a*) (*b*) (*c*) (*d*)

4. 
(*a*) (*b*) (*c*) (*d*)

5. 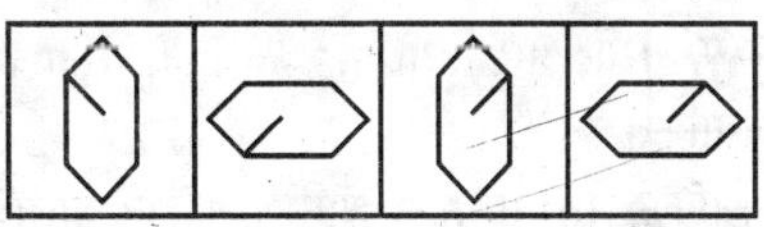
(*a*) (*b*) (*c*) (*d*)

6. 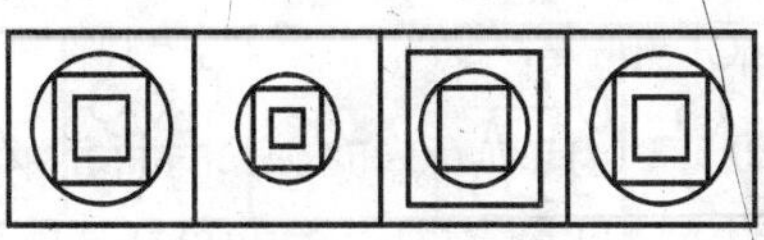
(*a*) (*b*) (*c*) (*d*)

7. 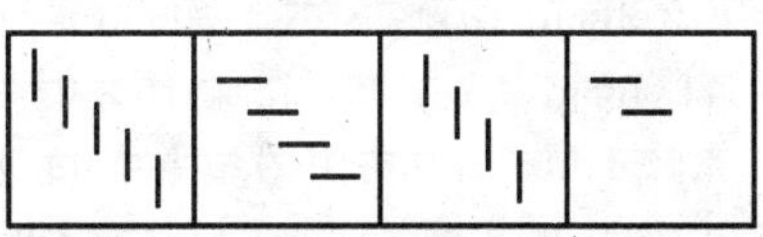
(*a*) (*b*) (*c*) (*d*)

8. 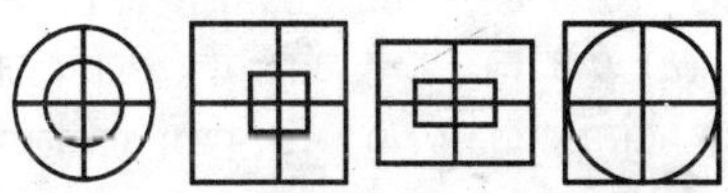
(*a*) (*b*) (*c*) (*d*)

9. 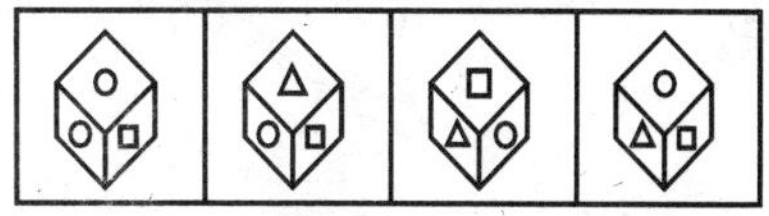
(*a*) (*b*) (*c*) (*d*)

10. 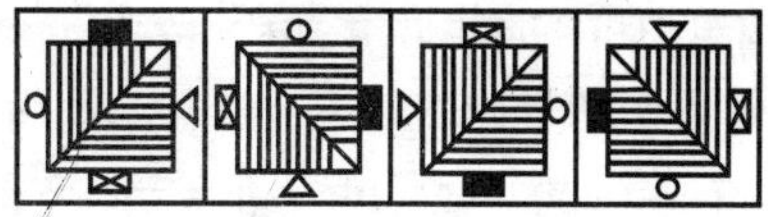
(*a*) (*b*) (*c*) (*d*)

11. 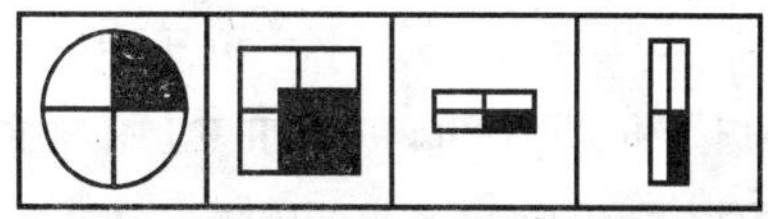
(*a*) (*b*) (*c*) (*d*)

12. 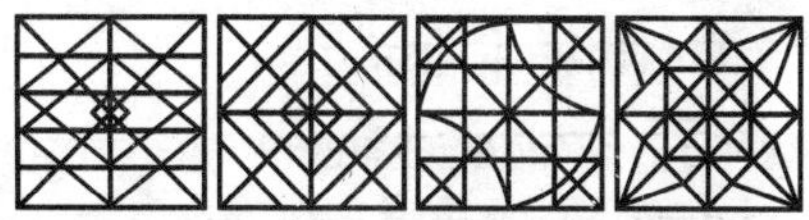
(*a*) (*b*) (*c*) (*d*)

13. 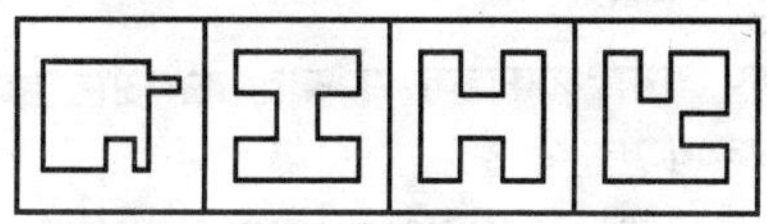
(*a*) (*b*) (*c*) (*d*)

14. 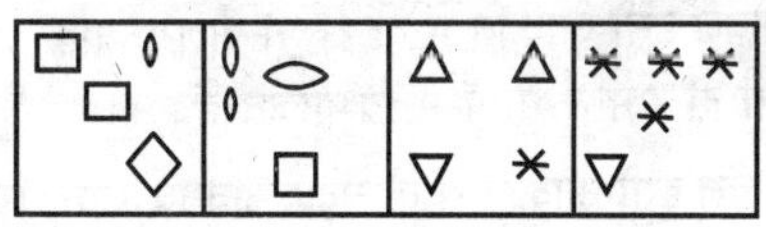
(*a*) (*b*) (*c*) (*d*)

15. 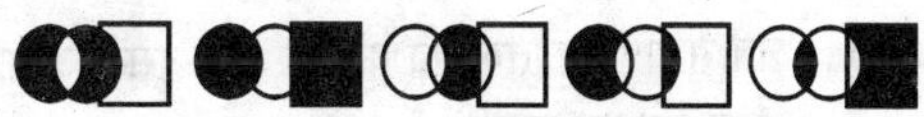
(*a*) (*b*) (*c*) (*d*) (*e*)

16. 
(*a*) (*b*) (*c*) (*d*) (*e*)

17. 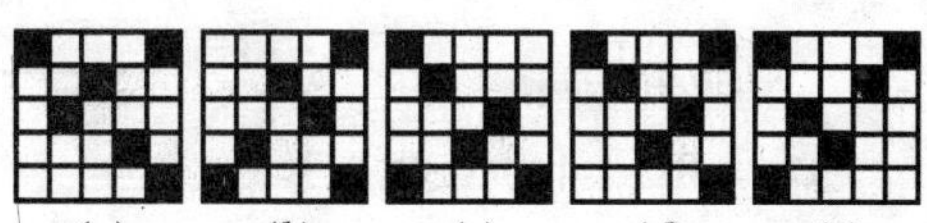
(*a*) (*b*) (*c*) (*d*) (*e*)

18. 
(*a*) (*b*) (*c*) (*d*) (*e*)

19. 

(a) (b) (c) (d) (e)

20. 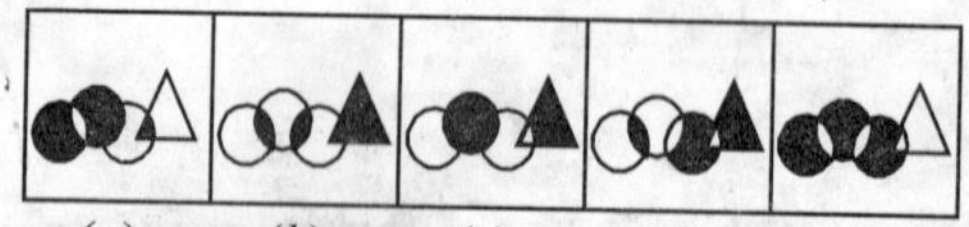

(a) (b) (c) (d) (e)

व्याख्यात्मक उत्तर

1. (c) : अन्य सभी आकृतियों में वृत्त युक्त रेखा और दो रेखाखंड वर्ग की सम्मुख भुजाओं पर अवस्थित हैं।

2. (c) : शेष सभी आकृतियों में एक रेखा के सिरों से एक ही दिशा में दो रेखाखंड खींचे जाते हैं। इस आकृति '(c)' में दो रेखाखंड दो विपरीत दिशाओं में खींचे जाते हैं।

3. (c) : शेष सभी आकृतियाँ चार भागों में विभक्त हैं।

4. (d) : केवल इसी आकृति में ही आकृति के मध्य में स्थित अवयव और दो अवयवों के बीच में स्थित अवयव परस्पर विपरीत दिशाओं में हैं।

5. (c) : शेष सभी आकृतियों को घुमा कर एक दूसरी आकृतियाँ प्राप्त की जा सकती हैं। इस आकृति में रेखाखंड गलत दिशा में है।

6. (c) : शेष सभी आकृतियों में बीच का और मध्यस्थ अवयव एक से हैं।

7. (a) : केवल इसी आकृति में रेखाखंडों की संख्या विषम है।

8. (d) : केवल इसी आकृति में दो अलग-अलग आकृतियाँ हैं जो दो समान भागों में विभाजित हैं।

9. (a) : केवल इसी आकृति में दो सदृश अवयव (वृत्त) निहित हैं।

10. (c) : शेष सभी आकृतियों को घुमाकर एक-दूसरी आकृतियाँ प्रांप्त की जा सकती हैं।

11. (b) : शेष सभी आकृतियों में आकृति का केवल एक चौथाई भाग ही छायांकित है।

12. (c) : शेष सभी आकृतियों में वर्ग के सभी चारों खण्डों में एक जैसा पैटर्न है।

13. (a) : शेष सभी आकृतियों में वर्ग की दो भुजाओं पर कटान सदृश हैं।

14. (d) : केवल इसी आकृति में चार सदृश और एक भिन्न अवयव हैं। शेष सभी आकृतियों में तीन सदृश और एक भिन्न अवयव हैं।

15. (d) : आकृतियाँ (a) और (e) तथा आकृतियाँ (b) और (c) विपरीत युग्म निर्मित करती हैं। केवल आकृति (d) ही अकेला बचा रहता है।

16. (c) : अन्य सभी आकृतियाँ दक्षिणावर्त 90° के कोण से घूमी हुई रोमन संख्याएं हैं।

17. (d) : अन्य सभी आकृतियों में सदृश वर्ग ही छायांकित है। इस विकल्प में एक छायांकित वर्ग विकर्णतः सम्मुख कोने में है।

18. (a) : अन्य सभी आकृतियों में केवल दो रेखाखंड ही छायांकित हैं।

19. (d) : शेष सभी आकृतियों में पैटर्न (प्रतिरूप) को निर्मित करने वाली रेखाएं बाहर से भीतर की ओर दक्षिणावर्त खीची जाती हैं।

20. (c) : (a) और (d) तथा (b) और (e) आकृतियाँ सुमेलित विपरीत युग्म हैं। केवल आकृति (c) ही अकेली बच जाती है।

स्थान अवबोध
(SPACE VISUALIZATION)

इस प्रकार के प्रश्नों में एक पूर्ण आकृति के कटे हुए टुकड़े दिए जाते हैं जिनके साथ वह पूर्ण आकृति भी दी जाती है अर्थात् वह आकृति भी दी जाती है जिससे विभिन्न टुकड़े काटे गए हैं। कटे हुए टुकड़ों को देखकर यह पता लगाना होता है कि दिए गए टुकड़ों को मिलाकर कौन सी आकृति बनाई जा सकती है अर्थात् वह आकृति ज्ञात करनी होती हैं जिससे दिए गए टुकड़े काटे गए हैं। इस प्रकार के प्रश्नों को हल करने के लिए यह आवश्यक है कि अभ्यार्थी अपनी कल्पना शक्ति और स्थान बोध का भरपूर प्रयोग करें। प्रश्नों को हल करने की संपूर्ण प्रक्रिया एक मानसिक प्रक्रिया होती है, अतः अभ्यर्थियों के लिए यह आवश्यक है कि वे विभिन्न स्थानिक पैटर्नों को अपनी कल्पना की आँखों से निर्धारित करने में विशिष्ट निपुणता का प्रयोग करें। ऐसी विशिष्ट निपुणता किसी भी व्यक्ति के लिए तत्काल विकसित कर पाना संभव नहीं है किंतु यदि निरंतर सजग रहकर अभ्यास किया जाए तो निःसंदेह इसे प्राप्त किया जा सकता है।

हल किए गए उदाहरण

1. दी गई उत्तर-आकृतियों में से कौन-सी एक आकृति कागज के कटे हुए टुकड़ो का उपयोग करके बनाई जा सकती है।

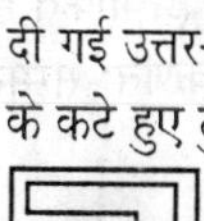

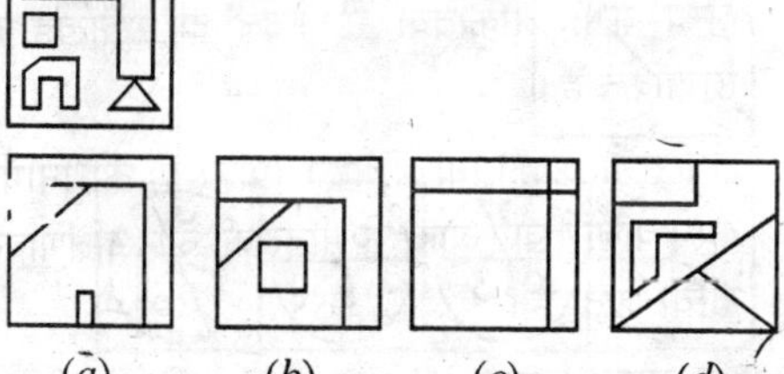

(a) (b) (c) (d)

उत्तर **A :** प्रश्न आकृतियों में कागज के दिए गए कटे हुए टुकड़ों को मिलाकर निम्नलिखित रूप में आकृति 'A' निर्मित की जा सकती है।

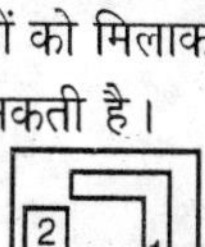

इन्हें व्यवस्थित करने पर नीचे दर्शाई गई आकृति प्राप्त होगी:

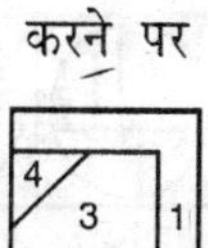

2. उत्तर-आकृतियों में दी गई कौन-सी आकृति प्रश्न में दी गई इस अनियमित आकृति को पूरा करेगी?

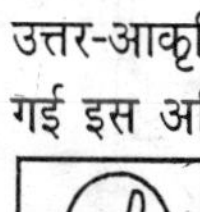

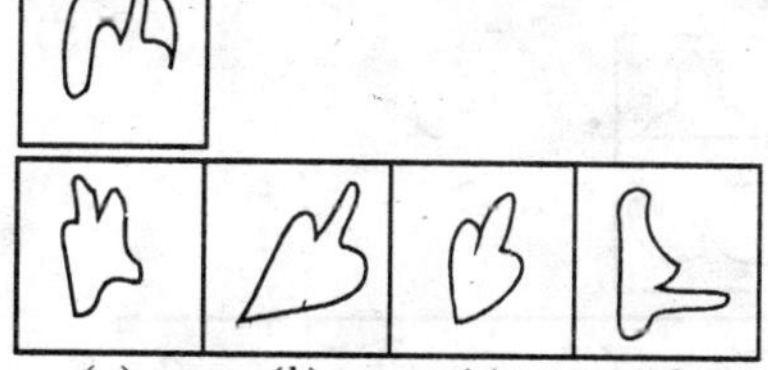

(a) (b) (c) (d)

उत्तर **B :** पूर्ण आकृति होगी:

3. नीचे पाँच रेखा-चित्र दिए गए हैं जिनमें से तीन को एक साथ मिलाकर एक समबाहु त्रिभुज बनाया जा सकता है। सही विकल्प ज्ञात करें।

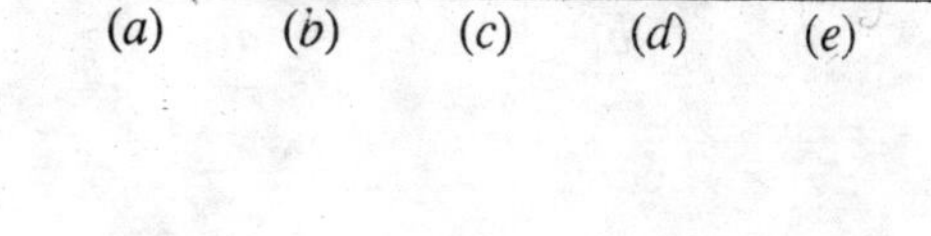

(a) (b) (c) (d) (e)

A. bca B. abc
C. cde D. bce

उत्तर B : विकल्प 'B' में दी गई आकृतियों को एक साथ मिलाकर नीचे दर्शाए गए अनुसार समबाहु त्रिभुज निर्मित किया जा सकता है।

4. नीचे पाँच रेखाचित्र दिए गए हैं जिनमें से तीन को एक साथ मिलाकर एक वर्ग बनाया जा सकता है। दिए गए विकल्पों में से सही विकल्प का चयन करें।

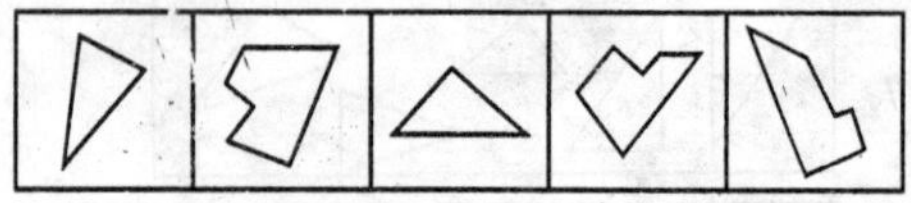

(*a*) (*b*) (*c*) (*d*) (*e*)

A. abc B. acd
C. ade D. abe

उत्तर D: विकल्प D में इंगित तीन रेखाचित्रों को निम्नवत् एक साथ रख कर वर्ग निर्मित किया जा सकता है।

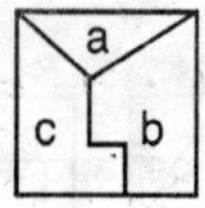

अभ्यास

निर्देश (प्रश्न 1 - 15) *प्रत्येक प्रश्न में बताएं कि प्रश्न आकृतियों के रूप में कागज के दिए गए सभी टुकड़ों को मिलाकर कौन-सी एक आकृति बनाई जा सकती है?*

1.

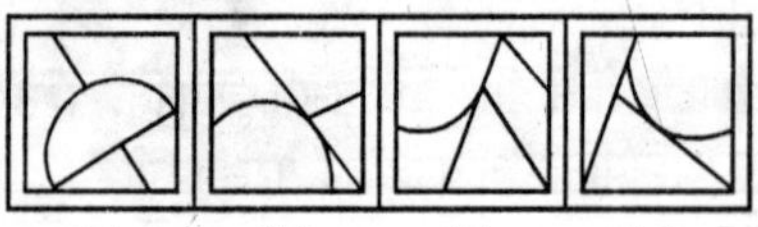

(*a*) (*b*) (*c*) (*d*)

2.

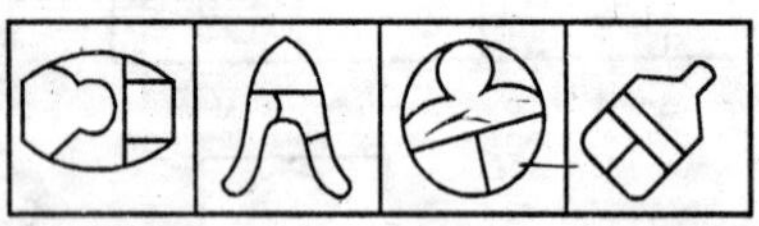

(*a*) (*b*) (*c*) (*d*)

3.

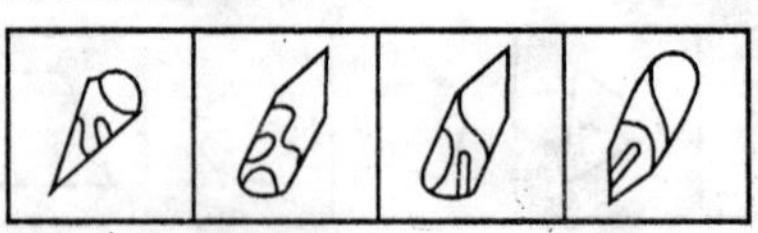

(*a*) (*b*) (*c*) (*d*)

4.

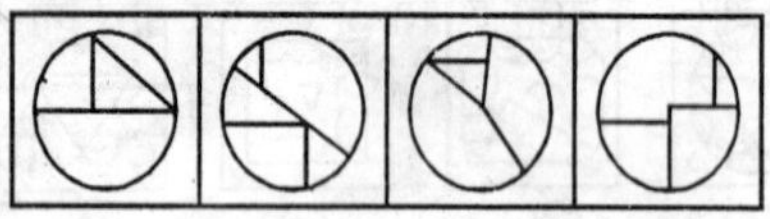

(*a*) (*b*) (*c*) (*d*)

5.

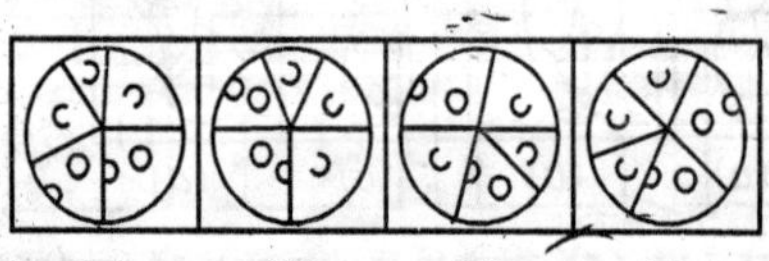

(*a*) (*b*) (*c*) (*d*)

6.

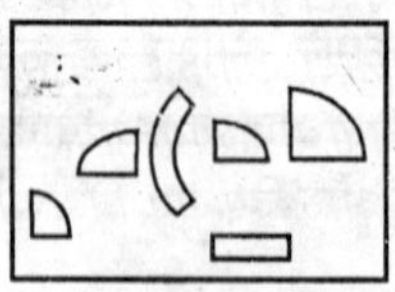

(*a*) (*b*) (*c*) (*d*)

7. 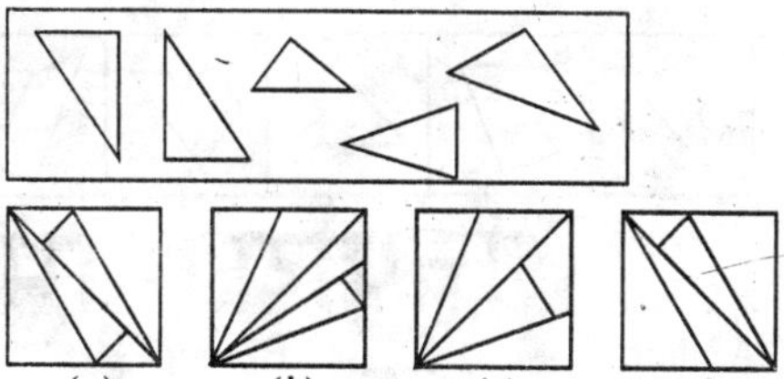

(a) (b) (c) (d)

8. 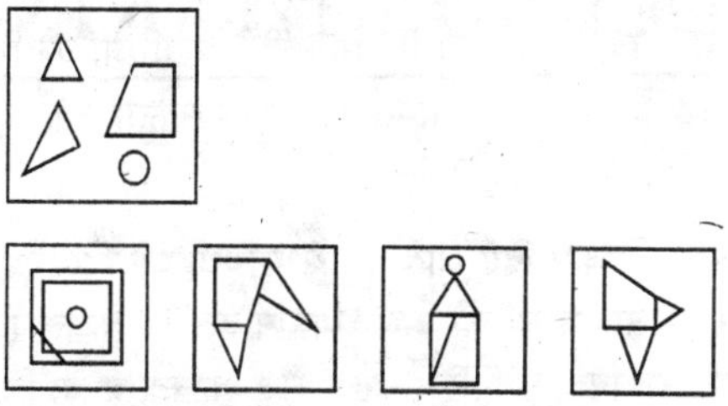

(a) (b) (c) (d)

9. 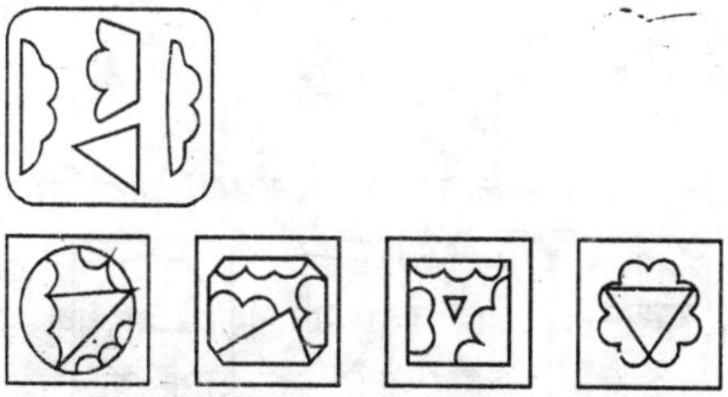

(a) (b) (c) (d)

10. 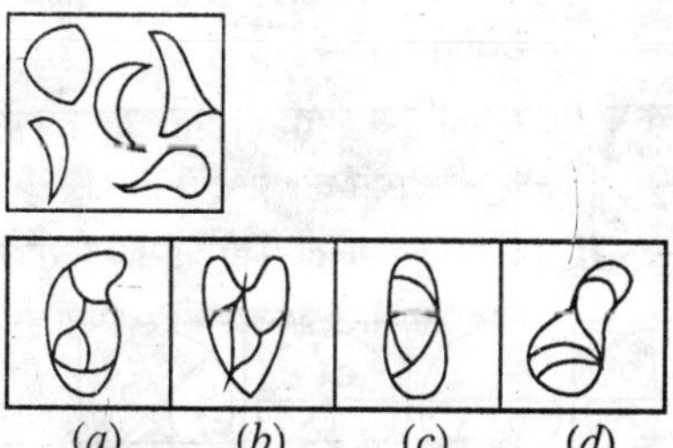

(a) (b) (c) (d)

निर्देश (प्रश्न 11 - 15) *नीचे के प्रत्येक प्रश्न में कागज के एक अनियमित टुकड़े को दो टुकडों में काटा गया है। जिनमें से एक टुकड़े को प्रश्न आकृति के रूप में दर्शाया गया है और उसके दूसरे लुप्त भाग को दी गई उत्तर आकृतियों में दर्शाया गया है। सभी उत्तर आकृतियों को ध्यान से देखें और दिए गए विकल्पों में से उस लुप्त भाग को ज्ञात करें:*

11. 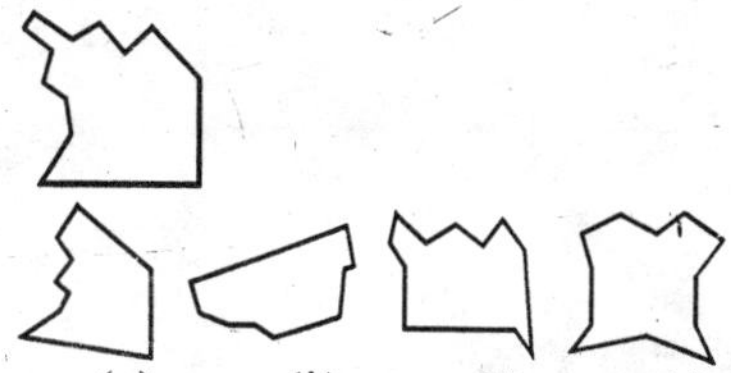

(a) (b) (c) (d)

12. 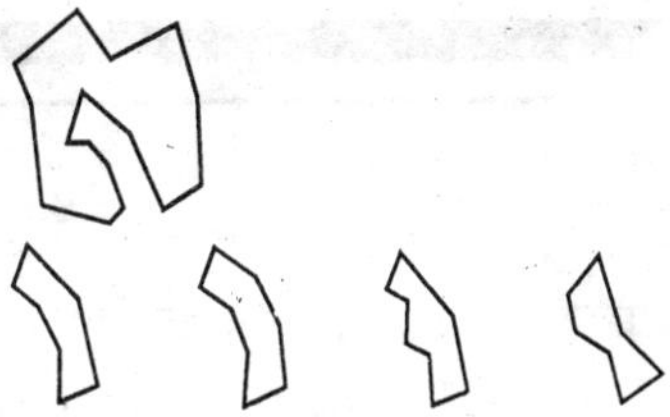

(a) (b) (c) (d)

13. 

(a) (b) (c) (d)

14. 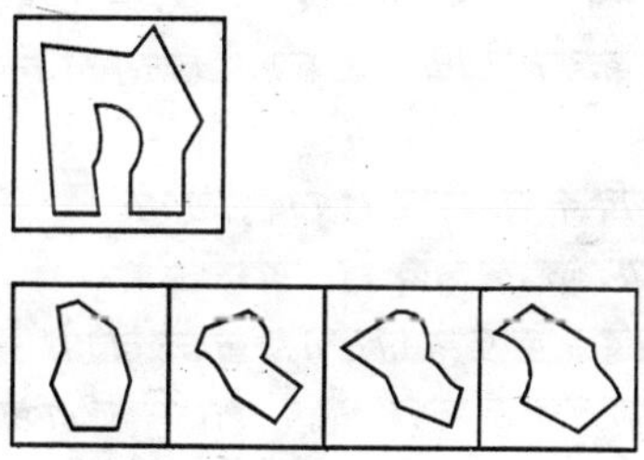

(a) (b) (c) (d)

15. 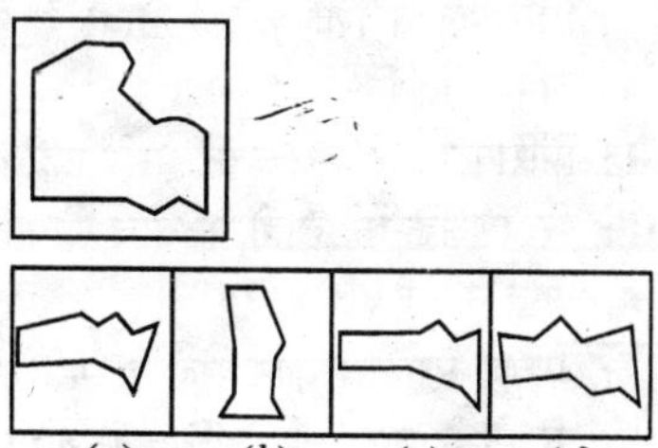

(a) (b) (c) (d)

उत्तरमाला

1	2	3	4	5	6	7	8	9	10
(b)	(d)	(c)	(a)	(b)	(a)	(d)	(c)	(d)	(d)
11	**12**	**13**	**14**	**15**					
(c)	(a)	(d)	(c)	(a)					

निर्णय क्षमता
(DECISION MAKING)

इस तार्किक प्रतिरूप में एक या दो कथन दिया जाता है जिसके साथ दो निष्कर्ष दिए जाते हैं। अभ्यर्थियों को दिए गए कथन को सत्य समझना है भले ही वे सर्वज्ञात तथ्यों से मेल न खाने वाले हों और सर्वज्ञात तथ्यों की ओर ध्यान न देते हुए केवल दिए गए कथन के आधार पर ही यह निर्णय करना है कि उन दो निष्कर्षों में से कौन सा निष्कर्ष निश्चित रूप से निकलता है या फिर क्या दोनों निष्कर्ष तर्कसंगत निकलते हैं अथवा कोई भी निष्कर्ष तर्कसंगत नहीं निकलता।

अभ्यास

निर्देश : *निम्नलिखित प्रश्नों में प्रत्येक प्रश्न में एक कथन दिया गया है जिसके बाद दो निष्कर्ष दिए गए हैं। दिए गए कथन को सत्य मानकर निर्णय करें कि दिए गए निष्कर्षों में से कौन सा निष्कर्ष दिए गए कथन से निश्चित रूप से तर्कसंगत निकलता है। अपना उत्तर*

(a) दीजिए यदि केवल निष्कर्ष I निकलता हो;
(b) दीजिए यदि केवल निष्कर्ष II निकलता हो;
(c) दीजिए यदि निष्कर्ष या तो I या II निकलता हो;
(d) दीजिए यदि न तो निष्कर्ष I और न ही II निकलता हो; और
(e) दीजिए यदि निष्कर्ष I और II दोनों निकलते हों।

1. कथन : प्रिंसिपल ने शिक्षक को छात्रों के सामने अपमानित किया।

निष्कर्ष I : प्रिंसिपल इस शिक्षक को पसंद नहीं करते।

II : इस शिक्षक को छात्रों के बीच लोकप्रियता प्राप्त नहीं है।

2. कथन : अच्छा स्वास्थ्य खाने संबंधी सही आदतों पर निर्भर करता है। अधिकतर लोग खाने के संबंध में किसी भी नियम का पालन नहीं करते।

निष्कर्ष I : अधिकतर लोगों का स्वास्थ्य निम्न कोटि का है।

II : लोग खाने संबंधी सही आदतों से परिचित नहीं हैं।

3. कथन : जब तक हमारे देश में आर्थिक समानता नहीं आती और लोगों को राजनीतिक स्वतंत्रता प्राप्त नहीं होती तब तक लोकतंत्र बेमानी है।

निष्कर्ष I : राजनीतिक स्वतंत्रता और लोकतंत्र के बीच चोली दामन का साथ है।

II : आर्थिक समानता से ही वास्तविक राजनीतिक स्वतंत्रता और लोकतंत्र की स्थापना हो सकती है।

4. कथन : आसमान में काले घने बादलों के छा जाने के बाद उन बादलों का गरजना शुरू होता है। वर्षा के बाद बादल गरजते हैं।

निष्कर्ष I : बादलों की गरजन वर्षा का कारण है।

II : काले-घने बादलों का छाना ही इनकी गरजन का कारण है।

5. कथन : 'पर उपदेश कुशल बहुतेरे।' अधिकांश चिकित्सक स्वयं अत्यधिक धूम्रपान करते हैं और दूसरों को धूम्रपान नहीं करने की सलाह देते हैं।

निष्कर्ष I : अधिकांश चिकित्सक लोगों को धूम्रपान नहीं करने की सलाह नहीं दे सकते।
II : चिकित्सक धूम्रपान को स्वास्थ्य के लिए हानिकारक नहीं मानते।

6. कथन : यदि श्रमिकों को कंपनियों के प्रबंधन में शामिल किया जाए तो वे अत्यधिक अभिप्रेरित होते हैं।
निष्कर्ष I : श्रमिकों को अधिक उत्पादन करने के लिए अभिप्रेरित किया जाना चाहिए।
II : श्रमिकों को कंपनियों के प्रबंधन में भाग लेने की अनुमति दी जानी चाहिए।

7. कथन : सर्वप्रथम यूरोप में शुरू हुए औद्योगिक आंदोलन से आधुनिक युग का सूत्रपात हुआ।
निष्कर्ष I : धनी और निर्धन के बीच असमानता क्रांति का कारण बनती है।
II : क्रांति समाज का कायापलट कर देती है।

8. कथन : अमेरिकी रक्षा मंत्री ने इस बात पर बल दिया कि वे पाकिस्तान को हथियारों की आपूर्ति जारी रखेंगे।
निष्कर्ष I : पाकिस्तान के पास हथियारों को निर्मित करने की क्षमता नहीं है।
II : इससे क्षेत्र में शांति स्थापित होगी।

9. कथन : धनवानों की तुलना में गरीब व्यक्ति अधिक विश्वास योग्य होता है। उन्हें यदि विश्वास में लिया जाए तो उपलब्धि आश्चर्यजनक हो सकती है।
निष्कर्ष I : गरीब लोग बहुत आश्चर्यजनक व्यक्तित्व के स्वामी होते हैं।
II : कुल मिलाकर धनी लोग विश्वास के योग्य नहीं होते।

10. कथन : सरकार ने अनेक उच्च स्तरीय वित्तीय संस्थाओं में निदेशक के पद पर नौकरशाहों की नियुक्ति करके इन संस्थाओं को लगभग बरबाद कर दिया है।
निष्कर्ष I : सरकार को वित्तीय संस्थानों में निदेशक के पद पर नियुक्ति संबंधित व्यक्ति की वित्त के क्षेत्र में विशेषज्ञता पर विचार करके करनी चाहिए।
II : वित्तीय संस्थानों के निदेशक को संस्थान द्वारा किए जाने वाले वित्तीय कार्य की अपेक्षाओं के अनुरूप विशेषज्ञता प्राप्त होनी चाहिए।

11. कथन I : सभी टमाटर लाल हैं।
II : सभी अंगूर टमाटर हैं।
निष्कर्ष I : सभी अंगूर लाल हैं।
II : कुछ टमाटर अंगूर हैं।

12. कथन I : सभी चित्रकार मुस्कराते हैं।
II : कुछ लेखक चित्रकार हैं।
निष्कर्ष I : सभी मुस्कराने वाले लेखक चित्रकार हैं।
II : कुछ लेखक मुस्कराते हैं।

13. कथन I : इस कार्यालय के सभी चपरासी दक्ष हैं।
II : रामू दक्ष नहीं है।
निष्कर्ष I : रामू इस कार्यालय का चपरासी नहीं है।
II : रामू को अधिक दक्ष होना चाहिए।

14. कथन I : सभी बुनकर कठोर परिश्रमी होते हैं।
II : कोई भी कठोर परिश्रमी मूर्ख व्यक्ति नहीं होता।
निष्कर्ष I : कोई भी बुनकर मूर्ख नहीं हैं
II : कुछ मूर्ख व्यक्ति बुनकर हैं।

15. कथन I : सभी मछलियां मोटरकार हैं।
II : सभी मोटरकार सब्जियां हैं।
निष्कर्ष I : कुछ सब्जियां मोटरकार हैं।
II : कुछ सब्जियां मछलियां हैं।

16. कथन I : कुछ कुत्ते पिल्ले हैं।
II : सभी घोड़े पिल्ले हैं।
निष्कर्ष I : कुछ कुत्ते घोड़े हैं।
II : कुछ घोड़े कुत्ते हैं।

17. कथन I : सभी सुंदर स्त्रियां माताएं हैं।
II : सभी माताएं समझदार हैं।
निष्कर्ष I : सभी सुंदर स्त्रियां समझदार हैं।
II : सभी माताएं सुंदर स्त्रियां हैं।

18. कथन I : कुछ खिलौने मेज हैं।
II : कोई भी मेज काला नहीं है।
निष्कर्ष I : कुछ खिलौने काले हैं।
II : कुछ खिलौने काले नहीं है।

19. कथन I : सभी नदियां पहाड़ हैं।
II : कुछ नदियां रेगिस्तान हैं।
निष्कर्ष I : कुछ पहाड़ रेगिस्तान हैं।
II : कुछ रेगिस्तान पहाड़ नहीं हैं।

20. कथन I : सभी पुरुष घोड़े हैं।
II : सभी घोड़े हाथी हैं।
निष्कर्ष I : सभी पुरुष हाथी हैं।
II : सभी हाथी पुरुष हैं।

उत्तरमाला

1	2	3	4	5	6	7	8	9	10
(a)	*(a)*	*(b)*	*(b)*	*(e)*	*(e)*	*(b)*	*(d)*	*(b)*	*(e)*

11. *(e)* **:** जबकि सभी टमाटर लाल हैं और सभी अंगूर टमाटर हैं तो सभी अंगूर लाल भी हैं। जबकि सभी अंगूर टमाटर हैं तो कुछ टमाटर निश्चित ही अंगूर हैं। अतः निष्कर्ष I और II दोनों सही हैं।

12. *(b)* **:** जबकि सभी चित्रकार मुस्कराते हैं और कुछ लेखक चित्रकार हैं, तो कुछ लेखक निश्चित ही मुस्कराते हैं, अतः केवल निष्कर्ष II सही है।

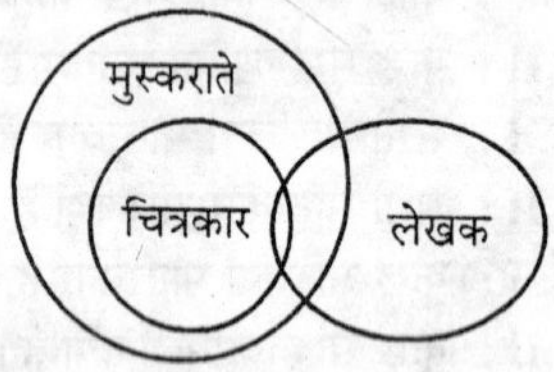

13. *(a)* **:** जबकि कार्यालय के सभी चपरासी दक्ष हैं, तो रामू इस कार्यालय का चपरासी नहीं हो सकता। अतः केवल निष्कर्ष I सही है।

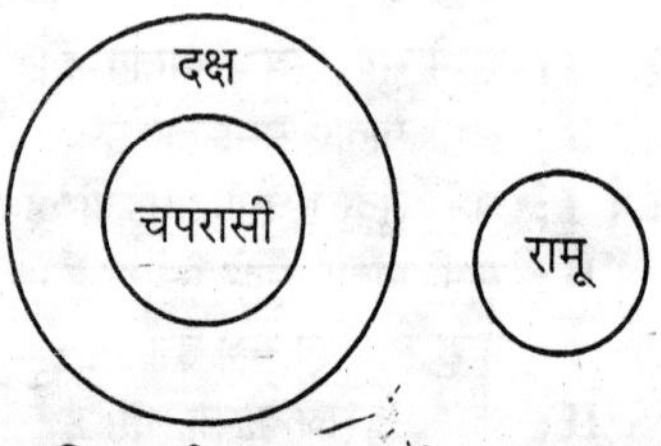

14. *(a)* **:** जबकि सभी बुनकर कठोर परिश्रमी हैं और कोई भी कठोर परिश्रमी व्यक्ति मूर्ख नहीं होता, तो कोई बुनकर मूर्ख नहीं है। अतः केवल निष्कर्ष I सही है।

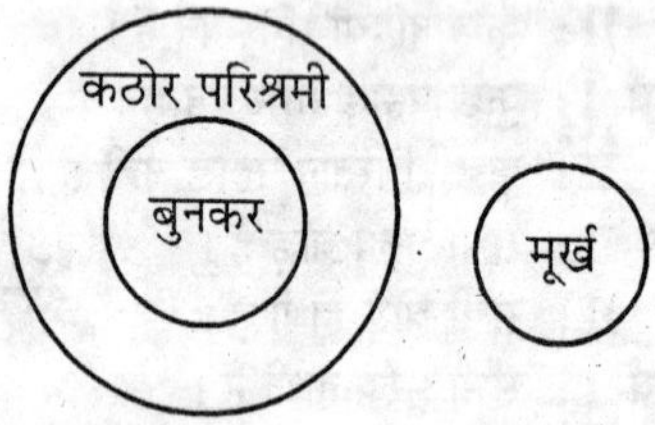

15. *(e)* **:**

16. *(d)* **:** दोनों कथनों में कोई संबंध स्थापित नहीं किया जा सकता। अतः न तो निष्कर्ष I और न ही निष्कर्ष II सही है।

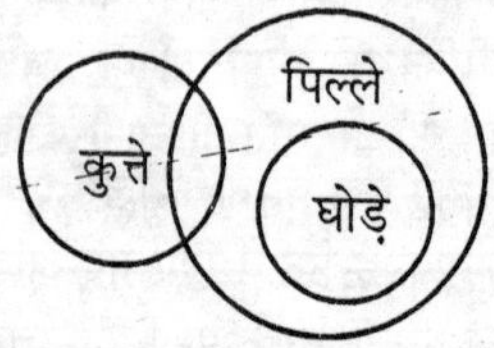

17. *(a)* **:**

18. *(c)* **:** जबकि कुछ खिलौने मेज हैं और कोई भी मेज काला नहीं है तो इससे यह सूचित होता है कि कुछ खिलौने काले हो सकते हैं क्योंकि सभी खिलौने मेज नहीं हैं। दूसरी ओर कुछ खिलौने काले नहीं भी हो सकते। अतः इस बात की संभावना है कि कुछ खिलौने काले हो भी सकते हैं और काले नहीं भी हो सकते। अतः निष्कर्ष I या निष्कर्ष II कोई भी सही हो सकता है।

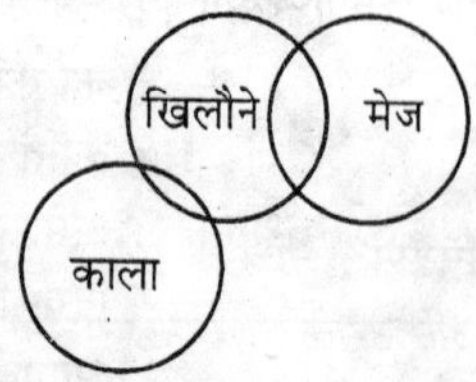

19. *(e)* **:** जबकि सभी नदियां पहाड़ हैं और कुछ नदियां रेगिस्तान हैं, तो कुछ रेगिस्तान पहाड़ नहीं हो सकते और साथ ही कुछ पहाड़ रेगिस्तान नहीं हो सकते। अतः निष्कर्ष I और II दोनों सही हैं।

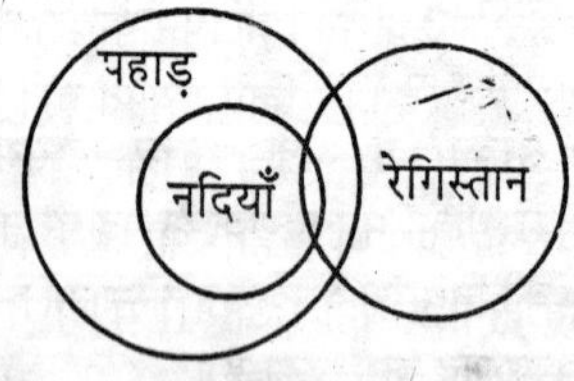

20. *(a)* **:** जबकि सभी पुरुष घोड़े हैं और सभी घोड़े हाथी हैं तो निश्चित ही सभी पुरुष हाथी हैं, किंतु सभी हाथी पुरुष ही होंगे, यह आवश्यक नहीं है। अतः केवल निष्कर्ष I सही है।

कथन पर्याप्तता
(DATA SUFFICIENCY)

इस प्रकार के प्रश्नों को हल करने के लिए एक सुव्यवस्थित दृष्टिकोण अपनाने की आवश्यकता है। इस प्रकार के परीक्षण में अभ्यर्थियों के लिए आवश्यक है कि वे दिए गए आंकड़ों या सूचनाओं का विश्लेषण करें और तत्पश्चात् यह निर्णय करें कि क्या दी गई सूचनाओं/आंकड़ों का प्रयोग करके प्रश्न का उत्तर ज्ञात किया जा सकता है।

अभ्यास

निर्देश : *नीचे के प्रत्येक प्रश्न में पहले एक प्रश्न दिया गया है और उसके नीचे कुछ सूचना प्रदान करने वाले I और II क्रमांकित दो कथन दिए गए हैं। आपको यह निर्णय करना है कि क्या कथन में दी गई सूचनाएं प्रश्न का उत्तर देने के लिए पर्याप्त हैं अथवा नहीं। दिए गए दोनों कथनों को सावधानीपूर्वक पढ़ें और अपना उत्तर निम्नवत् दें :*

उत्तर (*a*) दें यदि केवल कथन I में दी गई सूचना ही प्रश्न का उत्तर देने के लिए पर्याप्त हो जबकि केवल कथन II में दी गई सूचना प्रश्न का उत्तर देने के लिए पर्याप्त न हो।

उत्तर (*b*) दें, यदि केवल कथन II में दी गई सूचना ही प्रश्न का उत्तर देने के लिए पर्याप्त हो जबकि केवल कथन I में दी गई सूचना प्रश्न का उत्तर देने के लिए पर्याप्त न हो।

उत्तर (*c*) दें, यदि केवल कथन I या फिर केवल कथन II में दी गई सूचना प्रश्न का उत्तर देने के लिए पर्याप्त हो।

उत्तर (*d*) दें, यदि प्रश्न का उत्तर देने के लिए दोनों ही कथनों I और II में दी गई सूचनाएं पर्याप्त न हों, और

उत्तर (*e*) दें यदि दोनों कथनों I और II में दी गई सूचनाएं कथन का उत्तर देने के लिए अनिवार्य हों।

1. कमल के पिता कौन हैं ?
   I. कमल और नवीन आपस में भाई हैं।
   II. नवीन की मां अशोक के भाई की पत्नी है।

2. सुरेश के कितने पुत्र हैं ?
   I. कमल और सुहांस माला के बच्चे हैं।
   II. माला का विवाह सुरेश से हुआ है।

3. किसी विशेष कूटभाषा में '1 3' का अर्थ है 'धूम्रपान छोड़े' और '5 9' का अर्थ 'खतरनाक आदत' है। इस कूटभाषा में '9' और '5' का क्या अर्थ है ?
   I. '1 5 7' का अर्थ है 'गंदी आदत छोड़ें'
   II. '8 3 9' का अर्थ है 'धूम्रपान खतरनाक है'

4. इस वर्ष नारायण का जन्मदिन नवंबर में किस तारीख को है ?
   I. उसका जन्मदिन 8 तारीख के बाद किंतु 11 तारीख से पहले है।
   II. उसका जन्मदिन मंगलवार को है।

5. राकेश का मासिक वेतन 14,000 रु. है। अनिल का मासिक वेतन कितना है ?
   I. अनिल का मासिक वेतन उसके स्वयं के और राकेश के औसत मासिक वेतन से 500 रु. अधिक है।
   II. राकेश और अनिल का औसत मासिक वेतन 14,500 रु. है।

6. अतुल सप्ताह के किस दिन मुंबई पहुंचा ?
   I. अतुल का भाई अतुल से एक दिन पहले मुंबई पहुंचा।
   II. अतुल की मां अतुल के भाई के मुंबई पहुंचने के दो दिन बाद वृहस्पतिवार को मुंबई पहुंची।

7. किसी कमरे में रह रहे बच्चों में से कितने लड़के हैं ?
   I. 50% बच्चे सफेद ड्रेस में हैं।
   II. केवल लड़के ही सफेद ड्रेस में हैं।

8. चार मित्रों A, B, C और D, में से किसका वजन सबसे अधिक है ?
   I. B का वजन A से अधिक है किंतु D से कम है।
   II. C का वजन B से कम है।

9. मोहन ने कल कार्यालय में कितने कप चाय पी थी ? (यह मानें कि उसने जितने कप चाय पी थी उसके लिए स्वयं भुगतान भी किया था।)
   I. उसने उस दिन अपने चाय-नाश्ते पर 15 रु. खर्च किया।
   II. उसके कार्यालय में चाय 1 रु. प्रति कप है।

10. शीला, नुपुर, मोहिनी और चंदा में कौन सबसे अधिक लंबी है ?
   I. शीला, मोहिनी से अधिक लंबी है।
   II. चंदा, नुपुर से अधिक लंबी है।

व्याख्यात्मक उत्तर

1. (*e*) : कथन के अनुसार कमल और नवीन की मां अशोक के भाई की पत्नी है। इसका अर्थ है कि अशोक का भाई कमल का पिता है। अत: प्रश्न का उत्तर देने के लिए दोनों कथन अनिवार्य हैं।

2. (*d*) : दोनों कथनों से यह स्पष्ट है कि सुरेश के कमल और सुहास दो बच्चे हैं। किंतु इनमें से किसी भी बच्चे का लिंग ज्ञात नहीं है। अत: दोनों कथन एक साथ भी प्रश्न का उत्तर देने के लिए पर्याप्त नहीं हैं।

3. (*c*) : कथन I के अनुसार '157' का अर्थ 'गंदी आदत छोड़ें' है। कूट '59' का अर्थ 'खतरनाक आदत' है। यहां कूट '5' और 'आदत' उभयनिष्ठ हैं, अत: 'खतरनाक' शब्द के लिए कूट '9' का प्रयोग किया गया है। कथन II के अनुसार '839' का अर्थ है 'धूम्रपान खतरनाक है'। कूट '59' का अर्थ 'खतरनाक आदत' है। यहां कूट '9' और खतरनाक उभयनिष्ठ हैं, अत: 'आदत' के लिए कूट '5' का प्रयोग किया गया है। अत: दोनों में से कोई भी एक कथन प्रश्न का उत्तर देने के लिए पर्याप्त है।

4. (*d*) : कथन से यह स्पष्ट नहीं है कि मंगलवार को कौन सी तारीख पड़ती है। अत: कथन I और II दोनों में दी गई सम्मिलित सूचना भी प्रश्न का उत्तर देने के लिए पर्याप्त नहीं है।

5. (*c*) : कथन I के अनुसार अनिल का मासिक वेतन उसके और राकेश के औसत मासिक वेतन से 500 रु. अधिक अर्थात 4000 + 500 = 4500.

कथन II के अनुसार राकेश और अनिल का औसत मासिक वेतन 14,500 रु. है और कथन I के अनुसार अनिल का मासिक वेतन उसके स्वयं के और राकेश के औसत मासिक वेतन अर्थात 14,500 रु. से 500 अधिक (14,500 + 500) = 15,000 रु. हैं। अत: प्रश्न का उत्तर ज्ञात करने के लिए कथन I और II दोनों आवश्यक हैं।

6. (*e*) : अतुल की मां मुंबई बृहस्पतिवार को पहुंची और अतुल का भाई अपनी मां से दो दिन पहले अर्थात् मंगलवार को मुंबई पहुंचा। अतुल का भाई अतुल से एक दिन पहले मुंबई पहुंचा, अत: अतुल बुधवार को मुंबई पहुंचा। अत: उत्तर प्राप्त करने के लिए दोनों कथन आवश्यक हैं।

7. (*d*) : 50% बच्चे सफेद ड्रेस में हैं किंतु कमरे में लड़कों की संख्या ज्ञात नहीं की जा सकती। अत: दोनों कथन मिलकर भी प्रश्न का उत्तर नहीं दे सकते।

8. (*e*) : दोनों कथनों के अनुसार मित्रों का अवरोही क्रम D>B>A/C है। यहां D का वजन सबसे अधिक है। अत: प्रश्न का उत्तर देने के लिए दोनों कथन आवश्यक हैं।

9. (*d*) : चाय और नाश्ते दोनों पर 15 रु. खर्च किए गए। अत: दोनों कथनों का उपयोग करके भी प्रश्न का उत्तर ज्ञात नहीं किया जा सकता।

10. (*d*) : दोनों कथन आपस में संबंधित नहीं हैं, अत: दोनों कथनों से भी प्रश्न का उत्तर प्राप्त नहीं किया जा सकता।

सामान्य हिन्दी (वस्तुनिष्ठ)

वर्ण विचार

1. भाषा किसका साधन है ?
   A. लिखने का   B. बोलने का
   C. अध्ययन का   D. अभिव्यक्ति का
2. भाषा—
   A. जड़ होती है
   B. विकासोन्मुख होती है
   C. बोधगम्य होती है
   D. उपर्युक्त तीनों
3. भाषा में किन शब्दों का बाहुल्य होता है ?
   A. तत्सम   B. तद्भव
   C. विदेशी   D. लोक व्यवहार के
4. हिन्दी के विकास के आदिकाल में इस पर किसका प्रभाव रहा ?
   A. संस्कृत का   B. देशज शब्दों का
   C. ब्रज भाषा का   D. अपभ्रंश का
5. खड़ी बोली का विकास कब हुआ ?
   A. आधुनिक युग में
   B. मध्य युग में
   C. आदिकाल में
   D. उपर्युक्त में से कोई भी नहीं
6. अपभ्रंश भाषा का व्याकरण किसने लिखा ?
   A. हेमचन्द्र   B. चन्द्रनाथ
   C. उमानाथ   D. धर्मेन्द्र
7. निम्नलिखित में से कौन-सी बिहारी बोली है ?
   A. ब्रज   B. मैथिली
   C. बुन्देली   D. अवधी
8. भाषा को बोलने में किसका प्रयोग किया जाता है ?
   A. लिपि का   B. ध्वनियों का
   C. दोनों का   D. दोनों में से कोई भी नहीं
9. व्याकरण—
   A. भाषा की लिपि निर्धारित करता है
   B. भाषा को सुबोध बनाता है
   C. भाषा का रूप निर्धारित करता है
   D. भाषा के वर्णों का अध्ययन करता है
10. वर्ण—
   A. स्वर हैं   B. व्यंजन हैं
   C. ध्वनियाँ हैं   D. उच्चारण हैं
11. हिन्दी में कितने वर्ण हैं ?
   A. 56   B. 26
   C. 44   D. 36
12. स्वर/स्वरों—
   A. मूल ध्वनियाँ हैं
   B. को किसी अन्य ध्वनि की सहायता के बिना उच्चरित किया जा सकता है
   C. की संख्या 11 है
   D. उपरोक्त सभी
13. जिन स्वरों के उच्चारण में 'अ' के उच्चारण के बराबर समय लगता है, उन्हें क्या कहते हैं ?
   A. दीर्घ स्वर   B. ह्रस्व स्वर
   C. प्लुत स्वर   D. पूर्ण स्वर
14. संयुक्त स्वर का एक उदाहरण है—
   A. आ   B. अ
   C. इ   D. उ
15. क् + ष =
   A. श   B. क्ष
   C. ष   D. उपर्युक्त में से कोई नहीं
16. व्यंजन तीन प्रकार के होते हैं—(i) स्पर्श, (ii) अन्तस्थ और (iii) . . . .
   A. ऊष्म   B. कन्ठ्य
   C. दन्तोष्ठ   D. नासिका
17. त, थ, द, ध, का उच्चारण—
   A. दाँतों के साथ जिह्वा के मेल से होता है
   B. कंठ और ओठों के मेल से होता है
   C. केवल ओठों से होता है
   D. जीभ के प्रयोग के बिना होता है

18. एक या एक से अधिक वर्णों के संयोग से बनी ध्वनियों को क्या कहते हैं ?
A. स्वर B. व्यंजन
C. शब्द D. रूढ़ि

19. व्युत्पत्ति के आधार पर शब्दों के तीन भेद होते हैं—(i) रूढ़ि, (ii) यौगिक और (iii) . . .
A. मिश्र B. योगरूढ़ि
C. तद्भव D. उपर्युक्त में से कोई भी नहीं

20. 'पाठशाला' शब्द किस वर्ग का है ?
A. यौगिक B. रूढ़ि
C. योगरूढ़ि D. उपर्युक्त में से कोई भी नहीं

21. 'नीलकंठ' शब्द किस वर्ग का है ?
A. यौगिक B. रूढ़ि
C. योगरूढ़ि D. उपर्युक्त में से कोई भी नहीं

22. जो शब्द संस्कृत के हैं और जिन्हें हिन्दी में ज्यों-का-त्यों इस्तेमाल किया जाता है, क्या कहलाते हैं ?
A. तत्सम B. तद्भव
C. देशज D. उपर्युक्त में से कोई भी नहीं

23. 'अग्नि' शब्द किस वर्ग का है ?
A. तत्सम B. तद्भव
C. देशज D. उपरोक्त में से कोई नहीं

24. संस्कृत मूल वाले शब्दों को जब हिन्दी में कुछ परिवर्तन के साथ इस्तेमाल किया जाता है, तो उन्हें क्या नाम दिया जाता है ?
A. अविकारी B. तद्भव
C. तत्सम D. देशज

25. 'खेत' शब्द किस वर्ग का है ?
A. देशज B. तत्सम
C. तद्भव D. विदेशी

26. 'गौ' शब्द किस कोटि का है ?
A. वाचक B. लाक्षणिक
C. व्यंजक D. उपर्युक्त में से कोई भी नहीं

27. गोविन्द 'गधा' है। यहाँ गधा शब्द—
A. लाक्षणिक है B. व्यंजक है
C. वाचक है D. उपर्युक्त में से कोई नहीं है

28. व्याकरण की दृष्टि से 'बुढ़ापा' क्या है ?
A. विशेषण B. क्रिया-विशेषण
C. जातिवाचक संज्ञा D. भाववाचक संज्ञा

29. 'जयचन्दों' ने ही देश का विनाश किया। यहाँ 'जयचन्द' क्या है ?
A. व्यक्तिवाचक संज्ञा
B. जातिवाचक संज्ञा
C. भाववाचक संज्ञा
D. उपर्युक्त में से कोई भी नहीं

30. व्याकरण की दृष्टि से 'सौन्दर्य' क्या है ?
A. विशेषण B. संज्ञा
C. सर्वनाम D. उपर्युक्त में से कोई भी नहीं

31. 'हम' विद्यार्थी हैं। इसमें 'हम' पुरुषवाचक सर्वनाम है। यह—
A. उत्तम पुरुष है B. मध्यम पुरुष है
C. अन्य पुरुष है D. उपर्युक्त में से कोई भी नहीं

32. 'इमारती' व्याकरण की दृष्टि से क्या है ?
A. संज्ञा B. विशेषण
C. भाववाचक संज्ञा D. क्रिया-विशेषण

33. राधा 'दौड़ती है'। यहाँ 'दौड़ती है' कैसी क्रिया है ?
A. सकर्मक B. अकर्मक
C. द्विकर्मक D. उपर्युक्त में से कोई भी नहीं

34. संज्ञा के मुख्यत: कितने भेद हैं ?
A. पाँच B. चार
C. तीन D. दो

35. पुरुष कितने प्रकार के होते हैं ?
A. पाँच B. चार
C. तीन D. दो

36. निम्नलिखित शब्दों में से कौन-सा शब्द व्यक्तिवाचक संज्ञा नहीं है ?
A. बनारस
B. जवाहरलाल नेहरू
C. विश्व इतिहास की झलक
D. हीरा

37. हिन्दी भाषा में कितने लिंग माने जाते हैं ?
A. चार B. तीन
C. दो D. पाँच

38. निम्नलिखित शब्दों में से कौन-सा शब्द पुल्लिंग माना जाता है ?
A. यमुना B. दही
C. पुस्तक D. भक्ति

39. जिन शब्दों में किसी प्रकार का विकार या परिवर्तन नहीं होता, उन्हें क्या कहते हैं ?
A. मूल शब्द B. तत्सम
C. अव्यय D. धातु

40. जिस शब्द के कई सार्थक खण्ड हो सकें, उन्हें क्या कहते हैं ?
A. यौगिक B. रूढ़ि
C. संयुक्त D. मिश्रित

41. कौन-से शब्द अविकारी होते हैं ?
A. सर्वनाम B. देशज
C. क्रिया-विशेषण D. यौगिक

42. निम्नलिखित वाक्यों में से किस वाक्य में अकर्मक क्रिया है ?
A. राम आम खाता है
B. उसने कमीज पहनी
C. पुष्पा रोती है
D. मैंने उसे पुस्तक दी

43. संज्ञा के स्थान पर प्रयुक्त होने वाले शब्द को क्या कहते हैं ?
A. सर्वनाम B. सार्थक
C. अविकारी D. अव्यय

44. मुख्यत: काल कितने हैं ?
A. पाँच B. चार
C. तीन D. दो

45. 'वह पढ़ रहा है'—यह कौन-सा काल है ?
A. भूतकाल B. भविष्यत् काल
C. वर्तमान काल D. अपूर्ण काल

46. मूल क्रिया के अतिरिक्त वाक्य में जितनी भी क्रियाएँ आती हैं, उन्हें क्या कहते हैं ?
A. अकर्मक क्रिया B. सहायक क्रिया
C. गौण क्रिया D. रंजक क्रिया

47. 'इधर-उधर कहीं मत जाना' में 'इधर-उधर' व्याकरण की दृष्टि से क्या है ?
A. क्रिया-विशेषण B. विशेषण
C. सर्वनाम D. क्रिया

48. निम्नलिखित शब्दों में से कौन-सा शब्द अविकारी है ?
A. घोड़ा B. आजकल
C. संकेत D. नदी

49. निम्नलिखित शब्दों में से कौन-सा शब्द स्त्रीलिंग है ?
A. दही B. मधु
C. मोती D. धातु

50. 'कक्षा' कौन-सी संज्ञा है ?
A. जातिवाचक B. भाववाचक
C. समुदायवाचक D. व्यक्तिवाचक

51. हिन्दी में कितने 'कारक' होते हैं ?
A. दस B. आठ
C. पाँच D. तीन

52. विशेषण उन शब्दों को कहते हैं, जो–
A. संज्ञा के स्थान पर इस्तेमाल किए जायें
B. संज्ञा की विशेषता प्रकट करें
C. क्रिया की विशेषता प्रकट करें
D. अपने आप में पूर्ण हों

53. नीचे कुछ शब्दों के पुल्लिग और स्त्रीलिंग के जोड़े दिये हुए हैं। कौन-सा जोड़ा गलत है ?
A. शूद्र-शूद्रा
B. ग्वाला-ग्वालिन
C. कबूतर-कबूतरी
D. बाल-बाली

54. सतीश ने आम खाये। इसमें 'आम' शब्द—
A. एकवचन है
B. बहुवचन है
C. दोनों है
D. दोनों में से कोई नहीं है

55. 'दया' भाववाचक संज्ञा है। इससे विशेषण बनेगा—
A. दयालु B. दीनता
C. दयात्व D. दयता

56. 'पढ़ना' से भाववाचक संज्ञा क्या बनेगी ?
A. पाठ B. पठनीय
C. पढ़ाई D. पाठक

57. निम्नलिखित में से कौन-सा शब्द विशेषण है—
A. पशुता B. यौवन
C. चातुर्य D. दुष्ट

58. गली में 'तीसरा' मकान श्याम का है। यहाँ 'तीसरा' व्याकरण की दृष्टि से क्या है ?
A. बहुवचन B. विशेषण
C. संज्ञा D. अव्यय

59. 'ने' किस कारक की विभक्ति है ?
A. करण B. कर्म
C. कर्त्ता D. सम्प्रदान

60. 'यश' व्याकरण की दृष्टि से क्या है ?
A. विशेषण B. संज्ञा
C. क्रिया D. क्रिया-विशेषण

61. 'श्रीमान' का स्त्रीलिंग है–
A. पत्नी B. श्रीमती
C. देवी D. महोदया

62. निम्न में से कौन-सा शब्द तद्भव है ?
A. अग्नि B. हाथ
C. रात्रि D. कर्ण

63. निम्न वाक्यों में से किस वाक्य में क्रिया कर्मवाच्य है ?
A. राम के पिता अध्यापक हैं
B. वे सब काश्मीर जायेंगे
C. उत्सव में राष्ट्रीय गीत गाया गया
D. बच्चे पार्क में खेल रहे हैं

64. 'उसे' का बहुवचन है—
A. उसको B. उससे
C. उन्हें D. उसका

65. 'हमें' का एकवचन है—
A. हम B. हमको
C. मुझे D. मुझसे

66. निम्न में से कौन-सा शब्द तत्सम नहीं है ?
A. दुग्ध B. चूर्ण
C. क्षेत्र D. माता

67. निम्न में से कौन-सा शब्द अविकारी नहीं है ?
A. आज B. कल
C. ऊपर D. घोड़ा

68. 'मीठा' विशेषण है। इससे भाववाचक संज्ञा बनेगी—
A. मीठात्व B. मीठापन
C. मिठास D. मिठाई

69. 'राधा तेज दौड़ती है'। इसमें तेज शब्द क्या है ?
A. क्रिया B. क्रिया-विशेषण
C. विशेषण D. उपरोक्त में से कोई भी नहीं

70. जो शब्द संज्ञा के बदले प्रयुक्त होता है, उसे कहते हैं—
A. सर्वनाम B. क्रिया
C. विशेषण D. क्रिया-विशेषण

71. निम्न में से कौन-सा शब्द सर्वनाम है ?
A. मेरी B. उन्होंने
C. हमारे D. उपरोक्त तीनों

72. निम्न में से भाववाचक संज्ञा है—
A. मोहन B. खिलाड़ी
C. बचपन D. मैदान

73. निम्न में से कौन-सा शब्द विशेषण है ?
A. रोग B. घोड़ा
C. गाँव D. शोक

74. निम्न में से कौन-सी अकर्मक क्रिया है ?
A. चुराना B. माँगना
C. लेना D. हँसना

75. निम्न में से कौन-सी सकर्मक क्रिया है ?
A. सोना B. हँसना
C. रोना D. देखना

76. पंडित की भाववाचक संज्ञा है—
A. पंडित्व B. पंडिताइन
C. पंडिताऊ D. पांडित्य

77. 'विद्वान्' का स्त्रीलिंग है—
A. विद्वानी B. विद्यावती
C. विदुषी D. विदुषिनी

78. निम्नलिखित में से कौन-सा शब्द भाववाचक संज्ञा नहीं है ?
A. बन्धुत्व B. प्रभुता
C. मानवता D. कुशल

79. 'दैनिक' क्या है ?
A. संज्ञा B. सर्वनाम
C. क्रिया D. विशेषण

80. 'श्रद्धा' का विशेषण क्या बनता है ?
A. श्रद्धास्पद B. श्रद्धेय
C. श्रद्धालु D. उपर्युक्त में से कोई भी नहीं

81. उपसर्ग का प्रयोग होता है, शब्द के—
A. मध्य में B. आदि में
C. अन्त में D. आदि और अंत दोनों में

82. सर्वनाम का प्रयोग किसके बदले किया जाता है ?
A. क्रिया-विशेषण B. क्रिया
C. विशेषण D. संज्ञा

83. व्याकरण की दृष्टि से 'प्रेम' शब्द क्या है ?
A. भाववाचक संज्ञा B. विशेषण
C. अव्यय D. क्रिया

84. 'मैंने' कौन-सा कारक है ?
A. कर्त्ता B. कर्म
C. करण D. सम्प्रदान

85. 'सेवक' का स्त्रीलिंग है—
A. सेवका B. सेवकाइन
C. सेवकी D. सेविका

86. 'गायक' का स्त्रीलिंग है—
A. गायकी B. गायिका
C. गायिकी D. गायक

87. विशेषण किसकी विशेषता बताता है ?
A. संज्ञा की B. सर्वनाम की
C. क्रिया की D. संज्ञा और सर्वनाम दोनों की

88. निम्न में से कौन-सा शब्द क्रिया-विशेषण है ?
A. अहा! B. सुनाइये
C. धीरे D. प्रिय

89. 'देवता' का बहुवचन है—
A. देवताएँ
B. देवताओं
C. देवताइयों
D. देवत्व

90. 'कवि' का स्त्रीलिंग है—
A. कवित्री
B. कवियत्री
C. कवयित्री
D. कवियित्री

उत्तरमाला

1	2	3	4	5	6	7	8	9	10
D	B	D	D	A	A	B	B	C	C
11	**12**	**13**	**14**	**15**	**16**	**17**	**18**	**19**	**20**
C	D	B	A	B	A	A	C	B	A
21	**22**	**23**	**24**	**25**	**26**	**27**	**28**	**29**	**30**
C	A	A	B	C	A	A	D	B	B
31	**32**	**33**	**34**	**35**	**36**	**37**	**38**	**39**	**40**
A	B	B	C	C	D	C	B	C	A
41	**42**	**43**	**44**	**45**	**46**	**47**	**48**	**49**	**50**
C	C	A	C	C	B	A	B	D	C
51	**52**	**53**	**54**	**55**	**56**	**57**	**58**	**59**	**60**
B	B	D	B	A	C	D	B	C	B
61	**62**	**63**	**64**	**65**	**66**	**67**	**68**	**69**	**70**
B	B	C	C	C	D	D	C	B	A
71	**72**	**73**	**74**	**75**	**76**	**77**	**78**	**79**	**80**
D	C	D	D	D	D	C	D	D	C
81	**82**	**83**	**84**	**85**	**86**	**87**	**88**	**89**	**90**
B	D	A	A	D	B	D	C	B	C

समास

निर्देश : *निम्नलिखित शब्दों में समास बताने के लिए उचित विकल्प का चयन कीजिए।*

1. चन्द्रशेखर
A. तत्पुरुष
B. कर्मधारय
C. बहुब्रीहि
D. द्विगु

2. रात-दिन
A. द्वन्द्व
B. द्विगु
C. कर्मधारय
D. अव्ययी भाव

3. बहन-भाई
A. बहुब्रीहि
B. तत्पुरुष
C. द्वन्द्व
D. द्विगु

4. दशमुख
A. तत्पुरुष
B. बहुब्रीहि
C. द्वन्द्व
D. कर्मधारय

5. यथाशक्ति
A. द्विगु
B. बहुब्रीहि
C. कर्मधारय
D. अव्ययीभाव

6. देशभक्ति
A. तत्पुरुष
B. बहुब्रीहि
C. द्विगु
D. कर्मधारय

7. हस्तलिखित

A. कर्मधारय् B. तत्पुरुष

C. बहुव्रीहि D. द्वन्द्व

8. भरपेट

A. अव्ययीभाव B. कर्मधारय

C. द्विगु D. द्वन्द्व

9. आजन्म

A. तत्पुरुष B. द्वन्द्व

C. अव्ययीभाव D. कर्मधारय

10. नीलकमल

A. बहुव्रीहि B. तत्पुरुष

C. कर्मधारय D. द्विगु

11. चतुर्भुज

A. द्वन्द्व B. द्विगु

C. तत्पुरुष D. कर्मधारय

12. चौराहा

A. बहुव्रीहि B. तत्पुरुष

C. द्विगु D. कर्मधारय

13. दशानन

A. द्विगु B. बहुव्रीहि

C. कर्मधारय D. द्वन्द्व

14. रोग पीड़ित

A. कर्मधारय B. द्वन्द्व

C. बहुव्रीहि D. तत्पुरुष

15. प्रतिमान

A. कर्मधारय B. अव्ययीभाव

C. बहुव्रीहि D. तत्पुरुष

16. वीर पुरुष

A. बहुव्रीहि B. तत्पुरुष

C. अव्ययीभाव D. द्वन्द्व

17. नवयुवक

A. द्विगु B. बहुव्रीहि

C. द्वन्द्व D. कर्मधारय

18. पददलित

A. तत्पुरुष B. कर्मधारय

C. बहुव्रीहि D. द्विगु

19. लोकप्रिय

A. तत्पुरुष B. अव्ययीभाव

C. कर्मधारय D. बहुव्रीहि

20. वीणापाणि

A. बहुव्रीहि B. द्विगु

C. तत्पुरुष D. कर्मधारय

21. प्राप्तोदक

A. बहुव्रीहि B. अव्ययीभाव

C. द्वन्द्व D. तत्पुरुष

22. नवग्रह

A. द्विगु B. तत्पुरुष

C. द्वन्द्व D. कर्मधारय

23. रणवीर

A. कर्मधारय B. द्वन्द्व

C. बहुव्रीहि D. तत्पुरुष

24. देशान्तर

A. कर्मधारय B. द्विगु

C. द्वन्द्व D. बहुव्रीहि

25. राजपुरुष

A. कर्मधारय B. द्विगु

C. तत्पुरुष D. द्वन्द्व

26. सपरिवार

A. अव्ययीभाव B. तत्पुरुष

C. द्विगु D. बहुव्रीहि

27. वनवास

A. द्विगु B. तत्पुरुष

C. अव्ययीभाव D. कर्मधारय

28. गुरुदक्षिणा

A. कर्मधारय B. द्वन्द्व

C. तत्पुरुष D. अव्ययीभाव

29. त्रिलोचन

A. बहुव्रीहि B. द्विगु

C. तत्पुरुष D. अव्ययीभाव

30. पंचवटी

A. द्विगु B. बहुव्रीहि

C. तत्पुरुष D. कर्मधारय

31. पीताम्बर

A. बहुव्रीहि B. द्वन्द्व

C. द्विगु D. कर्मधारय

32. चतुरानन

A. कर्मधारय B. बहुव्रीहि

C. द्वन्द्व D. तत्पुरुष

33. बेकाम
A. कर्मधारय B. बहुब्रीहि
C. द्विगु D. अव्ययीभाव

34. महात्मा
A. कर्मधारय B. बहुब्रीहि
C. द्वन्द्व D. द्विगु

35. दुअन्नी
A. तत्पुरुष B. बहुब्रीहि
C. द्विगु D. द्वन्द्व

36. लाजवाब
A. अव्ययीभाव B. तत्पुरुष
C. कर्मधारय D. द्विगु

37. चिड़ीमार
A. कर्त्ता तत्पुरुष
B. उत्पादक तत्पुरुष
C. तत्पुरुष
D. कर्मधारय

38. सेठ-साहूकार
A. कर्मधारय B. बहुब्रीहि
C. द्विगु D. द्वन्द्व

39. सप्तऋषि
A. द्वन्द्व B. द्विगु
C. अव्ययी भाव D. कर्मधारय

40. नरोत्तम
A. द्वन्द्व B. तत्पुरुष
C. अव्ययी भाव D. कर्मधारय

41. गजानन
A. द्वन्द्व B. कर्मधारय
C. बहुब्रीहि D. तत्पुरुष

42. यथाविधि
A. अव्ययीभाव B. तत्पुरुष
C. कर्मधारय D. बहुब्रीहि

43. सूररचित
A. तत्पुरुष B. कर्मधारय
C. अव्ययीभाव D. द्वन्द्व

44. त्रिभुवन
A. द्विगु B. द्वन्द्व
C. तत्पुरुष D. बहुब्रीहि

45. उद्योगपति
A. द्विगु B. द्वन्द्व
C. तत्पुरुष D. बहुब्रीहि

46. आजीवन
A. तत्पुरुष B. अव्ययी भाव
C. कर्मधारय D. बहुब्रीहि

47. गगनचुम्बी
A. द्विगु B. द्वन्द्व
C. तत्पुरुष D. अव्ययीभाव

48. सिरतोड़
A. द्विगु B. कर्मधारय
C. तत्पुरुष D. द्वन्द्व

49. दोपहर
A. द्विगु B. अव्ययीभाव
C. तत्पुरुष D. कर्मधारय

50. लौह–पुरुष
A. अव्ययीभाव B. द्वन्द्व
C. बहुब्रीहि D. कर्मधारय

51. प्रत्येक
A. अव्ययीभाव B. कर्मधारय
C. द्वन्द्व D. तत्पुरुष

52. रोगग्रस्त
A. कर्मधारय B. तत्पुरुष
C. बहुब्रीहि D. द्विगु

53. छुटभैये
A. बहुब्रीहि B. तत्पुरुष
C. कर्मधारय D. द्वन्द्व

54. नीलोत्पल
A. तत्पुरुष B. बहुब्रीहि
C. कर्मधारय D. द्विगु

55. त्रिफला
A. द्वन्द्व B. बहुब्रीहि
C. कर्मधारय D. द्विगु

56. नीलकंठ
A. बहुब्रीहि B. कर्मधारय
C. द्वन्द्व D. द्विगु

57. रसभरा
A. तत्पुरुष B. बहुब्रीहि
C अव्ययीभाव D. द्वन्द्व

58. सहस्रानन
A. द्विगु B. तत्पुरुष
C. बहुव्रीहि D. कर्मधारय

59. नील-रत्न
A. कर्मधारय B. द्विगु
C. तत्पुरुष D. बहुव्रीहि

60. रामानुज
A. तत्पुरुष B. द्वन्द्व
C. कर्मधारय D. बहुव्रीहि

61. युद्धभूमि
A. तत्पुरुष B. बहुव्रीहि
C. द्वन्द्व D. कर्मधारय

62. दीनानाथ
A. कर्मधारय B. बहुव्रीहि
C. द्विगु D. द्वन्द्व

63. वज्रपाणि
A. तत्पुरुष B. द्वन्द्व
C. कर्मधारय D. बहुव्रीहि

64. नवरत्न
A. कर्मधारय B. बहुव्रीहि
C. द्वन्द्व D. द्विगु

65. गंगाजल
A. द्वन्द्व B. तत्पुरुष
C. द्विगु D. कर्मधारय

66. जन्मांध
A. द्वन्द्व B. कर्मधारय
C. तत्पुरुष D. द्विगु

67. देवासुर
A. बहुव्रीहि B. कर्मधारय
C. तत्पुरुष D. द्वन्द्व

68. देशप्रेम
A. द्विगु B. तत्पुरुष
C. कर्मधारय D. बहुव्रीहि

69. वनमानुष
A. बहुव्रीहि B. अव्ययी भाव
C. द्वन्द्व D. तत्पुरुष

70. पंचानन
A. कर्मधारय B. तत्पुरुष
C. द्वन्द्व D. बहुव्रीहि

71. अनन्त
A. कर्मधारय B. अव्ययीभाव
C. तत्पुरुष D. द्विगु

72. अनायास
A. द्विगु B. द्वन्द्व
C. नञ् D. अव्ययीभाव

73. करकमल
A. तत्पुरुष B. कर्मधारय
C. द्वन्द्व D. अव्ययीभाव

74. लम्बोदर
A. कर्मधारय B. बहुव्रीहि
C. द्विगु D. द्वन्द्व

75. परमेश्वर
A. द्विगु B. द्वन्द्व
C. बहुव्रीहि D. कर्मधारय

उत्तरमाला

1	2	3	4	5	6	7	8	9	10
C	A	C	B	D	A	B	A	C	C
11	**12**	**13**	**14**	**15**	**16**	**17**	**18**	**19**	**20**
B	C	B	D	B	B	D	A	A	A
21	**22**	**23**	**24**	**25**	**26**	**27**	**28**	**29**	**30**
D	A	D	A	C	B	B	C	B	A
31	**32**	**33**	**34**	**35**	**36**	**37**	**38**	**39**	**40**
D	B	D	A	C	A	A	D	B	B
41	**42**	**43**	**44**	**45**	**46**	**47**	**48**	**49**	**50**
C	A	A	B	C	B	C	C	A	D
51	**52**	**53**	**54**	**55**	**56**	**57**	**58**	**59**	**60**
A	B	C	C	D	A	A	C	A	D

61	62	63	64	65	66	67	68	69	70
A	B	D	D	B	B	D	B	D	D
71	72	73	74	75					
B	D	B	B	C					

❁ ❁ ❁

उपसर्ग और प्रत्यय

उपसर्ग

एक ऐसी भाषिक इकाई है जिसका भाषा में स्वतंत्र प्रयोग प्रायः नहीं होता किंतु इन्हें शब्दों के आरम्भ में जोड़कर नया शब्द बनाया जाता है। जैसे–अ + धर्म = अधर्म, सु + कर्म = सुकर्म, अध + पका = अधपका आदि। हिन्दी में तीन प्रकार के उपसर्गों का प्रयोग किया जाता है जो इस प्रकार हैं–

तत्सम उपसर्ग : ऐसे उपसर्ग जो संस्कृत से यथावत् ले लिए गए हैं उन्हें तत्सम उपसर्ग कहा जाता है। जैसे–अति, उत्, अधि, अप, आ, उप, दुः, निः, परा, परि, प्र, प्रति, बहु, वि, स, सु आदि।

तद्भव उपसर्ग : वे उपसर्ग जो संस्कृत के उपसर्गों तथा ध्वनियों से कुछ परिवर्तित होकर आए हैं तथा जिनका हिन्दी में स्वतंत्र प्रयोग नहीं होता किन्तु शब्द रचना के लिए उनका प्रयोग किया जाता है। उदाहरण के लिए अ, औ, क, दु, नि, पर, स आदि।

विदेशी उपसर्ग : जो उपसर्ग भाषाओं से लिए गए हैं तथा हिन्दी ने उन्हें स्वीकार कर लिया है उन्हें विदेशी उपसर्ग कहा जाता है। हिन्दी में प्रयुक्त होने वाले उपसर्ग ज्यादातर अरबी तथा फारसी से लिए गए हैं जैसे–अल, दर, ब, बा, बे, ला आदि।

प्रत्यय

प्रत्यय ऐसी भाषिक इकाई है जिसका प्रयोग स्वतंत्र रूप से नहीं किया जाता वरन् इसे किसी अन्य भाषिक इकाई के साथ जोड़कर किया जाता है। प्रत्यय चार प्रकार के होते हैं–

तत्सम : अनीय, आ, आलु, इ, इमा, इष्ठ, ई, ए, जीवी, तः, ता।

तद्भव : आइन, आई, आहट, आलू, एरा, नी आदि।

देशज : अंक, अक्कड़, अड़, आटा, पन आदि।

विदेशी : आना, इयत, खीर, मन्द आदि।

वस्तुनिष्ठ प्रश्न

निर्देश : *निम्नलिखित शब्दों में उपसर्ग लगाने से बनने वाले सही विकल्प को चुनिए।*

1. अति + अन्त
   A. अतीयन्त B. अत्यन्त
   C. अतिअन्त D. अत्यान्त
2. सत् + जन
   A. सत्जन B. सद्जन
   C. सज्जन D. सतजन
3. अधः + लिखित
   A. अधलिखित B. अद्योलिखित
   C. अधोलिखित D. अद्यलिखित
4. सम् + अन्वय
   A. समअन्वय B. समोन्वय
   C. समान्वय D. समन्वय
5. अलम + कार
   A. अलंकार B. अलँकार
   C. अलमकार D. अलोमकार

निर्देश : *नीचे एक शब्द दिया गया है। दिए गए विकल्प से आपको शब्द में प्रयुक्त उपसर्ग ज्ञात करना है।*

6. विज्ञान

A. विज्ञ B. चिर
C. वि D. अन

7. चिरायु

A. चि B. चिर
C. यु D. आयु

8. अवनत

A. नत B. अ
C. अव D. अवन

9. अत्याचार

A. अ B. अत्या
C. अति D. चार

10. अध्यात्म

A. अध्य B. अधि
C. आत्म D. अ

11. निम्नलिखित में किस शब्द में 'सम्' उपसर्ग लगा है?

A. संसार B. संस्कृत
C. उपर्युक्त दोनों D. इनमें से कोई नहीं

12. निम्नलिखित में किस शब्द में 'दर' उपसर्ग नहीं लगा है?

A. दरवाजा B. दरकिनार
C. दरमियान D. दरख्वास्त

13. निम्नलिखित में से उपसर्ग रहित शब्द कौन सा है?

A. प्रधान B. प्रस्ताव
C. प्रचार D. रूपक

14. उपसर्ग रहित शब्द है

A. सुरेश B. सुयोग
C. अत्यधिक D. विदेश

15. निम्नलिखित में से किस शब्द में 'वि' उपसर्ग नहीं है

A. विटप B. विमाता
C. विदेश D. विहीन

16. निम्नलिखित में से 'सु' उपसर्ग से निर्मित शब्द है?

A. सुरेश B. सुन्दर
C. सुरक्षा D. सुनार

17. 'निर्' उपसर्ग से कौन–सा शब्द बना है?

A. निशान B. निष्काम
C. निर्भय D. निराश

18. निम्नलिखित में से किस शब्द में 'अप' शब्द का अर्थ बुरा नहीं है?

A. अपमान
B. अपनाना
C. अपशब्द
D. अपयश

19. निम्नलिखित शब्दों में किसमें 'नि' उपसर्ग नहीं है?

A. निमेष B. निर्भय
C. निशान D. निरोग

20. निम्नलिखित शब्दों में से किस शब्द में उपसर्ग नहीं है?

A. अपवाद B. पराजय
C. प्रभाव D. ओढ़ना

निर्देश : *निम्नलिखित शब्दों में प्रत्यय लगाने से बनने वाले सही विकल्प को चुनिए।*

21. शरीर + इक

A. शारीरक B. शारिरीक
C. शारीरिक D. शरीरिक

22. वर + इष्ठ

A. वरीष्ठ B. वरेष्ठ
C. वरिष्ट D. वरिष्ठ

23. बहन + ओई

A. बहनौई B. बहनोई
C. बहनुई D. बहनौयी

24. आध्यात्मक + इक

A. आध्यात्मिक B. अध्यात्मिक
C. अधिआत्मिक D. अध्यात्मक

25. लड़का + पन

A. लड़कापन B. लड़पन
C. लड़कपन D. लड़कापन

26. 'दैत्य' शब्द में कौन–सा प्रत्यय है?

A. त्य B. य
C. अ D. एय

27. 'मौन' शब्द में कौन–सा प्रत्यय है?

A. औन B. न
C. अ D. अन

28. निम्नलिखित में से किस शब्द में 'अक' प्रत्यय नहीं है?

A. रक्षक B. याचक
C. नर्तक D. सड़क

29. निम्नलिखित शब्दों में किसमें 'अक' प्रत्यय नहीं है?
A. सुधारक B. लेखक
C. साधक D. यमक

30. निम्नलिखित में किस शब्द में 'ओला' प्रत्यय है?
A. झोला B. हँसबोला
C. गोला D. सँपोला

31. 'मनौती' में कौन–सा प्रत्यय है?
A. औती B. ती
C. आती D. ई

32. निम्नलिखित में किसमें 'इया' प्रत्यय है?
A. पहिया B. चुहिया
C. खटिया D. तिपहिया

33. तद्धित प्रत्यय निम्नलिखित में किसके अन्त में लगते हैं?
A. संज्ञा B. सर्वनाम
C. विशेषण D. उपर्युक्त सभी

34. निम्नलिखित में से कौन–सा शब्द 'इक' प्रत्यय से बना है?
A. सींक B. प्रत्येक
C. दैनिक D. नायक

35. मिलावट में किस प्रत्यय का प्रयोग किया गया है?
A. वट B. आवट
C. ठ D. लावट

36. 'भतीजा' शब्द में कौन–सा प्रत्यय है?
A. जा B. अजा
C. ईजा D. इजा

37. 'शिक्षक' में प्रत्यय है
A. क B. अक्
C. आक D. अक्

38. निम्नलिखित में प्रत्यय रहित शब्द कौन है?
A. कवित्व B. लघुत्व
C. बिकाऊ D. कुख्यात

39. 'बपौती' शब्द में कौन-सा प्रत्यय है?
A. ती B. औती
C. ई D. इ

40. 'फुफेरा' शब्द में कौन–सा प्रत्यय है?
A. रा B. एरा
C. ऐरा D. आ

41. 'अड़ियल' शब्द में प्रयुक्त प्रत्यय बताएं
A. इयल B. ईयल
C. यल D. एल

निर्देश : *नीचे एक शब्द दिया गया है। दिए गए विकल्प से आपको शब्द में प्रयुक्त प्रत्यय ज्ञात करना है।*

42. पागलपन
A. पागल B. पा
C. पन D. इनमें से कोई नहीं

43. सावधानी
A. ई B. इ
C. धानी D. साव

44. धुंधला
A. धुं B. धुंध
C. ला D. इनमें से कोई नहीं

45. प्रत्यय रहित शब्द है
A. पराभव B. कवित्व
C. कुख्यात D. लघुत्व

उत्तरमाला

1	2	3	4	5	6	7	8	9	10
B	C	C	D	B	C	B	C	C	B
11	12	13	14	15	16	17	18	19	20
C	A	D	A	A	C	C	B	B	D
21	22	23	24	25	26	27	28	29	30
C	D	B	A	C	B	C	D	D	D
31	32	33	34	35	36	37	38	39	40
A	C	D	C	B	A	B	D	B	B
41	42	43	44	45					
A	C	A	C	C					

❀ ❀ ❀

सन्धि

निर्देश : *निम्नलिखित शब्दों के संधि विच्छेद के सही विकल्प को चुनिए।*

1. सुरेन्द्र
   A. सुर + इन्द्र B. सु + रेन्द्र
   C. सुरः + इन्द्र D. सुरअ + इन्द
2. सदाचार
   A. सदा+आचार B. सद्+आचार
   C. सत्+आचार D. सदा+चार
3. महेन्द्र
   A. महे + इन्द्र B. मह + इन्द्र
   C. महान् + इन्द्र D. महा + इन्द्र
4. देव्यार्पण
   A. देव्य + अर्पण B. देव + अर्पण
   C. देव्या + अर्पण D. देवी + अर्पण
5. संशय
   A. सम् + शय B. सन् + शय
   C. स + शंय D. सम + शंय
6. निर्भय
   A. निर + भय B. नि + रभय
   C. निः + भय D. नृ + भय
7. शरदचन्द्र
   A. शरद + चन्द्र B. शरत् + चन्द्र
   C. शरच् + चन्द D. शरद् + चन्द्र
8. उल्लेख
   A. उल + लेख B. उत् + लेख
   C. उत + लेख D. उल् + लेख
9. बिम्बोष्ठ
   A. बिम्ब + ओष्ठ B. बिम्ब + औष्ठ
   C. बिम्बौ + अष्ठ D. बिम् + बौष्ठ
10. देव्यागम
   A. देव + आगम B. देव्या + गम
   C. देवि + अगम D. देवी+आगम
11. यद्यपि
   A. यदि + अपि B. यद् + आपि
   C. यद्या + पि D. यदा + इपि
12. पित्रिच्छा
   A. पितृ + इच्छा B. पितृ + एच्छा
   C. पित्र + इच्छा D. पितर+इच्छा
13. दुश्शासन
   A. दु + शासन B. दुः + शासन
   C. दश्श + आसन D. दुःशा + सन
14. उन्नति
   A. उत् + नति B. उन् + नति
   C. उ + नति D. उन + नति
15. मनोरथ
   A. मनो + अर्थ B. मनः + रथ
   C. मनः + अरथ D. मने + ओरथ
16. सप्तर्षि
   A. सप्तः + ऋषि B. सप्त + ऋषि
   C. सप्त + ऋर्षि D. सप्तत्+ऋषि
17. जगदीश
   A. जगत् + ईश B. जग + ईश
   C. जग + दीश D. जगद + ईश
18. न्यून
   A. नि + यून B. नी + युन
   C. नि + उन D. नि + ऊन
19. इत्यादि
   A. इत + आदि B. ईत + आदी
   C. इति + आदि D. ईति + आदी
20. अम्बूर्मि
   A. अम्ब + बूर्मि B. अम + ऊर्मि
   C. अम्बु + ऊर्मि D. अंब + ऊर्मि
21. पित्राज्ञा
   A. पित्र + आज्ञा B. पितृ + आज्ञा
   C. पितर + आज्ञा D. पित्रा + ज्ञा
22. श्रावण
   A. श्रौ + अन B. श्राव् + अण
   C. श्राव् + अन D. श्रौ + अण

23. प्रत्युत्तर

A. प्र + त्युत्तर B. प्रति + युत्तर

C. प्रति + उत्तर D. प्रत्यु + उत्तर

24. निस्तार

A. निः + स्तार B. निस् + तार

C. निः + तार D. निस्त + आर

25. मतैक्य

A. मत + एक्य B. मत + ऐक्य

C. मति + एक्य D. मत्य + ऐक्य

26. स्वल्प

A. स्व + अल्प B. सु + वल्प

C. सु + अल्प D. स्वलः + प

27. रजनीन्दु

A. रजनि + इन्दु B. रजनी + ईन्दु

C. रजनी + इन्दू D. रजनी + इन्दु

28. सदैव

A. सदा + एव B. सदा + ऐव

C. सद + ऐव D. सता + ऐव

29. वध्वागमन

A. वध्वा + गमन B. वध्व + आगमन

C. वधू + आगमन D. वध + उगमन

30. नयन

A. ने + अन B. न + यन

C. नय + अन D. नय + न

31. दीपावली

A. दीपा + वली B. दीप + अली

C. दीप + आवली D. दीप + अवली

32. निष्कारण

A. निः + कारण B. निस + कारण

C. निष + कारण D. निष् + कारण

33. गिरीश

A. गिरि + ईश B. गिरी + ईश

C. गिरि + इश D. गिर + ईष

34. पुनर्विवाह

A. पुनर + विवाह B. पुनस् + विवाह

C. पुर्न + विवाह D. पुनः + विवाह

35. निरुपाय

A. निः + पाय B. निर + उपाय

C. निः + उपाय D. निरु + पाय

36. निरीक्षण

A. निरी + क्षण B. निरा + इक्षण

C. निर् + ईक्षण D. निः + ईक्षण

37. अनन्त

A. अन् + अन्त B. अन + अन्त

C. अ + नन्त D. अनन् + त

38. काव्योर्मि

A. का + योर्मि B. कवि + उर्मि

C. काव्य + उर्मि D. काव्य + ओर्मि

39. भवन

A. भ + वन B. भो + अन

C. भु + वन D. भव + न

40. तद्धित

A. तत् + हित B. तत + हित

C. तद् + हित D. तध + हित

41. सत्याग्रह

A. सत्य + ग्रह B. सत्य + आग्रह

C. सत + आग्रह D. सत्या + अग्रह

42. बहिष्कार

A. बहिः + कार B. बहिष + कर

C. बहि + अकार D. बहि + सकार

43. निर्धन

A. निः + धन B. निर + धन

C. नृः + धन D. निरः + धन

44. एकैक

A. एकः + एक B. एक + एक

C. एको + एक D. एकाः + एक

45. सुक्ति

A. स + उक्ति B. सु + उक्ति

C. सम + उक्ति D. सो + ऊक्ति

46. दिगम्बर

A. दिग् + अम्बर B. दिक् + अम्बर

C. दिग + अम्बर D. दिक + अम्बर

47. पावक

A. पौ + अक B. पा + अवक

C. पव + अक् D. पाव + अक

48. उपैति

A. अप + इति B. उपै + इति

C. उप + ऐति D. उप + एति

49. अन्वेषण

A. अन + वेषण B. अनु + एषण

C. अनु + वेषण D. अन्व + ऐषण

निर्देश : *नीचे प्रत्येक शब्द से संधि के लिए चार विकल्प दिए गए हैं। इनमें से जो विकल्प सही है उसका चयन कीजिए।*

50. निश्चल

A. विसर्ग B. गुण

C. दीर्घ D. यण

51. मनोहर

A. गुण B. वृद्धि

C. विसर्ग D. दीर्घ

52. परिच्छेद

A. गुण B. व्यंजन

C. विसर्ग D. दीर्घ

53. सप्तर्षि

A. वृद्धि B. दीर्घ

C. विसर्ग D. गुण

54. इत्यादि

A. गुण संधि B. यण संधि

C. विसर्ग संधि D. वृद्धि संधि

55. निस्तेज

A. यण संधि B. वृद्धि संधि

C. विसर्ग संधि D. गुण संधि

56. तथेति

A. वृद्धि संधि B. यण संधि

C. विसर्ग संधि D. गुण संधि

57. षडानन

A. दीर्घ संधि B. वृद्धि संधि

C. यण संधि D. गुण संधि

58. धर्मात्मा

A. स्वर संधि B. व्यंजन संधि

C. विसर्ग संधि D. यण संधि

59. रेखांकित

A. गुण संधि B. वृद्धि संधि

C. दीर्घ संधि D. स्वर संधि

60. अत्यूष्म

A. गुण संधि B. यण संधि

C. दीर्घ संधि D. वृद्धि संधि

61. दुरुपयोग

A. स्वर संधि B. यण संधि

C. गुण संधि D. दीर्घ संधि

62. देवेन्द्र

A. दीर्घ संधि B. गुण संधि

C. अयादि संधि D. वृद्धि संधि

63. पित्रीहा

A. दीर्घ संधि B. व्यंजन संधि

C. यण् संधि D. गुण संधि

64. यद्यपि

A. व्यंजन संधि B. वृद्धि संधि

C. यण् संधि D. गुण संधि

65. षड्दर्शन

A. यण् संधि B. व्यंजन संधि

C. गुण संधि D. वृद्धि संधि

66. निष्फल

A. विसर्ग संधि B. व्यंजन संधि

C. गुण संधि D. वृद्धि संधि

67. उपेन्द्र

A. अयादि संधि B. गुण संधि

C. विसर्ग संधि D. दीर्घ संधि

68. महीन्द्र

A. दीर्घ संधि B. गुण संधि

C. वृद्धि संधि D. यण् संधि

69. सूक्ति

A. गुण संधि B. वृद्धि संधि

C. अयादि संधि D. दीर्घ संधि

70. चन्द्रोदय

A. दीर्घ संधि B. गुण संधि

C. व्यंजन संधि D. वृद्धि संधि

71. हितैषी

A. दीर्घ संधि B. वृद्धि संधि

C. गुण संधि D. अयादि संधि

72. अन्वय

A. गुण संधि B. अयादि संधि

C. वृद्धि संधि D. यण् संधि

73. शयन

A. अयादि संधि
B. यण् संधि
C. गुण संधि
D. वृद्धि संधि

74. सत्येन्द्र

A. वृद्धि संधि
B. गुण संधि
C. व्यंजन संधि
D. विसर्ग संधि

75. दिगम्बर

A. व्यंजन संधि
B. विसर्ग संधि
C. गुण संधि
D. अयादि संधि

76. निस्स्वार्थ

A. व्यंजन संधि
B. विसर्ग संधि
C. गुण संधि
D. अयादि संधि

77. कवीश्वर

A. दीर्घ संधि
B. गुण संधि
C. व्यंजन संधि
D. स्वर संधि

78. सूर्योदय

A. गुण संधि
B. वृद्धि संधि
C. यण् संधि
D. दीर्घ संधि

79. निर्विकार

A. व्यंजन
B. दीर्घ स्वर
C. विसर्ग
D. गुणस्वर

80. उद्‌घाटन

A. गुण संधि
B. यण् संधि
C. व्यंजन संधि
D. वृद्धि संधि

उत्तरमाला

1	2	3	4	5	6	7	8	9	10
A	C	D	B	A	C	B	B	A	D
11	**12**	**13**	**14**	**15**	**16**	**17**	**18**	**19**	**20**
A	A	B	A	B	B	A	D	C	C
21	**22**	**23**	**24**	**25**	**26**	**27**	**28**	**29**	**30**
B	A	C	C	B	C	D	A	C	A
31	**32**	**33**	**34**	**35**	**36**	**37**	**38**	**39**	**40**
D	A	A	D	C	D	A	C	B	A
41	**42**	**43**	**44**	**45**	**46**	**47**	**48**	**49**	**50**
B	A	A	B	B	B	A	C	B	A
51	**52**	**53**	**54**	**55**	**56**	**57**	**58**	**59**	**60**
C	B	D	B	C	D	A	A	C	B
61	**62**	**63**	**64**	**65**	**66**	**67**	**68**	**69**	**70**
A	B	C	C	B	A	B	A	D	B
71	**72**	**73**	**74**	**75**	**76**	**77**	**78**	**79**	**80**
B	D	A	B	A	B	A	A	C	C

❀ ❀ ❀

मुहावरे एवं लोकोक्तियाँ

निर्देश : *नीचे प्रत्येक मुहावरे का अर्थ बताने के लिए चार विकल्प दिये गए हैं। इनमें से सही अर्थ बताने वाले विकल्प का चयन करें—*

1. लल्लो-चप्पो करना

A. बातें मानना

B. ढोंग करना

C. खुशामद की बातें करना

D. शिकायत करना

2. साढ़ेसाती लगना

A. होश बिगड़ जाना

B. शुभ घड़ी जाना

C. हिसाब न लगा पाना

D. विपत्ति का समय आना

3. कमर कसना

A. दृढ़ निश्चय कर लेना

B. खूब कसकर कपड़े पहनना

C. दण्डित करना

D. कमर कसकर युद्ध पर निकल जाना

4. लाल-पीला होना

A. क्रोध करना B. तेवर बदलना

C. मुद्राएं बदलना D. रंग बदलना

5. आँख लगना

A. आशंका होना B. मृत्यु होना

C. नींद आना D. प्रेम होना

6. घाट-घाट का पानी पीना

A. मारा-मारा फिरना

B. शिक्षा ग्रहण करना

C. तीर्थयात्रा करना

D. अनुभवी होना

7. निन्यानवे के फेर में पड़ना

A. धन कमाने में लगा रहना

B. मूर्खता के कार्य कर बैठना

C. किसी चक्कर में पड़ जाना

D. परिवार के झंझटों में फँसे रहना

8. हुलिया तंग होना

A. रास्ते की चौड़ाई कम होना

B. परेशान होना

C. बहुत क्रोधित होना

D. आर्थिक तंगी होना

9. डंके की चोट पर कहना

A. शोर-शराबा करना

B. अस्वाभाविक बातें करना

C. सबके सामने घोषित करना

D. ऊँचे स्वर में चिल्लाना

10. एड़ी चोटी का पसीना एक करना

A. पसीना आना

B. अत्यधिक श्रम करना

C. व्यर्थ परिश्रम करना

D. कठिन कार्य करना

11. ईंट से ईंट बजाना

A. दोष लगाना

B. कठोर वार करना

C. विपत्ति की आशंका होना

D. तबाह कर देना

12. अंगूठा चूमना

A. खुशामद करना

B. नासमझी दिखाना

C. तिरस्कार करना

D. इनकार करना

13. एक और एक ग्यारह होना

A. संगठन में शक्ति है

B. गणित विद्या में निपुणता प्राप्त करना

C. भीड़ में बल है

D. संसार में सब सम्भव है

14. चादर के बाहर पैर पसारना

A. बेपर्द होना

B. सामर्थ्यानुसार खर्च करना

C. आय से अधिक खर्च करना

D. दिखावा करना

15. कागज के घोड़े दौड़ाना

A. लम्बी लिखा-पढ़ी करना

B. बेकार बातें करना

C. लिखित प्रमाण देना

D. इनमें से कोई नहीं

16. आँखों में चर्बी छाना

A. विपत्ति का समय आना

B. अप्राकृतिक व्यवहार करना

C. इज्जत लेना

D. घमण्ड से चूर होना

17. मुँह की खाना
A. बातूनी होना B. अपमानित होना
C. अभिनन्दित होना D. पराजित होना

18. कलेजा काँपना
A. बेसहारा होना B. डरना
C. हिम्मत रखना D. परेशान होना

19. गरदन पर सवार होना
A. पीछा न छोड़ना B. गर्दन काट देना
C. परेशान करना D. बहुत प्यारा होना

20. उल्टी गंगा बहाना
A. अपनी बात से स्वयं को ही नुकसान पहुँचाना
B. परम्पराओं के विपरीत कार्य करना
C. निश्चित चाल के विपरीत कार्य करना
D. बिंना सोचे–विचारे कार्य करना

21. आँख का पानी ढल जाना
A. बुढ़ापा आ जाना
B. निर्लज्ज हो जाना
C. प्रिय व्यक्ति का बिछुड़ जाना
D. देखने की ताकत कमजोर पड़ना

22. आस्तीन का साँप होना
A. सपेरों का एक खेल
B. कपटी मित्र
C. मूर्ख व्यक्ति
D. डंक मारने वाला

23. हथेली पर सरसों उगाना
A. असम्भव कार्य करना
B. शीघ्र प्रतिफल की कामना करना
C. स्थान परिवर्तन
D. शक्तिशाली होना

24. रंग में भंग होना
A. बना बनाया काम बिगड़ना
B. अपमानित होना
C. समाप्त होना
D. घुलमिल जाना

25. अक्ल पर पत्थर पड़ना
A. मूर्ख होना
B. बुद्धिभ्रष्ट होना
C. बुद्धिमान होना
D. प्रतिभावान होना

26. दाँतों तले उँगली दबाना
A. डर जाना
B. शर्मिंदा होना
C. हैरान हो जाना
D. कष्ट अनुभव करना

27. पगड़ी उछालना
A. सम्मानित करना
B. अपमानित करना
C. जश्न मनाना
D. अफसोस करना

28. कच्चे घड़े पानी भरना
A. मूर्खतापूर्ण कार्य करना
B. कठिन कार्य करना
C. ठीक ढंग से काम न करना
D. कमजोर से मदद की अपेक्षा रखना

29. सूर्य को दीपक दिखाना
A. सूर्य की पूजा करना
B. विपरीत कार्य करना
C. महापुरुषों को सम्मानित करना
D. अत्यन्त प्रसिद्ध व्यक्ति का परिचय देना

30. भुजी भाँग न होना
A. नशे में चूर होना
B. दरिद्र होना
C. होश में न रहना
D. भाँग न मिलने से नशा ढूँढना

31. पापड़ बेलना
A. पापड़ बनाना
B. मुसीबत उठाना
C. खाना बनाना
D. पतली रोटी बेलना

32. औघट घाट चलना
A. मूर्खता की बात करना
B. गलत स्थान से नदी पार करना
C. धोखा देना
D. सही रास्ता छोड़कर ऊटपटांग रास्ते पर चलना

33. कुएँ में भाँग घोलना
A. दिमाग का काम न करना
B. सबकी बुद्धि भ्रष्ट होना
C. कुछ भी न सूझना
D. नशे में आना

34. कंगाली में आटा गीला होना
A. गरीब होना
B. मुसीबत पर मुसीबत पड़ना
C. गीला आटा व्यर्थ होता है
D. कंगाल व्यक्ति का आटा गीला होता है

35. अपना उल्लू सीधा करना
A. अपना स्वार्थ सिद्ध करना
B. अपने बच्चे को सुधारना
C. अपनी गलती सुधारना
D. किसी को मूर्ख बनाना

36. दाँत खट्टे करना
A. नाराज करना
B. हरा देना
C. दुःखी कर देना
D. क्रोध करना

37. आटे-दाल का भाव मालूम होना
A. व्यवसाय में लगना
B. दुनियादारी का अनुभव होना
C. बाजार भाव की जानकारी रखना
D. घर-गृहस्थी में व्यस्त होना

38. पहाड़ टूट पड़ना
A. भारी विपत्ति आना
B. भूकम्प आना
C. काम का बोझ होना
D. अपने को असमर्थ पाना

39. कूपमण्डूक होना
A. कुएँ में गिरना
B. अत्यंत सीमित ज्ञान होना
C. घर में रहना
D. इनमें से कोई नहीं

40. ईद का चाँद होना
A. आकाश में चाँद निकलना
B. चाँद निकलने पर खुशियाँ मनाना
C. बहुत दिनों बाद दिखाई देना
D. चाँदनी रात में त्योहार का आनन्द लेना

41. कपास ओटना
A. खेती के कार्य में लगना
B. इधर-उधर भागना
C. व्यर्थ का कार्य करना
D. बेगार करना

निर्देश : *प्रत्येक पंक्ति में एक लोकोक्ति दी गई है। उसके अर्थ स्वरूप चार विकल्प दिए गए हैं। इनमें से एक विकल्प सही है। आपको उसी का चयन करना है।*

42. अन्धा बाँटे रेवड़ी फिर-फिर अपनों को देय
A. उच्च पद पाकर अपने ही लोगों को लाभान्वित करना
B. न्याय की अवहेलना करके स्वजनों को लाभान्वित करना
C. अन्धा आदमी स्वजनों का ख्याल रखता है
D. स्वार्थी व्यक्ति पक्षपात करता है

43. अकल बड़ी कि भैंस
A. शारीरिक बल की अपेक्षा बौद्धिक बल श्रेष्ठ होता है
B. अक्ल अमूर्त और भैंस मूर्त रूप हैं
C. भैंस शारीरिक दृष्टि से बड़ी होती है
D. भैंस बुद्धिमान होती है

44. होनहार विरवान के होत चीकने पात
A. चिकने पत्तों वाला पौधा सुन्दर लगता है
B. बागवानी का शौक अच्छी बात है
C. होनहार बालक के लक्षण बचपन में ही प्रकट होने लगते हैं
D. चिकने पत्तों से पता लगता है कि यह पौधा वृक्ष बन जाएगा

45. सच्चे का बोलबाला, झूठे का मुँह काला
A. झूठ बोलना पाप है
B. झूठ बोलने वाला अपमानित होता है
C. असत्य बोलने वालों पर व्यंग्य
D. सत्य की सर्वत्र विजय होती है

46. शेर भूखा रह जाए, पर घास नहीं खाता
A. श्रेष्ठ व्यक्ति संकट में भी मर्यादा नहीं तोड़ता है

B. शेर केवल मांसाहारी होता है

C. शेर स्वयं शिकार होता है

D. स्वावलम्बी व्यक्ति किसी का सहारा नहीं तकता

47. घर में नहीं दाने, अम्मा चली भुनाने

A. झूठा आडम्बर

B. अधिक दिखावा करना

C. डींगें हाँकना

D. मुश्किल से गुजारा करना

48. ऊँची दुकान फीका पकवान

A. ऊँचे पर बनी दुकान के पकवान मीठे नहीं होते

B. ऊँची दुकान महँगी होती है

C. दिखावटी वस्तु में गुणवत्ता कम होती है

D. दिखावट में आकर्षण अधिक रहता है

49. न ऊधो का लेना, न माधो का देना

A. दूसरे के झंझट में दखल देना

B. किसी झंझट में न पड़ना

C. किसी से उधार न लेना

D. नगद लेन-देन करना

50. तीन लोक से मथुरा न्यारी

A. मथुरा सबसे श्रेष्ठ तीर्थ है

B. मथुरा नगर विशिष्ट है

C. सबसे श्रेष्ठ व सुन्दर

D. सबसे निराला

51. अधजल गगरी, छलकत जाए

A. निर्धन द्वारा अधिक खर्च करना

B. अज्ञानी द्वारा उपदेश देना

C. अल्पज्ञानी द्वारा अधिक प्रदर्शन करना

D. गगरी को पूरा भरना ही श्रेष्ठ

52. अपनी करनी, पार उतरनी

A. स्वयं के प्रयास से सफलता मिलती है

B. अपने कर्मों का फल भोगना

C. अपने साधन से ही नदी पार करनी चाहिए

D. अपने का हित करना

53. आये थे हरि भजन को ओटन लगे कपास

A. अच्छे कार्य न करके बुरे कार्य करना

B. पूजा-पाठ छोड़कर व्यापार करना

C. साधारण मनुष्य बनकर रहना

D. उच्च लक्ष्य छोड़कर साधारण कार्य में शक्ति लगाना

54. आगे नाथ न पीछे पगहा

A. पूर्ण स्वतन्त्र

B. अपने मन की करना

C. बन्धन रहित होना

D. इधर-उधर भागना

55. जस दूल्हा तसि बनी बराता

A. अच्छा दूल्हा और अच्छे साथी

B. अच्छा दूल्हा और खराब बाराती

C. सभी लोगों का अच्छा होना

D. जैसे व्यक्ति वैसे साथी

56. कहे से कुम्हार गधे पर नहीं चढ़ता

A. सरलता से न मानना

B. हठी व्यक्ति समझाने से नहीं मानता

C. किसी की न सुनना

D. भय दिखाने से ही काम बनता है

57. ऊँट चढ़े पर कुत्ता काटे

A. अपना काम निकालना

B. कोई काम पूरा न हो पाना

C. दुस्साहस करके पछताना

D. विपत्ति सब जगह पीछा करती है

58. तन पर नहीं लत्ता, पान खायें अलबत्ता

A. बुरी आदत में पड़ना

B. झूठा दिखावा करना

C. रौब ड़ालना

D. रईस मिजाज होना

59. आँख के अन्धे, गाँठ के पूरे

A. धनी परन्तु मूर्ख

B. गरीब किन्तु अक्लमंद

C. धनी परन्तु अक्लमंद

D. गरीब परन्तु मूर्ख

60. मन चंगा तो कठौती में गंगा

A. घर में रहना तीर्थ के बराबर होता है

B. यदि मन शुद्ध है तो सभी जगह तीर्थ होता है

C. मन प्रसन्न हो तो गंगा-स्नान होता है

D. कठौती में गंगाजल होता है

61. पेट भरे मन-मोदक से कब
A. पुरुषार्थ से किसी काम में सफलता न मिलना
B. सच्चाई व ईमानदारी से किसी काम में सफलता न मिलना
C. केवल भगवान का नाम लेने से किसी काम में सफलता न मिलना
D. केवल सोचते रहने से किसी काम में सफलता न मिलना

62. अरहर की टट्टी गुजराती ताला
A. बड़ी वस्तु के लिए अधिक व्यय करना
B. बड़ी वस्तु के लिए कम व्यय करना
C. छोटी वस्तु के लिए अधिक व्यय करना
D. छोटी वस्तु के लिए कम व्यय करना

63. पत्थर को जोंक नहीं लगती
A. मजबूत चीज आसानी से खराब नहीं होती
B. दो धूर्तों में प्रायः टकराव नहीं होता
C. सबल का शोषण नहीं होता
D. हठी पर कोई प्रभाव नहीं होता

64. ओखली में सिर दिया तो मूसलों का क्या डर
A. मूर्ख के साथ मित्रता करने पर हानि ही होती है
B. मुसीबतों से घबराना किसी भी प्रकार से उचित नहीं
C. ओछे व्यक्ति किसी को लाभ नहीं पहुँचा सकते
D. कठिन काम शुरू करने पर कष्ट तो सहन करने ही पड़ते हैं

65. एक पंथ दो काज
A. एक मार्ग और दो काम
B. अनमोल वस्तुओं का एक साथ होना
C. एक ही साधन से दो लाभ मिलना
D. अच्छे-बुरे का भेद न करना

66. न नौ मन तेल होगा न राधा नाचेगी
A. निश्चित कार्य एवं कार्यस्थल का अभाव
B. कारण को समूल नष्ट कर देना
C. किसी कार्य को न करने का बहाना
D. एक समस्या के निराकरण में दूसरी समस्या का आ जाना

67. डूबते को तिनके का सहारा
A. आपत्ति के समय थोड़ी सहायता भी बड़ी होती है
B. तिनका भी अवसर पर काम आता है
C. कभी बेकार लगने वाली वस्तु भी काम आ जाती है
D. निकम्मा व्यक्ति कुछ न करने का बहाना खोजता है

68. एक तो करेला ऊपर से नीम चढ़ा
A. अत्यन्त बुरे स्वभाव का होना
B. बुरे बाप का बुरा बेटा
C. कटु या कुटिल स्वभाव वाले व्यक्ति कुसंगति में पड़कर और अधिक बिगड़ जाते हैं
D. मूर्ख और साथ ही अशिष्ट

69. रस्सी जल गई ऐंठन न गई
A. सब कुछ मिट जाने पर भी झूठा अभिमान करना
B. झूठ बोलना और उस पर गर्व करना
C. फिर से ऐंठन
D. हारने पर भी अकड़ना

70. आँख का अंधा नाम नयनसुख
A. अंधे का अच्छा नाम
B. गुण के विपरीत नाम
C. नयनसुख नाम होना
D. आँख न होने पर भी सुखी

71. तबले की बला बंदर के सिर
A. दोषी कोई पर दोष किसी अन्य को
B. बंदर के सिर पर बला
C. तबले में बंदर
D. बंदर का तबले की ताल पर नाच

72. अन्धी पीसे कुत्ते खाएं
A. बेहिसाब काम करना
B. असावधानी से अयोग्य को लाभ
C. लाचारी का अनुचित लाभ
D. अपना माल लुटाना

73. अपना हाथ जगन्नाथ
A. भगवान जगन्नाथ की पूजा करना
B. अपने वश में सब कुछ होना
C. अपने हाथ का भोजन स्वादिष्ट होता है
D. स्वयं किया हुआ कार्य फलदायी होता है

74. गए थे रोजा छुड़ाने, गले पड़ी नमाज
A. सुख के बदले दुःख मिला
B. दुःख के बदले सुख मिला

C. लाभ ही लाभ होना

D. बिल्कुल उलटा काम

75. चौबे गए छब्बे बनने, दूबे बन के आए

A. लाभ के बदले हानि हुई

B. बढ़-चढ़ कर बातें करना

C. बहुत बड़ा आदमी हो जाना

D. बिल्कुल उलटा काम करना

76. ढाक के वही तीन पात

A. सदा एक-सा

B. यत्नपूर्वक करना

C. ऊटपटांग काम करना

D. निर्धन होना

77. थोथा चना बाजे घना

A. बहुत अधिक बोलना

B. ओछे व्यक्ति अधिक दिखावा करते हैं

C. बढ़ा-चढ़ाकर बात करना

D. बहुत शोर करना

78. खग जाने खग ही की भाषा

A. पक्षियों की भाषा जानना

B. समान प्रवृत्ति वाले ही एक-दूसरे को समझते हैं

C. पक्षी अपनी भाषा स्वयं समझते हैं

D. पक्षियों की तरह बोलना

79. नौ दिन चले अढाई कोस

A. यात्री को समय की परवाह नहीं होती

B. नौ दिन का काम एक ही दिन में करना

C. समय की गति बड़ी कुटिल होती है

D. समय का भारी अपव्यय करना

80. हींग लगे न फिटकरी रंग भी चोखा होय

A. बिना मेहनत फल पाना

B. मुफ्त में काम करने की इच्छा करना

C. साधारण मेहनत से अच्छा काम कर लेना

D. इनमें से कोई नहीं

81. ईश्वर की माया कहीं धूप कहीं छाया

A. जाड़ों में धूप तथा गर्मियों में छाया सुखद होती है

B. लक्ष्मी चंचल है

C. ईश्वर राई और पहाड़ में परिवर्तन करता रहता है

D. संसार में कहीं सुख है और कहीं दुःख है

82. अंधों में काना राजा

A. मूर्खों के मध्य कुछ समझदार

B. अंधों के बीच में काना बादशाह होना

C. अंधों के साथ काना व्यक्ति चालाकी करता है

D. उपर्युक्त में से कोई नहीं

83. अंधेर नगरी चौपट राजा

A. नगर में प्रकाश व्यवस्था का प्रभाव

B. अन्याय का बोलबाला

C. बिजली का बार-बार गुल होना

D. अव्यवस्थित प्रशासन व्यवस्था पर व्यंग्य

84. इमली के पात पर बारात का डेरा

A. असंभव बात

B. साधन थोड़े, बातें बड़ी

C. कमाल दिखाना

D. अत्यंत कंजूस होना

85. सीधी अंगुली से घी नहीं निकलता

A. सीधेपन से भी काम नहीं चलता

B. टेढ़ी अंगुली वाला घी जल्दी निकाल लेता है

C. घी अंगुली में जरूर लगता है

D. घी निकालने के लिए अंगुली टेढ़ी करनी पड़ती है

86. दूध का जला छाछ को भी फूँक कर पीता है

A. दूध से जलने वाला छाछ नहीं पीता

B. धोखा खाया व्यक्ति दुबारा सावधानी बरतता है

C. दूध से क्या छाछ से भी आदमी जल सकता है

D. दूध पीने वाले को छाछ अच्छी नहीं लगती

87. अकेला चना भाड़ नहीं फोड़ सकता

A. एक चना भाड़ में नहीं भुन सकता

B. अकेला चना व्यर्थ होता है

C. सफलता संगठन के बिना नहीं मिलती

D. सफलता के लिए संगठित हो या नहीं

88. खिसियानी बिल्ली खम्भा नोचे

A. जो क्रोध में पागल हो जाए

B. शक्तिशाली पर वश न चलने पर दुर्बल पर क्रोध करना

C. जो सर्वथा निकम्मा हो

D. काम बिगड़ जाने पर सब पर गुस्सा करने वाला

89. सांप मरे न लाठी टूटे

A. हत्या के पाप से बचना

B. सांप को भगा देना

C. बिना हानि के कार्य सिद्ध होना

D. अपना काम दूसरों से कराना

90. कहाँ राजा भोज कहाँ गंगू तेली

A. दो दूर से आए दोस्तों की मुलाकात

B. दो व्यक्तियों को अलग–अलग स्थान देना

C. दो व्यक्तियों के जन्म का अन्तर बताना

D. दो असमान व्यक्तियों की तुलना

उत्तरमाला

1	2	3	4	5	6	7	8	9	10
C	D	A	A	C	D	A	B	C	B
11	**12**	**13**	**14**	**15**	**16**	**17**	**18**	**19**	**20**
D	A	A	C	A	D	D	B	A	B
21	**22**	**23**	**24**	**25**	**26**	**27**	**28**	**29**	**30**
B	B	A	A	B	C	B	C	D	B
31	**32**	**33**	**34**	**35**	**36**	**37**	**38**	**39**	**40**
B	D	B	B	A	B	B	A	B	C
41	**42**	**43**	**44**	**45**	**46**	**47**	**48**	**49**	**50**
C	D	A	C	D	A	A	C	B	D
51	**52**	**53**	**54**	**55**	**56**	**57**	**58**	**59**	**60**
C	A	D	C	D	B	D	B	A	B
61	**62**	**63**	**64**	**65**	**66**	**67**	**68**	**69**	**70**
D	C	C	D	C	C	A	D	A	B
71	**72**	**73**	**74**	**75**	**76**	**77**	**78**	**79**	**80**
A	C	D	A	A	A	B	B	D	A
81	**82**	**83**	**84**	**85**	**86**	**87**	**88**	**89**	**90**
D	A	B	A	A	B	C	B	C	D

शुद्ध–अशुद्ध वाक्यों का संशोधन

निर्देश : *नीचे दिए गए वाक्यों में से कुछ वाक्यों में त्रुटियाँ हैं और कुछ ठीक हैं। त्रुटि वाले वाक्य के जिस भाग में त्रुटि हो उसके अनुरूप उत्तर चुनिए। यदि वाक्य में कोई त्रुटि न हो तो (D) वाले विकल्प को चुनिए।*

1. (A) इस मकान की नीलामी के समय / (B) अनेकों लोगों ने / (C) अपनी–अपनी सामर्थ्य के अनुसार बोली लगाई / (D) कोई त्रुटि नहीं

2. (A) भारत विश्व का एकमात्र ऐसा देश है / (B) जहाँ विभिन्न प्रकार की अलग–अलग / (C) जलवायु, वनस्पति और भूमि है / (D) कोई त्रुटि नहीं

3. (A) शरद पूर्णिमा की मध्यरात्रि में / (B) ताजमहल की सौन्दर्यता / (C) सर्वाधिक चित्ताकर्षक होती है / (D) कोई त्रुटि नहीं

4. (A) मीरा के भावों में / (B) जो तन्मयता और माधुर्य है / (C) वह अत्यन्त दुर्लभ है / (D) कोई त्रुटि नहीं

5. (A) यह पंक्तियाँ भक्तिकाल के / (B) सर्वश्रेष्ठ कवि तुलसीदास के / (C) 'रामचरितमानस' से उद्धृत हैं / (D) कोई त्रुटि नहीं

6. (A) विदुषी लेखक ने / (B) इस पुस्तक को / (C) विद्वतापूर्वक लिखा है / (D) कोई त्रुटि नहीं

7. (A) भारत एक विशाल देश है / (B) जहाँ समय–समय पर ईश्वर अवतरित होते रहे हैं / (C) इसीलिए इसे देवों की पुण्य स्थली कहा जाता है / (D) कोई त्रुटि नहीं

8. (A) जिस प्रकार से अच्छी सुखद निद्रा के लिए एकांत, अनुकूल बिस्तर आदि की अपेक्षा होती है / (B) उसी प्रकार ईश्वर प्राप्ति के लिए / (C) उचित भोजन, नियम, आचार आदि की अपेक्षा होती है / (D) कोई त्रुटि नहीं

9. (A) आज के राजनीतिज्ञों ने / (B) देश की वर्तमान राजनीतिक व्यवस्था का / (C) बहुत नुकसान करा है / (D) कोई त्रुटि नहीं

10. (A) भाई साहब, आप बाजार जाएं / (B) तो मेरे लिए एक फूलों की माला / (C) अवश्य लाएं / (D) कोई त्रुटि नहीं

11. (A) स्कूल की छात्राओं ने / (B) 15 अगस्त के अवसर / (C) पर अच्छे गीत गाए / (D) कोई त्रुटि नहीं

12. (A) कृपया आप ही / (B) यह बताने की कृपा करें / (C) कि बम्बई कब चलना है / (D) कोई त्रुटि नहीं

13. (A) संक्षेपीकरण करने की कला में / (B) पारंगत होने के लिए / (C) विद्यार्थियों को इसका निरन्तर अभ्यास करना चाहिए / (D) कोई त्रुटि नहीं

14. (A) आपका पत्र मिला / (B) और आशा करता हूँ / (C) कि भविष्य में भी तुम्हारा कृपापात्र मिलता रहेगा / (D) कोई त्रुटि नहीं

15. (A) जीवन पथ पर / (B) हमें सतत् रूप से / (C) चलते रहना चाहिए / (D) कोई त्रुटि नहीं

16. (A) नए कवियों ने परम्परा से हट कर / (B) कविता को / (C) नए धरातल पर सम्मानित किया है / (D) कोई त्रुटि नहीं

17. (A) बुरे-से-बुरा आदमी भी / (B) अपने पारिवारिक सदस्यों के प्रति / (C) सद्भाव रखता है / (D) कोई त्रुटि नहीं

18. (A) हमें / (B) परस्पर एक दूसरे / (C) की सहायता करनी चाहिए / (D) कोई त्रुटि नहीं

19. (A) विद्यार्थियों ने / (B) प्राचार्य को / (C) एक गुलाब की माला पहनाई / (D) कोई त्रुटि नहीं

20. (A) उसने इस वर्ष / (B) परीक्षा में लगभग / (C) शत-प्रतिशत अंक प्राप्त किए /(D) कोई त्रुटि नहीं।

21. (A) आपके इन्हीं गुणों के कारण ही तो लोग / (B) तुम्हारी यशोगाथा का वर्णन करते / (C) अघाते नहीं / (D) कोई त्रुटि नहीं

22. (A) जब तक तुम अपने अभिप्राय का अभिप्रेत / (B) स्पष्ट रूप से नहीं कहते / (C) मैं तुम्हारी सहायता नहीं कर सकूंगा / (D) कोई त्रुटि नहीं

23. (A) उपन्यासकार ने अपने उपन्यास में / (B) राजनीतिक परिवेश का दिग्दर्शन किया है, / (C) परन्तु वह उसका मुख्य उद्देश्य नहीं है / (D) कोई त्रुटि नहीं

24. (A) गम्भीर नदियों, विस्तृत सागरों / (B) एवं उत्तुंग पर्वत श्रृंगों को पार करना / (C) भी अब कठिन नहीं रहा / (D) कोई त्रुटि नहीं

25. (A) प्रत्येक देशवासी को विभिन्नता में/ (B) एकीकरण करने की शक्ति को उजागर करने चाहिए / (C) तत्वों की पहचान करनी चाहिए / (D) कोई त्रुटि नहीं

26. (A) 'आवारा मसीहा' में विष्णु प्रभाकर ने / (B) कथाशिल्पी शरतचन्द्र का प्रामाणिक जीवन वृत / (C) प्रस्तुत करने का सराहनीय प्रयास किया है / (D) कोई त्रुटि नहीं

27. (A) तुष्टीकरण करने की नीति अपनाकर / (B) न व्यक्ति आगे बढ़ सकता है / (C) और न राष्ट्र /(D) कोई त्रुटि नहीं

28. (A) मेरी समझ में नहीं आ रहा है कि / (B) आपके द्वारा इतने परिश्रम से कमाया गया /(C) यह धन आखिर किस काम में आएगा / (D) कोई त्रुटि नहीं

29. (A) जब धर्म आदि एकता के साधन / (B) वैमनस्य का कारण बनने लगे / (C) तो समझिए मानव पतन के कगार पर खड़ा है / (D) कोई त्रुटि नहीं

30. (A) वही रचना कालजयी एवं प्रभावी कही जाएंगी / (B) जो अपने पाठकों के मन–मस्तिष्क पर / (C) अपने प्रभाव की गहरी रेखाएँ छोड़ जाती हैं / (D) कोई त्रुटि नहीं

31. (A) शिशुपाल गालियाँ देता रहा / (B) और श्रीकृष्ण उन्हें सुनते रहे / (C) परन्तु लगभग चुप रहे / (D) कोई त्रुटि नहीं

32. (A) भारत में शिक्षा के पर्याप्त प्रचार–प्रसार के बावजूद / (B) स्त्रियों के प्रति लोगों का दृष्टिकोण / (C) पूर्ववत् सा संकुचित एवं अनुदार है / (D) कोई त्रुटि नहीं

33. (A) इस पुस्तक के विकास में / (B) अनेक अध्यापकों,

शिक्षाविदों तथा भाषा शास्त्रियों / (C) का सहयोग मिला है / (D) कोई त्रुटि नहीं

34. (A) लोगों के बहुत आग्रह पर / (B) उन्होंने अपनी कविता / (C) स्वयं आप पढ़कर सुनाई / (D) कोई त्रुटि नहीं

35. (A) प्रायः ऐसे अवसर आते हैं / (B) जिनमें लोगों को लगभग कभी–कभी / (C) अपना मत बदलना पड़ता है / (D) कोई त्रुटि नहीं

36. (A) प्राणवायु पर नियन्त्रण करने की / (B) विधा को जानने वाला शरीर और मन की / (C) प्रत्येक क्रिया पर नियन्त्रण रख सकने की क्षमता से सुसम्पन्न हो जाता हैं / (D) कोई त्रुटि नहीं

37. (A) उसका व्यक्तित्व आकर्षक है / (B) वह मधुर भाषी है / (C) और उसकी जिह्वा पर तो लक्ष्मी निवास करती है / (D) कोई त्रुटि नहीं

38. (A) छायावादी कवि श्री महादेवी वर्मा ने / (B) केवल काव्य की रचना नहीं की /(C) वे सफल गद्य–लेखिका भी थीं / (D) कोई त्रुटि नहीं

39. (A) अपनी-अपनी कक्षा में प्रथम आने वाले / (B) तीन विद्यार्थियों को सम्मानित करने के लिए / (C) तीन फूलों के गुलदस्ते मँगवाए गए / (D) कोई त्रुटि नहीं

40. (A) यह चित्र उस समय का है / (B) जब अहिंसा के पुजारी महात्मा गांधी / (C) इस बस्ती में पधारे थे / (D) कोई त्रुटि नही

41. (A) डॉक्टर ने रोगी / (B) को राय दी / (C) कि तुम अधिक से अधिक पानी खाया करो / (D) कोई त्रुटि नहीं

42. (A) सच्चाई तो यह है / (B) कि व्यक्ति वहीं तक जाता है / (C) जहाँ तक जाने की उसमें शक्ति होती है / (D) कोई त्रुटि नहीं

43. (A) इस कहानी में / (B) लेखक आधुनिक शिक्षा पद्धति की / (C) समस्याओं पर प्रकाश फेंकता है / (D) कोई त्रुटि नहीं

44. (A) राम ने श्याम / (B) से कहा कि वह नित्य प्रातः / (C) टहलने जाया करो / (D) कोई त्रुटि नहीं

45. (A) पिंजरे में / (B) जाकर घोड़ों की / (C) नकेल उतार दो / (D) कोई त्रुटि नहीं

46. (A) राम लाल / (B) चोरी करने में / (C) विख्यात हो गया है / (D) कोई त्रुटि नहीं

47. (A) खूनी को / (B) मृत्यु की / (C) सजा दी गई / (D) कोई त्रुटि नहीं

48. (A) विद्यापति के / (B) हस्ताक्षर / (C) सुन्दर है / (D) कोई त्रुटि नहीं

49. (A) बाघ और बकरी / (B) एक ही घाट में / (C) पानी पीती हैं / (D) कोई त्रुटि नहीं

50. (A) सुनील / (B) बुरी तरह / (C) प्रसिद्ध है / (D) कोई त्रुटि नहीं

निर्देश : *निम्नलिखित अशुद्ध वाक्यों के शुद्ध रूप का नीचे दिए विकल्पों में से चयन कीजिए।*

51. मैं तेरे को बता दूँगा
A. मैं बता तुझको दूँगा
B. मैं तुम्हें बता दूँगा
C. मैं तुझको बता दूँगा
D. सभी वाक्य सही हैं

52. पेड़ों पर कोयल बोल रही थी
A. पेड़ पर कोयलें बोल रही थीं
B. पेड़ पर कोयल बोल रही थी
C. पेड़ों पर कोयल थी
D. सभी वाक्य सही हैं

53. मुझे भारी दुःख हुआ
A. मुझे बहुत दुःख हुआ
B. मुझे दुःखी हुआ
C. मुझे ज्यादा दुःख हुआ
D. सभी वाक्य सही हैं

54. वह पूर्णतया उत्तीर्ण हो गया
A. वह एकदम उत्तीर्ण हो गया
B. वह उत्तीर्ण हो गया
C. वह एकदम पास हो गया
D. सभी वाक्य सही हैं

55. जो मिठाइयाँ पसन्द हों आप खा लो
A. जो मिठाई पसन्द हों आप खा लो
B. जो मिठाई पसन्द हो तुम खा लो
C. जो मिठाइयाँ पसन्द हों तुम खा लो
D. जो मिठाइयाँ पसन्द हों उन्हें आप खाइए

56. हम बचपन में वहाँ जाता रहा
A. हम बचपन म वहाँ जाएंगे
B. हम बचपन में वहाँ जाते रहे हैं

C. मैं बचपन में वहाँ जाता रहा
D. मैं बचपन में वहाँ जाऊँगा

57. हेम नरेश को पुस्तक दिया
A. हेम नरेश की पुस्तक दी
B. हेम ने नरेश को पुस्तक दी
C. हेम नरेश का पुस्तक देगा
D. हेम ने नरेश का पुस्तक दिया

निर्देश : *निम्नलिखित में शुद्ध वाक्य का चयन कीजिए।*

58. A. एक गीतों की पुस्तक ला दो
B. गीतों की एक पुस्तक ला दो
C. पुस्तक एक गीतों की ला दो
D. पुस्तक गीतों की एक ला दो

59. A. मैं गाने की कसरत कर रहा हूँ
B. मैं गाने का अभ्यास कर रहा हूँ
C. मैं गाने का शौक कर रहा हूँ
D. मैं गाने का व्यायाम कर रहा हूँ

60. A. उसकी अवस्था चालीस वर्ष की है
B. उसकी आयु चालीस वर्ष की है
C. उसका बात मत करो
D. आपका पत्र सधन्यवाद मिला

61. A. मैं जाते-जाते रुक गया
B. मैं जा रहा था पर रुक गया
C. मैं जा रहा था और रुक गया
D. अचानक जाते-जाते रुक गया

62. A. उसे जाने दो, रोको मत
B. रोको मत, उसे जाने दो
C. मत रोको, उसे जाने दो
D. उसे जाने ही दो, रोको नहीं

63. A. रात दस बजे गाड़ी आएगी
B. दस बजे रात में गाड़ी आएगी
C. रात में दस बजे गाड़ी आएगी
D. गाड़ी रात में दस बजे आएगी

64. A. मेरे को घर जाना चाहिए
B. मैंने घर जाना चाहिए
C. मुझे घर जाना चाहिए
D. मुझको घर को जाना चाहिए

65. A. भारत में अनेकों जातियाँ हैं
B. भारत में अनेक जातियाँ हैं
C. भारत में अनेकों जाति हैं
D. भारत में अनेक जाति हैं

66. A. वह दण्ड देने योग्य है
B. वह दण्ड के योग्य है
C. वह दण्ड लेने योग्य है
D. वह दण्ड पाने योग्य है

67. A. फल बच्चे को काटकर खिलाओ
B. बच्चे को काटकर फल खिलाओ
C. बच्चे को फल काटकर खिलाओ
D. काटकर फल बच्चे को खिलाओ

68. A. उसे अनुत्तीर्ण होने की आशा है
B. उसे अनुत्तीर्ण होने की आशंका है
C. उसे अनुत्तीर्ण होने का शक है
D. उसे अनुत्तीर्ण होने का संशय है

69. A. कल पाठ पढ़कर आइए
B. पाठ पढ़कर कल आए
C. पाठ पढ़कर आइए कल
D. कल पाठ पढ़कर आइए

70. A. सूर्य पश्चिम को अस्त होता है
B. मुझे विद्यालय जाना है
C. मैं तो आप के ऊपर निर्भर हूँ
D. लड़ाई में लोगों ने खूब कमाया

उत्तरमाला

1	2	3	4	5	6	7	8	9	10
B	B	B	A	A	A	B	A	D	B
11	**12**	**13**	**14**	**15**	**16**	**17**	**18**	**19**	**20**
D	A	A	C	B	C	B	B	C	A
21	**22**	**23**	**24**	**25**	**26**	**27**	**28**	**29**	**30**
B	B	B	A	B	B	A	C	A	A
31	**32**	**33**	**34**	**35**	**36**	**37**	**38**	**39**	**40**
B	C	A	C	B	C	C	A	C	D

41	42	43	44	45	46	47	48	49	50
C	C	C	B	A	C	D	B	C	C
51	**52**	**53**	**54**	**55**	**56**	**57**	**58**	**59**	**60**
C	B	A	B	D	C	B	B	B	A
61	**62**	**63**	**64**	**65**	**66**	**67**	**68**	**69**	**70**
A	B	A	C	B	B	D	B	B	D

❁ ❁ ❁

वर्तनी

निर्देश : *इन प्रश्नों में स्वर या मात्रा की दृष्टि से शब्द को अशुद्ध रूप में लिया गया है नीचे दिए गए चार विकल्पों में से शुद्ध रूप चुनिए–*

1. A. इच्छादुम` B. इच्छाद्रम
C. इच्छाद्रुम D. इच्छादम

2. A. द्विरुक्ति B. दिरुक्ति
C. द्विरक्ती D. द्विरुकती

3. A. विसमृति B. विसमरती
C. विस्मती D. विस्मृति

4. A. जगतापाण B. जगतप्राण
C. जगत्प्राण D. जगर्त्पाण

5. A. आर्शीवाद B. आशिर्वाद
C. आशीर्वाद D. आर्शिवाद

6. A. सास्टांग B. साष्टांग
C. सस्टांग D. शाष्टांग

7. A. परिस्थती B. परीस्थिति
C. परिस्थिति D. परिस्थिती

8. A. वाँक्षनीय B. वाँछनीय
C. वाँछनिय D. वान्छनीय

9. A. स्वर्गिय B. स्वर्गीय
C. स्वर्गीय D. स्वर्गीअ

10. A. प्रज्वलित B. प्रज्जलित
C. प्रज्जवलित D. प्रजलित

11. A. पूज्यनीय B. पूजनीय
C. पुजनीय D. पूजनिय

12. A. कवयित्री B. कवियित्री
C. कवियत्री D. कवीयित्री

13. A. सौहार्द्र B. सौहार्द
C. सौहार्दयता D. सौहार्दय

14. A. मृत्योपरांत B. मृत्यूपरांत
C. म्रत्युपरांत D. मृत्युपरांत

15. A. माधुर्य B. माधुर्यता
C. मार्धुता D. माधुयेर्ता

16. A. सामुर्द्रिक B. समुद्रिक
C. सांमुद्रिक D. सामुद्रिक

17. A. षड्दर्शन B. शड्दर्शन
C. षड्दर्षन D. षड्दर्शण

18. A. श्रुतिलिपि B. श्रुतिलीपि
C. श्रूतिलिपि D. श्रुतीलिपि

19. A. दुर्भिक्ष B. दूर्भिक्ष
C. दुर्भीक्ष D. दूर्भीक्ष

20. A. गृहिणी B. ग्रहिणी
C. ग्रहीणि D. गृहीणि

21. A. शूर्पनखाँ B. सूर्पणखाँ
C. शूर्पणखा D. सुर्पणखा

22. A. आविष्कार B. आविस्कार
C. आविश्कार D. अविस्कार

23. A. शत्रुन्न B. शत्रुघ्न
C. शत्रुधन D. शत्रूघ्न

24. A. पैत्रिक B. पैतृक
C. पैत्रीक D. पैतृक्

25. A. यथेष्ट B. यथेष्ठ
C. यथेस्ट D. यथेस्ठ

26. A. अस्तुत्य B. स्तुत्य
C. स्तूत्य D. स्तुतय

27. A. शिर्षस्थ B. शीर्षस्थ्य
C. सीर्षस्थ D. शीर्षस्थ

28. A. प्रथक B. पर्थक
C. पृथक् D. प्रर्थक

29. A. प्रसंशा B. प्रशंसा
C. पृशंसा D. परंशंसा

30. A. विध्यालय B. विधालय
C. विद्धालय D. विद्यालय

31. A. विभिषिका B. विभिषीका
C. विभीषिका D. वीभीषिका

32. A. निर्विघ्न B. नीर्विघ्न
C. नीर्वीघ्न D. र्निविघ्न

33. A. परिपार्टी B. परीपाटी
C. परिपार्टि D. परिपाटी

34. A. कोमलांगिनी B. कोमलांगी
C. कोमलंगी D. कोमल अंगी

35. A. दम्पत्ति B. दम्पती
C. दम्पति D. दमपति

36. A. अनुकृम B. अनुक्रम
C. अनुकर्म D. अनुकर्म्र

37. A. दीर्घायु B. दीरघायु
C. दीघायु D. दीघीयु

38. A. याक्षुष B. चाच्छुष
C. चक्षुश D. चासुस

39. A. दुरव्यवहार B. दुव्यर्वहार
C. दुर्व्यवहार D. द्रुव्यवहार

40. A. उरिन B. उरिण
C. उऋण D. उरिृन

41. A. दन्तोष्ठ B. दन्तौष्ठ्य
C. दन्तौष्ठ D. दनतौष्ठ

42. A. ऐशवर्य B. ऐश्वर्य
C. ऐर्श्वय D. ऐश्वय

43. A. मुहूर्त B. मुहुर्त्त
C. मूहूर्त D. मुहूर्त

44. A. नूपुर B. नुपुर
C. नुपूर D. नपुर

45. A. अपह्हति B. अपन्हुति
C. अपह्नुति D. अपह्नुती

46. A. मन्त्रिमंडल B. मंत्रिमंडल
C. मंत्री मंडल D. मँत्री मंडल

47. A. ऊपरोक्त B. उपर्युक्त
C. उपोरोक्त D. उपरोक्त

48. A. अनुग्रहित B. अनुगृहीत
C. अनुग्रहीत D. अनुगृहीत

49. A. कृष्निका B. क्रष्णिका
C. कृष्णिका D. कृशिणका

50. A. प्रर्दशनी B. प्रदर्शनी
C. प्रदर्शिनी D. पर्दशिनी

51. A. अत्युष्म B. अत्यूष्म
C. अतियुष्म D. अत्युिश्म

52. A. सिंगार B. सिंगारि
C. श्रंगार D. शृंगार

53. A. अन्तोदय B. अन्त्योदय
C. अन्तयौदय D. अन्तयुदय

54. A. युधिष्ठिर B. युद्धिष्ठिर
C. युधष्ठिर D. युधिष्ठर

55. A. कुटुम्बिक B. कुटुम्बीक
C. कुटूम्बीक D. कूटूम्बिक

56. A. बाल्मीकि B. वाल्मीकि
C. वाल्मिकि D. वालमिकि

निर्देश : *नीचे दिए गए वाक्यों में गहरे काले शब्दों की वर्तनी के लिए चार–चार विकल्प दिए गए हैं। इनमें से एक विकल्प में शब्द की वर्तनी शुद्ध है। उस विकल्प को चुनिए–*

57. हमें नियमों का **उलंल्घन** नहीं करना चाहिए

A. उल्लंघन B. उलंल्घन

C. उलंघन D. ऊल्लंघन

58. हम **जान्तंत्रिक** पद्धति में विश्वास करते हैं

A. जानतांत्रिक B. जनतांत्रिक

C. जनतांत्रीक D. जनतंत्रिक

59. इस पुस्तक के अन्त में दो **परिशिष्ठ** दिए गए हैं

A. परिशिष्ठ B. प्ररिशिष्ट

C. परिशिष्ट D. प्रशिष्ट

60. आपके दर्शन कर मैं स्वयं को **कृत्यकृत्य** अनुभव करता हूँ

A. कृत्यकृत B. कृत्यक्रत्य

C. कृत्कृत्य D. कृतकृत्य

61. कानपुर एक महत्वपूर्ण **व्यावसाइक** केन्द्र है

A. व्यावसायक B. व्यावसाइक

C. व्यावसाइक D. व्यावसायिक

62. **युधिस्टिर** सबसे बड़े पाण्डव थे

A. युधिस्थिर B. युधिस्टिर

C. युधिष्ठिर D. युधष्ठिर

63. प्रधानमंत्री ने **मंत्रिमण्डल** के बैठक की अध्यक्षता की

A. मन्त्रिमन्डल B. मन्त्रिमण्डल

C. मन्त्रीमण्डल D. मंत्रीमण्डल

64. आजकल **आर्युवैदिक** औषधियों की विश्वसनीयता बढ़ रही है

A. आर्युवैदिक B. आयुर्वेदिक

C. आयुर्वैदिक D. आयुर्वेदीक

65. चन्द्र-**ज्योतसना** सरिता के प्रभाव को मोहक बना रही थीं

A. ज्योतिसना B. ज्योतसना

C. ज्योत्सना D. ज्योत्स्ना

66. यह आपकी **अनिधिकार** चेष्टा है

A. अनधिक्कार B. अनधिकार

C. अनाधिकार D. अनधीकार

67. साम्राज्य के शासन-सूत्र को धारणा करने वाली स्त्री **समरागी** कहलाती है

A. सामरागी B. साम्राज्ञी

C. सम्राज्ञी D. साम्राग्यी

68. भूकम्प पीड़ित क्षेत्रों में **पुनरवास** एक बड़ी समस्या है

A. पूर्नवास B. पुर्णवास

C. पुनर्वास D. पुनरवास

69. धन के पीछे भागना **म्रिगतृष्णा** है

A. मिगतृष्णा B. म्रगतृष्णा

C. मृगतृष्णा D. मृगत्रिष्णा

70. **ओद्योगिक** क्रांति ने यूरोप के स्वरूप को पूर्णतः परिवर्तित कर दिया

A. उद्योगिक B. ओद्योगिक

C. औद्योगिक D. ओद्यौगिक

71. **प्रकारान्त्र** से मेरे कथन का अभिप्राय आपसे मिलता है

A. प्राकारान्तर B. प्रकारान्त्र

C. प्राकारान्त्र D. प्रकारान्तर

72. दिनकर राष्ट्रीय भावधारा के ओजस्वी कवियों में **अगरगन्य** है

A. अग्रगन्य B. अग्रगण्य

C. अगरगन्य D. अर्गगन्य

73. सीता राम की **परीणिता** है

A. प्रणीता B. प्रणयीता

C. परीणिता D. परिणीता

74. हमें आपके **आशीरवाद** की कामना है

A. आशिर्वाद B. आर्शीवाद

C. आशीरवाद D. आशीर्वाद

75. संस्कृत **संश्लिष्ट** भाषा है

A. संश्लिष्ट B. संश्लिस्ट

C. संस्लिष्ट D. संप्लिष्ठ

76. वह अभी–अभी तो यहाँ बैठा था, न जाने कहाँ **अर्न्तध्यान** हो गया

A. अर्न्तध्यान B. अन्तर्ध्यान

C. अन्तर्धान D. अन्तःर्धान

77. मन्दाकिनी की जलधारा **अजस्सर** रूप से प्रवाहित हो रही थी

A. अजस्सर B. अजस्त्र

C. अजस्त्र D. अजसर

78. रूप–रस–गंध आदि के अनुभव के लिए मनुष्य के पास पाँच **ज्ञानेन्द्रीयाँ** हैं

A. ज्ञानेन्द्रिआँ B. ज्ञानेन्द्रियाँ

C. ग्यानेंद्रीआँ D. ज्ञानेन्द्रीयँ

79. साहित्यकार ही समाज को **दिग्र्भान्त** होने से बचा सकता है

A. दिग्भ्रान्त B. दिगर्भन्ति
C. दिर्गभान्त D. दिर्गभ्रान्त

80. इस सहायता के लिए मैं आपका सदैव **अनुग्रहित** रहूँगा

A. अनुग्रहीत B. अनुगृहीत
C. अनुगृहित D. अनुग्रहित

उत्तरमाला

1	2	3	4	5	6	7	8	9	10
C	A	D	C	C	B	C	A	C	C
11	**12**	**13**	**14**	**15**	**16**	**17**	**18**	**19**	**20**
B	A	B	B	A	D	A	A	A	A
21	**22**	**23**	**24**	**25**	**26**	**27**	**28**	**29**	**30**
C	A	B	B	A	B	D	C	B	D
31	**32**	**33**	**34**	**35**	**36**	**37**	**38**	**39**	**40**
C	A	D	B	B	B	A	C	C	C
41	**42**	**43**	**44**	**45**	**46**	**47**	**48**	**49**	**50**
B	B	A	A	C	A	B	C	C	B
51	**52**	**53**	**54**	**55**	**56**	**57**	**58**	**59**	**60**
B	D	B	A	A	B	A	B	C	D
61	**62**	**63**	**64**	**65**	**66**	**67**	**68**	**69**	**70**
D	C	B	C	D	C	B	C	C	C
71	**72**	**73**	**74**	**75**	**76**	**77**	**78**	**79**	**80**
D	B	D	D	A	C	C	B	A	B

❀ ❀ ❀

विराम चिन्ह

भाषा की सुस्पष्टता के लिए विराम चिह्नों का प्रयोग अपरिहार्य होता है। लिखने और बोलने दोनों में इनके प्रयोग से मन्तव्य सुबोध हो जाता है तथा कहाँ ठहरने की आवश्यकता है, कहाँ परस्पर सम्बन्ध की आवश्यकता है इसका समुचित निर्देश हो जाता है। किसी वाक्य के अर्थ को स्पष्ट करने में विराम चिह्नों की बहुत उपयोगिता होती है। किसी वाक्य में विराम चिह्नों के अलग-अलग प्रयोग से उसमें कितना परिवर्तन हो जाता है, यह निम्नलिखित उदाहरण से पूरी तरह स्पष्ट हो जाता है : राम ने खाना खाया। यह एक साधारण वाक्य है किन्तु विराम चिह्न के प्रयोग के बाद यह 'प्रश्नवाचक' और आश्चर्यबोधक भावों का अलग-अलग बोध कराता है—

(1) राम ने खाना खाया। (साधारण)
(2) राम ने खाना खाया? (प्रश्नवाचक)
(3) राम ने खाना खाया! (विस्मयादिबोधक)

इसके साथ ही साथ विराम चिह्नों के प्रयोग से उच्चारण और वाचन की गति में भी सहायता मिलती है।

प्राचीन संस्कृत तथा हिन्दी ग्रंथों में विराम चिह्नों के विविध रूप तो नहीं मिलते, किन्तु पूर्ण विराम (।) खड़ी पाई अवश्य मिलती है। अंग्रेजी भाषा के सम्पर्क से हिन्दी भाषा में अनेक प्रकार के विराम चिह्नों का प्रयोग काफी समय से किया जा रहा है। लिखने और पढ़ने दोनों में इनका ध्यान रखने के लिए प्रमुख विराम चिह्नों का स्पष्टीकरण नीचे किया जा रहा है—

1.	पूर्ण विराम* (Full stop)	।
2.	अर्द्ध-विराम (Semi-colon)	;
3.	अल्प विराम (Comma)	,
4.	प्रश्नसूचक (Interrogative sign)	?
5.	आश्चर्य अथवा विस्मयादिबोधक (Mark of Exclamation)	!
6.	निर्देशक (Dash)	—
7.	योजक (Hyphen)	-
8.	उद्धरण अथवा अवतरण चिह्न (Quotation Marks)	"–"
9.	कोष्ठक (Brackets)	(-) {-} [-]
10.	अधोरेखा (Underline)	——
11.	हंसपाद (Caret)	^
12.	लाघव	०

पूर्ण विराम

वाक्य अथवा कथन की समाप्ति पर इसका प्रयोग किया जाता है। तुलसी के रामचरितमानस में एक अर्धाली के बाद एक लकीर (।) तथा दूसरी अर्धाली के बाद दो लकीरों (॥) का प्रयोग किया गया है; जैसे—

जिमि सरिता सागर महुँ जाहीं।
यद्यपि ताहि कामना नाहीं॥

गद्य और पद्य दोनों में यह चिह्न वाक्य की समाप्ति का ही द्योतक है—

गद्य—भारत सदा से आदर्शवादी देश रहा है।

पद्य—वाचक! प्रथम सर्वत्र ही 'जय जानकी जीवन' कहो,
फिर पूर्वजों के चरित की शिक्षा तरंगों में बहो।

—मैथिलीशरण गुप्त

अर्द्ध विराम

इस चिह्न का प्रयोग संयुक्त वाक्यों में होता है। जब प्रधान वाक्य के साथ संयुक्त वाक्यों के विशेष सम्बन्ध स्पष्ट नहीं होते तो इस चिह्न द्वारा उन्हें प्रकट किया जाता है, जैसे—अंग्रेजी के कई एक संक्षिप्त नाम हिन्दी में भी संक्षिप्त मान लिए गए हैं, यद्यपि इस भाषा में उनका पूर्ण रूप प्रचलित नहीं है; जैसे—एम.ए., आई.सी.एस., पी.सी.एस. आदि।

अल्प विराम

जहाँ वाक्यों में किंचित् ठहराव की जरूरत पड़ती है उसका निर्देश अल्प विराम के द्वारा किया जाता है; जैसे—मोहन, जोकि एक ईमानदार बालक है, पढ़ने में भी बहुत होशियार है।

अल्प विराम का प्रयोग निम्नलिखित परिस्थितियों में किया जाता है—

(1) वाक्य के अन्दर कोई अन्तर्वती वाक्य खण्ड आ जाने पर अल्पविराम का प्रयोग होता है; जैसे—परिश्रम चाहे जिस रूप में हो, व्यक्ति को सम्पन्न बनाता है। ईर्ष्या चाहे जैसी भी हो, व्यक्ति को जला डालती है।

(2) जहाँ किसी भावना के आवेश में आकर शब्दों की बार-बार आवृत्ति होती है, वहाँ अल्प विराम का प्रयोग होता है; जैसे—

नहीं, नहीं वह हमें छोड़कर नहीं जा सकते।

देखो, देखो, चाचाजी घर वापस आ रहे हैं।

(3) सचमुच, अन्ततः, हाँ, नहीं, अच्छा, आदि शब्दों से जो वाक्य शुरू होते हैं, उनके बीच में अल्प विराम लगता है; जैसे—

सचमुच, वह एक अच्छा आदमी है।

नहीं, मैं खाना नहीं खाऊँगा।

(4) वाक्यों में जहाँ 'और' शब्द का प्रयोग अपेक्षित होता है, अल्प विराम का प्रयोग होता है; जैसे—वह रोज शाम को आता है, खाना खाता है और चला जाता है।

(5) यदि वाक्यों के बीच में किन्तु, परन्तु, क्योंकि, अतः, इसलिए आदि अवयवों का प्रयोग हुआ है तो वहाँ अल्प विराम लगाया जाता है; जैसे—

वह गरीब है, किन्तु चोर नहीं।

रमेश वापस आ गया, क्योंकि स्कूल बन्द था।

प्रश्नसूचक

जैसाकि नाम से ही स्पष्ट है, प्रश्नवाचक वाक्य के अन्त में इस चिह्न का प्रयोग किया जाता है; जैसे, क्या आप वकालत करते हैं? अनिश्चय भाव वाले वाक्यों में भी प्रश्नवाचक चिह्न लगाया जाता है; जैसे—आप शायद मुम्बई जा रहे हो?

आश्चर्य अथवा विस्मयादिबोधक

अरे, हाय, ओह, आह, ओफ आदि शब्दों से शुरू होने वाले वाक्यों में उक्त शब्दों के बाद इस चिह्न का प्रयोग विस्मय अथवा आश्चर्य का सूचक होता है; जैसे, ओह! इतना भव्य स्वरूप तो मैंने कभी नहीं देखा।

निर्देशक

एक बात के साथ ही दूसरी बात प्रकट करते समय निर्देशक अथवा डैश का प्रयोग किया जाता है; जैसे—अभयारण्य में अनेक प्रकार के जीव-जन्तु—भेड़िया, शेर, व्याघ्र आदि निश्चिन्त होकर

विचरण करते हैं। उदाहरण देते समय भी निर्देशक का प्रयोग किया जाता है; जैसे—पराधीन सपनेहु सुख नाहीं।

—तुलसीदास

योजक

दो समस्त शब्दों के मध्य यह चिह्न प्रयोग में लाया जाता है; जैसे—राज-पुत्र, माता-पिता, रात-दिन आदि।

सामान्यत: योजक चिह्न का प्रयोग निम्नलिखित परिस्थितियों में किया जाता है—

1. एक शब्द की बार-बार आवृत्ति होने पर—वन-वन, नगर-नगर

2. द्वन्द्व समास से बने हुए शब्दों में—दाल-रोटी, पाप-पुण्य

3. संज्ञा के अर्थ में दो विशेषण पदों के प्रयोग होने पर—जागना-सोना

4. विपरीत शब्दों के बीच में—अमृत-विष, स्वर्ग-नरक

5. मुख्य क्रिया के साथ प्रयोग की गई सहायक क्रिया के बीच—खाना-खिलाना, पढ़ना-पढ़ाना

6. निश्चित तथा अनिश्चित संख्या सम्बन्धी शब्दों में—सात-आठ, अधिक-से-अधिक

7. दो शब्दों के बीच का, की, के न लगे होने पर—दुर्गा-पूजा, नृत्य-कला, सुर-संगम

8. शब्दों के बीच ही, न, का, का प्रयोग होने पर—कभी-न-कभी, तुम-ही-तुम।

अवतरण

किसी के कथन को यथावत् प्रकट करने अथवा उद्धरण देने में इन चिह्नों का प्रयोग किया जाता है; जैसे—बाल गंगाधर तिलक, जिन्होंने गीता रहस्य जैसे महान् ग्रंथ का प्रणयन किया था, ने स्पष्ट शब्दों में घोषित किया था कि, ''स्वतन्त्रता हमारा जन्मसिद्ध अधिकार है।''

कोष्ठक

किसी पद, वाक्य अथवा शब्द का स्पष्टीकरण करने के लिए उसका सरल अथवा पर्याय रूप कोष्ठक में लिख दिया जाता है। मूल कथन से जो बात सम्बद्ध नहीं होती वरन् उसका वर्णन प्रासंगिक रूप से आ जाता है उसे भी कोष्ठक में ही बन्द कर देते हैं। कोष्ठक प्राय: तीन प्रकार के होते हैं जिनका अलग-अलग अवसरों पर प्रयोग किया जाता है। इसके प्रयोग का उदाहरण इस प्रकार है—संसद् के दो सदन (लोक सभा व राज्य सभा) होते हैं।

अधोरेखा

किसी के कथन अथवा किसी वाक्य को लिखते समय उसके महत्त्वपूर्ण अंश को इसलिए रेखांकित कर दिया जाता है कि उसकी ओर पाठक का ध्यान विशेष रूप से आकर्षित हो जाए। जैसे—महात्मा गांधी का जीवन शत-शत वर्षों तक भारत के लिए ही नहीं वरन् समस्त मानव जाति की प्रेरणा का स्रोत बना रहेगा।

हंसपाद

लिखते समय जब कोई बात छूट जाती है तो वह चिह्न लगाकर उसे पंक्ति के ऊपर लिख दिया जाता है; जैसे—

भव्य
भारत की राजधानी दिल्ली में बहुत-सी ^ इमारतें हैं।

लाघव

किसी शब्द को पूरा न लिखकर उसका आदि अक्षर लिखकर यह चिन्ह लगाया जाता है। जैसे—पं. नेहरू, डॉ. राजेन्द्र प्रसाद, मौ. आजाद आदि।

❀ ❀ ❀

पर्यायवाची शब्द

निर्देश : *नीचे एक शब्द दिया गया है। दिए गए चार विकल्पों में से पर्यायवाची शब्द ज्ञात करना है।*

1. अनन्त

A. विष्णु B. अतिशय

C. असंख्य D. आकाश

2. आडम्बर
A. ढोंग B. तम्बू
C. दर्प D. आवाज

3. कपाल
A. अदृष्ट B. खप्पर
C. भाग्य D. माथा

4. छंद
A. आवरण B. पद
C. बंधन D. आचरण

5. ऐश्वर्य
A. बड़ाई B. विलास
C. सुख D. सम्पदा

6. खर
A. रावण B. कुंठित
C. गधा D. मूर्ख

7. पक्षी
A. नीरज B. नभ
C. विहग D. सरसिज

8. कमल
A. कुसुम B. पुष्प
C. प्रसून D. पुंडरीक

9. चतुरानन
A. ब्रह्मा B. इन्द्र
C. विष्णु D. देवता

10. जल
A. घटा B. नीर
C. दिनकर D. सुधाकर

11. अमृत
A. सुधा B. कौमुदी
C. मन्मथ D. सुधाकर

12. उद्यान
A. धाम B. कुसुमाकर
C. आलय D. वाटिका

13. अन्त्य
A. समाप्त B. अन्तिम
C. नीच D. कुलीन

14. घर
A. सदन B. उपवन
C. पंचेशर D. हुताशन

15. व्योम
A. आकाश B. किरण
C. अग्नि D. ब्रह्मा

16. कानन
A. मधुकर B. पुष्प
C. विहिप D. वन

17. दास
A. पादप B. तात
C. भृत्य D. श्रमिक

18. मारुत
A. वायु B. पृथ्वी
C. तालाब D. देवता

19. यमुना
A. अर्कजा B. सुरसरि
C. सुरसरिता D. त्रिपथगा

20. प्रेक्षक
A. प्रेरक B. दर्शक
C. संयोजक D. आयोजक

21. रासभ
A. रासलीला B. रास्ता
C. रीछ D. गधा

22. वृषभ
A. श्रेष्ठ B. कुलीन
C. बलराम D. बैल

23. मृगधर
A. सिंह B. चंद्रमा
C. शिव D. मयूर

24. प्रेक्षा
A. परीक्षा B. शिक्षा
C. दृष्टि D. दीक्षा

25. प्रासाद
A. प्रसाद B. आवास
C. प्रसन्न D. महल

26. श्वान
A. श्येन B. कुत्ता
C. शेर D. सांस

27. राधेय
A. कर्ण B. हलधर
C. राधा D. छंद

28. वितान
A. ताड़ना B. तैरना
C. विस्तार D. विश्राम

29. यक्ष
A. दक्ष B. कुशल
C. पेड़ D. देवता

30. कुसुमेबु
A. कबूतर B. काला
C. कामदेव D. आकाश

31. मर्कट
A. पानी B. पुत्र
C. बंदर D. मित्र

32. स्वर्ग
A. नाक B. ब्रह्माण्ड
C. देवलोक D. द्यौ

33. कुबेर
A. किन्नरेश B. कोविद
C. धनाधिप D. राजराज

34. रात्रि
A. क्षपा B. तमीचर
C. अमा D. विभावरी

35. भगीरथी
A. सरिता B. गंगा
C. यमुना D. निर्झरणी

36. विद्युत
A. गर्जन B. दामिनी
C. चमक D. पयोद

37. इन्द्र
A. राजीव B. कन्दर्प
C. शक्र D. बल्लभ

38. सैन्धव
A. अश्व B. अरण्य
C. असुर D. नदी

39. दामिनी
A. प्रकाश B. वृक्ष
C. बिजली D. पत्थर

40. श्यामा
A. दुर्गा B. पृथ्वी
C. चन्द्रमा D. गंगा

41. तामरस
A. आम B. अमृत
C. तालाब D. कमल

42. अग्नि
A. सोम B. हुतायन
C. अक्षि D. आलम

43. उदय
A. अन्त B. व्यस्त
C. उगना D. विराम

44. शत्रु
A. आरति B. आराति
C. आरती D. अति

45. उत्कर्ष
A. विकर्षण B. आकर्षण
C. प्रकर्ष D. निष्कर्ष

46. किरण
A. रश्मि B. सुषमा
C. मरीचिका D. अंशु

47. आकाश
A. राकापति B. व्योम
C. शशिधर D. निशाचर

48. कुहरा
A. कुन्तल B. कुहासा
C. वारि D. मृगमद

49. जुगनू
A. प्रभाकीट B. केतुक
C. करि D. कुन्तल

50. झंडा
A. केतन B. प्रतीक
C. चेतन D. डंडा

51. अनुशीलन
A. प्रेषण B. चिन्तन
C. अध्ययन D. मनन

52. वसन्त
A. बैसाख नन्दन B. कुषमायन
C. मधुमास D. पावस

53. गरुड़
A. उरग B. द्विज
C. वैन्तेय D. विहंग

54. अर्वाचीन

A. विदेशी B. चीनी

C. प्राचीन D. आधुनिक

निर्देश : *निम्नलिखित विकल्पों में से कौन–सा दिए गए शब्द का सही पर्यायवाची नहीं है?*

55. देवता

A. सुर B. असुर

C. अमर D. निर्जर

56. तारा

A. अम्बु B. तारक

C. नक्षत्र D. नखत

57. बेटा

A. पुत्र B. सुत

C. आत्मज D. अग्रज

58. मनुष्य

A. नर B. महीपाल

C. मनुज D. मानव

59. गणेश

A. गणपति B. गौरीसुत

C. मतंग D. गजानन

60. द्विज

A. केश B. दाँत

C. ब्राह्मण D. दो

61. हवा

A. अनल B. अनिल

C. वायु D. पवन

62. अंकुश

A. प्रतिबन्ध B. रोक

C. अखुआ D. दबाव

63. अक्षि

A. धुरी B. चक्षु

C. लोचन D. नेत्र

64. अगाध

A. गहना B. गहन

C. अथाह D. गम्भीर

65. अवधि

A. अचल B. पृथ्वी

C. इला D. धरती

66. राजा

A. क्षपाकर B. नृप

C. नरेश D. भूपति

67. पहाड़

A. पर्वत B. भूधर

C. भूप D. गिरि

निर्देशः *दिए गए वाक्यों में गाढ़े काले शब्दों के पर्याय के लिए चार–चार विकल्प दिए गए हैं। उचित विकल्प का चयन कीजिए।*

68. भक्ति से **सरल** मार्ग पर चलकर भी मोक्ष की प्राप्ति की जा सकती है

A. ऋजु B. सुलभ

C. पावन D. स्वच्छ

69. तुलसी का रामचरितमानस **आरम्भ** से अन्त तक भक्ति–भावना से ओत–प्रोत है

A. अथ B. पथ

C. गद्य D. रथ

70. एक अच्छे निबंध में बुद्धि और हृदय का **सामंजस्य** होना चाहिए

A. समुदाय B. मिश्रण

C. समन्वय D. सौष्ठव

71. **हाथी** पर नृप की सवारी यात्रा की शोभा बढ़ा रही थी

A. भुजंग B. कुंजर

C. वृषभ D. रासभ

72. **अतिशय** दुःख के क्षणों में मनुष्य को धैर्य और संयम से काम लेना चाहिए

A. अत्यधिक B. असहनीय

C. अकल्पनीय D. अत्यल्प

73. भारत के अतीत की गौरव गाथा से सभी **परिचित** हैं

A. अवगत B. ज्ञात

C. विगत D. सुविज्ञ

74. **वेश्या** को पतित समझने का हमें कोई अधिकार नहीं है

A. नृत्यांगना B. अंगना

C. वासगना D. वीरांगना

75. अर्जुन धनुर्विद्या में **निष्णात** थे

A. स्नातक B. विख्यात

C. पारंगत D. परम्परित

76. रेगिस्तान में जल की दो बूँद भी **अमृत** के समान हैं
A. पय B. सुधा
C. क्षुधा D. तृष्णा

77. गाँवों के सुखी और **स्वावलम्बी** होने से ही देश का कल्याण सम्भव है
A. परावलम्बी B. आत्मनिर्भर
C. निर्भर D. स्वछन्द

78. **बहेलिया** छिपकर शिकार करता है
A. बाघ B. व्याध
C. निदाघ D. पिशाच

79. राजा के तरकश में अनेक **बाण** थे
A. तूणीर B. शर
C. खर D. शस्त्र

80. उसके घुँघराले **बाल** अवलोकनीय हैं
A. अहि B. कुंतल
C. उपल D. अंबर

81. नदी के **तट** पर विशाल पीपल वृक्ष झूम रहा था
A. पय B. तरु
C. तटिनी D. तीर

82. घर में **अतिथि** आए हैं
A. अनुगत B. अवगत
C. दिनांत D. अभ्यागत

83. मानव शरीर का प्रत्येक **अंग** अपने आप में महत्वपूर्ण है
A. अवयव B. अनुभाव
C. अव्यय D. अंश

84. **युद्ध** भूमि में अनेक योद्धा क्षत–विक्षत हुए पड़े थे
A. स्मर B. संघर्ष
C. समर D. द्वन्द्व

85. **पर्वत** की ऊँचाई मानव को भी ऊँचा उठने की प्रेरणा देती है
A. डग B. विहग
C. खग D. नग

86. बालक **प्रकृति** से कोमल होते हैं
A. अभाव B. विभाव
C. स्वभाव D. अनुभाव

87. **मेघ** छाए, घिर के आए
A. यती B. तरु
C. द्रुम D. नीरद

88. राम एक जनप्रिय **राजा** थे
A. नरेश B. संदेश
C. माधव D. विभु

89. अमावस्या की रात्रि में **अन्धकार** का राज्य होता है
A. पंक B. आतंक
C. तिमिर D. धन

90. युद्ध में सैनिक **कवच** पहनकर लड़ते हैं
A. चर्म B. वर्म
C. शुक्र D. शक्ल

उत्तरमाला

1	2	3	4	5	6	7	8	9	10
C	A	D	B	D	C	C	D	A	B
11	**12**	**13**	**14**	**15**	**16**	**17**	**18**	**19**	**20**
A	D	C	A	A	D	C	A	A	B
21	**22**	**23**	**24**	**25**	**26**	**27**	**28**	**29**	**30**
D	D	B	C	D	B	A	C	D	C
31	**32**	**33**	**34**	**35**	**36**	**37**	**38**	**39**	**40**
C	A	C	D	B	B	C	A	C	B
41	**42**	**43**	**44**	**45**	**46**	**47**	**48**	**49**	**50**
D	B	C	B	C	B	B	B	A	A
51	**52**	**53**	**54**	**55**	**56**	**57**	**58**	**59**	**60**
C	C	C	C	B	A	D	B	C	A
61	**62**	**63**	**64**	**65**	**66**	**67**	**68**	**69**	**70**
A	C	A	A	A	A	C	A	A	C

71	72	73	74	75	76	77	78	79	80
B	A	A	C	C	B	B	B	B	B
81	**82**	**83**	**84**	**85**	**86**	**87**	**88**	**89**	**90**
D	D	A	C	D	B	D	A	C	B

❀❀❀

विलोम शब्द

निर्देश : *नीचे दिए गए शब्दों के विलोम के लिए चार-चार विकल्प दिए गए हैं। उनमें से उचित विकल्प का चयन कीजिए।*

1. क्षणिक
A. शाश्वत B. संक्षेप
C. विर.. D. क्षुद्र

2. स्तुति
A. सेवक B. निवेदन
C. प्रार्थना D. निन्दा

3. तम
A. सम B. कृश
C. नम D. प्रकाश

4. नख
A. शिख B. अनित्य
C. श्याम D. निन्दा

5. भौतिक
A. पाश्चात्य B. दैविक
C. दैहिक D. आध्यात्मिक

6. कर्कशा
A. कोमल B. निर्मल
C. विह्वल D. व्याकुल

7. अति
A. न्यून B. कम
C. अल्प D. नगण्य

8. अद्भुत
A. सामान्य B. लौकिक
C. संसारी D. सुगम

9. दिवस
A. विभावरी B. अरविन्द
C. प्रवाहिणी D. विचक्षण

10. निर्मल
A. पवित्र B. शुद्ध
C. मलिन D. मृदु

11. अग्र
A. पश्च B. शांत
C. मध्यम D. अधम

12. अच्युत
A. अधम B. पतित
C. द्रवित D. च्युत

13. ओजस्विनी
A. तेजस्विनी B. निर्जस्वी
C. तपस्विनी D. तपस्वी

14. अर्पण
A. ग्रहण B. तर्पण
C. समर्पण D. प्रत्यर्पण

15. संयोग
A. विप्रलम्भ B. विरह
C. वियोग D. पार्थक्य

16. रूक्ष
A. पिच्छल B. चिक्कण
C. स्निग्ध D. सरस

17. अनायास
A. सायास B. विपर्यास
C. प्रयास D. आभास

18. गरिमा
A. कालिमा B. लघुमा
C. अरुणिमा D. लालिमा

19. उपेक्षा
A. वीक्षा B. उत्प्रेक्षा
C. अपेक्षा D. परीक्षा

20. अंगीकरण
A. तिरस्कार B. उपेक्षा
C. अनंगीकरण D. घृणा

21. अज्ञ
A. प्रज्ञ B. प्रवीण
C. चतुर D. समझदार

22. सामंजस्य
A. विवाद B. कलह
C. सन्ताप D. द्वेष

23. पराक्रम
A. भीरूता B. दुविधा
C. आलस्य D. दुर्बलता

24. गुरु
A. विस्तृत B. बड़ा
C. विशाल D. लघु

25. प्रीति
A. वैर B. दोस्ती
C. मदद D. सहायता

26. द्युति
A. छवि B. प्रभा
C. ज्योति D. अन्धकार

27. ऋत
A. निऋत B. रस
C. अमृत D. शहद

28. विपन्न
A. सम्पन्न B. धनाढ्य
C. सिद्ध D. परिपूर्ण

29. उत्तरायण
A. उत्तरोत्तर B. पूर्वोत्तर
C. पश्चिमोत्तर D. दक्षिणायन

30. सम्मुख
A. उन्मुख B. विमुख
C. प्रमुख D. अभिमुख

31. चिरंतन
A. नश्वर B. गम्भीर
C. अचल D. लघु

32. कृत्रिम
A. स्वाभाविक B. असली
C. प्राकृतिक D. निर्मित

33. संक्षिप्त
A. विश्लिष्ट B. विस्तीर्ण
C. विनीत D. विस्तृत

34. आदि
A. अन्त B. अनादि
C. अनन्त D. समाप्त

35. एड़ी
A. अधम B. चोटी
C. ऊपर D. मस्तक

36. अल्पज्ञ
A. सर्वज्ञ B. अभिज्ञ
C. कृतज्ञ D. कनिष्ठ

37. कृष्ण
A. राधा B. शुक्ल
C. कंस D. श्वेत

38. दनुज
A. देव B. प्रजापति
C. यक्ष D. मनुज

39. नवीन
A. प्राचीन B. पुरातन
C. अर्वाचीन D. आधुनिक

40. वक्र
A. ऊँचा B. सरल
C. वक्त्र D. उल्टा

41. भूगोल
A. धरातल B. आकाश
C. पाताल D. खगोल

42. प्रज्ञा
A. राजा B. धनवान
C. दौलतमंद D. गरीब

43. कृश

A. सूक्ष्म B. अनंग

C. स्थूल D. स्वस्थ

44. आध्यात्मिक

A. भौतिक B. अलौकिक

C. तनय D. पामर

45. पण्डित

A. मूर्ख B. ज्ञानी

C. जड़ D. अनपढ़

46. भूत

A. प्रेत B. वर्तमान

C. भविष्य D. तत्काल

47. कीर्ति

A. अपकीर्ति B. ख्याति

C. उपकृति D. वदी

48. श्री गणेश

A. अत श्री B. श्री ओम

C. इति श्री D. पद श्री

49. वैतनिक

A. सावधिक B. दैनिक

C. अवैतनिक D. माहवारी

निर्देश : *नीचे दिए गए प्रत्येक वाक्य में रिक्त स्थान की पूर्ति उसी वाक्य में गहरे काले शब्द के उपयुक्त विलोम द्वारा की जानी है। इसके लिए चार–चार विकल्प प्रस्तावित हैं। उचित विकल्प का चयन कीजिए।*

50. मोहन की कविता **मौलिक** न होकर ·········· है

A. अमूल्य B. अनमोल

C. काल्पनिक D. अनूदित

51. कानून की **अनभिज्ञता** क्षम्य नहीं होती इसलिए उसकी ·········· आवश्यक है

A. अभिज्ञता B. बहुज्ञता

C. विज्ञता D. अल्पज्ञता

52. दसवीं की परीक्षा में कतिपय विषय **अनिवार्य** है, तो कतिपय ·········· है

A. वैकल्पिक B. अनावश्यक

C. अपरिहार्य D. प्रासंगिक

53. बड़ी बहन **स्थूलकाय** है, परन्तु छोटी बहन की काया ·········· है

A. लघु B. सूक्ष्म

C. कृश D. निर्बल

54. व्यक्ति की **संकीर्णता** की तुलना में ·········· अधिक व्यावहारिक होती है

A. विकीर्णता B. उदारता

C. समानता D. संकुलता

55. **महान्** लक्ष्य पर दृष्टि रखने वाले ·········· साधनों का आश्रय नहीं लेते

A. अल्प B. नगण्य

C. अनुचित D. क्षुद्र

56. भारत पड़ोसी देशों से **संधि** का पक्षधर रहा है ·········· का नहीं

A. विग्रह B. निग्रह

C. अनुग्रह D. परिग्रह

57. राजेश यदि **धनवान** नहीं होता तो ·········· भी नहीं कहा जा सकता

A. अकिंचन B. किंकर

C. कंचन D. धनाढ्य

58. पृथ्वी पर खनिज पदार्थ **न्यून** नहीं ·········· मात्रा में उपलब्ध हैं

A. विपुल B. पृथुल

C. व्याप्त D. पर्याप्त

59. कार्लमार्क्स की विचारधारा **भौतिकवादी** है परन्तु महात्मा गांधी का ··········

A. प्रकृतिवादी B. आदर्शवादी

C. यथार्थवादी D. अध्यात्मवादी

60. प्रत्येक **क्रिया** की ······ स्वाभाविक है

A. प्रक्रिया B. अनुक्रिया

C. संक्रिया D. प्रतिक्रिया

61. शिव और पार्वती **ताण्डव** और ·········· की मुद्रा में सुशोभित थे

A. रास B. हास्य

C. लास्य D. उल्लास

62. **यौवन** के अनन्तर ·········· का आना स्वाभाविक है

A. जरा B. ज़री

C. अजर D. अजिर

63. **मधुर** और ………… अनुभवों का नाम जिन्दगी है
A. ललित B. लवण
C. कूट D. कटु

64. पेड़ **सजीव** होते हैं और पेड़ों से प्राप्त लकड़ी
A. अजीव B. परजीव
C. निष्ठुर D. निर्जीव

65. इस **क्लिष्ट** गद्यांश को ………… भाव में प्रकट करो
A. अपने B. बोलचाल
C. सरल D. लघु

66. अनीता का **प्रफुल्ल** मन एकाएक ………… हो गया
A. प्रसन्न B. ऊष्ण
C. शुष्क D. उदास

67. कठिन परिश्रम से **असफलता** को ………… में बदला जा सकता है
A. विफलता B. जीत
C. निर्भयता D. सफलता

68. अपनी **निर्जल** भूमि की ओर कृषक ………… नेत्रों से देख रहा था
A. जलज B. अजल
C. स्नेहिल D. सजल

69. **संग्रह** और ………… बहुत सोच समझकर करना चाहिए
A. त्याग B. परित्याग
C. विराग D. विग्रह

70. **गरिमा** और ………… दोनों की सिद्धि के लिए साधना अपेक्षित होती है
A. अरुणिमा B. माहात्म्य
C. लघिमा D. सफलता

71. हानि और लाभ, **जीवन** और ………… भगवान के अधीन हैं
A. मरण B. मृत्यु
C. स्वास्थ्य D. अपयश

72. जो उद्दण्ड अपने को **विज्ञ** प्रकट करते हैं, वे प्रायः ………… होते हैं
A. अज्ञ B. अनभिज्ञ
C. अल्पज्ञ D. विज्ञ

73. भारत में हिन्दू **बहुसंख्यक** हैं और मुसलमान ………… कहे जाते हैं
A. संगठित B. अल्पसंख्यक
C. धार्मिक D. दलित

74. **कोमल** शब्द सुनकर सांत्वना मिलती है, न कि ………… शब्द
A. आनन्द B. मृदु
C. कठिन D. निष्ठुर

75. पिंजरे के खुलते ही **बन्धन** में रहने वाले तोते ने ………… की साँस ली
A. प्रसन्नता B. खुशी
C. मुक्ति D. मीठी

76. सूर्य के **अस्त** होते ही चाँद का ………… हुआ है
A. प्रादुर्भाव B. आगमन
C. पदार्पण D. उदय

77. **चंचल** चित्त एकाएक ………… हो गया
A. प्रसन्न B. दुःखी
C. शान्त D. वाचाल

78. **कठिन** शब्दों का ………… अर्थ लिखिए
A. सरल B. भाव
C. पर्याय D. व्याख्यात्मक

79. समीक्षा का एक रूप **व्यावहारिक** समीक्षा है तो दूसरा ………… समीक्षा
A. काल्पनिक B. सैद्धान्तिक
C. सार्वत्रिक D. यथार्थवादी

80. हर वर्ष देश में कहीं **अतिवृष्टि** तो कहीं ………… होती है
A. अनावृष्टि B. सूखा
C. बाढ़ D. वर्षा

उत्तरमाला

1	2	3	4	5	6	7	8	9	10
A	D	D	A	D	A	C	A	A	C
11	**12**	**13**	**14**	**15**	**16**	**17**	**18**	**19**	**20**
A	D	D	A	C	C	A	B	C	B

21	22	23	24	25	26	27	28	29	30
D	A	C	D	A	D	C	A	D	B
31	32	33	34	35	36	37	38	39	40
A	A	D	A	B	A	B	D	A	B
41	42	43	44	45	46	47	48	49	50
D	A	C	A	A	C	A	C	C	D
51	52	53	54	55	56	57	58	59	60
C	A	C	B	D	A	A	A	D	D
61	62	63	64	65	66	67	68	69	70
C	A	D	D	C	B	D	D	A	C
71	72	73	74	75	76	77	78	79	80
A	C	B	D	C	D	C	A	B	A

❀❀❀

श्रुतिसम भिन्नार्थक शब्द

निर्देश : *इन प्रश्नों में प्रत्येक में चार शब्द दिये गए हैं जिनमें से तीन अनेकार्थी शब्द की श्रेणी में आते हैं। जो शब्द इस श्रेणी में नहीं आता है वही आपका उत्तर है, उसे चुने।*

1. अर्थ
A. पाप B. धन
C. आशय D. प्रयोजन

2. आश्रय
A. आधार B. मैदान
C. सहायता D. तरकश

3. खग
A. मन B. तीर
C. पक्षी D. आकाश

4. चपला
A. लक्ष्मी B. चंचल
C. पुष्प D. तड़ित

5. नाग
A. साँप B. पर्वत
C. जवाहर D. बादल

6. पुर
A. गाँव B. घर
C. किला D. नगर

7. बक
A. बगुला B. ढोंगी
C. आँधी D. ठग

8. मूल
A. वंश B. जड़
C. औषध D. पूँजी

9. अक्षर
A. आत्मा B. वर्ण
C. अक्षत D. स्थिर

10. अचल
A. पहाड़ B. स्थिर
C. अटल D. चंचल

11. अर्क
A. सर्प B. बुध
C. ताँबा D. सत्व

12. कनक
A. सोना B. गेहूँ
C. धतूरा D. कमल

13. वर्ण
A. अक्षर B. स्वर
C. जाति D. रंग

14. शिखी
A. मोर B. पर्वत
C. क्षत्रित D. अग्नि

15. सारंग
A. सर्प B. सिंह
C. भौंरा D. वादक

16. अंक
A. चिह्न B. लेख
C. अक्षर D. प्रकृति

17. अंकुर
A. आँख B. कोंपल
C. गरुड़ D. रक्त

18. अंग
A. शरीर B. भेद
C. गोद D. प्रकृति

19. अक्ष
A. सोहागा B. शरीर
C. बछेड़ा D. गरुड़

20. कुल
A. वंश B. शक्ति
C. समूह D. भवन

21. खर
A. गधा B. तिनका
C. कौवा D. दुष्ट

22. गो
A. गाय B. श्रेष्ठ
C. सरस्वती D. पृथ्वी

23. ग्रहण
A. नक्षत्र B. पकड़ना
C. स्वीकार D. अर्थ

24. गौरी
A. पार्वती B. तुलसी
C. गंगा नदी D. अदरक

25. गुरु
A. शिक्षक B. भारी
C. श्रेष्ठ D. वृहस्पति

26. घट
A. घड़ा B. शरीर
C. मन D. अंग

27. घन
A. बादल B. लोहा
C. घड़ा D. कपूर

28. चक्र
A. पहिया B. विष्णु
C. सेना का व्यूह D. चकवा पक्षी

29. छन्द
A. वेद B. अभिलाषा
C. बंधन D. मुक्ति

30. छाया
A. अनुकरण B. अंधकार
C. पंक्ति D. शीतलता

31. जननी
A. जनमत B. माता
C. चमगादड़ D. कृपा

32. जन्मज
A. कमल B. मछली
C. शैवाल D. मोती

33. जाल
A. बुनावट B. षड्यन्त्र
C. क्षार D. सम्मान

34. जाहक
A. गिरगिट B. कबूतर
C. बिस्तर D. घोंघा

35. टंक
A. सिक्का B. कुल्हाड़ी
C. बिच्छू D. म्यान

36. तनु
A. थोड़ा B. कोमल
C. मधुर D. केंचुली

37. तंत्र
A. सूत B. जुलाहा
C. रेशम D. औषध

38. तात
A. पिता B. कपूर
C. पुत्र D. प्रिय

39. ताल
A. हथेली B. बेल
C. ताला D. मृदंग

40. दंड
A. डंडा B. शिव
C. पतवार D. यमराज

41. दल
A. पंखुड़ी B. सेना
C. कोष D. अम्बार

42. द्विज
A. दाँत B. द्वापर
C. पक्षी D. चन्द्रमा

43. धाम
A. पसीना B. देव स्थान
C. जन्म D. ज्योति

44. धर्म
A. प्रकृति B. उत्कर्ष
C. कर्त्तव्य D. सम्प्रदाय

45. धर्मराज
A. युधिष्ठिर B. यमराज
C. न्यायाधीश D. दार्शनिक

46. धात्री
A. माता B. गंगा
C. भाई D. गाय

47. धुर
A. बोझ B. खूँटी
C. चिनगारी D. धूर्त्त

48. ध्रुव
A. अटल B. तारे का नाम
C. नदी D. पर्वत

49. नंदिनी
A. व्याहता B. उमा
C. पति की बहन D. पत्नी

50. नग
A. पर्वत B. वृक्ष
C. सूर्य D. सपेरा

51. नभ
A. बिजली B. शून्य
C. अभ्रक D. वर्षा

52. नाक
A. स्वर्ग B. नासिका
C. प्रतिष्ठा D. पाताल

53. निराला
A. एकान्त B. विचित्र
C. अनूठा D. निर्मल

54. निशाचर
A. राक्षस B. गीदड़
C. चन्द्रमा D. सर्प

55. पत्र
A. पत्ता B. पुत्र
C. अखबार D. पंखुड़ी

56. पट्ट
A. मुकुट B. रेशम
C. पगड़ी D. पठार

57. पतंग
A. थोड़ा B. टिड्डी
C. शलभ D. चिनगारी

58. पाद
A. पाँव B. मंत्र
C. गंदगी D. शिव

59. पद
A. पैर B. उपवास
C. उपाधि D. मोक्ष

60. पानी
A. जल B. इज्जत
C. चमक D. बाढ़

61. पार्थिव
A. पृथ्वी संबंधी B. राजसी
C. अर्जुन D. मंगल ग्रह

62. पावन
A. पवित्र B. प्राकृतिक
C. रुद्राक्ष D. चंदन

63. फणी
A. सर्प B. केतु
C. कौतुहल D. औषध

64. बलि
A. उदार B. बलिदान
C. उपहार D. भोग

65. मधु
A. शहद B. शरबत
C. अमृत D. दूध

66. मल
A. मैल B. दोष
C. पाप D. मलमल

67. मकर
A. घड़ियाल B. मछली
C. माघ मास D. मकड़ी

68. माधव
A. विष्णु B. वैशाख
C. वसन्त D. काला

69. मुद्रा
A. सिक्का B. चेहरा
C. उम्र D. भाव–भंगिमा

70. युक्ति
A. साधन B. कौशल
C. न्याय D. तर्क

71. रस
A. आनन्द B. शहद
C. जल D. स्वाद

72. रक्त
A. खून B. केसर
C. कमल D. लोहा

73. राग
A. प्रेम B. कष्ट
C. मोह D. तारा

74. लय
A. प्रलय B. प्यास
C. गाने का ढंग D. नाश

75. वन
A. जंगल B. बगीचा
C. मोह D. रश्मि

76. वरा
A. त्रिफला B. भिण्डी
C. हल्दी D. मद्य

77. वंश
A. बाँस B. रीढ़
C. खानदान D. उपवन

78. शंकु
A. भाला B. उमंग
C. राक्षस D. कामदेव

79. शिव
A. आपदा B. भाग्यशाली
C. महादेव D. लिंग

80. श्री
A. सरस्वती B. बनावटी
C. चन्दन D. सिद्धि

उत्तरमाला

1	2	3	4	5	6	7	8	9	10
A	D	A	C	D	A	C	C	D	D
11	**12**	**13**	**14**	**15**	**16**	**17**	**18**	**19**	**20**
B	D	B	C	D	D	C	C	B	B
21	**22**	**23**	**24**	**25**	**26**	**27**	**28**	**29**	**30**
D	B	A	D	B	D	C	B	D	D
31	**32**	**33**	**34**	**35**	**36**	**37**	**38**	**39**	**40**
A	C	D	B	C	C	C	B	D	C
41	**42**	**43**	**44**	**45**	**46**	**47**	**48**	**49**	**50**
D	B	A	B	A	C	D	C	A	D
51	**52**	**53**	**54**	**55**	**56**	**57**	**58**	**59**	**60**
A	D	D	C	B	D	A	C	B	D
61	**62**	**63**	**64**	**65**	**66**	**67**	**68**	**69**	**70**
C	B	C	A	B	D	D	D	C	A
71	**72**	**73**	**74**	**75**	**76**	**77**	**78**	**79**	**80**
B	D	D	B	C	B	D	B	A	B

अवतरण तथा उद्धरण

नीचे कुछ विशिष्ट विद्वानों, लेखकों एवं विचारकों की लिखी सुप्रसिद्ध पुस्तकों अथवा परिज्ञान गद्यांश अथवा उनके निबंधों के अवतरण इस उद्देश्य से दिए गए हैं ताकि विद्यार्थी/प्रतियोगी स्वयं श्रेष्ठ लेखकों की रचनाओं को पढ़ने की प्रेरणा प्राप्त कर सकें और जब कभी उनसे ऐसे लेखकों की कृतियों अथवा उनकी विद्या के बारे में पूछा जाए तो वे सरलता से उनका उत्तर दे सकें। प्रायः अवतरण पर कई प्रकार के प्रश्न पूछे जाते हैं; जैसे—

(i) अवतरण का आशय अपने शब्दों में लिखिए, *(ii)* अवतरण का अर्थ स्पष्ट कीजिए, *(iii)* अवतरण का उपयुक्त शीर्षक बताइए तथा *(iv)* अवतरण में विशिष्ट शब्दों के अर्थ लिखिए। यदा-कदा अवतरण के लेखक अथवा उस पुस्तक के बारे में भी पूछा जाता है जिससे अवतरण लिया गया होता है।

अवतरण प्रायः गद्य में होते हैं। यदि प्रतियोगी को किसी अवतरण के बारे में सम्यक् ज्ञान नहीं है तो उसे अवतरण के बारे में अनुमान मात्र से लिखने की चेष्टा नहीं करनी चाहिए। बुझौवल अथवा अटकलों से सफलता मिलने की संभावना बहुत कम होती है।

यहाँ जो अवतरण दिए गए हैं वे प्रतियोगी के लिए अपेक्षित बौद्धिक स्तर को ध्यान में रखकर संग्रहीत किए गए हैं। ये अवतरण न बहुत क्लिष्ट हैं और न ऐसी अज्ञात पुस्तकों से लिए गए हैं जिनका प्रकाशन अर्द्धशती पूर्व हुआ था। अवतरणों के चयन में चेष्टा यह रही है कि ये ऐसी पुस्तकों से लिए जाएँ जिनको किसी-न-किसी विश्वविद्यालय में पाठ्यक्रम में स्वीकृत किया गया है अथवा जो विषय सहज बोधगम्यता के कारण लोकप्रिय हो चुके हैं।

इस संकलन में साहित्य शिक्षा, मनोविज्ञान विज्ञान इंजीनियरी, राजनीतिशास्त्र, अर्थशास्त्र जैसे अनेक विषयों से संबंधित अवतरणों को संग्रहित करने का प्रयास किया गया है ताकि प्रतियोगी की बहुआयामी प्रतिभा का सरलता से मूल्यांकन किया जा सके। आशा है कि इन अवतरणों तथा इनसे सम्बन्धित प्रश्नों से विद्यार्थी और प्रतियोगी दोनों लाभान्वित होंगे। परीक्षा में सफलता के साथ-साथ इनका सम्यक् अध्ययन पाठकों का ज्ञानवर्धन भी कर सकेगा, ऐसा दृढ़ विश्वास है।

अभ्यास 1

प्रेममार्गी शाखा के प्रमुख कवि मलिक मोहम्मद जायसी संसार से इतने विरक्त नहीं थे। वे लोक तथा परलोक दोनों की साधना चाहते थे। उन्होंने अपने 'पद्मावत' में मसनवी परम्परा के अनुकूल शेरशाह की वंदना की है। उन्होंने लौकिक प्रेमगाथाओं के रूपक द्वारा परमार्थिक प्रेम की साधना की है। पद्मावती की प्रेम-कथा जो पृथ्वीराज रासो में वीर रस के आश्रित गौण थी, वह जायसी की 'पद्मावत' में मुख्यता प्राप्त कर लेती है। पद्मावत में कथा भी है और रूपक के द्वारा अलौकिक तत्त्वों की व्यंजना भी है। यद्यपि जायसी मुसलमान थे तथापि वे भारतीय संस्कृति से पूर्णतया परिचित थे। थोड़े बहुत हेर-फेर के साथ उनके काव्य में भारतीय अन्तर-कथाओं और धार्मिक परम्पराओं का उल्लेख हुआ है। उसमें रासो की अपेक्षा अन्विति अधिक है और आरंभ से लेकर अन्त तक शैली और भाषा की एकरसता है। पद्मावत प्रबंधकाव्य का एक अच्छा उदाहरण कहा जा सकता है।

—काव्य के रूप—डॉ. गुलाब राय

1. मलिक मोहम्मद जायसी थे :
A. अवधी भाषा के प्रथम कवि
B. सूफी सन्त कवि
C. शेरशाह सूरी के सभासद्
D. जायस के नागरिक

2. जायसी के सर्वोत्कृष्ट ग्रंथ का नाम है :
A. आखिरी कलाम B. अखरावट
C. पद्मावत D. मधुमालती

3. उक्त गद्य खण्ड का उपयुक्त शीर्षक हो सकता है :
A. पद्मावत का कथानक
B. पद्मावत परिचय
C. जायसी और उनका पद्मावत
D. कविवर जायसी

4. पद्मावत महाकाव्य की भाषा है :
A. ब्रजभाषा B. भोजपुरी
C. खड़ी बोली D. अवधी

5. अवधी भाषा के सर्वाधिक लोकप्रिय महाकाव्य का नाम है :

A. रामचरितमानस B. पद्मावत
C. मधुमालती D. मृगावती

अभ्यास 2

सामान्यतः दुष्टों की वन्दना में या तो भय रहता है, या व्यंग्य। परन्तु जहाँ हम हानि होने के पहले ही हानि के कारण की वन्दना करने लगते हैं वहाँ हमारी वन्दना के मूल में भय नहीं बल्कि उसकी स्थायी दशा की आशंका है। इस वंदना में दुष्टों को थपकी देकर सुलाने की चाल है जिसमें विघ्न-बाधाओं से जान बच सके। आशंका से उत्पन्न यह नम्रता गोस्वामी जी को आश्रय से आलंबन बना देती है। जब स्फुट अंशों के संचारीभावों तथा अनुभवों को छोड़कर वंदना के पीछे निहित भावना की दृष्टि से देखते हैं तो यह आश्रय से संक्रमित आलंबन का उदाहरण बन जाता है। सन्तों, देवताओं तथा राम की वन्दना पर्याप्त नहीं इसलिए दुष्टों की भी वन्दना की जाती है। इससे दुष्टों के महत्त्व की मायिक सृष्टि होती है और वह उन्हें और भी उपहास्य बना देती है।

—हास्य के सिद्धान्त तथा मानस में हास्य,
प्रो. जगदीश पाण्डेय

1. दुष्ट वन्दना के पीछे कवि का उद्देश्य है :
   A. दुष्टों को लज्जित करना
   B. दुष्टों को थपकी देकर सुलाना
   C. दुष्टों से अपना बचाव करना
   D. दुष्टों का सहयोग प्राप्त करना
2. रामचरितमानस एक भक्ति काव्य है। इसमें दुष्ट वंदना का रहस्य है :
   A. तुलसी की व्यापक दृष्टि
   B. तुलसी का सभी को राममय देखना
   C. तुलसी की उदारता
   D. तुलसी का शील-सौजन्य
3. उपरोक्त अवतरण का उपयुक्त शीर्षक हो सकता है :
   A. तुलसी की दुष्ट वंदना
   B. तुलसी की उदारता
   C. तुलसी का मानवीय दृष्टिकोण
   D. उपर्युक्त तीनों
4. देवताओं, महापुरुषों, सज्जनों के साथ दुष्टों की वंदना इसलिए सार्थक कही जाएगी कि महाकवि तुलसी :
   A. संत कवि थे
   B. उदार चेता थे
   C. हित-अनहित और अपने पराये की भावना से ऊपर उठ चुके थे
   D. निर्वैरता चाहते थे
5. जीवन में हास्य का महत्त्व इसलिए है कि वह जीवन को :
   A. प्रेरणा देता है B. आनन्दित करता है
   C. आगे बढ़ाता है D. सरस बनाता है

अभ्यास 3

इन्द्र यह सुनकर स्वयं महर्षि दधीचि के आश्रम में गए और उन्हें मजबूरी कह सुनायी। ऋषि जग-कल्याण के लिए सहर्ष अपना शरीर त्यागने के लिए तैयार हो गए। उनकी हड्डियों से त्वष्ठा ने वज्र बनाया। इस वज्र को हाथ में लेकर इन्द्र दुगुने उत्साह से वृत्रासुर के सम्मुख गए। उनके मेघरूपी रथ के गर्जन से एक बार वृत्रासुर का कलेजा काँप गया। उनके साथ चलते हुए मरुत जोर-जोर से उनकी जयजयकार कर रहे थे। इन्द्र ने सबसे पहले अपने वज्र से वृत्रासुर की माया को काट दिया। फिर भी वह दैत्य बड़ा शक्तिशाली था। अपनी माया से विछिन्न होकर भी वह बहुत देर तक इन्द्र से जूझता रहा। लेकिन अन्त में इन्द्र ने वज्र के प्रहार से वृत्रासुर का सिर काट दिया। वृत्रासुर के मरते ही रुका हुआ जल बह निकला, नदी-नाले फिर से भर उठे और देखते-ही-देखते खेत लहलहा उठे।

1. महर्षि दधीचि एक ऐसे ऋषि थे जिन्होंने :
   A. देवताओं की रक्षा के लिए अपने शरीर का त्याग किया था
   B. योग बल से अपने शरीर को त्याग कर वृत्रासुर के वध हेतु वज्र बनाने के लिए इन्द्र को अपनी अस्थियाँ सुलभ करा दी थीं
   C. वृत्रासुर के वध में इन्द्र की सहायता की थी
   D. वृत्रासुर का वध किया था
2. हमें इस अवतरण से यह प्रेरणा मिलती है कि परोपकार के लिए आवश्यकता पड़ने पर :
   A. अपने शरीर भी दे देना चाहिए
   B. अपना सर्वस्व दे देना चाहिए
   C. अपनी अस्थियाँ दे देनी चाहिए
   D. अपनी सम्पत्ति दे देनी चाहिए

3. इस गद्यांश का उपयुक्त शीर्षक हो सकता है :

A. दधीचि का आत्मदान B. दधीचि का सर्वस्व दान

C. वृत्रासुर वध D. इन्द्र का कोप

4. निम्नलिखित में से सही कथन पर निशान लगाइए :

A. वृत्रासुर इन्द्र का प्रतिद्वन्द्वी था

B. वृत्रासुर एक आततायी राक्षस था

C. वृत्रासुर एक महाप्रतापी राक्षस था, जिसने जलावरोध कर रखा था

D. वृत्रासुर उपर्युक्त में से कोई नहीं था

इस उद्धरण में प्रयुक्त निम्नलिखित शब्दों के सही अर्थों पर निशान लगाइए :

5. महर्षि

A. मुनि

B. ऋषि जो ब्राह्मण न हो

C. ऋषि जो ब्राह्मण हो

D. ऋषियों का एक पद विशेष

6. जगकल्याण :

A. संसार का हित

B. संसार की भलाई

C. संसार को सुख देना

D. संसार के लिए आनन्द की व्यवस्था करना

7. वज्र :

A. एक प्रकार का बाजा

B. एक प्रकार का शस्त्र

C. एक प्रकार का आघात

D. पत्थर गिरना या बिजली गिरना

अभ्यास 4

महाकवि सूरदास का 'सूर-सागर' भागवत के आधार पर लिखा हुआ ग्रंथ है। इसीलिए महाकवि 'सूर' ने भी ब्रह्म का यही स्वरूप ग्रहण किया और भगवान श्रीकृष्ण को अपनी उपासना का केन्द्र मानकर वैष्णव सम्प्रदाय के सिद्धान्तों का ही प्रतिपादन किया है। वास्तव में वैदिक ऋचाओं में वर्णित सिद्धान्त ही वैदिक धर्म के प्रकाण्ड आचार्यों द्वारा प्रचारित हुए हैं। काल और स्थिति के अनुसार धार्मिक सिद्धान्तों में भी परिवर्तन होना आवश्यक है। सर्वप्रथम दृष्टि से भगवान कृष्ण ने इन वैदिक सिद्धान्तों में कुछ परिवर्तन कर सूरकालीन वैष्णव धर्म का शिलान्यास किया। अतः भगवान कृष्ण को ही वैष्णव धर्म का प्रथम आचार्य कहना अनुचित न होगा। धार्मिक और ऐतिहासिक अनुसंधानों के अनुसार वेदों और संहिताओं की रचना भिन्न-भिन्न काल में हुई है। उदाहरणार्थ—यजुर्वेद संहिता में केशी नामक राक्षस का कृष्ण द्वारा वध किए जाने का उल्लेख है। इससे प्रमाणित होता है कि यह संहिता कृष्ण जन्म के बाद लिखी गई है।

—सूरदर्शन, डॉ. कृष्ण लाल 'हंस'

1. उक्त गद्यांश का सारांश एक पंक्ति में इस प्रकार हो सकता है :

A. श्रीमद्‌भागवत ग्रंथ सूर-सागर की रचना का आधार है

B. श्रीमद्‌भागवत नहीं अपितु ब्रह्म वैवर्त्त पुराण सूर-सागर का आधार है

C. महाभारत ग्रंथ सूर-सागर का आधार है

D. वैदिक ऋचाएँ सूर-सागर का आधार हैं

2. हिन्दी साहित्य में भक्ति तथा रीति काल को सम्मिलित करके तीन उत्तम कवि माने गए हैं, जिनमें प्रथम स्थान :

A. सूरदास का है B. तुलसीदास का है

C. केशवदास का है D. देव का है

3. महाकवि सूरदास भक्तिकाल में सगुण भक्ति की :

A. कृष्ण भक्ति शाखा के कवि थे

B. राम कृष्ण दोनों की भक्ति शाखा के कवि थे

C. स्मार्त्त कवि थे

D. उपर्युक्त किसी शाखा के कवि नहीं थे

4. इस गद्यांश का उपयुक्त शीर्षक हो सकता है :

A. सूर-सागर का प्रणयन

B. वैष्णव धर्म के प्रथम आचार्य श्रीकृष्ण

C. परब्रह्म श्रीकृष्ण

D. वैष्णव धर्म का शिलान्यास

5. सूर-सागर की कथा श्रीमद्‌भागवत के :

A. दशम स्कंध से ली गई है

B. एकादश स्कंध से ली गई है

C. नवम स्कंध से ली गई है

D. उपर्युक्त किसी स्कंध ने नहीं ली गई है।

अभ्यास 5

''पर्वतीय पथ और पत्थरों की चोट से टूटे नाखून और चुटीली उँगलियों के बीच में ढाल बनी मूँज की चप्पल मानो मनुष्य को पशु बनाकर खुर न देने वाले परमात्मा का उपहास कर रही हो।

पाँव से दो बालिश्त ऊँचा और ऊनी-सूती पैबन्दों से बना हुआ पाजामा मनुष्य की लज्जाशीलता की विडम्बना जैसा लगता था। किसी से कभी मिले हुए पुराने कोट में, नीचे के मटमैले स्तर की झाँकी देती हुई, ऊपरी तह तार-तार फट कर झालरदार हो उठी थी और सब अपने पहनने वाले को एक झबरे जन्तु की भूमिका मे उपस्थिति करती थी। अस्पष्ट रंग और अनिश्चित रूप वाली दोपलिया टोपी के छेद से रूखे बाल जहाँ-तहाँ झाँककर मैले पानी और उसके बीच-बीच में झाँकते हुए सेवार की स्मृति करा देते थे।''

—स्मृति की रेखाएँ, महादेवी वर्मा

1. श्रीमती महादेवी वर्मा द्वारा किया गया उक्त रेखांकन 'स्मृति की रेखाएँ' नामक पुस्तक से है। यह रेखांकन :
   A. एक निर्धन व्यक्ति का है
   B. एक पहाड़ी नागरिक का है
   C. एक पहाड़ी मजदूर का है
   D. उपरोक्त में से किसी का नहीं है
2. उपर्युक्त गद्यांश का सार्थक शीर्षक हो सकता है :
   A. एक विपन्न कुली
   B. एक पर्वतीय श्रमिक
   C. निर्धनता एक अभिशाप
   D. करुणा की मूर्ति
3. महादेवी वर्मा की शैली की समीक्षा-मात्र एक पंक्ति में कर पाना असंभव है। फिर भी, कहा जा सकता है कि उनकी काव्य-शैली की तरह उनकी गद्य शैली भी :
   A. भावना प्रधान है B. चित्रांकन प्रधान है
   C. कल्पना प्रधान है D. मनोरम है
4. महादेवी वर्मा विरचित अनेक काव्यग्रंथ, निबन्ध तथा रेखाचित्र हैं। कुछेक के नाम हैं :
   A. दीपशिखा, यामा
   B. अतीत के चलचित्र, स्मृति की रेखाएँ
   C. नीरजा, नीहार
   D. उपरोक्त सभी
5. इस गद्य कृति के अतिरिक्त महादेवी वर्मा द्वारा रचित प्रमुखतम गद्य कृति का नाम है :
   A. अतीत के चलचित्र B. मेरा परिवार
   C. पथ के साथी D. श्रृंखला की कड़ियाँ

उत्तरमाला

अभ्यास 1

1	2	3	4	5
B	C	C	D	A

अभ्यास 2

1	2	3	4	5
B	B	A	B	D

अभ्यास 3

1	2	3	4	5	6	7
B	B	C	C	C	A	B

अभ्यास 4

1	2	3	4	5
A	B	A	B	A

अभ्यास 5

1	2	3	4	5
C	B	A	D	A

वाक्यांश के लिए एक शब्द

कथन में लम्बे-लम्बे वाक्यों का प्रयोग करने तथा शब्दों को परिभाषित करने के बजाय यदि एक शब्द का प्रयोग किया जाए तो कथन स्वत: संक्षिप्त और स्पष्ट हो जाता है। कुशल साहित्यकार अपनी रचनाओं में शब्दों का अपव्यय नहीं करते। वाक्य या वाक्यांश के लिए एक शब्द का प्रयोग कथन में आकर्षण और सौन्दर्य भर देता है। हिन्दी भाषा की यह विशेषता है कि उसे संस्कृत शब्दों का प्रचुर भण्डार सुलभ है। इसलिए हिन्दी भाषा कोश में ऐसे अनेक तत्सम शब्द हैं जो वाक्य या वाक्यांश के लिए प्रयोग में लाए जाते हैं।

अपने आशय और मन्तव्य को संक्षेप में प्रकट करने के लिए ही ऐसे शब्दों को गढ़ा गया है जिन्हें गागर में सागर कहा जा सकता है। हिन्दी भाषा के श्रेष्ठ कवियों में से एक कविवर बिहारी लाल के संबंध में कहा गया है कि वे शब्दों के जड़िया (आभूषण में नगों की जड़ाई करने वाला) थे। इसीलिए दोहे जैसे लघु छन्द में उन्होंने चित्रांकन के साथ-साथ अपने भावों को बहुत कौशल के साथ उतारा है। एक उदाहरण द्रष्टव्य है–

लोग कहत बेंदी दिए आँक दस गुनो होत।
तिय लिलार बेंदी दिए अगनित बढ़त उदोत।।

इसीलिए अपनी भाषा को समर्थ, प्रभावी तथा आकर्षक बनाने के लिए ऐसे शब्दों की जानकारी रखना नितान्त आवश्यक होता है। भाषा में शक्ति के स्रोत उसके शब्द माने जाते हैं। यहाँ इसी उद्देश्य से अनेक ऐसे शब्द संजोए गए हैं जिनका अर्थ पूरे वाक्य या वाक्यांश द्वारा ही स्पष्ट होता है। इनसे न केवल पाठकों के शब्द भण्डार में वृद्धि होगी वरन् वे हिन्दी भाषा लिखने में भी कुशल बन सकेंगे।

बहुविकल्पी वस्तुनिष्ठ प्रश्न

निर्देश : *नीचे के प्रश्नों में ऊपर एक वाक्य दिया गया है और उसके नीचे चार विकल्प A, B, C और D दिए गए हैं। इनमें से एक विकल्प ऊपर दिए गए वाक्यांश का सही अर्थ एक शब्द में बताता है। ऐसे विकल्प को छाँटकर उस पर निशान लगाइए।*

1. ईश्वर में विश्वास करने वाला :
A. अनुरागी B. वैरागी
C. आस्तिक D. भक्त

2. जिस व्यक्ति की मृत्यु हो चुकी हो :
A. स्वर्गलोकी B. मृत्युलोकी
C. पाताललोकी D. स्वर्गीय

3. जिसका अन्त न हो :
A. आदि B. अनन्त
C. अनादि D. अन्तिम

4. जो अनुकरण करने योग्य हो :
A. ज्ञाता B. अनुकरणीय
C. अनुकारक D. अनुरक्ता

5. ईश्वर में विश्वास न नहीं रखने वाला :
A. निरामिश B. नास्तिक
C. नश्वर D. निष्कपट

6. जिसे आसानी से किया जा सके :
A. सुगम B. सरल
C. आसानीपूर्वक D. सदृश

7. जहाँ जाना कठिन हो :
A. अगम्य B. दुर्गम
C. कष्टपूर्ण D. कठिनतम

8. जो किसी का पक्ष न ले :
A. निष्पक्ष B. तटस्थ
C. अपक्षधर D. आदर्श

9. जिसे जीता न जा सके :
A. अजेय B. पराजय
C. अजर D. अमर

10. दूसरों पर उपकार करने वाला :
A. उपकारी B. समाजसेवक
C. परोपकारी D. कृतज्ञ

11. आकाश में घूमने वाला :
A. आकाशीय B. नभचर
C. अन्तरिक्ष यात्री D. पक्षीगण

12. जिसकी पत्नी मर चुकी हो :
A. विधुर B. संन्यासी
C. वैरागी D. अपत्नित्व

13. सब कुछ जानने वाला :
A. ज्ञाता B. ज्ञानी
C. बुद्धिमान् D. सर्वज्ञ

14. जो सब जगह उपस्थित हो :
A. ईश्वर B. सर्वव्यापी
C. सर्वज्ञ D. अन्तर्यामी

15. जिस पर विश्वास न किया जा सके :
A. धोखेबाज B. दगाबाज
C. कपटी D. अविश्वसनीय

16. जो कभी बूढ़ा न हो :
A. अमर B. महन्त
C. अजर D. इन्द्र

17. जिस तिथि को चाँद नहीं दिखाई देता :
A. पूर्णमासी B. अमावस्या
C. पूर्णिमा D. कार्तिक

18. ऐसी धरती जिसमें कुछ न उपजता हो :
A. बंजर B. मरुभूमि
C. दलदल D. ऊसर

19. बिना मांस का भोजन :
A. निरामिष B. सामिष
C. फलाहारी D. अन्नपूर्णा

20. जिसकी कोई उपमा न हो :
A. निराला B. अनोखा
C. अनुपम D. आश्चर्य

21. जो दो सप्ताह में एक बार हो :
A. द्विसाप्ताहिक B. पाक्षिक
C. पन्द्रहवीं D. साप्ताहिकी

22. ज्ञान-प्राप्ति की इच्छा रखने वाला :
A. ज्ञानी B. ज्ञाता
C. जिज्ञासु D. ज्ञानेन्द्र

23. जो कहने योग्य न हो :
A. अकथनीय B. अयोग्य
C. अवगुण D. अभावनात्मक

24. जो सहन न कर सके :
A. असहनीय B. असामाजिक
C. असहिष्णु D. असहाय

25. उच्चकुल में जन्म लेने वाला :
A. कुलीन B. धनी
C. रईस D. कुलिश

26. जो इन्द्रियों से परे हो :
A. इन्द्रहीन B. अगोचर
C. गोचर D. इष्टहीन

27. जिसका जन्म बाद में हुआ हो :
A. अग्रज B. अनुज
C. पीढ़ी D. युवा

28. जिसे किसी बात का पता न हो :
A. अज्ञानी B. अल्पज्ञ
C. अनभिज्ञ D. मूर्ख

29. जो हथियार फेंक कर चलाया जाये :
A. शस्त्र B. अस्त्र
C. बारूद D. योद्धा

30. अत्यन्त क्रूर व्यक्ति :
A. दुष्ट B. राक्षस
C. शैतान D. आततायी

31. दूसरे की उन्नति को देखकर जलने वाला :
A. डाही B. ज्वलनशील
C. घमंडी D. ईर्ष्यालु

32. जिस बात का सम्बन्ध इस लोक से हो :
A. लौकिक B. पारलौकिक
C. भौतिक D. ऐहिक

33. जो काम से जी चुराता हो :
A. आलसी B. अकर्मण्य
C. कामचोर D. भोगी

34. जो उपकार न माने :
A. अपकारी B. कृतज्ञ
C. कृतघ्न D. अपरोपकारी

35. जो ग्रहण करने योग्य हो :
A. ग्रहणशील B. ग्राह्य
C. स्वीकार D. ग्रहणीय

निर्देश : *नीचे के प्रश्नों में ऊपर एक शब्द दिया गया है और उसके नीचे चार विकल्प A, B, C, और D, दिये गये हैं। इनमें से एक विकल्प ऊपर दिये गये शब्द का सही अर्थ एक वाक्यांश में बताता है। उस विकल्प को छाँटकर उस पर निशान लगाइये।*

36. सर्वज्ञ
A. अच्छी तरह से जानने वाला
B. सर्वशक्तियों का स्वामी
C. सब कुछ जानने वाला
D. सबके मन में विद्यमान

37. ईर्ष्या
A. शत्रुता का भाव
B. दूसरों की उन्नति से जलना
C. दूसरों का बुरा चाहना
D. सदैव अपना स्वार्थ देखना

38. सखा
A. सद्व्यवहार रखने वाला
B. प्रायः साथ रहने वाला समवयस्क साथी
C. आत्मीयता रखने वाला सहपाठी
D. कल्याण की कामना करने वाला मित्र

39. अनिवार्य
A. जिसको टाला न जा सके
B. जिसका निवारण न हो सके
C. जिसको करना जरूरी हो
D. जो आसानी से न हो सके

40. कुलीन
A. जो बुरे कार्यों से दूर रहे
B. जो उच्च कुल में जन्मा हो
C. जो सभ्य और सुसंस्कृत हो
D. जो समाज में प्रतिष्ठित हो

41. निष्पक्ष
A. जो किसी का अहित न करे
B. जो दोनों पक्षों का साथ दे
C. जो किसी पक्ष से कोई अपेक्षा न करे
D. जो किसी का पक्ष न ले

42. अबध्य
A. जिसका वध करना वर्जित हो
B. जिसका वध कर पाना सम्भव न हो
C. जो किसी का वध न करे
D. जिसका वध अकारण किया गया हो

43. अश्रुत
A. जिसको सुनाई न दे
B. जिसे सुनना पाप हो
C. जिसे या जो पहले कभी सुना न गया हो
D. बहरा

44. अगोचर
A. जो चल न सके
B. जो देख न सके
C. जिसे आँखों से देखा न जा सके
D. जो रेंग कर चलता हो

45. अजातशत्रु
A. जिसे कोई शत्रु जीत न सके
B. जिसके सामने शत्रु नतमस्तक हो
C. जिसका कोई शत्रु पैदा ही न हुआ हो
D. जिसने अपने सभी शत्रुओं को जीत लिया हो

46. अनुज
A. पीछे-पीछे चलने वाला
B. पद में छोटा
C. बाद में पैदा होने वाला छोटा भाई
D. जो एक ही माता से जन्मा हो

47. अनाथ
A. जो अबोध हो
B. जिसका कोई घर-बार न हो
C. जिसके माँ-बाप मर चुके हों
D. जिसकी सहायता करने वाला कोई न हो

48. नास्तिक
A. पूजा-पाठ न करने वाला
B. ईश्वर के अस्तित्व में विश्वास न करने वाला
C. धर्म को न मानने वाला
D. धर्म-विरोधी

49. हिंस्र
A. दूसरे प्राणियों की हिंसा करने वाला
B. जनता पर अत्याचार करने वाला
C. हिंसा करके प्रसन्न होने वाला
D. दूसरों को हिंसा के लिए प्रेरित करने वाला

50. अविस्मरणीय
A. जो अभी भुलाया न गया हो
B. जिसे कभी भुलाया न जा सके
C. जो भूल जाने लायक हो
D. जिसे भुला दिया गया हो

51. शाश्वत
- A. सबके मन की बात जानने वाला
- B. सर्वत्र विद्यमान
- C. सदैव रहने वाला
- D. सबका कल्याण करने वाला

52. दुर्गम
- A. जहाँ जा पाना कठिन हो
- B. जहाँ जा सकना असम्भव हो
- C. जो कठिन मार्ग पर चले
- D. जो कठिनाई से भी मार्ग बना ले

53. कृतघ्न
- A. जो उपकार का एहसान न माने
- B. जो उपकार का एहसान माने
- C. जो एहसान के लिए उपकार करे
- D. जो दूसरों का उपकार करे

54. कृतज्ञ
- A. जो अपने साथ किए गये उपकार का एहसान न माने
- B. जो अपने साथ किए गये उपकार का एहसान माने
- C. जो किसी के साथ उपकार न करे
- D. जिसे किसी से उपकार की अपेक्षा न हो

55. अगम्य
- A. जहाँ जाना वर्जित हो
- B. जिसकी थाह न मिले
- C. जहाँ जा सकना असम्भव हो
- D. जहाँ जाने के लिए पहाड़ पार करना पड़े

56. अनश्वर
- A. जिसका नाश किया जा सके
- B. जिसका कभी नाश न हो
- C. जो किसी का नाश न करे
- D. जिसकी इच्छा सदैव जीवित रहने की हो

57. अप्रत्याशित
- A. जिससे आशा न हो
- B. जो आशा के ठीक विपरीत हो
- C. जिसकी आशा न की गई हो
- D. जो आशा के अनुरूप खरा उतरे

58. अनुगृहीत
- A. कृपा का आभार मानने वाला
- B. कृपा का आभार न मानने वाला
- C. जो कृपा का पात्र न हो
- D. जो सबसे दास कृपा का व्यवहार करे

59. असह्य
- A. जिसे सहना अन्याय हो
- B. जिसका डटकर मुकाबला करना चाहिए
- C. जिसमें सहनशक्ति न हो
- D. जो सहा न जा सके

60. आधि
- A. शारीरिक रोग
- B. प्राकृतिक विपत्ति
- C. मानसिक कष्ट
- D. निर्धनता

उत्तरमाला

1	2	3	4	5	6	7	8	9	10
C	D	B	B	B	A	B	A	A	C
11	12	13	14	15	16	17	18	19	20
B	A	D	B	D	C	B	D	B	C
21	22	23	24	25	26	27	28	29	30
B	C	A	C	A	B	B	C	B	D
31	32	33	34	35	36	37	38	39	40
D	D	C	C	B	C	B	B	B	B
41	42	43	44	45	46	47	48	49	50
D	A	C	C	C	C	C	B	A	B
51	52	53	54	55	56	57	58	59	60
C	A	A	B	C	B	C	A	D	C

वाक्यों में रिक्त स्थानों की पूर्ति

निर्देश : *निम्नलिखित वाक्यों में उपयुक्त शब्दों द्वारा रिक्त स्थान की पूर्ति के लिए चार-चार विकल्प दिए गए हैं। इनमें एक विकल्प ठीक है; उसका चयन कीजिए।*

1. परदेश में रहने वाला व्यक्ति........कहलाता है।
A. परेदशी B. प्रवासी
C. अजनबी D. अन्तेवासी

2. वह........व्यक्ति किसी भी समस्या का हल तत्काल सोच सकता है।
A. होनहार B. प्रतिभाशाली
C. सतोगुणी D. प्रत्युत्पन्नमति

3. यह........शीशा है जिसके आर-पार देखा जा सकता है।
A. स्वच्छ B. महँगा
C. पारदर्शक D. पारभासी

4. फिजूलखर्च करने वाले व्यक्ति........पुरुष से दूर रहना चाहते हैं।
A. मितव्ययी B. धनी
C. चरित्रवान् D. निर्धन

5. उस महिला के कोई बच्चा नहीं हुआ है। इसलिए कुछ मूर्ख लोग उसे........कह कर खिजाते हैं।
A. हीजड़ी B. वेश्या
C. विधवा D. वन्ध्या

6. पच्चीस वर्ष पूरे करने के उपलक्ष में कल हमारा विद्यालय........मनाएगा।
A. स्वर्ण जयन्ती B. रजत जयन्ती
C. कांस्य जयन्ती D. हीरक जयन्ती

7. गणेशजी का एक नाम........भी है।
A. माखनचोर B. पर्वतलंघी
C. लम्बोदर D. संहारक

8. ....का आचरण आमतौर पर अवहेलनापूर्ण होता है।
A. विमाताओं B. माताओं
C. चाचियों D. दादियों

9. वैदिक धर्म को........धर्म माना जाता है।
A. लौकिक B. पारलौकिक
C. सार्वभौमिक D. शाश्वत

10. सूर्य........है।
A. जंगम B. कम्पनशील
C. स्थावर D. शीतल

11. नेहरू के ....शरीर को जलाया गया था।
A. आध्यात्मिक B. मृतक
C. भौतिक D. पार्थिव

12. हमें अपने........को समूचा स्नेह देना चाहिए।
A. पूर्वजों B. अग्रजों
C. अनुजों D. शत्रुओं

13. ऐसा कौनसा व्यापारी है जिसमें........का अभाव हो?
A. लिप्सा B. जुगुप्सा
C. वासना D. जिज्ञासा

14. सुभाष चन्द्र बोस में........साहस था।
A. अकाट्य B. असह्य
C. अक्षम्य D. अदम्य

15. मैं........में विश्वास नहीं करता हूँ बल्कि वास्तविक गुणों का पक्षपाती हूँ।
A. अदृश्य B. आडम्बर
C. रंग-रोगन D. तड़क-भड़क

16. ....व्यक्ति हमेशा कुढ़ता रहता है।
A. ईर्ष्यालु B. कंजूस
C. झगड़ालू D. मितव्ययी

17. अहिंसा........उज्ज्वलतम रूप है।
A. न्याय का B. क्षमता का
C. निश्चय का D. वीरता का

18. न्यायालयों में न्याय पाना बड़ा........हो गया है।
A. असम्भव B. कठिन
C. किंचित् D. असंशय

19. त्यौहार मनुष्य की........महत्त्वपूर्ण अंग है।
A. संस्कृति का B. सम्मति का
C. स्मृति का D. विकृति का

20. आपका अपराध........है क्योंकि आपने एक वृद्ध पुरुष को ठगा है।

A. अकर्मण्य B. अक्षम्य
C. अदृश्य D. अस्पृश्य

21. क्या तू जानता है कि तेरे........का उसके मन पर क्या प्रभाव पड़ा होगा?

A. प्रसंग B. प्रमाद
C. उपहास D. उपचार

22. उत्सव आदि में विलम्ब से पहुँचना हमारे........में शामिल हो गया है।

A. स्वभाव B. नियम
C. खून D. आडम्बर

23. संस्कृत भाषा को........की संज्ञा दी जाती है।

A. जगज्जननी B. मृत भाषा
C. दिवंगत भाषा D. गीर्वाण भाषा

24. चरित्र ही दूसरे शब्दों में........है।

A. पर्व B. कर्म
C. धर्म D. मर्म

25. मुझे........व्यक्ति पसंद है।

A. असत्यभाषी B. छद्मवंशी
C. प्रपञ्ची D. स्पष्टभाषी

26. मैं उस........व्यक्ति का समूचे हृदय से आदर करता हूं।

A. मठकर B. कर्मठ
C. गोपनीय D. घृणित

27. उसके........व्यक्तित्व ने मुझे बेहद प्रभावित किया है।

A. कलंकित B. दूषित
C. कुत्सित D. चुम्बकीय

28. गद्यपद्यमयी साहित्य........कहलाता है।

A. गीतिकाव्य B. पौराणिक साहित्य
C. लौकिक साहित्य D. चम्पू

29. उस........का क्या कहना वह तो अपनी मम्मी के चरित्र पर भी नुक्ताचीनी कर सकता है।

A. हत्यारे B. छिद्रान्वेषी
C. आलोचक D. अवलोढ़क

30. जिसमें अनेक इच्छाएँ आबद्ध रहती हैं उसे........व्यक्तित्व कहते हैं।

A. विशिष्ट B. विश्लिष्ट
C. संश्लिष्ट D. प्रश्लिष्ट

31. कश्मीर की समस्या अब शीघ्र........योग्य बन गई है।

A. समाधान B. विधान
C. अनुदान D. संदान

32. भारतीय राजनीति में भी भक्ति और पूजा के लिए, प्रायः हर दल में एक........की जरूरत होती है।

A. नियोजक B. सर्वेसर्वा
C. व्यक्तित्व D. चर्चा

33. खूब सोच-विचार करने के बावजूद भी हम किसी........पर नहीं पहुँच सके।

A. निदान B. प्रमाण
C. परिणाम D. परिमाण

34. हास्यानंद की काम के प्रति लगन और निष्ठा........है।

A. अनुक्रमणीय B. अवज्ञेय
C. शोचनीय D. हास्यास्पद

35. अवधी भाषा के सर्वाधिक लोकप्रिय महाकाव्य का नाम........है।

A. पद्मावत B. रामचरितमानस
C. कादम्बरी D. मधुमालती

36. विद्या की अधिष्ठातृ देवी........है।

A. लक्ष्मी B. दुर्गा
C. सरस्वती D. कात्यायनी

37. पश्चिम के देशों में समय की........अनिवार्य है।

A. कुताई B. पाबंदी
C. शिथिलता D. अवज्ञा

38. सन्ध्या और रात्रि के बीच का समय........समय कहलाता है।

A. गोधूलि B. रात्रिमुख
C. दिनावसान D. गोमुख

39. सरकार नियमों का........करने वालों को दण्ड देती है।

A. प्रतिपालन B. अनुकरण
C. उल्लंघन D. अनुपालन

40. आजकल समाचार-पत्रों में........समाचार कम छपते हैं।

A. निर्धनों के B. धनाढ्यों के
C. धार्मिक D. जनहित के

41. भारतीय इतिहास की सराहनीय विशेषता उसमें धार्मिक भावों की........है।

A. अनुदारता B. प्रचुरता
C. न्यूनता D. अपरिपक्वता

42. प्राचीनकाल में राजा लोग वेश बदलकर........किया करते थे।

A. यज्ञ-हवन B. संचरण

C. देशाटन D. उद्घाटन

43. आपकी........बातों पर कौन विश्वास करेगा?

A. निर्दम्भ B. निराधार

C. निरुपम D. निर्मम

44. छोटे-छोटे जीवों में भी........पाई जाती है।

A. जिज्ञासा B. पिपासा

C. लालसा D. जिजीविषा

45. आपका आचरण सर्वथा........है।

A. अनुकरणीय B. ग्राह्य

C. अवज्ञेय D. प्राप्य

46. मैंने यह पुस्तक........पढ़ी है।

A. आद्यन्त B. सान्त

C. आद्योपान्त D. सर्वथा

47. मैं वह........भूमि नहीं खरीदूँगा।

A. गोचर B. दाय

C. उपजाऊ D. ऊसर

48. पतंगा तो........ही है दीपक भी जलता है।

A. जीता B. मरता

C. उड़ता D. जलता

49. परिवार........पर आधारित वृत्तचित्र दिखाना लाभप्रद होगा।

A. आयोजन B. संयोजन

C. नियोजन D. वियोजन

50. प्रिय बंधु! यह ....तुम्हें ले डूबेगी।

A. कुसंगति B. संगति

C. सत्संगति D. विसंगति

उत्तरमाला

1	2	3	4	5	6	7	8	9	10
B	D	C	A	D	B	C	A	D	C
11	**12**	**13**	**14**	**15**	**16**	**17**	**18**	**19**	**20**
D	C	A	D	B	A	D	B	A	B
21	**22**	**23**	**24**	**25**	**26**	**27**	**28**	**29**	**30**
C	A	D	C	D	B	D	D	B	C
31	**32**	**33**	**34**	**35**	**36**	**37**	**38**	**39**	**40**
A	C	C	D	B	C	B	A	C	D
41	**42**	**43**	**44**	**45**	**46**	**47**	**48**	**49**	**50**
B	C	B	D	A	C	D	D	C	A

रस, छंद, अलंकार

अलंकार का शाब्दिक अर्थ है—आभूषण या गहना। जिस प्रकार शरीर की शोभा को बढ़ाने के लिए लोग आभूषण धारण करते हैं उसी प्रकार काव्य की शोभा को बढ़ाने के लिए जिस शब्द का प्रयोग किया जाता है, उसे अलंकार कहते हैं। किसी ने सच ही कहा है कि ''काव्य शोभा करान् धर्मानलंकार पुत्रक्षते!'' अर्थात् काव्य की शोभा बढ़ाने वाले धर्म या गुण को अलंकार कहते हैं। इसके प्रयोग से काव्य में अर्थ व भाषा की दृष्टि से चार चाँद लग जाते हैं। वहीं दूसरी ओर कविता में रस का प्रयोग श्रोता या पाठक को आत्म-विभोर कर देता है। रस किसी पद्य में ऐसे तत्त्व का समावेश करता है जो पाठक के हृदय में ऐसे आनंद का संचरण करता है जिसे वह सिर्फ महसूस कर पाता है किन्तु मुँह से या शब्दों से उसकी व्याख्या नहीं कर पाता। प्रस्तुत अध्याय छात्रों की परीक्षाओं को ध्यान में रखते हुए तैयार किया गया है ताकि वे इसे पढ़कर अच्छे अंक अर्जित कर सकें।

निर्देश : *निम्नलिखित प्रश्नों में दिए गए वाक्यों में प्रयुक्त अलंकार के भेद का चयन उसके नीचे दिए विकल्पों में से कीजिए।*

1. कुन्द इन्दु सन देह, उमा रमन, करुणा 'अयन' में कौन–सा अलंकार है?

A. श्लेष B. उपमा
C. अनुप्रास D. रूपक

2. 'काली लहर कल्पना काली
मेरी काल कोठरी काली'
में कौन-सा अलंकार है?

A. अनुप्रास B. रूपक
C. श्लेष D. उपमा

3. ''लाल चेहरा है नहीं, फिर, लाल किसके'', में कौन-सा अलंकार है?

A. यमक B. रूपक
C. उपमा D. अनुप्रास

4. 'कनक-कनक ते सौ गुनी मादकता अधिकाय' में कौन-सा अलंकार है?

A. यमक B. श्लेष
C. अनुप्रास D. उपमा

5. 'हरिपद कोमल कमल से' में उपमा का कौन-सा भेद है?

A. लुप्तोपमा B. मालोपमा
C. पूर्णोपमा D. इनमें से कोई नहीं

6. रंग-रूप, गुण-धर्म की समानता के कारण किसी वस्तु में दूसरी वस्तु का सन्देह होने पर कौन-सा अलंकार होता है?

A. भ्रान्तिमान B. सन्देह
C. प्रतीप D. अतिशयोक्ति

7. संपत्ति चकई भरतु चक मुनि आयसु खेलवार
तेहि निसि आश्रम पिजराँ राखे भाभिनुसार।
सम्पत्ति चकई में अलंकार बताइए।

A. उपमा B. रूपक
C. संदेह D. कोई नहीं

8. बीती विभावरी जाग री
अम्बर-पनघट में डूबो रही तारा घट उषा-नागरी।।
प्रस्तुत पंक्तियों में कौन-सा अलंकार है?

A. उपमा B. रूपक
C. उत्प्रेक्षा D. यमक

9. 'रघुपति राघव राजा राम' में निम्नलिखित में से किस अलंकार का प्रयोग किया गया है?

A. यमक B. अनुप्रास
C. उपमा D. उत्प्रेक्षा

10. एक शब्द के अनेक अर्थ होने पर कौन-सा अलंकार होता है?

A. उपगा B. रूपक
C. श्लेष D. यमक

11. ज्यों-ज्यों बढ़े स्याम रंग त्यों-त्यों उज्ज्वल होय। इसमें अलंकार है

A. अतिशयोक्ति B. विशेषोक्ति
C. विरोधाभास D. उत्प्रेक्षा

12. इस काल मारे क्रोध के, तनु काँपने उनका लगा।
मानो हवा के जोर से, सोता हुआ सागर जगा।।

A. उपमा B. रूपक
C. उत्प्रेक्षा D. अतिशयोक्ति

13. हनुमान की पूँछ में लगन न पाई आग।
लंकार सिगरी जल गई, गए निसाचर भाग।।

A. श्लेष B. रूपक
C. अतिशयोक्ति D. विरोधाभास

14. पीपर पात सरिसं मन डोला।

A. उपमा B. उत्प्रेक्षा
C. रूपक D. उल्लेख

15. ध्वनि-मयी कर के गिरि-कंदरा।
कलित-कानन केलि-निकुंज को।

A. छेकानुप्रास B. वृत्त्यानुप्रास
C. लाटानुप्रास D. यमक

16. माला फेरत युग गया,
फिरा न मन का फेर।
कर का मनका डारि दे,
मन का मनका फेर।।

A. अनुप्रास B. श्लेष
C. यमक D. रूपक

17. या मुरली मुरलीधर की अधरान-धरी अधरान धरौंगी।

A. रूपक B. यमक
C. उपमा D. उत्प्रेक्षा

18. नदियाँ जिनकी यशधारा-सी
बहती हैं अब भी निशि-वासर।।

A. श्लेष B. उत्प्रेक्षा
C. रूपक D. उपमा

19. कहे कवि बेनी ब्याल की चुराई लीनी।

A. यमक B. श्लेष
C. अतिशयोक्ति D. रूपक

20. सब प्राणियों के मत्तमनोमयूर अहा नच रहा।

A. उपमा B. रूपक
C. श्लेष D. उत्प्रेक्षा

21. मखमल के झूले पड़े हाथी-सा टीला।

A. उल्लेख B. उत्प्रेक्षा
C. उपमा D. रूपक

22. "पराधीन जो जन, नहीं स्वर्ग, नरक ता हेतु।
पराधीन जो जन नहीं, स्वर्ग नरक ता हेतु।।

A. अनुप्रास B. यमक
C. श्लेष D. उपमा

23. जोगी जटिल अकाम मन मनन अमंगल वेष।
अस स्वामी एहि कहं मिलिहि, परी हस्त असि रेख।।

A. श्रृंगार B. वीभत्स
C. भयानक D. रौद्र

24. "मुख रूपी चाँद पर राहु भी धोखा खा गया" पंक्तियों में अलंकार है

A. श्लेष B. वक्रोक्ति
C. उपमा D. रूपक

25. "मूक होई वाचाल पंगु चढ़ाई गिरिवर गहन।
जसु कृपा सो दयाल, द्रवहु सकल कलिमल दहन।।"
प्रस्तुत पंक्तियों में कौन-सा छंद है?

A. दोहा B. चौपाई
C. सोरठा D. बरवै

26. अनुराग तड़ाग में भानु उदै बिगसी मानो कंज कली में कौन सा रस है?

A. श्रृंगार रस B. भक्ति रस
C. शांत रस D. इनमें से कोई नहीं

27. 'रुदन का हँसना ही तो गान'—पंक्ति में कौन-सा अलंकार है?

A. विरोधाभास B. विभावना
C. असंगति D. दीपक

28. "देखो दो-दो मेघ बरसते, मैं प्यासी की प्यासी'—पंक्ति में कौन-सा अलंकार है?

A. विशेषोक्ति B. विभावना
C. अनुप्रास D. यमक

29. किस रस का संचारी भाव उग्रता, गर्व, हर्ष आदि है?

A. श्रृंगार B. वीर
C. वात्सल्य D. रौद्र

30. फूले कास सकल महि छाईं।
जनु बरसा रितु प्रकट बुढ़ाई।।
A. उत्प्रेक्षा B. उपमा
C. रूपक D. श्लेष

31. "रावन सिर सरोज–बनचारी
चल रघुवीर सिलीमुखी धारी।"
में कौन-सा अलंकार है?
A. रूपक B. श्लेष
C. उपमा D. उत्प्रेक्षा

32. जहाँ बिना कारण के कार्य का होना पाया जाए वहाँ कौन-सा अलंकार होता है?
A. विरोधाभास B. विशेषोक्ति
C. विभावना D. भ्रांतिमान

33. जहाँ उपमेय में अनेक उपमानों की शंका होती है वहाँ कौन-सा अलंकार होता है?
A. यमक B. श्लेष
C. भ्रांतिमान D. संदेह

34. "भारत के सम भारत है" में कौन-सा अलंकार है?
A. रूपक B. अनन्वय
C. उपमा D. यमक

35. "पूत कपूत तो क्यों धन संचय
पूत सपूत तो क्यों धन संचय।।"
A. छेकानुप्रास B. लाटानुप्रास
C. वृत्यानुप्रास D. अन्त्यानुप्रास

36. "उसी तपस्वी से लम्बे थे, देवदार दो चार खड़े।।".
इस पंक्ति में कौन-सा अलंकार है?
A. अनुप्रास B. प्रतीप
C. रूपक D. यमक

37. "रहिमन पुतरी श्याम, मनहु जलज मधुकर लसै।"
प्रस्तुत पंक्ति में कौन-सा अलंकार है?
A. रूपक B. उत्प्रेक्षा
C. यमक D. उपमा

38. "उदित उदय गिर मंच पर,
रघुवर बाल पतंग।
विकसे संत सरोज सब,
हरषे लोचन भृंग।।
इन पंक्तियों में प्रयुक्त अलंकार का नाम बताइए
A. उपमा B. उत्प्रेक्षा
C. श्लेष D. रूपक

39. 'कोई चाहे या न चाहे, मूक सी इस जिन्दगी को, शंख सा बजना पड़ेगा' इस उद्धरण में प्रयुक्त अलंकार है
A. उपमा B. रूपक
C. प्रतीप D. श्लेष

40. सती दीख कौतुक मग जाता।
आगे राम सहित श्री भ्राता।
फिरि चितवा पाछें प्रभु देखा।
सहित बंधु सियसुंदर वेषा।
A. श्रृंगार B. भयानक
C. वीर D. अद्भुत

41. "तरिन तनूज़ा तट तमाल तरुवर बहु छाये" में कौन-सा अलंकार है?
A. उत्प्रेक्षा B. उपमा
C. यमक D. अनुप्रास

निर्देश : *निम्नलिखित पंक्तियों से सम्बन्धित प्रश्न के उत्तर दीजिए।*
हृदय सिंधु मति सीप समाना।
स्वाँति सारत कहहिं सुजाना।
जौ बरबई बरवारि विचारू।
होहि कविता मुकुता मनि चारू।।

42. हृदय सिंधु में अलंकार है
A. उपमा B. श्लेष
C. रूपक D. वक्रोक्ति

43. सीप समाना में अलंकार है
A. उपमा B. श्लेष
C. रूपक D. अन्योक्ति

44. 'मेरी भव बाधा हरौ,
राधा नागरि सोई।
जो तन की झाईं परत,
स्यामु हरित दुति होई।।'
उपरोक्त पद में कौन-सा अलंकार होता है
A. उपमा B. रूपक
C. यमक D. श्लेष

निर्देश : *निम्नलिखित पंक्तियों से सम्बन्धित प्रश्न के उत्तर दीजिए।*

चारू चन्द्र की चंचल किरणें
खेल रही हैं जल थल में
स्वच्छ चाँदनी बिछी हुई है
अवनि और अम्बर तल में

45. इन पंक्तियों में अलंकार बताइए
A. उपमा B. रूपकातिशयोक्ति
C. वृत्यानुप्रास D. छेकानुप्रास

46. 'आशाओं की करवट
फिर सुप्त व्यथा का जगना'
इस पंक्तियों में अलंकार है
A. उपमा B. रूपक
C. उत्प्रेक्षा D. मानवीकरण

47. बढ़त-बढ़त सम्पत्ति-सलिल मन-सरोज बढ़ जाए
सम्पत्ति-सलिल में अलंकार है
A. रूपक B. उपमा
C. उत्प्रेक्षा D. श्लेष

48. बढ़त-बढ़त में अलंकार है
A. यमक B. पुनरुक्ति प्रकाश
C. वक्रोक्ति D. श्लेष

49. ''नहिं पराग नहिं मधुर मधु, नहिं विकास येहि काल।
अली कली ही सों बंध्यो, आगे कौन हवाल।।
में कौन-सा अलंकार है?
A. अतिशयोक्ति B. अन्योक्ति
C. विशेषोक्ति D. रूपक

नीचे दी गई पंक्तियों के संदर्भ में प्रश्नों के उत्तर दीजिए

भरतहि होई न राजमदु विधि हरि हर पद पाइ।
कबहुँ कि काँजी सीकरनि छीर सिंधु बिनसाइ।।

50. इसमें अलंकार है
A. उदाहरण B. उपमा
C. दृष्टान्त D. रूपक

नीचे दी गई पंक्तियों के संदर्भ में प्रश्नों के उत्तर दीजिए

मो सम कौन कुटिल खल कामी?

51. मो सम में अलंकार है?
A. उत्प्रेक्षा B. उपमा
C. रूपक D. उत्प्रेक्षा

52. खल का अर्थ है
A. पापी B. अपराधी
C. दुष्ट D. इनमें से कोई नहीं

53. 'तिय लिलार बेंदी दिए अगनित बढ़त उदोत' में अलंकार है
A. अत्युक्ति B. विरोधाभास
C. अतिशयोक्ति D. अन्योक्ति

54. काव्य का अस्थिर धर्म क्या है?
A. रस B. शब्दशक्ति
C. अलंकार D. छंद

55. ''रहिमन जो गति दीप की,
कुल कपूत गति सोय।
बारे उजियारे लगै,
बढै अंधेरो होय।।''
इस दोहे में कौन-सा अलंकार है?
A. श्लेष B. यमक
C. रूपक D. अपह्नुति

56. ''मेरे तो गिरिधर गोपाल दूसरो न कोई।
जाके सिर मोर मुकुट मेरो पति सोई।।'' में किस रस की अभिव्यक्ति है?
A. हास्य B. करुण
C. शृंगार D. शान्त

57. साड़ी बीच नारी है कि नारी बीच साड़ी है। इसमें कौन-सा अलंकार है?
A. यमक B. वक्रोक्ति
C. संदेह D. श्लेष

58. ''राग है कि, रूप है कि
रस है कि, जल है कि
तन है कि, मन है कि
प्राण है कि, प्यारी है''
उपर्युक्त पंक्तियों में रस है
A. शृंगार B. वात्सल्य
C. अद्भुत D. शान्त

59. किस रस का संचारी उद्दीपन विभाव बादल की घटाएँ, कोयल का बोलना, बसन्त ऋतु आदि होते हैं?
A. शृंगार B. वात्सल्य
C. अद्भुत D. शान्त

60. "सोहत कर नवनीत लिए
घुटुरुन चलत रेनु तन मंडित
मुख दधि लेप किए।"
उपर्युक्त पंक्तियों में रस है
A. श्रृंगार B. रौद्र
C. शान्त D. वात्सल्य

61. मारवे रदपदखन कुटिल भई भौंहें।
हृदयत फरकत नैन रिसौंहें।
A. वीर रस B. रौद्र रस
C. भयानक रस D. वीभत्स रस

62. किलक अरे मैं नेह निहारूँ।
इन दाँतों पर मोती वारूँ।।
इस पद्यांश में कौन-सा रस है?
A. वात्सल्य B. हास्य
C. वीर D. शांत

63. जिस वस्तु या व्यक्ति के कारण स्थायी भाव जाग्रत होता है, उन्हें कहते हैं
A. उद्दीपन B. आलम्बन
C. अनुभाव D. संचारी भाव

64. 'झांसी की रानी' कविता में रस है
A. वीर रस B. भक्ति रस
C. शान्त रस D. हास्य रस

65. 'दिनकर' किस रस के कवि माने जाते हैं?
A. श्रृंगार रस B. वीर रस
C. करुण रस D. रौद्र रस

66. रामचरितमानस का प्रधान रस है
A. वीर B. भक्तिरस
C. शान्त D. श्रृंगार

67. चौपाई के चारों चरणों में कितनी मात्राएँ होती हैं?
A. तेरह B. सत्रह
C. चौदह D. सोलह

68. छंद कितने प्रकार के होते हैं?
A. तीन B. दो
C. पाँच D. चार

69. दोहा के प्रथम और तृतीय चरण में कितनी मात्राएँ होती हैं?
A. ग्यारह B. बारह
C. चौदह D. तेरह

70. जहाँ किसी वस्तु का लोक-सीमा से इतना बढ़कर वर्णन किया जाए कि वह असम्भव की सीमा तक पहुँच जाए, वहाँ अलंकार होता है—
A. अतिशयोक्ति B. विरोधाभास
C. अत्युक्ति D. उत्प्रेक्षा

71. दोहे और रोले को क्रम से मिलाने पर कौन-सा छंद बनता है?
A. हरिगीतिका B. कुण्डलियाँ
C. सवैया D. बरवै

72. "अवधि शिला का उर पर था गुरु भार।
तिल-तिल काट रही थी दृग जल धार।।"
प्रस्तुत पंक्तियों में कौन-सा छंद है?
A. दोहा B. सोरठा
C. रोला D. बरवै

73. 'कमल' शब्द का गण बताएं
A. नगण B. जगण
C. मगण D. रगण

74. आचार्य मम्मट के अनुसार रस कितने हैं?
A. नौ B. ग्यारह
C. दस D. बारह

75. किस छन्द में वर्ण या मात्रा की गणना नहीं की जाती है?
A. वर्णिक छन्द B. मात्रिक छन्द
C. मुक्त छन्द D. इनमें से कोई नहीं

76. मात्रिक छंद नहीं है
A. दोहा B. चौपाई
C. सोरठा D. सवैया

77. जहाँ एक ही शब्द के अनेक अर्थ व्यंजित हों, वहाँ कौन-सा अलंकार होता है?
A. श्लेष B. यमक
C. उत्प्रेक्षा D. रूपक

78. जर्ग मय मगन भई बानी
इसमें कौन-सा रस है?
A. रौद्र B. वीर
C. भयानक D. अद्भुत

79. निम्नलिखित पंक्तियों में रस बताइए
मेरो सब पुरुषारथ पाको
विपति कटावन बंधु बाहु बिन करों भरोसो काको
A. श्रृंगार B. वीर
C. शांत D. करुण

80. 'जगुप्सा' किस रस का स्थायी भाव है?
A. भयानक B. वीभत्स
C. शांत D. अद्‌भुत

81. श्रृंगार रस का स्थायी भाव बताइए
A. स्नेह B. प्रेम
C. उत्साह D. रति

82. बालक के प्रति प्रेम को क्या कहते हैं?
A. स्नेह B. अनुराग
C. वात्सल्य D. विराग

83. निम्नलिखित में कौन-सा शब्दालंकार है?
A. उपमा B. रूपक
C. यमक D. उत्प्रेक्षा

84. "मन पछितैहै अवसर बीते।
दुर्लभ देह पाइ हरि पद भजु, करम, वचन अरु नीके।।"
इन पंक्तियों में कौन-सा रस है?
A. करुण B. शांत
C. भक्ति D. वात्सल्य

85. आदिकाल के हिन्दी साहित्य में 'रासो' का क्या अर्थ है?
A. वीर काव्य
B. विविध रसों का मिश्रित काव्य
C. रहस्यपरक काव्य
D. 'रास' अर्थात् 'नृत्य' परक काव्य

86. जहाँ शब्दों, शब्दांशों या वाक्यांशों की आवृत्ति हो, किन्तु उनके अर्थ भिन्न हों, वहाँ निम्नलिखित अलंकार है
A. श्लेष B. वक्रोक्ति
C. यमक D. रूपक

87. "वही मनुष्य है कि जो मनुष्य के लिए मरे" म कौन-सा अलंकार है?
A. रूपक B. यमक
C. वक्रोक्ति D. लाटानुप्रास

88. "ऊधव मोहिं बृज विसरत नाहीं" में कौन-सा रस है?
A. श्रृंगार रस B. हास्य रस
C. वीर रस D. करुण रस

89. वीर रस का स्थायी भाव क्या होता है
A. रति B. उत्साह
C. हास्य D. परिहास

90. "उस काल मारे क्रोध के, तन काँपने उसका लगा।
मानो हवा के जोर से, सोता हुआ सागर जगा।"
प्रस्तुत पंक्तियों में कौन-सा रस है?
A. वीर रस B. रौद्र रस
C. अद्‌भुत रस D. करुण रस

उत्तरमाला

1	2	3	4	5	6	7	8	9	10
B	B	A	A	C	B	B	B	B	D
11	12	13	14	15	16	17	18	19	20
C	C	C	A	B	C	C	D	A	B
21	22	23	24	25	26	27	28	29	30
C	A	C	D	C	A	B	A	B	A
31	32	33	34	35	36	37	38	39	40
B	C	D	B	B	B	B	D	B	D
41	42	43	44	45	46	47	48	49	50
D	C	A	D	C	D	A	B	B	C
51	52	53	54	55	56	57	58	59	60
B	C	C	C	A	C	C	C	A	D
61	62	63	64	65	66	67	68	69	70
B	A	B	A	B	C	D	A	D	C
71	72	73	74	75	76	77	78	79	80
B	D	A	A	C	D	A	C	D	B
81	82	83	84	85	86	87	88	89	90
D	C	C	B	A	C	D	A	B	B

ENGLISH LANGUAGE

1. Comprehension Passages

ENGLISH LANGUAGE COMPREHENSION

The objective of language comprehension test is to ascertain the ability of the candidates to understand the passage properly. Therefore candidates are required to take notice of the following points:

1. Read the full passage very attentively and intelligently.
2. Try to comprehend the gist of it.
3. Make a mental note of all the important details and points given in the passage.
4. Read the passage for the second time in case you have not been able to understand it satisfactorily.
5. Divide the time proportionately for all the passages.
6. Answer the questions on the basis of facts, as given in the paragraph.
7. Don't waste much time in answering the questions of any one passage.
8. Check all the answers once again, very carefully, to see whether any question is left unanswered by mistake.

MODEL QUESTIONS (FOR PRACTICE)

Directions: *Each of the following passages is followed by five questions. Read the passage carefully and then answer the questions that follow each. For each question, four probable answers A, B, C and D are given. Only one out of these is correct. Choose the correct answer.*

PASSAGE-1

The use of words like 'welcome', 'thank you', 'please', etc., at the right moment reflects a polite nature. The civic sense also lies within the scope of good manners. We should not shout or talk loudly in public places like hospitals and libraries and create disturbance. We should not cheat people or make fun of them. Cleanliness is also necessary. We must not throw the waste on roads and make use of dustbins. We should not harm the public property as it belongs to all of us. While in a queue, discipline should be maintained. We must give fair chance to others.

1. Expressions like 'welcome' 'thank you' and 'please' reflect
   A. happiness B. discipline
   C. civic sense D. polite nature
2. While in a library, we should
   A. respect others B. avoid arguments
   C. talk in low tone D. be courteous
3. A public property belongs to
   A. nobody
   B. all of us
   C. government
   D. one who maintains it

4. Discipline is
   A. the rule of proper conduct or action
   B. the rule of road sense
   C. making use of dustbins
   D. forming a queue
5. The most appropriate title for this passage would be
   A. Polite Nature
   B. Courtesy
   C. Good Manners
   D. Civic Sense

PASSAGE-2

There is an old proverb 'Early to bed and early to rise makes a man healthy and wise.' I am in the habit of getting up early in the morning and have formed the habit of taking long morning walks in the past two years. It is a light exercise and best for physical fitness. The morning air which is fresh and pure is beneficial for the lungs. The early rays of the rising sun are good for healthy skin. 'Health is wealth' and doctors also recommend morning walk to their patients for gaining sound health and freshness of energy.

1. What is good for lungs?
   A. Sunrays B. Fresh air
   C. Sound sleep D. Light exercise
2. What is a light exercise?
   A. Early to bed
   B. Early to rise
   C. Morning walk
   D. Gaining sound health
3. What is good for skin?
   A. Fresh air
   B. Morning air
   C. Morning walk
   D. Rising sun's rays
4. What is best for physical fitness?
   A. Light exercise
   B. Long morning walk
   C. Early to rise
   D. Fresh and pure air
5. Long morning walk
   A. bring sound sleep
   B. ensures physical fitness
   C. ensures healthy skin
   D. keeps healthy, wealthy and wise

PASSAGE-3

Mahatma Gandhi lived a splendid long life and has set great moral standards before us. He showed to the world the true way to peace. He wished to see India prosper but he became a martyr for the noble cause of Hindu-Muslim unity at the time of partition when a religious fanatic, Nathuram Godse, shot him dead on January 30, 1948. His last words were 'Hey Ram'. He lived and died for his country and countryman.

1. Mahatma Gandhi showed the world the true way to
   A. prosperity B. love
   C. truth D. peace
2. Mahatma Gandhi became a martyr for the noble cause of
   A. truth
   B. non-violence
   C. freedom of India
   D. Hindu-Muslim unity
3. Mahatma Gandhi was shot dead
   A. before India achieved independence
   B. by a mad man
   C. by an intolerant religious person
   D. by a non-religious person
4. Mahatma Gandhi set great moral standards. It means
   A. he was a great religious teacher
   B. he was a great moralist
   C. he made India morally stronger
   D. moral was everything to him
5. Gandhiji lived and died for his country and countryman. It means
   A. he was born in India and died in India
   B. he was a patriot
   C. he was a great moralist
   D. he sacrified his life for India and her people

PASSAGE-4

On one hot day a crow felt very thirsty. He flew from one place to another in search of water. After long hours of labour he found a pitcher. Eagerly, he perched on the mouth of the pitcher. He found that the water was at the bottom of the vessel. He tried his best to dip his beak but did not succeed. He did not know what to do. Suddenly some pebbles lying nearby gave him an idea. One by one he dropped the pebbles with his beak into the pitcher. The level of water slowly came up to the mouth of the pitcher. The crow then drank the water and quenched his thirst.

1. The crow found a pitcher
A. as it flew
B. after many hours of labour
C. full of water
D. which was empty

2. What is the moral of the passage?
A. No pains, no gains
B. God helps those who help themselves
C. Necessity is the mother of invention
D. Try and try again, you will succeed at last

3. The crow flew from place to place
A. in search of pitcher
B. in search of pebbles
C. in search of water
D. in search of a vessel

4. The pitcher, the crow found
A. was full of water
B. was dry
C. had little water in the bottom
D. had water up to its mouth

5. As the crow dropped pebbles into the pitcher, what happend?
A. The pitcher broke down
B. The water leaked one of the pitcher
C. The level of water into the pitcher rose up slowly
D. Water level immediately rose to the mouth of the pitcher

PASSAGE-5

Once upon a time a crane and a fox lived in a forest. They were good friend. One day the fox invited the crane to a feast. He made a tasty food and served it before the crane on a plate. The crane could not eat anything because of the long beak. But the fox licked all his food. The crane felt insulted. He decided to teach the fox a lesson. Next day he invited the fox. He prepared the same tasty food and placed it in front of the fox inside a narrow glass. The crane ate easily while the fox looked on. Now, it was the fox's turn to remain hungry.

1. What is the moral of the passage?
A. Beware of the wicked
B. One good turn deserves another
C. Be contented with what you have
D. Tit for tat

2. The crane could not eat tasty food because the
A. food was served in a shallow plate
B. food was very hot
C. food was served in a long jar
D. crane was not hungry

3. The fox had to remain hungry because
A. the food served was not enough in quantity
B. the food was served inside a narrow glass
C. the food served was not tasty
D. the food was all liquid

4. Why did the crane feel insulted?
A. Because he was invited to feast but he could not eat anything
B. Because the food was served in a shallow plate and he could not eat
C. Because the food was too hot
D. Because the fox gulped all the food quickly

5. The crane successfully taught a lesson to the fox when he invited the fox to a feast and served the food
A. in a narrow glass
B. in a large plate
C. in a broken plate
D. in a long jar

PASSAGE-6

The family set down at the table and began to talk about the summer holidays. They had to decide a place to visit during the vacation. Should they go to their village or to a hill station? The parents preferred the village while the children wished to go the hill station. After few moments of discussion the elders decided to visit both the places. First they shall go to the village for a week and then stay at the hill station for the remaining days. For the first time the family shall be together during the holidays. The children were happy with the holiday plan.

1. The purpose for which the family set down at the table was
A. to decide a place to visit during the vacation
B. to educate the children how to carry articles during a visit to a hill station
C. to decide the date when they should start their journey
D. to tell the children that they will visit a hill station during this vacation

2. The final plan was to visit
A. their village
B. a hill station
C. their village as well as a hill station
D. their home town

3. The final decision was made by
A. the boys B. the girls
C. the women D. the elders

4. They decided first to go to their village and stay there for
A. a day B. a week
C. ten days D. a fortnight

5. Why were children happy?
A. Because a hill station was included in their holiday plan
B. Because a visit to their village was excluded from their holiday plan
C. Because their choice prevailed
D. Because they were going all alone to the hill station

PASSAGE-7

Once Govind intended to go on pilgrimage with his family. He asked Mirind to accompany. But for his trade's reason, he did not go with him. So Govind thought it safe to leave the box of his jewellery with him, as it was dangerous to leave it in a lone house or take it on the journey. So he went to him with the box. He took him to a lonely place under a tree and handed it over to him. He told Mirind, "Keep it safe with you. I shall return from the journey after six month then I shall take it back from you." Mirind said, "Don't worry, I shall keep it as safe as own."

1. Govind intended to go
A. for a business trip
B. to a hill station
C. on a long journey to a sacred place
D. to his home town for a long period

2. Why did Govind leave his box of jewellery with Mirind?
A. Because it was not safe to take the box with him on a long journey
B. Because Mirind was his fast friend
C. Because the box was very heavy
D. Because his house was unsafe

3. Why did Govind take Mirind to a lonely place?
A. To tell him that the box contained valuable jewellery
B. So that no third person could see box
C. To show him what was within the box
D. To tell him that the box will remain with him

4. Where did Govind hand over the box of jewellery to Mirind?
A. At Mirind's house
B. At his own house
C. In a lonely place
D. In a lonely place under a tree

5. It was not safe to leave the box in a lone house. Here the word 'lone house' means
A. a house in a deserted place
B. a house where none lives
C. a house without door and lock
D. a house near the forest

PASSAGE-8

Zahir-ud-din Babar was the first Mughal emperor of India. A descendent of Timur on father's side and Changez Khan on his mother's side, Babar was a brave warrior. After defeating Ibrahim Lodhi in the First Battle of Panipat in 1526 he entered Delhi and soon gained control over Agra. After many more battles with Rajputs he extended his empire over Punjab, Uttar Pradesh and north Bihar. He died at a young age of 48 years in 1530 at his capital Agra without getting much time to consolidate his victories.

1. Zahir-ud-din Babar was the first
   A. Muslim ruler of India
   B. Mughal ruler of India
   C. Afghan ruler of India
   D. Turk ruler of India
2. Babar was born in the years
   A. 1480 B. 1482
   C. 1492 D. 1962
3. Babar first occupied
   A. Punjab B. Agra
   C. Delhi D. Panipat
4. Babar was a brave warrior. Here brave warrior means
   A. courageous soldier
   B. a kind hearted soldier
   C. a clever fighter
   D. a victorious general
5. Babar extended his empire over Punjab and Uttar Pradesh after many more battles with the
   A. Afghans B. Rajputs
   C. Mughals D. Lodhies

PASSAGE-9

Our National Flag is tricolour. It has three equal horizontal strips. The strip at the top is saffron, in the middle is white and at the bottom is green. The ratio of width to length of the flag is 2 : 3. In the centre of the white strip is a wheel in navy blue. The wheel represents the *chakra.* Its design is similar to the wheel which appears on the abacus of the Sarnath Lion Capital of Ashoka. Its diameter approximates to the width of the white strip. The wheel has 24 spokes. It was adopted by Constituent Assembly on July 22, 1947. We love our national flag. We respect it. We are ready to sacrifice our life to protect its honour. It represents the nation. So it is a symbol of national honour.

1. In our national flag the wheel is located in the centre of
   A. saffron strip B. white strip
   C. green strip D. blue strip
2. In our national flag which of the strips is at the bottom in our national flag
   A. blue C. saffron
   B. white D. green
3. Why do we love our national flag?
   A. Because it is tricolour
   B. Because it has three strips
   C. Because it has a wheel at the centre
   D. Because it is a symbol of national honour
4. Our national flag was approved by
   A. President
   B. Lok Sabha
   C. Parliament
   D. Constituent Assembly
5. The diameter approximates to the width of the white strip. Here the word 'approximates' means
   A. is more or less equal
   B. is exactly equal
   C. is not equal
   D. is related

PASSAGE-10

Distance in large cities are long. All the people do not have their own means of transport. They have to depend upon the state or private buses. The number of bus users is very large. Every bus stop is, therefore, crowded. The number of buses is not adequate. Thus people suffer the torture of long wait at the bus stop. Some bus stops are quite orderly. People form queues and get into the buses turn by turn. However, often this order is forgotten and confusion spreads when the bus comes and the law of jungle prevails.

1. Why are the bus stops crowded?
   A. Because they are small is size
   B. Because the number of passengers is very large
   C. Because they are situated at some busy centre
   D. Because people do not form queues
2. Long wait at the bus stop is the result of
   A. over-crowding in the buses
   B. late running of buses
   C. shortage of buses
   D. slow speed of buses
3. Some bus stops are quite orderly where
   A. there is no crowd
   B. the number of buses is adequate

C. people do not have to wait for long
D. people form queues and enter the buses one by one

4. Most of the people who travel by buses are
A. non-working
B. do not have their own vehicles
C. have to go a long distance
D. live in large cities

5. What happens when people do not have their own transport?
A. They have to wait for a bus at a bus stop
B. They have to depend upon the state or private buses
C. They have to travel long distances
D. They form queues and get into buses one by one

PASSAGE-11

A certain king once fell ill and doctors said that only a sudden fright would restore his health but the king was not a man for anyone to play tricks on, except his fool. One day, when the fool was with him in his boat he cleverly pushed the king into water but he was rescued and put to bed. The fright, the bath and bed cured the diseased king, but he was so angry with the fool that he turned him out of the country.

1. What did the doctor say about the king?
A. Only a sudden fright would restore the king's health
B. Only fool would cure the king
C. Only a boat trick could cure the king
D. The king had suffered a sudden fright

2. He cleverly pushed the king into water but *he* was rescued and put to bed. In this sentence *he* refers to
A. the king B. the fool
C. the doctor D. the river

3. When the fool pushed the king into water they were
A. in the palace B. in the bed
C. in the garden D. in a boat

4. Who played the trick on the king?
A. The doctor B. The boatman
C. The fool D. The fright

5. The fool who cured the king was
A. rewarded
B. thrown into water
C. turned out of the country
D. put into jail

ANSWERS

	1	2	3	4	5
Passage 1.	D	C	B	A	C
Passage 2.	B	C	D	B	B
Passage 3.	D	D	C	B	D
Passage 4.	B	C	C	C	C
Passage 5.	D	A	B	B	A
Passage 6.	A	C	D	B	A
Passage 7.	C	A	B	D	B
Passage 8.	B	B	C	A	B
Passage 9.	B	D	D	D	A
Passage 10.	B	C	D	B	B
Passage 11.	A	A	D	C	C

2. English Grammar

PARTS OF SPEECH

Part of speech	Definition or Function	Examples
Noun	Name of a person, place, animal, quality or thing	Ram, boy, dog pen, sun, Delhi, truth, honesty
Pronoun	Used in place of a noun	I, you, he she, they
Articles & Determiners	Points out indefinite and definite nouns	a, an, the, few, some
Adjective	Describes a noun or pronoun	big, honest, wooden valuable, quiet, deep, soft, narrow
Adverb	Describes a verb, an adjective or another adverb	silently, widely, softly, quietly, very, carefully
Verb	Tells about action or state of something or someone	is, am, was, have, do, like, walk, work, make, throw, tell
Conjuction	Joins words, clauses or sentences	and, but, when, yet, while, else
Preposition	Links a noun or pronoun to another word	at, to, after, on for, under, over, with
Interjection	Expresses sudden feelings or emotions	Ah!, Alas!, oh!, ouch!, hi!, well!, Hurrah!

NOUNS

A word which denotes a person, a thing, an animal or a place is said to be a noun.

There are two noun numbers in English — the *Singular* and the *Plural.*

Singular Numbers : A noun that denotes one person or one thing, is said to be in the Singular number. For example — book, pencil, bird, dog, hen etc. are in singular number.

Plural Number : A noun that denotes more than one person or one thing is said to be in plural number. For example — boys, pens, lions, girls, men etc. are in plural number.

REMEMBER

Singular	*Plural*
Cat	Cats
Book	Books
Pen	Pens
Room	Rooms
Tree	Trees
Bus	Buses
Bush	Bushes
Box	Boxes
Glass	Glasses
Dish	Dishes
Judge	Judges
Tax	Taxes
Watch	Watches
Calf	Calves
Thief	Thieves
Knife	Knives

Singular	Plural
Scarf	Scarves
Wife	Wives
Leaf	Leaves
Wolf	Wolves
Half	Halves
Monarch	Monarchs
Roof	Roofs
Hoof	Hoofs
Gulf	Gulfs
Staff	Staffs
Radio	Radios
Bamboo	Bamboos
Folio	Folios
Hero	Heroes
Volcano	Volcanoes
Mango	Mangoes
Potato	Potatoes
Photo	Photos
Piano	Pianos
Baby	Babies
Fly	Flies
Country	Countries
Lady	Ladies
Boy	Boys
Monkey	Monkeys
Ox	Oxen
Child	Children
Man	Men
Woman	Women
Tooth	Teeth
Axis	Axes
Basis	Bases
Foot	Feet
Goose	Geese
Englishman	Englishmen
Radius	Radii
Vertex	Vertices
Stimulus	Stimuli

1. Note the plurals of the following nouns:

Singular	*Plural*	*Singular*	*Plural*
copy	copies	cry	cries
baby	babies	duty	duties
body	bodies	country	countries
family	families	diary	diaries
fly	flies	fairy	fairies
city	cities	spy	spies
army	armies	storey	storeys
bay	bays	monkey	monkeys

2. The following nouns do not undergo any change in plural form, in general.

Singular	*Plural*	*Singular*	*Plural*
deer	deer	sheep	sheep
thousand	thousand	pair	pair
hundred	hundred	score	score
dozen	dozen	gross	gross

Note: We can write—

(*a*) thousands of men; (*b*) two pairs of shoes; (*c*) dozens of mangoes; (*d*) scores of people etc.

But—

(*a*) two thousand rupees; (*b*) three hundred men; (*c*) five dozen eggs, etc.

3. The following nouns are usually used in plural forms. They take a plural verb after them—

eatables	fetters	surroundings
riches	alms	spectacles
trousers	pants	scissors
premises	thanks	annals
congratulations	goods	shorts
tongs	pains	arms
breeches	(for troubles)	

4. The following are the nouns which are plural in appearance but are usually used in singular number. They are followed by a singular verb—

news	politics	physics
mathematics	economics	ethics
politics	classics	gallows
statistics	athletics	innings
mechanics	summons	mumps

5. Collective nouns often used as plurals—

public	police	cattle
audience	clergy	folk
people	poultry	nation
elite	gentry	glitterati

6. The nouns that are usually used in singular forms—

advice	hair	rice
fuel	alphabet	machinery
offspring	issue	furniture
mischief	stationery	luggage
bedding	information	abuse

7. Material nouns are always used in singular number—

gold	copper	milk
water	silk	wool

Note: They may be used in plural with a different meaning.

copper coins (coppers), chains or fetters (irons), cans made of tin (tins).

GENDERS

The difference in sex is denoted by Gender in grammar. The various genders are as follows :

1. **Masculine Gender :** A noun that denotes a male is said to be of the masculine gender, as man, uncle, ox, boy etc.
2. **Feminine Gender :** A noun that denotes a female is said to be of feminine gender, as woman, aunt, princess, cow etc.
3. **Common Gender :** Nouns which denote both males and females are said to be of the common gender, as friend, cousin, person, parent, baby etc.
4. **Neuter Gender :** A noun that denotes the name of object without life is said to be of neuter gender, as file, table, pencil.

REMEMBER

Masculine	*Feminine*
Boy	Girl
Son	Daughter
Brother	Sister
Murderer	Murderess
Sorcerer	Sorceress
Son-in-law	Daughter-in-law
Father-in-law	Mother-in-law
Man-servant	Maid-servant
Land-lord	Land-lady
Bachelor	Maid
Gentleman	Lady
Monk	Nun
Earl	Countess
Lad	Lass
Sir	Madam
Duke	Dutchess
Emperor	Empress
Milk-man	Milk-maid
Pea-cock	Pea-hen

Masculine	*Feminine*
Step-father	Step-mother
Hero	Heroine
Viceroy	Vicerine
Mr.	Mrs.
Governor	Governess
Master	Mistress
Wizard	Witch
Heir	Heiress
Host	Hostess
Lion	Lioness
Mayor	Mayoress
Actor	Actress
Buck	Doe
Colt	Filly
Dog	Bitch
Horse	Mare
Count	Countess
Hunter	Huntress
Prince	Princess
Abbot	Abbess
God	Goddess
Author	Authoress
Ox	Cow
Widower	Widow
Grand-father	Grand-mother
He-goat	She-goat
Milk-man	Milk-woman
Bridegroom	Bride
Tiger	Tigress
Priest	Priestess
Poet	Poetess
Shepherd	Shepherdess
Nephew	Niece
Stag	Hind

PRONOUNS

The repetition of a noun in a sentence or a set of sentences is really boring. So, instead of repeating the noun, we can use a word (for that noun) called the pronoun.

"A pronoun is a word that we use instead of a noun".

Example:

This is *Sachin. He* plays cricket.

Note: *He* is the pronoun used in place of *Sachin.*

Kinds of Pronouns

1. **Personal pronouns :** A pronoun which is used instead of the name of a person is known as a 'Personal Pronoun'. A list of the 'Personal pronouns' is listed below :

I, my, mine, me, we (First Person)
You, your, yours (Second Person)
He, his, him, she, her, hers, it, its, they, their, theirs, them (Third Person)

2. **Demonstrative, Indefinite and Distributive Pronouns :**

(a) Demonstrative Pronouns : Pronouns used to point out the objects to which they refer are called Demonstrative Pronouns.

Examples :
(i) *This* is a present from my uncle.
(ii) *These* are merely excuses.
(iii) Bembay mangoes are better than *those* of Bangaluru.

(b) Indefinite Pronouns : All pronouns which refer to persons or things in a general way and do not refer to any particular person or thing are called Indefinite Pronouns.

Examples :
(i) *Somebody* has stolen my watch.
(ii) *Few* escaped unhurt.
(iii) Did you ask *anybody* to come?

(c) Distributive Pronouns : Each, either, neither are called distributive pronouns because they refer to persons or things one at a time. For this reason they are always singular and followed by the verb in singular.

Examples :
(i) *Each* of the men received a reward.
(ii) *These* men received *each* a reward.
(iii) *Either* of you can go.

3. **Relative Pronouns :** A relative pronoun refers or relates to some noun going before, which is called its Antecedent.

Examples :
(i) I met Hari *who* used to live here.
(ii) I have found the pen *which* I had lost.
(iii) Here is the book *that* you lent me.

4. **Interrogative Pronouns :** These pronouns, are used for asking questions.

Examples :
(i) *Whose* book is this?
(ii) *What* will all the neighbours say?
(iii) *Which* do you prefer, tea or coffee?

Note : Interrogative pronouns can also be used in asking indirect questions. Consider the following examples :
(i) I asked *who* was speaking.
(ii) Tell me *what* you have done.
(iii) Say *which* you would like best.

Behaviour cf the Pronouns

1. If three pronouns are used together in the same sentence they are arranged in the following order :

2	+	3	+	1
↓		↓		↓
Second Person		Third Person		First Person

Examples :
I, you and he must help *that* poor man. (Incorrect)
You, he and I must help *that* poor man. (Correct)

2. When two or more singular nouns are joined by and, the pronoun used for them should be plural.

Examples :
Mohan and Sohan are friends. *They* play football. *They* live at Lajpat Nagar.

3. But if these nouns joined by and refer to the same person or thing, the pronoun used should be singular.

Examples :
(i) Delhi, the beautiful city and the capital of India, is famous for *its* historical monuments.
(ii) The manager and owner of the firm expressed *his* views on the demands of the workers.

4. When two nouns are used with as well as, the pronoun agrees with the first subject.
   Examples :
   (a) Mohan as well as his friends is doing *his* work.
   (b) The students as well as their teachers are doing *their* work.
5. When two singular nouns joined by 'and' are preceded by *each* or *every,* the pronoun used must be singular and should agree in gender with the second noun.
   Examples :
   (a) Every man and every woman will do *her* best for the nation.
   (b) Each boy and each girl went to *her* house.
6. When two nouns are joined by using 'with', the pronoun agrees with the noun coming before 'with'.
   Examples :
   (a) The boy with *his* parents has gone to see a movie.
   (b) The children with *their* parents have gone to picnic.
7. When two different nouns are joined by either.......... or; neither .... nor, the pronoun is used according to the number and gender of the second noun.
   Examples :
   (a) Either your sister or you have done *your* work.
   (b) Neither the students nor the teacher was in *his* class.
8. The pronoun coming after '*than*' must be in the same case as that coming before '*than*'.
   Examples :
   (a) She plays better than *me.* (Incorrect)
   She plays better than *I.* (Correct)
   (b) His elder brother is more intelligent than *him.* (Incorrect)
   His elder brother is more intelligent than *he.* (Correct)
9. 'Many a' always takes a singular pronoun and singular verb.
   Example :
   Many a soldier has met *his* death in the battle field.
10. 'Who', 'Whose', 'Whom' are used only for persons.
   Examples :
   (a) *Who* is knocking at the door?
   (b) *Whose* pen is this?
   (c) *What* do you want?
11. 'Which' is used for things.
   Example :
   Which game do you like?

MULTIPLE CHOICE QUESTIONS

Directions: *In the following questions choose the correct options to fill the blanks.*

1. The place was so dirty that ..... wished to run away from there.
A. everybody B. anybody
C. few D. some

2. ..... was there to help me.
A. Somebody B. Anything
C. Anybody D. Nobody

3. Is there .... to eat?
A. some B. something
C. any D. few

4. ..... of the students were making a great noise.
A. Anyone B. Somebody
C. Many D. Nobody

5. ..... of the students can solve this sum.
A. Someone B. Anybody
C. Somebody D. None

6. ...... of us should try our best to make India a heaven.
A. Any B. Somebody
C. Anybody D. All

7. ...... of us do not know the real meaning of our lives.
A. Any B. Something
C. Several D. Many

8. My .... black.
A. hairs arc B. hair is
C. hairs shall D. hair will

9. She saw two .... on the last Sunday.
A. thiefs B. theifs
C. thieves D. theives

10. My sister is a ....
A. bacheloress B. bachelor
C. unmaried D. spinster

11. One is supposed to do ....
A. our duty B. their duty
C. one's duty D. his duty

12. Take anything .... you want.
A. that B. which
C. than D. then

13. I cannot tolerate ....
A. separated you
B. your separation
C. separation from you
D. you separated

14. He is .... faithful partner.
A. Yours B. You
C. Your D. Your's

15. Ajay is more smart than ....
A. her B. hers
C. herself D. she

16. Vivek works harder than ....
A. me B. I
C. her D. his

17. They should help ....
A. the poor people B. the poor
C. the poor persons D. the poor peoples

18. .... are mad.
A. All his sons B. His all sons
C. Sons all his D. All sons his

19. The poor fellow .... to fate.
A. resigned
B. resigned himself
C. resigned itself
D. resigned themselves

20. Nobody will help you but ....
A. I B. me
C. ours D. his

21. It is a good chance, You must avail .... this opportunity.
A. of B. yourself of
C. for D. from

22. The person who is elected .... my relative.
A. is B. he is
C. his D. him

23. He made ....
A. yours mention B. mention of you
C. mention for you D. mention about you

24. .... I know, he is quite faithful.
A. As far as B. So far as
C. So far this D. So far so

25. It is a duty of a person to take .... for his family.
A. pain B. pains
C. pain-killers D. pained

26. She does not love .... husband.
A. his B. her
C. its D. their

27. Let .... work together.
A. him and me B. he and I
C. he and him D. I and me

28. Copper, Silver and Gold ....
A. each will do B. either will do
C. any one will do D. any will do

29. Jessica and Roma are very irregular .... habits.
A. in her B. in their
C. in its D. in every

30. One likes to enjoy .... who was a great poet.
A. The sonnets of Shakespeare
B. Shakespeare's sonnets
C. Sonnets
D. Shakespeare

31. That is the boy .... everybody loves.
A. whom B. who
C. that D. whose

32. That is the girl .... won the first prize.
A. whom B. who
C. whose D. which

33. That is the man .... purse was lost.
A. who B. whom
C. whose D. their

ANSWERS

1	2	3	4	5	6	7	8	9	10
A	D	B	C	D	D	D	B	C	D
11	**12**	**13**	**14**	**15**	**16**	**17**	**18**	**19**	**20**
C	A	C	C	D	B	B	A	B	B
21	**22**	**23**	**24**	**25**	**26**	**27**	**28**	**29**	**30**
B	A	B	A	B	B	A	C	B	A
31	**32**	**33**							
A	B	C							

ARTICLES

The family of the articles has only three members. They are : A, An and The. However, they fall under two groups :

(a) Definite Article *(b)* Indefinite Article

'The' is known as definite article whereas 'a' and 'an' are known as indefinite articles.

Use of the Definite Article 'The'

'The' is used before

1. The superlative degree :
   He is the ablest man of the town.
   (ablest is a superlative degree)
2. The name of states, countries etc. having a descriptive name :
   (i) The J & K is a small state. (J & K is a descriptive name)
   (ii) He lives in the U.S.A. (U.S.A. is a descriptive name)
   (But the Delhi and the America are wrong because neither Delhi nor America is a descriptive name)
3. The names of the scriptures :
   The Gita is a holy book. (Gita is a scripture)
4. Name of newspapers :
   The Tribune is published from Chandigarh.
5. Name of rivers, canals, seas, oceans, bays, gulfs, groups of islands etc. :
   (i) The Ganga is a holy river.
   (ii) The Indian Ocean is the deepest ocean.
   (iii) The Persian Gulf is a narrow gulf.
6. The name of famous buildings :
   The Taj is one of the best buildings in India.
7. The names of nationals, sects and communities:
   (i) The English defeated the Germans in the World War.
   (ii) The rich should help the poor.
   (iii) The Hindus believe in the caste system.
8. Proper nouns used as common nouns :
   (i) Kalidas is the Shakespeare of India.
   (ii) Delhi is the London of India.
9. Famous historical events :
   The Industrial Revolution changed the face of England.
10. The directions and the celestial bodies:
    The sun rises in the east.
11. Titles :
    Akbar, the Great was loved by his subjects.

Do not use 'the'

1. Before languages :
   The English is an international language. (Incorrect)
   English is an international language. (Correct)
2. Before the names of games :
   The hockey is a popular game. (Incorrect)
   Hockey is a popular game. (Correct)

Use of the Indefinite Articles 'A' and 'An'

'A' is used before :

1. All singular common nouns beginning with a consonant :
   (i) A boy sings a song.

(ii) A black and a white cow were grazing in the field.

2. If a word begins with a vowel but gives the sound of a consonant, 'a' should be used before it :
   (i) He was helped in his work by a European.
   (ii) He is a one-eyed man.
   (iii) It is a useful work.

'An' is used as follows :

1. All singular common nouns beginning with a vowel (*i.e.*, a, e, i, o, u) :
   (i) He is an artist.
   (ii) He is an old man.
   (iii) I intend to buy an umbrella.
2. If a word starts with a consonant but gives the sound of a vowel, "an" should be used before it :
   (i) Brutus is an honourable man.
   (ii) He is an honour to his profession.
   (iii) He is an L.L.B.
   (iv) He is an M.A.
   (v) You will reach there in an hour.

Demonstratives, that, these and those

1. The demonstrative adjectives and pronouns are for objects nearby the speaker: this (singular) those (plural) and for objects far away from the speaker. That (singular) those (plural)
2. Demonstratives are the only adjectives that agree in number with their nouns.
   That hat is nice.
   Those hats are nice.
3. When there is the idea of selection, the pronoun "one" (or "ones") often follows the demonstrative.
   I want a book. I'll get this (one).
   If the demonstrative is followed by an adjective, "one"(or "ones") must be used.
   I want a book. I'll get this big one.

MULTIPLE CHOICE QUESTIONS

Directions: *In the following questions choose the correct options to fill the blanks.*

1. .... will have to be paid for this material.
A. Half rupee B. Half a rupee
C. A half rupee D. An half rupee

2. .... is taking keen interest in India.
A. The USA B. USA
C. An USA D. A USA

3. Only .... can save our country.
A. the Hitler B. a Hitler
C. Hitler D. an Hitler

4. I can run for ....
A. hundred miles B. the hundred miles
C. a hundred miles D. an hundred miles.

5. .... man-eater has been killed.
A. The B. A
C. An D. Either A or B

6. What .... fine idea!
A. the B. an
C. a D. No article

7. .... earth is moving around the sun.
A. An B. A
C. The D. No article

8. This is .... first example while I got.
A. the B. a
C. an D. No article

9. This is .... house which was built during earthquake.
A. a B. an
C. the D. No article

10. .... America is a rich country.
A. The B. An
C. A D. No article

11. .... U.S.A. is a developed country.
A. A B. An
C. The D. No article

12. .... Bible is a holy book.
A. A B. The
C. An D. No article

13. .... rich should help the poor.
A. The B. A
C. An D. No article

14. .... Gold is a costly metal.
A. The B. A
C. An D. No article

15. Kalidas is .... Shakespeare of India.
A. a B. an
C. the D. No article

16. I cannot do .... difficult work.
A. a such B. the such
C. such the D. such a

17. How foolish .... plan it is!
A. a B. an
C. the D. No article

18. An ink is .... useful article.
A. an B. a
C. the D. No article

19. There are .... husband and wife.
A. a B. an
C. the D. No article

20. He is learning .... French
A. the B. a
C. an D. No article

ANSWERS

1	**2**	**3**	**4**	**5**	**6**	**7**	**8**	**9**	**10**
B	A	B	C	D	C	C	A	C	D
11	**12**	**13**	**14**	**15**	**16**	**17**	**18**	**19**	**20**
C	B	A	D	C	D	A	B	D	D

ADJECTIVES & ADVERBS

An Adjective is a word which adds something to the meaning of a noun or a pronoun.

Mridula is an *intelligent* girl.
He has a *black* goat.
He is a *brilliant* student.
She is a *clever* girl.
It is a *beautiful* picture.

In the sentences given above, the words in italics are adjectives.

An Adverb is a word which qualifies the meaning of a Verb, an Adjective or another Adverb.

(*i*) He talks *slowly*.
(*ii*) He is a *very* good student.
(*iii*) He talks *very* slowly.

In sentence (*i*), *slowly* qualifies the verb *talks*.

In sentence (*ii*), *very* qualifies the adjective *good*.

In sentence (*iii*), *very* qualifies the adverb *slowly*.

Adjectives have three degrees of comparison :

1. **Positive Degree :** It expresses the common form of an adjective.
   Example :
   Ram is a *tall* boy.
   In the above sentence *tall* is an adjective and expresses the common form.
2. **Comparative Degree :** It expresses the more of the same form.
   Example :
   Ram is *taller* than Mahesh.
   In the above sentence *taller* is an adjective that expresses the more of the common form of the adjective *tall*.

"When and How to Use" Comparative Degree?

(a) Comparative Degree is used when two persons or two groups of persons or things are compared.
Examples :
(a) He is *wiser* than his younger brother.
(b) This glass is *cleaner* than the other.

(b) When two different qualities in the same person are compared, more is used instead of 'er' to form the comparative. The formula used in this case should be :
More + Positive Degree
She is *fairer* than polite. (Incorrect)
She is *more fair* than polite. (Correct)

(c) When selection of one out of two persons or things is meant, the degree of comparison is followed by of and *the* is used before it.
Example :
Zia is abler of *the* two sisters.

(d) If two comparatives are used in the same sentence to impress upon an idea, both should be preceded by the definite article.

Examples :

(i) The higher you go, the cooler it is.

(ii) The more we get, the more we desire.

(e) When one person or thing is compared with another of the same kind, other is used after the comparative degree. In such sentences other is normally preceded by any or all.

Examples :

(i) Kalidas is greater than any dramatist. (Incorrect)

Kalidas is greater than any other dramatist. (Correct)

(ii) Lead is heavier than all metals. (Incorrect)

Lead is heavier than all other metals. (Correct)

(f) Senior, junior, superior, inferior, prior, anterior (earlier than) and posterior (later than) are always followed by 'to'.

Examples :

(i) Ram is senior *to* Mohan by three years.

(ii) That pen is inferior *to* that.

(iii) He is junior *to* me in rank.

(iv) This event was posterior *to* that.

Note: Never use *than* after the above mentioned adjectives.

Important Information

(a) 'Preferable' is also used as an adjective of the comparative degree. As such, it is always followed by *to* and not *a.*

Death is preferable than dishonour. (Incorrect)

Death is preferable *to* dishonour. (Correct)

(b) To intensify the Degree of comparison, we use *far* or *much* before the comparative.

Examples :

(i) This book is *far* better than that.

(ii) His performance was *much* better than Mohan's.

Warning : Always avoid the use of double comparatives.

Don't say : Ram is more cleverer than his younger brother.

Say: Ram is cleverer than his younger brother.

3. Superlative Degree : It expresses the most of the common form of an adjective.

Example :

He is the ablest man of the town.

How and when to use the Superlative Degree?

(a) The Superlative Degree is used when more than two persons or things are compared.

(b) The Superlative Degree is generally preceded by 'the' and followed by 'of' in most of the cases or otherwise.

(c) When an adjective of the superlative degree is preceded by a Possessive Adjective or a Noun in the Possessive case, 'the' should not be used before it.

Example :

Which is Kalidas' best play?

It will be a blunder to use 'the' before the Superlative Degree in such cases.

Don't say : Which is Kalidas' the best play.

(d) To intensify the degree of comparison, *by far* is used before the superlative degree.

Example :

India is *by far* the most beautiful country of the world.

Note: Always avoid the use of double superlatives.

Don't say : He is the most strongest boy in the class.

Say : He is the strongest boy in the class.

Use of some Important Adjectives

1. (a) **'Some'** is used as follows :

(i) With countable nouns where it means—a little, a small quantity.

(ii) In a question which shows some request.

Examples :

(i) There is some water in the bottle.

(ii) Some of the students were absent yesterday.

(iii) Will you have some milk?

(iv) Will you buy some fruit for me?

(b) **'Any'** is used as follows :

(i) In negative sentences.

(ii) In interrogative sentences.

(iii) After 'Hardly', 'Scarcely' and 'Barely'.
(iv) After 'If'.

Examples :

(i) There is not any sugar in the pot.
(ii) We haven't any rice in the house.
(iii) I have hardly any money.
(iv) There are scarcely any plants in this field.
(v) If there is any danger, blow the whistle.

2. (a) **Older :** Older (and oldest) are used for persons animals and things. But 'Older' and 'Oldest' refer to the persons who do not belong to the same family.

Examples :

(i) Radha is older than Shyama.
(ii) John is the oldest member of the staff. 'Older' and 'Oldest' refer to the persons who do not belong to the same family.

(b) **Elder** (and **eldest**) are used in respect of the members of the same family like sons, daughters, brothers, sisters.

Examples :

(i) My elder sister is a lecturer.
(ii) Meenakshi is the eldest of the three sisters.

Note :

(i) 'Elder' is not followed by 'than'.
(ii) 'Elder' and 'Eldest' cannot be used for things.

3. (a) **'Few'** is negative and is the opposite of 'Many'. It means 'not many'.
(b) **'A few'** is positive and means 'some at least'. It is the opposite of 'None'.
(c) **'The few'** means 'minority' and suggests 'whether there is'.

Examples :

(i) We have few holidays in school.
(ii) Only a few boys will fail in the examination.
(iii) The few poems that he wrote are very popular.

4. (a) **Further** means 'something additional'.
(b) **Farther** means 'a greater distance'.

Examples :

(i) Further discussion will be held in the office of the principal.
(ii) Amritsar is farther from Delhi than Ambala.

5. (a) **Little** is negative. It means, 'not much', or 'hardly any'.
(b) **A little** is positive. It means 'some quantity'.
(c) **The little** denotes quantity. It means, 'not much but all that is, or whatever quantity there is'.

Examples :

(i) There is little hope of his success.
(ii) He knows a little of everything.
(iii) I have spent the little money I had.
(iv) The little knowledge of shoe-making proved very useful to me.

6. (a) '**Much**' expresses 'quantity'.
(b) '**Many**' expresses 'number'.
(c) **'Many a'**—'Singular noun' and 'Singular verb' are used with 'many a'.

Examples :

(i) There is not *much* water in the jug.
(ii) *Many* boys are absent today.
(iii) *Many* a battle has been fought on the soil of India.

7. (a) '**Less**' denotes 'in a small degree'.
(b) '**Fewer**' denotes 'number'.

Examples :

(i) He devotes less time to his studies.
(ii) There are no fewer than ten chairs in this room.

8. (a) '**Each**' is used for a single number of 'two persons' or 'things'.
(b) '**Every**' is used for a single number of 'many persons' or 'things'.

Examples :

(i) Each boy must take part in games.
(ii) There are only two poets. Each poet recited his poem.
(iii) Every man dies in this world.
(iv) Every man is expected to do his duty.

9. (a) '**Either**' means one of the two or both.
(b) '**Neither**' is negative of the either.

Examples :

(i) You may buy either of these two chairs.
(ii) Neither of them could speak on the stage.

10. (a) **'Later'** expresses 'late in time'.
(b) **'Latter'** means 'second in position or order'.
Examples :
(i) My father reached later than I expected.
(ii) The latter position was better than the former.

Use of some Important Adverbs

1. (a) Also, too, enough:
(i) He taught English. Also, he edited the school magazine
(ii) He is a writer and also he is a painter.
(iii) He is too obstinate to listen to any reason.
(iv) This is too difficult a piece for the junior students.
(v) Sarla was kind enough to help the poor.
(vi) He is brave enough to help the truth.
Note: 'Too' is used in a negative sense, but enough is used in a positive sense.
(b) Fairly and rather: Both suggest the meaning 'moderately'. But, mainly 'fairly' is used with the words that denote a positive meaning and rather is used with the words that denote a negative meaning:
(i) Rita did fairly well in that competition, but her performance was rather poor in sports.
(ii) Mona is fairly rich, but she is rather stingy.
Note: 'Rather' can also be used in a positive sense.
(i) This is a rather interesting job.
(ii) That boy is rather smart.
(c) Hardly, barely, scarcely: These words mostly convey the negative suggestions and are almost similar.
(i) I have hardly any strength now.
(ii) There was barely any supply to the township,
(iii) There were scarcely a hundred guests present.
Note: With slight variance in the meaning, the words given above convey the idea of 'very little', 'not enough', 'lack of quantity and number'.
(d) Yet, Still: These adverbs can often be used to connect the sentence units:
(i) He has been defeated many times in the contest; still he wants to be a competitor.
(ii) Mona was sick; yet she went on doing her work.
(e) Alone:
(i) He alone (none else) is capable of handling that fire,
(ii) He hunted all alone in the forest. (not in any company)

Special Note:
(a) Apart from their conventional positions the adverbs might be used in different positions with different meanings and angles.
(i) He had only four books.
(ii) John only contacted his friend in need.
(iii) He greeted me only.
(iv) Only he greeted me there.
(b) Inversion: Some adverbs can be inverted *i.e.* placed in the beginning of the sentence and then be followed by an interrogative form. The most common of these adverb are: so, seldom, never, nowhere, under no circumstances, hardly, scarcely etc.
(i) So big was the bus that it could not enter the narrow lane.
(ii) Hardly had he reached the station when he received the message.

MULTIPLE CHOICE QUESTIONS

Directions: *In the following questions choose the correct options to fill the blanks.*

1. The girl whom you met is the .... sister of Ravi.
A. eldest B. elder
C. older D. oldest

2. The historical place is ....
A. seeing worth

B. worthy of seeing
C. worth seeing
D. worthy seeing

3. These flowers smell ....
A. sweet B. sweetly
C. more sweetly D. sweetest

4. .... aspirant cannot pass the entrance examination.
A. Each B. Every
C. All D. No

5. Harivansh Rai .... second Shakespeare.
A. is a B. is
C. is the D. is an

6. .... student in the class got prizes.
A. Each and every B. Every and each
C. Every D. Never

7. It is .... picture than the one we saw last Monday.
A. interesting B. much interesting
C. more interesting D. most interesting

8. She is clever ....
A. that her mother is
B. as her mother is
C. to her mother is
D. than her mother is

9. They will get ....
A. Red, green and black paper
B. Red, green black paper
C. Red and green and black paper
D. Red green black paper

10. Health is .... wealth.
A. preferable to
B. more preferable than
C. more preferable to
D. most preferable then

11. .... water that was in the jug evaporated.
A. Little B. The little
C. Small D. A small

12. He has not sung .... songs.
A. much B. most
C. more D. many

13. Srishti has searched .... office.
A. whole the B. the whole
C. a whole D. some whole

14. Premchand was .... best and .... famous writer.
A. a, the most B. the, a most
C. the, more D. the, the most

15. William Shakespeare is famous as ....
A. a poet and a dramatist
B. a poet and dramatist
C. the poet and the dramatist
D. a poet and the dramatist

16. What does .... leader suggest?
A. other B. another
C. others D. anothers

17. He .... money.
A. has few B. have few
C. has little D. have little

18. The .... boys are rewarded.
A. first two B. two first
C. firsts two D. two's first

19. He is .... brave.
A. stronger than
B. stronger then
C. more strong then
D. more strong than

20. No sooner said ....
A. so done B. and done
C. then done D. but done

21. She returned .... than I had thought.
A. quickly B. more quicker
C. more quickly D. quicker

22. He is .... foolish person.
A. rather the B. a rather
C. rather a D. rather

23. This pen .... rupees.
A. costs twenty
B. twenty costs only
C. costs only twenty
D. only costs twenty

24. It is .... pride.
A. nothing else but
B. nothing else than
C. else nothing than
D. but

25. This tea is .... to drink.
A. too hot B. very hot
C. enough hot D. much hot

ANSWERS

1	2	3	4	5	6	7	8	9	10
A	C	A	B	A	C	C	C	A	A
11	12	13	14	15	16	17	18	19	20
B	D	B	D	B	B	C	A	D	C
21	22	23	24	25					
C	C	C	A	A					

DETERMINERS

Determiners are actually Adjectives. They are always followed by nouns.

Determiners are of the following kinds:

1. Demonstrative Determiners
this, that, these, those

2. Possessive Determiners
my, our, your, his, her, its, their

3. Quantitative Determiners
some, any, much, enough, sufficient, whole, a little, the little, little, all, both

4. Numerical Determiners
a few, some, few, the few, any, several, many, no, etc.

One, two, three ... (Cardinals)

First, second, third ... (Ordinals)

5. Distributive Determiners
either, neither

6. Articles

Indefinite: a, an

Definite: the

MULTIPLE CHOICE QUESTIONS

Directions: *In the following questions choose the correct options to fill the blanks.*

1. Give me .... rice.
A. some B. few
C. a few D. any

2. .... sheep grazing on the slope of the hill had gone away.
A. Any B. The few
C. This D. Much

3. Have you got .... magazines to read?
A. all B. much
C. some D. little

4. I have .... money that I want to spend on shares.
A. any B. much
C. less D. some

5. There is .... owl on the branch of the tree.
A. a B. the
C. an D. some

6. My brother is .... MBA.
A. a B. an
C. the D. any

7. Have you got .... cheese?
A. some B. many
C. a few D. few

8. No, I have not got .... cheese.
A. many B. few
C. any D. some

9. There is only .... milk left in the bottle.
A. enough B. few
C. much D. a little

10. There is .... hope of his recovery.
A. any B. little
C. many D. few

11. .... dogs were barking at the strangers.
A. Some B. Any
C. Much D. Less

12. The girl bought her father .... juice.
A. few B. some
C. any D. many

13. You should take .... honey everyday.
A. any B. many
C. a little D. a few

14. .... boy was punished by the teacher.
A. Either B. All
C. Any D. Many

15. .... girl was asked to join the army.
A. None B. Neither
C. All D. Any

16. .... water in the jug has been drunk by Mohan.
A. The little B. The few
C. A few D. Few

17. I shall play .... piano at the party.
A. some B. any
C. the D. few

18. .... labourers were found dead in the mine.
A. Any B. Fewer
C. Many D. Less

19. Could I borrow .... umbrella?
A. our B. your
C. yours D. my

20. My brother is standing in the .... row.
A. any B. many
C. some D. first

ANSWERS

1	2	3	4	5	6	7	8	9	10
A	B	C	D	C	B	A	C	D	B
11	**12**	**13**	**14**	**15**	**16**	**17**	**18**	**19**	**20**
A	B	C	A	B	A	C	C	B	D

THE VERB

A Verb is a word that tells something about the action or state of or happening to a person or thing.

A Verb tells the following:

1. What a person or thing does.
Sachin goes to school daily.
The bell *rang* loudly.
Many birds fly in the sky.
She *sang* a song.

2. What a person or thing is.
India *is* the biggest democracy in the world.
Ram Mehar *is* very rich.
They *are* happy.

3. What is done to a person or thing.
You *are liked* by all.
Two thieves *were arrested.*
Four students *were punished* by the teacher.

4. What happens to a person or thing.
His maternal uncle *died* last week.
Two ships *sank* yesterday.
Leaves *turn* yellow in autumn.

5. What a person or thing has, had, and so on.
I *have* a new car.
He *had* a scooter last year.
He *has* several cows and goats.

It goes without saying that a verb is the most important part of a sentence. No sentence is complete without a Verb.

Important Information

1. If two or more singular nouns are joined by 'and' the verb used will be plural.

Example:
(i) He and I were going to the market.
(ii) Ram and Mohan are friends.

2. If two singular nouns joined by 'and' points out to the same thing or person, the verb used must be singular.

Example:
(i) Rice and curry is the favourite food of the Punjabis.
(ii) The Collector and District Magistrate is away.

3. In case two subjects are joined by 'as well as' the verb agrees with the first subject.

Example :
(i) Kanta as well as her children is playing.
(ii) Children as well as their mother are playing.

In the case of first sentence the verb (is) agrees with Kanta and in the case of second sentence the verb (are) agrees with the children.

4. 'Neither', 'Either', 'Every', 'Each', 'Everyone', and 'Many a' are followed by a singular verb.
   Example :
   (i) Either of the plans is to be adopted.
   (ii) Neither of the two brothers is sure to pass.
   (iii) Every student is expected to be obedient.
   (iv) Everyone of them desires this.
   (v) Many a person is drowned in the sea.
5. If two subjects are joined by 'Either .... or' / 'Neither .... nor', the verb agrees with the subject near to it.
   Example :
   (i) Either my brother or I am to do this work.
   (ii) Neither he nor they are prepared to do this work.
6. 'A great many' is always followed by a 'plural noun' and a 'plural verb'. For example :
   A great many students have been declared successful.
7. Similarly if two subjects are joined by 'with', 'together with', 'no less than', in addition to 'and not', etc. the verb agrees with the first subject.
   Example :
   (i) The boy with his parents has arrived.
   (ii) He, no less than I, is to blame.
8. Nouns, plural in form, but singular in meaning, take a singular verb.
   Example :
   This news was broadcast from television yesterday.

MULTIPLE CHOICE QUESTIONS

Directions: *In the following questions choose the correct options to fill the blanks.*

1. The bus with all its passengers .... lost.
A. were B. was
C. are D. would

2. You as well as I .... responsible for this work.
A. am B. are
C. was D. is

3. Raghava like all his companions .... a spoiled child.
A. are B. were
C. is D. will be

4. Pen and ink .... required for me.
A. are B. were
C. is D. has required

5. Every girl and every boy .... attended the seminar.
A. have B. has
C. is D. are

6. Not only she but all her sisters ...... been married.
A. has B. have
C. is D. are

7. There .... nothing but miseries in life.
A. is B. are
C. were D. will be

8. Neither prose nor poem .... given.
A. were B. was
C. has D. have

9. Either he or I .... wrong.
A. is B. are
C. am D. were

10. Either Sulekha or Rekha .... coming here.
A. are B. is
C. were D. have

11. .... the child or his parents to blame?
A. Is B. Are
C. Were D. Has

12. You and I .... neighbours.
A. am B. are
C. was D. has

13. The house with all its belongings ..... sold away.
A. were B. are
C. was D. must

14. Either water or juice .... required.
A. is B. are
C. were D. has

15. There were not as many tables as .... required.
A. was B. were
C. is D. are

16. They each .... a book.
A. have B. are
C. has D. is

17. He and I .... class friends.
A. is B. am
C. was D. are

18. She as well as I .... guilty.
A. is B. are
C. am D. must be

19. Purushottam .... not read more on this chapter.
A. needs B. has been need
C. need D. had been need

20. He came .... to his aunt.
A. run B. running
C. to run D. in run

21. She dislikes .... meat.
A. eat to B. to eat
C. eating D. to eating

22. He likes ....
A. sing to B. singing
C. to sing D. to singing

23. We are ready .... the match.
A. play to B. to playing
C. playing D. to play

24. .... is injurious to health.
A. Smoking B. To smoke
C. To smoking D. Smoke to

25. He loves .... raw vegetables.
A. eaten B. eating
C. to eating D. eat to

26. He seemed .... finished his homework.
A. have to B. to have
C. having D. to having

ANSWERS

1	2	3	4	5	6	7	8	9	10
B	B	C	C	B	B	A	B	C	B
11	**12**	**13**	**14**	**15**	**16**	**17**	**18**	**19**	**20**
A	B	C	A	B	A	D	A	C	B
21	**22**	**23**	**24**	**25**	**26**				
C	B	D	A	B	B				

CONJUNCTIONS

A conjunction is a word which connects words, clauses or sentences.

Look at the following sentences.

(i) He bought apples *and* mangoes.
(ii) God made the country *and* man made the town.
(iii) The door was open *but* there was no one in the house.
(iv) He knows that I am here *and* that I want to see him.

In the sentence (i), *and* connects two words—*apples* and *mangoes.*

In the sentence (ii), *and* connects two sentences—*God made the country* and *man made the town.*

In the sentence (iii), *but* connects two sentences *The door was open* and *there was no one in the house.*

In the sentence (iv), *and* connects two clauses—*that I am here* and *that I want to see him.*

The main coordinating conjunctions are:

and, but, for, or, nor, also, either ..... or, neither ..... nor.

There are some conjunctions which are used in pairs. They are:

either .... or, ... neither .... nor, both .... and, though .... yet, whether .... or, not only .... but also.

Example: *Either* take it *or* leave it.

It is *neither* useful *nor* ornamental.

They *both* like *and* respect me.

Though he is suffering from high fever, *yet* he does not cry.

He does not care *whether* you go *or* stay.

He is *not only* doltish, *but also* obstinate.

The conjunctions which are used in pairs in this way, are called correlative conjunctions, or merely correlatives.

Use of Important Conjunctions

1. **As soon as :** As soon as denotes simultaneous time.
   Example : As soon as he saw his enemy, he took to his heels.
2. **No sooner .... than :**
   (a) 'No sooner' is always followed by 'than'.
   (b) Please remember that 'No sooner' is always followed by do/does/did. As such only first form of the verb should be used after the subject.
   Example :
   No sooner did he see his enemy than he took to his heels.
3. **Hardly :** Hardly is followed by when.
   Examples :
   (i) Hardly had I left the house when it started raining.
   (ii) We had hardly come into the room when his father began chastising him.
   Note :
   A. Hardly is never followed by than.
   B. 'Scarcely' can also be used in the sense and manner of 'Hardly'.
4. **Lest :** Lest is used in the sense of so that .... not. It is always followed by should. Lest is negative in sense. Hence 'not' should never be used with it.
   Example :
   Work hard lest you should fail.
   Note : 'Lest' is always followed by 'should' and not 'may'.
5. **Unless :** Unless expresses condition. It is also used in the negative sense. Use of 'not' is not allowed with unless because unless is already in the negative sense.
   Example :
   Unless you labour hard you will not pass.
6. **Until :** 'Until' expresses time. It means 'till not'.
   Example :
   Wait here until I return.
   Note : Until is in the negative sense. So 'not' should not be used with it. Example :
   Wait here until I do not return. (Incorrect)
   Wait here until I return. (Correct)
7. **As well as :** When two subjects are joined by 'as well as', the verb always agrees with the first subject.
   Examples :
   (i) The teacher as well as students is playing.
   (ii) Students as well as the teacher are playing.
   Note : 'Both' and 'as well as' cannot be used together in the same sentence.
   Examples :
   Both Sita as well as Kanta are beautiful. (Incorrect)
   Sita as well as Kanta is beautiful. (Correct)
   Both Sita and Kanta are beautiful. (Correct)
8. **As if :** 'As if' is used in the sense of pretension. While using 'as if' in a sentence, we should see that even the third person singular subject gets 'were'.
   Example :
   He talks as if he were mad.
9. **Till :** Till expresses time. Till is always used in the affirmative.
   Example :
   We did not come back till sunset.
10. **Rather than :** 'Rather than' is used in the sense of 'preference'. 'Rather' is always followed by 'than'.
    Example :
    I would rather die than submit.
11. **As long as/so long as :** Both express time during which an action or event takes place.
    Example :
    As long as there is life, there is hope.
12. **However :** It is both a subordinate and co-ordinate clause.
    Examples :
    (a) Mala worked hard, she however, failed.
    (b) However hard he may work, he cannot pass.
13. **Such as :** 'Such as' gives us the sense of 'like'. Such is always followed by 'as'.
    Example :
    Life is such a puzzle as cannot be solved.

MULTIPLE CHOICE QUESTIONS

Directions: *In the following questions choose the correct options to fill the blanks.*

1. Neither he .... his friend is good.
A. or B. and
C. but D. nor

2. The officer asked the peon .... why he was late.
A. that B. if
C. but D. No word needed

3. Both Ajay .... Vijay are intelligent.
A. or B. nor
C. and D. No word needed

4. No Sooner did the thief see the public .... he ran away.
A. then B. and
C. but D. than

5. Abhinav .... his brothers was going to Mumbai.
A. but B. yet
C. No word needed D. together with

6. He behaves .... he were the captain of the team.
A. as if B. as
C. No word needed D. that

7. Either Rupali .... Sonali is going to attend the meeting.
A. and B. but
C. nor D. or

8. Neither Nirmal .... Ashwinee is going to listen the speech.
A. and B. but
C. nor D. or

9. Ravi .... Prakash are going to Kolkata.
A. or B. nor
C. but D. and

10. Rice .... curry is my usual breakfast.
A. and B. but
C. then D. than

11. Hardly had he left .... his brother came.
A. then B. than
C. when D. that

12. I would rather have a copy .... a book.
A. then B. than
C. when D. that

13. He is no other .... my friend.
A. then B. than
C. when D. but

14. He saw a snake ....he awoke.
A. then B. when
C. than D. No word needed

15. Ten years have passed .... my grandmother died.
A. since B. when
C. then D. than

16. She is .... good .... bad.
A. either, not B. neither, or
C. neither, nor D. neither, than

17. The cellphone is both cheap .... best.
A. than B. and
C. then D. or

18. No sooner did the rogue see the police .... he disappeared.
A. then B. than
C. so D. because

19. Srishti will go .... Sanju goes.
A. if B. than
C. then D. although

20. She is wise .... timid.
A. and B. yet
C. but D. however

21. Make hay .... the sun shines.
A. though B. while
C. after D. before

22. He is so weak .... he cannot walk.
A. but B. that
C. then D. so

23. Although he is rich, ... he is unhappy.
A. but B. yet
C. so D. still

24. Wait here .... I come back.
A. till B. until
C. before D. after

25. He is my friend .... I shall help him.
A. so
B. hence
C. that is why
D. therefore

26. He must go away .... he will be beaten.
A. otherwise B. and
C. or D. else

27. God loves good men .... good men love God.
A. and B. or
C. that D. those

28. He was late .... he was not punished.
A. but B. yet
C. still D. therefore

29. Walk slowly ...., you may fall.
A. and B. or
C. so D. otherwise

30. Work hard, ... you will fail.
A. and B. or
C. otherwise D. else

ANSWERS

1	2	3	4	5	6	7	8	9	10
D	D	C	D	D	A	D	C	D	A
11	**12**	**13**	**14**	**15**	**16**	**17**	**18**	**19**	**20**
C	B	B	B	A	C	B	B	A	C
21	**22**	**23**	**24**	**25**	**26**	**27**	**28**	**29**	**30**
B	B	B	A	B	C	A	C	D	D

PREPOSITIONS

A *Preposition* is a word which is placed before a noun or a pronoun to show its relation to some other word in the sentence.

1. I saw a goat *in* the field.
2. I am fond *of* hot coffee.

In sentence 1, the word *in* shows the relation between two things—*goat* and *field.*

In sentence 2, the word *of* shows the relation between the attribute expressed by the adjective *found* and *tea.*

The words *in* and *of* are here used as prepositions.

The noun or pronoun which is used with a preposition is called its object. The noun or pronoun is in the objective case. It is governed by the preposition. Now it is absolutely clear that in sentence 1, the noun *field* is in the objective case. The word *field* is governed by the preposition *in.*

A preposition may have two or more objects.

The road runs over *hill* and *plain.*

Here, the words *hill* and *plain* are used as objects.

Use of Important Prepositions

1. Among, Between

'**Among**' is used for more than two persons or things; '**Between**' is used only for two.

Examples :

(i) Distribute these sweets *among* the poor students of the class.

(ii) Distribute these books *between* Ram and Shyam.

2. Among, In

'**Among**' is used before collective plural nouns. '**In**' is used before collective singular nouns.

Examples :

(i) I found him standing *among* the crowd.

(ii) I saw him in the crowd.

3. Beside, Besides

'**Beside**' means 'by the side of'. '**Besides**' means 'in addition to'.

Examples :

(i) The daughter was sitting *beside* her mother.

(ii) *Besides* his relatives, he invited his friends also.

4. In, Within

'**In**' means at the expiry of a period of time in future, '**Within**' means before the expiry of a period of time in any tense.

Examples :

(i) She will return *in* a week.

(ii) I shall finish my work *within* a weak.

5. On, Upon

'**On**' is used for things at rest; '**Upon**' is used for things in motion.

Examples :

(i) He is sitting *on* the floor.

(ii) The dog sprang *upon* the table.

6. By, With

'**By**' denotes the agent or doer, '**With**' denotes the instrument with which anything is done.

Examples :

(i) The bird was killed *by* the hunter with an arrow.

(ii) He beat the dog *with* a stick.

(iii) I shall reach here *by* five o'clock.

7. After, In

'**After**' means at the end of a period of time in the past. '**In**' means at the end of a period of time in future.

Examples :

(i) I shall return your book *in* a week.

(ii) He returned the book *after* a week.

8. For, From, Since

'**For**' is used before a noun denoting a period of time with all the tenses. '**From**' is used before a noun or phrase denoting a point of time, it is used in all the tenses. '**Since**' is used before a noun or phrase denoting some point of time and is always produced by a verb in the perfect continuous tense or third form of a verb.

Examples :

(i) We have been playing cards *for* two hours.

(ii) She stayed with her uncle *from* the 15th of March to the 15th of May.

(iii) I have been reading this book *since* morning.

9. Above, Over

'Above' means 'higher from', **Over** is used in the following four senses :

(i) In the sense of 'above' :
At noon, the sun is *over* our heads.

(ii) In the sense of 'beyond' :
I cannot get *over* my disappointment.

(iii) In the sense of 'Superiority' :
God *over* all blesses for ever more.

(iv) In the sense of 'Conclusion' :
It is all *over* with me.

10. At, Towards

'**At**' denotes the idea of aim, '**Towards**' denotes the idea of destination.

Examples :

(i) He threw the stone *at* the cat.

(ii) He went *towards* the house.

11. At, In, On

'At' is used as follows :

(i) **'At'** is used with small towns and villages.

Examples :

(a) He was born *at* Sonepat.

(b) He lives *at* village Bangra. (Bangra is a village)

(ii) **'At'** is used before a noun denoting a definite point of time.

Example :

He called on me *at* 9 p.m. yesterday.

'In' is used as follows :

(iii) '**In**' is used with the names of big cities, provinces and countries.

Examples :

(a) His father lives *in* England.

(b) His younger brother lives *in* Calcutta.

(iv) '**In**' is used before the names of months and years.

Example :

His elder sister was born *in* 1972 *in* the month of May.

'On' is used with dates and names of days.

Examples :

(a) I joined college *on* the 26th April.

(b) He will leave for Kolkata *on* Wednesday next.

Important Information

1. '**In**' is also used in the following phrases :
In the morning; In the evening, In winter, In summer.

2. '**In**' also denotes a place inside anything.
He travelled *in* a crowded bus.

3. '**At**' is used in the following phrases :
At home, *At* the station, *At* work, *At* play.

12. Below, Beneath

Below means 'of lower level in position, dignity and expectation' etc. *Beneath* means 'under'.

Examples :

(i) It is *below* my dignity to talk to her.
(ii) They rested *beneath* the shade of a tree.

13. In, Into, To

'**In**' expresses Rest or Motion inside anything. '**Into**' expresses Motion towards the inside of anything or change from one medium to another. '**To**' denotes motion from one place to another.

Examples :

(i) The boys are *in* the room.
(ii) Translate this passage from English *into* Hindi.
(iii) Every morning he goes *to* the temple.

14. Till, By, Of, Off

- 'Till' means upto or not earlier than.
- 'By' means not later than.
- 'Of' shows cause, source, separation, quality, contents, possession, apposition, point of reference, space in time etc.
- 'Off' shows separation at a near distance, and detached condition.

Consider the following examples:

(i) I shall work *till* 5 a.m.
(ii) Madhu died *of* cancer.
(iii) The nib *of* the pen is made *of* gold.
(iv) He presented me a bottle *of* perfume.
(v) Our principal is a man *of* principle.
(vi) He lived in the house *of* his friend.
(vii) *By* this time tomorrow, I'll have finished my job.
(viii) My house is *off* the road.
(ix) The book fell *off* the table.

MULTIPLE CHOICE QUESTIONS

Directions: *Tick the correct preposition for the blank in each of the following sentences.*

1. He applied ...... the manager.
A. for B. to
C. with D. by

2. Trust ...... God and do the right.
A. in B. for
C. to D. with

3. She is worthy ...... a prize.
A. with B. for
C. to D. of

4. Mr. Gomes has no taste ...... music.
A. of B. for
C. with D. to

5. You are hard ...... hearing.
A. at B. of
C. with D. for

6. He is sure ...... his success
A. for B. with
C. on D. of

7. Preeti was warned ...... the danger ahead.
A. for B. at
C. of D. about

8. I am thankful ...... you for a good advice.
A. for B. with
C. to D. of

9. Deepak would not surrender ...... the police.
A. with B. to
C. for D. on

10. The small plant in your lawn is very sensitive ...... touch.
A. on B. with
C. to D. about

11. Divya was sure to succeed ..... the examination.
A. for B. in
C. to D. with

12. Geeta was jealous ...... Ravina's beauty.
A. to B. with
C. for D. of

13. He was ignorant ..... what was happening there.
A. for B. of
C. to D. with

14. Your pen is inferior ...... mine.
A. than B. with
C. from D. to

15. Reenu is no match ...... Meenu.
A. to B. for
C. with D. upon

16. It is necessary ...... you to apply for this job.
A. on B. with
C. for D. to

17. Be loyal ...... your country.
A. for B. to
C. on D. with

18. Mukesh is junior ...... me.
A. than B. to
C. from D. of

19. Deepika was innocent ...... the crime.
A. of B. with
C. from D. to

20. I am desirous.... joining the Indian cricket team.
A. for B. of
C. to D. on

ANSWERS

1	2	3	4	5	6	7	8	9	10
B	A	D	B	B	D	D	D	B	D
11	**12**	**13**	**14**	**15**	**16**	**17**	**18**	**19**	**20**
B	D	B	D	B	D	B	B	A	B

SYNONYMS

A synonym is a word which conveys a meaning similar to the given word.

REMEMBER

Words	*Synonyms*
Add	Increase
Adequate	Enough
Adjust	Adapt
All	Aggregate
Allow	Permit
Abode	Dwelling
Apt	Proper
Assess	Appraise
Accuse	Calumniate
Abashed	Timid
Annoy	Displease
Ample	Enough, Sufficient
Amplify	Increase
Apathetic	Unenthusiastic
Accost	Address
Authentic	True
Adjust	Fit
Approve	Assent, Allow, Accept
Adapt	Conform
Adversary	Opponent, Rival, Competitor
Beat	Whack
Benign	Kind
Breeze	Zephyr
Baffle	Puzzle
Booty	Spoil
Beauty	Charm
Beast	Animal
Bandit	Robber
Blaze	Shine
Bond	Tie
Bend	Twist
Bate	Diminish
Beg	Plead
Barbaric	Wild, Savage
Bashful	Shy, Reserved

Words	Synonyms
Begin	Start
Blend	Mix, Mingle
Bizarre	Funny
Below	Under
Bedevil	Confuse
Bemoan	Lament
Babble	Nonsense
Blame	Fault
Behaviour	Demeanour
Call	Accost
Copy	Imitate
Close	Shut
Caress	Love
Camp	Stay
Connect	Attach
Cut	Injure, Curtail
Cling	Stick
Conical	Funny
Convey	Carry
Conspicuous	Prominent
Cheerful	Happy, Pleasant
Curtail	Decrease
Cheerless	Sad, Dejected
Curious	Strange
Circumstance	Factor, Situation, Condition
Competent	Capable
Congruent	Overlapping
Cope	Deal, Endure
Confident	Sure
Complex	Intricate
Cajole	Coax, Flatter
Cunning	Crafty
Delectable	Joyful, Delightful
Devilish	Diabolical
Delicate	Soft
Devil	Fiend
Delay	Postpone
Dislike	Repugnance
Destroy	Ruin

Words	Synonyms
Dwell	Live, Dilate
Declare	Pronounce
Drunk	Flushed
Deficient	Lacking
Damn	Condemn, Curse
Decrease	Diminish
Destruction	Devastation
Efficient	Competent
Ethnic	Racial
Enthral	Enslave
Earnest	Serious
Envious	Jealous
Ending	Final
Egg	Incite
Extempore	At once
Extensive	Far-ranging
Extra	Surplus
Existence	Life
Exceed	Overstep
Enormous	Vast
Excessive	Superfluous
Free	Unhindered
Frigid	Cold
Feed	Cater
Fame	Reputation
Frame	Make
First	Initial
Frighten	Terrorise, Intimidate
Fervent	Fervid
Fall	Decline
Feeble	Frail
Fickle	Changeable
Finish	Conclude
Fraud	Deception
Forgiving	Placable
Grow	Develop
Greed	Avidity
Greet	Welcome
Grave	Serious
Group	Constellation

Words	Synonyms
Given	Bestowed
Gratitude	Thankfulness
Have	Possess
Hire	Rent
Hit	Strike
Handsome	Beautiful
Hinder	Prevent
Heap	Pile
Hope	Expect
Hard	Harsh
Help	Aid
Hymn	Song
Henpecked	Enslaved
Hoodwink	Mystify, Cheat
Humble	Polite, Urbane, Modest
Harass	Vex, Trouble
Impart	Instil
Intact	Untouched
Instal	Establish
Indict	Impeach
Imitate	Ape
Instigate	Incite
Initiate	Start, Introduce
Inimical	Unfriendly
Insufferable	Intolerable
Impartiality	Justice
Jolly	Merry
Joyful	Delectable
Join	Conjoin
Kind	Benign
Kill	Murder
Kindred	Similar
Kinship	Relationship
Keen	Sharp
Knowledge	Scholarship
Lazy	Slothful
Large	Substantial, Gargantuan
Listless	Careless, Lackadaisical
Lax	Loose
Little	Small
Lifelike	Realistic

Words	Synonyms
Lofty	High
Lenient	Soft, Gentle
Lacking	Deficient, Wanting
Lessen	Decrease
Middleclass	Bourgeois
Mitigate	Lessen, Abate
Modesty	Humility, Lowliness
Mix	Mingle, Blend
Mixture	Mingling
Mixed	Assorted
Modify	Decrease
Mean	Imply
Multifarious	Varied
Miscarry	Abort
Note	Notice
Noble	Stately
Native	Indigenous
Needful	Necessary
Notify	Declare
Nervous	Shaky, Tremulous, Timid
Natural	Spontaneous
Near	Close
Normal	Natural
Offend	Displease
Oppress	Persecute, Tyrannize
Opponent	Adversary
Obstruct	Hinder, Check
Offence	Fault
Offender	Villain
Overstep	Exceed
Overlapping	Congruent
Occult	Mystic
Profane	Unholy
Patience	Forbearance
Pornographic	Obscene
Plenitude	Abundance
Prominent	Important
Prodigal	Spender
Procrastinate	Postpone
Promote	Develop, Honour
Persecute	Tyrannise

Words	*Synonyms*
Profess	Claim
Pliant	Flexible
Plebian	Common
Polished	Sophisticated
Quake	Shake
Quit	Leave
Queer	Eccentric
Quell	Suppress
Quantify	Allot
Reply	Answer
Relinquish	Retire
Read	Peruse
Relation	Reference
Render	Do
Remainder	Residuals
Repeat	Reiterate
Repentant	Contrite
Retaliative	Retaliatory
Rumour	Hearsay
Reveal	Divulge
Ritualistic	Ceremonious
Soft	Delicate
Sort	Kind, Choose, Select
Selfish	Egoistic
Sensual	Earthly
Suppress	Quell, Check
Stimulate	Provoke
Tasteless	Insipid
Travel	Journey
True	Authentic, Faithful, Truthful
Turbulence	Turmoil
Tragedy	Calamity
Tasteful	Tasty, Delicious
Touching	Painful
Thankful	Grateful
Tremendous	Great, Huge
Tough	Strong
Terminate	Conclude, End
Theory	Doctrine
Tell	Relate
Tremble	Shake, Shiver
Urge	Spur
Unbeaten	Unsubdued
Use	Utilize, Practise
Underhand	Unfair, Undue
Unfair	Unjust
Unravel	Reveal, Divulge
Unimportant	Common
Unconcerned	Apathetic
Unimitated	Inimitable
Unfortunate	Unlucky
Understand	Perceive, Comprehend
Vain	Proud, Haughty, Conceited, Shameless
Vale	Valley, Dale, Dell
Vice	Fault
Virtue	Quality
Veracity	Reality
Value	Price, Prize
Vex	Tease
Vibrate	Quiver, Shake
Violent	Excessive
Vivid	Clear, Lucid
Victory	Triumph
Vulgar	Indecent
Virtuous	Honest
Variegated	Varied, Multifarious
Well	Good
Yell	Cry, Shout
Yonder	There
Yearn	Wish, Desire
Yoke	Slavery
Zest	Earnestness, Enthusiasm
Zealous	Earnest

ANTONYMS

A antonym is a word which conveys a meaning opposite to the given word.

REMEMBER

Words	*Antonyms*
Abhor	Love
Abnormal	Normal
Able	Unable
Acceptable	Unacceptable
Adequate	Inadequate
Amusing	Boring

Words	*Antonyms*
Angry	Calm
Apex	Bottom
Attract	Repel
Bad	Good
Barren	Fertile
Beautiful	Ugly
Bitter	Sweet
Brave	Cowardly
Brief	Lengthy
Bright	Dull
Calm	Violent
Careful	Careless
Clear	Vague, Cloudy
Cold	Hot
Cruel	Kind
Dear	Cheap
Deep	Shallow
Difficult	Easy
Direct	Indirect
Dishonest	Honest
Disobey	Obey
Encourage	Discourage
Enormous	Tiny
Excellent	Bad
Expensive	Cheap
Eat	Fast
Fair	Unfair
Fake	Authentic
False	True
Famous	Notorious
Fool	Genius
Generous	Miserly
Genius	Fool
Genuine	Unauthentic
Gigantic	Tiny
Glad	Depressed
Good	Bad
Great	Little
Happy	Sad

Words	*Antonyms*
Hard	Soft
Hate	Love
Honest	Dishonest
Idle	Busy
Immoral	Moral
Include	Exclude
Incorrect	Correct
Intelligent	Unintelligent
Kind	Cruel
Like	Dislike
Long	Short
Lucid	Vague
Major	Minor
Naive	Experienced
Nadir	Apex
Neat	Clumsy
Obedient	Disobedient
Obscure	Clear
Oppose	Support
Optimistic	Pessimistic
Out	In
Patience	Impatience
Peaceful	Belligerent
Pious	Impious
Polite	Impolite
Potent	Impotent
Prominent	Unimportant
Proper	Improper
Pure	Impure
Quick	Slow
Quiet	Disturbance
Real	False, Unreal
Reject	Select, Choose
Reliable	Unreliable
Respect	Disrespect
Right	Wrong
Robust	Feeble, Weak
Sad	Happy

Words	Antonyms	Words	Antonyms
Secret	Open	Strong	Weak
Sensible	Insensible	Big	Small
Severe	Mild	Easy	Difficult
Sharp	Blunt	Fast	Slow
Simple	Complex	High	Low
Sociable	Unsociable	Catchy	Unattractive
Tall	Short	Ugly	Handsome, Beautiful, Tidy
Tidy	Untidy	Tasty	Insipid
Uncanny	Canny	Sonorous	Harsh
Violent	Calm		
Vivid	Vague		

MULTIPLE CHOICE QUESTIONS

Directions (Qs. 1 to 20): *In the following questions choose the word which best expresses the meaning of the given word.*

1. ABSURD
A. Foolish B. Simple
C. Courageous D. Silly

2. ABANDON
A. Lose B. Profit
C. Vacate D. Foil

3. CAJOLE
A. Pause B. Lenient
C. Blast D. Lure

4. COMBAT
A. Fight B. Conflict
C. Shoot D. Quarrel

5. LAMENT
A. Condone B. Console
C. Complain D. Contribution

6. DEBACLE
A. Disgrace B. Defeat
C. Collapse D. Decline

7. SHIVER
A. Fear B. Tremble
C. Shake D. Ache

8. TORTURE
A. Terror B. Harassment
C. Torment D. Tranquility

9. LAUDABLE
A. Lovable B. Commendable
C. Profitable D. Oblivious

10. FIXED
A. Sterile B. Static
C. Stubborn D. Parennial

11. QUEER
A. Unfamiliar B. Cute
C. Curious D. Strange

12. SUFFICIENT
A. Fit B. Proper
C. Adequate D. Vast

13. GLOSS
A. Brightness B. Soothing
C. Rubbing D. Miracle

14. LONGING
A. Prune B. Apathy
C. Curtail D. Craving

15. JEER
A. Applaud B. Magnanimity
C. Avoid D. Scoff

16. ZENITH
A. Minimum B. Nadir
C. Plant D. Peak

17. GARB
A. Distort B. Dress
C. Trivial D. Rage

18. ABHOR
A. Rude B. Reconcile
C. Crave D. Detest

19. YIELD
A. Shum B. Incisive
C. Retain D. Surrender

20. YOKE
A. Twist B. Release
C. Link D. Extra

Directions (Qs. 21 to 38): *In the following questions choose the word which best expresses the opposite of the given word.*

21. TRAGIC
A. Dramatic B. Strong
C. Gentle D. Comic

22. ORAL
A. Verbal B. Sane
C. Minor D. Written

23. ADMIRE
A. Hate B. Unlike
C. Dislike D. Enough

24. VIOLENT
A. Gentle B. Savage
C. Haughty D. Decline

25. ADVERSITY
A. Windfall B. Inprosperity
C. Prosperity D. Slave

26. GENUINE
A. Spurious B. Obscure
C. Countless D. Apathetic

27. GRUDGE
A. Essence B. Guile
C. Goodwill D. Ill-will

28. STIFF
A. Soft B. Courteous
C. Lively D. Flexible

29. VANITY
A. Conceit B. Pride
C. Ostentious D. Humility

30. FRONT
A. Upper B. Unusual
C. Back D. Rear

31. ATTRACT
A. Lured B. Longing
C. Repel D. Disguise

32. COMFORT
A. Discomfort B. Discontent
C. Uncomfort D. Miscomfort

33. WELCOME
A. Repel B. Accept
C. Resist D. Fight

34. TACTFUL
A. Naive B. Loose
C. Strict D. Uncivilized

35. DUTIFUL
A. Harmful B. Watchful
C. Forgetful D. Remiss

36. RIGID
A. Flux B. Adoptable
C. Yielding D. Adaptable

37. RARE
A. Petty B. Poor
C. Small D. Common

38. ZEAL
A. Despair B. Calmness
C. Passiveness D. Indifference

ANSWERS

1	2	3	4	5	6	7	8	9	10
D	C	D	A	C	C	B	C	B	B
11	**12**	**13**	**14**	**15**	**16**	**17**	**18**	**19**	**20**
D	C	A	D	D	D	B	D	D	C
21	**22**	**23**	**24**	**25**	**26**	**27**	**28**	**29**	**30**
D	D	C	A	C	A	C	D	D	D
31	**32**	**33**	**34**	**35**	**36**	**37**	**38**		
C	A	C	A	D	D	D	D		

3. Sentence Completion

It is such an exercise which starts with the primary schools and continues in the highest level of competitive examinations. One must practise it regularly to score well.

Directions (Qs. 1 to 15): *Pick out the most effective word(s) from the given words to fill in the blanks to make the sentence meaningfully complete.*

1. The student ...... that book from the library to study at home.
A. issued B. borrowed
C. hired D. lent

2. I wish I ...... a king.
A. was B. am
C. should be D. were

3. He ...... to listen to my arguments and walked away.
A. denied B. disliked
C. objected D. refused

4. The flow of blood was so ...... that the patient died.
A. intense B. adequate
C. profuse D. extensive

5. When I met her yesterday, it was the first time I ...... her since Christmas.
A. saw B. have seen
C. had seen D. have been seing

6. Can you pay ...... all these articles?
A. for B. of
C. off D. out

7. I ...... you to be at the party this evening.
A. expect B. hope
C. look forward to D. desire

8. ...... being a handicapped person, he is very cooperative and self-reliant.
A. Because B. Although
C. Since D. Despite

9. The child broke ...... from his mother and ran towards the painting.
A. away B. after
C. down D. with

10. With his ...... income, he finds it difficult to live a comfortable life.
A. brief B. sufficient
C. meagre D. huge

11. He could ...... a lot of money in such a short time by using his intelligence and working hard.
A. spend B. spoil
C. exchange D. accumulate

12. Though the brothers are twins, they look ......
A. alike B. handsome
C. indifferent D. different

13. Unfavourable weather conditions can ..... illness.
A. cure B. detect
C. treat D. enhance

14. No sooner did the bell ring, ... the actor started singing.
A. when B. than
C. after D. before

15. If I ...... realised it, I would not have acted on his advice.
A. was B. had
C. were D. have

Directions (Qs. 16 to 25): *In each question, an incomplete statement (Stem) followed by four fillers* *is given. Pick out the best one which can complete the incomplete stem correctly and meaningfully.*

16. Unless you work harder you will fail, means .....

A. if you fail you will work harder.

B. you must at least plan well than you will not fail.

C. hardly you will fail if you do not desire so.

D. if you do not put more efforts, then you will fail.

17. Even if it rains I shall come, means .....

A. if I come it will not rain.

B. if it rains I shall not come.

C. I will certainly come whether it rains or not.

D. whenever there is rain I shall come.

18. Dinesh is as stupid as he is lazy means .....

A. Dinesh is stupid because he is lazy.

B. Dinesh is lazy because he is stupid.

C. Dinesh is either stupid or lazy.

D. Dinesh is equally stupid and lazy.

19. He is so lazy that he .....

A. cannot depend on others for getting his work done.

B. cannot delay the schedule of completing the work.

C. can seldom complete his work on time.

D. dislike to postpone the work that he undertakes to do.

20. He always stammers in public meetings, but his today's speech .....

A. was fairly audible to everyone present in the hall.

B. was not received satisfactorily.

C. could not be understood properly.

D. was free from that defect.

21. In order to raise the company's profit, the employees .....

A. demanded two additional increments.

B. decided to go on paid holidays.

C. requested the management to implement new welfare schemes.

D. offered to work overtime without any compensation.

22. Although, he is reputed for making very candid statements, ...

A. his today's speech was not fairly audible.

B. his promises had always been realistic.

C. his speech was very interesting.

D. his today's statements were very ambiguous.

23. I felt somewhat more relaxed .....

A. but tense as compared to earlier.

B. and tense as compared to earlier.

C. as there was already no tension at all.

D. and tension-free as compared to earlier.

24. With great efforts his son succeeded in convincing him not to donate his entire wealth to an orphanage .....

A. and lead the life of a wealthy merchant.

B. but to a home for the forsaken children.

C. and make an orphan of himself.

D. as the orphanage needed a lot of donations.

25. Even though it is a very large house, ...

A. there is a lot of space available in it for children.

B. there is hardly any space available for children.

C. there is no dearth of space for children.

D. the servants take a long time to clean it.

ANSWERS

1	2	3	4	5	6	7	8	9	10
B	D	D	C	C	A	A	D	A	C
11	**12**	**13**	**14**	**15**	**16**	**17**	**18**	**19**	**20**
D	D	D	B	B	D	C	D	C	D
21	**22**	**23**	**24**	**25**					
D	D	D	C	B					

4. Spotting Errors

The most common errors in English are of spellings, grammar and usage of words. By regular practice, the errors can be easily spotted and minimised.

MULTIPLE CHOICE QUESTIONS

Directions: *In the following questions some of the sentences have errors and some are correct. Find out which part of a sentence has an error, the number of that part is your answer. If a sentence is free from errors, then your answer is D i.e., No error.*

1. (A) Either Ram or/(B) you is responsible/(C) for this action./(D) No error.

2. (A) The student flatly denied/(B) that he had copied/(C) in the examination hall./(D) No error.

3. (A) By the time you arrive tomorrow/(B) I have finished/(C) my work./(D) No error.

4. (A) The captain with the members of his team/(B) are returning/(C) after a fortnight./(D) No error.

5. (A) After returning from/(B) an all-India tour/(C) I had to describe about it./(D) No error.

6. (A) The teacher asked his students/(B) if they had gone through/(C) either of the three chapters included in the prescribed text./(D) No error.

7. (A) Do you know/(B) how old were you/(C) when you came here?/(D) No error.

8. (A) Beware of/(B) a fair-weather friend/(C) who is neither a friend in need nor a friend indeed./(D) No error.

9. (A) Copernicus proved/(B) that Earth/(C) moves round the Sun./(D) No error.

10. (A) The property/(B) was divided/(C) among the two brothers./(D) No error.

11. (A) I am quite certain/(B) that the lady is not only greedy/(C) but miserly./(D) No error.

12. (A) The brilliant success in the examination/(B) as well as his record in sports/(C) deserves high praise./(D) No error.

13. (A) I cannot find/(B) where has he gone/(C) though I have tried may best./(D) No error.

14. (A) If I was/(B) the Prime Minister of India/(C) I would work wonders/(D) No error.

15. (A) If it weren't/(B) for you,/(C) I wouldn't be alive today./(D) No error.

16. (A) He looked like a lion/(B) baulked from/(C) its prey./(D) No error.

17. (A) Widespread flooding/(B) is affecting/(C) large areas of the villages./(D) No error.

18. (A) If we really set to/(B) we can get the whole house/(C) cleaned in an afternoon./(D) No error.

19. (A) It's arrogant for you/(B) to assume you'll/(C)win every time./(D) No error.

20. (A) The two books are the same/(B) except for the fact that this/(C) has an answer in the back./(D) No error.

21. (A) Your husband doesn't/(B) believe that you are older/(C) than I./(D) No error.

22. (A) I could not/(B) answer to/(C) the question./ (D) No error.

23. (A) Two years passed/(B) since/(C) my cousin died./(D) No error.

24. (A) I am learning English/(B) for ten years/(C) without much effect./(D) No error.

25. (A) Ramesh has agreed/(B) to marry with the girl/(C) of his parent's choice./ (D) No error.

26. (A) When he was arriving./(B) the party was/ (C) in full swing./(D) No error.

27. (A) The most studious boy/(B) in the class/ (C) was made as the captain./(D) No error.

28. (A) I am participating/(B) in the two-miles race/(C) tomorrow morning./(D) No error.

29. (A) When the boy committed a mistake/(B) the teacher made him to do/(C) the sum again./ (D) No error.

30. (A) Whenever a person lost anything/(B) the poor folk around/(C) are suspected./(D) No error.

ANSWERS

1	2	3	4	5	6	7	8	9	10
B	D	B	B	C	C	D	D	B	C
11	**12**	**13**	**14**	**15**	**16**	**17**	**18**	**19**	**20**
C	D	B	A	C	C	C	A	A	C
21	**22**	**23**	**24**	**25**	**26**	**27**	**28**	**29**	**30**
C	B	A	A	B	A	C	B	B	A

EXPLANATORY ANSWERS

1. Replace 'is' by 'are'.
2. No error.
3. Replace 'have' by 'would have'.
4. Replace 'are' by 'is'.
5. Replace 'had to describe' by 'described'.
6. Replace 'either' by 'any'.
7. No error.
8. No error.
9. Omit 'that'.
10. Replace 'among' by 'between'.
11. Add 'also'.
12. No error.
13. Replace 'has he' by 'he has'.
14. Replace 'was' by 'were'.
15. Replace 'wouldn't be' by 'would not have been'.
16. Replace 'its' by 'his'.
17. Replace 'areas' by 'area'.
18. Replace 'set to' by 'set on'.
19. Replace 'for' by 'of'.
20. Replace 'in' by 'on'.
21. Replace 'I' by 'me'.
22. Omit 'to'.
23. Replace 'passed' by 'have passed'.
24. Replace 'am' by 'have been'.
25. Omit 'with'.
26. Replace 'was arriving' by 'arrived'.
27. Omit 'as'.
28. Replace 'in' by 'at'.
29. Omit 'to'.
30. Replace 'lost' by 'loses'.

5. One Word Substitution

There are many single words in English language which can be perfectly used for a number of words. These words help in expressing ideas in a short and correct manner for the right occasion. Such words not only increase the vocabulary but also enable you to economise in the use of words to a great extent.

Multiple Word Expression	*Substitution*
One who always looks towards the bright side of things	Optimist
One who always looks towards the dark side of things	Pessimist
The time when one develops from a child into an adult	Adolescence
The process of growing more plants in order to form a forest.	Afforestation
The science which deals with farming	Agriculture
From some other country or place etc.	Alien
A term, etc. giving more than one meaning	Ambiguous
A vehicle which is used to carry sick persons	Ambulance
An animal which can live both in water and on land	Amphibian
A lawless situation when there is no government	Anarchy
Belonging to the history of thousands of years old	Ancient
Once a year	Annual
A very old object but still valuable	Antique
Words of opposite meanings	Antonyms
Words of similar meanings	Synonyms
Signatures of a famous person	Autograph
A government led by one person with absolute authority	Autocracy
A written work of one's own life history	Autobiography
A person who has never been married	Bachelor
A person usually having no hair on his head	Bald
A place where one can deposit money and get interest	Bank
A person who cuts our hair	Barber
A building/group of buildings where soldiers live	Barracks
A person who makes buns and biscuits	Baker
A person who lives by asking people for food and money without doing any useful job	Beggar
The crime of having married to two persons at the same time	Bigamy
The branch of science which deals with the study of plants	Botany
Able to speak two languages	Bilingual

Multiple Word Expression	*Substitution*
Able to speak more than two languages	Polyglot
The branch of science which deals with the living organisms	Biology
A powerful snow storm	Blizzard
A great successful book or movie	Blockbuster
A short news on the radio or TV	Bulletin
A system in which the most important works are organised by the government officials	Bureaucracy
A person who has no vision in his eyes	Blind
A page or a series of pages on which the information of days, weeks, months, etc. is given	Calendar
A person who eats human flesh	Cannibal
A complete list of items often arranged alphabetically	Catalogue
A sudden disaster	Catastrophe
A period of 100 years	Century
A branch of science which deals with chemicals	Chemistry
A printed leaf usually issued by banks that we sign to carry certain financial deal	Cheque
A person who makes or mends shoes	Cobbler
A group of people who has been chosen by others to make decisions on their own	Committee
A building in which nuns live	Convent
An animal which feeds on other animals	Carnivorous
A person who does criticism	Critic
A person who cannot hear	Deaf
A condition in which one loses a lot of water from one's body because of vomiting, etc.	Dehydration
A system of government in which the people cast their votes to elect their leaders	Democracy
The study of skin problems	Dermatology
A long piece of land covered with sand	Desert
The art of managing relationships between countries	Diplomacy
A piece of information about the words in a book form	Dictionary
A piece of information about the telephone numbers of the people in a book from	Directory
A person in charge of a newspapers, magazine etc.	Editor
A person who thinks he is better than the others	Egoist
To leave your country and settle in some other country	Emigrate
A book or series of books giving almost all knowledge about an area or some persons etc.	Encyclopaedia
Study of insects	Entomology
Time when day and night are of the same duration	Equinox
To sell things out of the country	Export
To purchase things from some other country	Import
A plant or animal no longer in existence	Extinct
A situation when there is a shortage of food for a long period of time	Famine
An amount of money that we pay for some action or services	Fee
Related to women	Feminine
An animal strong and aggressive	Ferocious

Multiple Word Expression	*Substitution*
A piece of land where plants grow easily from the soil that is favourable to them	Fertile
A work of literature having some imaginary events	Fiction
A large amount of water covering certain area	Flood
A person who sells flowers	Florist
A religious ceremony for burying or cremating a dead person	Funeral
A substance which kills fungus	Fungicide
A person studying or having studied the diseases and the related things of female reproductory system	Gynaecologist
The murder of the person of the same group race or country	Genocide
A substance which kills germs	Germicide
A situation in which many people die because of fire during war	Holocaust
The act of killing a person deliberately	Homicide
A word having the pronunciation as the other one does but it differs in meaning	Homophone
A word having the same spelling as the other one does but it is pronounced in some other way	Homonym
A person who is attracted towards the person of the same sex	Homosexual
Go across and parallel to the ground	Horizontal
A substance which kills the insects	Insecticide
That cannot be corrected	Incorrigible
That cannot be defeated	Invincible
That cannot be eaten	Inedible
That cannot be seen	Invisible
A place in a school or college where books are kept for the benefit of students, teachers etc.	Library
A place in a school or college where scientific experiments are performed	Laboratory
An official who is a judge in the lowest court	Magistrate
A piece of music or a book before it is printed	Manuscript
Related to men	Masculine
One who believes in the existence of God	A theist
One who does not believe in the existence of good	An atheist
That can be believed	Credible
That cannot be believed	Incredible
That which dissolves in a solvent	Soluble
That which does not dissolves in a solvent	Insoluble
Hard writing that can be read	Legible
Hard writing that cannot be read	Illegible
A person who does jobs beneficial to mankind	Philanthropist
A person who goes on foot	Pedestrian
A person who fights for his own country	Patriot
An act of killing oneself	Suicide
A woman whose husband is dead	Widow
A man whose wife is dead	Widower
A person who eats vegetarian and non-vegetarian diets	Omnivorous

Multiple Word Expression	*Substitution*
Something which is everywhere at the same time	Omnipresent
One who knows everything	Omniscient
A child who does not have parents	Orphan
An award etc. given after the death of the person	Posthumous
The place where animals are kept for amusement and to increase the knowledge of the public	Zoo
The science which deals with the study of animals	Zoology

MULTIPLE CHOICE QUESTIONS

Directions: *In questions given below, out of the four alternatives, choose the one which can be substituted for the given words/sentences.*

1. Something that relates to everyone in the world
A. General B. Common
C. Usual D. Universal

2. An expression of mild disapproval
A. Warning B. Denigration
C. Impertinence D. Reproof

3. One who is not easily pleased by anything
A. Maiden B. Medieval
C. Precarious D. Fastidious

4. Murder of a king
A. Infanticide B. Matricide
C. Genocide D. Regicide

5. A remedy for all diseases
A. Stoic B. Marvel
C. Panacea D. Recompense

6. A dramatic performance
A. Mask B. Mosque
C. Masque D. Mascot

7. Study of birds
A. Orology B. Optology
C. Ophthalmology D. Ornithology

8. Ready to believe
A. Credulous B. Credible
C. Creditable D. Incredible

9. Incapable of being seen through
A. Ductile B. Opaque
C. Obsolete D. Potable

10. One who eats everything
A. Omnivorous B. Omniscient
C. Irresistible D. Insolvent

11. A place where bees are kept is called
A. An apiary B. A mole
C. A hive D. A sanctuary

12. One who cannot be corrected
A. Incurable B. Incorrigible
C. Hardened D. Invulnerable

13. One who is in charge of a museum
A. Curator B. Supervisor
C. Caretaker D. Warden

14. Continuing fight between parties, families, clans, etc.
A. Enmity B. Feud
C. Quarrel D. Skirmish

15. A voice loud enough to be heard
A. Audible B. Applaudable
C. Laudable D. Oral

16. A paper written by hand
A. Handicraft B. Manuscript
C. Handiwork D. Thesis

17. Habitually silent or talking little
A. Serville B. Unequivocal
C. Taciturn D. Synoptic

18. To slap with a flat object
A. Chop B. Hew
C. Gnaw D. Swat

19. A person who speaks many languages
A. Linguist B. Monolingual
C. Polyglot D. Bilingual

20. A light sailing-boat built specially for racing
A. Canoe B. Yacht
C. Frigate D. Dinghy

21. A fixed orbit in space in relation to earth
A. Geological B. Geo-synchronous
C. Geo-centric D. Geo-stationary

22. A style in which a writer makes a display of his knowledge
A. Pedantic B. Verbose
C. Pompous D. Ornate

23. A religious discourse
A. Preach B. Stanza
C. Sanctorum D. Sermon

24. A place that provides refuge
A. Asylum B. Sanatorium
C. Shelter D. Orphanage

25. Detailed plan of a journey
A. Travelogue B. Travelkit
C. Schedule D. Itinerary

26. A person who insists on something
A. Disciplinarian B. Stickler
C. Instantaneous D. Boaster

27. A drawing on transparent paper
A. Red print B. Blue print
C. Negative D. Transparency

28. One who believes that all things and events in life are predetermined is a
A. Fatalist B. Puritan
C. Egoist D. Tyrant

29. A school boy who cuts classes frequently is a
A. Defeatist B. Sycophant
C. Truant D. Martinet

30. The act of violating the sanctity of the church is
A. Blasphemy B. Heresy
C. Sacrilege D. Desecration

31. A place where monks live as a secluded community
A. Cathedral B. Diocese
C. Convent D. Monastery

32. One who is fond of fighting
A. Bellicose B. Aggressive
C. Belligerent D. Militant

33. Tending to move away from the centre or axis
A. Centrifugal B. Centripetal
C. Axiomatic D. Awry

34. Words inscribed on tomb
A. Epitome B. Epistle
C. Epilogue D. Epitaph

35. Leave or remove from a place considered dangerous
A. Evade B. Evacuate
C. Avoid D. Exterminate

36. Original inhabitants of a country
A. Abroge B. Aborger
C. Aborgory D. Aborigins

37. Government by the officials
A. Theocracy B. Plutocracy
C. Bureaucracy D. Democracy

38. Incapable of being exhausted
A. Inexhaustible B. Inaexhaustible
C. Exhaustable D. Non-tired

39. A person of good understanding, knowledge and reasoning power
A. Expert B. Intellectual
C. Snob D. Literate

40. One absorbed in his own thoughts and feelings rather than in things outside
A. Scholar B. Recluse
C. Introvert D. Intellectual

ANSWERS

1	2	3	4	5	6	7	8	9	10
D	D	D	D	C	C	D	A	B	A
11	**12**	**13**	**14**	**15**	**16**	**17**	**18**	**19**	**20**
A	B	A	B	A	B	C	D	A	B
21	**22**	**23**	**24**	**25**	**26**	**27**	**28**	**29**	**30**
D	A	D	A	D	B	D	A	C	C
31	**32**	**33**	**34**	**35**	**36**	**37**	**38**	**39**	**40**
D	A	A	D	B	B	C	A	B	C

6. Spelling Errors

There are thousands of words in English language. It is difficult to remember the spellings and meanings of all at once. Try to learn as many as you can. Use a dictionary regularly.

Directions: *Find the correctly spelt words.*

1. A. Damage B. Dammage C. Damaige D. Dammege
2. A. Efficiant B. Effecient C. Efficient D. Eficient
3. A. Schedule B. Schdule C. Schedale D. Schedeule
4. A. Occurad B. Occurred C. Ocurred D. Occured
5. A. Grieff B. Grief C. Grieef D. Grrief
6. A. Guarantee B. Garuntee C. Guaruntee D. Gaurantee
7. A. Meddicine B. Medicine C. Medicene D. Medicinne
8. A. Benefeted B. Benefitted C. Benifited D. Benefited
9. A. Acommodation B. Acomodation C. Accomodation D. Accommodation
10. A. Querrelsome B. Quarrelsame C. Quarrelsome D. Querralsome
11. A. Sympathetic B. Smypathetic C. Sympothetic D. Sympethetic
12. A. Prograssive B. Progressive C. Progresive D. Prograsive
13. A. Uncivilized B. Uncevilized C. Uncivillized D. Uncevelized
14. A. Extravagant B. Extreragent C. Extreregant D. Extravegent
15. A. Missunderstood B. Miesunderstood C. Misunderstood D. Misunderstod
16. A. Belligerent B. Beligirent C. Belligarant D. Belligerrent
17. A. Astonished B. Astronished C. Astoneshed D. Asstonished
18. A. Sincerely B. Sencerely C. Sincerelly D. Sincerrely
19. A. Rigourous B. Rigerous C. Rigorous D. Regerous
20. A. Satellite B. Sattellite C. Satelite D. Sattelite
21. A. Pesanger B. Passenger C. Pessenger D. Pasanger
22. A. Humurous B. Humorous C. Humorcus D. Humorrous
23. A. Exeggerate B. Exaggerate C. Exadgerate D. Exagerate
24. A. Fariegn B. Forein C. Foriegn D. Foreign
25. A. Excesive B. Excessive C. Exccessive D. Exccesive
26. A. Forcaust B. Forcast C. Forecast D. Forecaste
27. A. Paralleted B. Paralelled C. Parrallcled D. Parallelled

28. A. Ocasion B. Occassion
C. Occasion D. Ocassion

29. A. Boquet B. Bouquet
C. Bouquete D. Bouquette

30. A. Chettering B. Chaterring
C. Chattering D. Chatering

31. A. Discourage B. Disscourage
C. Discourege D. Discaurage

32. A. Curageous B. Courageous
C. Courrageous D. Couregeous

33. A. Abandon B. Abanddon
C. Abendon D. Abbandon

34. A. Embarassment
B. Emberrassement
C. Embarrassment
D. Embbaresment

35. A. Eccintric B. Eccentrie
C. Eccentric D. Eccintrie

36. A. Occasional B. Occassional
C. Occesional D. Occessional

37. A. Querrel B. Querral
C. Quarrel D. Quarel

38. A. Contrebution B. Contribution
C. Contributtion D. Conterbution

39. A. Desgrace B. Disgrece
C. Disgrice D. Disgrace

40. A. Harassment B. Herassment
C. Harasment D. Harassmient

41. A. Imaginative B. Imeginative
C. Imagenative D. Imaginetive

42. A. Suficient B. Suficiant
C. Sufficient D. Sufficiant

43. A. Adequate B. Edequate
C. Adaquete D. Edaquete

44. A. Exparienced B. Experianced
C. Experienced D. Experrienced

45. A. Flatering B. Fletering
C. Flattering D. Fletaring

46. A. Cuttiveted B. Culltrivated
C. Cultivated D. Caltivated

47. A. Praiceworthy B. Peiseworthy
C. Praiseworthy D. Praisaworthy

48. A. Profesional B. Professionel
C. Professional D. Profissional

49. A. Ameteur B. Amateur
C. Amataur D. Amateor

50. A. Unfevourable B. Unfevaurable
C. Unfavourable D. Unfivourable

ANSWERS

1	**2**	**3**	**4**	**5**	**6**	**7**	**8**	**9**	**10**
A	C	A	B	B	A	B	B	D	C
11	**12**	**13**	**14**	**15**	**16**	**17**	**18**	**19**	**20**
A	B	A	A	C	A	A	A	C	A
21	**22**	**23**	**24**	**25**	**26**	**27**	**28**	**29**	**30**
B	B	B	D	B	C	A	C	B	C
31	**32**	**33**	**34**	**35**	**36**	**37**	**38**	**39**	**40**
A	B	A	C	C	A	C	B	D	A
41	**42**	**43**	**44**	**45**	**46**	**47**	**48**	**49**	**50**
A	C	A	C	A	C	C	C	B	C

सामान्य सचेतता/सामान्य ज्ञान
(General Awareness/General Knowledge)

भारत एक दृष्टि में

राजधानी	–	नई दिल्ली
क्षेत्रफल	–	32,87,263 वर्ग कि.मी.
क्षेत्रफल की दृष्टि से विश्व में स्थान	–	सातवां
स्थित	–	भूमध्य रेखा के उत्तर में 8°4′ और 37°6′ उत्तरी अक्षांश और 68°7′ तथा 97°25′ पूर्वी देशांतर के मध्य
विस्तार	–	उत्तर से दक्षिण तक 3,214 किमी. पूर्व से पश्चिम तक 2,933 किमी.
भूमि सीमा	–	15,200 किमी.
समुद्री तट	–	7,516.6 किमी.
सीमावर्ती देश	–	उत्तर-पश्चिम में पाकिस्तान और अफगानिस्तान, उत्तर में चीन, नेपाल और भूटान, पूर्व में म्यांमार और बंगलादेश, दक्षिण में मन्नार की खाड़ी और पाक-जलडमरूमध्य श्रीलंका से अलग करते हैं।
प्राकृतिक संरचना	–	मुख्य भूमि चार भागों में विभक्त–विस्तृत पर्वतीय क्षेत्र, सिंधु और गंगा के मैदान, रेगिस्तानी क्षेत्र, दक्षिणी प्रायद्वीप
प्रमुख नदियां	–	(क) हिमालय समूह : गंगा, यमुना, सिन्धु तथा ब्रह्मपुत्र; (ख) दक्षिणी नदियाँ : कृष्णा, कावेरी, गोदावरी, महानदी, दामोदर, भरतपुझा, नर्मदा, ताप्ती, पम्बा, पेरियार, पेन्नार, शरावती, नेत्रवती
जलवायु	–	ऊष्ण कटिबंधीय चार ऋतुएँ–शीत ऋतु, ग्रीष्म ऋतु, वर्षा ऋतु, शरद ऋतु
जीव-जंतु	–	लगभग 89,451 किस्म के
जनसंख्या (2011)	–	121,08,54,977
साक्षरता (2011)	–	73.0%
राजभाषा	–	हिन्दी
मान्य भाषाएं	–	22
उच्च न्यायालयों की संख्या	–	25

भारतीय संघ : राज्य व संघीय प्रदेश

संघ राज्य एवं संघ शासित प्रदेश	राजधानी	क्षेत्रफल (वर्ग कि॰मी॰)	भाषा
भारत	नई दिल्ली	32,87,263	हिन्दी-राजभाषा
		राज्य	
आंध्र प्रदेश	अमरावती	1,60,229	तेलुगू
असम	दिसपुर	78,438	असमिया
ओड़िशा	भुवनेश्वर	1,55,707	ओडिया
उत्तर प्रदेश	लखनऊ	2,40,928	हिन्दी
केरल	तिरुवनन्तपुरम्	38,863	मलयालम
गुजरात	गांधीनगर	1,96,024	गुजराती
तमिलनाडु	चेन्नई	1,30,058	तमिल
त्रिपुरा	अगरतला	10,492	त्रिपुरी, बंगला
नगालैण्ड	कोहिमा	16,579	अंग्रेजी, सेमा
पंजाब	चण्डीगढ़	50,362	पंजाबी
प. बंगाल	कोलकाता	88,752	बांग्ला
बिहार	पटना	94,163	हिन्दी, मैथिली, भोजपुरी, मगही
मध्य प्रदेश	भोपाल	3,08,000	हिन्दी
महाराष्ट्र	मुम्बई	3,07,713	मराठी
मेघालय	शिलांग	22,429	खासा भारा
मणिपुर	इम्फाल	22,327	मणिपुरी, अंग्रेजी
राजस्थान	जयपुर	3,42,239	हिन्दी, मारवाड़ी
हरियाणा	चण्डीगढ़	44,212	हिन्दी
हिमाचल प्रदेश	शिमला	55,673	हिन्दी, पहाड़ी
कर्नाटक	बंगलुरू	1,91,791	कन्नड़
सिक्किम	गंगटोक	7,096	लेपचा, नेपाली, हिन्दी
मिजोरम	आईजॉल	20,987	मिजो, अंग्रेजी
अरुणाचल प्रदेश	ईटानगर	83,743	बिस्सी, वांची
गोवा	पणजी	3,702	कोंकणी, मराठी
छत्तीसगढ़	रायपुर	1,35,191	हिन्दी
झारखण्ड	रांची	79,714	हिन्दी, संथाली, बांग्ला तथा ओडिया
उत्तराखंड	देहरादून	53,483	हिन्दी, गढ़वाली, कुमायुँनी
तेलंगाना	हैदराबाद	1,14,840	तेलुगू
जम्मू-कश्मीर	श्रीनगर (ग्रीष्मकाल में) जम्मू (शीतकाल में)	2,22,236*	कश्मीरी, उर्दू, डोगरी
अण्डमान निकोबार द्वीप समूह	श्री विजयपुरम	8,249	निकोबारी, हिन्दी
चण्डीगढ़	चण्डीगढ़	114	हिन्दी, पंजाबी
दिल्ली	दिल्ली	1,483	हिन्दी, पंजाबी
दादरा और नागर हवेली और दमन और दीव	दमन	603	भीली, गुजराती
पुडुचेरी	पुडुचेरी	480	तमिल, हिन्दी
लक्षद्वीप	कावारत्ती	32	मलयालम
लद्दाख	लेह	–	लद्दाखी

* चीन तथा पाकिस्तान द्वारा अवैध रूप से कब्जा किए गए क्षेत्र तथा केन्द्रशासित प्रदेश लद्दाख के क्षेत्रफल सहित।

विभिन्न राज्यों में मिलने वाली जनजातियां

प्रदेश	जनजातियां
उत्तर प्रदेश, उत्तराखंड	बुक्सा, थारू, बिड़कोल भोटिया खरवार, जौनसारी, राजी
पश्चिम बंगाल, बिहार, झारखंड	संथाल, भुइया, कोरबा, उरांव, हो, विरहोर, असुर, मुंडा, कोल
राजस्थान	मीणा, भील, गरासिया, सहरिया, सांसी, दमोर, मेव, रावत, मेरात,कोली
अण्डमान-निकोबार द्वीप समूह	ओंग, सोपन, आरबा, अण्डमानी, निकोबारी
हिमाचल प्रदेश, जम्मू एवं कश्मीर	बकरवाल, गद्दी, गुर्जर, लाहौल लांबा, पंगवाला, किन्नर
असम, अरुणाचल प्रदेश, नगालैंड, मेघालय, मणिपुर मिजोरम	न्याशी, गुरूंग, रियांग, चकमा, मिनीपोंग, पासी, ग्लोंग, सिंगपो, रेंगमा, सेंगमा, यांग, नागा, गारो खासी
गुजरात	टोड़िया, भील, डाफर, रैवारी, पटेलिया, डूबला, कथोड़ी, सिद्दीस
तमिलनाडु, ओडिशा	जुवांग, खोंड, गोंड, बड़गा, बोंडो, जुआंग, परजा, भूमिज
केरल	कडर, इरुला, मुथुवन, कनिक्कर, मलायन, मलनकुरावन, मलयारायन, मलावेतन, मन्नान, उल्लातन, यूराली, पनियां, पुलायन, मल्लार, कुरुम्बा
महाराष्ट्र, आन्ध्र प्रदेश, तेलंगाना	भील, गोंड, अगरिया, असुरा, भारिया, कोया, वर्ली, कोली, डुका, बैगा, गडावास, कामर, खडिया, खोंडा, कोल, कोलम, कोरबा, मुन्डा
मध्य प्रदेश, छत्तीसगढ़	कोरकू, भील, बैगा, गोंड, अगरिया, भारिया, कोरबा, कोल, उरांव, प्रधान, नगेशिया, हल्वा, भतरा, माड़िया, सहरिया, कमार, कंवर
त्रिपुरा	लुभाई, माग, हलम, खशिया, भूटिया, मुन्डा, संथाल, भील, जमनिया, रियांग, उचाई
कर्नाटक	गौडालू, हक्की, पिक्की, इरुगा, जेनु, कुरुव, मलाईकुड, भील, गोंड, टोडा, वर्ली, चेन्यू, कोया, अर्नादन, चेरवा, होलेया, कोरमा
पंजाब	गद्दी, स्वांगला, भोट

भारत में प्रथम

नोबेल पुरस्कार प्राप्तकर्ता	1. **साहित्यः** रवीन्द्रनाथ टैगोर (1913) 2. **भौतिकीः** सी॰वी॰ रमन (1929) 3. **शान्तिः** मदर टेरेसा (1979) 4. **अर्थशास्त्रः** अमर्त्य सेन (1998)
स्वतंत्र भारत के भारतीय गवर्नर जनरल (अन्तिम भी)	चक्रवर्ती राजगोपालाचारी
महिला राष्ट्रपति	प्रतिभा पाटिल
महिला राज्यपाल	श्रीमती सरोजिनी नायडू
सुप्रीम कोर्ट की महिला न्यायाधीश	श्रीमती मीरा राहिब फातिगा बीबी
महिला प्रधानमंत्री	श्रीमती इंदिरा गांधी
भारतीय सेनापति	जनरल के॰ एम॰ करियप्पा
महिला मुख्यमंत्री	श्रीमती सुचेता कृपलानी
संयुक्त राष्ट्र महासभा की महिला अध्यक्ष	श्रीमती विजयालक्ष्मी पंडित (1954)
अंतर्राष्ट्रीय न्यायालय के भारतीय अध्यक्ष	डॉ॰ नगेन्द्र सिंह
इंगलिश चैनल तैरकर पार करने वाली भारतीय महिला	आरती गुप्ता
इंगलिश चैनल तैरकर पार करने वाला भारतीय पुरुष	मिहिर सेन
ब्रिटिश पार्लियामेंट के भारतीय सदस्य	दादा भाई नौरोजी
फील्ड मार्शल	एस॰एच॰एफ॰जे॰ मानेकशा
एवरेस्ट शिखर पर चढ़ने वाला भारतीय	शेरपा तेंजिंग (29 मई, 1953)
एवरेस्ट पर चढ़ने वाली भारतीय महिला	कु॰ बछेन्द्रीपाल (23 मई, 1984)
भारतीय अंतरिक्ष यात्री (पुरुष)	राकेश शर्मा (3 अप्रैल, 1984)

चीफ ऑफ डिफेंस स्टाफ (CDS)	जनरल बिपिन रावत
भारतीय अंतरिक्ष यात्री (महिला)	कल्पना चावला (19 नवम्बर, 1997)
भारत रत्न से विभूषित महिला	श्रीमती इंदिरा गांधी
भारतीय महिला मिस यूनिवर्स	कु॰ सुष्मिता सेन
भारतीय महिला मिस वर्ल्ड	रीता फरिया
समाचार-पत्र	बंगाल गजट (27 जनवरी, 1780)
डाक टिकट	1852
तार लाइन	1851 (कलकत्ता-डायमंड हार्बर)
रेल	16 अप्रैल, 1853 (मुम्बई-ठाणे)
विद्युत रेल	1925 (मुम्बई-कुर्ला)
उपग्रह	आर्यभट्ट (1975)
रॉकेट	रोहिणी (1967)
आणविक रियेक्टर	अप्सरा (1956)
आणविक बिजलीघर	तारापुर आणविक बिजलीघर (1969)
भारतीय वायु सेना की महिला पायलट	हरित कौर देओल
फास्ट ब्रीडर आणविक रियेक्टर	कलपक्कम
बिना ऑक्सीजन एवरेस्ट की चोटी पर पहुंचने वाला भारतीय	फु दोरजी (1987)
मेट्रो रेलवे	कोलकाता (1984)
फिल्म	राजा हरिश्चन्द्र (1913) (मूक) एवं आलम आरा (1931) (बोलती हुई)
इंडियन नेशनल कांग्रेस की प्रथम महिला अध्यक्ष	श्रीमती एनी बेसेंट
इंडियन नेशनल कांग्रेस के प्रथम अध्यक्ष	व्योमेशचन्द्र बनर्जी (1888)
आई॰सी॰एस॰ में सफल होने वाला प्रथम भारतीय	सत्येन्द्र नाथ टैगोर

भारत में सबसे बड़ा/लम्बा/ऊँचा आदि

सबसे ऊंची चोटी*	के-2
सर्वाधिक आबादी वाला शहर	मुम्बई
सबसे लम्बी नदी	गंगा (2525 कि.मी.)
सबसे बड़ा राज्य (क्षेत्रफल में)	राजस्थान
सबसे बड़ा राज्य (आबादी में)	उत्तर प्रदेश
सबसे बड़ा पुल (सड़क)	असम में लोहित नदी पर भूपेन हजारिका सेतु (9.15 कि.मी.)
सर्वाधिक जनसंख्या घनत्व वाला राज्य	बिहार (1,106 प्रति वर्ग कि.मी.)
सर्वाधिक साक्षर राज्य	केरल (साक्षरता लगभग 94%)
सबसे बड़ा अजायबघर	इण्डिया म्यूजियम, कोलकाता
सबसे लम्बा पुल (रेल)	वेम्बानद पुल, केरल (4.6 किमी.)
सबसे लम्बा बांध	हीराकुड (ओडिशा)
सबसे लम्बी सुरंग (सड़क)	डॉ. श्यामा प्रसाद मुखर्जी सुरंग (जम्मू–कश्मीर, 9.28 किमी.)
सबसे लम्बी सुरंग (रेलवे)	टी–50 रेल सुरंग, 12.77 कि.मी. (जम्मू-कश्मीर में खारी और सम्बेर सेक्शन के मध्य)
सबसे बड़ा चिड़ियाघर	अरिगनार अन्ना जूलॉजिकल पार्क, चेन्नई (तमिलनाडु)
सबसे लम्बी सड़क	राष्ट्रीय राजमार्ग (NH)-44 (3,745 किमी.)
सबसे ऊंची मीनार	कुतुबमीनार, दिल्ली (72.5 मी.)
सबसे बड़ी मस्जिद	जामा मस्जिद, दिल्ली
बहादुरी के लिए सबसे बड़ा पुरस्कार	परमवीर चक्र
सबसे बड़ा रेगिस्तान	थार (राजस्थान)
सबसे बड़ा डेल्टा	सुन्दरवन डेल्टा, (75,000 वर्ग कि.मी.)

सबसे बड़ा गुम्बज	गोल गुम्बज (बीजापुर-42 मी॰ व्यास)
सबसे ऊँचा बांध	टिहरी बांध (261 मी.)
सबसे ऊँचा दरवाजा	बुलंद दरवाजा (फतेहपुर सीकरीः 176 फीट)
सबसे बड़ी मीठे पानी की झील	वुलर झील (कश्मीर)
सबसे लम्बा प्लेटफार्म	श्री सिद्धारूढ़ा स्वामी जी रेलवे स्टेशन*** (हुब्बल्लि, कर्नाटक; 1507 मी. लम्बा)
सर्वाधिक वर्षा (वार्षिक औसत)	चेरापूंजी के निकट मासिनराम (12,000 मि.मी.)
झरना, सबसे ऊँचा	कुंचिकल (कर्नाटक : 455 मी.)
सबसे बड़ा पशुओं का मेला	सोनपुर (बिहार)
सबसे बड़ा गुफा मंदिर	कैलाश मंदिर (एलोरा)
सबसे अधिक वन क्षेत्र वाला राज्य	मध्य प्रदेश
सबसे बड़ी कृत्रिम झील	गोविन्द सागर (भाखड़ा)

* विश्व की सबसे ऊंची चोटी मांउट एवरेस्ट है जो नेपाल में है। के-2 विश्व की दूसरी सबसे ऊँची और भारत की सबसे ऊँची (8611 मी॰) चोटी है।
*** उत्तर प्रदेश में गोरखपुर प्लेटफार्म (1355.4 मी. लम्बा) अब दूसरे स्थान पर है।

राष्ट्रीय प्रतीक

राष्ट्रीय ध्वज : भारत का राष्ट्रीय ध्वज **तिरंगा** है। यह आयताकार तीन पट्टियों से बना है। इसमें सबसे ऊपर केसरिया, मध्य में श्वेत और नीचे हरा रंग है। केसरिया शक्ति, श्वेत शांति और हरा समृद्धि का प्रतीक माना जाता है। झण्डे की लम्बाई-चौड़ाई का अनुपात 3 : 2 है। श्वेत पट्टी के मध्य नीले रंग का एक चक्र है। चक्र में 24 तीलियाँ हैं। झण्डा फहराने के संबंध में भारत सरकार ने कुछ नियम बनाए हैं जिनका पालन करना अति आवश्यक है। संविधान सभा ने इसे 22 जुलाई 1947 को अंगीकार किया था।

राज चिह्न : भारत का राज चिह्न सारनाथ में अशोक निर्मित सिंह स्तम्भ की अनुकृति है। इस चिह्न में चार सिंह हैं, जो एक दूसरे के विपरीत दिशा में घूम कर बैठे हुए हैं। इन चार में से केवल तीन सिंह दिखाई देते हैं, चौथा पीछे की ओर छिपा हुआ है और दिखाई नहीं देता। नीचे चौरस पट्टी के मध्य में उभरी हुई नक्काशी में एक चक्र है, जिसके दाईं ओर एक सांड़ और बाईं ओर एक घोड़ा है। नीचे मुण्डकोपनिषद से लिया गया सूत्र 'सत्यमेव जयते' देवनागरी लिपि में लिखा गया है। इसका अर्थ है 'सत्य की ही विजय होती है'। सरकार ने राज चिह्न को 26 जनवरी 1950 को स्वीकृत किया।

राष्ट्र गीत : श्री बंकिम चन्द्र चटर्जी द्वारा रचित गीत 'वन्दे मातरम्' को राष्ट्र गान के समकक्ष स्थान दिया गया है। उनके विख्यात उपन्यास 'आनन्द मठ' से उद्धृत यह गीत राष्ट्रीय आन्दोलन में एक महान प्रेरणा-स्रोत रहा है। इस गीत को सबसे पहले 1896 में भारतीय राष्ट्रीय कांग्रेस के अधिवेशन में गाया गया था।

राष्ट्र गान : रवीन्द्र नाथ टैगोर के गीत 'जन गण मन' को 24 जनवरी, 1950 को राष्ट्र गान के रूप में स्वीकार किया गया। यह गीत 'भारत-विधाता' शीर्षक से सर्वप्रथम 'तत्व-बोधिनी' पत्रिका के जनवरी 1912 के अंक में प्रकाशित हुआ था। यह गीत पहली बार 27 दिसम्बर 1911 को भारतीय कांग्रेस के कलकत्ता (कोलकाता) अधिवेशन में गाया गया था। पूरे गीत के 5 पद हैं। इसमें से प्रथम पद को राष्ट्र गान स्वीकार किया गया है। इसे गाने का निर्धारित समय लगभग 52 सेकण्ड है।

राष्ट्रीय पंचांग : सरकारी कार्यों में प्रयोग हेतु राष्ट्रीय पंचांग 22 मार्च, 1957 से अपनाया गया है। यह पंचांग शक संवत् पर आधारित है। 78 ई. में प्रारम्भ हुए शक संवत् का पहला महीना चैत्र है और वर्ष 365 दिन का है। इस पंचांग के दिन स्थायी रूप से ग्रेगेरियन कैलेंडर से सम्बद्ध दिनों के अनुरूप बैठते हैं। इस प्रकार सामान्य वर्षों में इस पंचांग का पहला दिन 22 मार्च के दिन आता है और लौंद (लीप) वर्ष में 21 मार्च के दिन।

राष्ट्रीय पंचांग के माह इस प्रकार हैं: 1. चैत्र, 2. बैशाख, 3. ज्येष्ठ, 4. आषाढ़, 5. श्रावण, 6. भाद्रपद, 7. आश्विन, 8. कार्तिक, 9. मार्गशीर्ष, 10. पौष, 11. माघ, 12. फाल्गुन।

राष्ट्रीय पशु : बाघ (पैंथरा टाइग्रिस-लिन्नायस); **राष्ट्रीय पक्षी :** मोर (पावो क्रिस्टेटस); **राष्ट्रीय पुष्प :** कमल।

हमारी पृथ्वी

पृथ्वी : तथ्य और आँकड़े

पृथ्वी का द्रव्यमान	5.882×10^{21} टन
पृथ्वी का घनत्व	पानी की अपेक्षा 5.517 गुणा
पृथ्वी का आयतन	1.083×10^{11} घन किमी.
भूमध्यरेखीय परिधि	4.007×10^{4} किमी.
ध्रुवीय व्यास	12,714 किमी.
विषुवतीय व्यास	12,756 किमी.
ध्रुवीय परिधि	4.0×10^{4} किमी.
अनुमानित आयु	लगभग 4600 करोड़ वर्ष
भू-पृष्ठ	148,951,000 वर्ग किमी.
जलीय सतह	361,150,000 वर्ग किमी.
भू-सतह का सबसे उच्च बिन्दु	माउंट एवरेस्ट (8,848 मीटर)
भू-सतह का सबसे निम्न बिन्दु	मृत सागर का तट (समुद्र तल से 396 मीटर नीचे)
महासागर की सर्वाधिक गहराई	फिलीपींस के पूर्व में मेरियाना ट्रेंच (समुद्र तल से 11,033 मीटर नीचे)

सौरमण्डल

सबसे बड़ा ग्रह	बृहस्पति (Jupiter)	रात्रि में लाल दिखाई देने वाला ग्रह	मंगल (Mars)
सबसे छोटा ग्रह	बुध (Mercury)	सबसे बड़ा उपग्रह	गैनीमेड (Gannymede)
पृथ्वी का उपग्रह	चन्द्रमा (Moon)	सबसे छोटा उपग्रह	डिमोस (Deimos)
सूर्य के सबसे निकट ग्रह	बुध (Mercury)	नीला ग्रह	पृथ्वी (Earth)
सूर्य से सबसे दूर स्थित ग्रह	वरुण (Neptune)	भोर का तारा	शुक्र (Venus)
पृथ्वी के सबसे निकट स्थित ग्रह	शुक्र (Venus)	साँझ का तारा	शुक्र (Venus)
सबसे अधिक चमकीला ग्रह	शुक्र (Venus)	पृथ्वी की बहन	शुक्र (Venus)
सबसे अधिक चमकीला तारा	साइरस (Dog Star)	हरा ग्रह	वरुण (Neptune)
सबसे अधिक ठण्डा ग्रह	वरुण (Neptune)	विशाल लाल धब्बे वाला ग्रह	बृहस्पति (Jupiter)
सबसे अधिक गर्म ग्रह	शुक्र (Venus)		

विश्व बोध

विभिन्न देशों के राष्ट्रीय प्रतीक

देश	प्रतीक	देश	प्रतीक	देश	प्रतीक
ऑस्ट्रेलिया	कंगारू	कनाडा	सफेद लिली	डेनमार्क	वुलिन
फ्रांस	लिली	जर्मनी	कार्न फ्लावर	भारत	सिंह स्तम्भ
ईरान	गुलाब	आयरलैंड	तीन पत्ती वाली घास	इटली	सफेद लिली
जापान	गुलदाउदी	पाकिस्तान	अर्द्धचंद्र	स्पेन	बाज
यूनाइटेट किंगडम	गुलाब	यू.एस.ए.	सुनहरी छड़ी		

महत्त्वपूर्ण सीमा रेखाएं

- **डूरंड लाइन :** यह भारत और अफगानिस्तान के बीच सीमा के विभाजन को परिलक्षित करती थी। इसका सीमांकन सर मोर्टीमर डूरंड ने 1896 में किया था। अब यह पाकिस्तान और अफगानिस्तान के बीच की सीमा रेखा है।
- **हिंडेनवर्ग लाइन :** यह वह रेखा है जहां से विश्व युद्ध के दौरान जर्मनी की सेना वापस लौट गई थी। यह रेखा पोलैण्ड और जर्मनी के बीच की सीमा रेखा है।
- **मैकमोहन रेखा :** यह भारत और चीन के बीच सीमा रेखा है जिसका सीमांकन सर हेनरी मैकमोहन ने किया था।
- **मैगिनोट रेखा :** यह फ्रांस और जर्मनी के बीच सीमा रेखा है।
- **रेडक्लिफ रेखा :** यह भारत और पाकिस्तान के बीच सीमा रेखा है जिसका सीमांकन सर सिरिल रेडक्लिफ ने किया था।
- **17वां पैरेलल :** यह उत्तरी एवं दक्षिणी वियतनाम के बीच की सीमा रेखा है।
- **38वां पैरलल :** यह उत्तर और दक्षिण कोरिया के बीच सीमा रेखा है।
- **49वां पैरलल :** यह यू.एस. और कनाडा के बीच सीमा रेखा है।
- **अदूर निसे रेखा :** यह रेखा पोलैण्ड और पूर्वी जर्मनी के बीच की सीमा रेखा है जो द्वितीय विश्व युद्ध में खींची गई थी।
- **सिंगफ्रेड रेखा :** प्रथम विश्व युद्ध में फ्रांस और जर्मनी के बीच की सीमा रेखा।

विश्व की प्रमुख नदियाँ

नाम	उद्गम स्थल	गिरने का स्थान	लम्बाई (किमी)	प्रमुख स्थान
नील (विश्व की सबसे लम्बी नदी)	विक्टोरिया झील	भूमध्य सागर	6670	आस्वान बाँध व नासिर झील स्थित है।
अमेजन (आयतन की दृष्टि से विश्व की सबसे बड़ी नदी)	एण्डीज पर्वत	अटलांटिक महासागर	6448	
मिसीसिपी मिसौरी	अलास्का झील	मैक्सिको की खाड़ी	6300	पक्षीपाद डेल्टा बनाती है।
यांग्टिसीक्यांग	तिब्बत का पठार	चीन सागर	5494	
ह्वांग हो	कुललुन पर्वत	चीन की खाड़ी	4840	
कांगो / जायरे	लुआलिया और लुआपुआ का संगम	अटलाण्टिक महासागर	4800	विषुवत् रेखा को दो बार काटती है।
अमूर	शिल्का रूस, आरगून का संगम	टार्टइ स्ट्रेट	4510	चीन और रूस की सीमा बनाती है।
वोल्गा	बल्डाई पठार	कैस्पियन सागर	3700	यूरोप की सबसे लम्बी नदी
डेन्यूब	ब्लैक फॉरेस्ट	काला सागर	2820	बेलग्रेड, बुखारेस्ट, बुडापेस्ट और वियना शहर स्थित है।
सेंट लारेंस	आण्टेरियो झील	सेंट-लॉरेंस की खाड़ी	3058	नियाग्रा जल प्रपात स्थित है।
कोलोरेडो	ग्रैण्ड कंट्री	कैलीफोर्निया की खाड़ी	2333	ह्यूबर बाँध स्थित
नाइजर	गिनी	गिनी की खाड़ी	4800	तेल नदी कहलाती है।
मेकांग	तिब्बत का पठार	दक्षिण चीन सागर	4023	द.पू. एशिया की सबसे लम्बी नदी।
सिन्धु	मानसरोवर झील के पास	अरब सागर	3180	
ब्रहापुत्र	मानसरोवर झील	बंगाल की खाडी	2900	
डार्लिंग-मर्रे	ऑस्ट्रेलिया आल्पस	हिन्द महासागर	3720	ऑस्ट्रेलिया की सबसे बड़ी नदी।

विश्व की प्रमुख झीलें

झील का नाम	भौगोलिक क्षेत्र	क्षेत्रफल (वर्ग.किमी.)	विशेष तथ्य
कैस्पियन सागर	पूर्व सोवियत संघ तथा ईरान	3,94,299	खारे पानी की सबसे बड़ी झील
सुपीरियर झील	संयुक्त राज्य अमेरिका एवं कनाडा	82,414	ताजे पानी की सबसे बड़ी झील
विक्टोरिया झील	केन्या, युगाण्डा तथा तंजानिया	69,485	
अरल सागर झील	कजाकिस्तान एवं उज्बेकिस्तान	64,457	
ह्यूरन झील	संयुक्त राज्य अमेरिका तथा कनाडा	59,600	
मिशीगन झील	संयुक्त राज्य अमेरिका	57,800	
बैकाल झील	रूस	31,500	यह सबसे गहरी (1940 मी॰) झील है।
ग्रेट बेरियर झील	कनाडा	31,080	
ग्रेट स्लेव झील	कनाडा	28,438	
विनीपेग झील	कनाडा	24,341	
ओण्टेरियो झील	सं.रा. अमेरिका तथा कनाडा	19,529	
टिटिकाका	पेरू-बोलीविया	9,065	यह विश्व की सबसे ऊँची (3811 मी॰) झील है।
आयर झील	ऑस्ट्रेलिया	9,583	

नदियों के तट पर बसे विश्व के प्रमुख नगर

नगर	नदी	नगर	नदी	नगर	नदी
लन्दन (इंग्लैंड)	टेम्स	कैन्टन (चीन)	सीक्यांग	मास्को (रूस)	मस्कोवा
न्यूयार्क (सं.रा.अ.)	हडसन	बर्लिन (जर्मनी)	स्प्री	बेलग्रेड	डेन्यूब
पेरिस (फ्रांस)	सीन	बुडापेस्ट (हंगरी)	डेन्यूब	पर्थ (ऑस्ट्रेलिया)	स्वान
वाशिंगटन	पोटोमेक	बगदाद (इराक)	टाइग्रिस	वियाना (ऑस्ट्रिया)	डेन्यूब
आस्वान (मिस्र)	नील	टोकियो (जापान)	अराकावा	सेंट लुईस (अमेरिका)	मिसिसिपी
शंघाई (चीन)	यांग्टिसीक्यांग	रोम (इटली)	टाइबर	यंगून (म्यांमार)	इरावदी
प्राग	वितावा	ओटावा (कनाडा)	सेंट लारेंस	सिडनी (ऑस्ट्रेलिया)	डार्लिंग
मैड्रिड (स्पेन)	मैजेनसेस	लिस्बन	टेगस	लिस्बन (पुर्तगाल)	टंगस
अंकारा (तुर्किए)	किजिल	लाहौर (पाकिस्तान)	रावी	मॉण्ट्रियल (कनाडा)	सेंट लारेंस
कराची (पाकिस्तान)	सिंधु	बोन (जर्मनी)	राइन	डबलिन (आयरलैंड)	लीफें
काहिरा (मिस्र)	नील	दिल्ली (भारत)	यमुना	ब्यूनस आयर्स (अर्जेंटीना)	लाप्लाटा
शिकागो (सं.रा.अ.)	शिकागो	लिवरपुल (इंग्लैंड)	मर्सी	ब्रिस्टल (इंग्लैंड)	एवन
बसरा (इराक)	दजला एवं फरात	कीव (यूक्रेन)	नीपर		

विश्व के प्रमुख औद्योगिक नगर

नगर	उद्योग	नगर	उद्योग	नगर	उद्योग
बेलफास्ट	जहाज निर्माण	चेलियाबिंस्क	लोहा इस्पात	बर्मिंघम	लोहा इस्पात
डेट्रायट	ऑटोमोबाइल	एसेन (जर्मनी)	लोहा इस्पात	ग्लासगो	जहाज निर्माण
हवाना	सिगार	हॉलीवुड	फिल्म उद्योग	लॉस एंजिल्स	पेट्रोलियम, फिल्म
कंशास	मांस उद्योग	कोबे	लोहा इस्पात	कीव	इंजीनियरिंग उद्योग
लियोन्स (फ्रांस)	सिल्क उद्योग	मैनचेस्टर	सूती वस्त्र उद्योग	मिलान	सिल्क वस्त्र उद्योग
फिलाडेल्फिया	लोकोमोटिव	प्लेमाउथ	जहाज निर्माण	पिट्सबर्ग	लोहा एवं इस्पात
शेफील्ड (ब्रिटेन)	कैंची, छुरी	सिएटल	वायुयान निर्माण	वेनिस	काँच उद्योग
ब्लाडीवोस्टक	जहाज निर्माण	बेलिंगटन	डेयरी उद्योग	मुल्तान	मिट्टी के बर्तन
ढाका	कालीन उद्योग	म्युनिख (जर्मनी)	लेंस निर्माण	नागोया	जहाज निर्माण

संयुक्त राष्ट्र संघ

स्थापनाः 24 अक्टूबर, 1945; **संस्थापक सदस्यः** 50; **मुख्यालयः** न्यूयार्क; **वर्तमान सदस्य संख्याः** 193 (इस संगठन का सदस्य बनने वाला अन्तिम देश दक्षिण सूडान है)। **लक्ष्य और उद्देश्यः** शान्ति-सुरक्षा, कल्याण और मानव अधिकार; **ध्वजः** ध्वज की पृष्ठभूमि हल्की नीली है और उस पर श्वेत रंग से राष्ट्र संघ का प्रतीक बना हुआ है। **कार्यकारी भाषाएँ:** अंग्रेजी तथा फ्रेंच; **अन्य मान्यता प्राप्त भाषाएँ:** रशियन, अरबी, स्पेनिश तथा चीनी।

संयुक्त राष्ट्र संघ के प्रमुख अंगः प्रमुख अंग 6 हैं–**1.** साधारण महासभा, **2.** सुरक्षा परिषद्, **3.** आर्थिक व सामाजिक परिषद्, **4.** अंतर्राष्ट्रीय न्यायालय, **5.** प्रन्यास परिषद्, **6.** सचिवालय।

प्रमुख अंतर्राष्ट्रीय संगठनों के मुख्यालय और स्थापना वर्ष

अंतर्राष्ट्रीय संगठन	मुख्यालय	स्थापना वर्ष	अंतर्राष्ट्रीय संगठन	मुख्यालय	स्थापना वर्ष
संयुक्त राष्ट्र संघ (UNO)	न्यूयार्क	1945	अरब लीग	कैरो	1945
अंतर्राष्ट्रीय मुद्रा कोष (IMF)	वाशिंगटन डी.सी.	1945	राष्ट्रमंडल (COMMONWEALTH)	लंदन	1931
			विश्व व्यापार संगठन (WTO)	जेनेवा	1995
विश्व स्वास्थ्य संगठन (WHO)	जेनेवा	1948	अंतर्राष्ट्रीय पुनर्निर्माण एवं विकास बैंक (विश्व बैंक) (IBRD)	वाशिंगटन डी.सी.	1945
खाद्य एवं कृषि संगठन (FAO)	रोम	1945			
अंतर्राष्ट्रीय श्रम संगठन (ILO)	जेनेवा	1919	विश्व बौद्धिक संपदा संगठन (WIPO)	जेनेवा	1967
यूनेस्को (UNESCO)	पेरिस	1946	मुस्लिम राष्ट्रों का संघ (OIC)	मक्का (सऊदी अरब)	1971
विश्व डाक संघ (UPU)	बर्न	1875			
सं.रा. औद्यो. विकास संगठन (UNIDO)	वियना	1967	यूरोपीय यूनियन (EU)	ब्रुसेल्स	1958 में स्थापित (EEC) का परिवर्तित रूप
अंतर्राष्ट्रीय परमाणु ऊर्जा अभिकरण (IAEA)	वियना	1957			
अंतर्राष्ट्रीय वित्त निगम (IFC)	वाशिंगटन डी.सी.	1956			
सं. रा. विकास कार्यक्रम (UNDP)	न्यूयार्क	1965	रेडक्रास	जेनेवा	1863
यूनिसेफ (UNICEF)	न्यूयार्क	1946	इंटरपोल (INTERPOL)	लियोन	1923
अंतर्राष्ट्रीय समुद्री संगठन (IMO)	लंदन	1948	एशियाई विकास बैंक (ADB)	मनीला	1966
विश्व मौसम विज्ञान संगठन (WMO)	जेनेवा	1950	उत्तरी अटलांटिक संधि संगठन (NATO)	ब्रुसेल्स	1949
अंतर्राष्ट्रीय दूर संचार संघ (ITU)	जेनेवा	1947	आसियान (ASEAN)	जकार्ता	1967

भारत का भूगोल

प्रसिद्ध पर्वत शिखर

पर्वत शिखर	समुद्र तल से ऊंचाई (मीटर में)	पर्वत शिखर	समुद्र तल से ऊंचाई (मीटर में)
1. K_2	8,611 पाकिस्तान के कब्जे में	6. डिस्तगिल सर	7,885 पाकिस्तान के कब्जे में
2. कंचनजंगा	8,598	7. माशेर ब्रुम (पूर्वी)	7,821
3. नंगा पर्वत	8,126	8. नंदा देवी	7,817
4. गशेर ब्रुम	8,068 पाकिस्तान के कब्जे में	9. माशेर ब्रुम (पश्चिम)	7,806 पाकिस्तान के कब्जे में
5. ब्रॉड पीक	8,047 पाकिस्तान के कब्जे में	10. राकापोशी	7,788 पाकिस्तान के कब्जे में

भारत के प्रमुख दर्रे

दर्रे	राज्य/केन्द्रशासित प्रदेश	दर्रे	राज्य/केन्द्रशासित प्रदेश	दर्रे	राज्य/केन्द्रशासित प्रदेश
काराकोरम	लद्दाख	माना	उत्तराखण्ड	जोजिला	लद्दाख
नीति	उत्तराखण्ड	पीरपंजाल	जम्मू-कश्मीर	नाथूला	सिक्किम
बनिहाल	जम्मू-कश्मीर	जैलेप्ला	सिक्किम	बुर्जिल	जम्मू-कश्मीर
बोम्डिला	अरुणाचल प्रदेश	शिपकी	हिमाचल प्रदेश	यांग्याप	अरुणाचल प्रदेश
रोहतांग	हिमाचल प्रदेश	दिफू	अरुणाचल प्रदेश	बड़ालाचा	हिमाचल प्रदेश
तुजु	मणिपुर	लिपुलेख	उत्तराखण्ड		

भारत की प्रमुख नदियाँ

नदी	उद्गम	मुहाना	लम्बाई (किमी.)
सिन्धु	मानसरोवर झील (तिब्बत)	अरब सागर	3100 (भारत में 1114)
सतलज	राक्षसताल	चिनाब	1450 (भारत में 1050)
गंगा	गंगोत्री के पास गोमुख से	बंगाल की खाड़ी	2525
यमुना	यमुनोत्री के पास बंदरपूंछ से	गंगा	1376
चम्बल	महूँ (जानपाव पहाड़ी)	यमुना	1050
गण्डक	धौलाधार पर्वत	गंगा	300
सोन	अमरकंटक पहाड़ी	गंगा	784
ब्रह्मपुत्र	मानसरोवर झील (तिब्बत)	बंगाल की खाड़ी	2900 (भारत में 916)
नर्मदा	अमरकंटक	अरब सागर	1290
ताप्ती	मुलताई (बैतूल)	खम्भात की खाड़ी	720
महानदी	सिहावा के समीप	बंगाल की खाड़ी	890
कृष्णा	पश्चिमी घाट की पहाड़ी (महाबलेश्वर के पास)	बंगाल की खाड़ी	1290
गोदावरी	त्रयम्बक गाँव की पहाड़ी	बंगाल की खाड़ी	1450
कावेरी	ब्रह्मगिरि की पहाड़ी	बंगाल की खाड़ी	760
तुंगभद्रा	कर्नाटक के पश्चिमी घाट	कृष्णा	331
माही	विन्ध्याचल पर्वत	खम्भात की खाड़ी	533

प्रमुख बहुउद्देशीय नदी घाटी परियोजनाएँ

परियोजना का नाम	नदी	लाभान्वित राज्य
दामोदर घाटी परियोजना	दामोदर	झारखंड, पश्चिम बंगाल
टिहरी बाँध परियोजना	भागीरथी	उत्तराखंड
नागार्जुन सागर परियोजना	कृष्णा	आन्ध्र प्रदेश
कोसी परियोजना	कोसी	बिहार तथा नेपाल
हीराकुड बाँध परियोजना	महानदी	ओडिशा
व्यास परियोजना	व्यास	राजस्थान, पंजाब, हरियाणा, हिमाचल प्रदेश
चम्बल परियोजना	चम्बल	राजस्थान, मध्य प्रदेश
मयूराक्षी परियोजना	मयूराक्षी	पश्चिम बंगाल
तुंगभद्रा परियोजना	तुंगभद्रा	आन्ध्र प्रदेश, कर्नाटक
गण्डक परियोजना	गण्डक	बिहार, नेपाल
फरक्का परियोजना	गंगा, भागीरथी	पश्चिम बंगाल
काकरापारा परियोजना	ताप्ती	गुजरात

परियोजना का नाम	नदी	लाभान्वित राज्य
नागपुर शक्तिगृह परियोजना	कोराडी	महाराष्ट्र
इन्दिरा गाँधी नहर परियोजना	सतलज	राजस्थान, पंजाब तथा हरियाणा
रिहन्द परियोजना	रिहन्द	उत्तर प्रदेश
महानदी डेल्टा परियोजना	महानदी	ओडिशा
कुण्डा परियोजना	कुण्डा	तमिलनाडु
इडुक्की परियोजना	पेरियार	केरल
कोयना परियोजना	कोयना	महाराष्ट्र
सतलज परियोजना	चिनाब	जम्मू-कश्मीर
रंजीत सागर बाँध परियोजना	रावी	पंजाब
नाथपा-झाकरी परियोजना	सतलज	हिमाचल प्रदेश
शरावती परियोजना	शरावती	कर्नाटक
नर्मदा सागर परियोजना	नर्मदा	मध्य प्रदेश, गुजरात
जवाहर सागर परियोजना	चम्बल	राजस्थान
तुलबुल परियोजना	झेलम	जम्मू कश्मीर .
सरदार सरोवर परियोजना	नर्मदा	गुजरात, मध्य प्रदेश, महाराष्ट्र एवं राजस्थान
दुलहस्ती परियोजना	चिनाब	जम्मू-कश्मीर
तिलैया परियोजना	बराकर	झारखंड

राष्ट्रीय उद्यान और अभयारण्य

कुछ महत्त्वपूर्ण अभयारण्यों और उद्यानों के नाम नीचे दिए गए हैं।

- कान्हा राष्ट्रीय उद्यान (म.प्र.)
- जलदापाड़ा अभयारण्य (प. बंगाल)
- मानस अभयारण्य (असम)
- पलामू राष्ट्रीय उद्यान (झारखंड)
- सेमलीपाल राष्ट्रीय पार्क (ओडिशा)
- भरतपुर वन्य जीव अभयारण्य (राजस्थान)
- कॉर्बेट राष्ट्रीय उद्यान (उत्तराखंड)
- दाचीगाम अभयारण्य (जम्मू-कश्मीर)
- नन्दा देवी कस्तूरी मृग वन (उत्तराखंड)
- रणथम्भौर वन्य जीव अभयारण्य (राजस्थान)
- रंगथिट्टू पक्षी अभयारण्य (कर्नाटक)
- डंडेली अभयारण्य (कर्नाटक)
- पेरियार अभयारण्य (केरल)
- गिरि वन (गुजरात)
- मोलेम क्रीड़ा अभयारण्य (गोवा)
- नागजीरा वन्य जीव अभयारण्य (महाराष्ट्र)
- घाट प्रभा पक्षी अभयारण्य (कर्नाटक)
- पेंच राष्ट्रीय उद्यान (महाराष्ट्र)
- सुल्तानपुर सरोवर पक्षी अभयारण्य (हरियाणा)
- मुदमलाई अभयारण्य (तमिलनाडु)
- नाल सरोवर पक्षी अभयारण्य (गुजरात)
- तानसा झील वन्य जीव अभयारण्य (महाराष्ट्र)
- ईराविकुलम राजमल्ली राष्ट्रीय उद्यान (केरल)
- शिवपुरी राष्ट्रीय उद्यान (म.प्र.)
- काजीरंगा अभयारण्य (असम)
- हजारीबाग राष्ट्रीय उद्यान (झारखंड)
- डालमा वन्य जीव अभयारण्य (झारखंड)
- वनकटना वन्य जीव अभयारण्य (उ.प्र.)
- डर्राह वन्य जीव अभयारण्य (राजस्थान)
- चन्द्रप्रभा अभयारण्य (उ.प्र.)
- दुधवा राष्ट्रीय उद्यान (उ.प्र.)
- माउंट आबू वन्य जीव अभयारण्य (राजस्थान)
- सरिस्का क्रीड़ा अभयारण्य (राजस्थान)
- बांदीपुर अभयारण्य (कर्नाटक)
- महावीर अभयारण्य (गोवा-कर्नाटक सीमा)
- वेदान्त-गाल पक्षी अभयारण्य (तमिलनाडु)
- बोरीवल्ली राष्ट्रीय उद्यान (महाराष्ट्र)
- कोट्टीगांव क्रीड़ा अभयारण्य (गोवा)
- बान्धवगढ़ राष्ट्रीय उद्यान (मध्य प्रदेश)
- खगचन्दजेन्दा राष्ट्रीय उद्यान (सिक्किम)
- रोहिया राष्ट्रीय उद्यान (हिमाचल प्रदेश)
- तोदोवा राष्ट्रीय उद्यान (महाराष्ट्र)
- नगर होल अभयारण्य (कर्नाटक)
- बोंडला क्रीड़ा अभयारण्य (गोवा)
- बनारघट्टा राष्ट्रीय उद्यान (कर्नाटक)

रक्षा

भारत की रक्षा सेनाओं का सर्वोच्च कमाण्डर भारत का राष्ट्रपति होता है। भारत की सशस्त्र सेनाओं में तीन मुख्य सेनाएं हैं–थल सेना, नौ सेना और वायु सेना। तीनों सेनाओं के प्रमुख क्रमशः थल सेनाध्यक्ष, नौ सेनाध्यक्ष और वायु सेनाध्यक्ष होते हैं। तीनों सेनाओं में समन्वय स्थापित करने के लिए एक चीफ ऑफ डिफेंस स्टॉफ (CDS) पद का सृजन किया गया है।

सेना में कमीशंड पद (Commissioned Ranks)

थल सेना	1. जनरल	2. लेफ्टिनेंट जनरल	3. मेजर जनरल	4. ब्रिगेडियर
	5. कर्नल	6. लेफ्टिनेंट कर्नल	7. मेजर	8. कैप्टन
	9. लेफ्टिनेंट			
वायु सेना	1. एयर चीफ मार्शल	2. एयर मार्शल	3. एयर वाइस मार्शल	4. एयर कॉमोडोर
	5. ग्रुप कैप्टन	6. विंग कमाण्डर	7. स्क्वाड्रन लीडर	8. फ्लाइट लेफ्टिनेंट
	9. फ्लाइंग ऑफिसर			
नौ सेना	1. एडमिरल	2. वाइस एडमिरल	3. रियर एडमिरल	4. कॉमोडोर
	5. कैप्टन	6. कमाण्डर	7. लेफ्टिनेंट कमाण्डर	8. लेफ्टिनेंट
	9. सब लेफ्टिनेंट			

परिवहन

रेलवे

महत्वपूर्ण तथ्य

- रेलवे भारत का सबसे बड़ा उपक्रम है।
- भारत में पहली रेलगाड़ी 16 अप्रैल, 1853 को मुंबई और थाणे के बीच (34 कि॰मी॰) चली।
- स्वतंत्रता मिलने के बाद भाप से चलने वाले रेल इंजन बनाने का कारखाना चितरंजन में स्थापित किया गया (26 जनवरी, 1950)। लेकिन अब इस कारखाने में बिजली से चलने वाले रेल इंजन बनाए जाते हैं।
- मार्च 2024 तक देश में रेलवे स्टेशनों की संख्या 7,461 है।
- मार्च 2024 तक भारतीय रेल मार्गों की कुल लंबाई 69,181 कि॰मी॰ है।
- मार्च 2024 तक भारतीय रेल के पास 15,110 इंजन, 91,948 यात्री डिब्बे तथा 3,27,991 माल के डिब्बे हैं।
- मार्च 2024 तक भारतीय रेलवे के कुल रेलमार्ग के 90% भाग का विद्युतीकरण हो चुका है।
- रेल वित्त को 1924-25 से सामान्य राजस्व से अलग रखा जाता था, लेकिन वर्ष 2017-2018 से इसे पुनः सामान्य राजस्व में मिला दिया गया है।
- देश का एकमात्र सबसे पुराना चालू हालत इंजन 'फेयरी क्वीन' है।
- भारतीय रेल की पहली विद्युत चालित गाड़ी 3 फरवरी, 1925 को मुंबई और कुर्ला के बीच चली।
- कोलकाता मैट्रो देश की सबसे पहली और एकमात्र भूमिगत रेलवे है।
- दिल्ली में मैट्रो रेल का चालन 24 दिसम्बर, 2002 को, बेंगलुरु में 20 अक्टूबर, 2011 को, मुंबई में 8 जून, 2014 को, जयपुर में 3 जून, 2015 को तथा चेन्नई में 29 जून, 2015 को शुरू हुआ।
- भारतीय रेल की सबसे लम्बी रेल यात्रा डिब्रूगढ़ से कन्या कुमारी के बीच 4,286 किमी. की है। इस दूरी को तय करने में 82.30 घंटे का समय लगता है।

- श्री सिद्धारूढ़ा स्वामी जी हुब्बल्लि, कर्नाटक रेलवे स्टेशन का प्लेटफार्म विश्व का सबसे लम्बा प्लेटफॉर्म है। इसकी लम्बाई 1507 मीटर है।
- भारतीय रेल की सबसे लम्बी सुरंग T-50 है। यह जम्मू कश्मीर के खारी और सम्बेर सेक्शन के मध्य 12.77 किमी. लम्बी है।
- भारतीय रेलवे बोर्ड की स्थापना 1905 में हुई थी।
- भारतीय रेलों के तीन गेज हैं–ब्रॉड गेज, मीटर गेज, और नैरो गेज।
- रेलवे में वातानुकूलित, प्रथम श्रेणी और द्वितीय श्रेणी हैं। तृतीय श्रेणी 1974 से समाप्त कर दी गई।
- देश में कुल 95% स्थानों पर कम्प्यूटर रिजर्वेशन की व्यवस्था है।
- वेम्बानद पुल, केरल भारत का सबसे लम्बा रेल पुल है।

सड़क परिवहन

महत्वपूर्ण तथ्य

- भारत दुनिया की सबसे बड़ी सड़क प्रणाली वाले देशों में से एक है।
- भारत का सड़क नेटवर्क मार्च, 2024 तक 66.7 लाख किलोमीटर है।
- देश के सड़क नेटवर्क में राष्ट्रीय राजमार्ग, राज्यों के राजमार्ग, प्रमुख/अन्य जिला सड़कें और ग्रामीण/देहाती सड़कें शामिल हैं।
- देश में 1,46,195 कि.मी. लम्बे राष्ट्रीय राजमार्ग की जिम्मेदारी केन्द्र सरकार पर है।
- सीमा सड़क संगठन का गठन 1960 में किया गया था।
- देश में राष्ट्रीय राजमार्गों की लंबाई, सड़कों की कुल लंबाई का मात्र दो प्रतिशत है, मगर 40 प्रतिशत सड़क यातायात इनसे होकर गुजरता है।
- देश में महाराष्ट्र में सड़कों की लम्बाई सबसे ज्यादा और सबसे कम लक्षद्वीप में है।
- देश के चारों कोनों को चार या छह लेन के राजमार्ग के एक नेटवर्क से जोड़ने हेतु राष्ट्रीय राजमार्ग विकास परियोजना बनाई गई है। जिसके अन्तर्गत चार महानगरों कोलकाता, दिल्ली, चेन्नई और मुम्बई को 5,882 कि.मी. लम्बे स्वर्ण चतुर्भुज से जोड़ा जाएगा।

प्रमुख राष्ट्रीय राजमार्ग

राष्ट्रीय राजमार्ग	कहाँ से कहाँ तक
राष्ट्रीय राजमार्ग-44	श्रीनगर से कन्याकुमारी
राष्ट्रीय राजमार्ग-27	पोरबन्दर से सिलचर
राष्ट्रीय राजमार्ग-48	दिल्ली से चेन्नई
राष्ट्रीय राजमार्ग-52	संगरूर से अंकोला
राष्ट्रीय राजमार्ग-30	सितारगंज से इब्राहिमपट्टनम
राष्ट्रीय राजमार्ग-6	जोरावाट से सीलिंग
राष्ट्रीय राजमार्ग-53	हजीरा से पारादीप
राष्ट्रीय राजमार्ग-16	पूवी तट (प. बंगाल) से चेन्नई
राष्ट्रीय राजमार्ग-66	पनवेल से कन्याकुमारी
राष्ट्रीय राजमार्ग-19	दिल्ली से कोलकाता

जहाजरानी

महत्वपूर्ण तथ्य

- परिवहन क्षेत्र में देश की अर्थव्यवस्था को मजबूत करने में जहाजरानी की प्रमुख भूमिका है। लगभग 95 प्रतिशत माल समुद्री रास्ते से ही ढोया जाता है।
- भारत के संपूर्ण समुद्र तट की लंबाई 7,517 किलोमीटर है।
- विकासशील देशों में भारत के पास व्यापारिक जहाजों का सबसे बड़ा बेड़ा है। भारत व्यापारिक जहाजरानी बेड़े की दृष्टि से विश्व में 16वें स्थान पर है।
- सार्वजनिक क्षेत्र की सरकारी जहाजरानी कंपनी, शिपिंग कारपोरेशन ऑफ इंडिया लिमिटेड की स्थापना 2 अक्टूबर, 1961 को हुई थी।
- भारत में 12 बडे और लगभग 217 अन्य बंदरगाह हैं। बड़े बंदरगाह केन्द्र सरकार के अधीन आते हैं, जबकि अन्य बंदरगाह सम्बद्ध राज्य सरकारों के क्षेत्राधिकार में आते हैं।

देश के बड़े बंदरगाह

1. डॉ. श्यामा प्रसाद मुखर्जी (कोलकाता)	6. मोरमुगाओ
	7. न्यू मंगलूर
2. मुंबई	8. पारादीप
3. जवाहर लाल नेहरू बंदरगाह (न्हावासेवा)	9. दीनदयाल (कांडला)
	10. विशाखापत्तनम
4. वी. ओ. चिदंबरनार (तूतीकोरिन)	11. कोचीन
	12. कामराजार (एन्नौर)
5. चेन्नई	

प्रमुख राष्ट्रीय जलमार्ग

जलमार्ग	लम्बाई	विस्तार	नदी
एन डब्ल्यू-1	1629 किमी	प्रयागराज से हल्दिया तक	गंगा
एन डब्ल्यू-2	819 किमी	सादिया से धुबरी पट्टी तक	ब्रह्मपुत्र
एन डब्ल्यू-3	186 किमी	कोल्लम से कोट्टापुरम तक	चम्पाक्कारा
एन डब्ल्यू-4	1100 किमी	काकीनाडा से मरक्कानम तक	कृष्णा-गोदावरी

वायु परिवहन

सार्वजनिक क्षेत्र की इकलौती विमान सेवा कम्पनी एयर इंडिया का जनवरी 2022 में पूर्ण निजीकरण कर दिया गया है। इस हेतु मार्ग अक्टूबर 2021 में उस समय प्रशस्त हो गया था जब इसके लिए टाटा संस की ₹ 18,000 करोड़ की उच्चतम बोली को सरकार ने स्वीकार कर लिया था तथा इसके 100 प्रतिशत शेयरों की टाटा समूह को बिक्री के लिए शेयर परचेज एग्रीमेंट पर हस्ताक्षर 26 अक्टूबर, 2021 को सम्पन्न किए थे। इससे एयर इंडिया का स्वामित्व एक बार पुनः अब टाटा संस के हाथ में आ गया है। भारी घाटे में चल रही इस एयरलाइंस में अपनी 100 प्रतिशत हिस्सेदारी निजी क्षेत्र को बेचने के लिए इच्छुक निवेशकों से अभिरुचि पत्र (Expression of interest) सरकार ने वर्ष 2020 में आमंत्रित किए थे। देश की अन्य प्राइवेट एयरलाइन्स इंडिगो, विस्तारा, स्पाइस जेट और गो एयर आदि हैं।

प्रमुख अन्तर्राष्ट्रीय हवाई अड्डेः कोलकाताः नेताजी सुभाषचन्द्र बोस हवाई अड्डा; **मुंबईः** छत्रपति शिवाजी हवाई अड्डा; **दिल्लीः** इंदिरा गाँधी हवाई अड्डा, **चेन्नईः** अन्ना अन्तर्राष्ट्रीय हवाई अड्डा; **तिरूअनंतपुरमः** त्रिवेन्द्रम हवाई अड्डा।

संविधान एवं राजव्यवस्था

भारतीय संविधान की प्रस्तावना

''हम भारत के लोग, भारत को एक सम्पूर्ण प्रभुत्व सम्पन्न समाजवादी*, पंथ निरपेक्ष*, लोकतांत्रिक गणराज्य बनाने के लिए तथा उसके समस्त नागरिकों को सामाजिक, आर्थिक और राजनीतिक न्याय, विचार, अभिव्यक्ति, विश्वास, धर्म और उपासना की स्वतंत्रता, प्रतिष्ठा और अवसर की समता प्राप्त करने के लिए तथा उन सब में व्यक्ति की गरिमा और राष्ट्र की एकता और अखण्डता सुनिश्चित करने वाली बंधुता बढ़ाने के लिए, दृढ़ संकल्प होकर इस संविधान सभा में आज दिनांक 26 नवम्बर, 1949 ई॰ को एतद् द्वारा इस संविधान को अंगीकृत, अधिनियमित और आत्मार्पित करते हैं।''

*42वें संविधान संशोधन (1976) द्वारा जोड़े गए।

नागरिकों के मौलिक अधिकार

भारतीय संविधान नागरिकों के निम्न अधिकारों की गारन्टी करता है:

1. **समानता का अधिकारः** किसी को कोई विशेषाधिकार नहीं है। धर्म, जाति, विश्वास और लिंग के आधार पर किसी के साथ कोई भेदभाव नहीं किया जाता है।
2. **धार्मिक स्वतंत्रता का अधिकारः** हर नागरिक को अपने धर्म में विश्वास, उसका पालन एवं उसके प्रचार का अधिकार है। केवल सार्वजनिक शान्ति, नैतिकता, स्वास्थ्य की दृष्टि से ही इसमें हस्तक्षेप किया जा सकता है।
3. **संस्कृति एवं शिक्षा सम्बंधी अधिकारः** हर समुदाय के लोग अपनी संस्कृति और भाषा की रक्षा के लिए अपनी संस्थायें बना सकते हैं।
4. **शोषण के विरुद्ध अधिकारः** मनुष्यों का क्रय-विक्रय, बेगार प्रथा और कारखानों व खानों में 14 वर्ष से कम आयु के बच्चों को नौकरी में लगाना दण्डनीय अपराध है।
5. **स्वतंत्रता का अधिकारः** ये अधिकार निम्नलिखित हैं: *(i)* विचार प्रकट करने की स्वतंत्रता, *(ii)* शान्तिपूर्ण ढंग से सभा करने की स्वतंत्रता, *(iii)* संगठन या यूनियन बनाने की स्वतंत्रता, *(iv)* देश के किसी भाग में बसने की स्वतंत्रता, *(v)* देश के हर भाग में आने-जाने की स्वतंत्रता *(vi)* कोई भी काम-धंधा या व्यापार-व्यवसाय करने कि स्वतंत्रता।

6. **संवैधानिक उपचारों का अधिकारः** यदि कोई नागरिक समझता है कि उसके किसी मूल अधिकार पर आक्रमण हुआ है, तो वह अपने मूल अधिकार की रक्षा के लिए न्यायालय की सहायता ले सकता है। (अनुच्छेद-32)

नागरिकों के मौलिक कर्त्तव्य

42वें संविधान संशोधन, 1976 के द्वारा संविधान में नागरिकों के लिए दस मूल कर्त्तव्य सम्मिलित किए गए थे। 86वें संविधान संशोधन, 2002 के द्वारा इनकी संख्या 11 कर दी गई है। ये कर्त्तव्य हैं- **1.** संविधान का पालन करें और उसके आदर्शों, संस्थाओं, राष्ट्रध्वज और राष्ट्रगान का आदर करें। **2.** स्वतंत्रता के लिए हमारे राष्ट्रीय आंदोलन को प्रेरित करने वाले उच्च आदर्शों को हृदय में संजोए रखें और उनका पालन करें। **3.** भारत की संप्रभुता, एकता और अखण्डता की रक्षा करें और उसे अक्षुण्ण रखें। **4.** देश की रक्षा करें और आह्वान किए जाने पर राष्ट्र की सेवा करें। **5.** भारत के सभी लोगों में समरसता और समान भ्रातृत्व की भावना का निर्माण करें जो धर्म, भाषा और प्रदेश या वर्ग पर आधारित सभी भेदभाव से परे हो तथा ऐसी प्रथाओं का त्याग करें, जो स्त्रियों के सम्मान के विरुद्ध हैं। **6.** अपनी सामासिक संस्कृति की गौरवशाली परम्परा का महत्व समझें और उसको सुरक्षित रखें। **7.** प्राकृतिक पर्यावरण की, जिसके अंतर्गत वन, झील, नदी और वन्यजीव भी शामिल हैं, रक्षा करें और उसका संवर्धन करें तथा प्राणिमात्र के प्रति दयाभाव रखें। **8.** वैज्ञानिक दृष्टिकोण, मानववाद और ज्ञानार्जन तथा सुधार की भावना का विकास करें। **9.** सार्वजनिक सम्पत्ति को सुरक्षित रखें और हिंसा से दूर रहें। **10.** व्यक्तिगत और सामूहिक गतिविधियों के सभी क्षेत्रों में उत्कर्ष की ओर बढ़ने का सतत् प्रयास करें जिससे राष्ट्र निरन्तर आगे बढ़ते हुए उपलब्धि की नयी ऊंचाइयों को छू सके। **11.** छह साल से 14 साल तक की आयु के बच्चे के माता-पिता या अभिभावक अथवा संरक्षक को अपने बच्चे को शिक्षा दिलाने के लिए अवसर उपलब्ध कराने चाहिए।

राज्य के नीति-निदेशक तत्व

राज्य के नीति निदेशक तत्व संविधान में भाग-4 के अनुच्छेद 36 से 51 तक में शामिल किए गए हैं। इन निदेशक तत्त्वों को न्यायालय द्वारा लागू नहीं किया जा सकता है। इनका उद्देश्य लोक-कल्याणकारी राज्य की स्थापना करना है।

कुछ प्रमुख नीति-निदेशक तत्व एवं उनके अनुच्छेद

- जीविका के पर्याप्त साधन का तत्व (अनु॰ 39)
- काम पाने का तत्व (अनु॰ 41)
- प्रसूति सहायता का तत्व (अनु॰ 42)
- उद्योगों में कर्मकारों के लिए जीविकाक्षम वेतन का तत्व (अनु 43)
- समान सिविल संहिता का तत्व (अनु॰ 44)
- मद्यपान प्रतिषेध का तत्व (अनु॰ 47)
- दुधारू पशु हत्या प्रतिषेध का तत्व (अनु॰ 48)
- पंचायती राज्य के गठन का तत्व (अनु॰ 40)
- कार्यपालिका एवं न्यायपालिका के पृथक्करण का तत्व (अनु॰ 50)
- राष्ट्रीय महत्व के स्थानों के संरक्षण का तत्व (अनु॰ 49)
- अंतर्राष्ट्रीय सुरक्षा एवं शांति की वृद्धि करने का तत्व (अनु॰ 51)

संसद

भारतवर्ष के विधानमण्डल अर्थात् संसद में राष्ट्रपति एवं संसद के दोनों सदन-राज्य सभा और लोक सभा सम्मिलित हैं।

- **राज्य सभाः** इसके चुनाव अप्रत्यक्ष रूप से होते हैं। इसमें अधिकतम 250 सदस्य हो सकते हैं, जिनमें से राष्ट्रपति द्वारा नियुक्त 12 सदस्य ऐसे होते हैं जिन्होंने साहित्य, विज्ञान, कला एवं समाज सेवा में विशेष ख्याति अर्जित की हो। इसकी वर्तमान सदस्य संख्या 245 है। राज्य सभा का सदस्य बनने के लिए भारत का नागरिक और 30 वर्ष की आयु का होना आवश्यक है। राज्य सभा को भंग नहीं किया जा सकता, परंतु इसके एक-तिहाई सदस्य प्रति दूसरे वर्ष रिटायर हो जाते हैं। लोक सभा के भंग हो जाने पर राज्य सभा का महत्व बढ़ जाता है। उस समय राज्य सभा ही राष्ट्र के हितों की रक्षा के लिए संसद के दायित्व को निभाती है। उपराष्ट्रपति राज्य सभा का पदेन सभापति होता है तथा राज्य सभा का उप-सभापति राज्य सभा के सदस्यों में से चुना जाता है। धन विधेयक को छोड़कर इसकी स्थिति लोकसभा के बराबर है। इसे ऊपरी सदन भी कहते हैं।
- **लोक सभाः** लोक सभा की वर्तमान सदस्य संख्या 543 है, जो राज्यों और केन्द्रशासित प्रदेशों से निर्वाचित होते हैं। (2 सदस्य एंग्लो इंडियन समाज का प्रतिनिधित्व करने के लिए राष्ट्रपति द्वारा मनोनीत किए जाते थे। इस व्यवस्था को 104वें संविधान संशोधन अधिनियम, 2019 द्वारा समाप्त कर दिया गया है।) इसका

गठन राज्यों में प्रादेशिक निर्वाचन क्षेत्रों से प्रत्यक्ष निर्वाचन द्वारा चुने गए सदस्यों द्वारा होता है। संसद का मुख्य कार्य देश के लिए कानून बनाना एवं सरकार के व्यय के लिए आवश्यक धन की स्वीकृति देना है। लोक सभा का सदस्य बनने के लिए भारत का नागरिक तथा 25 वर्ष की आयु होना आवश्यक है। लोकसभा का सामान्य कार्यकाल 5 वर्ष है। इसके सदस्य सीधे जनता द्वारा चुने जाते हैं। लोक सभा के अध्यक्ष तथा उपाध्यक्ष उसके सदस्यों में से ही चुने जाते हैं।

- **संसदीय समितियाँः** भारत में दो प्रकार की संसदीय समिति होती है–पहली स्थायी समिति तथा दूसरी तदर्थ समिति। इनके सदस्य लोकसभा तथा राज्य सभा दोनों से लिए जाते हैं। स्थायी समितियाँ प्रत्येक वर्ष नियमित रूप से गठित की जाती हैं। कुछ प्रमुख समितियां–**स्थायी समितिः** प्राक्कलन समिति, लोक लेखा समिति, विषयगत समितियाँ (कृषि, पर्यावरण, विज्ञान), कार्य मंत्रणा समिति, सार्वजनिक उद्योग समितिः **तदर्थ समितिः** प्रवर समिति।

राष्ट्रपति

राष्ट्रपति का पद देश में सर्वोच्च है। वह संघ शासन का प्रधान और सेनाओं का सर्वोच्च कमाण्डर होता है। इस पद के लिए चुनाव अप्रत्यक्ष रूप से होता है। इस चुनाव में संसद की दोनों सभाओं के और राज्यों की विधान सभाओं के निर्वाचित सदस्य भाग लेते हैं। इस पद के प्रत्याशी के लिए अनिवार्य योग्यताएं इस प्रकार हैः (1) वह भारत का नागरिक होना चाहिए। (2) उसकी आयु 35 वर्ष से कम न हो। (3) वह सरकारी पदाधिकारी न हो। (4) वह लोकसभा सदस्य चुने जाने योग्य हो।

राष्ट्रपति के अधिकारः राष्ट्रपति राज्यपालों, उच्च न्यायालयों व सर्वोच्च न्यायालय के न्यायाधीशों, विदेशों में राजदूतों एवं अन्य वरिष्ठ सरकारी अधिकारियों की नियुक्ति करते हैं। वे लोक सभा में बहुमत दल के नेता को प्रधानमंत्री नियुक्त करते हैं। संसद में पास समस्त बिल उनकी मंजूरी के बिना कानून नहीं बन सकते तथा प्रत्येक आर्थिक बिल उनकी अनुमति से ही पेश होता है। देश में संकट के मौके पर वे आपातकालीन स्थिति की घोषणा करते हैं और राज्य के शासन की बागडोर अपने हाथ में ले सकते हैं। वे किसी भी अपराधी को क्षमा कर सकते हैं।

उप-राष्ट्रपति

अनुच्छेद-66 के अनुसार उप-राष्ट्रपति का निर्वाचन होता है। उप-राष्ट्रपति राज्यसभा का पदेन सभापति होता है। उसका निर्वाचन एक निर्वाचक-मण्डल द्वारा होता है जिसमें संसद की दोनों सभाओं के सदस्य होते हैं। वह आनुपातिक प्रतिनिधित्व प्रणाली से एकल संक्रमणीय मत द्वारा चुना जाता है। उप-राष्ट्रपति पद के लिए उम्मीदवार भारत का नागरिक, आयु 35 वर्ष से कम नहीं और राज्यसभा का सदस्य चुने जाने के योग्य होना चाहिए। इसके निर्वाचन विवाद का निर्णय उच्चतम न्यायालय द्वारा किया जाता है।

प्रधानमंत्री

भारत के संविधान में कहा गया है कि राष्ट्रपति को उसके कार्यों में सहायता और सलाह देने के लिए एक मंत्रिपरिषद् होगी। प्रधानमंत्री मंत्रिमण्डल का मुखिया होता है। अन्य मंत्री प्रधानमंत्री की सिफारिश पर राष्ट्रपति द्वारा नियुक्त किए जाते हैं। प्रधानमंत्री लोकसभा में बहुमत दल का नेता होता है।

महान्यायवादी

इसकी नियुक्ति राष्ट्रपति द्वारा केन्द्रीय मंत्रिमंडल की सलाह पर की जाती है। यह भारत सरकार का सर्वप्रथम विधि अधिकारी है। अतएव, यह राष्ट्रपति के निर्देश पर भारत सरकार को विधि सम्बन्धी मामलों पर सलाह देता है।

नियंत्रक-महालेखा परीक्षक

यह संघ तथा राज्यों दोनों के सभी वित्तीय प्रणाली पर नियंत्रण करता है। इसकी नियुक्ति मंत्रिमंडल की सलाह पर राष्ट्रपति द्वारा की जाती है। इसका कार्यकाल 6 वर्षों के लिए या 65 वर्ष की आयु सीमा तक होता है।

राज्यपाल

राष्ट्रपति द्वारा राज्यों में इसकी नियुक्ति की जाती है। इसकी नियुक्ति पाँच सालों के लिए होती है, लेकिन राष्ट्रपति उसे पांच वर्ष से पूर्व भी हटा सकता है। इसकी नियुक्ति में सरकारिया समिति की अनुशंसा को ध्यान में रखा जाता है।

मुख्य कार्यः मुख्यमंत्री की नियुक्ति करता है एवं उसकी सलाह पर अन्य मंत्रियों की नियुक्ति करता है। इसे मुख्यमंत्री से सूचना प्राप्त करने का तथा संविधानिक तंत्र के अनुसार शासन नहीं करने पर धारा 356 की सिफारिश करने का अधिकार है।

संविधान की अनुसूचियाँ

पहली अनुसूचीः 1. राज्य, 2. संघ राज्य क्षेत्र; **दूसरी अनुसूचीः** राष्ट्रपति, लोकसभा अध्यक्ष, न्यायालयों के न्यायाधीशों से संबंधित उपबंध; **तीसरी अनुसूचीः** शपथ प्रारूप; **चौथी अनुसूचीः** राज्य सभा की सीटों का आवंटन; **पांचवी अनुसूचीः** अनुसूचित क्षेत्रों और अनुसूचित जनजातियों से सम्बंधित; **छठी अनुसूचीः** असम, मेघालय, त्रिपुरा और मिजोरम राज्यों के जनजाति क्षेत्रों के प्रशासन के बारे में उपबंध; **सातवीं अनुसूचीः** 1. संघ सूची, 2. राज्य सूची, 3. समवर्ती सूची; **आठवीं अनुसूचीः** भाषायें; **नवीं अनुसूचीः** अनुच्छेद 31 'B' द्वारा रक्षित कानून; **दसवीं अनुसूचीः** दल बदल से संबंधित प्रावधान; **ग्यारहवीं अनुसूचीः** पंचायत-राज; **बारहवीं अनुसूची-** नगरपालिकाओं से सम्बन्धित उपबंध।

सर्वोच्च न्यायालय

सर्वोच्च न्यायालय देश का सबसे बड़ा न्यायालय है। इसमें मुख्य न्यायाधीश के अतिरिक्त 33 न्यायाधीश और होते हैं। इन सबकी नियुक्ति राष्ट्रपति करता है। वे 65 वर्ष की आयु तक कार्य कर सकते हैं। सर्वोच्च न्यायालय में जज के पद पर नियुक्ति के लिए व्यक्ति को भारतीय नागरिक होना आवश्यक है। उसे कम से कम पाँच साल के लिए उच्च न्यायालय का जज या दस साल के लिए उच्च न्यायालय का वकील होना भी आवश्यक है। मुख्य न्यायाधीश को 2.80 लाख रुपए और अन्य न्यायाधीशों को 2.50 लाख रुपए मासिक वेतन मिलता है।

भारत का इतिहास

सिंधु सभ्यता के प्रमुख स्थल

स्थल	खुदाई वर्ष	नदी/सागर तट	खोजकर्ता
हड़प्पा (मांटगुमरी-पाकिस्तान)	1921	रावी नदी	दयाराम साहनी
मोहनजोदड़ो (लरकाना-पाकिस्तान)	1922	सिन्धु नदी	राखल दास बनर्जी
सुतकागेडोर (बलूचिस्तान)	1927	दाश्क नदी	ऑरेल स्टीन
चन्हुदड़ो (सिन्ध-पाकिस्तान)	1931	सिन्धु नदी	एन.जी. मजूमदार
आलमगीर (मेरठ-उत्तर प्रदेश)	1952-55	हिन्डन नदी	यज्ञदत्त शर्मा
रोपड़ (पंजाब-सतलज तट)	1953	सतलज नदी	यज्ञदत्त शर्मा
रंगपुर (काठियावाड़-गुजरात)	1953	भाबर नदी	माधोस्वरूप वत्स, रंगनाथ राव
कोटदीजी (सिंध-पाकिस्तान)	1953	सिंधु नदी	फजल अहमद खान
लोथल (अहमदाबाद-गुजरात)	1954	भोगवा नदी	रंगनाथ राव
कालीबंगा (गंगानगर-राजस्थान)	1961	घग्घर नदी	ब्रजवासी लाल
सुरकोतड़ा (कच्छ-गुजरात)	1967	घग्घर नदी	जगपति जोशी
बनवाली (हिसार-हरियाणा)	1973	घग्घर नदी	रविन्द्र सिंह विष्ट
बालाकोट	1979	अरब सागर	जॉर्ज एफ. डेल्स
धौलावीरा (गुजरात)	1963-68	—	जे.पी. जोशी
	1990-91	—	डॉ. आर.एस. विष्ट

बौद्ध प्रतीक

घटना	प्रतीक
जन्म	कमल एवं सांड
गृह-त्याग	घोड़ा
ज्ञान	पीपल (वृक्ष)
निर्वाण	पद चिह्न
मृत्यु	स्तूप

अष्टांगिक मार्ग

- सम्यक् दृष्टि
- सम्यक् संकल्प
- सम्यक् आजीव
- सम्यक् कर्म
- सम्यक् वाणी
- सम्यक् व्यायाम
- सम्यक् स्मृति
- सम्यक् समाधि

प्रमुख विदेशी यात्री

मूल देश	अवधि	शासक
मेगस्थनीज (यूनानी)	305 ई.पू.	चन्द्रगुप्त मौर्य
डाइमेकस (सीरिया)	298 ई.	बिन्दुसार
फाह्यान (चीन)	399 ई.	चन्द्रगुप्त द्वितीय
ह्वेनसाँग (चीन)	630 ई.	हर्षवर्द्धन
इत्सिंग (चीन)	675 ई.	—
मार्कोपोलो (इटली)	1288 ई.	कायाल (पाण्ड्य)
इब्नबतूता (मोरक्को)	1333 ई.	मुहम्मद बिन तुगलक

प्रमुख रचनाएँ एवं रचनाकार

पुस्तक	लेखक
बुद्धचरित	अश्वघोष
कुमारसम्भव, ऋतुसंहार,	कालिदास
मेघदूत, मालविकाग्निमित्रम् अर्थशास्त्र	चाणक्य
गीतगोविन्द	जयदेव
राजतरंगिणी	कल्हण
हर्षचरित	बाणभट्ट
चरक संहिता	चरक
वृहतसंहिता, पंचसिद्धान्तिका	वराहमिहिर
अष्टाध्यायी	पाणिनी
महाभाष्य	पतंजलि
सूर्यसिद्धान्त	आर्यभट्ट

महत्वपूर्ण संवत् एवं उनके प्रवर्तक

समय	संवत्	प्रवर्तक
58 ई.पू.	विक्रम	मालवा नरेश विक्रमादित्य
78 ई.	शक	कनिष्क
248 ई.	कलचुरि	ईश्वरसेन
319 ई.	वल्लभी	वल्लभ
319–20 ई.	गुप्त	चन्द्रगुप्त प्रथम
606 ई.	हर्ष विक्रम	हर्षवर्द्धन
1076 ई.	चालुक्य विक्रम	विक्रमादित्य षष्ठ
1119 ई.	सेन	लक्ष्मणसेन

मुगलकालीन पुस्तकें एवं उनके लेखक

पुस्तकें	लेखक
बाबरनामा	बाबर
हुमायूँनामा	गुलबदन बेगम
आइन-ए-अकबरी	अबुल फजल
मुन्तखिब-उत-तवारीख	अब्दुल कादिर
तुजुक-ए-जहाँगीरी	जहाँगीर
बादशाहनामा	अब्दुल हमीद लाहौरी
मासिरे-आलमगीरी	मुस्तयाद खाँ
रुकात-ए-आलमगीरी	औरंगजेब
तबकात-ए-नासिरी	मिनहाज-उल-सिराज
मुन्तखिब-उल-तवारीख	बदायूँनी
तारीख-ए-फरिश्ता	फरिश्ता
मुन्तखब-उल-लुबाव	खफी खाँ
पद्मावत	मलिक मुहम्मद जायसी
तारीख-ए-रशीदी	मिर्जा हैदर दोगलत
तोहफा-ए-अकबरशाही	अब्बास खाँ सरवानी
अकबरनामा	अबुल फजल

भारतीय इतिहास के प्रमुख युद्ध

युद्ध	वर्ष	परिणाम
कलिंग का युद्ध	261 ई.पू.	अशोक द्वारा कलिंग पर विजय
तराइन का दूसरा युद्ध	1192 ई.	मोहम्मद गौरी से पृथ्वीराज चौहान पराजित
पानीपत का प्रथम युद्ध	1526 ई.	बाबर ने दिल्ली के शासक इब्राहिम लोदी को हराया
खानवाँ का युद्ध	1527 ई.	राणा साँगा बाबर से पराजित हुए
कन्नौज का युद्ध	1540 ई.	शेरशाह से हुमायूँ पराजित हुआ
पानीपत का दूसरा युद्ध	1556 ई.	दिल्ली के शासक हेमू को अकबर ने हराया
हल्दी घाटी का युद्ध	1576 ई.	कुछ इतिहासकारों के अनुसार यह युद्ध अनिर्णायक रहा जबकि कुछ के अनुसार इसमें महाराणा प्रताप अकबर से पराजित हुए।
वांडीवाश का युद्ध	1760 ई.	फ्रांसीसी सेना, अंग्रेज सेना से पराजित

युद्ध	वर्ष	परिणाम
प्लासी का युद्ध	1757 ई.	क्लाइव के नेतृत्व में अंग्रेजों की सिराजुद्दौला को हराकर बंगाल विजय
पानीपत का तीसरा युद्ध	1761 ई.	अफगान (अहमद शाह अब्दाली) द्वारा मराठा पराजित
बक्सर का युद्ध	1764 ई.	अंग्रेजों ने मुगल शासक, अवध के नवाब एवं मीर कासिम की संयुक्त सेना को हराया
चतुर्थ मैसूर युद्ध	1799 ई.	टीपू सुल्तान अंग्रेजों से पराजित
द्वितीय सिख युद्ध	1849 ई.	पंजाब पर अंग्रेजों का अधिकार
भारत-चीन युद्ध	1962 ई.	चीन का भारत पर आक्रमण
भारत-पाक युद्ध (I)	1965 ई.	सुरक्षा परिषद् के प्रस्ताव से युद्ध विराम
भारत-पाक युद्ध (II)	1971 ई.	बांग्ला देश का स्वतंत्र अस्तित्व

भारतीय अर्थव्यवस्था

स्वाधीनता मिलने के बाद मार्च, 1950 में योजना आयोग का गठन हुआ। पहली पंचवर्षीय योजना दिसम्बर, 1952 में संसद में प्रस्तुत की गई। इसका मुख्य उद्देश्य देश में विकास-कार्य आरम्भ करना रखा गया, जिससे लोगों के रहन-सहन का स्तर ऊँचा उठे। जनवरी 2015 में योजना आयोग को समाप्त कर उसके स्थान पर नीति आयोग का गठन कर दिया गया है। इसका अध्यक्ष प्रधानमंत्री होता है। अब तक की पंचवर्षीय योजनाओं के कुछ प्रमुख तथ्य निम्नलिखित हैं–

पंचवर्षीय योजनाएँ: एक दृष्टि में

योजनाएँ	कार्यकाल	राष्ट्रीय लक्ष्य	विकास दर उपलब्धि	प्रमुख उद्देश्य
पहली योजना	1951-56	2.1	3.6	कृषि को प्राथमिकता
दूसरी योजना	1956-61	4.5	4.2	आधारभूत एवं भारी उद्योगों पर बल
तीसरी योजना	1961-66	5.6	2.7	खाद्यान्नों में आत्म निर्भरता प्राप्त करना
चौथी योजना	1969-74	5.7	2.0	स्थिरता के साथ विकास
पांचवीं योजना	1974-79	5.4	4.8	निर्धनता उन्मूलन एवं रोजगार संवर्धन
छठी योजना	1980-85	5.2	5.5	लघु एव कुटीर उद्योगों को बढ़ावा।
सातवीं योजना	1985-90	5.0	6.0	ऊर्जा का विकास, आधुनिकीकरण
आठवीं योजना	1992-97	5.6	6.6	रोजगार संवर्धन, निर्यात में पर्याप्त वृद्धि
नौवीं योजना	1997-2002	6.5	5.5	वृद्धि के साथ सामाजिक न्याय और समानता
दसवीं योजना	2002-07	8.0	7.7	मानव विकास
ग्यारहवीं योजना	2007-12	9.0	–	साक्षरता, रोजगार, ग्राम, विकास, परिवहन विकास
बारहवीं योजना	2012-17	8.0	–	त्वरित, सतत् और समावेशी विकास

15 वर्षीय दृष्टिकोण–भारत की 12वीं पंचवर्षीय योजना 31 मार्च, 2017 को पूरी होने के साथ ही देश में पंचवर्षीय योजनाओं की व्यवस्था समाप्त हो गई है। इसके स्थान पर 15 वर्षीय दृष्टिकोण, सात वर्षीय रणनीति व तीन वर्षीय कार्य योजना नीति आयोग द्वारा तैयार किया जा रहा है। 15 वर्षीय दृष्टिकोण 2031–32 में ऐसे भारत की कल्पना की गई है, जिसमें पूरी तरह शिक्षित समाज हो तथा सभी को स्वास्थ्य सुविधा उपलब्ध हो, जिसमें देश के सभी नागरिकों के पास शौचालय युक्त घर, दुपहिया या चार पहिया वाहन, बिजली, एसी तथा डिजिटल कनेक्टिविटी हो।

कृषि के प्रकार

- **एपीकल्चर** : मधुमक्खी पालन
- **विटीकल्चर** : अगूर कृषि
- **मैरीकल्चर** : समुद्री जीवों का उत्पादन
- **हॉर्टीकल्चर** : बागवानी
- **वर्मीकल्चर** : केंचुआ पालन
- **आर्वरीकल्चर** : वृक्षों तथा झाड़ियों की कृषि
- **फ्लोरीकल्चर** : फलों की कृषि
- **पिसीकल्चर** : मत्स्य पालन

सामान्य विज्ञान

विज्ञान की विविध शाखाएं

नाम	अध्ययन	नाम	अध्ययन
एरोनॉटिक्स	वैमानिकी का अध्ययन	एन्टोमोलॉजी	कीट-पतंगों का अध्ययन
एनाटोमी	मानव शरीर की रचना	फिलाटेली	टिकट संग्रह कला
आर्कियोलॉजी	पुरातत्व अध्ययन	हार्टीकल्चर	बागवानी
एकॉस्टिक	ध्वनि से संबंधित अध्ययन	सीस्मोलॉजी	भूकंप का अध्ययन
		ऑस्टोलॉजी	हड्डियों का अध्ययन
एस्ट्रोनामी	खगोल अध्ययन	जेनेटिक्स	आनुवंशिकी का अध्ययन
एण्टोमोलॉजी	कीटाणुओं का अध्ययन	जूलॉजी	जन्तु विज्ञान
एस्ट्रोफिजिक्स	ग्रह-मंडल का अध्ययन	बायलॉजी	प्राणी विज्ञान
कैलिस्थेनिक्स	व्यायाम विद्या का अध्ययन	जिओलॉजी	भूगर्भ की बनावट का अध्ययन
क्रोनोलॉजी	ऐतिहासिक क्रम का अध्ययन	पैथॉलाजी	रोगों का अध्ययन
बॉटनी	वनस्पति का अध्ययन	फिजिक्स	भौतिक विज्ञान
केमिस्ट्री	रसायन का अध्ययन	बायोकेमिस्ट्री	प्राणी का रासायनिक अध्ययन
सेरामिक्स	चीनी के बर्तनों के निर्माण का अध्ययन	युजेनिक्स	नस्ल सुधार का अध्ययन
इकोलॉजी	जीव एवं पर्यावरण संबंधों का अध्ययन	एटिमोलॉजी	शब्द व्युत्पत्ति का अध्ययन

आविष्कार और आविष्कारक

आविष्कार	आविष्कारक	देश	सन्
वायुयान	ओरविल और विलबर राइट	अमेरिका	1903
बॉल-पांइट	जॉन जे॰ लाउड	अमेरिका	1888
बैरोमीटर	इवेंजलिस्ता टौरीसेली	इटली	1644
बाईसिकिल	कर्कपैट्रिक मैकमिलन	इंग्लैंड	1839-40
बाईफोकल लेंस	बेन्जामिन फ्रैंकलिन	अमेरिका	1780
बनसेन बर्नर	आर॰ विल्हेम वोन बनसेन	जर्मनी	1855
कार (पेट्रोल)	कार्ल बेन्ज	जर्मनी	1888
सीमेंट (पोर्टलैंड)	जोसेफ एस्पडिन	इंग्लैंड	1824
सिनेमा	निकोलस और जीन लूमियर	फ्रांस	1895
क्लॉक (मैकेनिकल)	आई.सिंग और लियांग लिंग-तसान	चीन	1725
डीजल इंजन	रूडोल्फ डीजल	जर्मनी	1895
डायनेमो	हाइपोलाइट पिक्सी	फ्रांस	1832
इलैक्ट्रिक लैम्प	थॉमस अल्वा एडिसन	अमेरिका	1879
सेफ्टी पिन	वाल्टर हन्ट	अमेरिका	1849
सिलाई मशीन	बार्थलेमी थिम्मोनियर	फ्रांस	1829
जहाज (भाप)	जे.सी॰ पेरियर	फ्रांस	1775
जहाज (टरबाइन)	होन॰ सर सी॰ पारसंस	इंग्लैंड	1894
स्लाइड रूल	विलियम ऑग्ट्रेड	इंग्लैंड	1621

आविष्कार	आविष्कारक	देश	सन्
भाप का इंजन	जेम्स वॉट	इंग्लैंड	1765
स्टेनलेस स्टील	हेरि ब्रियरले	इंग्लैंड	1913
समुद्री जहाज	डेविड बुशनेल	अमेरिका	1776
टैंक	सर अर्नस्ट स्विनटन	इंग्लैंड	1914
टेलीग्राफ	एम॰ लम्मोंड	फ्रांस	1787
टेलीग्राफ कोड	सैमुअल एफ॰ बी॰ मोर्स	अमेरिका	1837
टेलीफोन (परफैक्टेड)	अलेक्जैण्डर ग्राहम बेल	अमेरिका	1876
टेलीस्कोप	हेन्स लिप्परशे	नीदरलैंड्स	1608
टेलीविजन (मैकेनिकल)	जे॰एल॰ बेयर्ड	इंग्लैंड	1926
टेलीविजन (इलेक्ट्रॉनिक)	पी॰टी॰ फार्न्सवर्थ	अमेरिका	1927
थर्मामीटर	गैलिलियो गैलिली	इटली	1593
ट्रांसफार्मर	माइकल फैराडे	इंग्लैंड	1831
ट्रांजिस्टर	बरडीन, शोकले तथा ब्राट्टेन	अमेरिका	1948
टाइपराइटर	पेलेग्रिन टेर्री	इटली	1808
कपड़ा धोने की मशीन (विद्युत)	हर्ले मशीन कम्पनी	अमेरिका	1907
घड़ी	बारथोलोम्यू मैनफ्रेडी	इटली	1462

विटामिन की कमी से होने वाले रोग

विटामिन	रोग	स्रोत	विटामिन	रोग	स्रोत
विटामिन A	रतौंधी	गाजर, दूध, अंडा	विटामिन B_{12}	अरक्तता	कलेजी, अंडा
विटामिन B_1	बेरी-बेरी	दाल, अंडा, मूंगफली	विटामिन C	स्कर्वी	संतरा, टमाटर
विटामिन B_2	मुँह की त्वचा	कलेजी, दूध, मांस	विटामिन D	सूखा रोग	सूर्य का प्रकाश, मछली का तेल
विटामिन B_6	एनीमिया	कलेजी, दूध, मांस			
	और होंठ फटना		विटामिन E	बांझपन	हरी सब्जियाँ, दूध, कलेजी
विटामिन B_7	पेलाग्रा	मछली, अंडा	विटामिन K	रक्त का थक्का जमने में कमी	हरी सब्जी

प्रमुख बीमारियों द्वारा प्रभावित अंग

बीमारी	प्रभावित अंग	बीमारी	प्रभावित अंग
निमोनिया	फेफड़े	टायफाइड	आँत
डिफ्थीरिया	श्वसन नलिका	सिफलिस	जनन अंग
मेनिनजाइटिस	मस्तिष्क	आर्थ्राइटिस	जोड़ों की सूजन
एग्जीमा	चमड़ी	पीलिया	यकृत
अतिसार	आँत का अग्रभाग	सुजाक, श्वेत प्रदर	मूत्र मार्ग
प्लूरिसी	छाती	पायरिया	दाँत तथा मसूड़े
गठिया या ट्यूमैटिज्म	जोड़ों में	टिटनेस	तंत्रिका तंत्र, मांसपेशी
कुष्ठ	त्वचा, तंत्रिकाएं	हैजा	आँत, आहार नाल
रिकेट्स	हड्डियाँ	गोइटर (गण्डमाला)	थाइराइड ग्रंथि

बीमारी	प्रभावित अंग	बीमारी	प्रभावित अंग
काली खाँसी	श्वसन तंत्र	बॉट्यूलिज्म	तंत्रिका-तंत्र
एड्स	सम्पूर्ण शरीर	प्लेग	फेफड़े, लाल रक्त कणिकाएं
रेबीज या हाइड्रोफोबिया	तंत्रिका तंत्र	खसरा	सम्पूर्ण शरीर
कालाजार	रुधिर, प्लीहा व अस्थि मज्जा	हरपीस	त्वचा, श्लेष्मकला शरीर
		क्षय रोग	का कोई भी अंग, विशेषकर फेफड़े
केटेरेक्ट, ग्लाइकोमा, ट्रेकोमा, मायोपिया	आँख	चेचक	सम्पूर्ण शरीर, विशेषकर चेहरा तथा हाथ-पैर

परमाणु शक्ति एवं अंतरिक्ष अनुसंधान

- **परमाणु शक्तिः** अगस्त, 1948 में परमाणु-शक्ति आयोग की स्थापना की गयी। यह परमाणु-शक्ति के शांतिपूर्ण उपयोग पर बल देता है। परमाणु-शक्ति की खोज और विकास के लिए मुंबई के निकट ट्राम्बे (महाराष्ट्र) में भाभा परमाणु-शक्ति अनुसंधान केंद्र (बी॰ए॰आर॰सी॰) की स्थापना की गई है। ट्राम्बे में छः परमाणु भट्टियाँ हैं– (1) 'अप्सरा', (2) 'साइरस', (3) 'जरलीना', (4) 'पूर्णिमा' I, (5) 'पूर्णिमा' II, (6) ध्रुव। देश के सबसे बड़े परमाणु केन्द्र ध्रुव ने 8 अगस्त, 1985 से काम करना शुरू कर दिया है। देश में सात परमाणु विद्युत केन्द्र हैं–(1) कलपक्कम (तमिलनाडु), (2) रावतभाटा (राजस्थान), (3) तारापुर (महाराष्ट्र), (4) नरौरा (उ॰प्र॰), (5) काकरापारा (गुजरात), (6) कैगा (कर्नाटक) और (7) कुडनकुलम (तमिलनाडु)।

अन्तरिक्ष में प्रथम

अन्तरिक्ष उड़ानों से सम्बन्धित नियमों का प्रथम प्रणेता	आइजक न्यूटन
अन्तरिक्ष में भेजा गया प्रथम कृत्रिम उपग्रह	स्पूतनिक-1 (1957)
अन्तरिक्ष में जाने वाला प्रथम जीव	'लाइका', एक कुत्ता
मानव चालित प्रथम अन्तरिक्ष यात्रा	वास्टोक-1 (1961)
अन्तरिक्ष में प्रथम व्यक्ति	यूरी गैगरिन, सोवियत संघ, (1961)
प्रथम महिला अन्तरिक्ष यात्री	वेलेन्तीना तेरेश्कोवा (सोवियत संघ, जून 1963)
अन्तरिक्ष में यान से बाहर विचरण करने वाला प्रथम व्यक्ति	एलेक्सी लियोनोव (सोवियत संघ, जून 1965)
चाँद पर कदम रखने वाला प्रथम मानव	नील आर्मस्ट्रांग (अमेरिका, 21 जुलाई, 1969)
चाँद पर प्रथम मानवरहित बग्घी	ल्यूनोखेव-1 (सोवियत संघ, 1970)
कक्षा में प्रथम अन्तरिक्ष प्रयोगशाला	स्काईलैब (अमेरिका, 1973)
प्रथम अन्तरिक्ष शटल	कोलम्बिया (अमेरिका, 1981)
अन्तरिक्ष में प्रथम भारतीय (पुरुष)	स्क्वाड्रन लीडर राकेश शर्मा (3 अप्रैल, 1984)
अन्तरिक्ष में प्रथम भारतीय (महिला)	कल्पना चावला (19 नवम्बर, 1997)
प्रथम अमेरिकी महिला अन्तरिक्ष यात्री	सैलीराइड (1983)
मंगल ग्रह पर पहला अन्तरिक्ष यान	पाथफाइंडर (6 जुलाई, 1997)
प्रथम महिला जिसने अन्तरिक्ष यान का नेतृत्व किया	एलीन कोलिस (अमेरिका)
प्रथम मानव रहित अन्तरिक्ष यान	शेन्जू (चीन) 20 नवम्बर, 1999

- **भारत द्वारा परमाणु विस्फोटः** भारत ने 18 मई, 1974 को प्रातः 8 बजकर 5 मिनट पर राजस्थान के रेगिस्तानी इलाके के पोखरण क्षेत्र में जमीन के 100 मीटर नीचे एक आणविक विस्फोट किया। यह पहला भारतीय परमाणु विस्फोट प्लूटोनियम पर आधारित 100% भारतीय सामग्री, तकनीक व कौशल का प्रमाण था। विशुद्ध अनुसंधान व अध्ययन के लिए किए गए इस विस्फोट ने, जिसका उद्देश्य शांति-कार्यों के लिए अणु शक्ति का प्रयोग करना है, भारत को विश्व की छठी अणु-शक्ति बना दिया। अन्य पाँच देश हैं–संयुक्त राज्य अमेरिका, रूस, इंग्लैंड, फ्राँस व चीन। भारत ने पोखरण में ही पांच परमाणु परीक्षण क्रमशः 11 मई और 13 मई 1998 को किए। भारत ने अभी तक NPT और CTBT पर हस्ताक्षर नहीं किए हैं।
- **अंतरिक्ष अनुसंधानः** भारत में अंतरिक्ष अनुसंधान का कार्य 1969 में स्थापित 'भारतीय अंतरिक्ष अनुसंधान संगठन' (Indian Space Research Organisation—ISRO) के अधीन है। जून, 1972 में अंतरिक्ष आयोग (Space Commission) की स्थापना की गई। थुम्बा इक्वेटोरियल राकेट लांचिंग स्टेशन (केरल में थुम्बा नामक स्थान पर) से बहुत से राकेट सफलतापूर्वक छोड़े जा चुके हैं। इस केंद्र को 1968 में अंतर्राष्ट्रीय सहयोग के लिए राष्ट्र संघ को समर्पित कर दिया गया था। आंध्र प्रदेश में श्रीहरिकोटा नामक स्थान पर सैटेलाइट लांचिंग स्टेशन स्थापित किया गया है।

कला एवं साहित्य

भारत में कला और संस्कृति की समृद्ध परंपरा रही है। भारतीय राजे-महाराजे कला और संस्कृति के बड़े पारखी और हितैषी थे। उन्होंने न सिर्फ कला की विविध शाखाओं को आश्रय दिया, उनके फलने-फूलने में मदद की बल्कि कलाकारों, फनकारों को भी भरपूर समर्थन एवं पुरस्कार प्रदान किया। संस्कृति विचारने और क्रिया करने की पद्धति है जो सीखी जाती है अपनायी जाती है। इनमें मूल्य, रहन-सहन के तौर-तरीके, विचारने की पद्धतियां, भाषा, शिक्षा, कलाकारिता, सामाजिक संरचना की संस्थाएँ आदि शामिल हैं।

ललित कला

विजुअल आर्ट के जरिए चित्रों को उकेरने, कर्मकांडों को सामने रखने और भावनाओं को अभिव्यक्त करने की परंपराएं उतनी ही पुरानी हैं जितनी कि प्राचीन भारत की सभ्यता। पत्थरों पर नक्काशी करने और चिकनी मिट्टी के नमूने तैयार करने का कार्य आरंभिक दिनों में विकसित हुआ। बाद में धातु की मूर्तियाँ बनाने, धातु की वस्तुएँ बनाने, चित्रकारी करने और बेल-बूटों की कढ़ाई करने का कार्य विकसित हुआ।

भारत के प्रमुख चित्रकार एवं उनकी कृतियां

अवनीन्द्र नाथ टैगोर	शाहजहाँ का ताज को देखना, बुद्ध और सुजाता, वन साम्राज्ञी, औरंगजेब का बुढ़ापा, भारतमाता आदि।
गगनेन्द्र नाथ टैगोर	माँ से विदा लेते चैतन्य, कल्कि अवतार आदि।
राजा रवि वर्मा	दुष्यन्त को प्रेम-पत्र लिखती शकुन्तला, नायर लेडी, शकुन्तला वियोग आदि।
नन्द लाल बोस	उमा की तपस्या, घायल बकरी को ले जाते भगवान बुद्ध, कृष्णार्जुन, प्रणाम, बसन्त, गोपिनी आदि।
के॰ वेंकटप्पा	हनुमान द्वारा लंका दहन, स्वर्ण मृग, राम और मृग तृष्णा आदि।
जॉर्ज कीट	कृष्ण जन्म, कर्ण जन्म, यम मार्कण्डेय, निराभरण गोपियाँ आदि।
भवेश चन्द्र सन्याल	आश्रयहीन लड़की, गोल मार्केट के भिखारी आदि।
मनीषी डे	नारी-शृंगार, पनघट की ओर, बंगाली शरणार्थी।
अमृता शेरगिल	एलिफेन्ट्स बाथिंग इन ग्रीन पुल, हिल साईड, भारतीय लड़कियाँ आदि।
नारायण श्रीधर बेन्द्रे	स्टेशन पर यात्री, बुद्ध पूजा आदि।
देवी प्रसाद राय चौधरी	लेपचा कुमारी, भौटिया आदि।
शोभा सिंह	हीर-रांझा
सतीश गुजराल	काला चांद

संगीत

भारत में चार प्रकार के संगीत-साज मिलते हैं—तंतु या तार वाले, समीर या वायु वाले, अवनाद अथवा थाप से संचालित होने वाले और घन जिसमें घंटियाँ, मंजीरे, घड़ियाल आदि शामिल हैं। तंतु या तार वाले सामान्य साज हैं जैसे—वीणा, सितार, सारंगी, सरोद, दिलरुबा, इसराज, एकतारा, तानपुरा और मयूरी। वायु संचालित साज हैं शहनाई, बाँसुरी, नादस्वरम, निनकिर्नस और पोंगी। थाप अथवा संघात से संचालित होने वाले साज हैं: तबला, मृदंग, ढोलक, पखावज, घटाम तथा कंजीरा-मंजीरा। करतल, जल तरंग आदि अन्य भारतीय साज हैं।

गायन के क्षेत्र में विष्णु नारायण भातखण्डे, बेगम अख्तर, बड़े गुलाम अली, हीराबाई बरोडकर, भीमसेन जोशी, केसरभाई केलकर, ओंकारनाथ ठाकुर, सिद्धेश्वरी देवी, त्यागराज, विष्णु दिगंबर पलुसकर, पंकज मलिक, एम.एस. सुब्बालक्ष्मी, पंडित जसराज, गंगूभाई हंगल, मल्लिकार्जुन मंसूर, डागर बंधु, डी.के. जयरामन, के.जे. यशुदास, गुलाम मुस्तफा खान, कुमार गंधर्व, के.एल. वसंधा कुमारी, किशोरी अमोनकर, गिरिजा देवी, वी.के. नारायण स्वामी दीक्षित, तानसेन, श्यामा शास्त्री, स्वाति तिरूनल आदि साजपरक संगीत के कुछ दिग्गज कलाकार रहे हैं।

पुस्तकें और उनके लेखक

पुस्तकें	लेखक
आधे-अधूरे	मोहन राकेश
आग का दरिया	कुर्रतुल-एन-हैदर
ए मिलियन म्युटिनीज नाऊ	वी.एस. नायपॉल
ए सूटेबल ब्वाय	विक्रम सेठ
ए पैसेज टू इंग्लैंड	नीरद सी-चौधरी
ए वॉयस ऑफ फ्रीडम	नयनतारा सहगल
एक्सेशन टू इंस्टिंक्शन	डॉ. आर. मनेकर
आदि ग्रंथ	गुरु अर्जुन देव
बिट्विन द लाइंस	कुलदीप नैयर
भगवत गीता, महाभारत	वेदव्यास
भारत भारती	मैथिलीशरण गुप्त
विसर्जन	रवीन्द्रनाथ टैगोर
ब्रोकन विंग	सरोजिनी नायडू
बुद्ध चरित	अश्वघोष
बाय गाड्स डिक्री	कपिल देव
चंडालिका	रवीन्द्रनाथ टैगोर
चैमिन	शिवशंकर पिल्लई
चिदंबरा	सुमित्रानंदन पंत
चिकवीरा राजेन्द्र	मस्ती वेंकटेश आयंगर 'श्री निवास'
देवदास	शरत चंद्र
डिस्कवरी ऑफ इंडिया	जवाहरलाल नेहरू
डिवाइन लाइफ	शिवानंद
दुर्गेश नन्दिनी	बंकिम चन्द्र चटर्जी
गीत गोविन्द	जयदेव
घासीराम कोतवाल	विजय तेंदुलकर

पुस्तकें	लेखक
गीतांजलि	रवीन्द्रनाथ टैगोर
ग्लिम्पसेज ऑफ वर्ल्ड हिस्ट्री	जवाहरलाल नेहरू
गोदान	मुंशी प्रेमचंद
द गॉड ऑफ स्माल थिंग्स	अरुंधति राय
गोल्डन गेट	विक्रम सेठ
गोरा	रवीन्द्र नाथ टैगोर
द गाइड	आर.के. नारायण
गुल-ए-नग्मा	रघुपति सहाय "फिराक"
हर्ष चरित	बाणभट्ट
हिंदू व्यू ऑफ लाइफ	राधाकृष्णन
हिन्दुइज्म	नीरद सी. चौधरी
हितोपदेश	नारायण भट्ट
हंग्री स्टोन्स	रवीन्द्र नाथ टैगोर
आई एम नॉट एन आइलैंड	ख्वाजा अहमद अब्बास
आईडोल्स	सुनील गावस्कर
लौरिंगन	वी.के. भट्टाचार्य
जूही की कली	सूर्यकांत त्रिपाठी "निराला"
जुग बदल गया	सोहन सिंह शीतल
जाब्स फॉर मिलियंस	वी.वी. गिरि
कादंबरी	बाणभट्ट
कामसूत्र	वात्स्यायन
कामायनी	जयशंकर प्रसाद
कपाल-कुंडला	बंकिम चंद्र चटर्जी
कर्पूर मंजरी	राजशेखर
खाक-ए-दिल	जां निसार अख्तर

शब्द–संक्षेप

ABC	ऑडिट ब्यूरो ऑफ सरकुलेशन्स
ADB	एशियन डेवलपमेण्ट बैंक
AIDS	एक्वायर्ड इम्यूनो डेफिसियेन्सी सिण्ड्रोम
AIIMS	ऑल इण्डिया इन्स्टीट्यूट ऑफ मेडिकल साइंसेज
BBC	ब्रिटिश ब्रॉडकास्टिंग कॉरपोरेशन
BP	ब्लड प्रेशर
BSF	बॉर्डर सिक्योरिटी फोर्स
CA	चार्टर्ड एकाउण्टेण्ट
CAG	कॉम्पट्रोलर एण्ड ऑडिटर जनरल
CBI	सेण्ट्रल ब्यूरो ऑफ इन्वेस्टीगेशन
CTBT	कम्प्रेहेन्सिव टेस्ट बैन ट्रीटी
GIC	जनरल इंश्योरेन्स कॉरपोरेशन
GST	गुड्स एंड सर्विसेज टैक्स
HIV	ह्यूमेन इम्युनो-डेफिशिएंसी वाइरस
INSAT	इण्डियन नेशनल सैटेलाइट
ISD	इण्टरनेशनल सब्सक्राइबर डायलिंग
JPC	ज्वाइंट पार्लियामेण्टरी कमेटी
Lbw	लेग बिफोर विकेट
NCC	नेशनल कैडेट कॉर्पस
NCERT	नेशनल काउन्सिल ऑफ एजूकेशन रिसर्च एण्ड ट्रेनिंग
PIN	पोस्टल इण्डेक्स नम्बर
RBI	रिजर्व बैंक ऑफ इण्डिया
SSC	स्टाफ सलेक्शन कमीशन
SSP	सीनियर सुपरिन्टेण्डेन्ड ऑफ पुलिस
VAT	वैल्यू एडेड टैक्स
WHO	वर्ल्ड हेल्थ ऑर्गेनाइजेशन
ZIP	जोनल एम्प्रूवमेण्ट प्लान

महत्वपूर्ण दिवस

दिवस	महत्व
9 जनवरी	प्रवासी दिवस
15 जनवरी	थल सेना दिवस
25 जनवरी	भारतीय पर्यटन दिवस
26 जनवरी	भारतीय गणतंत्र दिवस
30 जनवरी	शहीद दिवस, विश्व कुष्ठ निवारण दिवस (महात्मा गाँधी की पुण्य तिथि)
1 फरवरी	तटरक्षक दिवस, डाक जीवन बीमा दिवस
4 फरवरी	विश्व कैंसर दिवस
22 फरवरी	पल्स पोलियो दिवस
8 मार्च	अन्तर्राष्ट्रीय महिला दिवस
15 मार्च	विश्व उपभोक्ता अधिकार दिवस, विश्व विकलांगता दिवस
22 मार्च	विश्व जल दिवस
23 मार्च	शहीद दिवस, विश्व मौसम विज्ञान दिवस
24 मार्च	विश्व तपेदिक दिवस
7 अप्रैल	विश्व स्वास्थ्य दिवस
22 अप्रैल	विश्व पृथ्वी दिवस
1 मई	मई दिवस (अन्तर्राष्ट्रीय श्रम दिवस)
8 मई	विश्व रेडक्रॉस दिवस
24 मई	कॉमनवेल्थ दिवस
31 मई	धूम्रपान विरोध दिवस
5 जून	विश्व पर्यावरण दिवस
21 जून	अन्तर्राष्ट्रीय योग दिवस
11 जुलाई	विश्व जनसंख्या दिवस
6 अगस्त	विश्व शांति दिवस, हिरोशिमा दिवस
10 अगस्त	अंतर्राष्ट्रीय युवा दिवस
29 अगस्त	राष्ट्रीय खेल दिवस
5 सितम्बर	शिक्षक दिवस
8 सितम्बर	विश्व साक्षरता दिवस
14 सितम्बर	हिन्दी दिवस
21 सितम्बर	अन्तर्राष्ट्रीय शांति दिवस
27 सितम्बर	विश्व पर्यटन दिवस
2 अक्टूबर	गाँधी जयन्ती / अन्तर्राष्ट्रीय अहिंसा दिपस
3 अक्टूबर	विश्व पर्यावास दिवस
5 अक्टूबर	विश्व आवास दिवस
9 अक्टूबर	विश्व डाक दिवस
16 अक्टूबर	विश्व खाद्य दिवस
17 अक्टूबर	विश्व गरीबी उन्मूलन दिवस
24 अक्टूबर	संयुक्त राष्ट्र दिवस
14 नवम्बर	बाल दिवस
19 नवम्बर	अन्तर्राष्ट्रीय नागरिक दिवस
26 नवम्बर	विश्व पर्यावरण संरक्षण दिवस
1 दिसम्बर	विश्व एड्स दिवस
10 दिसम्बर	अन्तर्राष्ट्रीय मानवाधिकार दिवस

खेल जगत

खेलों से जुड़ी शब्दावली

- **बेसबॉल (Baseball):** बेस, टैपर, पिचर, कैचर, डायमंड, पुल्आउट, पुटइन, स्ट्राइक, हिटर, पिंच, प्लेट, इन फिल्ड।
- **बास्केटबॉल (Basketball):** बॉल, ब्लाकिंग, शिफ्टिंग, होल्डिंग, हेल्ड बॉल, जम्प बॉल।
- **बैडमिंटन (Badminton):** ड्यूस, ड्रॉप, लेट, स्मैश, लव ऑल, डबल फाल्ट, मिक्सड डबल।
- **बिलियर्ड्स (Billiards):** क्यू, जिगर, पॉट, इनऑफ, इन बॉक, कैनन, ब्रेक, स्कैच, पोस्टमैन नॉक, बॉल लाइन।
- **शतरंज (Chess):** किंग, क्वीन, नाईट, पॉन, रूक, कैशल, बिशप, गैमबिट, चेकमेट, स्टेलमेट।
- **क्रिकेट (Cricket):** क्रीज, एल.बी.डब्लू., ब्रेक, बाई, लेगबाई, नो बॉल, सिली प्वाइंट, सिली मीडऑन, हिट विकेट।
- **हॉकी (Hockey):** बुली, कैरी, कॉर्नर, ड्रिब्बल, हैट्रिक, ऑफसाइड, स्कूप, शार्ट, कॉर्नर, स्ट्रिक, स्ट्राइकिंग।
- **फुटबॉल (Football):** कॉर्नर, किक, डायरेक्ट फ्री कीक, ड्रिब्बल, गोल किक, हैट्रिक, ऑफ साइड, पेनाल्टी किक।
- **गोल्फ (Golf):** पुट, बंकर, कैडी, बॉगी, टी पार, निब्लिक, लिंक्स, बेस्टबॉल, फेरसाम, प्रीमस, ग्रीडहोल्स।
- **वॉलीबॉल (Volleyball):** लव, हीव, बॉली प्वाईंट, सर्विस, ब्लैकिंग, होल्डिंग, डब्बलिंग, बुस्टर, स्पाइकर, ड्यूस।
- **लॉन टेनिस (Lawn Tennis):** ड्यूस, फॉल्ट, डबल फॉल्ट, लेट स्मैश, वॉली, हाफ वॉली, ग्राउण्ड स्ट्रोक।
- **नौकायन (Rowing):** बो, वुकेट, काऊ, फीदर, पैडल, रेगेटा, कॉक्स, ईर्गेमीटर।
- **तैराकी (Swimming):** क्रॉल, ब्रेस्ट स्ट्रॉक।
- **कुश्ती (Wrestling):** हेड लॉक, हीव होल्ड, रीबाउट्स, ए हॉफ नेशेस, ए फुल नेल्सन सीजर।
- **पोलो (Polo):** बंकर, चुकर, मैलेट।
- **वाटर पोलो (Water Polo):** दो एवं चार मीटर लाईन, गोल लाईन, होल्ड, सिंकपुल, बॉलअंडर।
- **निशानेबाजी (Shooting):** मजल, प्लग, बैग, टारगेट, बुल्स आई।
- **खो-खो (Kho-Kho):** क्रॉसलेन, फ्रीजो, पोल, चेज, एक्टिव, चेजर, रनर्स।
- **कबड्डी (Kabaddi):** मार्च लाईन, वकलाईन, बैटिंग ब्लॉक, लाबी, रेडर, एण्टीरेडर।
- **तलवारबाजी (Fencing):** टच

ओलंपिक

- प्राचीन काल में अपने नागरिकों को स्वस्थ एवं फिट बनाए रखने के लिए यूनानवासी प्रतियोगी खेल स्पर्द्धाओं का आयोजन करते थे। जौस देवता के सम्मान में प्रथम ओलम्पिक खेलों का आयोजन ओलम्पस माउंट में ईसा पूर्व 776 में किया गया था। इसके बाद 394 ईस्वी जबकि यूनानी सभ्यता का पतन हो गया, प्रत्येक 4 वर्षों के अंतराल के बाद ओलम्पिक खेलों का आयोजन किया जाता रहा।
- आधुनिक समय में फ्रांस के धनकुबेर पियरे डी कुबर्टिन ने आधुनिक खेलों को पुनर्जीवित किया। प्रथम आधुनिक ओलम्पिक खेल का आयोजन 1896 में एथेंस (यूनान) में किया गया। इसके बाद से विश्व युद्धों को छोड़कर प्रत्येक 4 वर्ष के अंतराल पर ओलम्पिक खेलों का आयोजन होता रहा है। ओलम्पिक खेलों का ध्वज श्वेत रंग का है जिस पर 5 रंगीन छल्ले बने हैं। प्रत्येक रिंग एक महादेश का प्रतिनिधित्व करता है। एक ही वर्ष में ग्रीष्मकालीन और शीतकालीन ओलंपिक खेलों का आयोजन किया जाता है।

एशियाई खेल

- द्वितीय विश्व युद्ध के पश्चात् अनेकों एशियाई देशों ने स्वतंत्रता प्राप्त की। ओलंपिक खेलों की तर्ज पर प्रत्येक चार वर्षों बाद एशियाई खेलों के आयोजन की योजना बनायी गई। भारत ने 1951 में नई दिल्ली में प्रथम एशियाई खेलों का आयोजन किया।

राष्ट्रमंडल खेल

- राष्ट्रमंडल खेल भी प्रत्येक चार वर्ष बाद आयोजित किए जाते हैं उसी वर्ष में जिसमें एशियाई खेल आयोजित होते हैं।
- सभी राष्ट्रमंडल देश (ब्रिटेन के पूर्व उपनिवेश) इसमें भाग ले सकते हैं। प्रथम राष्ट्रमंडल खेल 1930 में हैमिल्टन (कनाडा) में आयोजित हुआ।
- पहले राष्ट्रमंडल खेल, जो 1930 में कनाडा के हैमिल्टन में आयोजित किये गये थे, को "ब्रिटिश अम्पायर गेम" के नाम से जाना गया। 1954 में इनका नाम बदलकर "ब्रिटिश अम्पायर एण्ड कॉमनवेल्थ गेम्स" कर दिया गया। 1970 में एक बार फिर इनका नाम परिवर्तन कर 'ब्रिटिश कॉमनवेल्थ गेम्स' किया गया। वर्ष 1978 से इन्हें कामनवेल्थ गेम्स अथवा राष्ट्रमंडल खेलों के नाम से जाना जा रहा है।

विश्व के प्रसिद्ध कप और ट्राफियाँ

• अमेरिकन कप	याच रेसिंग
• एशेज	क्रिकेट (इंगलैंड बनाम आस्ट्रेलिया)
• कनाडा कप	गोल्फ (विश्व चैम्पियनशिप)
• कोलम्बो कप	सॉकर
• चैम्पियन ट्रॉफी	हॉकी (पुरुष) विश्व की 6 श्रेष्ठ टीमों के मध्य
• कोरबिलन कप	टेबल टेनिस (महिला) विश्व कप
• डेविस कप	लॉन टेनिस (पुरुष)
• डर्बी	घुड़ दौड़ (इंगलैंड)
• जुल्स रिमेट कप	सॉकर—विश्व कप (पुरुष)
• किंग्स कप	एयर रेसेज (इंगलैंड)
• मर्डेका कप	सॉकर (पुरुष) (मलेशिया)
• प्रिंस ऑफ वेल्स कप	गोल्फ (इंगलैंड)
• रोथमेंस कप	क्रिकेट
• रायडर कप	गोल्फ (इंगलैंड)
• स्वेथलिंग कप	विश्व टेबल टेनिस (पुरुष)
• थॉमस कप	विश्व बैडमिंटन (पुरुष)
• टुंकु अब्दुल रहमान कप	बैडमिंटन
• उबेर कप	विश्व बैडमिंटन (महिला)
• वाकर कप	गोल्फ (इंगलैंड)
• विटमैन कप	लॉन टेनिस (महिला)
• विम्बलडन कप	लॉन टेनिस (इंगलैंड)

प्रसिद्ध खेल मैदान एवं उनसे सम्बन्धित खेल

खेल-मैदान	खेल	स्थान
नरेन्द्र मोदी स्टेडियम	क्रिकेट	अहमदाबाद
इन्द्रप्रस्थ स्टेडियम	इन्डोर गेम	दिल्ली
जवाहरलाल नेहरू स्टेडियम	एथलेटिक्स	दिल्ली
अरुण जेटली स्टेडियम	क्रिकेट	दिल्ली
अम्बेडकर स्टेडियम	फुटबॉल	दिल्ली
शिवाजी स्टेडियम	हॉकी	दिल्ली
नेशनल स्टेडियम	हॉकी	दिल्ली
हेनले	रेगाटा	इंग्लैंड
नेशनल स्टेडियम	हॉकी	मुम्बई
वानखेडे स्टेडियम	क्रिकेट	मुम्बई
ब्रेबोर्न स्टेडियम	क्रिकेट	मुम्बई
ईडन गार्डन	क्रिकेट	कोलकाता
ग्रीन पार्क स्टेडियम	क्रिकेट	कानपुर
कीनन स्टेडियम	क्रिकेट	जमशेदपुर
नेहरू (चेपक) स्टेडियम	क्रिकेट	चेन्नई
वाराबती स्टेडियम	क्रिकेट	कटक
हेडिंग्ले मानचेस्टर	क्रिकेट	ब्रिटेन
लार्ड्स, ओवल, लीड्स	क्रिकेट	ब्रिटेन
ब्लैक हीथ	रग्बी फुटबॉल	लन्दन
विम्बलडन	लॉन टेनिस	लन्दन
वेम्बले स्टेडियम	फुटबॉल	लन्दन
ब्रुकलैण्ड	फुटबॉल	इंग्लैंड
टिबंकहम	रग्बी फुटबॉल	इंग्लैंड
पटनी मार्टलेक	नौका दौड़	इंग्लैंड
टेंट ब्रिज	क्रिकेट	इंग्लैंड
एण्ट्री	घुड़दौड़	इंग्लैंड
हरलिघम	पोलो	इंग्लैंड
पर्थ, ब्रिस्बेन, मेलबोर्न	क्रिकेट	आस्ट्रेलिया
यांकी स्टेडियम	बॉक्सिंग	न्यूयार्क
ब्रूकलिन	बेसबॉल	न्यूयार्क
फोरस्ट हिल	टेनिस	न्यूयार्क

पुरस्कार एवं सम्मान

राष्ट्रीय पुरस्कार

- **भारत रत्नः** यह भारत का सर्वोच्च असैनिक सम्मान है। यह कला, साहित्य, विज्ञान एवं खेलकूद के क्षेत्र में अतिविशिष्ट सेवाओं तथा सार्वजनिक क्षेत्र में उत्कृष्टतम योगदान के लिए प्रदान किया जाता है। सरकारी सेवाओं में लगे व्यक्तियों को यह पुरस्कार नहीं दिया जाता।
- **पद्म विभूषणः** यह अलंकरण सभी क्षेत्रों में उल्लेखनीय योगदान के लिए दिया जाता है। सरकारी सेवाओं में लगे व्यक्ति भी इसके पात्र माने जाते हैं।
- **पद्म भूषणः** सभी क्षेत्रों में उल्लेखनीय योगदान के लिए यह उपाधि प्रदान की जाती है। सरकारी सेवाओं में रत व्यक्ति भी इसे पाने के हकदार हैं।
- **पद्म श्रीः** विविध क्षेत्रों में उत्तम कार्य करने के उपलक्ष्य में यह उपाधि प्रदान की जाती है। सरकारी सेवा में लगे लोगों को भी इस उपाधि से अलंकृत किया जा सकता है।

शौर्य पदक

- **परमवीर चक्रः** शत्रु के समक्ष दृढ़ता से वीरता-प्रदर्शन के फलस्वरूप दिया जाने वाला यह सबसे बड़ा पुरस्कार है। यह अत्यन्त वीरतापूर्ण कार्य जल, थल तथा नभ में से किसी भी सेना के कर्मचारी द्वारा किये जाने पर दिया जाता है।
- **महावीर चक्रः** यह दूसरा सर्वोच्च पदक है जो शत्रु के समक्ष अद्वितीय शौर्य प्रदर्शन के फलस्वरूप प्रदान किया जाता है। इस प्रकार का वीरतापूर्ण कार्य थल, जल एवं नभ सेनाओं में से किसी के भी द्वारा किया गया हो सकता है।
- **वीर चक्रः** यह तीसरी श्रेणी का सेना पदक है जो शत्रु के समक्ष वीरता-प्रदर्शन करने के उपलक्ष्य में प्रदान किया जाता है। यह पदक जल, थल और नभ सेना के किसी भी वर्ग के कर्मचारी को वीरतापूर्ण कार्य के लिए प्राप्त हो सकता है।
- **अशोक चक्रः** यह ऐसा पदक है जो जल, थल और नभ कहीं पर भी उत्कृष्ट वीरतापूर्ण कार्य करने अथवा आत्म-बलिदान होने के फलस्वरूप प्रदान किया जाता है। लेकिन इस प्रकार का काम शत्रु के समक्ष होना आवश्यक नहीं। गुणों के आधार पर इस पदक के तीन वर्ग हैं–प्रथम, द्वितीय तथा तृतीय। द्वितीय पदक का नाम कीर्ति चक्र तथा तृतीय पदक का नाम शौर्य चक्र है।

अन्य राष्ट्रीय पुरस्कार/सम्मान

- **ज्ञानपीठ पुरस्कारः** यह पुरस्कार सांस्कृतिक एवं साहित्यिक संस्था 'भारतीय ज्ञानपीठ' द्वारा वर्ष 1965 से प्रदान किया जाता है। प्रत्येक वर्ष यह पुरस्कार संविधान की आठवीं अनुसूची में सम्मिलित 22 भारतीय भाषाओं और अंग्रेजी में से चयनित भारतीय लेखकों को प्रदान किया जाता है। इस पुरस्कार से पुरस्कृत साहित्यकार को 21 लाख रुपए नकद, एक स्मृति चिह्न, एक प्रशस्ति-पत्र तथा वाग्देवी (सरस्वती) की प्रतिमा प्रदान की जाती है।
- **दादा साहब फाल्के पुरस्कारः** इस पुरस्कार की स्थापना भारतीय फिल्म उद्योग के संस्थापक दादा साहब फाल्के की याद में भारत सरकार के सूचना एवं प्रसारण मंत्रालय द्वारा की गई है। इस पुरस्कार की धनराशि 15 लाख रुपए है।
- **जमनालाल बजाज पुरस्कारः** यह पुरस्कार रचनात्मक सामाजिक कार्य क्षेत्र में महत्त्वपूर्ण योगदान, ग्रामीण विकास हेतु विज्ञान एवं प्रौद्योगिकी के उपयोग तथा महिलाओं एवं बच्चों के उत्थान व कल्याण कार्यों हेतु प्रदान किया जाता है।
- **मेजर ध्यानचंद खेल रत्न पुरस्कार :** 1992 में स्थापित यह पुरस्कार भारत सरकार द्वारा खेलों में सराहनीय प्रदर्शन करने वाले खिलाड़ियों को प्रदान किया जाता है। इसमें 25 लाख रुपये की धनराशि, एक पदक और एक प्रशस्ति पत्र प्रदान किया जाता है।

- **अर्जुन पुरस्कारः** 1961 में स्थापित यह पुरस्कार भारत सरकार द्वारा विभिन्न खेलों में विशेष उपलब्धि प्राप्त करने वाले खिलाड़ियों को प्रदान किया जाता है। इसमें अर्जुन की काँस्य प्रतिमा, प्रशस्ति–पत्र तथा 15 लाख रुपये की धनराशि और समारोह परिधान प्रदान किया जाता है।
- **द्रोणाचार्य पुरस्कारः** 1985 में स्थापित यह पुरस्कार भारत सरकार द्वारा खेल प्रशिक्षकों द्वारा की गयी उत्कृष्ट सेवाओं के लिए प्रदान किया जाता है। यह पुरस्कार दो वर्गों आजीवन और नियमित में प्रदान किया जाता है। द्रोणाचार्य (आजीवन) में 15 लाख रुपए और द्रोणाचार्य (नियमित) में 10 लाख रुपए गुरु द्रोणाचार्य की प्रतिमा, प्रशस्ति–पत्र, तथा समारोह परिधान प्रदान किया जाता है।

अंतर्राष्ट्रीय पुरस्कार

- **नोबेल पुरस्कारः** इस पुरस्कार का प्रवर्तन सन् 1901 में डाइनामाइट के आविष्कारक अल्फ्रेड बर्नहर्ड नोबेल (1833-1896 ई॰) द्वारा व्यक्त की गई इच्छा के परिणामस्वरूप किया गया था। नोबेल पुरस्कार प्रति वर्ष रसायन शास्त्र, भौतिकी, साहित्य, चिकित्सा, शान्ति-प्रोत्साहन और अर्थशास्त्र (अर्थशास्त्र के लिए यह पुरस्कार 1969 से दिया जाना शुरू किया गया) के क्षेत्र में दिये जाते हैं।
- **रेमन मैग्सेसे पुरस्कारः** एशिया महाद्वीप का सबसे बड़ा पुरस्कार फिलीपीन्स के भूतपूर्व राष्ट्रपति की स्मृति में वर्ष 1957 से प्रदान किया जाता है। इसमें एक स्वर्ण पदक तथा नगद पुरस्कार प्रदान किये जाते हैं। इसे एशिया का नोबेल पुरस्कार भी कहा जाता है।
- **शान्ति, निःशस्त्रीकरण व विकास के लिए इन्दिरा गांधी पुरस्कारः** 1986 में स्थापित यह पुरस्कार अन्तर्राष्ट्रीय शान्ति, गिरस्त्रीकरण एवं विकारा के क्षेत्र गें उल्लेखनीय योगदान हेतु प्रदान किया जाता है। इसमें नगद पुरस्कार व साथ में एक स्मृति-चिन्ह दिया जाता है।
- **महात्मा गांधी अन्तर्राष्ट्रीय शांति पुरस्कारः** एक करोड़ रु॰ की राशि का यह पुरस्कार भारत सरकार का सर्वोच्च असैनिक अन्तर्राष्ट्रीय पुरस्कार है जो 1995 में शुरू किया गया था। यह पुरस्कार अहिंसा के जरिए सामाजिक, आर्थिक और राजनीतिक परिवर्तन के लिए काम करने वाले व्यक्ति को दिया जाता है।
- **मैन बुकर पुरस्कारः** ब्रिटेन की संस्था बुकर मैकोनल कंपनी एंड पब्लिशर्स एसोसियेशन के द्वारा यह पुरस्कार 1969 में स्थापित हुआ। यह प्रतिवर्ष दुनियाभर के देशों के किसी लेखक को अंग्रेजी भाषा की उत्कृष्ट रचना हेतु प्रदान किया जाता है।
- **ऑस्कर पुरस्कारः** संयुक्त राज्य अमेरिका की 'नेशनल एकेडमी ऑफ मोशन पिक्चर आर्ट्स एण्ड साइंसेज' द्वारा फिल्म जगत का अत्यन्त प्रतिष्ठित यह पुरस्कार प्रतिवर्ष प्रदान किया जाता है।
- **अन्तर्राष्ट्रीय नेहरू पुरस्कारः** भारत सरकार द्वारा 1964 में स्थापित यह पुरस्कार प्रत्येक वर्ष ऐसे व्यक्ति को प्रदान किया जाता है, जिसने विश्व में अन्तर्राष्ट्रीय सद्भावना और मित्रता का प्रसार करने में उल्लेखनीय भूमिका अदा की हो। वर्ष 1965 में पहला नेहरू सद्भावना पुरस्कार यू थांट (संयुक्त राष्ट्र संघ के तृतीय महासचिव) को प्रदान किया गया था।

✧✧✧✧✧

वस्तुनिष्ठ प्रश्न

भूगोल

1. भारत के किस राज्य का समुद्री तट सबसे अधिक लम्बा है?

A. आंध्र प्रदेश B. महाराष्ट्र
C. गुजरात D. तमिलनाडु

2. भारत का दक्षिणतम बिन्दु कहाँ है?

A. कन्याकुमारी B. बड़ा निकोबार
C. लक्षद्वीप D. चेन्नई

3. क्षेत्रफल की दृष्टि से भारत का सबसे बड़ा राज्य है :

A. बिहार B. पंजाब
C. राजस्थान D. उत्तर प्रदेश

4. निम्नलिखित अक्षांशों में से कौन भारत से होकर गुजरता/गुजरती है?

A. भूमध्य रेखा B. उत्तर ध्रुवीय वृत्त
C. मकर रेखा D. कर्क रेखा

5. कर्क रेखा :

A. भारत के ऊपर से गुजरती है
B. भारत के नीचे से गुजरती है
C. भारत के मध्य से गुजरती है
D. भारत से कोई सम्बन्ध नहीं है

6. भारत की सबसे लम्बी भू-सीमा निम्न में से किस देश के साथ लगती है?

A. पाकिस्तान B. चीन
C. नेपाल D. बांग्लादेश

7. भारतीय मानक समय और ग्रीनविच समय में कितना अन्तर है?

A. 4½ घण्टे का B. 5 घण्टे का
C. 5½ घण्टे का D. 6 घण्टे का

8. भारत का क्षेत्रफल की दृष्टि से विश्व में कौन-सा स्थान है?

A. पाँचवाँ B. सातवाँ
C. दसवाँ D. बारहवाँ

9. निम्नलिखित में से वह राज्य कौन-सा है, जिसकी अन्तरराष्ट्रीय सीमाएँ तीन देशों से मिलती हैं?

A. अरुणाचल प्रदेश B. हिमाचल प्रदेश
C. छत्तीसगढ़ D. झारखण्ड

10. निम्न में से किस राज्य की सीमा बांग्लादेश से नहीं मिलती?

A. मेघालय B. त्रिपुरा
C. मणिपुर D. मिजोरम

11. निम्नलिखित भारतीय राज्यों में से कौन भूमिबद्ध है?

A. पश्चिम बंगाल B. बिहार
C. गुजरात D. केरल

12. भारत और चीन की उत्तर-पूर्वी सीमा का सीमांकन कौन-सी रेखा करती है?

A. डूरंड रेखा B. मैकमोहन रेखा
C. रैडक्लिफ रेखा D. उपर्युक्त में से कोई नहीं

13. पश्चिमी घाटों के मालाबार तट पर स्थित माहे निम्नलिखित में से किसका भाग है?

A. केरल B. महाराष्ट्र
C. पुडुचेरी D. तमिलनाडु

14.

भौगोलिक उपनाम	**स्थान**
(*a*) बंगाल का शोक	1. दामोदर घाटी
(*b*) महलों का शहर	2. कोलकाता
(*c*) सात टापुओं का नगर	3. मुम्बई
(*d*) मंदिर एवं घाटों का नगर	4. वाराणसी

	A	B	C	D
A.	4	3	2	1
B.	1	4	3	2
C.	1	2	3	4
D.	4	2	1	3

15. न्यूमूर द्वीप कहाँ स्थित है?

A. अरब सागर B. हिन्द महासागर
C. बंगाल की खाड़ी D. मन्नार की खाड़ी

16. भारत का प्राचीनतम पर्वत कौन-सा है?
A. हिमालय B. विन्ध्याचल
C. अरावली D. नीलगिरि

17. भारत की सर्वोच्च पर्वत चोटी कौन-सी है?
A. K_2 गाडविन आस्टिन B. कंचनजंगा
C. नन्दा देवी D. एवरेस्ट

18. निम्नांकित युग्मों में से किसका सुमेल नहीं है?
A. बोमडीला – अरुणाचल प्रदेश
B. नाथूला – सिक्किम
C. भोरघाट – हिमाचल प्रदेश
D. पालघाट – केरल

19. निम्नलिखित में से कौन-सा दर्रा श्रीनगर को लेह से जोड़ता है?
A. जोजिला दर्रा B. बनिहाल दर्रा
C. बुर्जिल दर्रा D. बोलन दर्रा

20. 'सुन्दरवन' का विश्व प्रसिद्ध डेल्टा किन नदियों से सम्बन्धित है?
A. गंगा-ब्रह्मपुत्र B. गंगा-दामोदर
C. कृष्णा D. पद्मा-सुरमा

21. निम्नलिखित में से वह नदी कौन-सी है, जिसका उद्‌गम भारतीय क्षेत्र में नहीं है?
A. महानदी B. ब्रह्मपुत्र
C. रावी D. चिनाब

22. भारत में सबसे लम्बी नदी (भारत में बहने के अनुसार) कौन-सी है?
A. यमुना B. सिन्धु
C. गंगा D. ब्रह्मपुत्र

23. भारत का वह कौन-सा राज्य है जिसका वन आच्छादित क्षेत्रफल सर्वाधिक है?
A. मध्य प्रदेश B. पश्चिम बंगाल
C. केरल D. असम

24. भारत में उष्णकटिबन्धीय सदाबहार वन कहाँ पाए जाते हैं?
A. आन्ध्र प्रदेश B. मध्य प्रदेश
C. केरल D. ओडिशा

25. भारत में 'मरुस्थल की राजधानी' किसे कहते हैं?
A. उदयपुर B. जैसलमेर
C. जयपुर D. पालामऊ

26. निम्नांकित में से कौन-सा राज्य भारत का सबसे बड़ा चाय उत्पादक है?
A. असम B. तमिलनाडु
C. अरुणाचल प्रदेश D. पश्चिम बंगाल

27. निम्नलिखित में से किस भारतीय राज्य में गोरिचेन चोटी स्थित है?
A. नगालैंड B. हिमाचल प्रदेश
C. मध्य प्रदेश D. अरुणाचल प्रदेश

28. रबर के उत्पादन में भारत का अग्रणी राज्य कौन-सा है?
A. तमिलनाडु B. असम
C. केरल D. कर्नाटक

29. काँच की चूड़ियों के उद्योग के लिए :
A. मुर्शिदाबाद प्रसिद्ध है B. फिरोजाबाद प्रसिद्ध है
C. आगरा प्रसिद्ध है D. सिकन्दराबाद प्रसिद्ध है

30. रेनुकूट क्यों प्रसिद्ध है?
A. एल्युमीनियम उद्योग के लिए
B. दुग्ध उत्पादन उद्योग के लिए
C. सिल्क उद्योग के लिए
D. सोने की खान के लिए

31. खेतड़ी स्थित मुख्य उद्योग कौन-सा है?
A. एल्युमीनियम B. ताँबा
C. इस्पात D. अखबारी कागज

32. डिग्बोई क्यों प्रसिद्ध है?
A. पॉलिथीन के लिए B. एल्युमीनियम के लिए
C. पेट्रोलियम के लिए D. यूरेनियम के लिए

33. 'पोंग बाँध' किस नदी पर बनाया गया है?
A. सतलज B. रावी
C. चिनाव D. व्यास

34. भारत के किस राज्य में नागार्जुन सागर परियोजना है?
A. आन्ध्र प्रदेश B. मध्य प्रदेश
C. उत्तर प्रदेश D. तमिलनाडु

35. सुमेलित कीजिए :
(*a*) गिर वन 1. राजस्थान
(*b*) भरतपुर बर्ड सेंक्चुरी 2. मध्य प्रदेश
(*c*) बांधवगढ़ सेंक्चुरी 3. असम
(*d*) काजीरंगा सेंक्चुरी 4. गुजरात

कूट :
A. (*a*)-1, (*b*)-2, (*c*)-4, (*d*)-3
B. (*a*)-4, (*b*)-1, (*c*)-2, (*d*)-3
C. (*a*)-2, (*b*)-4, (*c*)-3, (*d*)-1
D. (*a*)-2, (*b*)-3, (*c*)-1, (*d*)-4

36. 'फूलों की घाटी' से किस राज्य का सम्बन्ध है?
A. उत्तराखण्ड B. मध्य प्रदेश
C. हिमाचल प्रदेश D. मेघालय

37. निम्नलिखित में से कौन एक सुमेलित नहीं है?
A. सुन्दरवन – पश्चिम बंगाल
B. भीतर कनिका – ओडिशा
C. पिचवरम् – तमिलनाडु
D. वैम्बानद – कर्नाटक

38. भारतीय वन अनुसंधान संस्थान स्थित है :
A. देहरादून में B. नई दिल्ली में
C. शिमला में D. नैनीताल में

39. हमारी आकाश गंगा की आकृति है :
A. वृत्ताकार B. दीर्घवृत्ताकार
C. स्पाइरल D. उपर्युक्त में से कोई नहीं

40. विज्ञान के किस क्षेत्र में आप 'व्हाइट ड्वार्फ' के बारे में सीखेंगे?
A. खगोलशास्त्र B. कृषि
C. जेनेटिक्स D. एन्थ्रोपोलॉजी

41. मानक समय क्या होता है?
A. किसी देशांतर का सूर्य के अनुसार समय
B. देश के लगभग बीच से गुजरने वाले देशान्तर का स्थानीय समय
C. ग्रीनविच औसत का समय
D. उपरोक्त में से कोई नहीं

42. किसी एक स्थान का अक्षांश निम्नलिखित में से किसका संकेतक है?
A. समय का B. ऊँचाई का
C. वर्षा की मात्रा का D. तापमान का

43. ओजोन पर्त अवस्थित है :
A. क्षोभमण्डल में B. क्षोभसीमा में
C. समतापमण्डल में D. प्रकाशमण्डल में

44. दीर्घ रेडियो तरंगें पृथ्वी की किस सतह से परावर्तित होती हैं?
A. क्षोभमण्डल B. आयनमण्डल
C. क्षोभ सीमा D. समतापमण्डल

45. गोबी मरुस्थल स्थित है :
A. ऑस्ट्रेलिया में B. भारत में
C. मंगोलिया में D. प. अफ्रीका में

46. विश्व में तम्बाकू का सबसे बड़ा उत्पादक देश कौन है?
A. संयुक्त राज्य अमेरिका
B. चीन
C. भारत
D. भूतपूर्व सोवियत संघ

47. 'रिंग ऑफ फायर' से जुड़ी भूकम्पीय गतिविधियों का सम्बन्ध है :
A. प्रशांत के चारों ओर का क्षेत्र
B. मध्य महाद्वीपीय क्षेत्र
C. मध्य अटलांटिक क्षेत्र
D. हिंद महासागर क्षेत्र

48. विश्व की सबसे लम्बी पर्वत श्रृंखला कौन-सी है?
A. एंडीज B. आल्पस
C. हिमालय D. पामीर

49. विक्टोरिया जलप्रपात किस नदी से सम्बन्धित है?
A. अमेजन B. मिस्सोरी
C. सेंट लॉरेन्स D. जैम्बेजी

50. निम्न देशों में से किस एक की सीमा कैस्पियन सागर से नहीं लगी है?
A. आर्मेनिया B. अजरबैजान
C. कजाकिस्तान D. तुर्कमेनिस्तान

इतिहास

51. भारत में खोजा गया सबसे पहला पुराना शहर था :
A. हड़प्पा B. पंजाब
C. मोहनजोदड़ो D. सिंध

52. हड़प्पा सभ्यता किस काल से संबंधित थी?
A. कांस्य युग B. पाषाण युग
C. लौह युग D. उपरोक्त सभी

53. कालीबंगा कहाँ स्थित है?
A. हरियाणा में B. राजस्थान में
C. गुजरात में D. पंजाब में

54. सिन्धु घाटी के लोगों का सम्बन्ध था :
A. मिस्र से B. सुमेरिया से
C. चीन से D. ईरान से

55. आर्य भारत में सर्वप्रथम कहाँ आए?
A. पंजाब B. दिल्ली
C. दक्षिण भारत D. गांगेय प्रदेश

56. सबसे पुराना वेद कौन-सा है?
A. यजुर्वेद B. ऋग्वेद
C. सामवेद D. अथर्ववेद

57. आरंभिक वैदिक साहित्य में सर्वाधिक वर्णित नदी है :
A. सिंधु B. शुतुद्री
C. सरस्वती D. गंगा

58. उपनिषद पुस्तकें हैं :
A. धर्म पर B. योग पर
C. विधि पर D. दर्शन पर

59. बुद्ध को ज्ञान की प्राप्ति कहाँ हुई थी?
A. बोधगया B. पाटलिपुत्र
C. राजगृह D. लुम्बिनी

60. निम्नलिखित स्थानों में से किस स्थान पर महावीर का महानिर्वाण हुआ?
A. कुशीनगर B. वैशाली
C. राजगृह D. पावापुरी

61. जैन धर्म में 'पूर्णज्ञान' के लिए क्या शब्द है?
A. जिन B. रत्न
C. कैवल्य D. निर्वाण

62. निम्न में से कौन-सा एक त्रिपिटक का अंग नहीं था?
A. जातक B. विनय
C. सुत्त D. अभिधम्म

63. झेलम नदी के किनारे प्रसिद्ध 'वितस्ता का युद्ध' किन-किन शासकों के बीच लड़ा गया था?
A. चन्द्रगुप्त मौर्य एवं सेल्यूकस
B. घनानंद एवं चन्द्रगुप्त मौर्य
C. पोरस एवं सिकन्दर
D. सिकन्दर एवं आम्भी

64. भारत में सिकन्दर की सफलता का कारण क्या था?
A. वह शक्तिशाली था
B. भारत में कोई केंद्रीय शक्ति नहीं था
C. वह अच्छा प्रशासक था
D. उसे भारतीय शासकों ने सहायता दी

65. निम्न में से किस स्थान पर सिकन्दर की मृत्यु हुई?
A. पटाला B. तक्षशिला
C. बेबीलोन D. जेड्रोसिया

66. निम्न में से किसने 'कल्पसूत्र' की रचना की?
A. भद्रबाहु B. स्थलबाहु
C. गोपाल D. गोसाल मक्खलिपुत्र

67. चाणक्य का अन्य नाम था :
A. भट्टस्वामी B. विष्णुगुप्त
C. राजशेखर D. विशाखदत्त

68. मुद्राराक्षस का लेखक निम्न में से कौन है?
A. अश्वघोष B. विशाखदत्त
C. कालिदास D. भास

69. अशोक के शिलालेखों को सर्वप्रथम किसने पढ़ा था?
A. बूहलर B. रॉबर्ट सेबेल
C. जेम्स प्रिन्सेप D. कॉड्रिंगटन

70. विक्रम संवत् कब से प्रारम्भ हुआ?
A. 78 ई॰ B. 57 ईसा पूर्व
C. 72 ईसा पूर्व D. 56 ईसा पूर्व

71. चरक कौन था?
A. एक चिकित्सक / कनिष्क काल
B. एक ज्योतिषी / चन्द्रगुप्त द्वितीय काल
C. एक खगोलशास्त्री / समुद्रगुप्त काल
D. उपरोक्त में से कोई नहीं

72. चीनी यात्री फाह्यान निम्नलिखित के शासनकाल में भारत आया था :
A. कनिष्क B. चन्द्रगुप्त प्रथम
C. चन्द्रगुप्त द्वितीय D. हर्षवर्धन

73. निम्न में से किसने नालन्दा विश्वविद्यालय का भ्रमण व वहाँ अध्ययन किया था?
A. ह्वेनसांग B. फाह्यान
C. मेगस्थनीज D. उपरोक्त में से कोई नहीं

74. खगोलशास्त्र में गुप्तकाल में सबसे प्रसिद्ध नाम है :
A. वराहमिहिर B. ब्रह्मगुप्त
C. आर्यभट्ट D. पतंजलि

75. तराइन या थानेश्वर का द्वितीय युद्ध कब हुआ?
A. 1225 ई॰ B. 1191 ई॰
C. 1192 ई॰ D. 1105 ई॰

76. पृथ्वीराज चौहान के दरबारी कवि का नाम क्या था?
A. अमीर खुसरो B. चन्दबरदाई
C. बिहारी D. भूषण

77. कुतुबमीनार का नाम किस सूफी संत के नाम पर रखा गया है?
A. निजामुद्दीन औलिया
B. मोइनुद्दीन चिश्ती
C. कुतुबुद्दीन बख्तियार काकी
D. सलीम चिश्ती

78. 'राजा को अपनी प्रजा से मुक्ति मिली और प्रजा को अपने राजा से' किसके निधन पर बदायूंनी ने इस प्रकार की टिप्पणी की थी :
A. बलबन B. अलाउद्दीन खिलजी
C. मोहम्मद-बिन-तुगलक D. फिरोजशाह तुगलक

79. निम्नलिखित में से किस भक्ति संत ने अपने संदेश के प्रचार के लिए सबसे पहले हिन्दी का प्रयोग किया?
A. दादू B. कबीर
C. रामानंद D. तुलसीदास

80. चैतन्य महाप्रभु किस संप्रदाय से संबद्ध हैं?
A. वैष्णव B. शैव
C. बौद्ध D. सूफी

81. भारत में चिश्तिया सूफी मत को स्थापित किया :
A. ख्वाजा बदरुद्दीन ने
B. ख्वाजा मुईनुद्दीन ने
C. शेख अहमद सरहिन्दी ने
D. शेख बहाउद्दीन जकरिया ने

82. कबीर के गुरु कौन थे?
A. रामानुज B. रामानन्द
C. वल्लभाचार्य D. नामदेव

83. निम्नांकित में से किस युद्ध में एक पक्ष द्वारा प्रथम बार तोपों का उपयोग किया गया था?
A. पानीपत का प्रथम युद्ध
B. खानवा का युद्ध
C. प्लासी का युद्ध
D. पानीपत का तीसरा युद्ध

84. मुगल काल में सेना का प्रधान निम्न में से कौन था?
A. शहना-ए-पील B. मीर बक्शी
C. वजीर D. सवाहेनिगर

85. शेरशाह सूरी का मकबरा स्थित है :
A. आगरा B. सासाराम
C. दिल्ली D. औरंगाबाद

86. हुमायूँ एवं शेरशाह के बीच चौसा का युद्ध कब हुआ?
A. 1543 ई॰ में B. 1539 ई॰ में
C. 1556 ई॰ में D. 1565 ई॰ में

87. अंग्रेजों ने अपनी प्रथम फैक्ट्री कहाँ पर स्थापित की थी?
A. कलकत्ता में B. अहमदाबाद में
C. भड़ौच में D. मछलीपट्टनम में

88. रैयतवाड़ी प्रथा प्रारम्भ की थी :
A. टामस मुनरो ने B. मार्टिन बर्ड ने
C. कार्नवालिस ने D. लार्ड डलहौजी ने

89. 'सहायक सन्धि' के सिद्धान्त का किससे सम्बन्ध था?
A. वारेन हेस्टिंग्स B. लार्ड कार्नवालिस
C. लार्ड बैंटिंक D. लार्ड वेलेजली

90. टीपू सुल्तान की राजधानी थी :
A. बैलूर B. द्वार समुद्र
C. सेरीगापटम D. श्रीरंगम (श्रीरंगपट्टनम्)

91. भारत में अंग्रेजों के समय में प्रथम जनगणना हुई :
A. लार्ड डफरिन के कार्यकाल में
B. लार्ड लिटन के कार्यकाल में
C. लार्ड मेयो के कार्यकाल में
D. लार्ड रिपन के कार्यकाल में

92. भारत में प्रथम रेल लाइन का निर्माण हुआ था?
A. हावड़ा और सेरामपुर के बीच
B. बम्बई और थाणे के बीच

C. मद्रास और गुन्टूर के बीच
D. दिल्ली तथा आगरा के बीच

93. ब्रिटिश काल में दिल्ली से पहले भारत की राजधानी कहाँ थी?
A. कलकत्ता B. बम्बई
C. पटना D. लखनऊ

94. सती प्रथा का अन्त करने तथा ठगी को समाप्त करने का श्रेय किसको जाता है?
A. लार्ड डलहौजी B. लार्ड विलियम बैंटिंक
C. लार्ड ऑकलैंड D. लार्ड कैनिंग

95. भारतीय राष्ट्रीय कांग्रेस के सर्वप्रथम मुस्लिम अध्यक्ष थे :
A. अबुल कलाम आजाद
B. रफी अहमद किदवई
C. एम. ए. अन्सारी
D. बदरुद्दीन तैयब जी

96. दक्षिण अफ्रीका से लौटने के पश्चात् गाँधी जी ने प्रथम सफल सत्याग्रह (Satyagraha) आरम्भ किया :
A. चौरी-चौरा में B. दाण्डी में
C. चम्पारन में D. बारदोली में

97. 1943 में आजाद हिन्द फौज (I.N.A.) अस्तित्व में आई :
A. जापान में B. तत्कालीन बर्मा में
C. सिंगापुर में D. तत्कालीन मलाया में

98. गदर पार्टी का नेता कौन था?
A. भगत सिंह B. लाला हरदयाल
C. बाल गंगाधर तिलक D. वी. डी. सावरकर

99. अखिल भारतीय राष्ट्रीय कांग्रेस की प्रथम महिला अध्यक्ष कौन थीं?
A. नेली सेन गुप्ता B. सरोजिनी नायडू
C. ऐनी बेसेन्ट D. कादम्बिनी बोस

100. महात्मा गाँधी को सर्वप्रथम 'राष्ट्रपिता' किसने कहा था?
A. सरोजिनी नायडू B. सरदार पटेल
C. जे. एल. नेहरू D. सुभाष चंद्र बोस

भारतीय राजव्यवस्था एवं संविधान

101. भारत का संविधान पूर्ण रूप से तैयार हुआ था :
A. 26 जनवरी, 1950
B. 26 नवम्बर, 1949
C. 11 फरवरी, 1948
D. उपर्युक्त में से कोई नहीं

102. भारतीय संविधान सभा की प्रारूप समिति के अध्यक्ष थे :
A. डॉ. राजेन्द्र प्रसाद B. जवाहर लाल नेहरू
C. बी. आर. अम्बेडकर D. पुरुषोत्तमदास टण्डन

103. राष्ट्रीय ध्वज के चक्र में कितने स्पोक हैं?
A. 24 B. 30
C. 20 D. 25

104. निम्नलिखित में से किस वर्ष में भारत में पहली बार नागरिकता अधिनियम पारित किया गया था?
A. 1962 B. 1959
C. 1955 D. 1947

105. भारतीय संविधान के किस भाग को उसकी 'आत्मा' की संज्ञा प्रदान की गई है?
A. प्रस्तावना
B. मौलिक अधिकार
C. राज्य के नीति-निदेशक तत्व
D. संविधान के सभी अनुच्छेद

106. 'भारत एक गणतंत्र है' इसका अर्थ है :
A. सभी मामलों में अन्तिम अधिकार जनता के पास है
B. भारत में संसदीय शासन व्यवस्था है
C. भारत में वंशानुगत शासन नहीं है
D. भारत राज्यों का संघ है

107. भारतीय संविधान में ब्रिटिश संविधान से निम्न में से कौन-से तत्व लिए गए हैं?
1. विधि का शासन
2. न्यायपालिका की स्वतन्त्रता
3. कानून निर्माण की प्रक्रिया
4. संसदीय सरकार

A. 1, 3 एवं 4 B. 1, 2 एवं 3
C. 2, 3 एवं 4 D. 2 एवं 4

108. संविधान में संघ को .... नाम दिया गया है :
A. हिन्दुस्तान या भारतवर्ष
B. इण्डिया या हिन्दुस्तान
C. इण्डिया या भारत
D. भारत देश या इण्डिया

109. निम्नलिखित में से कौन-सा मूल अधिकारों में सम्मिलित नहीं है?
A. सम्पत्ति का अधिकार
B. संघ गठित करने का अधिकार
C. सभा करने का अधिकार
D. देश के किसी भाग में जाने और निवास का अधिकार

110. केंद्र-राज्य संबंध किस अनुसूची में है?
A. 7वीं B. 8वीं
C. 6वीं D. 9वीं

111. भारतीय संविधान निम्न में से कौन-सी नागरिकता प्रदान करता है?
A. दोहरी नागरिकता B. एकल नागरिकता
C. उपर्युक्त दोनों D. उपर्युक्त में से कोई नहीं

112. केन्द्र एवं राज्यों के बीच वैधानिक शक्तियों का बँटवारा दिया हुआ है :
A. पाँचवीं अनुसूची में B. छठीं अनुसूची में
C. सातवीं अनुसूची में D. आठवीं अनुसूची में

113. राष्ट्रीय आपातकाल की उद्घोषणा स्वतः निलम्बित करती है :
A. सभी मौलिक अधिकारों को
B. स्वतन्त्रता के अधिकार को
C. संवैधानिक उपचार के अधिका、को
D. किसी भी मौलिक अधिकार को नहीं

114. संविधान में कितने प्रकार के आपातकालों का प्रावधान है?
A. 1 B. 2
C. 3 D. 5

115. निम्नलिखित में से कौन-सा भारत के राष्ट्रपति के निर्वाचक गण का भाग होता है?
A. लोक सभा
B. राज्य सभा
C. राज्यों की विधान सभाएं
D. इनमें से सभी

116. राष्ट्रपति के उम्मीदवार के लिए क्या आवश्यक नहीं है?
A. आयु 35 वर्ष हो
B. साक्षर हो
C. सांसद चुने जाने की योग्यता रखता हो
D. देश का नागरिक हो

117. भारत में राष्ट्रपति की मृत्यु, पदत्याग, अथवा हटाये जाने पर, पद में हुई रिक्ति को भरने की समय सीमा क्या है?
A. एक माह B. नौ माह
C. तीन माह D. छः माह

118. निम्न में से भारत का राष्ट्रपति किसकी नियुक्ति नहीं करता है?
A. उप-राष्ट्रपति B. प्रधानमंत्री
C. राज्यपाल D. मुख्य निर्वाचन आयुक्त

119. भारतीय संविधान में किस प्रकार की शासन प्रणाली की व्यवस्था की गई है?
A. लोकतन्त्रात्मक B. अध्यक्षात्मक
C. संसदात्मक D. अर्द्ध लोकतन्त्रात्मक

120. लोक सभा का कोरम कुल सदस्य संख्या का कितना होता है?
A. 1/3 B. 1/5
C. 1/11 D. 1/10

121. संसद के दोनों सदनों के संयुक्त अधिवेशन को कौन बुलाता है?
A. लोक सभा अध्यक्ष B. राष्ट्रपति
C. प्रधानमंत्री D. राज्य सभा का अध्यक्ष

122. उच्चतम न्यायालय के न्यायाधीशों की संख्या में वृद्धि करने की शक्ति किसके पास है?
A. संसद B. राष्ट्रपति
C. प्रधानमंत्री D. विधि मंत्रालय

123. उच्चतम न्यायालय के न्यायाधीशों के सेवानिवृत्त होने की उम्र सीमा क्या है?
A. 55 वर्ष B. 58 वर्ष
C. 65 वर्ष D. 60 वर्ष

124. विधानपरिषद् का सभापति :
- A. राज्यपाल द्वारा नियुक्त किया जाता है
- B. राज्यपाल (पदेन) होता है
- C. विधानपरिषद् के सदस्यों द्वारा अपने बीच से निर्वाचित होता है
- D. विधानसभा अध्यक्ष द्वारा नियुक्त किया जाता है

125. भारत में किसी राज्य की राज्यपाल बनने वाली पहली महिला :
- A. राजकुमारी अमृत कौर
- B. पद्मजा नायडू
- C. सरोजिनी नायडू
- D. सरला ग्रेवाल

126. भारत के किस राज्य में सर्वप्रथम महिला मुख्यमंत्री हुई थी?
- A. उत्तर प्रदेश B. बिहार
- C. तमिलनाडु D. दिल्ली

127. उच्च न्यायालय का न्यायाधीश अपना त्यागपत्र किसे सम्बोधित कर देता है?
- A. राष्ट्रपति
- B. अपने न्यायालय के मुख्य न्यायाधीश को
- C. भारत के मुख्य न्यायाधीश को
- D. राज्य के राज्यपाल को

128. भारतीय संविधान ने अवशिष्ट अधिकारों को :
- A. संघीय सरकार को दिया है
- B. राज्य सरकारों को दिया है
- C. संघीय तथा राज्य सरकारों दोनों को दिया है
- D. न संघीय न ही राज्य सरकारों को दिया है

129. सरकारिया कमीशन का गठन किया गया था :
- A. राज्यों के सम्बन्धों के परीक्षण हेतु
- B. केन्द्र व राज्यों के सम्बन्धों के परीक्षण हेतु
- C. सार्वजनिक संस्थानों की कार्य-प्रणाली के परीक्षण हेतु
- D. राज्यों के पानी सम्बन्धी विवादों को सुलझाने हेतु

130. वित्त आयोग की नियुक्ति कौन करता है?
- A. भारत के राष्ट्रपति B. भारत के प्रधानमंत्री
- C. लोक सभा D. राज्य सभा

131. मुख्य चुनाव आयुक्त को पदच्युत किया जा सकता है :
- A. मुख्य न्यायाधीश सुप्रीम कोर्ट द्वारा
- B. राष्ट्रपति द्वारा
- C. मंत्रिमंडल के प्रस्ताव से
- D. संसद के दोनों सदनों के सदस्यों के 2/3 बहुमत से प्रमाणित कदाचार के आधार पर

132. भारत सरकार के मुख्य विधि परामर्शदाता हैं :
- A. सॉलिसिटर जनरल ऑफ इण्डिया
- B. उच्चतम न्यायालय के मुख्य न्यायाधीश
- C. सचिव विधि मंत्रालय
- D. अटार्नी जनरल ऑफ इण्डिया

133. भारत के नियंत्रक और महालेखा परीक्षक की नियुक्ति निम्नलिखित में से किसके द्वारा होती है?
- A. प्रधानमंत्री B. राष्ट्रपति
- C. वित्तमंत्री D. गृहमंत्री

134. अक्टूबर, 1959 में पंचायत राज भारत में सर्वप्रथम आरम्भ किया गया :
- A. राजस्थान में B. तमिलनाडु में
- C. केरल में D. कर्नाटक में

135. प्रथम पंचायती राज व्यवस्था का उद्घाटन पं. जवाहरलाल नेहरू द्वारा 12 अक्टूबर, 1959 को किया गया था :
- A. साबरमती में B. वर्धा में
- C. नागौर में D. सीकर में

136. जिस समिति की संस्तुति पर देश में पंचायती राज को लागू किया गया था, उसके अध्यक्ष थे :
- A. अशोक मेहता B. बलवन्त राय मेहता
- C. चिमन भाई मेहता D. जीवराज मेहता

137. पहली बार भारतीय संविधान का संशोधन कब हुआ था?
- A. 1951 में B. 1952 में
- C. 1953 में D. 1955 में

138. भाषायी आधार पर कौन-सा राज्य सर्वप्रथम बना?
- A. महाराष्ट्र B. मध्य प्रदेश
- C. आन्ध्र प्रदेश D. कर्नाटक

139. "फोर्थ एस्टेट" (Fourth Estate) या "चतुर्थ स्तम्भ" क्या है?

A. क्रिकेट टीम का बारहवाँ खिलाड़ी

B. सड़क, रेल और हवाई जहाज के अतिरिक्त यातायात का साधन

C. कृषि क्षेत्र की बड़ी सहकारिता संस्था

D. प्रेस

140. भारत में मताधिकार की आयु 21 वर्ष से घटाकर 18 वर्ष निम्नलिखित में से कौन-से संविधान संशोधन अधिनियम द्वारा की गई है?

A. 57वें B. 59वें

C. 61वें D. 63वें

अर्थशास्त्र

141. अर्थशास्त्र का जनक किसे कहा जाता है?

A. जे. एम. कीन्स B. माल्थस

C. रिकार्डो D. एडम स्मिथ

142. मिश्रित अर्थव्यवस्था का अर्थ है :

A. जहाँ कृषि और उद्योग दोनों को समान महत्व दिया जाता है

B. जहाँ राष्ट्रीय अर्थव्यवस्था में सार्वजनिक क्षेत्र के साथ-साथ निजी क्षेत्र भी विद्यमान हो

C. जहाँ राष्ट्रीय अर्थव्यवस्था में भूमण्डली- करण की प्रक्रिया भारी मात्रा में स्वदेशी से प्रभावित हो

D. जहाँ आर्थिक नियोजन और विकास में केन्द्र और राज्यों की समान भागीदारी हो

143. नीति आयोग का अध्यक्ष कौन है?

A. राष्ट्रपति B. प्रधानमंत्री

C. योजना मंत्री D. कैबिनेट सचिव

144. भारत में आर्थिक नियोजन कब प्रारम्भ हुआ?

A. 15 अगस्त, 1947 B. 26 जनवरी, 1949

C. 1 अप्रैल, 1951 D. 1 मई, 1956

145. किस पंचवर्षीय योजना का मुख्य उद्देश्य आर्थिक आत्मनिर्भरता था?

A. प्रथम योजना B. द्वितीय योजना

C. तृतीय योजना D. चतुर्थ योजना

146. अंत्योदय कार्यक्रम का मुख्य उद्देश्य था :

A. अनुसूचित जनजातियों के जीवन- स्तर में सुधार करना

B. अनुसूचित जातियों के जीवन-स्तर में सुधार करना

C. गरीबों में सबसे अधिक गरीबों की मदद करना

D. शहरी गरीबी को दूर करना

147. सम्पूर्ण ग्रामीण रोजगार योजना (SGRY) किस तिथि को प्रारम्भ की गई?

A. 1 अप्रैल, 2001 को

B. 31 दिसम्बर, 2000 को

C. 25 दिसम्बर, 2001 को

D. 31 मार्च, 2000 को

148. संरचनात्मक बेरोजगारी का कारण है :

A. अवस्फीति की अवस्था

B. भारी उद्योग अभिनति

C. कच्चे माल की कमी

D. अपर्याप्त उत्पादन क्षमता

149. प्रच्छन्न बेरोजगारी का तात्पर्य है :

A. ऐसी बेरोजगारी, जिसमें कुछ समय के लिए ही काम मिलता है

B. ऐसी बेरोजगारी, जिसमें श्रमिक घर के अंदर चोरी-छिपे काम करता है

C. ऐसी बेरोजगारी, जिसमें श्रमिक की सीमांत उत्पादकता शून्य या ऋणात्मक होती है

D. ऐसी बेरोजगारी, जिसमें श्रमिक गैर- फसल मौसम में काम नहीं कर पाता

150. रुपए, डॉलर, शिलिंग, फ्रैंक को कौन-सा सर्वनिष्ठ नाम दिया जा सकता है?

A. सिक्के B. नोट

C. विनिमय (Exchange) D. मुद्रा (Currency)

151. भारत में करेंसी नोट कौन जारी करता है?

A. वित्त मंत्रालय B. वित्त सचिव

C. प्रधानमंत्री D. रिजर्व बैंक

152. राजकोषीय नीति किससे सम्बन्ध रखती है?

A. सरकारी राजस्व B. सरकारी खर्च व ऋण

C. बैंक दर नीति D. A व B दोनों

153. भारत में मुद्रा स्फीति मापी जाती है :

A. थोक मूल्य सूचकांक द्वारा

B. शहरी गैर-कामगारों के लिए उपभोक्ता मूल्य सूचकांक द्वारा

C. कृषि श्रमिकों के लिए उपभोक्ता मूल्य सूचकांक द्वारा

D. राष्ट्रीय आय अवस्फीति द्वारा

154. लगातार बढ़ती कीमतों की प्रक्रिया कहलाती है :

A. अति उत्पादन B. मन्दी

C. कीमत विभेद D. मुद्रा स्फीति

155. मुद्रा स्फीति से बाजार में चीजें :

A. सस्ती हो जाती हैं

B. महँगी हो जाती हैं

C. प्रचुरता से मिलती हैं

D. बिल्कुल नहीं मिलती हैं

156. भारतीय रिजर्व बैंक :

A. वाणिज्यिक बैंक है B. केन्द्रीय बैंक है

C. सहकारी बैंक है D. अग्रणी बैंक है

157. भारतीय रिजर्व बैंक के बारे में निम्न में से कौन–सा कथन सही नहीं है?

A. यह सभी प्रकार की करेंसी नोटों को जारी करता है

B. यह भारत सरकार के शाखा बैंक के रूप में कार्य करता है

C. यह बैंकों का बैंक है

D. यह विदेशी मुद्रा का विनिमय करता है

158. भारत में किस प्रकार की वाणिज्यीय बैंकिंग व्यवस्था है?

A. मिश्रित बैंकिंग B. एकल बैंकिंग

C. शाखा बैंकिंग D. उपरोक्त में से कोई नहीं

159. देश का सबसे बड़ा वाणिज्यिक बैंक कौन-सा है?

A. ICICI बैंक B. HDFC बैंक

C. SBI बैंक D. UTI बैंक

160. भारत सरकार ने देश के 14 बैंकों का राष्ट्रीयकरण किया था :

A. जुलाई, 1969 में B. अगस्त, 1971 में

C. मार्च, 1981 में D. जुलाई, 1991 में

161. राष्ट्रीय आय :

A. बाजार मूल्य पर निबल राष्ट्रीय उत्पाद है

B. उत्पादन लागत पर निबल राष्ट्रीय उत्पाद है

C. बाजार मूल्य पर निबल देशीग उत्पाद है

D. उत्पादन लागत पर निबल देशीय उत्पाद है

162. भारत की राष्ट्रीय आय अनुमानित होती है :

A. नीति आयोग द्वारा

B. वित्त मंत्रालय द्वारा

C. केन्द्रीय सांख्यिकी संगठन द्वारा

D. रिजर्व बैंक ऑफ इण्डिया द्वारा

163. आर्थिक समस्या ..... में उत्पन्न होती है।

A. प्रचुरता

B. सामान की कमी

C. अधिक आवश्यकताएँ और कम सामान

D. उपरोक्त सभी

164. सार्वजनिक ऋण पर ब्याज किसका भाग है?

A. उद्यमियों द्वारा अन्तरण भुगतान

B. सरकार द्वारा अन्तरण भुगतान

C. राष्ट्रीय आय

D. परिवारों द्वारा ब्याज भुगतान

165. किसी देश की आर्थिक वृद्धि का उत्तम मापांकन कौन-सा है?

A. जी.एन.पी. B. जी.डी.पी.

C. कुल राजस्व D. इनमें से कोई नहीं

166. भारत का प्राचीनतम विशाल उद्योग है :

A. सूती कपड़ा B. लोहा एवं इस्पात

C. जूट D. कागज

167. 'बोकारो स्टील प्लाण्ट' किस देश की सहायता से बनाया गया है?

A. रूस B. फ्रांस

C. ब्रिटेन D. अमेरिका

168. 'गोल्डेन हैण्ड शेक' का सन्दर्भ निम्न में से किस एक से है?

A. अति विशिष्ट व्यक्तियों को सम्मानित करना

B. स्वैच्छिक सेवानिवृत्ति योजना

C. मंगलमय समुद्र-यात्रा की कामना

D. विशिष्ट अतिथियों की अगवानी

169. किसी कम्पनी का वास्तविक स्वामित्व किसके पास होता है?

A. कम्पनी निदेशकों के पास

B. समता अंशधारकों के पास

C. ऋणपत्र धारकों के पास

D. सरकार के पास

170. दुर्गापुर, भिलाई और राउरकेला संयंत्र .... योजना में स्थापित किए गए।

A. दूसरी B. तीसरी
C. चौथी D. पहली

171. अन्तर्राष्ट्रीय मुद्रा कोष (I.M.F.) का प्रमुख कार्य है :

A. बैंकों से अन्तर्राष्ट्रीय जमा राशियों की व्यवस्था करना
B. सदस्य देशों की भुगतान संतुलन सम्बन्धी समस्याओं के समाधान में सहायता करना
C. विश्व बैंक की निजी क्षेत्रक उधारदाता शाखा के रूप में काम करना
D. विकासशील देशों के लिए निवेश ऋणों की वित्त व्यवस्था करना

172. विश्व व्यापार संगठन (WTO) का मुख्यालय स्थित है .... में।

A. न्यूयार्क B. टोकियो
C. जेनेवा D. बर्लिन

173. एशियन डेवलपमेंट बैंक का मुख्यालय (हैड-क्वार्टर) कहाँ है?

A. वाशिंगटन B. पेरिस
C. मनीला D. केनबरा

174. निम्न में से विश्व बैंक का मुख्यालय कौन-सा है?

A. दि हेग B. वाशिंगटन डी.सी.
C. पेरिस D. लन्दन

175. 'नाफ्टा' (NAFTA) से क्या अभिप्राय है?

A. नार्थ अटलांटिक फ्री ट्रेड एरिया
B. नार्थ अमेरिका फ्री ट्रेड एरिया
C. नार्थ अमेरिका फ्री ट्रेड एग्रीमेंट
D. नार्थ अटलांटिक फ्री ट्रेड एग्रीमेंट

176. भारत में हरित क्रांति का सर्वाधिक प्रभाव किस फसल पर पड़ा?

A. धान B. मक्का
C. ज्वार D. गेहूँ

177. गेहूँ के समर्थन मूल्य की अनुशंसा कौन करता है?

A. नीति आयोग
B. भारतीय रिजर्व बैंक
C. राष्ट्रपति
D. कृषि लागत एवं मूल्य आयोग

178. 'इको मार्क' किसी उत्पाद पर दिए गए इस प्रमाणन का चिह्न होता है कि यह उत्पाद :

A. अच्छी किस्म का है
B. किफायती कीमत वाला है
C. पर्यावरण की दृष्टि से अनुकूल है
D. नष्ट होने वाला नहीं है

179. निम्न उत्पादों में से किसे ISI चिह्न प्रदान नहीं किया जाता है?

A. विद्युत सामग्री B. होजरी का माल
C. बिस्कुट D. कपड़ा

180. इफ्को (IFFCO) क्या है?

A. दूध उत्पादक संघ
B. भारतीय कृषक खाद्यान्न सहकारी संस्था
C. भारतीय कृषक उर्वरक सहकारी संस्था
D. उपरोक्त में से कोई नहीं

विज्ञान

181. मृगतृष्णा (Mirage) उदाहरण है :

A. अपवर्तन का
B. पूर्ण आन्तरिक परावर्तन का
C. विक्षेपण का
D. विवर्तन का

182. लोलक घड़ियाँ गर्मियों में क्यों सुस्त हो जाती हैं?

A. गर्मियों में दिन लम्बे होने के कारण
B. कुण्डली में घर्षण के कारण
C. लोलक की लम्बाई बढ़ जाती है जिससे इकाई दोलन में लगा हुआ समय बढ़ जाता है
D. गर्मी में लोलक का भार बढ़ जाता है

183. त्रिविमीय (3-dimensional) चित्र निम्न में से किसके द्वारा लिया जाता है?

A. होलोग्राफी B. फोटोग्राफी
C. फोटो क्रोमेटिक D. रेडियोग्राफी

184. टेलीविजन के दूरस्थ नियंत्रण में किस प्रकार की प्रकाश तरंगों का उपयोग होता है?

A. दृश्य प्रकाश B. अवरक्त
C. एक्स-किरण D. गामा-किरण

185. 'क्रायोजेनिक्स' एक विज्ञान है, जो सम्बन्धित है :
A. उच्च तापमान से B. निम्न तापमान से
C. परमाणु-ऊर्जा से D. आण्विक विज्ञान से

186. प्रकाश की गति न्यूनतम होगी, जब यह गुजरता है :
A. वायु से होकर B. जल से होकर
C. कांच से होकर D. निर्वात से होकर

187. निम्नलिखित में से किसने 'एक्स' किरणों का आविष्कार किया?
A. रदरफोर्ड B. रौन्ट्जन
C. मैक्सवेल D. टोरिसैली

188. पास्कल इकाई है :
A. आर्द्रता की B. दाब की
C. वर्षा की D. तापमान की

189. रडार के आविष्कारक कौन थे?
A. जे. एच. वान टैसेल
B. बिल्हेल्म के. रौन्टजन
C. पी. टी. फार्न्सवर्थ
D. ए. एच. टेलर एवं लियो सी. यांग

190. इन्द्रधनुष बनने का कारण है :
1. वायुमण्डल में सूर्य की किरणों का जल बूँदों के द्वारा परावर्तन
2. वायुमण्डल में सूर्य की किरणों का धूल के कणों द्वारा परावर्तन
3. वायुमण्डल में विभिन्न स्थानों का तापक्रम भिन्न-भिन्न होना

A. 1 एवं 3 B. 1 एवं 2
C. 1, 2 एवं 3 D. केवल 1

191. कोयले के निम्नलिखित प्रकारों में से किस एक में शेष प्रकारों की अपेक्षा अधिक प्रतिशत कार्बन अंश होता है?
A. बिटुमनी कोयला B. लिग्नाइट
C. पीट D. ऐन्थ्रासाइट

192. उन शराब त्रासदियों में जिनके परिणाम- स्वरूप अंधता आदि होती है, हानिकारक पदार्थ है :
A. एथिल ऐल्कोहॉल B. ऐमिल ऐल्कोहॉल
C. बेंजिल एल्कोहॉल D. मेथिल ऐल्कोहॉल

193. जल में आसानी से घुलनशील है :
A. कार्बन B. नाइट्रोजन
C. अमोनिया D. आयोडीन

194. स्टेनलेस स्टील बनाने के लिए क्या प्रयोग में लाया जाता है?
A. क्रोमियम और निकिल
B. निकिल व तांबा
C. क्रोमियम व ग्रेफाइट
D. बेन्जीन व एसिटोन

195. निम्नलिखित में से कौन-सा उर्वरक नहीं है?
A. अमोनियम सल्फेट
B. कैल्सियम सल्फेट
C. कैल्सियम अमोनियम नाइट्रेट
D. पोटैशियम नाइट्रेट

196. घरेलू प्रशीतित्र (रेफ्रीजरेटर) में सामान्यतः कौन-सा प्रशीतक प्रयोग में लाते हैं?
A. निआन B. अमोनिया
C. नाइट्रोजन D. फ्रेआन

197. अश्रु गैस है :
A. अमोनिया B. क्लोरीन
C. हाइड्रोजन कार्बाइड D. हाइड्रोजन सल्फाइड

198. बुलेट प्रूफ पदार्थ बनाने के लिए निम्नलिखित में से कौन-सा बहुलक प्रयुक्त होता है?
A. पॉलिविनाइल क्लोराइट
B. पॉलिऐमाइड
C. पॉलिएथिलीन
D. पॉलिकार्बोनेट्स

199. रक्त की pH है :
A. 5.4 B. 6.2
C. 7.4 D. 8.7

200. किसी कमरे के एक कोने में सेंट की खुली शीशी रख देने से उसकी खुशबू कमरे के सभी भागों में फैल जाती है। ऐसा किस कारण से होता है?
A. वाष्पीकरण (ईवेपोरेशन)
B. वाष्पण (वेपोराइजेशन)
C. विसरण
D. उर्ध्वपातन

201. एक्वायर्ड इम्यून डेफीशियेंसी सिंड्रोम (एड्स) किसके कारण होता है?

A. प्रोटोजोआ B. वाइरस
C. फंगस D. बैक्टीरिया

202. मानव शरीर में विटामिन 'ए' संचित रहता है :

A. यकृत में B. आमाशय में
C. तिल्ली में D. उदर में

203. मानव शरीर में पाचन का अधिकांश भाग किस अंग में सम्पन्न होता है?

A. पैंक्रियास B. बड़ी आंत
C. छोटी आंत D. आमाशय

204. शरीर में ऊतकों (Tissues) का निर्माण होता है :

A. वसा (फैट) से B. कार्बोहाइड्रेट्स से
C. प्रोटीन से D. विटामिन्स से

205. किस विटामिन की कमी से रतौंधी रोग हो जाता है?

A. B B. K
C. A D. D

206. दूध के खराब होने का कारण होता है :

A. लैक्टोबेसीलस (Lactobacillus)
B. एस्परजिलस (Aspergillus)
C. स्यूडोमोनास (Pseudomonas)
D. स्टेफाइलोकोकस (Staphylococcus)

207. लौह का अंश सबसे अधिक पाया जाता है :

A. सेम में B. अंडों में
C. हरी सब्जियों में D. दूध में

208. सर्वदाता वह व्यक्ति है जिसका रुधिर-वर्ग होता है :

A. A B. B
C. AB D. O

209. मनुष्य का औसत रक्त-चाप होता है :

A. 60/100 B. 20/80
C. 60/140 D. 120/80

210. साधारण मानव में गुणसूत्र होते हैं :

A. 36 B. 46
C. 56 D. 26

विविध

211. 'नेटवेस्ट ट्रॉफी' किस खेल से सम्बन्धित है?

A. क्रिकेट B. लॉन टेनिस
C. शतरंज D. पोलो

212. निम्न खिलाड़ी ने सबसे कम आयु में भारतीय टेस्ट क्रिकेट की कप्तानी की?

A. सचिन तेंदुलकर B. अजहरुद्दीन
C. नवाब पटौदी D. कपिल देव

213. 'सिली प्वाइन्ट' किस खेल से सम्बन्धित है?

A. क्रिकेट से B. टेनिस से
C. बैडमिन्टन से D. ब्रिज से

214. सुमेलित कीजिए :

(*a*) एश बाग स्टेडियम	1. मुम्बई
(*b*) ब्रेबर्न स्टेडियम	2. भोपाल
(*c*) ग्रीन पार्क	3. कोलकाता
(*d*) ईडन गार्डेन्स	4. कानपुर

A. (*a*)-4, (*b*)-2, (*c*)-1, (*d*)-3
B. (*a*)-2, (*b*)-1, (*c*)-4, (*d*)-3
C. (*a*)-1, (*b*)-3, (*c*)-2, (*d*)-4
D. (*a*)-3, (*b*)-4, (*c*)-1, (*d*)-2

215. मोहन बागान, ईस्ट बंगाल तथा मोहम्मडन स्पोर्टिंग क्लब किस खेल से सम्बन्धित है?

A. हॉकी B. क्रिकेट
C. फुटबॉल D. पोलो

216. कौन-सी प्रतियोगिता राष्ट्रीय फुटबॉल प्रतियोगिता से सम्बन्धित है?

A. रणजी ट्रॉफी B. दिलीप ट्रॉफी
C. डूरण्ड ट्रॉफी D. संतोष ट्रॉफी

217. टेनिस में ग्रैण्डस्लैम जीतने के लिए खिलाड़ी को निम्नलिखित में से कौन-सा एक टूर्नामेंट समूह जीतना आवश्यक है?

A. ऑस्ट्रेलियाई ओपन, विम्बलडन, फ्रेंच ओपन, यू. एस. ओपन
B. विम्बलडन, फ्रेंच ओपन, यू.एस. ओपन
C. विम्बलडन, फ्रेंच ओपन, पेगस चेक ओपन, यू.एस. ओपन
D. डेविस कप, विम्बलडन, फ्रेंच ओपन

218. निम्नलिखित में से कौन-सी अन्तर्राष्ट्रीय टेनिस खेल प्रतियोगिता घास के मैदान में खेली जाती है?
A. यू.एस. ओपन B. फ्रेंच ओपन
C. विम्बलडन D. ऑस्ट्रेलियाई ओपन

219. प्रथम एशियाई खेल का आयोजन स्थल था :
A. बैंकॉक में B. टोकियो में
C. सियोल में D. नई दिल्ली में

220. किस अन्तर्राष्ट्रीय चैम्पियनशिप में थॉमस कप दिया जाता है?
A. फुटबॉल B. क्रिकेट
C. बास्केटबॉल D. बैडमिंटन

221. 'भाभा परमाणु अनुसन्धान केन्द्र' कहाँ पर स्थित है?
A. हैदराबाद B. बेंगलुरु
C. ट्रॉम्बे D. कलपक्कम्

222. 'भारतीय अन्तरिक्ष अनुसंधान संगठन' का मुख्यालय कहाँ है?
A. श्री हरिकोटा B. तिरुवनंतपुरम
C. बेंगलुरु D. अहमदाबाद

223. भारत का प्रथम परमाणु ऊर्जा रियेक्टर कौन-सा था?
A. ध्रुव B. जरलीना
C. पूर्णिमा D. अप्सरा

224. वायु-सेना अकादमी कहाँ पर स्थित है?
A. जलहाली B. बिदर
C. हैदराबाद D. कोयम्बटूर

225. 'नौसेना' अकादमी कहाँ पर स्थित है?
A. गोवा B. कोच्चि
C. मंगलुरु D. मुम्बई

226. वन अनुसंधान संस्थान (Forest Research Institute) कहाँ स्थित है?
A. लखनऊ B. नई दिल्ली
C. देहरादून D. भोपाल

227. 'सिक्युरिटी पेपर मिल' कहाँ पर स्थित है?
A. नासिक B. होशंगाबाद
C. नेपानगर D. बस्तर

228. 'नेशनल स्कूल ऑफ डिजाइन' कहाँ स्थित है?
A. पुणे B. दिल्ली
C. बेंगलुरु D. अहमदाबाद

229. भारत के उच्च शिक्षा के सुधार हेतु 'विश्व विद्यालय अनुदान आयोग' (UGC) की स्थापना कब की गई?
A. वर्ष 1953 में B. वर्ष 1954 में
C. वर्ष 1951 में D. वर्ष 1967 में

230. रेलवे स्टाफ कॉलेज कहाँ स्थित है?
A. चेन्नई B. वडोदरा
C. प्रयागराज D. हैदराबाद

231. 'विंग्स ऑफ फायर' पुस्तक के लेखक कौन हैं?
A. विक्रम सेठ B. ए.पी.जे. अब्दुल कलाम
C. अरुन्धती राय D. एम.जे. अकबर

232. 'द गॉड ऑफ स्माल थिंग्स' पुस्तक किसने लिखी है?
A. पूपुल जयकर B. शोभा डे
C. शेखर कपूर D. अरुंधती राय

233. 'वेटिंग फॉर दी महात्मा' किसने लिखी?
A. एम.जे. अकबर B. प्राण चोपड़ा
C. आर.के. नारायण D. राजमोहन गांधी

234. 'दि गोल्डन गेट' के रचयिता हैं :
A. अमिताभ घोष B. अर्नेस्ट हेमिंग्वे
C. सर वाल्टर स्कॉट D. विक्रम सेठ

235. मैला आँचल के लेखक हैं :
A. किशन चंदर
B. प्रेमचंद
C. रामधारी सिंह दिनकर
D. फणीश्वर नाथ रेणु

236. 'चंद्रकांता' उपन्यास के लेखक हैं :
A. भारतेंदु हरिश्चंद्र B. प्रेमचंद
C. रवीन्द्रनाथ टैगोर D. देवकीनंदन खत्री

237. 'क्रिकेट माई स्टाइल' पुस्तक के लेखक हैं :
A. सुनील गावस्कर B. सचिन तेंदुलकर
C. कपिल देव D. मोहिन्दर अमरनाथ

238. भारत-भारती के लेखक कौन हैं?
A. मैथिलीशरण गुप्त
B. सूर्यकान्त त्रिपाठी 'निराला'
C. महादेवी वर्मा
D. रामधारी सिंह दिनकर

239. 'द ऑरिजीन ऑफ द स्पेशीज' पुस्तक लिखी गई है :
A. लैमार्क द्वारा B. डार्विन द्वारा
C. ओपारीन द्वारा D. हैकेल द्वारा

240. 'उर्मिला' किस महाकाव्य की नायिका है?
A. पद्मावत B. कामायनी
C. साकेत D. स्वप्न वासवदत्ता

241. 'लैम्प वाली महिला' किसे कहते हैं?
A. सरोजिनी नायडू B. जोन ऑफ आर्क
C. मदर टेरेसा D. फ्लोरेंस नाइटिंगेल

242. इनमें से अंतर्राष्ट्रीय न्यायालय का अध्यक्ष कौन भारतीय रहा है?
A. न्यायमूर्ति पी. एन. भगवती
B. डॉ. नगेंद्र सिंह
C. न्यायमूर्ति एच. आर. खन्ना
D. न्यायमूर्ति वाई. डी. चंद्रचूड़

243. भारत के रिमोट सेंसिंग सेटेलाइट प्रोग्राम का जनक कौन है?
A. के. कस्तूरीरंगन
B. ए. पी. जे. अब्दुल कलाम
C. आर. चिदम्बरम
D. ई. सी. जी. सुदर्शन

244. कम्प्यूटर का पितामह किसे कहा जाता है?
A. चार्ल्स बैबेज को
B. जॉन मोचले को
C. गाट्फील्ड वोन लिबनिज को
D. ब्लेज पास्कल को

245. विश्व में किसी देश की प्रथम महिला प्रधानमंत्री :
A. मारगैरेट थैचर B. इंदिरा गांधी
C. श्रीमावो भंडारनायके D. गोल्डा मायर

246. प्रथम भारतीय नारी जो एवरेस्ट शिखर पर चढ़ने में सफल हुई थी, हैं :
A. बछेन्द्री पाल B. डिक्की डोलमा
C. संतोष यादव D. पी. टी. ऊषा

247. राज्य सभा के लिए नामित की गई प्रथम महिला फिल्म स्टार थी :
A. नर्गिस दत्त B. शबाना आजमी
C. मधुबाला D. मीना कुमारी

248. संयुक्त राष्ट्र संघ महासभा की प्रथम महिला अध्यक्ष कौन थीं?
A. एनी बेसेन्ट B. इन्दिरा गांधी
C. विजय लक्ष्मी पंडित D. सरोजिनी नायडू

249. भारत की पहली महिला मुख्यमंत्री बनीं :
A. इंदिरा गांधी B. सुचेता कृपलानी
C. सरोजिनी नायडू D. जयललिता

250. 'भारत कोकिला' किसे कहा जाता है?
A. विजय लक्ष्मी पंडित B. सरोजिनी नायडू
C. अरूणा आसफ अली D. सुचेता कृपलानी

251. राजस्थान का प्रमुख लोक नृत्य है :
A. गरबा B. गिद्धा
C. घूमर D. बिहु

252. 'पोंगल' उत्सव का सम्बन्ध किस राज्य से है?
A. केरल B. कर्नाटक
C. तमिलनाडु D. आन्ध्र प्रदेश

253. ओणम किस प्रदेश का त्यौहार है?
A. कर्नाटक का B. असम का
C. केरल का D. तमिलनाडु का

254. अंतर्राष्ट्रीय न्यायालय के न्यायाधीशों की कार्य अवधि है :
A. 3 वर्ष B. 5 वर्ष
C. 6 वर्ष D. 9 वर्ष

255. निम्नलिखित में से कौन-सी एक भाषा संयुक्त राष्ट्र-संघ की आधिकारिक भाषा नहीं है?
A. अरबी B. रूसी
C. चीनी D. जर्मन

256. संयुक्त राष्ट्र संघ का मुख्यालय कहाँ है?
A. शिकागो B. न्यूयॉर्क
C. सेन फ्रांसिस्को D. वाशिंगटन डी.सी.

257. 'सार्क' का मुख्यालय कहाँ स्थित है?
A. नई दिल्ली B. कोलंबो
C. ढाका D. काठमांडू

258. सी.बी.आई. (केन्द्रीय अन्वेषण ब्यूरो) की स्थापना किस वर्ष की गई थी?
A. 1961 B. 1963
C. 1964 D. 1967

259. एमनेस्टी इंटरनेशनल का मुख्यालय अवस्थित है :

A. जेनेवा में B. लंदन में

C. न्यूयॉर्क में D. दि हेग में

260. सूची-I को सूची-II के साथ सुमेलित कीजिए और सूचियों के नीचे दिए गए कूट का प्रयोग करते हुए सही उत्तर चुनिए :

सूची-I (समाचार एजेंसी)	**सूची-II (देश)**
(*a*) रायटर्स	1. रूस
(*b*) इतर तास	2. इंडोनेशिया
(*c*) अंतारा	3. ब्रिटेन

कूट :

	(*a*)	(*b*)	(*c*)
A.	1	2	3
B.	3	1	2
C.	3	2	1
D.	2	3	1

261. विश्व विरासत स्थल का दर्जा प्राप्त करने वाला भीमबेटका स्थित है :

A. ओडिशा में B. राजस्थान में

C. मध्य प्रदेश में D. बिहार में

262. केरल की राजकीय भाषा कौन-सी है?

A. तमिल B. तेलुगू

C. मलयालम D. कन्नड़

263. मीनाक्षी मन्दिर कहाँ स्थित है?

A. तंजौर में B. मेखला में

C. मदुरई में D. महाबलीपुरम में

264. दिलवाड़ा जैन मंदिर है :

A. माउन्ट आबू में अरावली पर्वत पर

B. सिन्धु के किनारे

C. खजुराहो में

D. नीलगिरि की पहाड़ियों पर

265. अजन्ता व एलोरा की गुफाएँ किस नगर में स्थित हैं?

A. नासिक में B. मुम्बई में

C. औरंगाबाद में D. पुणे में

266. 'अग्नि मंदिर' निम्न में से किस समुदाय का पूजा-स्थल है?

A. ईसाई B. यहूदी

C. पारसी D. बौद्ध

267. भारतीय पंचांग का प्रथम माह कौन-सा है?

A. फाल्गुन B. चैत्र

C. बैसाख D. माघ

268. 'वाल स्ट्रीट' क्या है?

A. एक प्रसिद्ध सड़क

B. न्यूयार्क स्थित स्टाक एक्सचेंज

C. एक प्रकार की सिगरेट

D. उपरोक्त में से कोई नहीं

269. भारत में 'पिन-कोड' (Pin-code) प्रणाली कब लागू की गई?

A. वर्ष 1972 में B. वर्ष 1982 में

C. वर्ष 1950 में D. वर्ष 1947 में

270. 'सत्यमेव जयते' शब्द कहाँ से लिया गया है?

A. मनुस्मृति B. भगवद्गीता

C. ऋग्वेद D. मुण्डक उपनिषद

271. 'कोबोल' क्या है?

A. कोयले की राख B. कम्प्यूटर भाषा

C. नई तोप D. विशेष गेंद

272. निम्न में कौन-सा कम्प्यूटर पद नहीं है?

A. एनालॉग B. बाइनरी कोड

C. चिप D. मोड

273. भारत ने अपना प्रथम 'आणविक परीक्षण' कहाँ और कब किया?

A. पोखरन, 1974 B. काँधला, 1975

C. कच्छ, 1976 D. सूरतगढ़, 1974

274. 'टेलीविजन' का आविष्कार किसने किया?

A. एडिसन ने B. गैलीलियो ने

C. बेयर्ड ने D. फ्रैंकलिन ने

275. अल्फ्रेड नोबेल ने किसका आविष्कार किया?

A. माइक्रोफोन का B. टाइपराइटर का

C. डाइनामाइट का D. ग्रामोफोन का

276. हवाई जहाज के 'ब्लैक बाक्स' का क्या रंग होता है?

A. काला B. लाल

C. बैंगनी D. नारंगी

277. सर्वाधिक कठोर तत्व निम्न में कौन है?

A. हीरा B. सीसा
C. टंगस्टन D. लोहा

278. अंटार्कटिका में प्रथम भारतीय स्थायी प्रयोगशाला को क्या नाम दिया गया?

A. दक्षिण गंगोत्री B. मैत्री
C. यमनोत्री D. गंगोत्री

279. कार्बन डेटिंग का प्रयोग किसकी उम्र निर्धारित करने के लिए किया जाता है?

A. वृक्षों की B. पृथ्वी की
C. फॉसिल्स की D. चट्टानों की

280. संसार का सबसे प्राचीन राजतंत्र है :

A. ब्रिटेन (यू.के.) का B. नेपाल का
C. सऊदी अरब का D. जापान का

281. सूची-I को सूची-II के साथ सुमेलित कीजिए और सूचियों के नीचे दिए गए कूट का प्रयोग करते हुए सही उत्तर चुनिए :

सूची-I (देश)	सूची-II (संसद)
(*a*) डेनमार्क	1. फोल्कटिंग
(*b*) भूटान	2. तसोंग्डू
(*c*) जापान	3. डायट
(*d*) इजरायल	4. नेस्सेट

कूट :

	(*a*)	(*b*)	(*c*)	(*d*)
A.	1	2	3	4
B.	3	2	4	1
C.	2	1	3	4
D.	4	3	1	2

282. निम्नलिखित में से किस देश की संसद (पार्लियामेंट) नेस्सेट कहलाती है?

A. नार्वे B. स्वीडन
C. इजराइल D. स्पेन

283. झुकी लाट के लिए प्रसिद्ध पीसा स्थित है :

A. ऑस्ट्रिया में B. फ्रांस में
C. इटली में D. स्पेन में

284. बाहट कहाँ की मुद्रा है?

A. तुर्किए की B. थाइलैण्ड की
C. वियतनाम की D. ईरान की

285. चीन में 'लाल क्रान्ति' हुई थी :

A. 1917 में B. 1949 में
C. 1959 में D. 1962 में

286. चीन की मुद्रा है :

A. युआन B. लीरा
C. येन D. रुपया

287. इनमें से किसे श्वेत हाथियों का देश कहा जाता है?

A. थाइलैण्ड B. कुवैत
C. दक्षिण अफ्रीका D. भारत

288. ब्रिटिश सरकार की रिपोर्ट या प्रकाशन किस नाम से जानी जाती है?

A. येलो बुक B. ब्लू बुक
C. ग्रीन बुक D. व्हाइट बुक

289. सूची-I (नगर) को सूची-II (देश) के साथ सुमेलित कीजिए और सूचियों के नीचे दिए गए कूट का प्रयोग करते हुए सही उत्तर चुनिए :

सूची-I (नगर)	सूची-II (देश)
(*a*) कानकून	1. मेक्सिको
(*b*) दोहा	2. मोरोक्को
(*c*) मर्राकेश	3. कतर
(*d*) सीटल	4. यू.एस.ए.

कूट :

	(*a*)	(*b*)	(*c*)	(*d*)
A.	1	2	3	4
B.	1	3	2	4
C.	4	2	3	1
D.	4	3	2	1

290. 'स्वतंत्रता, समता, बन्धुता' यह नारा वस्तुतः दिया गया था :

A. रूसी क्रान्ति में
B. फ्रांसीसी क्रान्ति में
C. अमेरिकी स्वतंत्रता युद्ध में
D. औद्योगिक क्रान्ति में

291. विश्व पर्यावरण दिवस निम्नलिखित में से किस तारीख को मनाया जाता है?

A. 5 जून B. 2 अक्टूबर
C. 10 नवम्बर D. 19 नवम्बर

292. विश्व जनसंख्या दिवस मनाया जाता है :

A. 8 मई को B. 7 जून को

C. 11 जुलाई को D. 15 सितम्बर को

293. 8वीं मार्च को किस रूप में मनाते हैं?

A. विश्व पर्यावरण दिवस

B. विरासत दिवस

C. अन्तर्राष्ट्रीय महिला दिवस

D. युवा दिवस

294. विश्व 'रेडक्रॉस' दिवस किस तारीख को मनाया जाता है?

A. 3 मई B. 6 मई

C. 8 मई D. 15 मई

295. 'मानव अधिकार दिवस' मनाया जाता है :

A. 20 अक्टूबर को B. 4 जुलाई को

C. 8 अगस्त को D. 10 दिसंबर को

296. भारत में प्रतिवर्ष अध्यापक दिवस कब मनाया जाता है?

A. 5 सितंबर B. 2 अक्टूबर

C. 14 अक्टूबर D. 20 दिसंबर

297. निम्नलिखित में से किस दिन को विश्व जल दिवस के रूप में मनाया जाता है?

A. 22 मार्च B. 22 मई

C. 22 जून D. 22 अगस्त

298. सबसे पहले निम्न वर्ष में एवरेस्ट शिखर पर विजय प्राप्त की गई थी :

A. 1948 B. 1953

C. 1955 D. 1957

299. 'सूर्योदय का देश' के नाम से कौन-सा देश प्रसिद्ध है?

A. नार्वे B. जापान

C. ब्रिटेन D. फिनलैण्ड

300. 'अरब सागर की रानी' किस नगर को कहा जाता है?

A. पणजी B. सूरत

C. कोच्चि D. मुम्बई

उत्तरमाला

1	2	3	4	5	6	7	8	9	10
C	B	C	D	C	D	C	B	A	C
11	**12**	**13**	**14**	**15**	**16**	**17**	**18**	**19**	**20**
B	B	C	C	C	C	A	C	A	A
21	**22**	**23**	**24**	**25**	**26**	**27**	**28**	**29**	**30**
B	C	A	C	B	A	D	C	B	A
31	**32**	**33**	**34**	**35**	**36**	**37**	**38**	**39**	**40**
B	C	D	A	B	A	D	A	C	A
41	**42**	**43**	**44**	**45**	**46**	**47**	**48**	**49**	**50**
B	D	C	B	C	B	A	A	D	A
51	**52**	**53**	**54**	**55**	**56**	**57**	**58**	**59**	**60**
A	A	B	B	A	B	A	D	A	D
61	**62**	**63**	**64**	**65**	**66**	**67**	**68**	**69**	**70**
C	A	C	B	C	A	B	B	C	B
71	**72**	**73**	**74**	**75**	**76**	**77**	**78**	**79**	**80**
A	C	A	C	C	B	C	C	C	A
81	**82**	**83**	**84**	**85**	**86**	**87**	**88**	**89**	**90**
B	B	A	B	B	B	D	A	D	D
91	**92**	**93**	**94**	**95**	**96**	**97**	**98**	**99**	**100**
C	B	A	B	D	C	C	B	C	D

101	**102**	**103**	**104**	**105**	**106**	**107**	**108**	**109**	**110**
B	C	A	C	A	C	A	C	A	A
111	**112**	**113**	**114**	**115**	**116**	**117**	**118**	**119**	**120**
B	C	B	C	D	B	D	A	C	D
121	**122**	**123**	**124**	**125**	**126**	**127**	**128**	**129**	**130**
B	A	C	C	C	A	A	A	B	A
131	**132**	**133**	**134**	**135**	**136**	**137**	**138**	**139**	**140**
D	D	B	A	C	B	A	C	D	C
141	**142**	**143**	**144**	**145**	**146**	**147**	**148**	**149**	**150**
D	B	B	C	D	C	C	D	C	D
151	**152**	**153**	**154**	**155**	**156**	**157**	**158**	**159**	**160**
D	D	A	D	B	B	A	A	C	A
161	**162**	**163**	**164**	**165**	**166**	**167**	**168**	**169**	**170**
A	C	D	C	B	A	A	B	B	A
171	**172**	**173**	**174**	**175**	**176**	**177**	**178**	**179**	**180**
B	C	C	B	C	D	D	C	C	C
181	**182**	**183**	**184**	**185**	**186**	**187**	**188**	**189**	**190**
B	C	A	B	B	C	B	B	D	D
191	**192**	**193**	**194**	**195**	**196**	**197**	**198**	**199**	**200**
D	D	B	A	B	B	A	D	C	C
201	**202**	**203**	**204**	**205**	**206**	**207**	**208**	**209**	**210**
B	A	C	C	C	A	C	D	D	B
211	**212**	**213**	**214**	**215**	**216**	**217**	**218**	**219**	**220**
A	C	A	B	C	D	A	C	D	D
221	**222**	**223**	**224**	**225**	**226**	**227**	**228**	**229**	**230**
C	C	D	C	B	C	B	A	A	B
231	**232**	**233**	**234**	**235**	**236**	**237**	**238**	**239**	**240**
B	D	C	D	D	D	C	A	B	C
241	**242**	**243**	**244**	**245**	**246**	**247**	**248**	**249**	**250**
D	B	A	A	C	A	A	C	B	B
251	**252**	**253**	**254**	**255**	**256**	**257**	**258**	**259**	**260**
C	C	C	D	D	B	D	B	B	B
261	**262**	**263**	**264**	**265**	**266**	**267**	**268**	**269**	**270**
C	C	C	A	C	C	B	B	A	D
271	**272**	**273**	**274**	**275**	**276**	**277**	**278**	**279**	**280**
B	A	A	C	C	D	A	A	C	D
281	**282**	**283**	**284**	**285**	**286**	**287**	**288**	**289**	**290**
A	C	C	B	B	A	A	B	B	B
291	**292**	**293**	**294**	**295**	**296**	**297**	**298**	**299**	**300**
A	C	C	C	D	A	A	B	B	C

✧✧✧✧✧